Marcel Reinold
Doping als Konstruktion

Histoire | Band 104

Marcel Reinold, geb. 1980, lehrt am Institut für Sportwissenschaft der Universität Münster zu sporthistorischen, sportsoziologischen und sportphilosophischen Themen. Sein wichtigster Forschungsschwerpunkt ist Doping aus historisch-soziologischer Perspektive.

MARCEL REINOLD

Doping als Konstruktion

Eine Kulturgeschichte der Anti-Doping-Politik

[transcript]

Gefördert durch das Bundesinstitut für Sportwissenschaft

Gefördert durch:

Bundesinstitut
für Sportwissenschaft

aufgrund eines Beschlusses
des Deutschen Bundestages

Bibliografische Information der Deutschen Nationalbibliothek
Die Deutsche Nationalbibliothek verzeichnet diese Publikation in der Deutschen Nationalbibliografie; detaillierte bibliografische Daten sind im Internet über http://dnb.d-nb.de abrufbar.

transcript Verlag | Hermannstraße 26 | D-33602 Bielefeld | live@transcript-verlag.de

Umschlaggestaltung: Kordula Röckenhaus, Bielefeld
Umschlagabbildung: Symbole auf den Hinweisschildern zu Doping-Kontrollstationen bei Olympischen Spielen
Printed in Germany
Print-ISBN 978-3-8376-3761-8
PDF-ISBN 978-3-8394-3761-2

Gedruckt auf alterungsbeständigem Papier mit chlorfrei gebleichtem Zellstoff.
Besuchen Sie uns im Internet: *http://www.transcript-verlag.de*
Bitte fordern Sie unser Gesamtverzeichnis und andere Broschüren an unter: *info@transcript-verlag.de*

Inhaltsverzeichnis

Dank

Geisteswissenschaftliche Arbeiten entstehen durch Praktiken radikaler Vereinzelung. Und dennoch braucht jeder Wissenschaftler den Rahmen einer Gemeinschaft, sei es für intellektuelle Irritationen, zwischenmenschliche Wärme oder Unterstützung ideeller bzw. materieller Art. Ohne Zweifel wäre auch die vorliegende Arbeit ohne bestimmte Personen und Organisationen nie geschrieben worden. Dafür möchte ich im Folgenden danken.

Dieses Buch stellt die leicht überarbeite Fassung eines Textes dar, der dem Fachbereich Psychologie und Sportwissenschaft der Westfälischen Wilhelms-Universität Münster im Jahr 2015 vorlag und als Dissertation angenommen wurde. An erster Stelle gebührt daher meinem Doktorvater, Michael Krüger, ein herzliches Dankeschön. Egal wann ich an seiner Tür klopfte: Mit seinem großen sporthistorischen Wissen hatte er stets ein offenes Ohr für meine Fragen. Zugleich, und das zeichnete seine Betreuung wohl am meisten aus, hat er in einer immer stärker auf Effizienz getrimmten Wissenschaftswelt verstanden, dass manchmal Umwege, Sackgassen und eigensinnige Gangarten notwendig sind, um zu wirklich neuen Erkenntnissen zu kommen. Michael Krüger gab mir, mit anderen Worten, alle Freiräume, die für diese Arbeit nötig waren – und hat damit auch den größten Anteil daran, dass ich wirklich *meine* Arbeit schreiben konnte. Nicht zuletzt ist er mir mit seiner beeindruckend menschlichen Art ein Vorbild.

Des Weiteren möchte ich dem Zweitgutachter meiner Arbeit, John Hoberman, danken. Ich erinnere mich noch an den Tag als ich auf sein Buch „Sterbliche Maschinen“ gestoßen bin. Es war eine liebende Lektüre und ich wusste ab diesem Zeitpunkt, dass Doping die interessanteste Thematik sein würde, die ich für meine Dissertation wählen konnte. Als ich John Hoberman dann kurze Zeit später auf einer Konferenz kennenlernen durfte und er auch noch eingewilligt hat, meine Arbeit zu betreuen, hatte ich den perfekten Zweitgutachter gefunden.

Außerdem möchte ich Henk Erik Meier danken, der als dritter Betreuer fungierte. Was bleibt sind vor allem die Abendstunden in unseren Büros, in denen

Diskussionen entstanden sind, die diese Arbeit in theoretischer Hinsicht enorm bereichert haben.

Das Internationale Olympische Komitee (IOC) hat mir 2011 ein Stipendium gewährt, in dessen Rahmen ich umfangreiche Archivrecherchen realisieren konnte. Des Weiteren möchte ich dem Bundesinstitut für Sportwissenschaft danken, das den Druck dieser Arbeit unterstützte.

Darüber hinaus förderte dieses Institut von 2009 bis 2012 ein Forschungsprojekt mit dem Titel „Doping in Deutschland von 1950 bis heute aus historisch-soziologischer Perspektive im Kontext ethischer Legitimation". Ich durfte in dieser Zeit Teil einer Münsteraner Forschergruppe sein, die dieses Thema bearbeitete, und stand dabei in engem wissenschaftlichem Kontakt mit Christian Becker, Stefan Nielsen und Nils Niemeyer. Insbesondere für den intensiven Quellenaustausch möchte ich Ihnen sowie auch den Hilfskräften des Projekts herzlich danken. Ohne diese Zusammenarbeit hätte meine Dissertation wohl nur auf einer deutlich schmaleren empirischen Basis geschrieben werden können. Darüber hinaus ergaben sich fruchtbare internationale Kontakte zu Kollegen aus dem „International Network of Doping Research". Namentlich möchte ich insbesondere vier Personen danken: Bei Verner Møller durfte ich im Jahr 2011 einen fünfwöchigen Forschungsaufenthalt in Aarhus (Dänemark) verbringen. Die Diskussionen mit ihm sowie seinen Mitarbeitern Andreas Kimergård und Ask Vest Christiansen hatten stets den Hauch des Unkonventionellen – und waren gerade deshalb so befruchtend. Des Weiteren habe ich mich wissenschaftlich und quellenmäßig des Öfteren mit John Gleaves ausgetauscht.

Korrekturgelesen wurden jeweils Teile der Arbeit von meinen Institutskollegen Justus Kalthoff, Emanuel Hübner, Mara Konjer und Anica Rose sowie von Felix Kühnle aus Darmstadt. Ihnen möchte ich herzlich danken, und zwar nicht nur für ihre konstruktive Kritik, sondern auch für die stets kollegiale bzw. freundschaftliche Atmosphäre, die ich mit ihnen am Institut hier in Münster bzw. bei meinen Besuchen in Darmstadt erleben durfte.

Jede bewusste Wahl eines Forschungsthemas hat einen biographischen Kern. Diese Arbeit begann daher lange bevor ich überhaupt vor hatte zu promovieren. Zu den wichtigsten biographischen Faktoren zählen die stets vorbehaltlose Unterstützung meiner Eltern, die Entwicklung der Faszination für die Vielfalt an Denkmöglichkeiten bei den ersten philosophischen Gesprächen in der Oberstufe, die intellektuelle Formung durch mein Geschichts-, Philosophie- und Sportstudium in Tübingen und Granada (Spanien) sowie meine leistungssportlichen Erfahrungen als glücklicher Mittelstreckenläufer. Es würde zu weit führen, die Menschen alle aufzuzählen, die mich auf diesem Weg begleitet haben und denen ich

– auch für diese Arbeit – viel zu verdanken habe. Sie sollten allerdings wissen, dass sie gemeint sind.

Einem Menschen möchte ich jedoch zum Schluss besonders danken. Sabine, meine Hauspsychologin, egal ob ich abends nach einem langen Schreibtag total müde ins Bett gefallen bin oder noch Redebedarf hatte: Durch Deine Diskussionsbereitschaft, Dein Verständnis und Deine Liebe hast Du stets nur das Beste in mir geweckt. Danke dafür.

1. Einleitung

1.1 Erkenntnisinteresse

Viele Studien zum Thema Doping im Leistungssport beginnen klassischerweise mit einem einführenden geschichtlichen Abriss. Meist wird dabei konstatiert, dass Doping eine jahrhundertelange Tradition habe. So datiert beispielsweise der amerikanische Sportmediziner Robert Voy in einer der ersten ausführlichen Studien über Dopingpraktiken und Anti-Doping-Politik Anfang der 1990er Jahre den Beginn der Problematik in das antike Griechenland:

„The earliest accounts of doping among human athletes actually go far back to the ancient Olympic Games, whose documents reveal that athletes drank various brandy or wine concoctions or ingested mushrooms to enhance performance. There are even accounts of alkaloids such as strychnine being mixed with alcohol for a stimulant effect. Roman gladiators are said to have taken drugs to enhance performance in the arena, and medieval knights frequently ingested stimulants to prepare them for their joust. Like modern stimulants, they were used to mask fatigue and pain signals emitted by the central nervous system.“[1]

Lose bezugnehmend auf Berichte von antiken Autoren über leistungssteigernde Ernährungspraktiken, konstatieren auch der Sportwissenschaftler Jürgen Court und der Sportmediziner Wildor Hollmann in ihrem Lexikonbeitrag, dass Dopingmaßnahmen bereits „Jahrhunderte alt“ seien.[2] Günther Lüschen verneint in seiner soziologischen Studie explizit, dass „Doping eine neue Erscheinung im Sport ist. Es gibt dazu eine lange Geschichte, die zumindest nach den Berichten

1 Voy, 1991, S. 5 f.

2 Court & Hollmann, 2001, S. 98.

von Galenos schon in der Antike beginnt".[3] Auch der Sportsoziologe Helmut Digel betont in seinem überblickshaft angelegten Beitrag, dass bereits Athleten in griechischer und römischer Zeit versuchten, mit verschiedenen Substanzen „ihre Leistungen zu verbessern und ihre Gegner zu betrügen".[4] Gleichzeitig stellt Digel jedoch heraus, dass der „Hochleistungssport, so wie wir ihn heute kennen, [...] eine sehr junge Erscheinung"[5] sei. Ähnlich äußert sich auch Mischa Kläber in seiner historisch-soziologisch angelegten Studie zum Bodybuilding: „In den Olympischen Spielen der Antike ‚Sport' zu sehen, ist eine oft begangene Fehlinterpretation".[6] Hingegen wären „erste explizite Dopingversuche" bereits aus der Antike überliefert.[7] Bemerkenswert ist, dass sowohl Digel als auch Kläber die historische Andersartigkeit des „Sports" früherer Zeiten betonen, gleichzeitig aber den Betrug mittels Doping als historische Konstante mit langer Tradition beurteilen.

Neben den genannten Sportwissenschaftlern beschäftigten sich auch Historiker mit der Frage des Dopings in früheren Zeiten.[8] Baltrusch geht dabei auf die Antike deutlich ausführlicher und insbesondere quellengestützt ein. Er fasst seine Ergebnisse folgendermaßen zusammen:

> „Doping, wie es in der Antike möglich war, umfaßte also folgende Bereiche: Zum einen durch Nahrungsmanipulation die Muskelbildung zu befördern [...] und das Gewicht zu vergrößern. Zweitens durch abführende Mittel wie Asche oder Alkohol den Körper der Sportler unempfindlich zu machen gegen Schmerzen und damit ebenfalls die Grenzen der Leistungsfähigkeit hinauszuschieben. All dieses, was man vielleicht noch als recht harmloses Doping betrachten mag, hat jedoch seine Grenzen allein in den beschränkten Möglichkeiten der Epoche erhalten. Denn ohne Zweifel war die Mentalität der Sportler und vor allem derer, die von ihnen profitieren, durchaus der heutigen vergleichbar: Siegen um jeden Preis."[9]

„War Achill gedopt?" – so könnte man zugespitzt mit dem Germanisten Peter Schnyder weiterfragen.[10] Erste Zweifel, ob der Dopingbegriff für die genannten

3 Lüschen, 1994, S. 7.
4 Digel, 2002, S. 2.
5 Ebd.
6 Kläber, 2013, S. 75.
7 Ebd., S. 86.
8 Vgl. Baltrusch, 1997; Maróti, 2004-2005.
9 Baltrusch, 1997, S. 520.
10 Vgl. Schnyder, 2000, S. 69.

Praktiken wirklich historisch haltbar ist, kommen auf mit der Feststellung, dass im Quellenbefund weder der Dopingbegriff noch ein vergleichbares Konzept nachweisbar ist. Bezüglich der genannten Beispiele ist daher zunächst zu konstatieren, dass ein a posteriori gebildeter Begriff auf vergangene Zeiten ausgedehnt wurde, die diesen Begriff so nicht kannten. „Doping" wurde Ende des 19. Jahrhunderts in der Bedeutung „Droge", „Drogen nehmen" und „betrügerische Leistungssteigerung" im angloamerikanischen Raum allmählich geläufig[11] und sickerte um 1900 in den deutschen Sprachraum ein.[12] Die genannten Autoren haben also einfach gewisse Gemeinsamkeiten zwischen den Ernährungspraktiken im „Sport" vergangener Zeiten und heutigen Dopingpraktiken erkannt. Im obigen Zitat von Baltrusch wird deutlich, dass es sich damals wie heute um tendenziell ungewöhnliche, vermeintlich leistungssteigernde Maßnahmen handelt, die aus einer scheinbar anthropologisch angelegten Mentalität des „Sieges um jeden Preis" heraus angewandt werden. Es muss nicht notwendigerweise ahistorisch sein, Neologismen auf frühere Zeiten auszudehnen. Terminologische Ausweitungen müssen jedoch begriffsgeschichtlich reflektiert werden[13] – ähnlich wie es etwa Digel und Kläber beim Sportbegriff geleistet, beim Dopingbegriff jedoch unterlassen haben. Ohne begriffliche Reflexion werden historische Kontinuitäten suggeriert, wo tatsächlich Unterschiede überwiegen. Doping im heutigen Sinn stellte nämlich die längste Zeit in der Sportgeschichte keine Erfahrungskategorie von Menschen dar. Bestimmte Ernährungspraktiken wurden zwar schon in der Antike als leistungssteigernd erkannt und auch teilweise als gesundheitsschädlich kritisiert.[14] Doping als Form sozialer Devianz im Sport, welche verurteilt, verboten, kontrolliert und sanktioniert wird, ist jedoch ein Produkt des 20. Jahrhunderts.

Dieser Befund verweist auf eine grundlegende konstruktivistische Einsicht:[15] Was in einer Gesellschaft als abweichendes Verhalten gilt, ist weder von vornherein festgelegt noch ahistorisch über die Jahrhunderte hinweg gleichbleibend. Keine Handlung ist aus sich heraus bereits moralisch verwerflich und muss notwendigerweise verboten, kontrolliert und bestraft werden. Bestimmte Formen des Verhaltens müssen vielmehr zunächst als verwerflich und verboten definiert

11 Vgl. Jütte, 2008, S. 308 f.

12 Vgl. Bloomer, 1997, S. 210.

13 Vgl. Koselleck, 1979, S. 35.

14 Vgl. Baltrusch, 1997, S. 519 f.

15 Zum Konstruktionscharakter von Devianz siehe insbesondere die klassischen Werke von Becker, 1973; Ben-Yahuda, 1990; Goode, 1994; Goode & Ben-Yahuda, 2009; Spector & Kitsuse, 2008. Für einen prägnanten Überblick siehe Adler & Adler, 2006.

werden, bevor sie als abweichendes Verhalten in die Welt kommen. Tatsächlich ist Doping als illegitime Form der Leistungssteigerung ein zutiefst modernes Phänomen, das es so die längste Zeit überhaupt nicht gab. Das liegt wohlgemerkt nicht daran, dass Athleten nicht schon in früheren Zeiten leistungssteigernde Substanzen und Methoden angewandt hätten, sondern allein daran, dass ihr Gebrauch damals nicht als „Doping" wahrgenommen und bewertet wurde. Mit anderen Worten kommt Doping nicht dadurch in die Welt, dass Athleten bestimmte Substanzen und Methoden gebrauchen, um ihre Leistungsfähigkeit zu erhöhen. Doping als deviantes Verhalten kommt später, denn ein Akt muss zuerst als „deviant" definiert worden sein, bevor überhaupt „deviant" gehandelt werden kann. Doping kommt nicht durch Doping in die Welt, Doping ist nicht die Ursache seiner selbst, sondern – so paradox das auf den ersten Blick klingen mag – existiert nur, weil es Anti-Doping gibt. Doping ist, mit anderen Worten, ein geschaffenes Produkt von Anti-Doping.

Die Frage, wie es kam, dass es Anti-Doping überhaupt gibt, beschreibt die Ausgangsfaszination dieser Studie. Die Dopingbekämpfung ist ein Produkt (sport)politischer Entscheidungsprozesse, die wiederum in hohem Maße von naturwissenschaftlichen Wissensbeständen beeinflusst werden. Insofern handelt es sich bei der vorliegende Studie um Sportpolitikgeschichte, welche um relevante wissensgeschichtliche Aspekte erweitert wurde. Die wesentlichen Fundamente des heutigen Anti-Doping-Systems wurden ab den 1960er Jahren gelegt. Daher beschäftigen sich große Teile der Arbeit mit diesem und den beiden darauffolgenden Jahrzehnten.[16] Nähern wir uns nun im Folgenden der Ausgangsfrage dieser Studie durch die Betrachtung von drei Ereignissen historisch zunächst ein wenig an, um zu verstehen, wie wenig selbstverständlich das heutige Dopingbekämpfungssystem ist.

Im Jahr 1927 ereignete sich ein bemerkenswerter Vorfall im deutschen Sport: Nachdem bekannt wurde, dass ein Sportarzt Sportlern intravenöse Injektionen zur Leistungssteigerung gegeben hatte, beschloss ein Sportärzteverband[17]

---

16 Rigide zeitliche Einschränkungen wurden jedoch nicht vorgenommen. Für bestimmte Fragestellungen erwies sich vielmehr eine zeitliche Ausdehnung auf die Jahrzehnte vor 1960 und nach 1990 als sinnvoll. Mehr zu den jeweils betrachteten Zeiträumen findet sich in Abschnitt 1.3 sowie in den einleitenden Bemerkungen zu den einzelnen Hauptkapiteln.

17 Es handelte sich um den Landesverband Berlin-Brandenburg des Deutschen Ärztebundes zur Förderung der Leibesübungen (vgl. Ruhemann, 1928, S. 34 ff.). Letzterer ist die 1924 gegründete Vorgängerorganisation der Deutschen Gesellschaft für Sportmedizin und Prävention.

eine Resolution, die Doping im Amateursport verurteilte. Doping war damals zwar bereits ein Thema, das von Sportmedizinern immer wieder aufgriffen wurde. Die Thematik hatte jedoch im Vergleich zu heute nur geringe sportpolitische Relevanz. Kaum ein Sportverband hatte damals Anti-Doping-Regularien implementiert, geschweige denn Doping kontrolliert oder sanktioniert.[18] Insofern war eine solche Resolution, im historischen Kontext der Zeit betrachtet, durchaus ungewöhnlich. Aus heutiger Perspektive überrascht jedoch vor allem, dass eine klare Differenzierung zwischen Amateur- und Profisport vorgenommen wurde. Im Gegensatz zum Amateursport, wo Doping eindeutig zu verbieten sei, ließe es sich nämlich „ohne weiteres verteidigen, bei Berufssportlern Doping anzuwenden." Der Schwerpunkt bei letzteren liege nämlich „nicht im sportlichen, sondern im sozialen Erfolg."[19] Begründet wurde das Verbot also mit einem noch näher zu erläuternden Amateurideal.[20] Im Gegensatz dazu ist Doping heutzutage – unabhängig vom Amateur- oder Profistatus eines Athleten – grundsätzlich verboten. Was als legitime sportliche Leistung in unterschiedlichen sozialen Bereichen gilt, ist offensichtlich historisch kontingent und nicht von vornherein festgelegt.[21]

25 Jahre später ereignete sich ein weiterer Dopingfall in der Bundesrepublik. Der bekannte deutsche Sportarzt Martin Brustmann hatte bei den deutschen Rudermeisterschaften 1952 einer Mannschaft ein vermeintlich leistungssteigerndes Medikament verabreicht. Für damalige Verhältnisse erfuhr der Fall außergewöhnlich viel mediale Aufmerksamkeit[22] und veranlasste den Deutschen

18 Siehe dazu die Abschnitte 2.2.1 sowie 5.2.

19 Ruhemann, 1928, S. 36.

20 Siehe dazu Abschnitt 3.2.

21 Das lässt sich auch in anderen sporthistorischen Zusammenhängen beobachten: Für die Turner beispielsweise war jede Art von Training bis weit ins 20. Jahrhundert hinein eine Form der Leistungsmanipulation (vgl. Krüger, 1990, S. 360), wohingegen Training heutzutage als ein pädagogisch wertvoller Teil des Leistungssports angesehen wird. Dem Geist des Amateurismus verpflichtet, hatte das Internationale Olympische Komitee (IOC) den Zeitraum, den Sportler im Trainingslager verbringen durften, noch bis in die 1970er Jahre auf wenige Wochen beschränkt (vgl. IOC, 1974, S. 14; IOC, 1971, S. 45). Heutzutage hingegen bilden mehrwöchige Trainingslager einen selbstverständlichen Teil der Wettkampfvorbereitung von Athleten.

22 Zum öffentlichen Skandal um Brustmann und zu diesem Fall grundsätzlich siehe Reinold & Meier, 2012. Zur ansonsten geringen medialen Aufmerksamkeit der Dopingproblematik in bundesdeutschen Leitmedien in den 1950er (und auch noch in den 1960er Jahren) siehe Meier, Rose & Woborschil, 2012.

Sportärztebund noch im selben Jahr, eine Dopingdefinition zu formulieren,[23] die auch vom Deutschen Sportbund (DSB) als Dachverband an der Spitze des bundesdeutschen Sports übernommen wurde.[24] Sie stellte die erste offizielle Dopingdefinition des DSB dar. Im Gegensatz zur heutigen enumerativen Definition über eine konkrete Liste von verbotenen Substanzen und Methoden handelte es sich bei der Definition von 1952 um eine abstrakte Wesensdefinition, was schon damals Kritik aufgrund ihrer fehlenden Eindeutigkeit und Forderungen nach einer präzisen Dopingverbotsliste aufkommen ließ.[25] Der Präsident des Deutschen Sportärztebundes, Werner Ruhemann, lehnte jedoch eine Liste mit folgender Begründung ab:

> „Abgesehen davon, daß die Fülle der bereits bestehenden sogenannten leistungssteigernden Medikamente diesen Katalog[26] sehr schwierig gestalten läßt und die ständig aus dem Boden schießenden neuen Mittel eine Vollständigkeit unmöglich machen, würde man mit solcher Veröffentlichung all denen eine wundervollen Gefallen tun, die Dopingmittel benutzen wollen. Man würde also das Doping nicht verhindern, sondern fördern."[27]

In diesem Zusammenhang thematisierte Ruhemann auch die Möglichkeit der Einführung von Dopingkontrollen, hielt diese aber „aus technischen und ethischen Gründen"[28] für undurchführbar. Sowohl eine konkrete Liste verbotener Medikamente als auch Kontrollen wurden vom Präsidenten des Deutschen Sportärztebundes also abgelehnt. Wiederum zeigt sich ein gewaltiger historische Unterschied zur heutigen Zeit: Sowohl die Liste der verbotenen Substanzen und Methoden als auch Kontrollen gelten heutzutage als zentrale und alternativlose Instrumente in der Dopingbekämpfung.

Das letzte einführende Fallbeispiel stammt aus dem Jahr 1978 und ereignete sich in der deutschen Leichtathletik. Dopingkontrollen wurden dort zwar seit acht Jahren praktiziert,[29] die damit zusammenhängenden rechtlichen Fragen waren allerdings noch keineswegs geklärt. Vielmehr kam es immer wieder zu Konfrontationen zwischen Verbänden und positiv getesteten Athleten bei Fragen, die heutzutage keine Diskussionen mehr auslösen würden. Im Zuge der juristischen

23 Vgl. Ruhemann, 1953a.

24 Vgl. DSB, 1953.

25 Vgl. Ruhemann, 1954, S. 12.

26 Damit ist eine Dopingverbotsliste gemeint.

27 Ruhemann, 1954, S. 12.

28 Ebd.

29 Vgl. Leichtathletik, 1969, 13, S. 431; Leichtathletik, 1970, 40, S. 1409.

Auseinandersetzungen zwischen dem Deutschen Leichtathletik-Verband (DLV) und zwei vom DLV gesperrten Athleten entwickelte sich bei einer Pressekonferenz ein interessanter Schlagabtausch zwischen dem damalige Präsidenten des DLV und dem Rechtsanwalt der beiden angeklagten Athleten. Die Kontroverse berührte im Kern das Strict-Liability-Prinzip, welches aus Gründen der Verfahrenserleichterung konsequent vom Vorhandensein einer Substanz im Körper des Athleten ausgeht, den Athleten dafür verantwortlich macht und ihm so die Beweislast auferlegt. Das Prinzip soll in erster Linie verhindern, dass die Verhängung von Sperren nach positiven Proben an der schwierig zu erbringende Beweislast scheitert.[30] Von der damaligen Auseinandersetzung zwischen dem Präsidenten und dem Rechtsanwalt berichtete die Tageszeitung „Die Welt" folgendermaßen:

„Der Rechtsanwalt hatte seinen Auftritt sorgfältig vorbereitet. Kurz vor Beginn der Konferenz entdeckte er das Jackett des Leichtathletik-Verbands-Präsidenten Professor August Kirsch, das über einer Stuhllehne hing. Er ging daran vorbei und ließ unbemerkt sein goldenes Feuerzeug in die linke Tasche des Jacketts gleiten.
Dann die Pressekonferenz. Anwalt Gebensleben fragte Kirsch: ‚Was ist Doping?' Kirsch: ‚Lesen Sie das bitte in den entsprechenden Bestimmungen nach.'
Gebensleben: ‚Wenn im Körper eines Athleten eine verbotene Substanz gefunden wird, gilt dies als Beweis für seine Schuld. Demnach wäre der als Dieb zu bezeichnen, der einen Gegenstand bei sich hat, der ihm nicht gehört. Er kann sich ebensowenig dagegen wehren, wie derjenige, in dessen Körper man Spuren von Dopingmitteln findet.'
Kirsch: ‚Ich kann mir schon denken, auf was Sie hinauswollen. Ich habe etwas in meiner Jackentasche gefunden, was da nicht hingehört.'
Der Präsident zog zur Verblüffung der zuschauenden Journalisten ein goldenes Feuerzeug aus der Tasche. Erbost warf Kirsch das Feuerzeug quer durch den Raum auf den Tisch, an dem der Anwalt saß."[31]

Der Anwalt wollte durch das Einschmuggeln des Feuerzeugs in die Tasche des Präsidenten die moralische Unzulänglichkeit des Strict-Liability-Prinzips anschaulich vor Augen führen. Seine Anwendung provoziert zwar auch heute noch gelegentlich die Frage, ob eine Strafe gerechtfertigt ist, und zwar in Fällen, in denen die Schuld und Verantwortung des Athleten für die im Körper gefundenen Substanzen angezweifelt wird. Dennoch würde heute kein Anwalt mehr bei juristischen Auseinandersetzungen das Strict-Liability-Prinzip so grundsätzlich in

30 Vgl. Haug, 2006, S. 159.

31 Die Welt, 14.8.1978.

Frage stellen. Ein solches Vorgehen wäre auch nicht aussichtsreich. Das Prinzip gilt vielmehr heutzutage als unverzichtbares Axiom in der Dopingbekämpfung.

Egal ob es sich um die Kontroverse um das Strict-Liability-Prinzip handelt oder um frühere Diskussionen um ein Verbot von Doping im Sport, den Sinn von Dopinglisten und die moralische Vertretbarkeit von Dopingkontrollen: Die genannten Beispiele betreffen allesamt Fragen, die sportpolitisch heutzutage eindeutig beantwortet werden. Kurz gesagt steht die Notwendigkeit von Verbot, Kontrolle, Strict-Liability-Prinzip und enumerativer Definition über eine Liste sportpolitisch gar nicht mehr zur Disposition.

Trotz der im Vergleich zu früheren Jahrzehnten ungleich schärferen Dopingbekämpfung heutzutage, wird in der Öffentlichkeit vielfach darüber geklagt, dass die bestehenden Anti-Doping-Maßnahmen immer noch unzureichend seien. Meist lautet dabei der Vorwurf von engagierten Kritikern, man würde bei der Dopingbekämpfung lediglich halbherzig vorgehen. Bemängelt wird im Kern ein Missverhältnis zwischen dem, was getan wird, und dem, was getan werden könnte. Diese Zustandsanalyse mündet regelmäßig in die Forderung nach verschärften Anti-Doping-Maßnahmen.[32] Ähnliches diagnostizieren auch eine Reihe von wissenschaftlichen Studien zur Dopingthematik.[33] Viele stellen den ineffizienten Charakter der Anti-Doping-Politik heraus. Ein wesentliches methodisches Problem der Dopingforschung generell besteht darin, dass keine exakten Daten über die Verbreitung von Doping und die Wirkung von Anti-Doping-Maßnahmen vorliegen.[34] Bestimmte weiche Indikatoren wie beispielsweise die sprunghafte Leistungsentwicklung in einigen Sportarten und Disziplinen,[35] die Aussagen zahlreicher Sportler, Ärzte und Trainer zur Dopingpraxis, die breit quellengestützten Erkenntnisse zum systematischen Doping in der DDR[36] sowie die großen Dopingskandale, bei denen systematisches Doping unter Beteiligung zahlreicher Akteure offensichtlich wurde, legen jedoch nahe, dass die Dunkelziffer hoch und das Anti-Doping-System ineffektiv waren. Gestützt wird diese Perspektive durch soziologische Studien, welche in der Anti-Doping-Politik der

32 Vgl. etwa Franke & Ludwig, 2007.

33 Siehe dazu ausführlich Abschnitt 1.5.

34 Dimeo & Taylor (2013) geben einen grundlegenden Überblick zu dieser Problematik. Zur Schätzung der Dopingprävalenz hat sich insbesondere die Randomized Response-Technique etabliert, um Verzerrungen durch soziale Erwünschtheit bei Athletenbefragungen zu verhindern (vgl. Pitsch, Emrich & Klein, 2005; Pitsch, Maats & Emrich, 2009; Striegel, Ulrich & Simon, 2010).

35 Vgl. Lames, 2002; Singler & Treutlein, 2012.

36 Vgl. Spitzer, 1998; Berendonk, 1992; Latzel, 2009.

Sportorganisationen vor allem die organisierte Scheinheiligkeit mit symbolischer Beschwichtigung und entkoppeltem Reden und Handeln betonen.[37]

Die vorliegende Arbeit setzt an einem anderen Punkt an: Sie fragt weder nach der Verbreitung von Doping noch nach den Ursachen der Problematik. Genauso wenig stellt sie die Frage, ob und – wenn ja – warum die Dopingbekämpfung scheiterte. Die Arbeit beginnt vielmehr mit der Verwunderung darüber, dass es Anti-Doping in der heutigen Form überhaupt gibt. Die Selbstverständlichkeit, dass pharmakologische Leistungssteigerung verurteilt, verboten, kontrolliert und sanktioniert wird, verschwindet erstens mit dem Blick in die Vergangenheit. Dopingverbote, -kontrollen und -sanktionen gibt es erst seit circa einem halben Jahrhundert. Zweitens zeigt sich diese Besonderheit auch durch den komparativen Blick in andere soziale Bereiche unserer Gesellschaft. Das Dopingverbot und die damit zusammenhängenden Regulationsmechanismen suchen außerhalb des Leistungssports ihresgleichen und stellen keineswegs eine Selbstverständlichkeit dar. „In keinem anderen Bereich unserer Gesellschaft", so folgert der Philosoph Christoph Asmuth, „sind die Kontrollen des privaten und des leiblichen Daseins von Personen derart rigoros."[38] Zugespitzt formuliert könnten im Leistungssport „prohibitive Phantasien ausgelebt werden, die ansonsten in der liberalen bürgerlichen Gesellschaft keinen Platz mehr finden."[39] Dabei ginge es nicht einmal um wirklich existenzielle Dinge, sondern lediglich um die Gewährleistung einer „sauberen" sportlichen Leistung. Der Sportmediziner Bengt Kayser thematisiert das zunehmend restriktiver werdende Kontrollsystem auf ähnlich kritische Weise. Es hätten sich Praktiken der Überwachung etabliert, die in Kontexten außerhalb des Strafvollzugs in der Regel als Verletzung der Privatsphäre angesehen würden.[40]

Es geht in der vorliegenden Arbeit nicht um die Frage, ob ein solch zweifellos ungewöhnliches System der Kontrolle moralisch vertretbar ist. Anders als der Philosoph Asmuth und der Medizinethiker Kayser lassen Historiker ihre Analysen nicht in moralische Erörterungen münden. Dennoch haben solch kritisch-

37 Vgl. Bette & Schimank, 2006a, S. 370-386.

38 Asmuth, 2012, S. 240.

39 Ebd., S. 241.

40 Vgl. dazu wörtlich Kayser, 2009, S. 155 f.: „There were several reasons why we thought it was important to re-analyse the basis for today's anti-doping. One reason concerns the increasingly restrictive nature of doping control measures for elite athletes, leading to practices that would probably be labeled as privacy violation in many other circumstances in modern society, except perhaps during imprisonment in some countries."

philosophische Arbeiten einen geschichtswissenschaftlichen Nutzen: Sie distanzieren, verfremden, rekontextualisieren – und schärfen so die Einsicht in das Nicht-Selbstverständliche der Dopingbekämpfung. Dadurch entsteht ein Bewusstsein dafür, dass Doping auf bestimmten Deutungen und Sinnkonstruktionen von Menschen beruht und dass heutige Normalitäten einst nicht „normal" waren. Eine wichtige Kompetenz der Geschichtswissenschaft besteht gerade darin, durch den Blick in die Vergangenheit Prozesse der Konstruktion gesellschaftlicher Selbstverständlichkeiten nachzuzeichnen und sie damit ihres quasinatürlichen Charakters zu entkleiden.[41] Eine derartige Historisierung legt gleichzeitig offen, dass sich die heutigen Sichtweisen und Gegebenheiten nicht ahistorisch aus vermeintlich absoluten Werten bzw. überzeitlich gleichbleibenden Tatsachen herleiten lassen.

In historischen und soziologischen Studien zum Thema fehlt jedoch meist die Verwunderung darüber, wie es zu einem solch umfangreichen und ungewöhnlichen Kontrollsystem überhaupt kam. Oftmals wird der größte Begründungsaufwand in die Erklärung der Unzulänglichkeiten der Dopingbekämpfung gesteckt. Tatsächlich gibt es kaum ein Phänomen des Sports, das so stark teleologisch vom gegenwärtigen Standpunkt her, d.h. in erster Linie im Lichte seiner vermeintlichen Ineffektivität und seines Scheiterns, interpretiert wird.[42] Aus historischer Perspektive kann eine solche Beschreibung problematisch sein, gerät doch dadurch zweierlei aus dem Blick: Erstens die zeitgenössischen Wirklichkeitsdeutungen, die noch nicht durch das spätere Wissen um die Schwierigkeiten der Dopingbekämpfung überformt waren. Und zweitens die grundlegendere Frage, wie es kam, dass es Anti-Doping überhaupt gibt. Dass ein solches Kontrollsystem existiert und dass es – wohlgemerkt trotz massiver Kritik – nicht nur fortbesteht, sondern historisch gesehen sogar einen Prozess enormer Expansion erfahren hat,[43] ist keine Selbstverständlichkeit. Die vorliegende Arbeit beginnt daher nicht beim Misserfolg, sondern – so absurd dies vor dem Hintergrund der üblicherweise angenommenen Ineffizienz klingen mag – beim Erfolg der Dopingbekämpfung. Anti-Doping konnte sich de facto seit über einem halben Jahrhundert dauerhaft etablieren und wurde sowohl qualitativ als auch quantitativ enorm ausgeweitet. Diese Entwicklung begann mit vereinzelten moralischen Appellen von Sportmedizinern in der ersten Hälfte des 20. Jahrhunderts und mündete schließlich in ein umfangreiches System der Kontrolle, das routinemäßig mit einer hohen Zahl an Urin- und Blutkontrollen in- und außerhalb von

41 Vgl. Landwehr, 2007, S. 12.

42 Vgl. dazu Abschnitt 1.5.

43 Vgl. dazu Unterabschnitt 5.3.2.

Wettkämpfen sowie zunehmend mit dem biologischen Pass und Ermittlungsorganen außerhalb des Sports arbeitet. Ein Kontrollsystems, das finanziell und organisatorisch allmählich ein beträchtliches Maß an Kapazitäten beanspruchte, gleichzeitig immer stärkere Eingriffe in die Privatsphäre von Menschen vornahm, die in anderen sozialen Kontexten als ein inakzeptabler Bruch mit individuellen Persönlichkeits- und Freiheitsrechten eingestuft würden, und trotzdem dem ständigen Vorwurf der Halbherzigkeit und Ineffektivität ausgesetzt war, kann nur auf einer äußerst soliden Legitimationsbasis fortbestehen und expandieren. Die zentrale Frage dieser Arbeit lautet daher, wie die Dopingbekämpfung geschaffen wurde, dass sie so dauerhaft bestehen und immer weiter ausgebaut werden konnte.

Für ein solches Forschungsvorhaben, das nach dem Zustandekommen sozialer Wirklichkeit fragt, eignen sich besonders theoretische Ansätze, die den Konstruktionscharakter von Wirklichkeit betonen. Die erkenntnistheoretischen Prämissen sowie das für die Quellenanalyse verwendete analytische Instrumentarium sind im Folgenden zunächst Gegenstand der Diskussion bevor im weiteren Verlauf des Kapitels auf die relevanten sportpolitischen Akteure, das Quellenkorpus und den Forschungsstand näher eingegangen wird.

1.2 Epistemologische Prämissen und analytisches Instrumentarium

1.2.1 Zur Relevanz eines theoretischen Analyseinstrumentariums für historische Untersuchungen

Zunächst sind ein paar grundlegende Ausführungen zur Relevanz eines theoretischen Analyseinstrumentariums für historische Untersuchungen generell angebracht, und zwar deswegen, weil es in (sport)historischen Arbeiten nach wie vor keineswegs selbstverständlich ist, die zugrundeliegenden theoretischen Prämissen offenzulegen.

Die Geschichtswissenschaft hat ihre theoretischen und methodischen Fragen in unregelmäßigen Abständen immer wieder neu zu klären versucht. Vor allem mit der Durchsetzung einer theoriegeleiteten Sozialgeschichte öffnete sie sich eher systematisch orientierten Nachbarwissenschaften wie der Soziologie, Ökonomie und Politikwissenschaft.[44] Dennoch gelten Historiker im Vergleich zu Sozialwissenschaftlern immer noch tendenziell als theoriefern, was Geschichts-

44 Vgl. Wehler, 1997, S. 351.

theoretiker und theoriegeleitet arbeitende Historiker immer wieder zum Anlass für Kritik nahmen.[45] Theorieresistenz wurde auch von Sporthistorikern (bzw. Historikern, die sich mit Sportgeschichte beschäftigen) in den letzten Jahren immer wieder beklagt.[46]

Gegen eine atheoretische Herangehensweise ist grundsätzlich einzuwenden, dass in historischen Arbeiten keine chronologisch geordnete Folge von theoriefreien „harten" Tatsachen produziert wird. Die Quellen sprechen nämlich weder für sich, noch kann der Historiker einen neutralen „Standpunkt Gottes"[47], wie ihn sich ein naiver Realist vorstellt, einnehmen. Es gibt keine Perspektive, von der aus sich der traditionelle historistische Anspruch zu rekonstruieren, wie es „eigentlich gewesen ist", verwirklichen lässt. Vielmehr antworten die Quellen nicht losgelöst von den Strukturen der Erkenntnis, welche der Historiker als Erkenntnissubjekt a priori in den Erkenntnisakt miteinbringt.

Der Geschichtsphilosoph Chris Lorenz versucht den Brückenschlag zwischen grundlegenden wissenschaftstheoretischen Erkenntnissen und Geschichtswissenschaft und macht darauf aufmerksam, dass selbst die einfachsten Feststellungen wie beispielsweise, dass die Sonne jeden Tag auf- und untergeht oder dass ein auf einem Turm losgelassener Stein gerade nach unten fällt, nicht als neutrale, theoriefreie Fakten so und nicht anders „gegeben" sind, sondern für Beobachter vor bzw. nach Galileis revolutionären physikalischen Entdeckungen völlig andere Bedeutungen hatten.[48] Das hängt damit zusammen, dass jede Beobachtung stets theoriegeladen ist. Diese grundlegende Feststellung trifft keineswegs nur auf die in diesem Zusammenhang zumeist betrachtete naturwissenschaftliche Beobachtung zu: Alle empirischen Daten sind bereits dadurch theoriegeladen, dass sie begrifflich strukturiert sind, diese Begriffe Bedeutungen tragen und auf bestimmte Weise miteinander zusammenhängen. Für den Bereich

---

45 Vgl. Lorenz, 1997, S. 340-342; Daniel, 2001, S. 452 f.; Müller, 2008, S. 133; Pohlig & Hacke, 2008, S. 7; Mergel & Welskopp, 1997, S. 20; Bluhm, 2010, S. 182.

46 Vgl. Phillips, 2006, S. 2 f.; Booth, 2003, 1, 3, 9, 22; Booth, 2004; Booth, 2010, S. 12; Schiller & Young, 2009, S. 318; Stieglitz, Martschukat & Heinsohn, 2009, S. 13; Holt, 2014, S. 26; Thomas, 2008, S. 196; Becker, 2013. Vgl. außerdem den Sammelband von Phillips, 2006.

47 Der Ausdruck geht auf den Sprachphilosophen und Wissenschaftstheoretiker Hilary Putnam (1990, S. 75-76, 82, 89, 105-106) zurück, der damit den unhaltbaren Standpunkt des „metaphysischen Realismus" beschreibt, wonach die Welt aus einer feststehenden Gesamtheit geistes-, sprach- und theorieunabhängiger Gegenstände besteht und durch genau eine wahre Beschreibung sprachlich abgebildet werden kann.

48 Vgl. Lorenz, 1997, S. 35-38.

der Geschichte macht Koselleck deutlich, dass dasselbe Ereignis auf ganz unterschiedliche Art und Weise, d.h. beispielsweise etwa ökonomisch oder theologisch gedeutet werden kann, und „die Entscheidung darüber, welche Faktoren zählen sollen oder nicht [...], zunächst auf der Ebene der Theorie [fällt]". Dementsprechend ist die Frage, wie Geschichte gedeutet wird, „zunächst keine Frage des Quellenbestandes, sondern theoretischer Vorentscheidungen."[49] Was eine Geschichte zur Geschichte macht, ist also nie streng positivistisch allein aus den Quellen ableitbar, sondern es bedarf einer Theorie, um die Quellen überhaupt erst befragen und zum Sprechen bringen zu können.[50] In historischen Untersuchungen gibt die Theorie folglich einen bestimmten Rahmen für die Fragen und die Interpretationen an die Hand. Nicht zuletzt lenken theoretische Vorentscheidungen auch die Quellenauswahl.[51]

Folgt man der These von der grundsätzlichen Unhintergehbarkeit von Theorie für Erkenntnis, so stellt sich gar nicht die Frage, ob in historischen Untersuchungen mit einer Theorie gearbeitet wird, die Vergangenheit zweifellos stets „nur" selektiv und niemals vollständig ausleuchten kann.[52] Jede wissenschaftliche Arbeit operiert nämlich notwendigerweise mit einem Netz an zusammenhängenden Begriffen, welche nur Teile der vergangenen Wirklichkeit sichtbar machen. Eine Arbeit ohne theoretischen Anteil ist daher bei genauer Betrachtung gar nicht möglich. Wenn dennoch in vielen historischen, sporthistorischen und dopinghistorischen Arbeiten der Verweis auf Theorie ein willkürliches „Pflichtzitat"[53] bleibt, nirgends ein theoretischer Teil zu finden ist oder auch offensiv für ein „unschuldiges" Herantreten an die Quellen ohne Theorie argumentiert wird,[54] dann liegt das nicht daran, dass es sich bei den darin enthaltenen Er-

49 Koselleck, 1989, S. 206.

50 Vgl. ebd.

51 Vgl. Booth, 2003, S. 2; Booth, 2010, S. 12.

52 Zur Untergehbarkeit von Theorie in der Geschichtswissenschaft siehe auch Mergel & Welskopp, 1997, S. 27.

53 Mergel & Welskopp, 1997, S. 20.

54 Der Fußballhistoriker Nils Havemann (2005, S. 29) beispielweise plädiert im Zusammenhang seiner Arbeit zum Fußball im Nationalsozialismus dafür, „die Quellen ohne theoretische Vorüberlegungen und folglich ohne vorgefasste Meinung nach möglichst allen Seiten hin" auszuleuchten. Dies hätte den Vorteil, dass „zeitlose Phänomene wie Machtstreben, Karrierismus, Drang nach wirtschaftlichem Gewinn, Gedankenlosigkeit, Selbstgerechtigkeit, Angst, Neid, ideologischer Fanatismus, Rücksichtslosigkeit, Brutalität, Opportunismus, Realitätsverdrängung, Egozentrismus, Eitelkeit und Ignoranz" in den Blick kämen. Havemann entgeht dabei, wie theoriegela-

kenntnissen um „neutrale Fakten" ohne theoretische Implikationen handelt, sondern allein daran, dass die implizit zugrundeliegenden Prämissen und Begriffe nicht explizit gemacht wurden. Wehler weist in seinem zentralen Aufsatz zur Anwendung von Theorien in der Geschichtswissenschaft darauf hin, dass explizite Theorieverwendung – im Gegensatz zum Einschmuggeln unreflektierter Prämissen – die Transparenz und Nachvollziehbarkeit einzelner Denkschritte für die wissenschaftliche Diskussion erhöht und damit nicht zuletzt auch die Angriffsflächen markiert, an denen wissenschaftliche Kontrolle und Kritik ansetzen kann.[55] Theoretische Reflexion hebt also die Standortgebundenheit keineswegs auf, klärt jedoch die Konsequenzen und macht historiographisches Arbeiten nachvollziehbar.[56] Daher weisen gerade solche historischen Arbeiten die größten Einschränkungen auf, die aus positivistisch-realistisch inspirierten Ambitionen heraus einer wie auch immer gearteten Vollständigkeit über einen historischen Gegenstand hinterherlaufen und dabei übersehen, dass diese aus wissenschafts- und erkenntnistheoretischen Gründen prinzipiell nicht erreicht werden kann. Explizite Theorieverwendung hingegen beugt willkürlichen Auslenkungen des Blicks auf eine überkomplexe Vergangenheit vor und macht Erkenntnismöglichkeiten und -grenzen sichtbar. Insgesamt gesehen trägt explizite Theorieverwendung daher zu einem erhöhten Maß an wissenschaftlicher Reflexivität, Transparenz und Kritikmöglichkeit bei.

Daneben spricht noch ein weiterer Punkt für explizite Theorieverwendung in geschichtswissenschaftlichen Arbeiten: Wenn die Feststellung des Historikers Rüdiger Graf richtig ist und „Luhmannianisch gesprochen [...] die Leitdifferenz des Wissenschaftssystems nicht nur wahr/falsch, sondern auch interessant/uninteressant oder neu/alt"[57] ist, dann muss es historischen Arbeiten stets auch darum gehen, eine etablierte Geschichte nicht als abgeschlossen und endgültig stehen zu lassen, sondern zu fragen, ob Altes nicht auch plausibel auf neue Art und Weise erzählt werden kann.[58] Die Suche nach neuen begründbaren Erzählungen macht eine theoretische Blickwinkelveränderung notwendig. Ange-

den auch scheinbar „zeitlose" Konzepte sind. Wenn es keine theorielose Geschichtsschreibung gibt, so bleibt diese Vorgehensweise des Weiteren zwangsläufig einem Sammelsurium von alltagstheoretischen Begrifflichkeiten und Laientheorien verhaftet, anstatt dass ausgearbeitete wissenschaftliche Theorien und klare Begriffe als Analyseinstrumentarien eingesetzt werden.

55 Vgl. Wehler, 1979, S. 29.

56 Vgl. Mergel & Welskopp, 1997, S. 30.

57 Graf, 2008a, S. 88.

58 Vgl. ebd., S. 85 ff.

lehnt an Popper[59] sind Theorien auch in der Geschichtswissenschaft mit „Scheinwerfern“ oder „Brillen“[60] vergleichbar, mit denen bestimmte Aspekte der Wirklichkeit fokussiert werden. Insofern stellt die Einführung eines neuen theoretischen Instrumentariums den Versuch dar, zuvor unterbelichtete Bereiche auszuleuchten, die Quellen auf die Plausibilität alternativer Interpretationen abzuklopfen und dadurch über die üblichen Positionen hinausweisende Perspektiven zu eröffnen.

1.2.2 Konstruktivismus – Neue Kulturgeschichte – Diskursgeschichte

Konstruktivismus als epistemologische Prämisse

Der vorliegenden Arbeit liegt eine konstruktivistische Erkenntnisprämisse zugrunde. Unter dem Begriff „Konstruktivismus“ versteht man ein erkenntnistheoretisches Paradigma, unter dem sich inzwischen zahlreiche unterschiedliche Ausformungen entwickelt haben.[61] Ihnen gemeinsam ist die Prämisse, dass die Wirklichkeit nichts Festes oder quasi natürlich Gegebenes ist. Wirklichkeit kann potentiell ganz anders sein als so, wie sie sich uns selbstverständlich präsentiert. Diese Feststellung hat nichts mit dem Gegensatz von Idealismus und Realismus zu tun:[62] Ein Erdbeben beispielsweise ist zweifellos real in dem Sinne, dass es zu einem bestimmten Zeitpunkt subjektunabhängig stattfindet. Es kann jedoch jeweils völlig unterschiedlich konstruiert werden, so beispielsweise als Wirkung von Masseverschiebungen oder, wie etwa in früheren Zeiten, als Zornäußerung Gottes. Die gesellschaftliche Konstruktion der Wirklichkeit zu betonen, bedeutet also nicht die Realität der Außenwelt zu leugnen. Vielmehr wird die Welt in ihren Sinndimensionen der Wahrnehmung, Vorstellung und des Handelns von Menschen in den Blick genommen. Übertragen auf die Dopingthematik bedeutet das: Die Einnahme leistungssteigernder Substanzen im Sport war und ist eine reale Tatsache, die nicht dadurch in die Welt kommt, dass ein Subjekt sie denkt. Ob diese Art der Leistungssteigerung jedoch als akzeptabel oder verwerflich konstruiert wird, welche Substanzen und Methoden dabei konkret als verboten

59 Vgl. Popper, 1984, S. 354-375.

60 Lorenz, 1997, S. 37.

61 Pörksen (2011, S. 16-20) beispielsweise unterscheidet philosophische, psychologische, kybernetische, (neuro)biologische, wissenssoziologische und sozialkonstruktivistische Richtungen.

62 Vgl. Laclau & Mouffe, 2000, S. 114 f.

klassifiziert werden und ob Kontrollen und Sanktionen legitime Formen der Bekämpfung darstellen, ist nicht von vornherein festgelegt. De facto war der Gebrauch leistungssteigernder Substanzen im Sport die längste Zeit in der Geschichte nicht mit moralischen Vorbehalten aufgeladen und dementsprechend auch nicht kontrolliert oder sanktioniert. Die Realität – egal ob es sich um ein Erdbeben oder um die Einnahme leistungssteigernder Substanzen im Sport handelt – schreibt uns nicht vor, wie sie zu interpretieren ist. Wahrnehmung und Wirklichkeit kommen nicht durch einen passiven Prozess des Empfangens von Informationen zustande, bei dem – einem Spiegel gleich[63] – die Ereignisse der Außenwelt einfach abgebildet werden. Wirklichkeit ist vielmehr das Resultat von aktiven Prozessen ihrer Erschaffung.

Genau diese Prozesse stehen im Zentrum des Interesses aller konstruktivistischen Arbeiten. Konstruktivisten verlagern den Schwerpunkt weg von „ontologisch gemeinten Was-Fragen" hin zu „epistomologisch zu verstehenden Wie-Fragen".[64] Der Wissenssoziologe Bruno Latour spricht davon, dass es – ähnlich wie bei der Frage nach der Entstehung eines Bauwerks oder eines Films – sozusagen um den Blick „hinter die Kulissen" auf das „Making-of"[65] bestimmter gesellschaftlicher Phänomene geht. Die unterschiedlichen konstruktivistischen Richtungen legen dabei verschiedene Schwerpunkte: Während beispielsweise typisch naturwissenschaftlich fundierte Entwürfe die Prozesse menschlicher Wirklichkeitskonstruktion im Bereich neurobiologischer Abläufe im Gehirn suchen, konzentrieren sich die geisteswissenschaftlichen Richtungen seit dem linguistic turn der zweiten Hälfte des 20. Jahrhunderts meist auf die Untersuchung von Sprache.[66]

Die konstruktivistische Erkenntnisprämisse fällt auch auf den Historiker selbst zurück: Er (re)konstruiert die Konstruktionen von Menschen aus der Vergangenheit und betreibt insofern Interpretationen zweiter Ordnung. Ohne Zweifel lassen sich mit einem anderen theoretischen Instrumentarium auch andere, vielleicht nicht weniger plausible Deutungen finden. Vielen klassisch positivistisch bzw. realistisch denkenden Historikern ist ein solches Verständnis von Wissenschaft fremd, weil damit, so der Vorwurf, eine „postmoderne Beliebig-

63 Vgl. Rorty, 1981.

64 Pörksen, 2011, S. 21.

65 Latour, 2010, S. 153.

66 Unter dem Dach des linguistic turn versammeln sich letztlich eine Reihe von epistemologischen Positionen, welche der Sprache eine konstitutive Rolle nicht nur für die Erkenntnis von Wirklichkeit, sondern für die Wirklichkeit selbst zuweisen (vgl. Sarasin, 2006, S. 56).

keit"[67] Einzug erhalte, die das klassische Rationalitäts-, Objektivitäts- und Wahrheitsverständnis untergrabe.[68] Wie bereits ausgeführt: Ein solcher Standpunkt impliziert, dass mit überzeitlich gültigen Verfahrensweisen die Realität subjekt- und kontextunabhängig abgebildet werden kann, was – wie Latour überspitzt formuliert – „ungefähr soviel Sinn [hat], wie zu behaupten, daß Babies nicht aus den Schößen ihrer Mütter kämen."[69] Aus konstruktivistischer Perspektive gibt es daher nur einen Weg, um Wissenschaft von Fiktion zu unterscheiden: Die Offenlegung und Reflexion der Prämissen des eigenen Denkens.

Erkenntnisperspektiven einer Neuen Kulturgeschichte

Allgemein betrachtet war der Verlauf der Geschichtswissenschaft in den letzten Jahrzehnten von mehreren großen Veränderungsprozessen gekennzeichnet: Von einer überwiegend politikgeschichtlichen Ausrichtung ging die Entwicklung, sehr grob und verkürzt gesagt, hin zu einer Gesellschaftsgeschichte und schließlich zur sogenannten „Neuen Kulturgeschichte",[70] welche sich als Resultat des thematisierten erkenntnistheoretischen Perspektivenwechsels beschreiben lässt. Die Sportgeschichte hat diese Veränderungen in der Mutterwissenschaft mehr oder weniger stark mitvollzogen.[71] In den letzten Jahren fand vor allem im angloamerikanischen Raum eine verstärkte Hinwendung zu theoretisch fundierten, postmodernen Ansätzen statt. Bei bestimmten sportgeschichtlichen Themen wie Körper, Rasse, Geschlecht, Ethnizität oder Klasse, bei denen es vorwiegend um die Konstruktions- und Reproduktionsmechanismen entsprechender Identitäten geht, haben sich kultur- und diskursgeschichtliche Ansätze sogar als dominant herauskristallisiert.[72]

---

67 Schöttler, 1997, S. 150.

68 Vgl. Daniel, 2001, S. 463; Landwehr, 2009a, S. 163 ff.; Landwehr, 2010, S. 6 f.

69 Latour, 2010, S. 156.

70 Siehe zur Neuen Kulturgeschichte generell programmatisch zuerst den Sammelband von Hunt, 1989. Ferner die Sammelbände von Hardtwig & Wehler, 1996; Mergel & Welskopp, 1997. Außerdem die Monographien von Daniel, 2001; Landwehr & Stockhorst, 2008; Landwehr, 2009b.

71 Vgl. Schiller & Young, 2009, S. 316; Stieglitz, Martschukat & Heinsohn, 2009, 6 f.; Eisenberg, 1994, S. 184; Bernett, 1995; Luh, 2013, S. 81.

72 Vgl. Stieglitz, Martschukat & Heinsohn, 2009, S. 9. Siehe zur Konjunktur neuerer kulturhistorischer bzw. diskursanalytischer Ansätze in der Sportgeschichte generell Booth, 2004, S. 105 ff., 121 f.; 2010, S. 21 ff.; Schiller & Young; 2009, S. 318; Holt, 2014, S. 4. Des Weiteren den Sammelband von Philipps, 2006. Ein Plädoyer aus der

Die neuen kulturgeschichtlichen Ansätze zeichnen sich nicht, wie oft irrtümlicherweise angenommen, durch eine inhaltlich-thematische Beschränkung auf den Bereich hochkultureller Phänomene wie etwa Literatur, Kunst, Musik, Wissenschaft oder andere Bereiche jenseits von Politik oder Wirtschaft aus.[73] „Kulturgeschichte hat keinen spezifischen Gegenstand“, so der Historiker Achim Landwehr.[74] Sie charakterisiert sich vielmehr durch eine bestimmte Beobachtungsweise:[75] „Kultur“ im Sinne der Neuen Kulturgeschichte umfasst alle Sinnkonstruktionen und Wirklichkeitsdeutungen, die das Denken und Handeln von Menschen in der Vergangenheit prägten.[76] Kulturgeschichtliche Studien zielen daher kurz gesagt auf die „historischen Formen von Sinn und Bedeutung, mit denen Gesellschaften ihre Wirklichkeit ausgestattet haben“.[77]

Wenn Kulturgeschichte keinen spezifischen Gegenstand hat, sondern sich als Methode versteht,[78] dann können ganz verschiedene Themen zum Gegenstand der Betrachtung werden. Die kulturhistorische Beobachtungsweise spielte bisher insbesondere bei der Untersuchung von Wissen und Wissenschaft eine wichtige Rolle.[79] Klassisch philosophischen Vorstellungen nach wird Wissen als wohlbegründetes „wahres Wissen“ definiert und vom bloßen Glauben oder Meinen abgegrenzt. Das ist jedoch nicht die Bedeutung, die Wissen aus kulturtheoretischer Perspektive zukommt.[80] Insbesondere seit den Werken Karl Mannheims[81] und Thomas Kuhns[82] wird Wissen radikal soziologisiert und historisiert.[83] Es wird

deutschsprachigen Forschung, die klassisch politik- bzw. sozialgeschichtliche Engführung der Sportgeschichte mit dem Instrumentarium der Neuen Kulturgeschichte zu erweitern, findet sich bei Pyta, 2009, S. 339; Pyta, 2010, S. 389, 397.

73 Vgl. Daniel, 2001, S. 11.

74 Landwehr, 2009b, S. 11. Vgl. dazu auch Tschopp, 2008, S. 11.

75 Vgl. Stollberg-Rilinger, 2005a, S. 11 f.

76 Vgl. Tschopp, 2008, S. 10; Gebhardt, 2005, S. 24; Stollberg-Rilinger, 2005a, S. 10 f.; Mergel, 1996, S. 59. Siehe zur Geschichte des Kulturbegriffs und den Diskussionen um den Kulturbegriff in der Geschichtswissenschaft grundlegend Daniel, 2001, S. 443-466.

77 Landwehr, 2009b, S. 13.

78 Vgl. Mergel, 2012.

79 Vgl. Landwehr, 2009a, S. 134 ff.

80 Vgl. Reckwitz, 2006, S. 152 f.

81 Vgl. Mannheim, 1969.

82 Vgl. Kuhn, 1976.

nicht mehr einfach in einer unabhängigen Welt der Natur bzw. einem allen Menschen gemeinsamem Reich der Vernunft angesiedelt, sondern findet seine Verortung in historischen und sozialen Kontexten, aus denen Wissen in seinen jeweils unterschiedlichen Formen erwächst, anschlussfähig ist und sich wieder verändert. Ob bestimmte Wissensbestände dabei „wahr" oder „falsch" sind, ist nicht mehr die Frage. Wissen und Wahrheit werden vielmehr entkoppelt:[84] Als Wissen gilt das, „was eine Gesellschaft als *wahr* akzeptiert bzw. diejenigen Diskurse, die sie als *wahre* gelten lässt".[85] Anstelle der Wahrheitsfrage tritt die „soziale Relevanz des Wissens, seine faktische Wirkung in der Handlungspraxis".[86] Über die Analyse von Wissensbeständen soll also letztlich Handeln erklärt werden.

Auch klassisch politikgeschichtliche Themen können kulturhistorisch in den Blick genommen werden. Kulturgeschichte und Politikgeschichte sind unter der Perspektive der jüngeren kulturhistorischen Ansätze nicht mehr als Gegensätze zu verstehen.[87] Für den gegenüber der Kulturgeschichte durchaus kritisch eingestellten Sozialhistoriker Hans-Ulrich Wehler bemisst sich das Potential der Kulturgeschichte gerade daran, ob sie in der Lage ist, den „harten" Bereich der Politikgeschichte zu erweitern.[88] Eine Reihe von Historikern hat gerade diese aktuelle Entwicklung im größeren Terrain der Kulturgeschichte stark gemacht und empirisch angewandt.[89] Anders als klassisch politikhistorische Studien klärt eine „Kulturgeschichte des Politischen" weniger darüber auf, welche Politiker mit welchen Absichten welche Entscheidungen getroffen haben und wie die Folgen aussahen. Diese Fragen sind zwar keineswegs irrelevant, jedoch geht es bei poli-

83 Siehe zur Soziologisierung Berger & Luckmann, 1999; Keller, 2008. Zur Historisierung Landwehr, 2002; Landwehr, 2009b, S. 74 ff.; Rheinberger, 2007, S. 10 ff., Sarasin, 2011.

84 Vgl. Reckwitz, 2006, S. 156.

85 Seier, 1999, S. 77. Hervorhebung im Original.

86 Reckwitz, 2006, S. 154.

87 Vgl. Stollberg-Rilinger, 2005a, S. 10.

88 Vgl. Wehler, 1997, S. 353.

89 Vgl. aus theoretischer Sicht Landwehr, 2003, 2006, 2009b; Mergel, 2008, 2012. Für einen Überblick empirischer Arbeiten, die sich einer „Kulturgeschichte des Politischen" zuordnen lassen, siehe Mergel (2012) sowie für einen Überblick über die Kulturgeschichte des Politischen generell den Sammelband von Stollberg-Rilinger (2005b). Balbier (2005, S. 589) hat in ihrer Darstellung zu Stand und Perspektiven der deutschen Sportgeschichtsforschung auf den Trend der kulturgeschichtlichen Erweiterung der Politikgeschichte innerhalb der allgemeinen Geschichte aufmerksam gemacht.

tischen Auseinandersetzungen im Kern um „die Durchsetzung der legitimen Definition von Wirklichkeit".[90] Selbst die Interessen von machtvollen Akteuren können nur vor dem Hintergrund einer spezifisch organisierten Wirklichkeit wirksam werden, in der bestimmte Aspekte der Realität erfolgreich zu sportpolitischen Problemen „gemacht" und mit überzeugenden Problemlösungsversprechen ausgestattet wurden. Entsprechend ihrer kulturgeschichtlichen Beobachtungsweise geht es in dieser Arbeit also wesentlich um die Bedeutungskonstruktionen, mit denen sportpolitische Akteure Anti-Doping-Politik betrieben haben.

Sagbarkeit und Machbarkeit: Diskurs – Kontext – Macht

In der Anti-Doping-Politik werden heutzutage bestimmte Aussagen routinemäßig wiederholt, während andere gar nicht gemacht werden. Beispielsweise sind von Sportpolitikern und Sportfunktionären in der Regel keine Forderungen nach einer Dopingfreigabe oder der Abschaffung von Dopingkontrollen zu hören.[91] Anti-Doping-Maßnahmen werden stattdessen in steter Regelmäßigkeit mit dem Verweis auf bestimmte moralische Werte wie Gesundheit und Fair Play gerechtfertigt. Ausgehend von der Beobachtung, dass die Chancen, mit bestimmten Aussagen erfolgreich Sportpolitik zu betreiben, zweifellos höher sind als mit anderen, drängt sich der von Michel Foucault[92] geprägte Diskursbegriff als analytisches Instrument geradezu auf.

Landwehr umschreibt den Begriff in seinem Grundlagenwerk zur historischen Diskursanalyse folgendermaßen:

> „In Diskursen werden sprachliche und andere Praktiken organisiert und geregelt, wobei die entsprechenden Regeln rekonstruierbar sind. Diskurse sind nicht nur Hüllen, welche

90 Landwehr, 2003, S. 108 f.

91 In diesem Zusammenhang ist der von Bette & Schimank (2006a, S. 362 ff.) geschilderte Fall des ehemaligen Präsidenten des Deutschen Schwimm-Verbands, Harm Beyer, tatsächlich bemerkenswert: Beyer forderte noch Anfang der 1990er Jahre eine Dopingfreigabe im Erwachsenenbereich und begründete dies mit der „inoffiziellen Akzeptanz" von Sportverbänden und der daraus resultierenden Ineffizienz des Dopingkontrollsystems. Diskursanalytisch interessant ist der Fall deswegen, weil Beyer mit dieser Forderung einen eklatanten Bruch mit den Regeln des Diskurses beging, der mit sozialer Exklusion, d.h. konkret dem Verlust des Präsidentenamts, bestraft wurde.

92 Vgl. Foucault, 1981.

die ,eigentlichen' Dinge umgeben, sondern sie bringen hervor, wovon sie handeln. Insofern sind sie wirkmächtig und wirklichkeitskonstitutiv."[93]

Die wirklichkeitskonstitutive Funktion von Sprache wird in diesem Zitat auf Diskurse hin spezifiziert. Bei Diskursen im Sinne Landwehrs handelt es sich um regelhaft strukturierte Redeweisen. Andere Autoren benutzen Raummetaphern zur Veranschaulichung und reden von „Räumen des Sprechens"[94], von „Sagbarkeits- und Wissensräumen"[95] oder, wie Foucault selbst, vom Diskurs als einem „begrenzten Kommunikationsraum"[96]. Diskurshistorischen Studien geht es also darum zu rekonstruieren, was immer wieder gesagt wurde, weil es aufgrund der Regeln des Diskurses „sagbar" war, und wie sich das „Sagbare" im Laufe der Zeit verändert hat. Es handelt sich dabei weder um Regeln, die – wie etwa grammatikalische Sprachregeln – formalisiert festgehalten sind, noch um Regeln, die der Beliebigkeit eines Individuums oder den strategischen Interessen einer Organisation entspringen. Welche Motive oder Interesse verfolgt werden und welche Mittel und Wege dabei zum Einsatz kommen, ist vielmehr auf subtileren Ebenen historisch und sozial situiert.[97] Regeln ermöglichen manches und schränken gleichzeitig in anderen Hinsichten ein. Letzteres zeigt sich darin, dass bestimmte Aussagen nur zu bestimmten Zeitpunkten in bestimmten sozialen Kontexten sagbar waren, während sie zu anderen Zeitpunkten und in anderen Kontexten entweder gar nicht erst geäußert oder – wenn doch – nicht beachtet, abgelehnt bzw. sogar mit sozialer Exklusion bestraft wurden.

Die Wirkmächtigkeit von Diskursen, von der Landwehr spricht, verweist darauf, dass Aussagen nicht belanglos und unschuldig im Bereich der Sprache verbleiben. Vielmehr gibt es einen engen Zusammenhang von Reden und Handeln. Der regelhaft strukturierte Bereich des „Sagbaren" verweist nämlich gleichzeitig auf den Bereich des tatsächlich „Machbaren".[98] Das kommt nicht nur bei explizit als Forderungen formulierten Aussagen zum Vorschein. Auch die Beschreibung von Ist-Zuständen zeigt durch die Art und Weise ihrer Problematisierung zugleich Soll-Zustände an, zu deren Verwirklichung bestimmte Problemlösungen

93 Landwehr, 2009a, S. 78. Siehe zum Diskursbegriff auch Landwehr, 2007, S. 14 f.

94 Sarasin, 2003, S. 58; Sarasin, 2006, S. 75.

95 Link, 2012, S. 58.

96 Foucault, 1981, S. 183.

97 Vgl. Keller, 2010, S. 251.

98 Auf den engen Zusammenhang von Sagbarem und Machbarem weist vor allem Steinmetz (1993) hin. Siehe dazu auch Graf, 2008b, S. 25; Landwehr, 2007, S. 15.

naheliegen und folgerichtig erscheinen.[99] Was gesagt wird verweist – kurz gesagt – auf das, was gemacht werden kann oder auch verbindlich gemacht werden soll.

Ob Aussagen auf Zustimmung oder Ablehnung treffen ist, wie angedeutet, vom historischen und sozialen Kontext abhängig. Der Historiker Rüdiger Graf hat im Zusammenhang mit Überlegungen zum Zustandekommen und zur gesellschaftlichen Akzeptanz von Meinungen auf den semantischen Holismus der Sprachphilosophen Willard van Ornam Quine[100] und Donald Davidson[101] aufmerksam gemacht.[102] Danach kommt eine Meinung nicht allein, sondern immer innerhalb eines größeren Netzes von Meinungen zustande, die als sogenannte Hintergrundannahmen in Beziehungen zueinander stehen. Sie bilden zusammengenommen einen Hintergrundkonsens, der von den meisten Mitgliedern einer Gemeinschaft geteilt wird und in Kommunikationssituationen stets unhinterfragt mitläuft. Das Dopingverbot beispielsweise steht in Beziehungen zu allgemeineren Annahmen über die Gesundheitsschädlichkeit von Drogen und Medikamenten generell. Ähnliches gilt für die Implementierung von Dopingkontrollen: Ohne die positiven Erfahrungen moderner Gesellschaften mit Naturwissenschaften bei der Lösung von Problemen wäre es nicht möglich gewesen, die Entdeckung und Bekämpfung von Doping auf die Analyse von Körperflüssigkeiten im Labor abzustellen. Bei der Quelleninterpretation ist es daher wichtig, diejenigen implizit mitlaufenden Hintergrundannahmen zu explizieren, welche die getätigten Aussagen überhaupt erst zu „sinnvollen" Aussagen machten.

Jede dieser Annahmen konnte zwar durchaus hinterfragt und revidiert werden, mindestens genauso wichtig ist es jedoch, auf die Beharrungskraft von zentralen Annahmen hinzuweisen. Ein Sprecher muss sich stets implizit auf eine Reihe von akzeptierten Hintergrundannahmen stützen, um gehört und verstanden zu werden. Zentrale Annahmen sind daher viel eher in langfristigen Prozessen revidierbar und können in einer spezifischen Kommunikationssituation nur sehr begrenzt auf den Prüfstand gestellt werden.[103] Ansonsten riskiert der Sprecher, dass seine Meinung entweder gar nicht erst beachtet oder als falsch, unangemessen bzw. – wenn es sich um besonders zentrale Annahmen handelt – als absurd abgetan wird. Jeder Sprecher zielt aber in der Regel darauf, dass seine Mei-

99 Vgl. Krasmann, 2002, S. 84.

100 Vgl. Quine, 1975.

101 Vgl. Davidson, 1986.

102 Vgl. dazu und zum folgenden Graf, 2006, S. 80 ff.

103 Vgl. Graf, 2006, S. 83.

nung verstanden wird und überzeugt.[104] Dazu muss er Aussagen wählen, die vor dem Hintergrund einer Reihe von breit geteilten und implizit mitlaufenden Hintergrundannahmen resonanz- und anschlussfähig sind.

Im Unterschied zum normativ orientierten Diskursbegriff von Jürgen Habermas, der als regulative Idee das rationale Gespräch zwischen gleichberechtigten Subjekten bezeichnet und wesentlich durch Herrschaftsfreiheit charakterisiert ist,[105] verbindet sich der Diskursbegriff im Anschluss an Foucault[106] stets auf das Engste mit Macht: Es gibt keine Machtbeziehung ohne ein entsprechend dahinterstehendes Wissensfeld. Gleichzeitig setzt jedes Wissen Macht voraus. Diskurse definieren dabei den Bereich des Wahren, beeinflussen so soziales Handeln und üben Macht aus.[107] Was beispielsweise wissenschaftliche Experten zu Wirkungen und Nebenwirkungen von leistungssteigernden Substanzen und Methoden zu sagen haben, läuft nicht am sportpolitischen Diskurs vorbei, sondern beeinflusst wesentlich mit, ob diese Substanzen und Methoden verboten und kontrolliert werden. Gerade weil sich Wissen und Macht gegenseitig bedingen, ist Wissenschaft nicht abgekoppelt von der Welt des Sozialen und Politischen.[108]

Macht im Sinne Foucaults mit seiner engen Verbindung zu Wahrheit und Wissen zirkuliert also über regelhafte Diskurse in der Sprache und lässt sich daher nicht monokausal auf die Interessen und Intentionen von mächtigen sportpolitischen Akteuren reduzieren. Das schließt „Hierarchien der Wissensverteilung und differenzierte, ungleiche Chancen Wissen zu produzieren“[109] jedoch nicht aus. Wahrheit und Wissen werden vielmehr über eine Reihe von sozialen Ein- und Ausschließungsmechanismen erzeugt,[110] so dass eine detaillierte Analyse der strukturellen Bedingungen, Machtverhältnisse und Sprecherressourcen unverzichtbar ist. Wer gesellschaftlich konstruierte Sinnwelten im Wandel der Zeit verstehen will, muss gleichzeitig „die gesellschaftliche Organisation durchschauen, die es solchen Bestimmern ermöglicht, dass sie bestimmen.“[111]

104 Vgl. Frings & Marx, 2006, S. 101.

105 Vgl. Habermas 1995a; Habermas 1995b.

106 Vgl. Foucault, 1976.

107 Vgl. Landwehr, 2009a, S. 73, Bublitz, 1999, S. 25.

108 Vgl. Landwehr, 2002, S. 64 f.

109 Keller, 2006, S. 127.

110 Vgl. Seier, 1999, S. 77; Landwehr, 2009a, S. 73.

111 Berger & Luckmann, 1999, 124 f.

1.2.3 Verhältnis von Theorie und Empirie

Ohne Zweifel hätte man diese theoretischen Vorüberlegungen noch stärker spezifizieren und anreichern können. Wenn hier bewusst darauf verzichtet wird, so hat das im Wesentlichen vier Gründe:

Erstens soll die Rezeption nicht durch eine Überfülle an theoretischem Ballast erschwert werden. Die Arbeit versteht sich als (sport)historische Arbeit und soll daher in einer Form präsentiert werden, die eine Integration in die (sport)historische Forschungslandschaft erlaubt.

Zweitens ist gerade im Bereich der kulturwissenschaftlichen Forschung und Diskursanalyse eine Kluft zwischen theoretischen und empirischen Arbeiten sichtbar, wobei erstere nicht immer nach der tatsächlichen Durchführbarkeit von letzteren fragen.[112] Die Theorie muss zweifellos so mit der Empirie verbunden bleiben, dass sie sich auf das konkrete Forschungsfeld hinunterschleusen lässt.[113]

Drittens würde ein komplexeres Instrumentarium vielleicht kleinschrittigere Analysen ermöglichen, gleichzeitig aber schon allein aus arbeitsökonomischen Gründen zu substanziellen Einschränkungen zwingen: Erstens müsste der Analysezeitraum verkürzt werden, was wiederum dem diachronen Charakter historischer Studien widerspräche, die ja gerade auf die Rekonstruktion von Kontinuitäten und Brüchen im zeitlichen Verlauf abzielen. Zweitens müssten auch Abstriche an der Heterogenität des Quellenkorpus gemacht werden. Wie im folgenden Abschnitt (1.3) deutlich wird, würde allerdings eine Homogenisierung in dieser Hinsicht die Komplexität sportpolitischer Entscheidungsprozesse im Feld der Anti-Doping-Politik mit den diffusen Zuständigkeits- und Verantwortungsbereichen auf gegenstandsunangemessene Weise verkürzen.

Viertens will sich die vorliegende Arbeit nicht in die Verfahrensgewissheit von manch theoretisch-methodisch extrem gesteigerten Arbeiten flüchten. Mit einem überschaubaren Instrumentarium soll zwar der Blick ausgerichtet werden, gleichzeitig aber genügend analytische Offenheit für die Komplexität des Forschungsgegenstandes bewahrt bleiben. Heuristische Fruchtbarkeit setzt eine gewisse Kontextsensitivität, Flexibilität und Anpassungsfähigkeit bezüglich des Forschungsfeldes und der Quellen voraus. Ansonsten dominiert die Logik der Forschung das Feld, ohne dass die Logik des Feldes die Forschung auf interessante und neue Ergebnisse hin feinjustieren kann. Letztlich hat sich das in die-

112 Vgl. Steinmetz, 1993, S. 43; Eder, 2006, S. 12.

113 Vgl. Wehler, 1979, S. 36.

ser Arbeit verwendete und kapitelspezifisch angepasste[114] Analysegerüst in einem Prozess des Ausprobierens an den Quellen als fruchtbar herauskristallisiert.

1.3 SPORTPOLITISCHE AKTEURE

Die vorliegende Arbeit beschäftigt sich mit Anti-Doping-Politik. Grundsätzlich sind damit alle Kommunikationen gemeint, die auf die Herstellung kollektiv bindender Entscheidungen zur Dopingbekämpfung im Sport gerichtet waren.[115] Diese Entscheidungen wurden innerhalb von Organisationen getroffen, wobei sich verschiedene Ebenen voneinander abgrenzen lassen: Wichtig ist vor allem die Unterscheidung zwischen internationalen und nationalen Organisationen, sowie zwischen Organisationen des Sports und der Politik. Auf globaler Ebene kam dem Internationalen Olympischen Komitee (IOC) eine Schlüsselrolle zu. Diese Sportorganisation wurde im Laufe des 20. Jahrhunderts nicht nur zur einflussreichsten der Welt,[116] sondern war vor der Gründung der Welt-Anti-Doping-Agentur (WADA) im Jahr 1999 auch der wichtigste Akteur in der globalen Anti-Doping-Politik.[117] Im Unterschied zu den nationalen Dach- und Fachverbänden konnte das IOC international und im Unterschied zu den internationalen Fachverbänden sportartübergreifend agieren. Dadurch hatte das IOC einen deutlich größeren Einflussbereich als andere Sportorganisationen, die national oder sportartspezifisch begrenzt waren. Diese Arbeit fokussiert daher in großen Teilen die Anti-Doping-Politik des IOC bis zur Gründung der WADA 1999.

Die Entwicklung der Dopingbekämpfung bliebe jedoch unverständlich ohne das Handeln von Akteuren auf nationalen Ebenen. Der Blick richtet sich dabei in

---

114 Siehe dazu jeweils die einleitenden Bemerkungen zu den einzelnen Kapiteln.

115 Diese Spezifizierung von Anti-Doping-Politik ist abgeleitet aus dem Politikbegriff, den der Historiker Thomas Mergel (2008, S. 216 f.) – in Anlehnung an Niklas Luhmanns Politikbegriff – für kulturhistorische Untersuchungen des Politischen vorschlägt. Mergel beschreibt Politik als „kommunikativen Modus, dessen Codes auf die Herstellung kollektiv bindender Entscheidungen gerichtet ist." Brauchbar ist dieses Konzept von Politik für diese Arbeit aus folgenden Gründen: Der Begriff der „Herstellung" akzentuiert den kommunikativen Prozess, der Begriff der „kollektiven Bindung" die Legitimations- bzw. Integrationsfunktion und der Begriff der „Entscheidung" die Wirkmächtigkeit als auch die Kontingenz politischen Handelns.

116 Vgl. Wagner & Pedersen, 2014, S. 160 f.; Zakus & Skinner, 2008, S. 428.

117 Vgl. Jedlicka & Hunt, 2013, S. 1523 f.; Houlihan, 2012, S. 97. Siehe zur historischen Entwicklung des IOC grundlegend Guttmann, 1994.

dieser Arbeit – fallstudienartig begrenzt[118] – auf Sportverbände und politische Akteure in der alten Bundesrepublik. Nach der deutschen Wiedervereinigung 1990 kam insbesondere die Problematik des Umgangs mit der DDR-Vergangenheit hinzu. Aufgrund der Komplexität dieser Thematik, der in vielen Archiven geltenden dreißigjährigen Sperrfrist (zum Beispiel auf staatliches Archivgut) und auch aus arbeitsökonomischen Überlegungen heraus können die Jahre nach 1990 jedoch – was die nationale Ebene anbetrifft – nicht mehr Gegenstand der Betrachtung sein.[119]

Die Anti-Doping-Politik ist in hohem Maße beeinflusst von wissenschaftlichen Diskursen, beispielsweise über Wirkungen und Nebenwirkungen von Substanzen oder die Verlässlichkeit von Nachweisverfahren. Sportmedizinern und Biochemikern kam dabei eine Schlüsselrolle zu. Insofern blendet diese Arbeit immer wieder relevante sportmedizinische und biochemische Diskurse ein.

Im Folgenden werden nun die für die Dopingthematik wichtigsten ideellen, organisatorischen und historischen Aspekte zu den genannten Akteuren bzw. Ebenen in relevanten Grundzügen erläutert. Im Verlauf dieser Arbeit wird darauf in jeweils unterschiedlicher Form zurückzukommen sein.

1.3.1 IOC

Die modernen Olympischen Spiele waren niemals „nur" Sportwettkämpfe ohne weitergehende Ansprüche. Der Olympismus war vielmehr von vornherein stark pädagogisch und moralisch aufgeladen. Die verschiedenen Aspekte dieser Idee wurden von zahlreichen Autoren in jeweils etwas unterschiedlichen Nuancen

118 Zu welchen Fragestellungen es sinnvoll ist, den Blick vom IOC weg hin zur nationalen Ebene zu lenken und welche Sportverbände und politischen Akteure fokussiert werden, wird in den folgenden Unterabschnitten als auch in den einleitenden Abschnitten zu den einzelnen Hauptkapiteln näher erläutert. Im Wesentlichen ging es darum, die spezifischen Besonderheiten und Problematiken der Dopingbekämpfung auf den jeweils unterschiedlichen Ebenen in den Blick zu bekommen. Nur so kann die Dopingbekämpfung, an der verschiedene Akteure mit diffusen Zuständigkeiten und Verantwortungen mitgewirkt haben, gegenstandsangemessen beleuchtet werden.

119 Vgl. zur Anti-Doping-Politik nach der Wiedervereinigung ausführlich Krüger et al., 2014, S. 145-196.

herausgearbeitet.[120] Grundsätzlich verstand ihr Begründer, Pierre de Coubertin, die Spiele als ein Erziehungsprojekt, das – im Gegensatz zum gängigen dualistischen Denken des Mittelalters und der Neuzeit – die Zusammengehörigkeit von Körper und Geist betonte. Anknüpfend an dieses klassische Ideal der griechischen Antike wurde der Sport als Mittel zur geistigen und moralischen Erziehung der Jugend verstanden. Im sportlichen Streben nach Leistung und Rekord gehe es letztlich um das Ziel der Selbstvollendung und zwar nicht im Sinne eines moralisch indifferenten „Sieges um jeden Preis", sondern verstanden als ein authentisches, freudvolles, selbstzweckhaftes Bemühen, das stets rückgebunden bleibe an moralische Werte. Hervorzuheben sind dabei in erster Linie die Ideale des Fairplay und des Amateurismus. Der Amateur gibt sein Bestes und spielt dabei stets selbstzweckhaft um des Spiels willen und den Regeln des fairen Spiels verpflichtet. Intrinsisch motiviert und moralisch integer, wird er zum Vorbild für die Jugend und der olympische Sport damit zugleich zu einem erstrebenswerten Feld der Selbstvervollkommnung.

Organisatorisch gesehen handelt es sich beim IOC um eine nichtstaatliche Organisation mit der Aufgabe der Betreuung der Olympischen Spiele.[121] Das IOC steht an der Spitze eines komplexen Systems von weiteren Akteuren, zu denen klassischerweise die Nationalen Olympischen Komitees (NOK), die nationalen und internationalen Spitzenverbände sowie die Organisationskomitees gerechnet werden.[122] Bei den NOK handelt es sich um Organisationen, welche die Interessen des jeweiligen Landes sowie die Olympische Bewegung auf nationaler Ebene repräsentieren. Organisationskomitees werden nach der Vergabe der Spiele an eine Stadt von den zuständigen Behörden und dem jeweiligen NOK zur Ausrichtung der Spiele gebildet. Es handelt sich also nicht um dauerhaft bestehende Organisationen. Die Arbeit der Komitees wird vom IOC begleitet und beaufsichtigt.[123]

Das IOC ist zwar in erster Linie für die Olympischen Spiele zuständig, als „Weltregierung des Sports"[124] beansprucht die Organisation jedoch auch über diesen Bereich hinaus die Führung des weltweiten Sports. Dies kann grundsätzlich zu Konflikten mit den internationalen Fachverbänden führen. Diese verste-

120 Vgl. am ausführlichsten Lenk, 1972. Des Weiteren Grupe, 1996, S. 25-28; Grupe, 2013, S. 13-16; Krüger, 2005, S. 69-85; Müller, 1996; DaCosta, 2006; Loland, 2010; Allison, 2012.

121 Vgl. Chappelet & Kübler-Mabbott, 2008, S. 19.

122 Vgl. ebd., S. 5-16.

123 Vgl. ebd., S. 92.

124 Rittberger & Boekle, 1997.

hen sich nämlich als autonome Organisationen. Sportartspezifische Fragen etwa werden von den zuständigen Fachverbänden geregelt, wobei sich die nationalen Verbände grundsätzlich an den Vorgaben der internationalen orientieren sollen. Des Weiteren müssen die Regelungen der Fachverbände grundsätzlich konform mit der Olympischen Charta sein.[125]

Zum erweiterten olympischen System gehören heutzutage auch Regierungen, zwischenstaatliche Organisationen, Sponsoren, Medien und Profiligen.[126] Das IOC verstand sich von Beginn an als eine von Regierungen unabhängige Bewegung und versuchte daher stets, die Verbindungen zur Politik auf ein Minimum zu beschränken.[127] Diese Haltung wurzelte in den Idealen des Internationalismus, der Völkerverständigung und des Amateurismus, welche den olympischen Sport von politischer Instrumentalisierung und willkürlichen Zwecksetzungen freihalten sollte. Während des Kalten Kriegs wurde dann eine auf diese Leitlinien hin ausgerichtete Sportpolitik zu einem Gebot der Stunde. Wenn die Olympische Bewegung im Kontext dieser politischen Bedrohung nicht zerrissen, sondern sich vielmehr als internationale Kraft mit völkerverständigender Wirkung bewähren sollte, dann waren mehrere Schritte notwendig: Erstens musste das westlich dominierte IOC mit seinen ehemals dezidiert anti-kommunistisch eingestellten Präsidenten Sigfrid Edström (1942-1952) und Avery Brundage (1952-1972) den Ostblock zulassen und in die Olympische Bewegung einbinden.[128] Brundage akzeptierte dafür den Staatsamateur aus dem Osten nicht weniger als die von Hochschulen geförderten amerikanischen Athleten.[129] Zweitens wurde von der IOC-Führung keine Gelegenheit ausgelassen, den Sieg des völkerverbindenden Sports über die Politik hervorzuheben, wenn sich die Möglichkeit dafür bot.[130] Gleichzeitig wies man auf politische Gefährdungen des Sports hin, wenn es – wie beispielsweise bei den Olympiaboykotten 1976, 1980 und 1984 – notwendig erschien.[131] Die Tatsache, dass das IOC auf keine Subventionen von staatlichen oder zwischenstaatlichen Organisationen angewiesen war, gab der Organisation dabei ein hohes Maß an Unabhängigkeit.[132]

---

125 Vgl. Chappelet & Kübler-Mabbott, 2008, S. 70 f.

126 Vgl. ebd., S. 5-16.

127 Vgl. Parks, 2007, S. 33; Guttmann, 1994, S. 1; Chappelet & Kübler-Mabbott, 2008, S. 11; Houlihan, 2005, S. 128 f.

128 Vgl. Torres & Dyreson, 2005, S. 63.

129 Vgl. ebd., S. 67.

130 Vgl. Guttmann, 1994, S. 95.

131 Vgl. ebd., S. 1.

132 Vgl. Chappelet & Kübler-Mabbott, 2008, S. 34.

Die Professionalisierung und Kommerzialisierung des olympischen Sports stellten weitere wichtige Prozesse dar. Sie fielen vor allem in die Ära von IOC-Präsident Juan Antonio Samaranch (1980-2001). Die Professionalisierung mündete in die zunehmende Aufweichung des Amateurparagraphen und damit in die Öffnung der Spiele für professionelle Athleten.[133] Die Kommerzialisierung ist auch im Zusammenhang mit den finanziellen Krisen der Olympischen Bewegung in den 1970er und 1980er Jahren zu sehen. Nachdem die Ausrichter bereits ab den 1960er Jahren große Summen öffentlicher Gelder in den Bau von Sportstätten investieren mussten, die danach kaum mehr genutzt wurden,[134] endeten die Spiele von Montreal 1976 schließlich mit einem so großen wirtschaftlichen Defizit, dass sich danach kaum mehr Städte für die Austragung der Spiele bewarben.[135] Die Spiele 1980 in Moskau waren dann die letzten, die zum weitaus größten Teil aus staatlichen Mitteln finanziert wurden.[136] Nach diesen finanziellen Desastern sollten die Spiele in Los Angeles 1984 nicht mehr mit dem Geld des Steuerzahlers bezahlt werden.[137] In der Ära des wirtschaftlichen Liberalismus läuteten sie eine neue Zeit von überwiegend aus privater Hand finanzierten Spielen ein.[138] Wider Erwarten erwirtschaftete das Organisationskomitee unter Führung des erfolgreichen Jungunternehmers Peter Ueberroth[139] einen bemerkenswerten finanziellen Gewinn, welche eine Olympiabewerbung für Städte wieder attraktiv machte.[140] Die Professionalisierung und Kommerzialisierung der Spiele sowie die damit verbundenen hohen Einnahmen aus Sponsorenverträgen und Fernsehgeldern seit den 1980er Jahren waren zwar ein deutlicher Bruch mit den bisherigen Idealen olympischer Politik.[141] Da das IOC im Besitz aller

133 Vgl. Cantelon, 2005, S. 97 ff.; Krüger, 1988, S. 85.

134 Vgl. Dyreson, 2015, S. 173.

135 1978 kandidierte für die Spiele von 1984 neben dem späteren Ausrichter Los Angeles nur noch Teheran (vgl. Real, 2010, S. 230; Llewellyn, Gleaves & Wilson, 2015, S. 2). Siehe zum Rückgang der Zahl der Bewerberstädte um diese Zeit auch Preuss 2004, S. 15; Booth, 2005, S. 202, 205.

136 Vgl. Preuss, 2004, S. 15 f.

137 Vgl. Dyreson, 2015, S. 173.

138 Vgl. ebd., S. 175; Real, 2010, S. 229.

139 Siehe zur Rolle Ueberroths ausführlich Wenn, 2015.

140 Vgl. Preuss, 2004, S. 16; Chappelet & Kübler-Mabbott, 2008, S. 86; Llewellyn, Gleaves & Wilson, 2015; Dyreson, 2015, S. 175. Für eine Liste aller Bewerberstädte zwischen 1976 und 2012 siehe Booth, 2005, S. 202.

141 Siehe kritisch zu den Spielen in Los Angeles 1984 und den dadurch angestoßenen Entwicklungen Shaw, 2008.

Rechte und Daten im Zusammenhang mit den Spielen ist,[142] sicherten diese Entwicklungen der Organisation jedoch nach den Krisenjahren zuvor eine florierende finanzielle Existenz.[143]

1.3.2 Staat, DSB und nationale Spitzenverbände in der Bundesrepublik

Der Sport in der Bundesrepublik wurde nach 1945 in demokratisch konstituierten Verbänden und Vereinen neu aufgebaut und sowohl von Vertretern des Sports als auch von Seiten der Politik als unpolitisch, staatsfern und autonom verstanden.[144] Die Bekräftigung des Prinzips der Autonomie zog sich wie ein roter Faden durch die Sportpolitik sämtlicher Bundesregierungen.[145] Seine Überzeugungskraft speiste sich erstens aus den negativen Erfahrungen aus der Weimarer Zeit und insbesondere der Katastrophe des Nationalsozialismus. Der politisch bedingten Zersplitterung der Turn- und Sportbewegung in der Weimarer Republik folgte damals die zentralistisch gesteuerte Gleichschaltung des Sports durch die Nationalsozialisten. Beides sollte in Zukunft unbedingt vermieden werden. Zweitens bezog das Prinzip seine Überzeugungskraft aus der ideologischen Abgrenzung des bundesdeutschen Sports von der staatsnahen und politisch gesteuerten „sozialistischen Körperkultur" der DDR. Die Sportsysteme des Na-

---

142 Vgl. Chappelet & Kübler-Mabbott, 2008, S. 86; Real, 2010, S. 221.

143 Vgl. Chappelet & Kübler-Mabbott, 2008, S. 34.

144 Der erste hauptamtliche Sportreferent im für den Sport zuständigen Bundesinnenministerium, Hans-Heinrich Sievert (1954, S. 73), erklärte 1954 beispielsweise, dass der Sport eine Tätigkeit sei, „die zur Privatsphäre des Menschen" gehöre. Dem entspräche, „daß der Sport mit seinen Millionen Mitgliedern sich grundsätzlich selbst verwaltet." Der erste Präsident des DSB, Willi Daume (1956, S. 74), propagierte die Autonomie des bundesdeutschen Sports vor den Delegierten des DSB-Bundestages zwei Jahre später mit folgenden Worten: „Die Turn- und Sportbewegung benötigt 1. das uneingeschränkte Recht der Selbstbestimmung und Selbstverwaltung, [...] 3. die freie Entscheidung über die Ideale und ethischen Grundsätze, die innerhalb der Turn- und Sportbewegung gelten sollen." Siehe zum „unpolitischen" Sport in der Bundesrepublik ausführlich Balbier, 2007a, S. 32-39. Des Weiteren dazu und zum folgenden auch Meier & Reinold, 2013; Krüger et al., 2014, S. 12 ff., 31 ff.; Wittich, 2014, S. 79-108.

145 Siehe dazu beispielweise die ab 1970 regelmäßig erschienenen Sportberichte der Bundesregierung (vgl. Bundesministerium des Innern, 1970; 1973; 1976; 1978; 1982; 1986), in denen dieses grundlegende Axiom stets betont wurde.

tionalsozialismus und der DDR dienten in der Bundesrepublik als Negativfolien, vor deren Hintergrund sich das eigene System abhob und legitimierte. Drittens wurde Sport als zweckfreies Spiel verstanden.[146] Als solches konnte es seinen Eigenweltcharakter – so die Vorstellung – nur in einem politikfreien Raum bewahren.[147] Dieses Deutungsmuster war insofern eng verknüpft mit dem Prinzip der Autonomie. Hinzu kam, dass ein so verstandener Sport grundsätzlich der Olympischen Bewegung und nicht zuletzt auch den Vorstellungen der westlichen Alliierten beim Neuaufbau des bundesdeutschen Sports nach 1945 entsprach.[148]

Finanziell war dem Sport jedoch mit Autonomie nicht geholfen. Deshalb gab es mit dem Prinzip der Subsidiarität noch ein zweites grundlegendes Axiom, welches die Beziehungen zwischen Sport und Staat regeln sollte. Nach diesem Prinzip sollten öffentliche Hilfen dort gegeben werden, wo die eigenen Mittel des Sports nicht ausreichten.[149] Autonomie und Subsidiarität galten als einander ergänzend, obwohl sie eher in einem widersprüchlichen Verhältnis zueinander standen. Grundsätzlich beinhaltet nämlich jede staatliche Subventionierung auch Ansätze zur staatlichen Einflussnahme.[150]

Eine große Besonderheit des bundesdeutschen Sports stellte die innerdeutsche Konkurrenz zur DDR im Gefolge des Kalten Krieges dar. Besonders nach der 1966 erfolgten Vergabe der Olympischen Spiele nach München 1972 setzte sich in der Bundesrepublik zunehmend die Meinung durch, dass sportliche

146 Vgl. Krüger, 2005, S. 172-180. Siehe zur Deutung des Sportbegriffs im historischen Verlauf von Sport als „Kampf“ hin zu Sport als „Spiel“ Bernett, 1990.

147 Vgl. Daume, 1953, S. 23.

148 Vgl. Krüger, 2005, S. 165-177.

149 Vgl. Sievert, 1954, S. 74

150 Vgl. Meier & Reinold, 2015, S. 431. Der DSB erkannte die möglichen Folgen subsidiärer Förderung für die Autonomie des Sports und wies mehrmals kritisch darauf hin. DSB-Generalsekretär Karl-Heinz Gieseler gab bei seiner Stellungnahme für den DSB bei der Sportausschusssitzung des Deutschen Bundestages 1979 kritisch zu bedenken, „daß über Schwerpunktsetzungen bei der Gewährung von Zuwendungen [...] Einfluß auf die Autonomie des Sports genommen werden kann“ (Gieseler zitiert in: Winkler & Karhausen, 1985, S. 32). Ähnlich äußerte sich bereits 1962 dessen Vorgänger, Guido von Mengden (1962, S. 55), der angesichts der Abhängigkeit des Sports von staatlicher Unterstützung die Frage stellte, „wo die Grenzlinie zu ziehen ist, die einerseits die Freiheit und Selbstverantwortung des Sports, andererseits die ideelle und materielle Förderung des Sports durch den Staat gewährleistet“.

Leistungen ein wichtiger Teil der staatlichen Repräsentation seien.[151] Mitte der 1960er Jahre beschloss man daher beim DSB, „,den Fehdehandschuh aufzunehmen' (Willi Daume) und das Fördersystem für den Spitzensport hierzulande umzustellen."[152] Veränderungen lassen sich auf mehreren Ebenen feststellen: Nachdem man bisher hauptsächlich auf die von Vereinen getragene Leistungsförderung gebaut hatte, wurden ab 1964 Bundesleistungszentren eingerichtet, ab 1965 hauptamtliche Bundestrainerstellen geschaffen, 1967 die Stiftung Deutsche Sporthilfe zur besseren Unterstützung von Spitzensportlern gegründet, 1970 das Bundesinstitut für Sportwissenschaft als Forschungsförderungseinrichtung geschaffen sowie ab 1972 ein Stützpunktsystem aufgebaut.[153] Außerdem wurde 1969 der „Sonderausschuss für Sport und Olympische Spiele" ins Leben gerufen, der später dann zum Sportausschuss des Deutschen Bundestages wurde.[154]

Ein weiterer wichtiger Indikator für die gestiegene politische Bedeutung des Leistungssports im Zuge der innerdeutschen Konkurrenz war die zunehmende finanzielle Förderung durch den Staat. Bei der Betrachtung der Zahlen für sogenannte „zentrale Maßnahmen auf dem Gebiet des Sports", welche aus dem Ressort des für den Sport zuständigen Bundesinnenministeriums kamen und vor allem in den Spitzensport flossen, fällt auf, dass in den 1970er Jahren eine überproportionale Steigerung zu verzeichnen war.[155] Während beispielsweise im Gründungsjahr des DSB 1950 lediglich 300.000 DM zur Verfügung standen, überschritten die Ausgaben 1957/1958 zum ersten Mal die Millionengrenze.[156] Im Jahr 1969 belief sich der Betrag bereits auf knapp über elf Millionen DM, vervielfachte sich im Laufe der 1970er Jahre nochmals und erreichte 1980 über 51 Millionen DM. In der ersten Hälfte der 1980er Jahre trat dann eine Phase der Konsolidierung ein.[157]

Ende der 1960er Jahre kündigte sich auf bundespolitischer Ebene an, dass die finanziellen Mittel für den Leistungssport zukünftig nicht mehr einfach auf der Basis von Voranträgen an die einzelnen Spitzenverbände verteilt werden sollten, sondern viel gezielter aufgrund perspektivischer Planungen und leis-

151 Vgl. Balbier, 2007a, S. 18, 131.

152 DSB, 1982, S. 238.

153 Vgl. Bundesminister des Innern, 1970, S. 15, 21; 1973, S. 9, 25; 1976, S. 36; Pelshenke, 1999.

154 Siehe zu diesen Prozessen ausführlich Balbier, 2007a, insbesondere S. 88-101, 131-146, 169-193; Balbier, 2007b, S. 146-150.

155 Vgl. Abbildung 1 am Ende dieses Unterabschnitts.

156 Vgl. Gieseler et al., 1972, S. 118.

157 Vgl. ebd.; Bundeshaltspläne der Jahre 1962-1986.

tungsorientierter Gesichtspunkte.[158] Das Präsidium des DSB beschloss daher 1970, bei der „Vergabe öffentlicher Mittel (BMI) und privater Spenden (Stiftung Deutsche Sporthilfe) den chancenreichen Sportarten und Athleten den Vorrang zu geben."[159] Die leistungsorientierte Mittelvergabe an Verbände wurde schließlich im „Leistungssportprogramm der Bundesregierung" der Öffentlichkeit vorgestellt,[160] vom DSB im „Förderungskonzept für den Spitzensport" 1977 konkretisiert[161] und 1983 fortgeschrieben.[162] Zweck dieser Art der Mittelvergabe war die Setzung von Leistungsanreizen sowie eine genaue Differenzierung und Konzentrierung der Mittel nach Kriterien des Erfolgs und des möglichen Prestigegewinns.

Die Historikerin Uta Balbier weist darauf hin, dass diese Veränderungen wesentlich im Lichte von Verflechtung, Abgrenzung und Konkurrenz zur DDR zu sehen sind.[163] Der enorme sportliche Erfolg des Klassenfeinds[164] wurde in der Bundesrepublik seit den 1960er Jahren primär mit den dortigen Veränderungen des Leistungssportsystems in Verbindung gebracht. Die DDR hatte auf diesem Gebiet eindrucksvoll demonstriert, was durch Förderung und Planung erreicht

158 Vgl. Balbier, 2007a, S. 178 f.

159 BArchiv Koblenz, B 106/49958.

160 Vgl. Bundesministerium des Innern, 1976, S. 53, 113-117.

161 Dabei wurden drei Stufen unterschieden, nämlich erstens eine „Leistungsförderung zur Wahrnehmung internationaler Aufgaben", zweitens eine „Aufbauförderung zur Steigerung auf Weltniveau" sowie drittens eine „Optimalförderung zur Stabilisierung der Erfolge" (Förderungskonzept für den Spitzensport, abgedruckt in: DSB, 1978, S. 249-253).

162 Das revidierte Leistungssportprogramm der Bundesregierung mit seiner Erweiterung auf vier Stufen ist abgedruckt in: Bundesministerium des Innern, 1986, S. 162-168.

163 Vgl. Balbier, 2007a, S. 14-17.

164 Bereits bei den Olympischen Spielen 1964 stellte die DDR den größeren Teil der damals noch gemeinsamen deutschen Mannschaft. 1968 in Mexiko-Stadt traten erstmals zwei deutsche Mannschaften – allerdings noch unter gemeinsamer Flagge und Hymne – auf (vgl. Hockerts, 2009, S. 22). Die DDR konnte sich im Medaillenspiegel vor der Bundesrepublik platzieren. Diese Überlegenheit sollte bis zu den Olympischen Spielen in Montreal 1976 zunehmen. Die DDR kam in München auf 66 Medaillen und steigerte diese Zahl vier Jahre später in Montreal auf 90, womit sie im Medaillenspiegel hinter der Sowjetunion und vor den USA sogar Platz zwei belegte. Die Bundesrepublik hingegen kam sowohl bei den heimischen Spielen 1972 als auch 1976 nur auf den vierten Platz und erreichte in Montreal mit 39 Medaillen nicht einmal die Hälfte der von der DDR gewonnenen Medaillen.

werden konnte.[165] In der Bundesrepublik fand daher eine strukturelle Annäherung statt – allerdings in westlich modifizierter Form. Die vorgenommenen Veränderungen blieben gerade aus Gründen der Abgrenzung stets rückgebunden an die Axiome der Autonomie und Subsidiarität. Konkret wurde das bundesdeutsche Leistungssportsystem zwar zunehmend performanzorientiert gesteuert, war aber zu keinem Zeitpunkt zentralistisch organisiert wie der DDR-Leistungssport.[166]

Das Fehlen von klaren hierarchischen Strukturen zeigte sich nicht zuletzt auch im Verhältnis des Dachverbands zu seinen Mitgliedsverbänden. Laut Satzung erkannte der DSB „die organisatorische, finanzielle und fachliche Selbstständigkeit seiner Mitgliedsorganisationen an."[167] Letztlich hatte der DSB also genauswenig wie der Deutsche Olympische Sportbund (DOSB) heutzutage[168] eine Weisungsbefugnis gegenüber seinen Mitgliedsverbänden. Auf der anderen Seite waren die Spitzenverbände, die etwa im Gegensatz zu den Landessportbünden leistungssportorientiert ausgerichtet waren,[169] auf Fremdmittel angewiesen, die vor allem vom Staat kamen[170] und ab den 1970er Jahren nach Kriterien des sportlichen Erfolgs verteilt wurden. Der DSB hatte bei dieser Mittelverteilung eine intermediäre Position zwischen Bundesinnenministerium und den Spitzenverbänden inne: Die Förderung der Spitzenverbände wurde entweder – wie im Fall der Bezahlung der Bundestrainer – über den Haushalt des DSB abgerechnet, oder der DSB war über seinen Bundesausschuss Leistungssport eingebunden, der im Förderungsprozess in der Rolle eines Gutachters fungierte.[171]

165 Vgl. Balbier, 2007a; Balbier, 2007b.

166 Vgl. Meier & Reinold, 2015, S. 429 ff.

167 Satzung des DSB vom 18.7.1976, § 3.2, abgedruckt in: DSB, 1978, S. 52.

168 Vgl. Anders, 2008, S. 314.

169 Vgl. Winkler & Karhausen, 1985, S. 248.

170 Vgl. ebd., S. 56 ff.

171 Siehe zum Verhältnis von Bundesinnenministerium, DSB und Spitzenverbänden ausführlich Winkler & Karhausen, 1985, S. 65 f., 159 ff., 180, 212 ff., 233, 247 f., 251.

Abbildung 1: Spitzensportförderung – Allgemeine Bewilligungen für zentrale Maßnahmen auf dem Gebiet des Sports und der Leibesübungen von 1955 bis 1986.

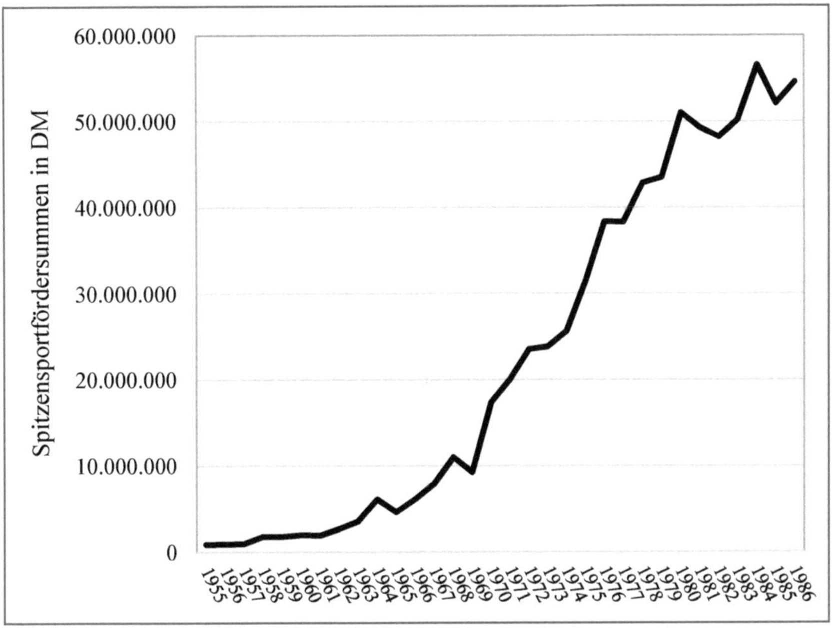

Quellen: Gieseler et al., 1972; Bundeshaltspläne der Jahre 1962-1986.

1.3.3 Sportmedizin

Die Geschichte der Anti-Doping-Politik kann nicht losgelöst von der Sportmedizin betrachtet werden. Ihre Entwicklung wiederum war eng verknüpft mit allgemeinen naturwissenschaftlichen bzw. medizinischen Entwicklungen. Die Medizinhistoriographie datiert den Beginn der modernen Medizin in die Mitte des 19. Jahrhunderts.[172] Zu dieser Zeit verdrängte die empirisch-experimentelle Vorgehensweise allmählich die bisherigen ganzheitlich-naturphilosophischen Ansätze. Aufbauend auf dem engen Zusammenhang von Wissen und Macht hat Foucault deutlich gemacht, dass das Aufkommen und die Dominanz der naturwissenschaftlichen Betrachtungsweise Ärzten als medizinischen Experten ein enormes

---

172 Vgl. Eckart, 2009, S. 188-240; Riha, 2008, S. 59-80; Ackerknecht, 1992, S. 120-122, 153-158; Eckart & Jütte, 2007, S. 23 ff.

Maß an Einfluss bei der Regulierung von Verhalten gegeben hat.[173] Indem sie definierten, was als „gesund" oder „krank", „normal" oder „abnormal" galt, wurden Mediziner zur wichtigsten Kontroll- und Regulierungsinstanz von Gesellschaften im Gesundheitsbereich.[174]

Für den spezifischen Bereich des Sports kam der Sportmedizin diese regulierende Funktion zu.[175] In der ersten Hälfte des 20. Jahrhunderts lag ihr Hauptaufgabenfeld zunächst in der Behandlung von akuten und chronischen Verletzungen sowie deren Prävention. Beim ersten „Kongress zur wissenschaftlichen Erforschung des Sportes und der Leibesübungen" im Jahr 1912 ging es vor allem um gesundheitliche Schädigungen durch Sport.[176] Gewisse Fehlformen wie überzogener Ehrgeiz, Ruhmsucht und Rekordstreben wurden kritisiert und vor der Gefahr gesundheitsschädlicher Übertreibung gewarnt. Eine der Hauptaufgaben des neu gegründeten „Deutschen Reichskomitees für die wissenschaftliche Erforschung des Sports und der Leibesübungen" lag dementsprechend in der Erforschung von Möglichkeiten zur Prophylaxe von Sportschäden.[177]

Im Laufe des 20. Jahrhunderts bezog sich der Präventionsgedanke dann immer stärker auf die Gesundheit der breiten Bevölkerung. Die Entwicklung der Präventionsmedizin allgemein wird in engem Zusammenhang mit der Schaffung der Grundlagen des modernen staatlichen Gesundheitswesens sowie der zunehmenden Sorge um Zivilisationskrankheiten gesehen.[178] In diesem Zuge konsta-

173 Vgl. Foucault, 1977.

174 Siehe zu diesen Prozessen der Regulierung grundlegend Turner, 1995.

175 Vgl. Vertinsky, 2007.

176 Zu den Inhalten des Kongresses siehe Greiner & Arndt (2004, S. 310 ff.). Der Kongress gilt als ein zentrales Ereignis in der Geschichte der Sportmedizin. Nach dem Erfolg der Internationalen Hygiene-Ausstellung 1911 in Dresden, wo erstmalig öffentlich in einem Sportlaboratorium ärztliche Untersuchungen und Messungen an Sportlern vorgenommen wurden (vgl. Brinkschulte, 2002, S. 53; Ullmann, 2004, S. 40-46), wurde ein Jahr später in Oberhof der erste sportmedizinische Kongress überhaupt ausgetragen und mit dem „Deutschen Reichskomitee für die wissenschaftliche Erforschung des Sports und der Leibesübungen" die weltweit erste sportmedizinische Vereinigung gegründet (vgl. Greiner & Arndt, 2004). Die deutsche Sportmedizin hatte also grundsätzlich eine Pionierrolle inne (vgl. Hoberman, 1992, S. 233; Waddington, 1996, S. 177; Brinkschulte, 2002, S. 4) und wird daher auch als das „Mutterland der Sportmedizin" (Tittel, 1993, S. 31; Tittel, 2004, S. 315) bezeichnet.

177 Vgl. Hollmann, 1993, S. 24.

178 Vgl. Labisch & Tennstedt, 1991, S. 19; Lengwiler, & Madarász, 2010, S. 20.

tierte 1954 der Präsident des Deutschen Sportärztebundes, Alfred Koch, dass die Sportmedizin inzwischen „nicht mehr so sehr den Charakter einer Unfallmedizin“ habe, sondern „praktische präventive Medizin“ sei.[179] Innerhalb der verschiedenen fachärztlichen Richtungen sei gerade der Sportarzt der „berufene Wegbereiter für eine Vorsorgearbeit.“[180] Die Sorge um die öffentliche Gesundheit fungierte dabei als das wichtigste Legitimationsinstrument zur Einforderung von Mitteln für die Sportmedizin und den Sport generell. Man verwies wiederholt auf den schlechten körperlichen Zustand der Bevölkerung und betonte die gesundheitsfördernden Wirkungen des Sports.[181] Die Bereitstellung von Bundesmitteln für sportmedizinische Forschung in der Bundesrepublik ab 1957[182] ging wesentlich auf diese gesundheitspolitische Offensive zurück. Der politische Wille, aus Gründen der allgemeinen Gesundheitsvorsorge die Sportmedizin von staatlicher Seite zu fördern, fand sich auch in anderen westlichen Nationen.[183]

Im Leistungssport gehörte der Schutz vor gesundheitsschädlichen Übertreibungen sowie die Bestimmung des richtigen Maßes an sportlicher Betätigung traditionell zu den zentralen Aufgaben der Sportmedizin.[184] Im Zuge eines sich dynamisch entwickelnden Leistungssports wurde diese regulierende Funktion jedoch besonders in der Nachkriegszeit relevant. Namhafte Sportfunktionäre, Sportmediziner und Sportpädagogen mahnten immer wieder vor der ausschließlichen Fixierung auf den sportlichen Erfolg und sahen dabei insbesondere die Sportärzte in der Pflicht, die Sportler vor Übertreibungen zu schützen.[185] Für DSB-Präsident Willi Daume lag „das Wesen des echten Sports“ darin

> „den Menschen – nicht die Rekorde! – zu steigern. [...] Die Grenze zu finden, an der sich vernünftiges sportliches Leistungsstreben und sinnlose Rekordsucht voneinander schei-

179 Koch, 1954, S. 258. Zum veränderten Aufgabenschwerpunkt der Sportmedizin ähnlich Daume, 1953, S. 24; Daume, 1954b, S. 257 f. Siehe dazu und zum Folgenden auch Krüger et al., 2014, S. 49-53.

180 Koch, 1955, S. 130.

181 Vgl. Daume, 1954a, S. 40; Daume, 1955, S. 49 ff.; Daume, 1956, S. 71 ff.; Koch, 1955, 130 f.; Koch, Hoske & Hamacher, 1954, 18 f.; Gossner, 1954, S. 191 f., Mellerowicz, 1954.

182 Vgl. Hollmann & Tittel, 2008, S. 56.

183 Siehe zu den USA Berryman, 2012, S. 27, 43. Zu Großbritannien Carter, 2012a, S. 57; Carter, 2012b, S. 16 ff., 30.

184 Vgl. Carter, 2012b, S. 35.

185 Vgl. Daume, 1955, S. 59 ff; Halt, 1952, S. 34; Engelhardt, 1958; Metzner, 1958; Grupe, 1959.

den, muß das vornehmste Anliegen des Arztes im Sport sein. Er darf daher seine Aufgabe nicht in der Behebung, sondern in der Verhütung von Schäden sehen. Voraussetzung dafür ist wiederum, dass jene Grenzlinie erkannt und abgesteckt ist, jenseits derer der Sport zum Mord wird.“[186]

Im zeitgenössischen Sprachgebrauch wurden Sportmediziner auch als „Hüter des Sports“[187] bzw. als „biologisches Gewissen“[188] bezeichnet. Innerhalb des Leistungssports fiel der Sportmedizin also wesentlich die Funktion eines moralischen Korrektivs zu.

Obwohl insgesamt betrachtet die Quellen der 1950er Jahre bei der Frage nach der Rolle der Sportmedizin im Leistungssport eindeutig ihre präventive und regulierende Funktion in den Mittelpunkt stellten, zeigten sich bereits ansatzweise Entwicklungen, die dann ab den 1960er Jahren eine große Dynamik entfalten sollten. Neben den therapeutischen und präventiven Aufgabenbereichen kamen zunehmend Forderungen nach einer wissenschaftlichen Begleitung des Trainings zu leistungssteigernden Zwecken auf. Der bekannte Freiburger Leichtathletiktrainer Woldemar Gerschler machte beim Sportärztekongress 1952 darauf aufmerksam, „dass die Entwicklung des Sportes sowohl in der Breite wie auch in der Spitze heute so geartet ist, dass die Erfahrung nicht mehr ausreicht, sondern die Wissenschaft helfend und ergänzend eingreifen und mitarbeiten muß.“[189] Ähnlich äußerte sich auch NOK-Präsident Karl Ritter von Halt. Neben dem Trainer wurde der Sportarzt als entscheidender Akteur bei der Produktion sportlicher Höchstleistungen gesehen, denn nur mit Hilfe der „Ratschläge eines erfahrenen Sportarztes können unsere Wettkämpfer das Optimum ihrer Leistungsfähigkeit erreichen.“[190]

Die Forderung nach leistungsphysiologischer Athletenbetreuung stellt einen wichtigen Unterschied zur leistungsphysiologischen Praxis der ersten Jahrzehnte des 20. Jahrhunderts dar. Zwar versuchten Physiologen bereits um die Jahrhundertwende, das menschliche Leistungspotenzial naturwissenschaftlich auszuloten und zu modifizieren. Diese Forschung ist im Kontext einer Zeit zu sehen, in der man – beeinflusst durch die Industrialisierung – nach möglichen Formen der Steigerung von Produktivität und Effizienz suchte und die von modernem

186 Daume, 1954b, S. 258.

187 Daume, 1953.

188 Grupe, 1959.

189 Gerschler, 1953, S. 182.

190 Halt, 1952, S. 34. Zu einem ähnlichen Urteil kommt auch der Präsident des Deutschen Sportärztebundes Koch, 1958, S. 18.

Fortschrittsdenken und wissenschaftlichem Optimismus geprägt war.[191] Im Unterschied zur zweiten Hälfte des 20. Jahrhunderts zielten die damaligen Forschungsarbeiten jedoch noch nicht auf eine Anwendung im Sport.[192] Man experimentierte zwar mit Sportlern, lieferte aber keine leistungssportbezogene Interpretation der Ergebnisse. Die Experimente hatten damals nicht das Ziel herauszufinden, wie die Leistungsfähigkeit von *Sportlern* gesteigert werden konnte. Wichtig war vielmehr die Erforschung allgemeinphysiologischer Vorgänge und Gesetzmäßigkeiten sowie die Anwendung der Forschungsergebnisse in den Bereichen Arbeit und Militär. Die Experimente standen nicht im Dienste des Sports, sondern die leistungsphysiologischen Daten waren für außersportliche Zwecke bedeutsam. Dass der Leistungssport noch kein Anwendungsfeld der Forschung war, hing vorwiegend mit seiner randständigen Bedeutung zu dieser Zeit zusammen.

Der Wandel hin zu einer modernen Leistungsphysiologie als anwendungsorientierter Teildisziplin der Sportmedizin erfuhr im Laufe der Nachkriegszeit durch die Professionalisierung, Kommerzialisierung und Politisierung des Leistungssports einen entscheidenden Schub.[193] Das Wissen von Athleten und Trainern allein wurde allmählich nicht mehr als ausreichend angesehen, um international konkurrenzfähig zu sein. Daher wurde vermehrt sportmedizinisches Expertenwissen in den Betreuungsprozess miteinbezogen.[194] Der deutlichste Ausdruck dafür war die Bereitstellung finanzieller Mittel von staatlicher Seite sowie die Schaffung entsprechender Betreuungsstrukturen. In der Bundesrepublik wurde im Jahr 1971 erstmals ein Betrag von 100.000 DM für sportmedizinische Untersuchungen bereitgestellt.[195] Ab 1973 haben die jährlichen Zuwendungen für die sportmedizinische Betreuung im Leistungssport die Millionengrenze über-

191 Vgl. Hoberman, 1994, S. 78 ff.

192 Siehe zu den historischen Unterschiede, die im Folgenden knapp skizziert werden, insbesondere die Arbeiten von Hoberman, 1994, S. 103 ff.; Hoberman, 1992, S. 238 f. Des Weiteren auch Langenfeld, 1988, S. 142; Brinkschulte, 2002, S. 18; Dimeo, 2007a, S. 18 ff.; Waddington, 1996, S. 183 ff.

193 Waddington & Smith (2009, S. 81) sprechen in diesem Zusammenhang von der Entstehung einer Arzt-Sportler-Beziehung, welche eine den Anforderungen des Leistungssports genügende leistungsphysiologische Athletenbetreuung gewährleisten sollte.

194 Vgl. Hoberman, 1998, S. 500 f.

195 Vgl. Bundesministerium des Innern, 1970, S. 22. Siehe dazu auch Abbildung 4 in Unterabschnitt 5.4.3.

schritten.[196] 1978 wurden auch leistungsdiagnostische Untersuchungen zu einem festen Bestandteil der jährlich zweimal stattfindenden sportmedizinischen Untersuchungen für bundesdeutsche Spitzensportler.[197] Solche Entwicklungen lassen sich in verschiedenen Ländern diesseits und jenseits des Eisernen Vorhangs zu dieser Zeit beobachten.[198]

Zwar gibt es auf ideeller Ebene eine lange und oft betonte Verbindung zwischen Sport und Gesundheit.[199] In der Praxis des modernen Leistungssports stellen sportliche Leistung und Gesundheit jedoch keineswegs deckungsgleiche Ziele dar.[200] Im historischen Verlauf wurde Gesundheit vor dem Hintergrund der gestiegenen Anforderungen vielmehr zunehmend zu einem prekären Gut, das in Konflikt mit leistungssportlichen Zielen geraten konnte. Der Präsident des internationalen Sportärztebundes, Ludwig Prokop (1976-1980), betonte 1978 in einem Grundlagenartikel zur Rolle der Sportmedizin im Leistungssport, dass dieser Bereich des Sports sehr oft überhaupt nichts mehr mit Gesundheit zu tun habe und die Anzahl der Schäden und Verletzungen dort inzwischen erheblich sei.[201] Wildor Hollmann, Präsident des deutschen (1984-1998) und des internationalen Sportärztebundes (1986-1994), stellte 1987 rückblickend fest, dass

> „sich ab den sechziger Jahren die Verletzungen und Schäden infolge akuter oder chronischer Fehl- oder Überbelastungen zu häufen [begannen]. Heute können wir in manchen Staaten davon ausgehen, daß mindestens in Olympiajahren die Quote der verletzten Spitzensportler zwischen 30% und 70% liegt. Damit entwickelte sich die Sportmedizin mehr und mehr zur Reparaturwerkstätte des Hochleistungssports."[202]

Aufgrund der gestiegenen Anforderungen im Leistungssport gerieten Sportmediziner leicht in einen Konflikt zwischen der „culture of risk" des Spitzensports auf der einen und der „culture of precaution" des Medizinsystems auf der ande-

196 Vgl. Bundesministerium des Innern, 1976, S. 36.

197 Vgl. Bundesministerium des Innern, 1978, S. 34.

198 Zur Entwicklung in den USA siehe Berryman, 1995, S. 2, 126; Berryman, 2012, S. 28 f. Für Großbritannien Carter, 2012a, S. 58; Carter, 2012b, S. 81 ff. Für die DDR Hollmann & Tittel, 2008, S. 76-124; Arndt, 2004. Für die Sowjetunion Riordan, 1987; Katzer, 2008, S. 217 ff.

199 Vgl. Waddington & Smith, 2009, S. 23.

200 Vgl. Carter, 2012b, S. 3.

201 Vgl. Prokop, 1978, S. 46 f.

202 Hollmann, 1987, S. 16. Hervorhebungen im Original.

ren Seite.[203] Im Alltag des Spitzensports werden körperliche Grenzen ausgereizt, Verletzungen tendenziell schnellstmöglich „repariert“ und so Gesundheit längerfristig riskiert.[204] Es handelt sich um ein grundlegendes Dilemma bedingt durch widersprüchliche Anforderungen, mit dem Ärzte in anderen Praxisfeldern in dieser Form nicht konfrontiert sind.[205] Dieses Dilemma wurde zwar auch bereits in früheren Jahrzehnten wahrgenommen und kritisch thematisiert.[206] Es verschärfte sich jedoch im Zuge der dynamischen Veränderungen des Leistungssports ab den 1960er Jahren. Die leistungsphysiologische Athletenbetreuung wurde nicht nur zu einer neuen sozial akzeptierten Aufgabe, sondern der sportliche Erfolg von Athleten wurde für Sportmediziner auch zum Maßstab, an dem ihre Arbeit gemessen wurde. Erfüllten sich dabei die leistungssportlichen Erfolgserwartungen nicht, so wurde schnell Kritik laut.[207]

Vor diesem Hintergrund ist es nicht verwunderlich, dass sich im Laufe der zweiten Hälfte des 20. Jahrhunderts die sportmedizinischen Handlungsmaximen verschoben, und zwar zunehmend weg von Gesundheit hin zum sportlichen Erfolg. Im Zentrum sportmedizinischen Handelns im Leistungssport stand immer weniger die langfristige Gesundheit des Athleten als vielmehr die effektive Steigerung sportlicher Leistung. Grundsätzlich lässt sich diese Werteverschiebung als ein historisch angelegter Prozess der Angleichung der Sportmedizin an die funktionalen Erfordernisse des Hochleistungssports beschreiben. In diesem Zuge wurde die leistungsphysiologische Athletenbetreuung allmählich zu einem unverzichtbaren Teil eines modernen Leistungssportsystems.

---

203 Safai, 2003, S. 142.

204 Vgl. Hoberman, 2012, S. 247.

205 Vgl. Anderson & Jackson, 2013; Hoberman, 2012, S. 250; Waddington, 2012; Thiel, Mayer & Digel, 2010.

206 Vgl. Koch, 1956, S. 10 f.; Koch, 1958, S. 1 f.

207 Der bekannte Freiburger Sportmediziner Armin Klümper, der damals zahlreiche bundesdeutsche Spitzenathleten betreute, wurde 1971 bei der Bundeshauptversammlung des Bundes Deutscher Radfahrer (BDR) beispielsweise mit folgender Frage konfrontiert: „Wie erklären Sie sich die Tatsache, daß Sie mit einem unerhörten Aufwand [...] seit Jahren bei den Straßenrennfahrern speziell tätig sind, und daß [...] trotzdem [...] diese Fahrer drüben in Belgien, Holland und Frankreich eine Klasse bis zwei Klassen besser radrennfahren als unsere [...]“ (Protokoll BDR-Bundeshauptversammlung, 1971, S. 12, Archiv DSHS Köln). Heggie (2011, S. 68) hat in ihrer Untersuchung zur Geschichte der britischen Sportmedizin argumentiert, dass durch den verschärften internationalen Konkurrenzkampf im Leistungssport entsprechende Ansprüche an die sportmedizinischen Experten herangetragen wurden.

Auf der einen Seite generierte die gestiegene Bedeutung sportlicher Höchstleistungen eine erhöhte Nachfrage nach leistungsphysiologischer Expertise. Diese Entwicklung bescherte der Sportmedizin ein erwünschtes, expandierendes und zukunftsträchtiges Betätigungsfeld über die klassisch gesundheitsbezogenen, therapeutischen und präventiven Stoßrichtungen hinaus. Die Erschließung, Abgrenzung und Monopolisierung neuer Betätigungsfelder war für die Sportmedizin auch vor dem Hintergrund der Tatsache wichtig, dass sie im Kanon der anderen medizinischen Fachrichtungen ein tendenziell marginalisiertes Fach darstellte.[208] Gleichzeitig verschärfte sich dadurch das dargestellte Dilemma.

Die Rolle der Sportmedizin beim Doping und bei der Dopingbekämpfung ist wesentlich vor diesem Hintergrund zu sehen. Einerseits kam Sportmedizinern – wie noch zu zeigen sein wird – eine tragende Funktion in der Dopingbekämpfung zu. Diese erklärt sich aus ihrer traditionellen Rolle als naturwissenschaftlichen Experten bei der Regulierung von Verhalten anhand von Maßstäben, welche auf Gesundheit ausgerichtet waren. In Konflikt mit Zielen in der Dopingbekämpfung stand die Aufgabe der Optimierung sportlicher Leistung. Im Zuge der enormen Dynamik, die der Leistungssport ab den 1960er Jahren aufgenommen hatte, zielte die sportmedizinische Betreuung von Spitzensportlern immer weniger auf eine medizin- und sportethisch sinnvolle Begrenzung, sondern vielmehr – dem Imperativ der Leistungssteigerung verpflichtet – auf Entgrenzung sportlicher Leistung. Letztlich war Doping dafür nur ein Mittel unter anderen, das mit dem Expertenwissen von Sportmedizinern perfektioniert werden konnte. Auf dieses Spannungsfeld von moralischer Begrenzung einerseits und leistungsorientierter Entgrenzung andererseits wird im Verlauf der Arbeit immer wieder zurückzukommen sein.

1.4 QUELLENKORPUS

Wer ein solch umfangreiches Forschungsthema wie die Anti-Doping-Politik in Angriff nehmen will, weiß von Beginn an, dass er nicht einmal ansatzweise alle Quellen untersuchen kann und eine sinnvolle Auswahl treffen muss. Eine wichtige Grenzziehung ergibt sich durch die Fokussierung auf die genannten sportpolitischen Ebenen. Die Aushandlungsprozesse innerhalb und zwischen den einzelnen Akteuren machen Archivquellen am besten sichtbar. Beim Gros der publizierten Quellen handelt es sich meist entweder um Verlautbarungen wichtiger sportpolitischer Akteure oder um dopingrelevante wissenschaftliche Publika-

208 Vgl. Malcolm & Safai, 2012, S. 9.

tionen. Erstere Quellengattung soll vor allem Aufschlüsse über die Kommunikation nach außen geben, letztere ist unentbehrlich, um die wissenschaftliche Fundierung bestimmter sportpolitischer Entscheidungen in der Dopingbekämpfung sichtbar zu machen. Die Quellen werden im Folgenden nach den im vorigen Kapitel behandelten Ebenen unterschieden und näher spezifiziert.

1.4.1 Internationale Ebene: IOC

Im Hinblick auf die Anti-Doping-Politik des IOC sind vor allem drei Archivbestände aus dem IOC-Archiv in Lausanne von Relevanz: Erstens die Protokolle der Mitgliederversammlung, welche das oberste Organ des IOC darstellt.[209] Die Protokolle wurden für den Zeitraum von 1950 bis 1999 komplett ausgewertet. Da Mitgliederversammlungen meist nur einmal im Jahr stattfanden,[210] wurden viele Entscheidungen vom Exekutivkomitee als geschäftsführendem Organ getroffen.[211] Daher wurden zweitens die Protokolle des Exekutivkomitees analysiert, welche aufgrund der dreißigjährigen Sperrfrist jedoch nur bis einschließlich 1980 ausgewertet werden konnten. Die größte Bedeutung für die Anti-Doping-Politik des IOC kommt drittens den Protokollen der Medizinischen Kommission zu. Dieses Gremium hatte nicht nur beratende Funktion, sondern de facto wurden die wesentlichen Entscheidungen dort auf den Weg gebracht. Die Autorität der Kommission beruhte wesentlich darauf, dass sie mit weltweit führenden Wissenschaftlern aus der Sportmedizin bzw. der Dopinganalytik besetzt war. Durch ihre herausragende Expertise konnten sie im naturwissenschaftlich äußerst voraussetzungsvollen Bereich der Anti-Doping-Politik beanspruchen, die „objektiv richtigen" Entscheidungen zu treffen. Die Protokolle der Medizinischen Kommission konnten – trotz eigentlich dreißigjähriger Sperrfrist – von 1967[212] bis einschließlich 1989 ausgewertet werden.

Bei den Akten aus dem IOC-Archiv handelt es sich um professionell geführte und gut erschlossene Bestände. Daher lassen sich die sportpolitischen Diskussionen innerhalb des IOC insbesondere bis Ende der 1980er Jahre relativ gut nachvollziehen. Einschränkend ist zu sagen, dass es sich bei den Protokollen der

209 Vgl. Chappelet & Kübler-Mabbott, 2008, S. 22.

210 Ausnahmen waren die Olympiajahre, in denen die Mitgliederversammlung sowohl in der Stadt der Winter- als auch der Sommerspiele stattfand.

211 Vgl. Chappelet & Kübler-Mabbott, 2008, S. 23.

212 1967 ist das Jahr der Neustrukturierung der Kommission. Ab diesem Zeitpunkt wurde die Dopingthematik beim IOC deutlich intensiver behandelt (vgl. Wrynn, 2004, S. 220 ff.; Henne, 2009, S. 10 f.).

genannten Organe nicht um Wortprotokolle, sondern um Verlaufs- und Ergebnisprotokolle handelt. Außerdem wurden kontroverse Diskussionen oder sportpolitisch brisante Details oft nur wenig ausführlich protokolliert.[213] Für Arbeiten, die in investigativ journalistischem Stil Aufdeckung betreiben wollen, stellt es ein Problem dar, wenn brisante Details nicht festgehalten sind. Die vorliegende Arbeit, die nach regelhaften Deutungsmustern und Sinnkonstruktionen fragt, kann dieser Einschränkung gelassener entgegenblicken: Auch wenn die Protokolle lückenhaft und nicht wortgetreu sind, so dürfte sich das durchaus im Einzelfall zu unterstellende Interesse an verkürzender oder verfälschender Wiedergabe gerade nicht auf diskursive Selbstverständlichkeiten beziehen, die für die Zeitgenossen unproblematisch waren.

Es ist klar, dass das weite Feld der Kommunikation nach außen nicht fehlen darf. Zu den Archivakten hinzugezogen wurden daher publizierte Schriften von führenden sportpolitischen Akteuren im Anti-Doping-Kampf des IOC sowie Beiträge aus dem „Olympic Review" als dem offiziellen Publikationsorgan des IOC.[214]

1.4.2 Nationale Ebene

Auf nationaler Ebene lässt sich die politische von der sportpolitischen Ebene trennen. Für die politische Ebene sind vor allem die Protokolle und Hearings des Sportausschusses des Deutschen Bundestags, die Sportberichte der Bundesregierung sowie die Kleinen und Großen Anfragen im Bundestag von Interesse. Sie lagern – sofern nicht als Bundestagsdrucksachen online zugänglich[215] – im Parlamentsarchiv in Berlin. Des Weiteren wurden Akten aus dem Bundesarchiv in Koblenz gesichtet, welche in erster Linie Aufschluss über Kommunikationsprozesse zwischen dem Bundesinnenministerium und den Sportverbänden geben.

---

213 Dimeo, Hunt und Bowers (2011, S. 927) gehen außerdem davon aus, dass das, was in den IOC-Protokollen festgehalten wurde, zuvor einer sorgfältigen Kontrolle unterzogen wurde. Siehe zum politischen Charakter von Archiven grundsätzlich Johnes (2015, S. 1791): „The material within archives is created for the benefit and use of its producer and not for later retrieval by historians; it is thus shot through with the assumptions and interests of that body or individual [...]."

214 Das Publikationsorgan heißt erst seit 1970 „Olympic Review". Von 1946-1967 hieß es „Bulletin du Comité International Olympique" und von 1967 bis 1969 „Newsletter". Zum historischen Hintergrund des Publikationsorgans siehe Brown, 2001.

215 Zugriff unter: http://dip.bundestag.de/ (Zugriff am 12.7.2015)

Für die Beleuchtung der Anti-Doping-Politik des Dachverbands DSB wurden Akten aus dem Archiv des DOSB ausgewertet. Herangezogen wurden zudem Jahrbücher und Dokumentationen des DSB. Bei den nationalen Spitzenverbänden erfolgte eine Konzentration auf den Bund Deutscher Radfahrer (BDR), den DLV und den Bundesverband Deutscher Gewichtheber (BVDG). Diese Auswahl liegt in der Dopingaffinität dieser Sportarten begründet. Der BDR und der DLV waren zudem die ersten Verbände in der Bundesrepublik, die in größerem Ausmaß Bekämpfungsmaßnahmen ergriffen. Für Einblicke in die Anfangszeit von Kontrollen und Sanktionen ab den 1960er bzw. Anfang der 1970er Jahre sind diese Sportarten daher unumgänglich. Protokolle des BDR finden sich vereinzelt im Archiv der Deutschen Sporthochschule in Köln. Als deutlich ergiebiger erwies sich jedoch die Zeitschrift „Radsport". Diese Quelle erlaubt so detaillierte Einblicke insbesondere in die frühe Phase der Kontrollaktivitäten in den 1960er und 1970er Jahren wie kein anderes Organ eines nationalen Spitzenverbandes. Des Weiteren wurden Akten aus den Archiven des DLV und des BVDG ausgewertet und durch Publikationen aus den Verbandsorganen „Leichtathletik" und „Athletik" ergänzt.

Weitere wichtige Akten zur Anti-Doping-Politik kommen aus dem Archiv des Bundesinstituts für Sportwissenschaft und aus dem Nachlass des ehemaligen DLV-Präsidenten und Direktors des Bundesinstituts, August Kirsch, welcher im Carl-und-Lieselott-Diem-Archiv der Deutschen Sporthochschule lagert. Beim Bundesinstitut fanden sich in erster Linie Unterlagen zur Forschungsförderung sowie zum Dopingkontrolllabor in Köln. Herangezogen wurden zudem publizierte Dokumentationen des Bundesinstituts wie in erster Linie die regelmäßig erschienenen Berichte. Der Nachlass von Kirsch erwies sich als überaus ergiebig und zwar nicht nur im Hinblick auf die Anti-Doping-Politik des DLV und des Bundesinstituts. Ergänzt wurden die genannten Archivquellen durch Akten aus dem Archiv Willi Daume der Deutschen Olympischen Akademie sowie aus dem Nachlass des Internationalen Radsportarchivs Wolfgang Gronen, welches in der Bibliothek der Deutschen Sporthochschule lagert. Bei den genannten Archivakten handelt es sich um Korrespondenzen sowie um Protokolle von Mitgliederversammlungen, Vorstands-, Präsidiums- und Kommissionssitzungen sowie Berichte dieser Gremien. Wichtige Beschlüsse wurden oft auch in den genannten Verbandsorganen und Berichten publiziert.

Die Archivsituation stellte sich folgendermaßen dar: Bei den Akten aus staatlichen Archiven handelt es sich um professionell geführte und gut erschlossene Bestände. Hingegen sind die Archive der nationalen Sportverbände – von Ansätzen beim DOSB abgesehen[216] – nicht professionell geführt. Relevante Dokumente finden sich oft nur verstreut, die Bestände sind lückenhaft und unvollständig. Der Historiker ist daher in diesen Archiven auch von Zufallsfunden abhängig.

Das hatte letztlich mehrere forschungspraktische Konsequenzen: Die Schwierigkeit, das Quellenkorpus sinnvoll zu begrenzen, ließ sich angesichts der schwierigen Archivlage kaum dadurch lösen, dass man die Untersuchung von vornherein auf wenige Archive einschränkte. Gerade bei lückenhaften und verstreuten Quellenbeständen ist es wichtig, relativ breit zu recherchieren.[217] Insofern war die Archivrecherche stets stark komplementär ausgerichtet. Die genannten Nachlässe etwa lieferten wichtige ergänzende Schriftstücke zur Anti-Doping-Politik von Sportverbänden, die sich in den entsprechenden Verbandsarchiven nicht fanden, aber für die Beantwortung der Fragestellungen der einzelnen Kapitel zentral waren. Neben diesem, der komplizierten Archivlage geschuldetem Argument, rechtfertigt die Tatsache, dass es sich bei der Dopingbekämpfung um ein ziemlich heterogenes organisatorisches Feld handelt,[218] ein breites Quellenkorpus unterschiedlicher Provenienz, um die Zuständigkeits- und Verantwortungszuweisungen in ihrer Komplexität zu rekonstruieren und insgesamt gegenstandsangemessen die Fragestellungen der jeweiligen Kapitel zu beantworten.[219] Obwohl die Beschränkung auf ein kleines geschlossenes Quellenkorpus ohne Zweifel kleinschrittigere Analysen ermöglicht hätte, plädieren manche kulturhistorisch ausgerichtete Arbeiten bei der Quellenrecherche explizit für eine offene Vorgehensweise.[220] Der Verzicht auf enge Grenzziehungen eröffnet nämlich erst die Möglichkeit, unterschiedliche Formen des Diskurses in heterogenen Quellen sowie deren komplexe Beziehungen zueinander in den Blick zu be-

216 Vgl. zum Projekt „Gedächtnis des Sports" des DOSB, mit dem der Verband wichtige Quellen für die Zukunft sichern will, Schulze Forsthövel, 2015.

217 Vgl. Gissel, Krüger & Langenfeld, 2010, S. 49.

218 Vgl. Hunt, 2011, S. 3; Wagner & Pedersen, 2014, S. 163.

219 Ein geschlossenes und dichtes Archivquellenkorpus wäre auch nur in Form der IOC-Archivquellen vorhanden gewesen. Die damit zwangläufig verbundene thematische Einschränkung auf die Anti-Doping-Politik des IOC hätte hingegen – neben dem genannten Aspekt der dadurch nur sehr eingeschränkt sichtbaren Zuständigkeits- und Verantwortungszuweisungen – die historische Analyse des kompletten nationalen Bereichs der Dopingbekämpfung sowie der Dopingbekämpfung außerhalb der Olympischen Spiele ausgeschlossen.

220 Vgl. Graf, 2008b, S. 36; Busse, 2009, S. 128; Landwehr, 2009a, S. 102.

kommen. Gerade im diffusen Feld der Anti-Doping-Politik, an dem viele Akteure interagieren, erhält dies eine besondere Bedeutung.

1.4.3 Wissenschaftliche Ebene

Des Weiteren sind aufgrund der engen Verzahnung von sportpolitischen und wissenschaftlichen Diskursen Artikel in (sport)medizinischen Zeitschriften, Tagungsbänden und Lehrbüchern zu unterschiedlichen Aspekten von Doping und Anti-Doping relevant. Das Hauptaugenmerk liegt dabei auf solchen wissenschaftlichen Arbeiten, die von Autoren mit hohem wissenschaftlichem Prestige und sportpolitischem Einfluss stammen, sei es dadurch, dass sie beispielsweise als Mitglieder wichtiger Kommissionen an grundlegenden sportpolitischen Entscheidungsprozessen direkt beteiligt waren, oder indirekt über einschlägige Arbeiten sportpolitische Entscheidungen mitbeeinflussten. Für eine solche qualitative Gewichtung, bei der sich die Relevanz der Quelle aus ihrer Bedeutung für sportpolitisches Handeln ergibt, muss breit recherchiert werden, da externe Kriterien der Grenzziehung wie beispielsweise eine ausschließliche Konzentration auf ausgewählte Publikationsorgane untauglich sind.

1.4.4 Quellenauswahl und empirische Erkenntnisgrenzen

Die breite Quellenrecherche als erster Schritt dieser Arbeit konnte im Rahmen zweier sporthistorischer Forschungsprojekte zum Doping in Deutschland sowie zur Anti-Doping-Politik des IOC realisiert werden.[221] Praktisch galt es zunächst, sich durch systematische Lektüre einen Überblick über die Quellenlage zu verschaffen. In einem zweiten Schritt wurden dann die Quellenkopien und -exzerpte so bearbeitet und organisiert, dass sie für weitere Zugriffe verfügbar wurden. Die umfangreiche Materialsammlung wurde annotiert, kategorisiert und strukturiert und so ein grobes Korpus all derjenigen Quellen zusammengestellt, die für die Beantwortung der theoriegeleitet gewonnenen Fragestellungen der einzelnen Kapitel wichtig erschienen. Dieses analytisch reduzierte Material wäre jedoch

221 Erstens handelt es sich um das Projekt „Doping in Deutschland von 1950 bis heute aus historisch-soziologischer Perspektiv im Kontext ethischer Legitimation“, das von 2009 bis 2012 vom Bundesinstitut für Sportwissenschaft gefördert wurde. Siehe zur Quellenrecherche in diesem Projekt Krüger et al., 2014, S. 17-22. Zweitens förderte das IOC im Jahr 2011 ein Projekt mit dem Titel „Historical analysis of the ethical foundation of the IOC anti-doping fight“. Siehe zur Quellenrecherche in diesem Projekt Reinold, 2012b, S. 1 f.

für eine wissenschaftliche Bearbeitung immer noch viel zu umfangreich gewesen. Zur weiteren Eingrenzung wurde in einem dritten Schritt daher ein konkretes Quellenkorpus[222] zusammengestellt, welches dann letztlich in die Analyse eingeflossen ist. Dieser letzte Selektionsschritt wurde auf der Basis von vier zentralen Kriterien unternommen.

Erstens gab die erste Quellenanalyse wichtige Impulse für eine weitere Präzisierung der Forschungsfragen und damit auch der Quellenauswahl. Mit den Aussagen in den Quellen im Hinterkopf erhöhte sich bei der erneuten Lektüre die Sensibilität für bisher verborgene Nuancen, Bezüge und Relevanzen. Teilweise gaben diese Entdeckungen Anlass zu Nachrecherchen, teilweise auch zu weiteren Einschränkungen beim Quellenkorpus. In jedem Fall ermöglichte das Ineinandergreifen von theoretischer Perspektivierung und empirischer Analyse eine weitere Spezifizierung des Quellenmaterials.

Zweitens wurden die zu den einzelnen Fragestellungen vorhandenen Quellen gewichtet.[223] Diskussionen auf höheren (sport)politischen Ebenen waren wichtiger als auf tieferen Ebenen. Bestimmte sportpolitische Akteure, die beispielsweise Mitglieder in wichtigen medizinischen Kommissionen waren, hatten mehr Einfluss als andere. Des Weiteren erfolgte eine thematische Gewichtung. Beispielsweise waren anabole Steroide spätestens seit den 1970er Jahre das mit Abstand größte Dopingproblem. Insofern machte es aus Gründen der Relevanz Sinn, bei den Kontroversen um die Gesundheitsschädlichkeit von Dopingsubstanzen fallstudienartig die Anabolikadiskussion zu fokussieren. Letztlich sollten die vorgenommenen Gewichtungen ihre Begründung konsequent in der Relevanz für die konkrete sportpolitische Handlungspraxis finden.

Drittens ist an dieser Stelle einschränkend klar zu sagen, dass aufgrund der schwierigen Quellenlage Kontinuitäten und Brüche in den Redeweisen nur bedingt in feinen Verästelungen nachgezeichnet werden konnten. Oft wurde jedoch auch bewusst darauf verzichtet. Die Arbeit verfolgt ein historisches Ziel, für das eine Konzentration auf die bestimmenden Strukturmerkmale von Aussagen im historischen Verlauf wichtig ist.[224] Das macht Betrachtungen längerer Zeiträume

222 Landwehr (2009a, S. 102 f.) unterscheidet zwischen einem konkreten, einem virtuellen und einem imaginären Korpus. Ein imaginäres Korpus umfasst die Gesamtheit von Äußerungen zu einem bestimmten Diskurs, von dem aber meist nur noch ein kleiner Rest erhalten bzw. recherchierbar ist. Dieser Restbestand wird virtuelles Korpus genannt. Aus dem virtuellen Korpus wird dann durch gezielte Sammlung, Sichtung und Gewichtung die Auswahl eines konkreten Korpus vorgenommen.

223 Vgl. Landwehr, 2009a, S. 103.

224 Vgl. Landwehr, 2009a, S. 115.

in heterogenen Quellen notwendig, welche sowohl der Historizität als auch der Mehrebenenkomplexität sportpolitischer Entscheidungsprozesse im Feld der Dopingbekämpfung gerecht werden. Es versteht es sich von selbst, dass nur diejenigen Ebenen und Thematiken bearbeitet wurden, für die eine ausreichende Quellengrundlage recherchiert werden konnte. Insofern bedingte die Quellenlage wesentlich mit, welche Fallstudien überhaupt auf solider empirischer Basis realisiert werden konnten.

Viertens stellt die Arbeit den Versuch dar, neue Einsichten zu einer scheinbar bekannten und gut erforschten Thematik zu generieren.[225] Dafür musste sich nicht nur das theoretische Instrumentarium, sondern auch das Quellenmaterial im Analyseprozess bewähren und zwar bezogen auf bisher unbekannte Relevanzen. Daher wurden tendenziell diejenigen Quellen bevorzugt berücksichtigt, die für die wissenschaftliche Diskussion neue Sichtweisen versprachen.

Einschränkend ist zu sagen, dass die genannten Selektionskriterien selbst teilweise gegeneinander abgewogen werden mussten. Des Weiteren gab es vor allem auf internationaler Ebene weitere wichtige Akteure in der Anti-Doping-Politik wie in erster Linie den Europarat sowie die internationalen Spitzenverbände. Bei diesen Organisationen wurden jedoch aus arbeitsökonomischen Gründen keine Archivrecherchen vorgenommen, so dass die sportpolitischen Entscheidungen dort höchstens dann sichtbar werden, wenn sie auf IOC-Ebene oder auf den genannten nationalen Ebenen Einfluss hatten. Natürlich bedingen auch skandalisierte Dopingfälle und damit einhergehende öffentliche Forderungen, welche sportpolitischen Entscheidungen letztlich getroffen werden. Insofern würde eine systematische Analyse der meinungsbildenden Presse die medialen Ausgangspunkte sportpolitischer Entscheidungsprozesse zu bestimmen helfen. Presseartikel finden jedoch in dieser Arbeit nur ergänzend Berücksichtigung, sofern sich wichtige sportpolitische Akteure dort äußerten oder auch um Konfliktpunkte zwischen verschiedenen Akteuren zu markieren. Von Sozialwissenschaftlern wurden Analysen des Mediendiskurses zu unterschiedlichen Themen auch bereits vorgenommen, so dass sich diese Arbeit an geeigneten Stellen darauf stützen kann.[226]

225 Vgl. Graf, 2008a, S. 85 ff.

226 Vgl. López, 2011, López, 2013; Trümpler, 2007; Philipp, 2002; Meier, Reinold & Rose, 2012; Meier, Rose & Woborschil, 2012; Meier et al. 2013; Rose, 2014a; Rose, 2014b.

1.5 VERORTUNG DER ARBEIT INNERHALB DES FORSCHUNGSSTANDS

Für diese dopinggeschichtliche Arbeit sind in erster Linie Studien relevant, welche die Dopingthematik historisch in den Blick nehmen und dabei das IOC bzw. die Bundesrepublik fokussieren. Die Anti-Doping-Politik des IOC wird in den beiden Werken der Sporthistoriker Hunt und Krieger bisher am ausführlichsten behandelt.[227] Neben einer Reihe von eher überblickshaften Aufsätzen[228] liegen weitere Studien vor, welche schwerpunktmäßig das Testsystem und die Rolle der Medizinischen Kommission dabei,[229] den Amateurismus[230] oder andere Problematiken der Anti-Doping-Politik teilweise auch aus stärker soziologischer Sicht fokussieren.[231]

Zum Doping in der Bundesrepublik sind, abgesehen von überblickshaften Darstellungen,[232] die Werke von Berendonk[233] und Singler & Treutlein[234] zu nennen, sowie diejenigen Arbeiten, die in den letzten Jahren im Rahmen des Projekts „Doping in Deutschland von 1950 bis heute aus historisch-soziologischer Perspektive im Kontext ethischer Legitimation" von den Projektgruppen aus Berlin[235] und Münster[236] geschrieben wurden. Was die Quellenbasis betrifft, so haben die zuletzt genannten Veröffentlichungen allesamt mit Archiv-

227 Vgl. Hunt, 2011; Krieger, 2016. Krieger (2016) legt dabei einen besonderen Schwerpunkt auf die Rolle von Wissenschaftlern.

228 Vgl. Todd & Todd, 2001; Hunt, 2007; Hunt, Dimeo & Jedlicka, 2012; Reinold, 2015a & 2015b.

229 Vgl. Hoberman, 2001a; Hoberman, 2005b; Wrynn, 2004, Wrynn, 2006; Henne, 2009; Henne, 2014; Henne, 2015, S. 28-55; Krieger & Wassong, 2013; Dimeo, Hunt & Bowers, 2011; Reinold, 2012b.

230 Vgl. Gleaves, 2011b; Gleaves & Llewellyn, 2014; Ritchie, 2014.

231 Vgl. Stokvis, 2003; Beamish & Ritchie, 2004; Wagner, 2009; Ritchie, 2011; Wagner & Pedersen, 2014; Gleaves, 2015a; Gleaves, 2015b.

232 Vgl. Singler & Treutlein, 2008; Jütte, 2008; Reinold, 2010.

233 Vgl. Berendonk, 1992.

234 Vgl. Singler & Treutlein, 2012.

235 Vgl. dazu den Sammelband von Spitzer, 2013 sowie die Monographie von Spitzer, Eggers, Schnell & Wisniewska, 2013.

236 Vgl. dazu die Arbeiten von Reinold, Becker & Nielsen, 2012; Meier, Reinold & Rose, 2012; Reinold & Meier, 2012; Meier & Reinold, 2013; Krüger, Becker & Nielsen, 2012; Krüger & Nielsen, 2013; Krüger et al., 2014; Krüger, Becker & Nielsen, 2015.

quellen gearbeitet. Dasselbe gilt auch für einige Arbeiten zur IOC-Anti-Doping-Politik.[237]

Den älteren Veröffentlichungen von Berendonk sowie Singler & Treutlein[238] kommt der Verdienst zu, in einem schwierig zugänglichen und mit zahlreichen Quellen- und Methodenproblemen behafteten Forschungsfeld die Dopingpraxis in der Bundesrepublik beleuchtet zu haben.[239] Die Arbeiten sind erkennbar durch das Engagement der Autoren im Anti-Doping-Kampf motiviert und verfolgen die Intention, Fakten zu Tage zu fördern, um auf die Missstände der als halbherzig empfundenen Anti-Doping-Politik aufmerksam zu machen sowie Schuld und Verantwortung zuzuweisen. Ähnliches lässt sich auch über die neuen Arbeiten von Spitzer und Kollegen[240] sagen sowie über manche Werke, die von engagierten Sportmedizinern im Anti-Doping-Kampf verfasst wurden.[241] Die Autoren entwickeln zwar eine detektivistische Scharfsicht für Unzulänglichkeiten, Versäumnisse und Verfehlungen in der Anti-Doping-Politik, die Thematik wird jedoch kaum in größere historische Kontexte eingebettet.[242] Dieses historiographische Defizit zeigt sich vor allem beim Vergleich zu manchen Forschungsarbeiten aus dem angloamerikanischen Raum, wie sie in breiterem Rahmen von Hoberman[243] und Dimeo[244] sowie – in enger Verzahnung von soziologischer und historischer Perspektive – von Beamish & Ritchie[245] sowie Waddington & Smith[246] vorgelegt wurden. Bei ihnen spielen auch sozialhistorische Entwicklungen wie beispielsweise die veränderte gesellschaftliche Sichtweise auf Drogen und Medikamente im Zuge der Liberalisierungsbewegung in den 1960er Jahren oder die veränderten Aufgabenfelder von Sportmedizinern eine Rolle.

237 Die Arbeiten von Hunt (2007 & 2011), Wrynn (2004 & 2006), Henne (2009, 2014 & 2015), Krieger (2016), Krieger & Wassong (2013) sowie Reinold (2012b, 2015a & 2015b) basieren vor allem auf Quellen aus dem IOC-Archiv in Lausanne.

238 Das Werk von Singler & Treutlein (2012) ist in der Erstauflage im Jahr 2000 erschienen.

239 Berendonk (1992) beleuchtet auch die ostdeutsche Dopingpraxis.

240 Vgl. Spitzer, Eggers, Schnell & Wisniewska, 2013.

241 So beispielsweise die Arbeiten von Voy, 1991; Mondenard, 1987.

242 Siehe dazu ausführlich die Kritik von Krüger et al. (2014, S. 18 f., 24-27) sowie ergänzend von Steinacker (2013) und Nolte (2013).

243 Hoberman, 1994; Hoberman, 2005a.

244 Dimeo, 2007a.

245 Beamish & Ritchie, 2006.

246 Waddington & Smith, 2009.

Eine weitgehend entkontextualisierte Dopinggeschichtsschreibung kommt meist dadurch zustande, dass die Quellen im Lichte bestimmter moralischer Vorstellungen statt vor dem Hintergrund des zeitgenössischen Kontextes gelesen und bewertet werden. Solche Arbeiten laufen oft auf den moralisch motivierten Vergleich hinaus zwischen den aufgedeckten historischen Fakten und bestimmten normativen Ansprüchen, um aufgrund der festgestellten Defizite eine veränderte Politik zu fordern. Soziologische Ansätze zur Dopingthematik distanzieren sich in der Regel explizit von moralischen Ansprüchen und setzen stattdessen auf wertfreie Analyse.[247] In den letzten Jahren haben auch verschiedene sporthistorisch arbeitende Forscher eine moralisierende Sichtweise auf das emotional aufgeladene Thema Doping kritisiert.[248] Dimeo stellt allgemein fest, dass die meisten Studien nach Lösungen des Problems suchen. Implizit vorausgesetzt wird dabei, dass die Einnahme leistungssteigernder Substanzen ein „Problem" darstellt, das bestimmten moralischen Werten des Sports wie Gesundheit, Fairplay oder Natürlichkeit widerspricht und daher bekämpft werden muss. Erwähnenswert ist diese zumeist fraglos anerkannte Prämisse deswegen, weil sie historiographisch folgenreich war: Vergangene Handlungen und Ereignisse wurden implizit am Maßstab dieser traditionellen moralischen Vorstellungen gemessen, das historisch Gewesene sozusagen auf ein normatives Sollen hin befragt und bewertet. Die Vergangenheit kommt so letztlich nur durch das grobe Raster der Dichotomie von Gut und Böse in den Blick.[249] Inzwischen lässt sich jedoch selbst bei der Behandlung von Themen wie dem staatlich organisierten Doping in der DDR ein Richtungswechsel konstatieren: Aus dem angloamerikanischen Raum werden die Studien von Berendonk[250], Spitzer[251] und des Sportpsychologen Ungerleider[252] deutlich kritisiert. Die Autoren hätten mit

247 Vgl. Bette, 1994, S. 2 f.; Bette & Schimank, 2006a, S. 20; Dresen, 2010, S. 30 ff.; Dresen, 2015, S. 84 f.; Philipp, 2002, S. 5.

248 Vgl. Dimeo, 2007a, S. 3 ff.; Møller, 2010, S. 13 ff. & 32 ff.; Carter, 2012b, S. 105.

249 Vgl. Dimeo, 2007a, S. 3 ff.

250 Vgl. Berendonk, 1992; Berendonk & Franke, 1997.

251 Vgl. Spitzer, 1998.

252 Vgl. Ungerleider, 2001. Diese Arbeit ist in Zusammenarbeit mit Brigitte Berendonk und ihrem Mann, dem prominenten Anti-Doping-Kämpfer Werner Franke, entstanden (vgl. Dimeo & Hunt, 2012, S. 582).

simplifizierenden Vergleichen[253] und einer emotional aufgeladenen Sprache argumentiert und so eine differenziertere Sichtweise verhindert.[254]

Die angesprochene Problematik der Moralisierung ist im weiteren Kontext der Frage des Verhältnisses von Normativität und (Geschichts)wissenschaft zu sehen. Historiker stimmen normalerweise darin überein, dass historische Untersuchungen weder aus der heutigen Perspektive Recht zu sprechen haben noch moralisch belehren oder die Vergangenheit für gegenwärtige (sport)politische Zwecke instrumentalisieren sollen.[255] Betrachtet man hingegen Kontroversen wie beispielsweise den Historikerstreit um die Deutung der nationalsozialistischen Diktatur, so wird deutlich, dass die Geschichtswissenschaft von politischen Positionskämpfen keineswegs freigestellt war. Ähnliches gilt für die Sportgeschichte: Die historische Bewertung von zentralen Personen wie Carl Diem oder von Verbänden wie dem Deutschen Fußball-Bund im Nationalsozialismus sind leidenschaftlich umstritten und kaum frei von geschichtspolitischen Zielen.[256] Nicht selten haben sporthistorische Werke auch einfach legitimatorischen Charakter, sei es zur generellen Rechtfertigung von Leibeserziehung bzw. Sport als Kulturgut[257] oder im Sinne „angepaßter Hofberichterstattung"[258] zum Beispiel in Gestalt von Vereinschroniken oder Festschriften.

In dieser Arbeit geht es weder um die Entdeckung oder Aufarbeitung historischer Altlasten im Sinne einer „Vergangenheitsbewältigung" noch um weitergehende Ziele in der Dopingbekämpfung. Obwohl ein „normativer Nullpunkt"[259] sicher nur idealtypisch angestrebt werden kann,[260] versucht sich diese Arbeit

253 Kritisiert wird vor allem der immer wieder bemühte Vergleich zwischen der DDR-Dopingforschung und den medizinischen Experimenten an KZ-Häftlingen während der Nazi-Zeit (vgl. Dimeo & Hunt, 2012).

254 Für eine Kritik an der bisherigen Forschung zum DDR-Dopingsystem siehe neben der genannten Studie von Dimeo & Hunt (2012) auch Hunt, Dimeo, Hemme & Mueller (2014).

255 Vgl. Evans, 1999, S. 54 ff.; Graf, 2008a, S. 93.

256 Vgl. Becker, 2012, S. 347 f.

257 Vgl. Langenfeld, 1989, S. 86; Gissel, 2002, S. 430; Wedemeyer-Kolwe, 2002, S. 9 ff.

258 Bernett, 1995, S. 135.

259 Lorenz, 1997, S. 384.

260 Auch eine scheinbar wertneutrale Analyse enthält in mehrfacher Hinsicht Werte. Die Wahl des Forschungsgegenstands und die angewandten Forschungsstandards sind a priori mit Wertsetzungen verbunden. Aus der Philosophie kommen gewichtige Argumente, dass die althergebrachte Trennung zwischen Fakten und Werten so eindeu-

dennoch bewusst abzukoppeln von moralischen und sportpolitischen Anwendermotiven. Im Hintergrund steht die Überzeugung, dass die Stärke von Geschichtswissenschaft – im Unterschied etwa zu politisch oder moralisch stark aufgeladenen Laiendiskussionen über geschichtliche Themen – gerade dadurch ins Spiel kommt, dass sie Phänomene nicht ahistorisch vor dem Hintergrund heutiger moralischer Vorstellungen und Ziele nach „besser und schlechter" bewertet, sondern aus einer gewissen Distanz heraus historisiert und so zu differenzierten Deutungen im zeitgenössischen Kontext kommt. Konkret ist es dafür vor allem wichtig, sich im ersten Zugriff einer möglichst neutralen Wortwahl zu bedienen. Nur wer beispielsweise zunächst von „pharmakologischer Leistungssteigerung" oder „leistungssteigernden Maßnahmen" und nicht von „Doping" spricht, kann darstellen, wie bestimmte Praktiken je nach Perspektive und Zeitpunkt als „Doping" oder eben nicht als „Doping" gedeutet wurden. Allgemein gesagt geht es also gerade nicht darum, zu beurteilen, ob Aussagen und Handlungen im moralischen Sinn „richtig" oder „falsch" waren. Diese Fragen bleiben gleichsam ausgeklammert. Die bewusst gewählte Indifferenz hat letztlich analytische Gründe: Den Text mit Ausdrücken moralischer Empörung zu überladen fügt der Problemanalyse nichts hinzu.[261] Vielmehr sinkt die analytische Qualität durch eine normativ stark aufgeladene Sprache, weil dadurch allzu leicht auf irgendwie geartete moralische Defizite von Einzelpersonen oder vergangener Gesellschaften allgemein rekurriert und so einfachen Erklärungsmustern Vorschub geleistet wird. Diese verhindern letztlich eine profunde Einsicht in die tatsächlich wirkmächtigen subjektiven Sichtweisen und kollektiven Deutungsmuster von damals.

Auf die Gründe, warum die Anti-Doping-Politik im 20. Jahrhundert ineffizient war, wurde oft eingegangen. Letztlich laufen viele Argumentationen auf die Grundthese hinaus, die Dopingbekämpfung sei für Sportorganisationen und Staaten angesichts der enormen Bedeutung des Leistungssports ein Unternehmen, an dem niemand ein aufrichtiges Interesse hatte, weil hohe Effizienz bei der Bekämpfung sportliche Erfolge der eigenen Athleten mehr verhindert als befördert hätte. Wenn die Anti-Doping-Politik tatsächlich ein nicht lohnendes Unternehmen darstellt, dann bleibt unklar, wie es dazu kam, dass sich Sportorganisationen überhaupt auf die Implementierung von Verbot, Kontrollen und Sanktionen eingelassen haben. Die Sportsoziologen Eike Emrich und Werner Pitsch stellen in ihren aufschlussreichen ökonomischen Überlegungen heraus, dass die

---

tig kaum aufrechtzuerhalten ist. Siehe dazu erkenntnistheoretisch Putnam (2004) und geschichtstheoretisch Lorenz (1997, S. 367-436).

261 Vgl. Evans, 1999, S. 56.

externen Leistungserwartungen an den Spitzensport auch Erwartungen an die Produktionsweise von Spitzenleistungen umfassen und konzeptionalisieren daher den Leistungssport als ein „Kuppelprodukt" aus sportlicher Höchstleistung einerseits und bestimmten Bedingungen des Zustandekommens im Sinne der olympischen Ideale andererseits.[262] Für die Erklärung der Ineffizienz der Anti-Doping-Politik ist die Überlegung entscheidend, dass Doping als nicht entdeckter Normbruch sportliche Höchstleistungen begünstigt und daher Sportorganisationen den höchsten Nutzen haben, wenn Investitionen im Anti-Doping-Kampf lediglich unter dem „Anschein von Ehrlichkeit" getätigt werden. Diese bewahren den Schein der Integrität – und zwar bei gleichzeitig hoher sportlicher Leistung. Aus kulturtheoretischer Perspektive stellt ein dopingfreier Sport (bzw. der Anschein von dopingfreiem Sport) jedoch kein „gegebenes" Ziel dar. Die Einnahme leistungssteigernder Substanzen muss vielmehr zuerst als moralisch verwerflich begriffen werden, bevor Anti-Doping-Maßnahmen überhaupt erst eine Alibifunktion übernehmen können und „Investitionen in den Anschein von Ehrlichkeit"[263] Sinn haben. Oftmals selbstverständlich erscheinende Nutzen und Interessen sind also weder bereits „vorher da" noch über die Geschichte hinweg gleichbleibend. Erst in einer auf bestimmte Art und Weise definierten, strukturierten und bewerteten Wirklichkeit ergibt manches für rationale Akteure Sinn und anderes nicht.[264] Insofern ist zu klären, wie im Kontext der Anti-Doping-Politik Nutzen überhaupt zu Nutzen bzw. Interessen überhaupt zu Interessen werden konnten.[265] Es kommt dabei weniger auf die Rolle einzelner machtvoller Subjekte an.[266] Interessen können nur dann durchgesetzt werden, wenn sie auf Resonanz stoßen. Auch einzelne herausragende Akteure konnten, mit anderen Worten, Dopingbekämpfungsmaßnahmen nicht einfach implementieren (oder auch verhindern), sondern mussten ihre Anliegen sprachlich so strukturieren, dass sie von anderen mitgetragen wurden.

Während Dimeo vor ein paar Jahren noch behaupten konnte, dass gerade der Prozess der sprachlichen Konstruktion von Doping und Anti-Doping in der Sportgeschichte bisher ignoriert worden sei,[267] kann sich diese Arbeit nun durchaus auf eine Reihe von Ergebnissen aus der englischsprachigen Forschung stüt-

262 Vgl. Emrich & Pitsch, 2009, S. 20.

263 Ebd.

264 Siehe zum Verhältnis von Rational-Choice und kulturtheoretischen Ansätzen Reckwitz, 2006, S. 33, 119 ff., 129 ff.; Nonhoff & Gronau, 2012, S. 118 f.

265 Vgl. Mergel, 2008, S. 233.

266 Vgl. Bluhm, 2010, S. 185.

267 Vgl. Dimeo, 2007a, S. 6.

zen, welche die Frage nach dem „Making-of" stärker in den Mittelpunkt gerückt haben. Die Anti-Doping-Politik wurde im Anschluss an den Soziologen Becker[268] von Stokvis und Goode als „moralisches Unternehmen" bezeichnet,[269] das auf bestimmte Weise konstruiert wurde.[270] Wenn Anti-Doping-Politik auf einem hohen Maß an Konstruktionsarbeit beruht, dann stellt sich für den Historiker die Frage, wie die kulturellen Kontexte beschaffen waren, dass bestimmte Wirklichkeitsdeutungen auf fruchtbaren Boden fallen konnten.[271] Mit anderen Worten: Was waren die Bedingungen der Möglichkeit von Anti-Doping? Verschiedene Autoren haben auf die Relevanz der Amateurideologie aufmerksam gemacht, innerhalb derer die Dopingbekämpfung anschlussfähig war.[272] Das Gesundheitsargument als wichtigstes Argument in der Dopingdebatte ließ sich gut verbinden mit traditionellen Vorstellungen von Sport als gesunder körperlicher Betätigung.[273] Die Dopingthematik stieß dann in der zweiten Hälfte des 20. Jahrhunderts unter anderem durch die Konjunktur von Gesundheitsinitiativen[274] sowie eine forcierte Drogenpolitik[275] auch in der breiten Öffentlichkeit auf Resonanz. Zudem ist die Implementierung von Dopingkontrollen als zentrales Element der Bekämpfung nicht zu trennen vom Glauben an Wissenschaft und Fortschritt bei der Lösung sozialer Probleme allgemein.[276] In diesem Zusammenhang

268 Vgl. Becker, 1973.

269 Vgl. Stokvis, 2003; Goode, 2011.

270 Zur Dekonstruktion breit geteilter Narrationen siehe Møller, 2005; Møller, 2010, S. 32-48; Dimeo, 2007a, S. 3-8, 55 ff. Zu „Mythen" in der olympischen Anti-Doping-Politik generell siehe Beamish, 2014. Zur Rolle von Propaganda bei der Problemwahrnehmung im Westen zur Zeit des Kalten Krieges siehe Beamish & Ritchie, 2005b; Beamish & Ritchie, 2006, S. 31-45; Beamish & Ritchie, 2007; Dimeo, 2007b; Hoberman, 1994, S. 225-265. Zu Mechanismen der Stereotypisierung unterschiedlicher Dopingsubstanzen siehe López, 2011; López, 2013; Reinold & Hoberman, 2014; Beamish, 2009. Zum Dopingbegriff als sozialer Konstruktion siehe Hoberman, 1994, S. 120-179; Hoberman, 2001b; Hoberman, 2005a, S. 33; Reinold & Meier, 2012, S. 74 f.

271 Einen kurzen Überblick über relevante Kontexte bietet Hoberman, 2004.

272 Vgl. Gleaves, 2011b; Gleaves & Llewellyn, 2014; Hoberman, 2005a, S. 183. Dimeo, 2007a, S. 14 f., 56, 119, 128, 155.

273 Vgl. Waddington & Smith, 2009, S. 23; Beamish & Ritchie, 2006, S. 122.

274 Vgl. Dimeo, 2009, S. 31 f.

275 Vgl. Dimeo, 2007a, S. 10, 53, 88, 134; Waddington & Smith, 2009, S. 43; Hoberman, 2005a, S. 181.

276 Vgl. Henne, 2014; Park, 2005; Dimeo, 2007a, S. 103.

kommt der Sportmedizin inklusive den physiologischen Vorstellungen zum Körper, zu körperlichem Training und sportlicher Leistungsfähigkeit eine besondere Rolle zu.[277] Diese Erkenntnisse werden auf unterschiedliche Weise in den Hauptteilen dieser Arbeit aufgegriffen, modifiziert und erweitert.

1.6 GLIEDERUNG UND VORGEHENSWEISE

Die Ausgangsfrage nach der sozialen Konstruktion von Doping und der Erschaffung von Anti-Doping zieht sich durch die gesamte Arbeit. In den Kapiteln bzw. Abschnitten werden jeweils Teilfragen davon bearbeitet. Eine für historische Untersuchungen oftmals typische chronologische Ordnung wird nur teilweise kapitel- bzw. abschnittsintern verfolgt. Obwohl dabei jeweils unterschiedliche Thematiken in den Blick genommen werden, waren Redundanzen in gewissem Maße nicht zu vermeiden. Nur so konnten bestehende Zusammenhänge deutlich gemacht und die Kapitel als eigenständig lesbare Analysen bestehen bleiben.

Die einzelnen Kapitel kreisen jeweils um eine übergeordnete Frage: Das zweite Kapitel behandelt die Definition von Doping. Was genau war überhaupt das Problem, was galt als „Doping“ (im Unterschied zu anderen leistungssteigernden Maßnahmen, die nicht als Doping klassifiziert wurden) und wie hat sich der Dopingbegriff im Laufe der Zeit verändert? Nach der Gegenstandsbestimmung geht es in Kapitel drei um die moralischen Verurteilung. Wäre die Verwendung leistungssteigernder Substanzen nicht von bestimmten Akteuren negativ gesehen worden und wäre diese kritische Sichtweise nicht auf breitere Zustimmung gestoßen, so gäbe es auch keine Dopingbekämpfung. Das Kapitel beschäftigt sich daher mit der Frage, wie die medikamentöse Leistungssteigerung als Problem geschaffen wurde. Doping geschieht im Verborgenen und ist für Außenstehende in der Regel nicht sichtbar. Im vierten Kapitel geht es daher darum, wie das eigentlich Unsichtbare entdeckt und nachgewiesen wurde. Im Anschluss daran behandelt das fünfte Kapitel die Frage, welche Ansätze zur Bekämpfung von Doping ins Spiel gebracht wurden.

Aus diesen zentralen Fragen lassen sich weitere Teilfragen ableiten. Diese werden jeweils in den einleitenden Bemerkungen zu den jeweiligen Hauptkapiteln entwickelt. Das Vorgehen, die betrachteten Ebenen sowie das Quellenkor-

277 Vgl. Hoberman, 1994, S. 45-119; Hoberman, 2012; Hoberman, 1992; Hoberman, 1998; Waddington, 1996; Waddington & Smith, 2009, S. 83-101; Beamish & Ritchie, 2005a.

pus werden ebenfalls dort erläutert, sofern sich abschnittsspezifische Besonderheiten ergänzend zu den bisherigen Ausführungen ergeben. Das Schlusskapitel schließlich löst sich von den empirischen Details, bündelt die Kernthesen und zeigt Bezüge zur Gegenwart auf.

2. Doping definieren

2.1 Fragestellung, Quellenbasis und Vorgehen

Der Wissenssoziologe Reiner Keller weist darauf hin, dass jeder Begriffsgebrauch klassifiziert, indem Unterscheidungen getroffen werden zwischen dem spezifisch Benannten und dem „unspezifischen Verweisungshorizont des Nicht-Gemeinten“[1]. Zu definieren bedeutet zu differenzieren und zwar zwischen dem, was der Begriff meint, und dem, was er nicht meint. Dementsprechend unterscheidet jede Definition von Doping implizit zwischen Mitteln, die nicht erlaubt sind und als Doping benannt werden, und anderen Mitteln, die legitim zur Leistungssteigerung verwendet werden dürfen. Im Hinblick auf die zentrale Frage dieses Kapitels, wie Doping definiert wurde, muss daher rekonstruiert werden, welche Mittel als illegitime Dopingmittel von anderen Mitteln abgegrenzt wurden und über welche semantischen Merkmale diese Differenzierung erfolgte. Der Historiker muss dabei den Dopingbegriff konsequent im geschichtlichen Kontext der früheren Abgrenzungen und Merkmale analysieren.[2] A posteriori vorgenommene Deutungen von Doping werden dabei genauso ausgeklammert wie essentialistisch oder normativ motivierte Fragen wie beispielsweise, was „eigentlich“ unter Doping zu klassifizieren sei. Einem konsequent historisierenden Ansatz geht es vielmehr um die zeitgenössischen Vorstellungen, Wahrnehmungen und Deutungen von Doping und seine begrifflichen Veränderungen im Laufe der Zeit.

Definitionen verbleiben nicht unschuldig und belanglos im Bereich der Sprache. Verschiedene begriffs- und diskursgeschichtliche Ansätze aufbauend auf

1 Keller, 2008, S. 244 (aufbauend auf Luhmann, 1984).

2 Vgl. Brunner, Conze & Koselleck, 1972, XX; Koselleck, 1979, S. 24 f.

Koselleck[3] haben vielmehr auf die wirklichkeitskonstitutive und wirklichkeitsverändernde Kraft von Begriffen aufmerksam gemacht.[4] In der Dopingbekämpfung kommt dem Dopingbegriff eine immanent sportpolitische Bedeutung zu: Er schafft Tatsachen und hat Rechtswirkungen zur Folge. Über eine Erweiterung oder Verengung des Begriffs lässt sich der Verbots- und damit auch der Kontroll- bzw. Sanktionsbereich verändern. Insofern stellt die Dopingdefinition für Sportorganisationen ein zentrales Steuerungsinstrument in der Anti-Doping-Politik dar. Diese wichtige politisch-strategische Funktion gilt es im Verlauf dieses Kapitels im Blick zu behalten.

Das Kapitel ist im Folgenden in zwei Abschnitte gegliedert: In Abschnitt 2.2 geht es um den Dopingbegriff bis zur zweiten Hälfte der 1960er Jahre. Dieser Zeitpunkt gilt in der Dopinggeschichtsschreibung als eine Art „Epochengrenze“[5], weil Sportorganisationen von da an zunehmend Regularien, Kontrollen und Sanktionen einführten und Doping im Zuge dieser Entwicklungen nicht mehr intensional, sondern extensional über eine Liste von verbotenen Substanzen und Methoden definiert wurde.[6] Zunächst werden die Dopingdefinitionen in einigen frühen Anti-Doping-Regeln von Sportverbänden aus der ersten Hälfte des 20. Jahrhunderts bis zur Mitte der 1960er Jahre analysiert. Zwar erhebt die Analyse keinen Anspruch auf Vollständigkeit, die Zahl der Sportverbände, die damals schon eine Anti-Doping-Regel in ihren Ordnungen aufwiesen, war jedoch auf alle Fälle gering.[7] Doping war zu dieser Zeit kein sportpolitisches Prob-

---

3 Vgl. Brunner, Conze & Koselleck, 1972. Zur Entwicklung der Begriffsgeschichte hin zur Diskursanalyse siehe Bödeker, 2002, S. 119 f.

4 Vgl. Bödeker, 2002, S. 76, 84 & 116; Busse, 2009, S. 126; Reichhardt, 1985, S. 53.

5 Reinold, Becker & Nielsen, 2012, S. 156.

6 In diesem Kapitel wird auf die aus der logischen Semantik kommende Unterscheidung zwischen Intension (Begriffsinhalt) und Extension (Begriffsumfang) zurückgegriffen. Die Intension eines Begriffs wird durch semantische Merkmale angegeben. Der Begriff „Vogel“ wird beispielsweise durch die Eigenschaften „Tier“, „zweibeinig“, „gefiedert“, „flugfähig“ etc. charakterisiert. Unter der Extension versteht man die Gesamtheit der Einzeldinge, die unter den Begriff fallen. Beispielsweise referiert der Begriff „Vogel“ auf Amseln, Drosseln, Papageien etc. (vgl. Zoglauer, 2008, S. 75).

7 Eine Umfrage des DSB zur Umsetzung von Dopingbestimmungen aus dem Jahr 1969 zeigte, dass von den angeschriebenen 42 nationalen Spitzenverbänden in der Bundesrepublik – den Pferdesport ausgenommen – lediglich drei, nämlich der Deutsche Amateur-Box-Verband, der BDR und der DLV Anti-Doping-Regeln in ihren Ordnungen aufwiesen. Von den internationalen Dachverbänden wiesen laut Umfrage zu diesem Zeitpunkt sieben Dopingbestimmungen auf: Amateurboxen, Fußball, Kanu,

lem, mit dem sich Sportorganisationen ausführlich auseinandersetzen mussten. Mit der Thematik beschäftigten sich fast ausschließlich Sportmediziner aus wissenschaftlicher Perspektive. Insbesondere die Definitionsfrage stand dabei im Mittelpunkt. Der sportmedizinische Expertendiskurs um die Dopingdefinition aus der ersten Hälfte des 20. Jahrhunderts prägte nicht nur die frühen Anti-Doping-Regeln von Sportverbänden, sondern bis weit in die zweite Hälfte des 20. Jahrhunderts hinein auch die sportpolitischen Diskussionen. Daher stellen sportmedizinische Artikel die wichtigsten Quellen für diesen Abschnitt (2.2) dar.

Ab der zweiten Hälfte der 1960er Jahre gingen Sportorganisationen verstärkt dazu über, Doping zu regulieren, zu kontrollieren und zu bestrafen. Doping wurde von einem wissenschaftlichen Definitionsproblem, das man fast ausschließlich in engen sportmedizinischen Zirkeln behandelt hatte, zu einem sportpolitisch relevanten Problem von Sportorganisationen.[8] In Abschnitt 2.3 richtet sich der Blick daher auf die sportpolitische Ebene, und zwar in erster Linie auf den Definitionsprozess innerhalb des IOC. Die Verbotsliste dieser Organisation war zwar nur für den Bereich der Olympischen Spiele verbindlich, jedoch sollten sich auch die internationalen Sportverbände bei der Zusammenstellung ihrer Listen daran orientieren, so dass die IOC-Liste weltweit und sportartenübergreifend gesehen vielleicht den größten Einfluss hatte.[9] Im Unterschied zu Abschnitt 2.2, in dem das Quellenkorpus primär aus sportmedizinischer Literatur und ergänzend einzelnen Regularien besteht, bilden daher in Abschnitt 2.3 Archivquellen aus dem IOC-Archiv sowie publizierte Aussagen von maßgeblichen Akteuren der Medizinischen Kommission des IOC die wichtigsten Grundlagen.

2.2 Der Dopingbegriff bis zur zweiten Hälfte der 1960er Jahre

Bei den Rudereuropameisterschaften des Jahres 1950 ereignete sich ein für diese Zeit ungewöhnlicher Skandal: Der dänische Arzt Ove Boje behauptete, dass die dänischen Ruderer über einige Tage hinweg von einem Arzt das testosteronhaltige Präparat Androstin verabreicht bekommen hätten und daher gedopt gewesen seien. Ungewöhnlich ist der Fall deswegen, weil erstens das Dopingthema

Leichtathletik, Radfahren, Rudern und Moderner Fünfkampf (vgl. Reinold, Becker & Nielsen, 2012, S. 158).

8 Vgl. Reinold, Becker & Nielsen, 2012, S. 153 f.

9 Siehe zur Rolle des IOC innerhalb des weltweit organisierten Sports Unterabschnitt 1.3.1.

damals selten die Öffentlichkeit erreichte und zweitens ein Testosteronpräparat und nicht eines der damals gängigen Aufputschmittel im Spiel war. Das Exekutivkomitee des internationalen Ruderverbandes protestierte öffentlich gegen die Anschuldigung des Mediziners.[10] Dabei kam klar zum Ausdruck, dass es sich bei der Kontroverse um ein Problem grundsätzlicher Art handelte: Während Boje den Dopingbegriff ziemlich weit fasste und neben dem fraglichen Präparat auch Vitamine, Glukose und Ultraviolettbestrahlung als „Doping" klassifizierte, sah der Verband darin lediglich „nutritious foods"[11].

In einem ähnlichen Skandal zwei Jahre später in der Bundesrepublik wurde dem Sportmediziner Martin Brustmann vorgeworfen, dem Ruder-Achter der Rudergemeinschaft Flörsheim-Rüsselsheim bei der Olympia-Ausscheidung für die Spiele 1952 das testosteronhaltige Präparat Testoviron verabreicht zu haben.[12] Der Fall erreichte nur deswegen die Öffentlichkeit, weil sich die Rudermannschaft darüber beklagte, das Präparat habe sich negativ auf ihre Leistungsfähigkeit ausgewirkt und deswegen sei das Rennen verloren gegangen. Neben der eigentlich zentralen Frage, ob sich Brustmann durch die Gabe von leistungsmindernden Pillen schuldig gemacht habe und somit ein Fall des aus dem Pferdesport bekannten „negativen Dopings" vorliege, drehte sich auch ein Teil der Kontroverse darum, ob die Verabreichung eines testosteronhaltigen Präparats Doping darstelle. Weder der nationale noch der internationale Ruderverband hatten zu diesem Zeitpunkt Anti-Doping-Regularien verankert, so dass der Begriff von Seiten der zuständigen Sportorganisationen nicht definiert war.[13] Georg von Opel, einer der einflussreichsten Sportfunktionäre in der jungen Bundesrepublik, Vereinspräsident und Achter-Mitglied der Rudergemeinschaft Flörsheim-Rüsselsheim, verteidigte die Anwendung des Mittels in einer öffentlichen Stellungnahme: „Es ist meiner Meinung nach üblich und auch völlig korrekt, Aufbaupräparate, die den besonders starken Kräfteverbrauch bei Leistungssportlern ausgleichen, zu geben."[14] Ohne Zweifel erfolgte die Aussage wesentlich mit der Intention, das Verhalten der eigenen Rudermannschaft nach außen hin zu rechtfertigen und einen möglichen Imageschaden abzuwenden. Dafür musste Testoviron als ein für Leistungssportler notwendiges „Aufbaupräparat" klassifiziert und damit die Anwendung moralisch legitimiert werden. Aus diskurshistorischer Sicht ist in erster Linie interessant, dass eine solche Klassifizierung eines Testos-

10 Vgl. Bulletin du Comité International Olympique, 1951, Juli, 28, S. 25-26.

11 Ebd., S. 26.

12 Siehe zu diesem Fall ausführlich Reinold & Meier, 2012.

13 Vgl. ebd., S. 87.

14 Der Mittag, 14.7.1952.

teronpräparats – ganz im Gegensatz zu heute – damals möglich war. Das liegt wohlgemerkt nicht daran, dass machtvolle Akteure wie der internationale Ruderverband oder Georg von Opel Begriffe entsprechend ihrer Interessenlage einfach umdeuten konnten, wie es ein trivialisiertes Verständnis von Macht nahelegen mag. Vielmehr sind semantische Grenzziehungen und Klassifizierungen nicht beliebig verhandelbar und zu unterschiedlichen Zeiten auf bestimmte Weise begrenzt.[15] Kein Sportfunktionär und kein Sportverband der Welt würde heutzutage die Klassifizierung von Testosteron als Dopingmittel anzweifeln. Es wird sich im Folgenden zeigen, dass der Dopingbegriff bis in die 1960er Jahre hinein erstens schwammig war und daher große semantische Spielräume erlaubte, und zweitens in seinem prototypischen semantischen Kernbereich auch anders beschaffen war als in späteren Jahrzehnten. Erst innerhalb eines solchen Diskurses konnte die Frage der Klassifizierung von Testosteron als Dopingmittel oder „Aufbaupräparat" überhaupt sinnvoll gestellt werden. Im Folgenden wird daher zunächst der Dopingbegriff in einigen frühen Regularien von Sportverbänden analysiert, bevor auf den sportmedizinischen Diskurs zum Thema eingegangen wird.

2.2.1 Der Dopingbegriff in den frühen Anti-Doping-Bestimmungen von Sportverbänden

Die vielleicht erste Anti-Doping-Regel außerhalb des Pferdesports[16] wurde für den olympischen Marathon 1908 in London geschaffen.[17] Unter Punkt vier der Marathonregeln ist Folgendes zu lesen:

> „No competitor either at the start or during the progress of the race may take or receive any drug. The breach of this rule will operate as an absolute disqualification."[18]

Das Verbot der Einnahme von Substanzen wurde in dieser Regelung zeitlich auf unmittelbar vor und während des Wettkampfes festgelegt. Was jedoch genau unter „drug" zu verstehen ist, wurde nicht näher spezifiziert.[19]

---

15 Vgl. dazu die Erläuterungen zum Diskursbegriff in Unterabschnitt 1.2.2.

16 Die ersten Anti-Doping-Regularien wurden um die Jahrhundertwende im internationalen Pferdesport implementiert. Siehe dazu ausführlich Gleaves, 2011a; Wilsdorf & Graf, 1998; Hoberman, 1994, S. 117 f., 313 ff.

17 Siehe zu dieser Regel Reinold, 2015c, S. 68 ff.

18 British Olympic Council, 1908, S. 72.

Zwanzig Jahre später war der internationale Leichtathletikverband (IAAF) vermutlich der erste internationale Dachverband außerhalb des Pferdesports, der eine Anti-Doping-Regel erließ. Die IAAF-Regel von 1928 lautete:

> „Doping is the use of any stimulant not normally employed to increase the power of action in athletic competition above the average. Any person knowingly acting or assisting as explained above shall be excluded from any place where these rules are in force, or, if he is a competitor, be suspended for a time or otherwise, from participating in amateur athletics under the jurisdiction of this federation."[20]

Unter den Dopingbegriff fiel, laut IAAF, der bewusste Gebrauch von Stimulanzien, welche „normalerweise" nicht verwendet werden und die sportliche Leistungsfähigkeit über den „Durchschnitt" hinaus zu steigern vermögen. Diese Regel schränkte den Begriff zwar auf Stimulanzien ein, was jedoch als „normal" bzw. „durchschnittlich" zu bezeichnen ist, wurde nicht näher erläutert.

In einer Bekanntmachung des Organisationskomitees für den Marathonlauf bei den Berliner Spielen von 1936 findet sich unter den „Bestimmungen für die Teilnehmer" folgende kurze Regelung:

> „Jede Unterstützung des Läufers außerhalb der dafür vorgesehenen Verpflegungsstationen ist *untersagt.* Reizmittel (Doping) sind verboten."[21]

Auch hier wurde der Dopingbegriff also auf Stimulanzien (im zeitgenössischen Sprachgebrauch „Reizmittel" genannt) spezifiziert, ohne jedoch weitere Eingrenzungen vorzunehmen.

Innerhalb des IOC beantwortete erstmals[22] 1938 eine von der Mitgliederversammlung einberufene Kommission die Dopingfrage folgendermaßen:

---

19 Die Regel findet sich in leicht modifizierter Form auch vier Jahre später für den Marathonlauf bei den Olympischen Spielen in Stockholm wieder: „No competitor, either at the start or during the progress of the race, may take any so-called drugs, on pain of immediate disqualification" (Swedish Olympic Committee, 1913, S. 1003).

20 IAAF zitiert in: Vettenniemi, 2010, S. 421.

21 Organisations-Komitee für die XI. Olympiade Berlin, 1936, S. 6.

22 Die erwähnten Regelungen für die olympischen Marathons (1908 und 1912) wurden nicht vom IOC, sondern von den jeweiligen Organisationskomitees erlassen.

„L'usage des drogues ou des stimulants artificiel de toutes sortes est des plus condemnable, et toute personne qui reçoit ou offre du doping, sous quelque forme ce soit, ne devrait pas être admise aux meetings d'amateurs ou aux Jeux Olympiques.“[23]

Diese Regelung, welche später Eingang in die 1946 veröffentlichte Olympische Charta fand,[24] fiel hinsichtlich des Dopingbegriffs ähnlich unspezifisch aus wie die Marathonregel von 1908.

Der internationale Amateurboxverband war nach der IAAF ein weiterer internationaler Dachverband, welcher relativ früh Doping verbot.[25] In einem außerordentlichen Kongress wurde im Jahr 1951 folgender Beschluss gefasst:

„The administration to a boxer immediately before or during a contest of drugs or chemical substances not forming part of the normal diet of a boxer (i.e., ‚doping') is prohibited.“[26]

Wendet man den Blick weg von den internationalen hin zu den deutschen Spitzenverbänden, so findet sich in den Wettkampfbestimmungen der Deutschen Sportbehörde für Leichtathletik des Jahres 1927 unter dem Paragraphen „Verhaltungsmaßregeln für Teilnehmer“ eine kurze Anti-Doping-Regel:

„Ein Teilnehmer darf weder vor noch während eines Wettkampfes irgendwelche Reizmittel (Doping) zu sich nehmen, andernfalls er sofort disqualifiziert wird.“[27]

Etwas genauer spezifiziert wird der Dopingbegriff in den Wettkampfbestimmungen für die Leichtathletik des Nationalsozialistischen Reichsbundes für Leibesübungen in der Ausgabe von 1939:

„Wer vor oder während eines Wettkampfes irgendwelche Reizmittel (Doping) zu sich nimmt, wird sofort disqualifiziert. Doping ist der Gebrauch irgendeines unter gewöhnlichen Verhältnissen nicht verwendeten Mittels, die Leistungen auf eine ungewöhnliche Weise zu steigern.“[28]

---

23 Protokoll Mitgliederversammlung, 16.3.1938, S. 20, IOC-Archiv.

24 Vgl. IOC, 1946, S. 28. Siehe zu diesen Prozessen innerhalb des IOC ausführlich Gleaves & Llewellyn, 2014, S. 847 ff.

25 Vgl. Laure, 2006, S. 121.

26 Bulletin du Comité International Olympique, 1951, September, 29, S. 16.

27 Deutsche Sportbehörde für Leichtathletik, 1927, § 32, Ziffer 7.

28 Nationalsozialistischer Reichsbund für Leibesübungen, 1939, S. 21.

Nach dem Zweiten Weltkrieg definierte der DLV in seinen Wettkampfbestimmungen von 1959 Doping folgendermaßen:

„Unter ‚Dopen' versteht man die Anwendung von Drogen mit der Absicht, durch deren Wirkung auf Muskeln oder Nerven eine Leistungssteigerung zu erzielen oder Ermüdungserscheinungen zu verhindern."[29]

In den Wettkampfbestimmungen des Deutschen Amateur-Box-Verbandes von 1935 war zu lesen, dass das „Einnehmen anregender Mittel (Doping) vor oder während des Kampfes oder während der Kampfpausen" verboten sei.[30] In den Regularien des Verbandes von 1960 wurde von der „Anwendung von Drogen, Alkohol, Coffein und ähnlichen Mitteln in der Absicht, durch ihre Einwirkung auf Muskeln und Nerven eine Leistungssteigerung zu erzielen oder Ermüdungserscheinungen zu verhindern" gesprochen.[31]

In den Bestimmungen des BDR von 1956 und 1963 war von „Rauschmitteln und Drogen" bzw. „Aufputschmitteln" und „Drogen" die Rede, wobei in beiden Regelungen der Hinweis erfolgte, dass eine nähere Spezifizierung von wissenschaftlicher Seite vorgenommen werde.[32] Ein ähnlicher Hinweis fand sich in der deutschen Übersetzung der Regeln des Internationalen Fechterbundes. Dort wurde Doping als die „Anwendung von Stimulantien (starken Nervenreizmitteln), die die sportlichen Leistungen eines Wettkämpfers über seine normalen Fähigkeiten hinaus steigern sollen", definiert, wobei eine genaue Differenzierung zwischen Dopingmitteln und „normalen Kräftigungsmitteln" von einer medizinischen Kommission vorgenommen würde.[33]

Bei der Betrachtung der frühen Regularien fällt in erster Linie auf, dass der Dopingbegriff an keiner Stelle klar und eindeutig definiert war. Die Definitionen waren vielmehr so offen, dass de facto eine ganze Reihe von leistungssteigernden Praktiken darunter subsummiert werden konnten. Teilweise lassen sich zumindest Tendenzen einer stärkeren Begriffseingrenzung ausmachen: Dass es sich beim Doping um ein absichtsvolles Handeln, d.h. konkret um die bewusste Anwendung von Substanzen mit der Intention der Leistungssteigerung handelt,

29 DLV, 1959, Regel 16, Ziffer 1.

30 Vgl. Deutscher Amateur-Box-Verband, 1935, § 30 (Ziffer 13). Ähnlich lautete auch die Regelung in den Wettkampfbestimmungen sechs Jahre zuvor (vgl. Deutscher Reichsverband für Amateur-Boxen, 1929, § 30, Ziffer 7)

31 Deutscher Amateur-Box-Verband, 1960, § 38.

32 BDR, 1956, Ziffer 243; BDR, 1963, Ziffer 29.

33 Deutscher Fechter-Bund, 1950, S. 51.

wurde in manchen Regularien deutlich. Solche Formulierungen zielten in erster Linie auf die Abgrenzung zum therapeutischen Gebrauch von Medikamenten aus Krankheitsgründen. Wenn eine konkrete Substanzklasse spezifiziert wurde, handelte es sich stets um Stimulanzien. Die teilweise zu findende Beschränkung des Verbots auf die Zeit unmittelbar vor oder während eines Wettkampfes entspricht der Anwendungsweise dieser Substanzklasse, welche kurz vor dem Wettkampf und bei Ausdauerbelastungen auch während des Wettkampfes Verwendung fand. Teilweise wurde zur Begriffsabgrenzung auch auf die vagen Konzepte von „Normalität“ und „Natürlichkeit“ zurückgegriffen.

2.2.2 Der Dopingbegriff im sportmedizinischen Diskurs der Zwischenkriegszeit

In manchen Regularien wurde die Klärung der Definitionsfrage explizit an die medizinische Wissenschaft delegiert,[34] bei anderen lässt sich nachweisen, dass entweder an ihrer Ausarbeitung Sportärzte beteiligt waren oder man sich auf bereits vorliegende sportmedizinische Ausführungen stützte.[35] Generell stammte das meiste, was zum Thema Doping bis in die 1960er Jahre hinein geschrieben wurde, aus der Feder von Sportmedizinern. Auch danach bestimmten medizinische Kommissionen die Anti-Doping-Politik der Sportorganisationen maßgeblich. Durch ihre Expertise im Bereich Leistungsphysiologie und Pharmakologie schienen Sportmediziner am ehesten dazu in der Lage, auf fundierter naturwissenschaftlicher Grundlage die Grenze zu ziehen zwischen legitimen „Kräftigungsmitteln“ einerseits und illegitimen Dopingmitteln andererseits. Darüber hinaus gehörten natürlich sämtliche Fragen des Gesundheitsschutzes von Sport-

34 Vgl. BDR, 1956, Ziffer 243; BDR, 1963, Ziffer 29; Deutscher Fechter-Bund, 1950, S. 51.

35 Archivquellen zeigen beispielsweise, dass das IOC im Zusammenhang mit seiner erstmaligen Beschäftigung mit der Dopingthematik in den Jahren 1937 und 1938 von der belgischen Sportärztevereinigung sowie zwei weiteren Ärzten unterrichtet wurde (vgl. Bericht der Société Médicale Belge d'Education Physique et de Sports sowie Bericht Dr. E. Galfré & Bericht Dr. P. Longostrevi, IOC-Archiv, 204766). In der deutschen Übersetzung der Regularien des internationalen Fechter-Bundes wird explizit auf Erörterungen des internationalen Sportärztebundes 1948 Bezug genommen (vgl. Deutscher Fechter-Bund, 1950, S. 51). Aus dem Tagungsbericht des internationalen Sportärztebundes 1954 geht hervor, dass einige Sportverbände im Zusammenhang mit der Dopingfrage Ärzteausschüsse gebildet hätten (vgl. Fédération Internationale Médicine Sportive, 1954, S. 149).

lern von Beginn an zu ihren Kernaufgaben.[36] Kraft ihrer wissenschaftlichen Expertise und moralischen Autorität bestimmten sie daher auch in der Dopingfrage, was als „natürlich“ und „unnatürlich“ bzw. „normal“ und „abnormal“ galt, und regulierten dadurch Verhalten.

Zu Beginn des 20. Jahrhunderts bezog sich der Dopingbegriff in erster Linie auf Stimulanzien,[37] welche seit dem Ende des 19. Jahrhunderts als die effektivsten und gleichzeitig gefährlichsten leistungssteigernden Mittel angesehen wurden. Damit lässt sich durchaus ein fester Kern der Dopingdefinition ausmachen, welcher im sportmedizinischen Diskurs bis in die 1970er Jahre hinein bedeutsam blieb. In der Zwischenkriegszeit vergrößerten allerdings die enormen wissenschaftlichen Fortschritte die Möglichkeiten pharmakologischer Leistungssteigerung.[38] Das machte die Begriffsabgrenzung zu einer zunehmend komplexer werdenden Angelegenheit, die in diesem Unterabschnitt noch näher zu diskutieren sein wird. Die Fortschritte sind wesentlich im Zusammenhang mit der Suche nach Möglichkeiten der Steigerung menschlicher Leistungsfähigkeit im Bereich von Arbeit und Militär zu sehen. In den Laboratorien von Pharmakonzernen sowie im arbeits- und wehrphysiologischen Kontext wurde intensiv an der Frage geforscht, welche Substanzen in der industriellen Produktion und im Krieg von Nutzen sein könnten. Was Stimulanzien betrifft ist dabei an die Entwicklung von hochwirksamen Amphetaminen wie Pervitin zu denken, welches 1938 auf den deutschen Markt kam[39] und Gegenstand von Forschungsarbeiten war.[40] Im Zweiten Weltkrieg fanden Amphetamine sowohl bei Soldaten auf deutscher wie auch auf alliierter Seite Verwendung.[41] Im Bereich der Vitamine wurde vor al-

36 Vgl. dazu Unterabschnitt 1.3.3.

37 Das zeigen die im vorigen Unterabschnitt genannten Regularien als auch sportmedizinische Quellen. Brustmann (1912, S. 80) beispielsweise nannte 1912 als Dopingsubstanzen Kaffee, Kola und Alkohol, sein Kollege und erste Präsident des Deutschen Fußball-Bundes, Ferdinand Hueppe (1913, S. 551), ein Jahr später neben den genannten Substanzen auch Coca und Strychnin. Siehe zum Dopingbegriff in der ersten Hälfte des 20. Jahrhunderts grundlegend Hoberman, 1994, S. 120 ff.

38 Siehe zu den pharmakologischen Entwicklungen dieser Zeit und die Bedeutung für die Dopingpraxis von Athleten Hoberman, 1994, S. 120-181; Dimeo, 2007a, S. 33-50.

39 Vgl. Hundhausen, 1942, S. 521.

40 Vgl. Hauschild, 1938 & 1939; Lehmann, Straub & Szakáll, 1939; Graf, 1939c; Heyrodt & Weißenstein, 1940; Pellmont, 1942. Dasselbe gilt im Übrigen auch für andere Stimulanzien wie beispielsweise Koffein (vgl. Grünewald, 1928; Müller, 1929; Schulte, 1930).

41 Vgl. Neumann, 2006, S. 160-168; Dimeo, 2007a, S. 6.

lem Vitamin C schnell populär und günstig in großen Mengen produziert.[42] Außerdem fand es im Zweiten Weltkrieg bei der Wehrmacht in großem Ausmaß Verwendung.[43] Einen wichtigen Durchbruch im Bereich der Sexualhormone schaffte die Forschung zwischen 1929 und 1935. In diesem Zeitraum gelang es, die wichtigsten Geschlechtshormone zu isolieren.[44] Der Testosteronsynthese im Jahr 1935 kommt dabei die dopinggeschichtlich gesehen größte Relevanz zu.[45] Des Weiteren wurde in der wissenschaftlichen Literatur der Zeit die Bedeutung der exogenen Zufuhr unterschiedlicher Wirkstoffe für die menschliche Leistungsfähigkeit sowohl in wehr- bzw. arbeitsphysiologischen als auch in sportlichen Zusammenhängen diskutiert. Konkret handelte es sich beispielsweise um Phosphate[46], Lecithine[47], Kalzium,[48] Natrium,[49] Kalium,[50] Kochsalz,[51] Digitalis,[52] Proteine[53] oder Glukose[54]. Besonders kontrovers war die Frage der Wirksamkeit der beiden Methoden UV-Bestrahlung[55] und Inhalation von reinem Sauerstoff („Sauerstoffdoping")[56] zur Leistungssteigerung im Sport.

---

42 Vgl. Bächi, 2009.

43 Mit dem Ausbruch des Zweiten Weltkriegs verdreifachte der Marktführer Hofmann-La Roche seine Produktion durch die starke Nachfrage der Wehrmacht. Die Wehrmacht war in den folgenden Jahren der Hauptabnehmer von Vitamin C (vgl. Stoff, 2012, S. 76; Thoms, 2006, S. 216).

44 Vgl. Eckart, 2009, S. 293.

45 Siehe zur Forschungsgeschichte des Testosterons vor allem Hoberman, 2005a. Des Weiteren siehe Hoberman, 1994, S. 172-180; Hoberman & Yesalis, 1995, S. 82; Hoberman, 2001b, S. 114 ff.; Taylor, 1991.

46 Vgl. Emden, 1919; Herxheimer, 1922; Poppelreuter, 1930; Atzler et al., 1935.

47 Vgl. Brustmann, 1936.

48 Vgl. Worringen, 1930, S. 412.

49 Vgl. Dennig, 1937.

50 Vgl. ebd.

51 Vgl. Blau, 1930.

52 Vgl. Riesser, 1933; Riesser, 1947.

53 Vgl. Vogel, 1933, S. 132 f.; Lehmann & Michaelis, 1948.

54 Vgl. Herxheimer, 1933, S. 162; Vogel, 1933, S. 134; Riesser, 1947.

55 Vgl. Hering, 1926; Lade, 1926; Backmund, 1932; Kusserath, 1934. Siehe zur Diskussion um UV-Bestrahlung in der Zwischenkriegszeit ausführlich Hoberman, 1994, S. 162 ff.

56 Vgl. Riesser, 1933; Karpovich, 1934; Neihaus, 1934. Siehe zur Diskussion um Sauerstoffdoping in unterschiedlichen Zusammenhängen in der ersten Hälfte des 20. Jahrhunderts Hoberman, 1994, 161 f.; Gleaves, 2011b, S. 244 f.; Dyreson & Rorke, 2014.

Aufgrund der enormen wissenschaftlichen Fortschritte vergrößerte sich also das Arsenal an Substanzen und Methoden, das Sportlern zu leistungssteigernden Zwecken zur Verfügung stand. Diese Komplexitätszunahme machte die Frage, wie die neu aufkommenden Mittel zu klassifizieren seien, schon im Laufe der Zwischenkriegszeit zu einem strittigen Problem. Der wichtigste Differenzierungsansatz bestand darin, eine Grenze zwischen Stimulanzien als klassischen Dopingsubstanzen auf der einen Seite und Nährstoffen auf der anderen zu ziehen. Diese Grenzziehung musste auf möglichst physiologisch begründeter Basis erfolgen. Konkret wurde auf mehreren Ebenen unterschieden: Zeitlich differenzierte man zwischen kurzfristigen und langfristigen Effekten auf den Organismus. Es wurde angenommen, dass Stimulanzien – kurz vor oder während des Wettkampfes eingenommen – nur eine zeitlich begrenzte Leistungssteigerung bewirkten, während Nährstoffe – ähnlich wie auch Trainingsreize – die Leistungsfähigkeit des Körpers langfristig erhöhten. Die leistungssteigernde Wirkung von Stimulanzien beruhte dabei in der zeitgenössischen Vorstellung auf einer vegetativen Stimulation, die den Organismus über seine „normalen" und „natürlichen" Grenzen hinaustrieb und dadurch zu pathologischen Erschöpfungszuständen führte. Im Gegensatz dazu steigerten Nährstoffe die Leistungsfähigkeit des Sportlers nicht kurzfristig durch Stimulierung, sondern längerfristig, indem natürlich ablaufende Vorgänge auf „physiologische" Art und Weise unterstützt würden.[57]

Die Vorbehalte gegen Doping verstanden als vegetative Stimulation sind nicht zu verstehen ohne die dahinterstehenden allgemeinphysiologischen Vorstellungen zur menschlichen Leistung und Ermüdung aus der ersten Hälfte des 20. Jahrhunderts. Nach dem einflussreichen amerikanischen Physiologen Walter Cannon (1871-1945) besitze der Mensch für Momente größter Bedrohung körperliche Reserven, die im Notfall mobilisiert werden könnten.[58] Diese seien aber normalerweise nicht zugänglich. Vielmehr verhindere die Ermüdung in der Regel eine willkürliche Mobilisierung. Die Ermüdung fungierte – dieser Vorstellung nach – als ein überlebenswichtiger Regulator, der den Körper vor Überbeanspruchung schützte.[59] Stimulanzien bewirkten die Aufhebung dieser physiologischen Schutzfunktion. Die Leistungssteigerung erfolgte dadurch, dass der Körper über das „normale", „natürliche" und „physiologische" Maß hinaus verausgabt werden konnte. Das allerdings ging einher mit extremen Erschöpfungszuständen, welche die Gesundheit schädigten. Diese zeitgenössische Vorstellung

57 Vgl. Hoberman, 1994, S. 130, 166 f.; Singler, 2012, S. 30 ff.

58 Vgl. Tanner, 1998, S. 153.

59 Vgl. dazu ausführlich Rabinbach, 1998.

zu Leistung und Ermüdung lieferte den allgemeinphysiologischen Rahmen für das klassische Dopingkonzept verstanden als vegetative Stimulation. Naturwissenschaftlich plausibilisiert war das Konzept auch in moralischer Hinsicht unhintergehbar: Wenn körperliche Schäden vermieden werden sollten, dann musste die Ermüdung als Grenze zum „Abnormalen“, „Unphysiologischen“ und „Künstlichen“ ernst genommen werden. In der klassischen Bedeutung von Doping manifestierte und konkretisierte sich dieser moralische Imperativ.

Jedoch handelte es sich bei der Ermüdung um keine statische Grenze, welche ein für alle Mal feststand. Im Kontext der kapitalistischen Dynamik seit dem ausgehenden 19. Jahrhundert war die Ermüdung stets auch ein Punkt, der zugunsten einer erhöhten Arbeitsleistung auf „physiologische“ Art und Weise hinausgeschoben werden sollte. Teilweise nahm dieses Unternehmen utopische Züge an. 1904 gab beispielsweise der Erlanger Physiologe Wilhelm Weichhardt bekannt, einen Impfstoff gegen Ermüdung gefunden zu haben.[60] In der Zwischenkriegszeit wurden dann eine Vielzahl an arbeitsphysiologischen Studien zur Frage durchgeführt, ob mit Hilfe von gezielten Ernährungsmaßnahmen und pharmakologischen Präparaten die Produktivität erhöht werden könne, wenn ja auf welchen physiologischen Prozessen die erhöhte Leistungsfähigkeit beruhe und wie sie vor dem Hintergrund eines möglichen praktischen Einsatzes gesundheitlich zu bewerten seien.[61] Ähnliches galt zunehmend auch für den Sport, wo breit angelegte Untersuchungen zur Ernährung von Spitzensportlern[62] oder Studien zur leistungssteigernden Wirkung bestimmter Substanzen und Methoden durchgeführt wurden. Aus den Quellen spricht dabei oftmals eine ausgeprägte wissenschaftliche Faszination für die festgestellten Effekte. In Sportlerkreisen erlangten manche Substanzen die Aura von wahren Wunderdrogen.[63] Diese Faszination für das wissenschaftlich Machbare führte zu teilweise kurios anmutenden Vorschlägen wie beispielsweise demjenigen des britischen Physiologen und Nobelpreisgewinners Archibald Hill[64] zum Bau einer Laufbahn in einer abge-

60 Vgl. Rabinbach, 1998, S. 291. Zu Weichhardt siehe auch Hoberman, 1994, S. 111 ff.

61 Vgl. beispielsweise Grünewald, 1928; Atzler et al., 1935; Graf, 1939a; Graf, 1939b; Graf, 1939c; Lehmann, 1936; Lehmann, Straub & Szakáll, 1939. Zur Leistungssteigerung mit Hilfe von Pharmaka im industriellen Kontext siehe auch Singler, 2012, S. 37 ff.

62 Beispielsweise stellte man bei den Olympischen Spielen 1936 in Berlin umfangreiche Untersuchungen zur Ernährung der Sportler aus den unterschiedlichen Ländern an (vgl. Schenk, 1937; Egle, 1937; Berg, 1937; Bickel, 1938).

63 Vgl. Hoberman, 1992, S. 266.

64 Zu Archibald Hill siehe Carter, 2012b, S. 90.

dichteten Halle, in die Sauerstoff gepumpt werden sollte, um die Weltrekorde im Laufbereich zu verbessern, oder ein ähnlicher Vorschlag eines amerikanischen Journalisten, die prestigeträchtige Vierminutengrenze über die Meile mit Hilfe einer Sauerstoffmaske zu unterbieten.[65]

Im Hinblick auf die Frage, wie der Gebrauch der neuen Mittel im Sport zu bewerten sei, gab es keinen Konsens. Auf der einen Seite wurden die gestiegenen Möglichkeiten pharmakologischer Leistungssteigerung als Ausdruck des wissenschaftlichen Fortschritts fasziniert aufgenommen. Auf der anderen Seite finden sich Positionen rigoroser medizin- und sportethisch begründeter Ablehnung von beinahe allen Substanzen, Methoden und Maßnahmen, die irgendwelche semantischen Berührungspunkte mit dem Dopingbegriff aufwiesen. Der Berliner Arzt Heitan stellte beispielsweise sogar in Frage, ob „nicht die beständigen Zurufe und Anfeuerungen im Sport als psychologisches Doping zu werten sind."[66] Die Frage klingt aus heutiger Sicht absurd, ergab sich aber damals aus der Logik des Dopingbegriffs verstanden als Stimulation. An diesem Beispiel wird besonders deutlich, dass entscheidende Attribute und Konzepte hoffnungslos unterbestimmt und äußerst dehnbar waren: Was genau war „Stimulation"? Was war „normal", „physiologisch" und „natürlich" und wann war die Grenze zum „Abnormalen, „Unphysiologischen" und „Unnatürlichen" überschritten?[67] Grundsätzlich scheiterte eine eindeutige Abgrenzung zwischen Stimulanzien auf der einen Seite und Nährstoffen bzw. sonstigen leistungssteigernden Maßnahmen auf der anderen Seite bereits am dafür zu Verfügung stehenden vagen Begriffsinstrumentarium.

Der damalige Dopingbegriff war also äußerst dehnbar und baute doch gleichzeitig auf dem Zentralbegriff der Stimulation auf. Er lässt sich daher vielleicht am besten im Lichte der Prototypentheorie der Semantik beschreiben.[68] Nach dieser Theorie sind Wortbedeutungen weder präzise noch erschöpfend durch Merkmalangabe zu erfassen. Es gibt vielmehr sogenannte „Prototypen"[69], die von den meisten Mitgliedern einer Gemeinschaft als die „typischen" Vertreter

65 Vgl. Dyreson & Rorke, 2014, S. 860 f.

66 Heitan, 1931, S. 111.

67 Vgl. Hoberman, 1994, S. 127, 166.

68 Siehe als kurze, kompakte Zusammenfassung der Grundannahmen und empirischen Ergebnisse zur Prototypensemantik Busse, 2009, S. 49-59. Zur Rezeption in der historischen Semantik siehe Fritz, 2006, S. 41 f., 98, 101.

69 Rosch, 1977, S. 22 ff. Der Philosoph Hilary Putnam (1979, S. 67 ff.) spricht von „Stereotypen". Der Begriffsgebrauch ist insgesamt nicht einheitlich (vgl. Busse, 2009, S. 49).

eines Begriffs wahrgenommen werden und zentraler sind als andere.[70] Die Zugehörigkeit zu einer Kategorie ergibt sich aus dem Grad der wahrgenommenen Ähnlichkeit mit den prototypischen Vertretern, welche als Referenzpunkte für die Klassifikation fungieren. Bei der Frage, auf welche Entitäten ein Begriff referiert, geht es also eher um ein „mehr oder weniger“ als um ein „ja oder nein“.[71] Je größer die semantischen Schnittmengen mit den prototypischen Vertretern, desto eher werden fragliche Entitäten unter den entsprechenden Begriff kategorisiert. Substanzen mit stark aufputschender Wirkung stellten die prototypischen Vertreter von Dopingsubstanzen dar. Über deren Klassifizierung als Dopingmittel bestand Konsens. Darüber hinaus gab es Substanzen und Methoden, die auf jeweils unterschiedliche Art und Weise Ähnlichkeiten zu Stimulanzien aufwiesen, beispielsweise dadurch, dass sie ebenfalls zu leistungssteigernden Zwecken im Sport Anwendung fanden, nicht Bestandteil einer „normalen“ Ernährung waren, „unnatürlich“ oder „unphysiologisch“ wirkten. Diese Überlappungen brachten eine ganze Reihe von Substanzen und Methoden potenziell in eine mehr oder weniger große Nähe zu den prototypischen Vertretern. Der damalige Dopingbegriff lässt sich daher am besten als ein Feld mit unscharfen Rändern beschreiben. Dessen Kern bildeten Stimulanzien, über deren Klassifizierung als Dopingmittel Einigkeit bestand. In der Peripherie befanden sich eine Vielzahl von Substanzen und Methoden, die Ähnlichkeiten und Schnittmengen mit dem Kernbereich aufwiesen und daher mehr oder weniger als Doping klassifiziert werden konnten.

Doping verstanden als Stimulation war zwar der bedeutendste, aber nicht der einzige Differenzierungsansatz. Manche Sportmediziner wie beispielsweise der spätere Präsident des Deutschen Sportärztebundes, Werner Ruhemann, fragten nicht nach den Substanzen bzw. Methoden, die angewandt wurden, sondern ausschließlich nach dem Anwendungsmotiv:

70 Bei fliegenden Singvögeln wie Spatzen, Rotkehlchen usw. handelt es sich beispielsweise um prototypische Vögel. Im Gegensatz dazu sind etwa Hühner, Strauße oder Pinguine aufgrund ihrer mangelnden Flugeigenschaften keine prototypischen Vögel, weisen aber ausreichende Ähnlichkeiten mit den Prototypen auf, um von den meisten Mitgliedern unserer Gesellschaft als Vögel klassifiziert zu werden. Die Entitäten, auf die ein Begriff wie beispielweise „Vogel“ referiert, haben also einen ungleichen Status und sind in variablem Abstand um das „Zentrum“ von prototypischen Vertretern organisiert.

71 Vgl. Putnam, 1979, S. 23.

„Nicht das Mittel, die Anwendungsart oder die Dosierung ist maßgebend zur Beurteilung ob Doping vorliegt oder nicht, sondern lediglich das Motiv. Ist das Motiv derart, daß durch das angewandte Mittel eine unmittelbare Leistungssteigerung für einen bestimmten Wettkampftag erreicht werden soll, so liegt Doping vor.“[72]

Ein weiterer Abgrenzungsansatz wurzelte im Fairnessgedanken. Danach sollten alle leistungssteigernden Maßnahmen verboten werden, die nicht allen Athleten gleichermaßen zugänglich seien.[73] Außerdem wurde für eine Differenzierung zwischen therapeutischen und leistungssteigernden Maßnahmen argumentiert. Genauso wie die Frage, welche Maßnahmen fair bzw. unfair (im Sinne gleicher bzw. ungleicher Zugangschancen) sind, blieb jedoch auch die Unterscheidung in therapeutisch und leistungssteigernd hoffnungslos verwischt. Der Therapiebegriff wurde teilweise so weit ausgedehnt, dass die Verabreichung von stimulierenden Mitteln zur besseren Toleranz von anfänglichen Ermüdungserscheinungen genauso als „medizinisch indiziert“ gerechtfertigt werden konnte[74] wie Startfieber vor dem Wettkampf.[75] Für manche Ärzte stellten auch Übertraining oder generell Ermüdung nach intensiver körperlicher Belastung medizinische Indikationen für eine pharmakologische Behandlung dar.[76]

Die Plausibilität solcher physiologischen Zustände als therapeutische Indikationen wurzelte in den sich wandelnden Hintergrundvorstellungen zur Physiologie des Leistungssportlers. Die Medizinhistorikerin Vanessa Heggie hat am Beispiel der britischen Sportmedizin herausgearbeitet, wie der Athletenkörper in der Zeit zwischen den Weltkriegen zunehmend als unterschiedlich vom „normalen“ Körper des Durchschnittsmenschen konstruiert wurde.[77] Der Athletenkörper war nicht mehr einfach das Optimum eines gesunden und fitten Körpers, sondern funktionierte wesentlich anders als ein „normaler“ Körper und musste daher auch anders behandelt werden. Ein hochintensiv trainierender Athlet war schlichtweg in keinem „normalen“ physiologischen Zustand mehr und benötigte dementsprechend auch mehr als eine „normale“ Ernährung. Mit der Deutung des Athletenkörpers als einer von den gängigen physiologischen Normen abweichenden und speziell behandlungsbedürftigen Sonderform begann sich bereits in der Zwischenkriegszeit ein Legitimationsmuster zu etablieren, das dann in späte-

72 Ruhemann, 1928, S. 35.

73 Vgl. Hoberman, 1994, S. 167.

74 Vgl. ebd., S. 168.

75 Vgl. Brustmann, 1912, S. 82; Worringen, 1930, S. 410.

76 Vgl. Hoberman, 1994, S. 169; Singler, 2012, S. 33.

77 Vgl. Heggie, 2011, S. 17, 65-103.

ren Jahrzehnten als „Türöffner"[78] für eine breitere pharmakologische Intervention im Leistungssport fungierte. Es sollte vor allem bei den Debatten um die Frage, ob durch harte Trainingsbelastungen vermeintlich verlorengegangenes Testosteron durch exogene Gaben „substituiert" werden darf, eine große Wirkung entfalten.[79]

2.2.3 Der Dopingbegriff im sportmedizinischen Diskurs der 1950er Jahre

Insgesamt betrachtet war weder in den wenigen Regularien noch in der sportmedizinischen Literatur der Zwischenkriegszeit klar, was genau unter Doping verstanden werden sollte. In den Diskussionen der 1950er Jahre zeigten sich deutliche Kontinuitäten zur Zwischenkriegszeit: Auf der einen Seite wurde die Anwendung pharmakologischer Substanzen als Doping verurteilt. Auf der anderen Seite waren die Zeitgenossen fasziniert vom wissenschaftlichen Fortschritt und den sich daraus ergebenden Möglichkeiten pharmakologischer Leistungssteigerung im Sport. Hinzu kam allmählich die Überzeugung, dass allein mit Hilfe eines Trainers im Spitzensport nicht das Optimum der Leistungsfähigkeit abgerufen werden könne, sondern eine fundierte wissenschaftliche Unterstützung unerlässlich sei.[80] Der spezielle Typ des Spitzensportlers, der sich vom Durchschnittssportler unterschied,[81] benötigte auch eine spezielle sportärztliche Betreuung, die weit über den klassisch therapeutisch-präventiven Bereich hinausging und eine eindeutig leistungsphysiologische Ausrichtung hatte.

Das beinhaltete auch spezielle Maßnahmen der Ernährung und Nahrungsergänzung. Die Frage, welche Präparate angewandt werden sollten, wurde – aufbauend auf den wissenschaftlichen Grundlagen aus der Zwischenkriegszeit – zahlreich und kontrovers diskutiert. Auf dem Kongress des Deutschen Sportärztebundes 1952 wurde beispielsweise über den Bedarf an Kalorien, Kohlenhydraten, Fetten, Zucker, Eiweiß, Vitaminen und Kochsalz referiert.[82] In den anschließenden Diskussionen kam dabei zwangsläufig auch die grundsätzliche Frage auf, wo Nahrungsergänzung aufhört und Doping beginnt.[83]

---

78 Singler, 2012, S. 34.

79 Vgl. dazu Unterabschnitt 3.4.3.

80 Vgl. dazu Unterabschnitt 1.3.3.

81 Vgl. Heggie, 2011.

82 Vgl. Engelhardt, 1953, S. 104; Diskussionsbeitrag Prokop in: Engelhardt, 1953, S. 105; Meier, 1953, S. 111.

83 Vgl. Meier, 1953, S. 112 ff.

Das Konzept der kurzzeitigen Stimulation fungierte weiterhin als der wichtigste Abgrenzungsansatz. Die Dopingdefinition des Weltverbands der Sportmedizin von 1948 wurzelte beispielsweise in der Differenzierung zwischen kurzfristig vor dem Wettkampf eingenommenen, stimulierenden Substanzen auf der einen Seite und im Training eingenommenen, längerfristig wirksamen Substanzen auf der anderen.[84] Es finden sich eine Fülle von Quellen, welche Dopingmittel als enthemmende[85], Reserven mobilisierende[86], unnatürliche[87], unphysiologische[88], künstliche[89] und unmittelbar vor dem Wettkampf angewandte[90] Substanzen charakterisierten und sie damit von legitimen „Hilfsmitteln des Trainings"[91] abgrenzten. Bei der Analyse der wissenschaftlichen Grundlagenarbeiten zur leistungssteigernden Wirkung verschiedener Präparate fällt auf, dass die Forscher versuchten, diese zentralen Attribute wissenschaftlich zu operationalisieren. Es war nicht nur wichtig, ob diese Präparate eine leistungssteigernde Wirkung hatten, sondern auch auf welchen physiologischen Prozessen *genau* die Leistungssteigerung beruhte. Ob es sich um eine „echte Leistungssteigerung"[92] wie beim Training handelte oder ob die Leistungssteigerung durch eine vegetative Enthemmung wie beim Doping mit Stimulanzien zustande kam, hing von den Effekten der Substanzen auf das vegetative Nervensystem ab. Um die zugrundeliegenden Wirkungsmechanismen zu überprüfen, wurden physiologische Parameter erhoben und unter Rückgriff auf den klassischen Dopingbegriff entsprechende Kategorisierungen vorgenommen.

Gute Beispiele für diesbezügliche Klassifizierungsversuche liefern die Arbeiten des Österreichers Ludwig Prokop, einem der führenden Sportmediziner seiner Zeit, frühen Anti-Doping-Kämpfer ab den 1950er Jahren und später sowohl Mitglied der Medizinischen Kommission des IOC (1967-2000) als auch Präsi-

84 Die Dopingdefinition des Weltverbands der Sportmedizin wird wiedergegeben in Deutscher Fechter-Bund, 1950, S. 51.

85 Vgl. Prokop, 1955a, S. 6; Wegener, 1954, S. 76, 79 f.; Lendle, 1957b, S. 24; Graf, 1957, S. 22; Thörner, 1959, S. 311.

86 Vgl. Nöcker, 1956, S. 97; Graf, 1957, S. 19; Thörner, 1959, S. 356.

87 Vgl. Heper, 1956, S. 111; Hoske, 1954, S. 25; Wünsche, 1966, S. 9.

88 Vgl. Lendle, 1957b, S. 23.

89 Vgl. Friedrich, 1955, S. 23; Hoske, 1954, S. 25; Prokop, 1955a, S. 6; Fischbach, 1955, S. 146; Seel, 1956, S. 407; Lendle, 1957b, S. 23; Graf, 1957, S. 20, 22;

90 Vgl. Fischbach, 1955, S. 146; Heper, 1956, S. 111; Lendle, 1957b, S. 22.

91 Hoske, 1954; Heper, 1956, S. 111 ff.

92 Nöcker, 1956, S. 97.

dent des internationalen Sportärztebundes (1976-1980).[93] In einer Studie über „experimentelle künstliche Vagotonisierung"[94] mit Priscophen, einem Mittel gegen neurovegetative Dystonien, zeigten sich leistungssteigernde Effekte. Prokop und sein Mitarbeiter Repp stellten dabei ausdrücklich fest, dass die Leistungssteigerung gerade *nicht* durch eine Stimulierung des Sympathikus zustande komme, sondern ganz im Gegenteil durch eine Verschiebung der vegetativen Ruhelage in Richtung Vagotonie. Dieser Wirkungsmechanismus schließe „jede Beziehung zu dem umstrittenen Begriff des Dopings aus", weil unter Doping „ausschließlich der Versuch einer Leistungssteigerung durch Stimulierung mit unphysiologischen Reizmitteln" verstanden werde.[95] Zu ähnlichen Ergebnissen kam Prokop bei einer anderen Studie zur Wirkung von Vitaminen. Die festgestellte Leistungssteigerung beruhe auf einer Ökonomisierung, welche die gesamten Stoffwechselvorgänge beträfe und „im Prinzip einem verbesserten Trainingszustand gleichkommt."[96] Bei der Bewertung von Substanzen musste also unterschieden werden, ob die Leistungssteigerung auf eine sympathikotone „Enthemmung" oder eine vagotone „Ökonomisierung" zurückzuführen war. Die zeitgenössische Auffassung, dass bestimmte Mittel in ihrer spezifischen Wirkungsweise dem Training ähneln oder sogar entsprächen,[97] wurzelte in der Vorstellung, dass eine Leistungssteigerung durch sportliches Training ebenfalls auf einer Verschiebung der vegetativen Tonuslage in Richtung Parasympathikus beruhe und so eine harmonische Ökonomisierung der gesamten physiologischen Vorgänge hervorgerufen werde.[98] Das eindrücklichste Zeichen dafür war die trainingsbedingte Absenkung der Herzfrequenz bei Ausdauersportlern. Neben der Frage, ob durch die Anwendung bestimmter Substanzen und Methoden eine Leistungssteigerung erzielt werden kann, wurde bei den genannten Studien also auch versucht, bestimmte Attribute der klassischen Dopingdefinition naturwissenschaftlich zu operationalisieren, um mit Hilfe exakter physiologischer Daten illegitime Dopingmittel von legitimen „Hilfsmitteln" zu unterscheiden. Für die Klassifizierung war dabei entscheidend, ob die Substanzen sympathikoton enthemmend oder vagoton ökonomisierend wirkten.

93 Vgl. Bachl, 2010, S. 6.

94 Prokop & Repp, 1954.

95 Ebd., S. 177.

96 Prokop, 1960, S. 24.

97 Vgl. Klein & Weis, 1953, S. 85; Heper, 1956, S. 113; Thörner, 1959, S. 310.

98 Siehe zur Wirkung des Trainings auf das vegetative Nervensystem Prokop, 1954; Koch, 1958, S. 19; Lendle, 1957a, S. 4; Thörner, 1959, S. 356.

Die Studien waren getragen von der Überzeugung, mit Hilfe empirischer Forschung Eindeutigkeit in der Dopingfrage herstellen zu können. De facto scheiterte die Suche nach Konsens jedoch bereits an den vagen semantischen Merkmalen des Dopingbegriffs, die vielfältig ausdeutbar waren: Hardliner beispielsweise fassten einfach sämtliche Maßnahmen, welche irgendwie von einer „normalen" bzw. „natürlichen" Lebensweise abwichen, unter den Dopingbegriff.[99] Manche gingen soweit und brachten sogar – wie schon in der Zwischenkriegszeit – die Anfeuerungsrufe von Zuschauern in Verbindung mit Doping.[100] Andere hingegen wandten sich explizit gegen einen weit gefassten Dopingbegriff und sahen lediglich Aufputschmittel im engeren Sinne als Dopingsubstanzen an.[101] Teilweise zeigten sich selbst in den Studien eines Autors tiefe Widersprüche: Während Prokop in der erwähnten Publikation Priscophen nicht als Dopingmittel klassifizierte, wich er an anderer Stelle von diesem relativ liberalen Standpunkt ab und verstand unter dem Dopingbegriff rigoros sämtliche Mittel, „die normalerweise überhaupt nicht oder zumindest nicht in solchen Dosen zugeführt werden."[102]

Die für die 1950er Jahre in der Bundesrepublik bekannteste und wichtigste Dopingdefinition des Deutschen Sportärztebundes von 1952[103] wurde von ihrem Präsidenten Werner Ruhemann (1952-1953) ausgearbeitet und basierte auf einem anderen Differenzierungsansatz. Ruhemann hatte – wie gesehen – bereits 1927 ausgeführt, dass nicht der Substanz, sondern dem Motiv der Anwendung die entscheidende Bedeutung bei der Dopingfrage zukomme.[104] Der Deutsche Sportärztebund stand daher 1952 auf dem Standpunkt, „dass jedes Medikament – ob es wirksam ist oder nicht – mit der Absicht der Leistungssteigerung vor Wettkämpfen gegeben als Doping zu betrachten ist." Weder das eingenommene Mittel noch seine physiologische Wirksamkeit oder Anwendungsweise waren relevant für die Dopingfrage. Was zählte war allein, ob das Mittel mit der Absicht

99 Vgl. Friedrich, 1955; Seel, 1956.

100 Vgl. Friedrich, 1955, S. 23.

101 Vgl. Fischbach, 1955; Lendle, 1957b.

102 Prokop, 1955a, S. 6. Er fasste in dieser Publikation beispielsweise auch Mittel wie Arsen- und Phosphorverbindungen sowie Sauerstoffgaben unter den Dopingbegriff.

103 Die Definition des Deutschen Sportärztebundes wurde in verschiedenen Organen publiziert (vgl. Ruhemann, 1953a, S. 26; Ruhemann, 1953b, S. 11; Ruhemann, 1953c, S. 149; Ruhemann, 1954, S. 11 f.).

104 Siehe dazu den vorhergehenden Unterabschnitt 2.2.2.

der Leistungssteigerung eingenommen wurde.[105] Es handelte sich um eine gesinnungsethische Definition, bei der die Einnahme von Substanzen anhand der moralischen Gesinnung des handelnden Subjekts bewertet wurde. Sie wurde zwar 1953 vom DSB als Organisation an der Spitze des bundesdeutschen Sports offiziell übernommen,[106] einen breiten Konsens konnte diese Definition trotzdem nicht herstellen. Vielmehr wurde weiterhin beklagt, dass keine Einigkeit darüber bestehe, was unter Doping zu verstehen sei.[107] Kritisch diskutiert wurde die Definition ab Mitte der 1950er Jahre in der Zeitschrift „Sportmedizin". Der Münchener Mediziner Fischbach wies auf die grundlegende Unzulänglichkeit hin, dass vieles wie beispielsweise Training oder gesunde Ernährung mit der Absicht der Leistungssteigerung erfolge, ohne dabei jedoch unter den Dopingbegriff zu fallen, und daher das Kriterium der Absicht für eine exakte Begriffsabgrenzung ungeeignet sei.[108]

Aus heutiger Perspektive stellt sich die Frage, warum man Doping aus Gründen der Eindeutigkeit nicht schon damals extensional über eine Liste von verbotenen Substanzen und Methoden definierte. Der Sporthistoriker Allen Guttmann hat im Zusammenhang mit der Genese von Regularien im Sport allgemein herausgearbeitet, dass die Entwicklung hin zu ausführlich niedergeschriebenen und klar formulierten Regeln ein kennzeichnendes Merkmal des modernen Sports ist.[109] Bis weit ins 20. Jahrhundert hinein dominierte eher der Geist, mit dem Sport betrieben werden sollte, als genau ausformulierte Regeln das Verhalten von Athleten.[110] Eng damit zusammen hängt die Feststellung, dass die rechtli-

105 Ruhemann (1953a, S. 26) führte dazu Folgendes näher aus: „Das Entscheidende aber ist der Dolus, die Absicht, mit dem diese Medikamente verabfolgt werden, nicht das Medikament selbst." Weiter verdeutlichte er beispielhaft: „Genußmittel, die gleichzeitig Reizmittel sind, wie z.B. Kaffee, dürfen nur im Rahmen der täglichen Gewohnheit vor Wettkämpfen verabfolgt werden. Sowie sich mit der Mehrverabfolgung die Absicht der sofortigen Leistungssteigerung verbindet, ist es Doping. Das Einatmen von Sauerstoff vor den Wettkämpfen ist sinnlos, gegebenenfalls gesundheitsschädigend. Mit der Absicht der Leistungssteigerung gegeben, ist es Doping."

106 Vgl. DSB, 1953, S. 64.

107 Vgl. dazu beispielsweise Friedrich, 1955, S. 22; Fischbach, 1955, S. 146; Klaus, 1954, S. 36.

108 Vgl. Fischbach, 1955, S. 146. Der Direktor des Pharmakologischen Instituts der Universität Göttingen, Ludwig Lendle (1957b, S. 22 f.), schloss sich dieser Kritik in ihren Grundzügen an.

109 Vgl. Guttmann, 1979, S. 48 ff.

110 Vgl. Gleaves, 2015b, S. 285.

chen Normkonkretisierungs- und Subsumtionsproblematiken, die heutzutage ein unpräziser Dopingbegriff in einem juristischen Verfahren hervorrufen würde, sich damals gar nicht stellten, weil Doping bis in die 1960er Jahre nicht verfolgt, kontrolliert und sanktioniert wurde. So zielte auch die Definition des Deutschen Sportärztebundes und des DSB weder auf die Kontrollierbarkeit der Norm noch auf praktisch-rechtliche Handhabbarkeit. Ganz im Gegensatz zu einer extensionalen Definition über eine Liste war sie in keiner Weise für die Dopingbekämpfung mit Kontrollen und Sanktionen gedacht. Vor dem Hintergrund der Tatsache, dass der Wechsel von der intensionalen zur extensionalen Definition bisweilen heutzutage einseitig als Erfolgsgeschichte gesehen wird,[111] gilt es aus historischer Sicht festzuhalten, dass der Definition von 1952 kein rechtliches, sondern vielmehr ein genuin moralisches und pädagogisches Anliegen zugrunde lag: Es ging um die Verurteilung der bewussten Anwendung von Substanzen und Methoden zur Leistungssteigerung und damit gleichzeitig um die Vermittlung der richtigen moralischen Gesinnung im Sport.

2.2.4 Vom Wert der Vagheit

Abgesehen davon, dass es einigen Definitionen also gar nicht auf die genaue Spezifizierung von Mitteln ankam, bot ein vage gehaltener Dopingbegriff sogar in mehrfacher Hinsicht Vorteile, die allerdings heutzutage durch die Dominanz der rechtlichen Perspektive, die definitorische Eindeutigkeit in den Mittelpunkt stellt, leicht aus dem Blick geraten.

Was die wissenschaftliche Ebene betrifft, ist grundsätzlich festzuhalten, dass in jeder Wissenschaft ein eindeutiges Begriffsinstrumentarium die notwendige Voraussetzung für eindeutige Erkenntnisse darstellt. De facto blieben die für die Dopingdefinitionsfrage entscheidenden Attribute wie „unnatürlich", „unphysiologisch" und „abnormal" jedoch hoffnungslos unterbestimmt und kontrovers. Die positive Seite dieser aus wissenschaftlicher Sicht unbefriedigenden Situation bestand darin, dass dadurch Fragen zur Dopingdefinition als ungeklärt perpetuiert und damit attraktive wissenschaftliche Probleme für die sportmedizinische Forschung erhalten blieben. Das war wohlgemerkt kein Ergebnis von bewussten Entscheidungen einzelner Subjekte. Es handelte sich vielmehr um den impliziten Effekt eines wissenschaftlichen Diskurses, der zu keinem Zeitpunkt klare Begriffsgrenzen setzte und die Bedeutung zentraler Attribute daher dauerhaft verhandelbar blieb. Ohne begriffliche Übereinstimmungen konnten eine Vielzahl an Studien mit unterschiedlich operationalisierten Begriffen durchgeführt, ver-

111 Vgl. Asmuth, 2010, S. 23.

schiedene Argumente vorgebracht und widersprüchliche Antworten gegeben werden, ohne dass je ein Konsens über den Dopingbegriff erzielt werden konnte. Die Tatsache, dass die Wissenschaft keine klare begriffliche Ordnung anbot, wog dabei nicht schwer: Solange Doping nur verurteilt und höchstens formal verboten, aber nicht kontrolliert und sanktioniert wurde, verblieben die Unklarheiten, Widersprüche und offenen Fragen vielmehr auf einer wissenschaftlichen Ebene und hatten insbesondere keine rechtlichen Normkonkretisierungs- und Subsumtionsprobleme bei der praktischen Dopingbekämpfung zur Folge.

Die Sportverbände hatten – wenn überhaupt – Doping in ihren Regularien bis zur zweiten Hälfte der 1960er Jahre nicht über eine Liste, sondern intensional sehr offen und weit definiert. In Zeiten fehlender Dopingverfolgung war ein inhaltsarm definierter Begriff nicht nur rechtlich belanglos, sondern brachte – ganz im Gegensatz zu unserem heutigen Verständnis – sogar gewisse Vorteile mit sich, und zwar vor allem deswegen, weil er die Nachteile einer präzisen extensionalen Definition vermied. Worin die Problematiken einer extensionalen Definition liegen, wurde früh erkannt: Werner Ruhemann wandte sich im Zusammenhang mit der bereits zitierten Dopingdefinition des Deutschen Sportärztebundes von 1952 ausdrücklich gegen Forderungen nach einer genau spezifizierten Verbotsliste, weil „die ständig aus dem Boden schießenden neuen Mittel eine Vollständigkeit unmöglich machen.“[112] Ruhemann sprach damit das grundsätzliche Problem der Unvollständigkeit von Dopinglisten aufgrund des wissenschaftlichen Fortschritts an. Während neue Substanzen sich einer präzisen extensionalen Definition prinzipiell entziehen, besteht die Chance, dass sie durch eine vage intensionale Definition erfasst werden können, ohne dass dafür dem Dopingbegriff neue Attribute hinzugefügt werden müssen. Man hat es hier mit einer grundlegenden Reziprozität auf semantischer Ebene zu tun: Je weniger präzise der Dopingbegriff gefasst wird, desto geringer ist das Risiko von Definitionslücken durch fortschrittsbedingte Innovationen.

Im Hinblick auf die Logik der Dopingpraxis von Athleten ist vor allem der implizite Effekt wichtig, der von einer präzisen Definition ausgeht: Das Verbotene markiert implizit auch den Toleranzbereich. Das Nichtgelistete stellt, mit anderen Worten, das Nichtverbotene dar, das dementsprechend von Sportlern gezielt gesucht wird und – formal legitim – benutzt werden darf. Je genauer der Dopingbegriff in den Regularien ausfällt, desto genauer verweist er auch auf das, was nicht verboten ist. Dopingwillige wissen also umso besser, welche Substanzen und Methoden sie zu suchen haben, je präziser das Verbotene spezifiziert wird. Die Möglichkeit zum Ausreizen des Legitimen bis zur scharf markier-

112 Ruhemann, 1954, S. 12.

ten Grenze des Illegitimen ist daher der unvermeidliche Nebeneffekt jeder exakten Definition.[113]

Das Unvollständigkeitsproblem der extensionalen Definition zeigte sich teilweise bereits bei den frühen Dopingkontrollen der 1960er Jahre. Für die Panamerikanischen Spielen 1967 beispielsweise wurde eine Dopingliste erstellt und Dopingkontrollen in den Radwettbewerben durchgeführt. Neben acht positiv auf Amphetamine getesteten Athleten fand man bei neun weiteren Proben Spuren von körperfremden Substanzen. Diese befanden sich jedoch nicht auf der Dopingliste.[114] Die Problematik wurde dem IOC, das zu diesem Zeitpunkt die ersten offiziellen Kontrollen für die Olympischen Spiele 1968 plante, in einem zehnseitigen Erfahrungsbericht mitgeteilt. Dabei wurde auch klar kommuniziert, dass eine Definition über eine Liste prinzipiell ungeeignet sei:

> „It is the opinion of the Medical Committee[115] that lists of banned drugs are anachronistic and can never be completely current due to the constant addition of new drugs to pharmacopeia. Such listings [...] should be replaced by a statement to the effect that all pharmacological aids to athlete's performance are forbidden."[116]

Nach diesem Vorschlag sollte also einer weiten intensionalen Definition der Vorzug vor einer engen extensionale Definition gegeben werden, um dadurch auch Substanzen zu erfassen, die noch gar nicht bekannt waren und daher unmöglich gelistet sein konnten. Bekanntlich hat sich aus rechtlichen Gründen letztlich die extensionale Definition durchgesetzt. Insofern blieb dieser Vorschlag bedeutungslos. Dennoch zeigt er, dass die Zeitgenossen Dopinglisten keineswegs unvoreingenommen gegenüberstanden, sondern sich durchaus bereits der Nachteile bewusst waren.

Wie gesehen wurde Doping in den frühen Regularien bis zur Einführung von Kontrollen und Sanktionen generell inhaltsarm definiert. Für dopingwillige Athleten blieb damit völlig unklar, was und vor allem was nicht unter den Doping-

---

113 Vgl. Bette & Schimank, 2006a, S. 167 ff.

114 Vgl. Report of the Drug Testing Programme (Cycling Event) fifth Pan American Games, Anlage 1, Protokoll Medizinische Kommission, 13.-14.7.1968, S. 6, IOC-Archiv, 203604.

115 Gemeint ist das medizinische Komitee, das die Kontrollen bei den Panamerikanischen Spielen 1967 verantwortete.

116 Report of the Drug Testing Programme (Cycling Event) fifth Pan American Games, Anlage 1, Protokoll Medizinische Kommission, 13.-14.7.1968, S. 6, IOC-Archiv, 203604.

begriff fiel. Der nicht-intendierte Effekt jeder extensionalen Definition, nämlich dass Sportler gezielt nach nicht gelisteten, „legitimen“ Substanzen und Methoden suchen, wurde dadurch vermieden. Es war nämlich gar nicht klar, wo sich der Bereich des Legitimen befand und wie er strapaziert und ausgereizt werden konnte. Ohne eine eindeutige Definition fehlten auch eindeutige Kriterien für die Suche nach dem, was formal nicht verboten war. Athleten gingen daher selbst beim Gebrauch von „harmlosen“ leistungssteigernden Mitteln das Risiko ein, dass diese potentiell als Doping klassifiziert würden. Sicherheit bestand nur für diejenigen, die einen großen Bogen um alle Mittel machten, die auch nur ansatzweise in die Nähe zum Doping gerückt werden konnten. Ein vage gehaltener Begriff fungierte als eine Art Generalverbot gegen jede Art des absichtsvollen Gebrauchs leistungssteigernder Mittel. Idealerweise sollte dies dazu führen, dass Sportler einen grundsätzlichen „Sicherheitsabstand“ zu solchen Praktiken einhielten.

In den Medien war Doping bis weit in die zweite Hälfte des 20. Jahrhunderts hinein kein besonders präsentes Thema.[117] Sportler, die zu ungewöhnlichen Maßnahmen der Leistungssteigerung griffen, mussten daher kaum befürchten, dass ihre Praktiken als Doping öffentlich skandalisiert würden. In den seltenen Fällen jedoch, in denen Dopingvorwürfe in der Presse erhoben wurden, zeigte sich, wie leicht in Zeiten eines schwammigen Dopingbegriffs bestimmte Verhaltensweisen und leistungssteigernde Praktiken von Sportlern in die Nähe zum Doping gerückt werden konnten. Bekannt sind die Dopinganschuldigungen gegenüber dem deutschen Mittelstreckenläufer Otto Peltzer. Peltzer war in den 1920er Jahren der härteste Rivale des finnischen „Wunderläufers“ Paavo Nurmi und hatte ihn sogar 1926 über 1500 Meter in Weltrekordzeit besiegt. Ein Jahr später kamen Dopinggerüchte gegen Peltzer auf, von denen gemutmaßt wurde, dass sie von Nurmi stammten. Interessanterweise war dabei zu keinem Zeitpunkt klar, ob Peltzer überhaupt Medikamente genommen und, wenn ja, welche er genau benutzt hatte.[118] Trotz dieser völligen Unklarheit wurden die Anschuldigungen medial breit ausgeschlachtet. Vor allem in Finnland mutmaßte die Presse über die Präparate, die Peltzer angewandt haben soll, denn – so fragte eine finnische Zeitung in Nurmis Heimatstadt Turku – „wie sonst hätte er unseren Paavo

117 Siehe zum Pressediskurs in der Bundesrepublik Meier, Rose & Woborschil, 2012; Meier et al., 2013.

118 Siehe wörtlich dazu Vettenniemi (2010, S. 417), der den Fall Peltzer ausführlich untersucht hat: „The precise nature of Peltzer's medication (if any) remained a mystery during the short-lived controversy.“

schlagen können?“[119] Es ist offensichtlich, dass in diesem Fall der Dopingvorwurf weder auf klaren empirischen Fakten noch auf einem klaren Dopingbegriff beruhte. In Nurmis Heimat war der Vorwurf gegen Peltzer gut dazu geeignet, die Niederlage des eigenen Athleten, der seit den Olympischen Spielen 1920 bei großen Rennen ungeschlagen war,[120] auf das mutmaßlich unfaire Verhalten des Gegners zurückzuführen und damit gewissermaßen zu entschuldigen.

Ein weiteres Beispiel, wie sportliche Leistung mit Hilfe eines vagen Dopingbegriffs diffamiert und die Niederlage der eigenen Athleten damit gleichzeitig entschuldigt wurde, stellte auch der erste größere Dopingskandal der olympischen Geschichte bei den Spielen von Los Angeles 1932 dar. Nach dem enttäuschenden Abschneiden der US-amerikanischen Schwimmmannschaft erhob ihr Trainer, Matthew Mann, in einer umfangreichen Pressekampagne den Vorwurf des Sauerstoffdopings gegenüber den überraschend erfolgreichen japanischen Schwimmern.[121] Ob die Anwendung von Sauerstoff jedoch überhaupt als Doping anzusehen sei, war zu dieser Zeit völlig unklar.[122] Entscheidend ist, dass durch die semantische Elastizität des zeitgenössischen Dopingbegriffs die Sauerstoffanwendung der japanischen Schwimmmannschaft als „Doping“ in Frage gestellt und damit zugleich das enttäuschende Abschneiden der US-amerikanischen Schwimmmannschaft erklärt und entschuldigt werden konnte.[123]

Ein unklarer Dopingbegriff bot jedoch auch denjenigen Vorteile, die sich mit Dopingvorwürfen konfrontiert sahen. Beim bereits angesprochenen Skandal im deutschen Rudersport von 1952 etwa rechtfertigte der Vereinspräsident der unter Dopingverdacht stehenden Mannschaft, Georg von Opel, die Anwendung des testosteronhaltigen Medikaments dadurch, dass er es als harmloses „Aufbaupräparat“ zum Ausgleich des „besonders starken Kräfteverbrauch[s] bei Leistungssportlern“ klassifizierte.[124] Die gewählte Bezeichnung hat normative Kraft und bestimmt das moralische Urteil. Eine solche Klassifizierung war deswegen möglich, weil die Grenze zwischen Dopingmitteln und „Aufbaupräparaten“ nicht feststand. Ohne enge diskursive Schranken eröffneten sich große Spielräume, die Grenzen zum Illegitimen nach eigenem Gutdünken zu ziehen, ohne dabei den Bereich des grundsätzlich Sagbaren zu verlassen. Das setzt wohlgemerkt einen

119 Turun Sanomat (25.7.1927, S. 4) zitiert und aus dem Finnischen übersetzt von Vettenniemi, 2010, S. 417: „How else could he have beaten our Paavo?“

120 Vgl. Vettenniemi, 2010, S. 417.

121 Vgl. Dyreson & Rorke, 2014, S. 865.

122 Vgl. Hoberman, 1994, 161 f.; Gleaves, 2011b, S. 244 f.

123 Vgl. Dyreson & Rorke, 2014, S. 865.

124 Der Mittag, 14.7.1952.

Diskurs voraus, der dieser Beliebigkeit Raum lässt. Die semantische Elastizität des Dopingbegriffs bis in die 1960er Jahre hinein war sowohl die Bedingung der Möglichkeit von relativ einfacher Denunzierung als auch relativ einfacher Rehabilitierung. Letztlich wurde der Raum des Sagbaren erst mit dem Beginn der Verfolgung von Dopingvergehen durch die Einführung von Kontrollen und Sanktionen und dem damit einhergehenden Wechsel von der intensionalen zur extensionalen Definition deutlich eingeschränkt.

2.3 Der Dopingbegriff ab der zweiten Hälfte der 1960er Jahre

Im ersten Abschnitt dieses Kapitels ging es um den Dopingbegriff zu Zeiten, als Doping noch nicht kontrolliert und sanktioniert wurde. Dies änderte sich ab der zweiten Hälfte der 1960er Jahre. Doping wurde damit gleichzeitig von einem vorwiegend wissenschaftlichen Definitionsproblem zu einem sportpolitischen Problem von Sportorganisationen.[125] Im zweiten Abschnitt dieses Kapitels richtet sich der Blick nun vorwiegend auf das IOC als derjenigen Organisation, deren Definition weltweit gesehen vielleicht am meisten Einfluss hatte.

2.3.1 Von der intensionalen zur extensionalen Definition

Nachdem sich das IOC in den Jahren 1937 und 1938 zum ersten Mal mit der Dopingproblematik beschäftigt und 1946 auch eine kurze Verbotsregel in die Olympische Charta aufgenommen hatte,[126] wurde das Thema erst wieder 1960 in der Mitgliederversammlung kurz aufgegriffen.[127] Ein Jahr später sprach sich IOC-Präsident Avery Brundage für Dopingsanktionen aus. Zuvor müsse jedoch, so Brundage, von medizinischer Seite geklärt werden, was unter „Doping" überhaupt zu verstehen sei.[128] Der Entschluss, Doping nicht mehr nur zu verurteilen und höchstens formal zu verbieten, sondern entsprechende Vergehen auch tatsächlich zu verfolgen und zu bestrafen, setzt zweifellos eine klare Definition dessen voraus, was überhaupt verfolgt und bestraft werden soll. Die extensionale Definition über eine Liste, welche das IOC zum ersten Mal 1967 für die Olympi-

125 Vgl. Reinold, Becker & Nielsen, 2012, S. 153 f.

126 Vgl. Protokolle Mitgliederversammlungen, 8.-11.6.1937, 13.-18.3.1938, IOC-Archiv; IOC, 1946, S. 28. Siehe dazu auch Unterabschnitt 2.2.1.

127 Vgl. Protokoll Mitgliederversammlung, 15.-16.2.1960, S. 9, IOC-Archiv.

128 Vgl. Protokoll Mitgliederversammlung, 19.-21.6.1961, S. 3, IOC-Archiv.

schen Winterspiele ein Jahr später in Grenoble aufstellte,[129] versprach eine weit größere Eindeutigkeit als die vagen intensionalen Definitionen der Vergangenheit.

Die ersten Tests in den 1960er Jahren im italienischen Fußball[130], bei internationalen Radrennen[131] und bei der Fußballweltmeisterschaft in England 1966[132] zielten zunächst vor allem auf Stimulanzien als dem klassischen Kern des Dopingbegriffs. Die ersten Listen des IOC für die Dopingkontrollen bei den Sommerspielen von 1968 und 1972 umfassten Sympathikomimetika, Exitantien und Narkotika[133] und richteten sich damit ebenfalls gegen den Gebrauch von Substanzen, die das vegetative Nervensystem beeinflussen. Die weitgehende Beschränkung der Regularien und Kontrollen auf den klassischen Kern des Dopingbegriffs lag nicht daran, dass die Frage der Definition inzwischen geklärt gewesen wäre. Manche vieldiskutierten Probleme aus der Zwischenkriegszeit wie beispielsweise Sauerstoffdoping oder UV-Bestrahlung verschwanden zwar zunehmend aus der Diskussion, dafür ergaben sich jedoch neue Klassifizierungsfragen: Im Zuge des Aufkommens der Anti-Baby Pille etwa wurde die Frage gestellt, ob es eine „sportliche Indikation für die Menstruationsverschiebung" gäbe.[134] Auf einer internationalen Konferenz zum Thema „Doping bei Sportlern" in Straßburg 1965, die Grundlagen für eine europäische Konvention des Europarats erarbeiten sollte, diskutierten Experten sogar über die Klassifizierung psychologischer Maßnahmen wie Hypnose, ohne dabei zu einem klaren Ergebnis zu kommen.[135] Ähnliches lässt sich auch für die noch ausführlicher zu behandelnden anabolen Steroide festhalten.[136]

129 Vgl. Protokoll Medizinische Kommission, 20.12.1967, S. 2, IOC-Archiv, 203603.

130 Vgl. Venerando, 1963; Venerando & Sio, 1965.

131 Vgl. Prokop, 1966a, S. 56; Dirix, 1966a.

132 Vgl. Beckett, Tucker & James: Report on the testing for artificial stimulants in urine samples from football players in the World Championship 1966, IOC-Archiv, 203697.

133 Für die Spiele in Mexiko-Stadt siehe den entsprechenden Bericht der Medizinischen Kommission, 1.10.1968, S. 2, IOC-Archiv, 203115. Für die Spiele in München siehe das Protokoll der Sitzung der Medizinischen Kommission, 12.6.1970, S. 3 f., IOC-Archiv, 203695.

134 Bausenwein-Planck, 1964, S. 154. Siehe zur Menstruationsverschiebung mit Hilfe von Ovarialhormonen auch Prokop, 1955a, S. 6; Lendle, 1957b, S. 23; Napp, 1958.

135 Vgl. Weidemann, 1966, S. 49.

136 Vgl. dazu Unterabschnitt 2.3.2.

Die Aufstellung von Listen verbotener Substanzen und deren weitgehende Beschränkung auf Stimulanzien war also keineswegs das Resultat einer wissenschaftlichen Fortschrittsgeschichte, in deren Verlauf man die begrifflichen Probleme gelöst hätte, mit denen sich die Sportmedizin schon länger beschäftigte. Vielmehr gab es ab dem Zeitpunkt, ab dem mit der Verfolgung von Doping wirklich ernst gemacht wurde, aus praktisch-rechtlichen Gründen keinen Platz mehr für definitorische Unbestimmtheit in den Regularien. Die Sportorganisationen mussten nun den Bereich des Verbotenen eindeutig festlegen, um spezifische Kontrollen vornehmen und klare Urteile fällen zu können. Schließlich waren mit dem Dopingbegriff folgenreiche Sanktionen für Sportler verknüpft, die nicht durch begriffliche Unklarheiten a priori auf wackligen Beinen stehen sollten. Daher wurden Listen eingeführt und das Arsenal der leistungssteigernden Substanzen und Methoden damit aufgeteilt in verboten und – implizit – erlaubt. Auf moralischer Ebene entspricht diese Aufteilung der Dichotomie von falsch und richtig, auf rechtlicher Ebene von schuldig und unschuldig. Die Liste erlaubte den Sportorganisationen, mit einem vermeintlich klaren binären Code von gedopt und nicht-gedopt ohne Grauzonen und Zwischenbereiche zu operieren. Es war, kurz zusammengefasst, der praktisch-rechtliche Zwang zur semantischen Eindeutigkeit im Zuge der sportpolitischen Entscheidung, Doping künftig zu kontrollieren und zu sanktionieren, der für den Wechsel zur extensionalen Definition verantwortlich war.

Obwohl dieser Wechsel unter juristischen Gesichtspunkten oft als Erfolgsgeschichte dargestellt wird, sollte dies nicht den Blick für die Nebeneffekte moralischer und symbolischer Art verstellen. Mit der Einführung der Liste und, damit zusammenhängend, auch der Kontrollen und des Strict-Liability-Prinzips wurde Doping zu einem technisch vermittelten Konstrukt. An die Stelle der Frage nach den moralischen Entscheidungen einzelner Sportler, Trainer und Funktionäre bezüglich der Nutzung leistungssteigernder Mittel rückten instrumentell ablesbare Laborergebnisse. Sofern sich die biochemischen Parameter im Normbereich bewegten, galten Athleten als sauber, ansonsten lag ein Dopingverstoß vor – wohlgemerkt unabhängig davon wie die konkreten moralischen Entscheidungen der Betroffenen im Vorfeld tatsächlich aussahen. Wenn Doping durch eine Liste definiert und die Frage eines Dopingverstoßes auf ein Laborergebnis reduziert wird, dann hat das eine Trennung von Recht und Moral und, damit einhergehend, eine Umstülpung der Wahrnehmung zur Folge: Einzelne Sportler, Trainer und Funktionäre konnten sich von nun an rechtlich auf der richtigen Seite wähnen, sofern sie die Grenzwerte nicht überschritten oder gezielt Mittel verwendeten, die (noch) nicht auf der Dopingliste standen. Moralisch waren sie dies jedoch möglicherweise nicht.[137]

2.3.2 Die Auflösung des klassischen Begriffskerns

Hatte man die ersten Dopinglisten noch weitgehend auf Stimulanzien als die klassischen Dopingsubstanzen beschränkt, so kamen im Laufe der 1970er Jahre weitere Substanzklassen und ab den 1980er Jahren auch Methoden hinzu. Den Anfang dieser Entwicklung machten anabole Steroide. Es handelte sich um synthetische Derivate des männlichen Sexualhormons Testosteron. Anabole Steroide wurden vor allem seit den 1960er Jahren in den kraft- und schnellkraftorientierten Sportarten benutzt und erwiesen sich schnell als ziemlich effektiv, weit verbreitet und schwer zu kontrollieren.[138] Ob diese Substanzklasse als Doping zu klassifizieren sei, wurde allerdings bis in die 1970er Jahre kontrovers diskutiert. Zum klassischen Kern der Dopingdefinition wies das männliche Sexualhormon nämlich nur entfernt Berührungspunkte auf. Es wurde längerfristig und regelmäßig in der Trainingsphase angewandt und war daher bezüglich seiner Anwendungsweise Nahrungsergänzungsmitteln viel ähnlicher als aufputschenden Dopingsubstanzen. Die längerfristige und regelmäßige Anwendung von Steroiden passte nicht zum klassischen Dopingkonzept kurzzeitiger Stimulation unmittelbar vor dem Wettkampf. Paradigmatisch kommt diese Auffassung bei einer Reihe von Äußerungen von Funktionären, Medizinern und Trainern zum

137 Vgl. Asmuth, 2010, S. 30.

138 Die erwähnten Skandale im dänischen und deutschen Rudersport Anfang der 1950er Jahre (vgl. Abschnitt 2.2) sowie Berichte über Testosterongebrauch in der amerikanischen Bodybuildingszene (vgl. Yesalis & Bahrke, 2005, S. 437) und im sowjetischen bzw. amerikanischen Gewichtheben (vgl. Fair, 1993) zeigen, dass Testosteron vereinzelt bereits in den 1950er Jahren von Athleten benutzt wurde. Den Siegeszug von anabolen Steroiden ab den 1960er und 1970er Jahren in unterschiedlichen Disziplinen legen Aussagen und Interviews mit Athleten sowie statistische Analysen zur Leistungsentwicklung in der Leichtathletik, im Schwimmen und Gewichtheben nahe (vgl. Singler & Treutlein, 2012; Lames, 2002; Fair, 1988). Das Problem bestand zum einen darin, dass bis Mitte der 1970er Jahre kein Nachweisverfahren zur Verfügung stand, und zum anderen darin, dass diese Substanzen im Training eingenommen und vor dem Wettkampf abgesetzt wurden und daher durch Wettkampfkontrollen kaum nachzuweisen waren. Siehe dazu auch den folgenden Unterabschnitt 2.3.3.

Vorschein. Max Danz, Mediziner, Vorsitzender der Medizinischen Kommission der IAAF und Präsident des DLV, hielt das anabole Steroid Dianabol 1969

„nicht für ein Dopingmittel, sondern für ein langsam echt aufbauendes Kräftigungsmittel auf anaboler Basis, das ich laufend in meiner Praxis verordne. Ich kann nicht verstehen, wie man zu der Auffassung kommt, es sei mit der Einnahme von Dianabol eine Wirkung zu erzielen wie mit der Doping-Peitsche."[139]

Eine ähnliche Auffassung teilte auch der bekannte deutsche Rudertrainer Karl Adam: Die „herkömmlichen Dopingmittel" müssten verboten werden, „weil sie die psychischen Sicherungen außer Funktion setzen und damit den Athleten gefährden". Anabolika hingegen verbesserten „die physiologischen Leistungsvoraussetzungen".[140] Dieser Logik nach bewirkten kurzfristig eingenommene Aufputschmittel auch nur kurzfristig über das gesunde physiologische Maß hinausgehende Verbesserungen, während langfristig eingenommene Mittel gleichzeitig auch langfristige und damit physiologisch adäquate Veränderungen hervorriefen.

Die erste Äußerung des IOC, die sich auf die Anabolikaproblematik beziehen lässt, stammt aus dem Jahr 1965. Arthur Porritt, erster Vorsitzender der Dopingkommission und früherer Präsident zweier britischer Ärzteorganisationen,[141] stützte seine generelle Sicht auf Hormone in einer vom IOC-Exekutivkomitee veranlassten Veröffentlichung auf Vorschläge und Empfehlungen des britischen Sportärztebundes, zu dessen Gründungsmitgliedern Porritt gehörte.[142] Hormone fielen unter Dopingsubstanzen, es sei denn sie würden regelmäßig seit mindestens 28 Tagen eingenommen.[143] Diese interessante Ausnahmebedingung unterstreicht, wie sehr das klassische Dopingkonzept Klassifizierungsfragen lange Zeit prägte. Unter Doping wurde typischerweise die einmalige Stimulation unmittelbar vor dem Wettkampf verstanden und eben nicht die regelmäßige Einnahme über einen längeren Zeitraum hinweg. Anabole Steroide waren, laut Pro-

139 Danz zitiert in: Die Zeit, 16.8.1969, S. 34.

140 Adam zitiert in: Ebd.

141 British Medical Association und Royal College of Surgeons of England.

142 Siehe zu Porritt ausführlicher Carter, 2012a, S. 60; Carter, 2012b, S. 72.

143 Im zweiten Anhang der Vorschläge und Empfehlungen wurde aufgelistet, welche Substanzen konkret als Doping zu klassifizieren seien. Darunter fielen u.a. auch „hormones (natural or synthetic) when given systematically unless they have been regularly used by sportsman for the previous 28 days or longer" (Porritt, 1965b, S. 50).

kop, ein „ungelöstes Grenzproblem", bei dem es noch „keine einheitlichen Auffassungen und damit auch keine allgemeingültigen Bestimmungen" gab.[144] Mit Ausnahme der Leichtathletik[145] hatte man in keiner Sportart anabole Steroide vor der zweiten Hälfte der 1970er Jahre auf die Liste der verbotenen Substanzen gesetzt. Im stark anabolikabelasteten Gewichtheben wurde von der Ärztekommission der europäischen Gewichtheber-Föderation 1972 sogar explizit mitgeteilt, dass die Einnahme von anabolen Steroiden nicht als Doping angesehen werde.[146]

Es gab, wie gesehen, schon lange vor dem Aufkommen der Anabolikaproblematik eine Reihe von kontroversen Diskussionen um die Klassifizierung von Substanzen und Methoden. Ein breiter Konsens bestand bei Stimulanzien, die lange Zeit sowohl den Kern des Dopingbegriffs als auch des gesamten Problems ausmachten. Andere leistungssteigernde Mittel hingegen wiesen mehr oder weniger große Ähnlichkeiten zu Stimulanzien auf, ohne dass ein tragfähiger Konsens bezüglich ihrer Klassifizierung gefunden werden konnte. Dieser fehlte auch zunächst bei anabolen Steroiden. Die Kontroversen um Wirkungsweisen, Nebenwirkungen und Strategien des Umgangs mit dieser Substanzklasse waren so komplex, dass ausführlichere Betrachtungen in anderen Abschnitten dieser Arbeit lohnenswert sind.[147] An dieser Stelle sei jedoch vorausgeschickt, dass sich anabole Steroide als so außerordentlich wirksam in kraft- und schnellkraftorientierten Sportarten erwiesen, dass sie in den 1970er Jahren selbst zum Kern des Problems wurden.[148]

Das IOC setzte diese Substanzen erstmals für die Sommerspiele 1976 in Montreal auf die Liste.[149] Weitere leistungssteigernde Substanzen bzw. Methoden wie in erster Linie Blutdoping, das Wachstumshormon und Erythropoetin (EPO) kamen im Laufe der 1980er Jahre hinzu und hatten ebenfalls nicht mehr viel gemein mit dem klassischen Dopingbegriff.[150] Die Anwendung der neuen

144 Prokop, 1970, S. 130.

145 Die IAAF hatte 1970 als erster Verband die Anabolika auf die Liste der verbotenen Substanzen gesetzt. Der DLV passte seine Wettkampfbestimmungen nach ausführlichen Diskussionen entsprechend an (vgl. Leichtathletik, 1970, 43, S. 1568) und listete 1971 anabole Steroide ebenfalls als Dopingsubstanzen auf (DLV, 1971, Regel 16).

146 Vgl. Athletik, 1972, 5, S. 20.

147 Vgl. dazu insbesondere die Unterabschnitte 3.4.3 und 5.2.4.

148 Vgl. Singler & Treutlein, 2012; Lames, 2002; Fair, 1988.

149 Vgl. Protokoll Medizinische Kommission, 6.4.1974, S. 6 ff., IOC-Archiv, 203602.

150 Vgl. dazu ausführlich den folgenden Unterabschnitt 2.3.3.

Mittel erfolgte nicht einmalig unmittelbar vor dem Wettkampf, sondern vielmehr regelmäßig über einen längeren Zeitraum im Training. Die Leistung wurde nicht kurzfristig über eine vegetative Stimulation gesteigert, sondern langfristig durch eine grundlegende Verbesserung der physiologischen Voraussetzungen für Kraft-, Schnelligkeits- oder Ausdauerleistungen. Wie auch anabole Steroide stellten sie sich als hocheffektiv heraus und sollten die Dopingpraxis von Athleten langfristig prägen. Diese Entwicklungen verdeutlichen in erster Linie, wie sehr sich die Problematik ab den 1970er Jahren verschoben hatte, und zwar weg von vor dem Wettkampf angewandten und kurzzeitig wirksamen Stimulanzien hin zu ganz verschiedenen hocheffektiven Mitteln, die langfristig im Training angewandt wurden und die physiologischen Leistungsfaktoren auf viel grundsätzlichere Weise veränderten. Der Kern des Dopingbegriffs, verstanden als vegetative Stimulation, gehörte damit bald der Vergangenheit an.

2.3.3 Das Kriterium der wissenschaftlichen Nachweisbarkeit

Dem Dopingbegriff kommt eine immanent sportpolitische Steuerungsfunktion zu: Mit ihm legen Sportorganisationen fest, was verboten, getestet und sanktioniert wird. Nur über diese praktischen Bezüge ist zu verstehen, dass das IOC einige leistungssteigernde Substanzen und Methoden lange Zeit nicht in die Dopingliste aufnahm, obwohl ihr Gebrauch im Sport – das zeigen interne Diskussionen – verurteilt wurde. Der Hauptgrund dafür war die fehlende wissenschaftliche Nachweisbarkeit.

Bereits die ersten Erfahrungen mit probeweisen Dopingkontrollen im Rahmen von internationalen Wettkämpfen ein Jahr vor den Spielen in Grenoble und Mexiko-Stadt 1968 legten nahe, aus praktisch-rechtlichen Gründen nur wissenschaftlich nachweisbare Substanzen in die Liste aufzunehmen. Nachdem man in drei Proben nicht genau identifizierbare Mittel gefunden hatte, stellte sich die Frage, wie mit solchen Dopingverdachtsfällen grundsätzlich umzugehen sei.[151] In einem Diskussionspapier der Medizinischen Kommission wurde zum Umgang mit nicht nachweisbaren Substanzen Ende 1967 Folgendes festgehalten:

„A fundamental difference must be made between those substances which have theoretically to be considered as dope and those substances which will be controlled first in Grenoble and then in Mexico. Analeptics, respirotonics and cardiotonics belong without

151 Vgl. Comments and experiences obtained from the sampling and analysis of the urine of several of the athletes who participated in the international competitions held in Mexico City in October 1967, S. 3, IOC-Archiv, 203603.

doubt to the dope substances which, for technical reasons, cannot be controlled. Thus, when starting a fight against dope, it would appear appropriate to carry out a control on a relatively small number of substances or hormone groups."[152]

Je mehr schwierig nachzuweisende Substanzen die Definition umfasst, desto geringer wird die Wahrscheinlichkeit, das Verbot tatsächlich kontrollieren und durchsetzen zu können. So lag es nahe, zunächst nur eine kleine Gruppe von gut nachweisbaren Substanzen in die Verbotsliste aufzunehmen.

Anabole Steroide sind ein Beispiel für eine Substanzklasse, die zunächst nicht auf die Liste gesetzt wurde. Ein wichtiger Grund dafür war anfangs, wie gesehen, dass sie nicht dem klassischen Dopingkonzept entsprachen und die längerfristige Anwendung von Hormonen als legitim angesehen wurde. Nachdem von wissenschaftlicher Seite 1967 die Anwendungsweise, Wirkungen und Nebenwirkungen von Steroiden detaillierter zusammengefasst worden waren[153] und kurz vor den Olympischen Spielen in Mexiko-Stadt 1968 das IOC konkrete Beschlüsse hinsichtlich der Regelung und Organisation der Dopingkontrollen treffen musste, wurden sie dann doch als Dopingsubstanzen klassifiziert.[154] Trotzdem befanden sie sich bei den Spielen 1968 und 1972 nicht auf der Verbotsliste und wurden erst vor den Spielen in Montreal 1976 aufgenommen. Dies ist darauf zurückzuführen, dass erst kurz zuvor vom englischen Wissenschaftler Raymond Brooks ein Nachweisverfahren vorgestellt worden war, das der Medizinischen Kommission sicher und praktikabel erschien.[155]

Am Beispiel anaboler Steroide zeigt sich, dass die Zusammenstellung der Liste nicht nach inhärent medizinisch-moralischen Gesichtspunkten erfolgte, sondern dass die wissenschaftliche Nachweisbarkeit als Kriterium von praktisch-

152 Basis for discussion for the meeting of the IOC Medical Commission, 20.12.1967, S. 1, IOC-Archiv, 203603.

153 Vgl. Summary on anabolic steroids, Anlage 11b, Protokoll Mitgliederversammlung, 3.-9.5.1967, IOC-Archiv.

154 Vgl. dazu wörtlich im veröffentlichten Protokoll der IOC-Mitgliederversammlung (6.-8.5.1967): „The IOC considers that the use of Anabolic Steroids (except for medical purposes) constitutes ‚doping' from the Olympic viewpoint" (Bulletin du Comité International Olympique, 1967, Mai-August, 98-99, S. 95).

155 Vgl. Protokoll Medizinische Kommission, 6.4.1974, S. 6 ff., IOC-Archiv, 203602. Siehe zur Entwicklung des Anabolikanachweisverfahrens ausführlich Krieger, 2016, S. 119-125.

rechtlicher Relevanz hinzugezogen und ausschlaggebend wurde.[156] Die Liste musste nun stärker anhand ihrer praktischen und rechtlichen Funktion innerhalb des neuen Systems der Dopingbekämpfung basierend auf Kontrollen zusammengestellt werden. Mit der beginnenden Verfolgung stellte sich zwangsläufig auch die Frage nach der wissenschaftlichen Kontrollierbarkeit der Dopingverbotsnorm. Ein unkontrollierbares Verbot barg von vornherein die Gefahr, dass es lediglich formal existierte, aber sich nicht durchsetzen ließ. Man hätte damit eine Situation provoziert, wie sie bereits vor der Einführung von Kontrollen bestand, als Anti-Doping-Regularien in einigen wenigen Sportarten lediglich formal existierten. Genau das sollte sich aber mit der Einführung von Kontrollen ändern. Eine Möglichkeit, den Grad der Normdurchsetzung zu erhöhen, bestand darin, den Bereich des Verbotenen gezielt auf das wissenschaftlich Kontrollierbare einzuschränken. Insofern war die Liste ein wichtiges Steuerungsinstrument in der Anti-Doping-Politik, durch das die Sportorganisationen ihre Kontroll- und Sanktionsfunktion pragmatisch auf den Bereich des Kontrollierbaren begrenzen und sich dadurch vom Problem der mangelnden Normdurchsetzung bei schwierig zu kontrollierenden Substanzen entlasten konnten.

Das Nachweisbarkeitskriterium bezog sich dabei ausschließlich auf die *analytische* Nachweisbarkeit. Ob Substanzen bzw. Methoden in konkreten Fällen im Labor identifizierbar waren, hing jedoch nicht allein von den vorhandenen analytischen Nachweisverfahren, sondern auch ganz wesentlich vom Zeitpunkt der Kontrolle ab. Waren unmittelbar vor dem Wettkampf eingenommene Stimulanzien durch Wettkampfkontrollen noch relativ gut nachzuweisen, so wurden anabole Steroide in der Trainingsphase angewandt und kurz vor dem Wettkampf

---

156 Dieses Kriterium lässt sich im Übrigen nicht nur beim IOC nachweisen. Bei der Expertenkonferenz 1965 in Straßburg, welche Grundlagen für eine Anti-Doping-Konvention des Europarats erarbeiten sollte, wurde ausdrücklich festgehalten, dass auf die Liste nur Substanzen gesetzt worden seien, deren Gebrauch erstens „besonders schädigend und gefährlich“, zweitens „allgemein verurteilt“ und drittens „durch Analysetechnik nachzuweisen“ sei (vgl. Weidemann, 1966, S. 49 f.). Die wissenschaftliche Nachweisbarkeit wurde auch im Zusammenhang der Ausarbeitung der ersten umfassenden Dopingbestimmungen des DSB, den Rahmen-Richtlinien zur Bekämpfung des Dopings von 1970, als zentrales Kriterium für die Aufnahme einer Substanz in die Liste genannt (vgl. Diskussionsbeiträge Adam und Overbeck, in: Keul, 1970, S. 15 f.). Eine Ausnahme in dieser Hinsicht stellt die Anti-Doping-Politik der IAAF dar: Sie hatte bereits 1970 als erster Sportverband überhaupt anabole Steroide auf ihre Liste gesetzt, ohne dass jedoch ein Nachweisverfahren vorhanden war (vgl. Leichtathletik, 1970, 43, S. 1568).

abgesetzt, um positive Proben zu verhindern. Diese Anwendungsweise machte einen Nachweis durch Wettkampfkontrollen also kaum möglich. Viel eher hätte Anabolikadoping durch die erst später eingeführten Trainingskontrollen aufgedeckt werden können. Insofern war der Nachweis nicht nur ein wissenschaftliches, sondern auch ein organisatorisches Problem. Die Medizinische Kommission war sich dessen seit den ersten Überlegungen zur Kontrolle von anabolen Steroiden durchaus bewusst.[157] Dennoch wurde Doping fast ausschließlich als ein naturwissenschaftliches Problem behandelt. Im Zentrum stand – den wissenschaftlichen Professionen, Expertisen und Interessen der Kommissionsmitglieder entsprechend – die Suche nach verlässlichen Nachweisverfahren und kaum die Probleme eines ausschließlich auf Wettkampfkontrollen basierenden Systems, das selbst mit den sensibelsten analytischen Verfahren eine mehrere Wochen zurückliegende Einnahme verbotener Substanzen im Training nicht nachweisen konnte. Trainingskontrollen wurden vielmehr, wie noch zu zeigen sein wird, erst allmählich ab den 1980er Jahren eingeführt.[158]

Die Beschränkung der Liste auf wissenschaftlich nachweisbare Substanzen führte dazu, dass einige neue Mittel zwar als moralisch verwerflich angesehen wurden, aber aufgrund der fehlenden analytischen Nachweismöglichkeiten zunächst keine Aufnahme in die Liste fanden. Im Jahr 1976 erreichte die Medizinische Kommission ein Bericht über Blutdopingpraktiken.[159] Ein Jahr später wurde intern über die Aufnahme von Testosteron, Kortison und Adrenocorticotropin in die Liste diskutiert.[160] In der ersten Hälfte der 1980er Jahre wurde den Kom-

157 Bereits 1967, als sich das IOC zum ersten Mal mit dem Problem der anabolen Steroide beschäftigte, wurde darauf hingewiesen, dass ein Nachweis schwierig sei, weil die Substanzen nicht zum Wettkampfzeitpunkt genommen würden (vgl. Bulletin du Comité International Olympique, Mai-August, 1967, 98-99, S. 95). Als IOC-Präsident Brundage sich 1971 nach den Analysemöglichkeiten bezüglich Hormonen erkundigte, wies die Medizinische Kommission darauf hin, dass die Athleten drei Wochen vor dem Wettkampf die Substanzen absetzten, um eine positive Probe zu vermeiden, der gewünschte leistungssteigernde Effekt jedoch dann immer noch vorhanden sei (vgl. Protokoll Mitgliederversammlung, 11.-18.9.1971, S. 23, IOC-Archiv).

158 Vgl. dazu Abschnitt 3.5.

159 Vgl. Schreiben NOK Norwegen an Medizinische Kommission, 29.1.1976, IOC-Archiv, 203599. Der Effekt von Blutdoping wurde verstärkt seit der ersten Hälfte der 1970er Jahre untersucht (vgl. Ekblom et al., 1972; Williams et al., 1973). Siehe zur Geschichte von Blutdoping Gleaves, 2015a, S. 91 f.

160 Vgl. Protokoll Medizinische Kommission, 7.-8.4.1977, IOC-Archiv, 203608.

missionsmitgliedern klar, dass Athleten auch auf das Wachstumshormon als muskelaufbauende Substanz zurückgriffen.[161] 1988 erreichten die Kommission erstmals Berichte über den Gebrauch des später im Ausdauersport weitverbreiteten Hormons EPO zu leistungssteigernden Zwecken.[162] All diese Mittel waren jahre- und teilweise jahrzehntelang nicht wissenschaftlich nachweisbar. Entsprechend wurden sie auch zunächst nicht in die Verbotsliste aufgenommen, obwohl die internen Diskussionen innerhalb der Medizinischen Kommission zeigen, dass diese Substanzen und Methoden als moralisch verwerflich angesehen wurden und eigentlich gelistet werden sollten.[163]

Dadurch dass immer mehr nicht nachweisbare Mittel im Leistungssport Verwendung fanden, diese aber aufgrund des Nachweisbarkeitskriteriums nicht formal verboten wurden, repräsentierte die Liste immer weniger die Gesamtheit der Substanzen und Methoden, die man eigentlich als Doping ansah. Manche Entscheidungen wirkten dadurch moralisch inkonsistent: Warum stand beispielsweise bis Anfang der 1980er Jahre Testosteron nicht auf der Liste, obwohl dessen Derivate, die anabolen Steroide, verboten waren? Moralisch gesehen gab es dafür keinen Grund. Zum anderen setzte man damit fragwürdige Signale: Ohne Zweifel transportiert das Fehlen von Blutdoping, Testosteron, Wachstumshormon oder EPO auf der Verbotsliste implizit die Botschaft an dopingwillige Athleten, dass der Gebrauch dieser Substanzen und Methoden toleriert werde. In der Medizinischen Kommission des IOC wurde beispielsweise berichtet, dass größere Dopingnetzwerke im italienischen Skilanglauf Blutdoping relativ offen praktizierten.[164] Zur selben Zeit tauchten auch Berichte über Blutdoping im amerika-

161 Vgl. Schreiben Beckett an de Mérode, 9.12.1983, IOC-Archiv, 203610.

162 Vgl. Anlage 7, Protokoll Medizinische Kommission, 9.-28.2.1988, IOC-Archiv, Procès-verbal Commission Medicale 1988.

163 Bezüglich Blutdoping war man sich beispielsweise innerhalb der Kommission einig, dass die Anwendung dieser leistungssteigernde Technik zu verurteilen sei. Zugleich wurde jedoch darauf aufmerksam gemacht, dass sie wissenschaftlich nicht nachgewiesen und daher auch nicht in die Liste der verbotenen Substanzen aufgenommen werden könne (vgl. Schreiben Dirix an Berlioux, 12.8.1982, Anlage 12, Protokoll Medizinische Kommission, 12.-14.2.1983, IOC-Archiv, Procès-verbal Commission Medicale 1981-1983). Zu den Gründen des fehlenden Nachweises von Blutdoping siehe Krieger, 2016, S. 265 f., 322 f., 346.

164 Vgl. dazu wörtlich: „[...] the Italian athletes seemed to be undergoing blood transfusions quite naturally. It had even been stated that the Italian National Olympic Committee was encouraging those athletes who had not already used blood doping, to do so. He continued that the Italian athletes were openly claiming that they had

nischen Radsport auf.[165] Aufgrund der Regularien konnten jedoch selbst bei Geständnissen keine Sanktionen ergriffen werden. Der Vorsitzende der Medizinischen Kommission der IAAF, Arne Ljungqvist, brachte in einem Brief an den Vorsitzenden der Medizinischen Kommission des IOC, Alexandre de Mérode, die moralische Fragwürdigkeit eines fehlenden Verbots und den dadurch drohenden Reputationsverlust für Sportorganisationen folgendermaßen auf den Punkt:

> „I feel it is a pity that the IOC cannot intervene against the American cyclists who have admitted blood doping. This gives sport organisations a bad image. I think most people feel that those cyclists should not be regarded as medallists and their medals taken away but this is obviously not possible due to the present IOC rules."[166]

Mit dem Kriterium der wissenschaftlichen Nachweisbarkeit wuchs die Kluft zwischen dem, was eigentlich als moralisch verwerflich angesehen wurde, und dem, was tatsächlich formal verboten war. Man schuf damit implizit einen immer größer werdenden Toleranzbereich, der moralisch kaum zu vertreten war und die Dopingverbotsnorm unterhöhlte. Diese Entwicklung führte ab der Mitte der 1980er Jahre zu Diskussionen um die Frage, ob es nicht doch vernünftig sei, auch dann ein Verbot auszusprechen, wenn das jeweilige Mittel nicht wissenschaftlich nachgewiesen werden könne.[167] Bei Blutdoping entschied die Medizinische Kommission 1985 dann zum ersten Mal, eine nicht nachweisbare Metho-

been in hospital for their blood transfusions and the peak reinfusion time for each of the athletes concerned had been carefully worked out" (Protokoll Subkommission Doping und Biochemie, 18.-19.2.1985, S. 7, IOC-Archiv, Procès-verbal Commission Medicale 1985).

165 Vgl. Protokoll Subkommission Doping und Biochemie, 18.-19.2.1985, S. 5 ff., IOC-Archiv, Procès-verbal Commission Medicale 1985. Siehe dazu auch Gleaves, 2015a; Voy, 1991, S. 71 ff.

166 Schreiben Ljungqvist an de Mérode, 20.2.1985, Anlage 6, Protokoll Medizinische Kommission, 10.-11.4.1985, IOC-Archiv, Procès-verbal Commission Medicale 1985.

167 Siehe im Zusammenhang mit der Frage der Aufnahme von Blutdoping Protokoll Mitgliederversammlung, 12.-17.10.1986, S. 66, IOC-Archiv. Siehe im Zusammenhang mit der Frage der Aufnahme des Wachstumshormons Schreiben Beckett an de Mérode, 9.12.1983, IOC-Archiv, 203610. Des Weiteren Protokoll Medizinische Kommission, 10.-11.4.1985, S. 9 f., IOC-Archiv, Procès-verbal Commission Medicale 1985.

de auf die Liste zu setzen.[168] 1989 wurden mit der Aufnahme der Gruppe der Peptidhormone, unter die auch das Wachstumshormon und EPO fielen, weitere nicht nachweisbare Substanzen in die Liste aufgenommen.[169]

Das war eine klare Veränderung der bisherigen Politik.[170] Seit der Einführung von Kontrollen hatte man zunächst nur das verboten, was auch wissenschaftlich nachweisbar war. Über die Einschränkung des Verbotsbereichs auf das analytisch Nachweisbare sollte – im Unterschied und als Fortschritt zu früheren Jahrzehnten – die Durchsetzung des Dopingverbots gelingen. Mit einem weiten, unkontrollierbaren Verbotsbereich hingegen wäre dieses Vorhaben von vornherein zum Scheitern verurteilt gewesen. Entsprechend wurde die Dopingliste einfach pragmatisch auf analysierbare Substanzen und Methoden begrenzt. Ab der Mitte der 1980er Jahre wurden dann auch nicht nachweisbare Mittel aufgenommen. Damit sollten die fragwürdigen Signale eliminiert werden, die von einer – moralisch gesehen – unvollständigen Liste ausgingen. Was aus praktisch-rechtlichen Überlegungen der Normkontrolle und Normdurchsetzung heraus vernünftig erschien, untergrub auf moralischer Ebene den Anti-Doping-Kampf, weil die Verbotsliste immer weniger die Gesamtheit dessen repräsentierte, was tatsächlich als Doping angesehen wurde. Man schuf so implizit einen größer werdenden Toleranzbereich für moralisch verwerfliche Praktiken. Umgekehrt führte die Erweiterung der Liste um nicht nachweisbare Substanzen und Methoden unweigerlich zu Problemen bei der Normkontrolle und Normdurchsetzung. Unabhängig von der wissenschaftlichen Nachweisbarkeit, hatte die Dopingbekämpfung jedoch spätestens ab dem Zeitpunkt ein kaum lösbares Kontroll- und Durchsetzungsproblem, als Athleten zu Mitteln griffen, die im Training eingenommen wurden und daher am ehesten durch Trainingskontrollen nachzuweisen waren. Im Unterschied zur wissenschaftlichen Nachweisbarkeit spielte dieser organisatorische Aspekt jedoch bis in die 1980er Jahre in den Diskussionen keine Rolle.

168 Vgl. Protokoll Subkommission Doping und Biochemie, 18.-19.2.1985, S. 7, IOC-Archiv, Procès-verbal Commission Medicale 1985.

169 Vgl. Protokoll Medizinische Kommission, 15.-16.4.1989, S. 7, IOC-Archiv, Procès-verbal Commission Medicale 1989-1990.

170 Vgl. dazu auch Gleaves, 2015a, S. 101.

2.3.4 Akteursinteressen

Neben der Intention, den Verbotsbereich über das Kriterium der Nachweisbarkeit wissenschaftlich kontrollierbar zu halten, war die spezifische Zusammenstellung der Liste noch mit anderen Interessen wissenschaftlicher, finanzieller und sportpolitischer Art im Hintergrund verbunden. Die Dopinganalytik wurde mit der Einführung von Kontrollen zu einem expandierenden Bereich: Durch die Ausdehnung der Dopingliste nahm die Zahl der zu kontrollierenden Substanzen ständig zu, genauso wie die Zahl der insgesamt durchzuführenden Analysen. Qualitativ wurden immer aufwendigere Analyseverfahren eingeführt und damit immer höhere Anforderungen an die Labore gestellt. Diese Expansion wäre nicht möglich gewesen, wenn nicht in zunehmendem Maße finanzielle Mittel in die Dopinganalytik geflossen wären.[171] Die Dopinganalytik hatte sich schnell zu einem Bereich entwickelt, der den dort tätigen Akteuren zunehmende Möglichkeiten bot, finanzielle Ressourcen für den Ausbau der Routineanalytik bzw. für Forschungsvorhaben zum Nachweis neuer Substanzen und Methoden zu akquirieren und durch Innovationen wissenschaftliches Prestige zu ernten. Insofern entwickelten Dopinganalytiker bisweilen auch ein handfestes Interesse daran, dass ein neues Mittel als „Dopingmittel“ klassifiziert wurde. Andere Akteure hingegen konnten kaum an einer Erweiterung der Liste und einer Expansion der Kontrollaktivitäten interessiert sein. Vor allem waren damit Kosten verbunden, die im Rahmen der Kontrollen bei Olympischen Spielen von den Ausrichtern getragen werden mussten. Letztlich führte die Expansion, wie im Folgenden dargestellt wird, zu einer zunehmenden Polarisierung der Interessen. Auf olympischer Ebene zeigte sich dies seit der Mitte der 1970er Jahre und dann vor allem im Zusammenhang mit den Sommerspielen 1984 in Los Angeles.

Das Problem der steigenden Kosten wurde vor allem mit der Erweiterung der Dopingliste um anabole Steroide virulent. Bezüglich der erstmalig geplanten Anabolikatests in Montreal 1976 machte James Worrall, kanadisches IOC-Mitglied, in einem Brief an de Mérode auf die erheblichen Kosten für Anabolikakontrollen aufmerksam. Dabei seien sie gar kein wirksames Bekämpfungsinstrument, weil Athleten die Kontrollen durch rechtzeitiges Absetzen der Substanzen leicht umgehen könnten.[172] Die Problematik steigender Kosten für Do-

---

171 Siehe zu diesen Prozessen ausführlich Unterabschnitt 5.3.2.

172 Siehe dazu wörtlich: „Present evidence would appear to indicate that testing for steroids is quite inconclusive and the effect of the use of such drugs could be very easily circumvented by any athlete who had been taking them, by merely discontinuing the use of them for a reasonable period prior to competition. It also indicated that

pingkontrollen ist im Kontext der allgemeinen Finanzierungsproblematik der Spiele zu sehen, mit der die ausrichtenden Städte ab den 1970er Jahren konfrontiert waren.[173] 1978 erreichten die Medizinische Kommission zwei Schreiben, in denen sich die beiden Organisationskomitees der Spiele in Moskau und Lake Placid 1980 über die immer „höher" und „exotischer" werdenden Ansprüche der Kommission und die damit einhergehende Kontrollkostensteigerung beklagten.[174] Der stellvertretende Vorsitzende der Medizinischen Kommission, Arpad Csanadi, hielt diese Ausgaben hingegen zum Schutz der Athleten für vollkommen gerechtfertigt. Darüber hinaus seien sie, so Csanadi, im Vergleich zu anderen Investitionen, die im Zuge des „Gigantismus" der Spiele getätigt würden, sehr gering. Kompromisse bei der Dopingbekämpfung sollten daher nicht eingegangen werden.[175] So problematisch die steigenden Kosten für Ausrichterstädte in diesen finanziellen Krisenjahren auch gewesen sein mögen: Man sieht an diesem Beispiel, dass finanzielle Argumente im moralisch aufgeladenen Feld der Dopingbekämpfung relativ leicht als fehl am Platz zurückgewiesen werden konnten. Abstriche bei diesem moralischen Unternehmen ließen sich grundsätzlich nicht gut finanziell rechtfertigen.

---

the technical requirements for setting up a depot for steroid testing are going to be extremely expensive, both from an equipment and personnel requirement standpoint" (Schreiben Worrall an de Mérode, 3.1.1975, zitiert in: Henne, 2014, S. 895). Die Kostenproblematik bei den Spielen in Montreal wurde auch bei der Sitzung der Medizinischen Kommission 1974 diskutiert (vgl. Protokoll Medizinische Kommission, 5.-7.4.1974, S. 8, IOC-Archiv, 203602).

173 Vgl. dazu Unterabschnitt 1.3.1.

174 Vgl. wörtlich im Protokoll (Medizinische Kommision, 18.6.1978, S. 3, IOC-Archiv, 203606): „Demands are getting so large and so exotic, that it will become very difficult for future cities to select the facilities to run the program." Der Vorsitzende der Marketingabteilung im Organisationskomitee der Winterspiele von 1980, Norman Hess, beklagte, dass Dopingkontrollen Lake Placid inzwischen deutlich mehr kosten würden als die komplette Unterbringung und Versorgung der Athleten (vgl. Dimeo, Hunt & Bowers, 2011, S. 935).

175 Siehe dazu wörtlich im Protokoll (Medizinische Kommission, 18.6.1978, S. 6, IOC-Archiv, 203606): „Dr. Csanadi stated that the aim of the Medical Commission is to protect the athlete in any way possible. Gigantism is a basic problem but the cost of doping controls is basically to protect the athlete and is entirely justified. No compromise should be made as far as drugs are concerned. Doping programs should be maintained at all cost. And cost is very small compared to some of the expenses involved in the Games."

Die größte Auseinandersetzung um die Ausdehnung der Kontrollaktivitäten ergab sich vor den Sommerspielen in Los Angeles 1984. Nachdem die Olympischen Spiele davor zum größten Teil mit öffentlichen Geldern bezahlt worden waren, finanzierten sich die 1984er Spiele zum ersten Mal aus privater Hand und waren mit kommerziellen Interessen verbunden.[176] Der bemerkenswerte Gewinn, den man damit erzielte, war nach den finanziellen Desastern der Spiele zuvor so keineswegs abzusehen.[177] Die Ausrichterstadt Los Angeles übernahm daher im Vorfeld keinerlei finanzielle Verantwortung. Ermöglicht durch eine Regeländerung des IOC in der Olympischen Charta, haftete vielmehr das Organisationskomitee zusammen mit dem NOK.[178] Daher galt es für das Organisationskomitee von vornherein, nicht nur Fernsehgelder und Sponsoren einzuwerben, sondern vor allem auch Kosten einzusparen und zwar dort, wo es nicht unmittelbar um die Vermarktung der Spiele ging.[179] Ein Ausbau der Kontrollaktivitäten passte nicht zu dieser unternehmenspolitischen Agenda: Erstens kosteten zusätzliche Kontrollen Geld und zweitens gefährdete eine tendenziell höhere Aufdeckungswahrscheinlichkeit einen positiven Imagetransfer und damit eine erfolgreichere Vermarktung der Spiele.

Diese Gründe konnten freilich offen gegenüber der Medizinischen Kommission des IOC nicht so vorgetragen werden. Stattdessen waren die vom Organisationskomitee kommunizierten Einwände primär wissenschaftlicher Art. Konkret ging es bei den Auseinandersetzungen vor den Spielen vor allem um die Frage der Einführung von Tests auf Testosteron und Koffein. Die Testosteronproblematik hatte sich verstärkt, nachdem ein Nachweisverfahren für anabole Steroide entwickelt worden war und diese Substanzen seit den Spielen in Montreal 1976 kontrolliert wurden.[180] Athleten ersetzten anabole Steroide nun wenige Wochen vor dem Wettkampf durch das nicht nachweisbare und formal nicht verbotene Testosteron.[181] Diese Problematik wurde bald auch innerhalb der Me-

176 Vgl. Real, 2010, S. 229.

177 Vgl. Chappelet & Kübler-Mabbott, 2008, S. 86; Preuss, 2004, S. 16.

178 Vgl. Llewellyn, Gleaves & Wilson, 2015, S. 3.

179 Der wichtigste Hebel, um die Kosten kontrollierbar zu machen, waren vergleichsweise geringe Ausgaben bei den Sportstätten (vgl. Wilson, 2015, S. 144 ff.; Wenn, 2015, S. 160).

180 Verbot und Kontrolle wurden 1974 beschlossen (vgl. Protokoll Medizinische Kommission, 6.4.1974, S. 8, IOC-Archiv, 203602).

181 Testosteron wurde aufgrund der fehlenden wissenschaftlichen Nachweisbarkeit erst vor den Spielen 1984 auf die Dopingliste gesetzt.

dizinischen Kommission diskutiert.[182] Des Weiteren wurde in der ersten Hälfte der 1980er Jahre von der Anwendung hoher Dosen von Koffein im Radsport berichtet.[183]

Sowohl Testosteron als auch Koffein wiesen jeweils besondere Nachweisproblematiken auf: Koffein war zwar einfach nachzuweisen, jedoch in vielen alltäglichen Getränken enthalten, so dass die große Gefahr bestand, dass auch Athleten positiv getestet wurden, die einfach im Rahmen ihrer täglichen Gewohnheiten ohne leistungssteigernde Absicht Koffein zu sich nahmen. Beim Nachweis operierte man daher mit einem hoch angesetzten Konzentrationslimit,[184] das mit einem „normalen" Konsum nicht zu erreichen war. Bei Testosteron handelt es sich um eine körpereigene Substanz, so dass beim Nachweis zwischen endogener Produktion und exogener Applikation unterschieden werden musste. Testosteron wurde daher indirekt nachgewiesen und zwar über den Quotienten von Testosteron zu Epitestosteron. Wich dieses Verhältnis um mindestens sechs zu eins vom eigentlich „normalen" Verhältnis von eins zu eins ab, so galt der Athlet

182 Die Aufnahme von Testosteron in die Liste der verbotenen Substanzen wurde in der Medizinischen Kommission 1977, d.h. ein Jahr nachdem man begonnen hatte, auf anabole Steroide zu testen, zum ersten Mal diskutiert (vgl. Protokoll Medizinische Kommission, 7.-8.4.1977, S. 5, IOC-Archiv, 203608). Donike berichtete 1981 in der Subkommission „Doping und Biochemie" von inoffiziellen Tests auf Testosteron, welche zu experimentellen Zwecken bei den Spielen in Moskau und Lake Placid durchgeführt worden waren und deren Ergebnisse „wahrscheinlich auf eine weite Verbreitung dieser Substanz bei Männern und Frauen schließen [lassen]" (Protokoll Subkommission Doping und Biochemie, 20.-22.5.1981, S. 2, IOC-Archiv, Procès-verbal Commission Medicale 1981-1983). Beckett beschrieb in einem Brief an de Mérode die Dopingpraxis der Substitution von anabolen Steroiden durch Testosteron: „The escalating misuse of testosterone [...] is undermining the whole basis of our dope control because competitors are increasingly using natural hormone rather than anabolic steroids for which we can test and have banned" (Schreiben Beckett an de Mérode, 5.2.1982, Anlage 9, Protokoll Medizinische Kommission, 6.-7.2.1982, IOC-Archiv, 203607).

183 Vgl. Protokoll Medizinische Kommission, 23.-24.5.1982, S. 10, IOC-Archiv, 203 607; Protokoll Medizinische Kommission, 12.-14.2.1983, S. 3, IOC-Archiv, Procès-verbal Commission Medicale 1981-1983.

184 Das Limit betrug 15 Mikrogramm pro Milliliter (vgl. Minutes of the IOC Medical Commission, 12.-14.2.1983, S. 4, IOC-Archiv, Procès-verbal Commission Medicale 1981-1983).

als gedopt.[185] Hatte man bei den vorherigen Spielen Anabolika noch mit dem Radioimmunassay-Verfahren kontrolliert,[186] so war für den Testosteronnachweis die aufwendigere Kombination von Gaschromatographie und Massenspektrometrie notwendig. Die Einführung von Tests auf Testosteron bedeuteten daher eine grundsätzliche Abkehr vom ursprünglich geplanten Verfahren auf Immunassay-Basis und waren für das Organisationskomitee der 1984er Spiele mit zusätzlichen Kosten verbunden.

Im Unterschied zu den bisherigen Nachweisverfahren, die alle auf dem Vorhandensein der fraglichen Substanz im Körper des Athleten beruhten, basierten sowohl der Testosteron- als auch der Koffeinnachweis auf definierten Grenzwerten, die durchaus anders hätten ausfallen können und später auch revidiert wurden.[187] Solche quantitativen Nachweisverfahren wiesen, mit anderen Worten, eine neue, unleugbar arbiträre Seite auf. Wer die Implementierung von Koffeinkontrollen verhindern wollte, tat daher gut daran, auf die Willkürlichkeit der Grenzwertfestlegung zu insistieren. Das Organisationskomitee der 1984er Spiele argumentierte jedenfalls gegen die Einführung des Koffeinnachweisverfahrens in erster Linie damit, dass der Grenzwert wissenschaftlich unbegründet sei.[188] Beim Testosteronnachweis kam als weiterer Ansatzpunkt für Kritik hinzu, dass hier zum ersten Mal mit einem indirekten Nachweisverfahren gearbeitet wurde. Der Nachweis über indirekte Parameter forderte einen noch höheren wissenschaftlichen Begründungs- und Absicherungsaufwand als die bis dahin üblichen direkten Nachweise, die allesamt auf der Evidenz unmittelbarer Präsenz des Verbotenen im Körper des Athleten beruhten. Für das Organisationskomitee schien es daher erfolgversprechend, mit dem Argument der mangelnden wissenschaftli-

185 Vgl. Protokoll Medizinische Kommission, 12.-14.2.1983, S. 5, IOC-Archiv, Procès-verbal Commission Medicale 1981-1983.

186 Vgl. Dugal, 1977, S. 386; Rogozkin, 1981, S. 157.

187 Als offensichtlich wurde, dass Athleten sich an die jeweiligen Grenzwerte „herandopten", wurden beide Grenzwert gesenkt, um den Spielraum dafür zu verringern. Siehe beispielsweise zur Diskussion um das „Herandopen" an die Koffeingrenze Protokoll Subkommission Doping und Biochemie, 18.-19.2.1985, S. 8, IOC-Archiv, Procès-verbal Commission Medicale 1985; Protokoll Medizinische Kommission, 10.-11.4.1985, S. 7, IOC-Archiv, Procès-verbal Commission Medicale 1985.

188 Vgl. Report from the Los Angeles Organizing Committee to the IOC Medical Commission, Anlage 14, Protokoll Medizinische Kommission, 12.-14.2.1983, S. 41, IOC-Archiv, Procès-verbal Commission Medicale 1981-1983.

chen Absicherung des Nachweisverfahrens zu opponieren, um Kontrollen auf Testosteron in Los Angeles zu verhindern.[189]

Da die ökonomische Bilanz der Spiele für das Organisationskomitee, wie gesehen, ein wichtiger Faktor im Hintergrund darstellte, ist nicht davon auszugehen, dass die geäußerten wissenschaftlichen Bedenken wirklich die einzigen Gründe für die massive Opposition waren. Wissenschaftliche Gründe waren jedoch der Typ von Argumenten, der im Diskurs erfolgversprechend vorgebracht werden konnte, ja sogar aus ethischen Gründen vorgebracht werden musste, denn schließlich durften auf keinen Fall unschuldige Athleten aufgrund unzulänglicher Nachweisverfahren bestraft werden. Wissenschaftliche Gründe stellten also selbst genuin moralische Gründe dar. Von allen potentiellen Argumenten gegen die Einführung neuer Nachweisverfahren hatten daher überzeugend vorgetragene wissenschaftliche Einwände die größten Chancen, gehört und akzeptiert zu werden.

Letztlich haben die Argumente des Organisationskomitees gegen die Einführung von Testosteron- und Koffeinkontrollen jedoch nicht zum erhofften Erfolg geführt. Für die Medizinische Kommission und seine Mitglieder standen in dieser Auseinandersetzung nicht nur die sachlichen Inhalte zur Disposition, sondern auch ganz wesentlich Macht und wissenschaftliches Prestige. Die Kommission konnte nicht daran interessiert sein, dass ein Organisationskomitee von außen Einfluss nahm und ihre regelsetzende Kompetenz in Frage stellte. Eine Revidierung der bereits gefallenen Beschlüsse bezüglich der Kontrollen auf Testosteron und Koffein hätte ein falsches Signal gesetzt und die Entscheidungen der Kommission auch in Zukunft stärker verhandelbar gemacht. Insbesondere der deutsche Dopinganalytiker Manfred Donike drängte darauf, dass in Los Angeles nach den ursprünglich gefällten Beschlüssen getestet wurde.[190] Dass in erster Linie Donike daran interessiert war, ist nicht verwunderlich: Er hatte seit einigen Jahren am Dopingkontrolllabor in Köln an einem Testosteronnachweisverfahren geforscht.[191] Donike hatte daher ein großes Interesse daran, dass das von ihm

189 Vgl. ebd.

190 Siehe dazu insbesondere Comments of Professor M. Donike regarding the LAOOC [Los Angeles Olympic Organizing Committee] report to the IOC Medical Commission, Anlage 15, Protokoll Medizinische Kommission, 12.-14.2.1983, IOC-Archiv, Procès-verbal Commission Medicale 1981-1983.

191 Aus einem Schreiben geht hervor, dass Donike sich seit spätestens 1977 mit dem Testosteronnachweisverfahren beschäftigt hatte. Er hatte beim IAAF-Weltcup in Düsseldorf 1977 Proben genommen, auf Testosteron-Metaboliten analysiert und kam dabei zu folgenden Schluss: „Ich gehe davon aus, daß die in Düsseldorf an den

ausgearbeitete Verfahren auch in der Routineanalytik implementiert wurde. Schließlich war damit das Prestige verbunden, ein Nachweisverfahren für eines der drängendsten Probleme der damaligen Zeit gefunden zu haben. Für Donike stellte das ein ganz entscheidender Schritt hin zur wissenschaftlichen Führerschaft in der weltweiten Dopinganalytik dar.[192]

In vermeintlich rein wissenschaftlichen Fragen der Dopinganalytik ging es also nie allein um die Inhalte an sich, sondern stets auch um Geld, Macht und wissenschaftliches Prestige. Mit finanziellen Argumenten konnte kaum erfolgversprechend gegen einen Ausbau des moralischen Unternehmens Dopingbekämpfung opponiert werden. Die Implementierung neuer Nachweisverfahren als Reaktion auf neue Dopingpraktiken war ein zwingendes moralisches Gebot und insofern höchstens mit wissenschaftlichen Einwänden kritisierbar. Sowohl einzelne Mitglieder der Kommission als auch das Gremium als Ganzes waren jedoch nicht gewillt, bei der Zusammenstellung der Liste und der Implementierung von Nachweisverfahren Einflüsse von außen zu dulden.

2.3.5 Differenzierung zwischen Therapie und Leistungssteigerung

Ein letzter, bisher in diesem Kapitel vernachlässigter Punkt betrifft die wichtige Differenzierung zwischen Therapie und Leistungssteigerung. Dopingkontrollen wurden eingeführt, um diejenigen zu bestrafen, die mit Hilfe pharmakologischer Substanzen ihre Leistung steigern wollten. Mit einer positiven Probe wurde jedoch nur die Präsenz einer verbotenen Substanz oder eines Markers im Körper

Start gegangenen Athleten frühzeitig anabole Steroide, soweit verwendet, abgesetzt haben. Aus meinen Untersuchungen kann ich folgenden Schluß ziehen: Ein hoher Prozentsatz der von uns untersuchten Urinproben enthält Testosteron-Metaboliten in einer solchen Konzentration, daß die Substitution von anabolen Steroiden durch Testosteron wahrscheinlich ist“ (Schreiben Donike an Kirsch, 21.10.1977, CuLDA, Nachlass Kirsch, 91 / Doping 1971-77). Im darauffolgenden Jahr schickte Donike seinen Diplomanden zur Leichtathletikeuropameisterschaft, um zu Testzwecken Testosteron-Metaboliten zu bestimmen (vgl. Schreiben Donike an Körner, 23.8.1978, BISp-Archiv, Doping E-Z).

192 Das gilt nicht zuletzt auch im Hinblick auf sein Rivalitätsverhältnis zum damals führenden Dopinganalytiker Arnold Beckett. Siehe zu den Auseinandersetzungen zwischen Donike und Beckett um das adäquate Testosteronachweisverfahren für die 1984er Spiele und das Rivalitätsverhältnis zwischen den beiden grundsätzlich Krieger, 2016, S. 227 f., 281 f.

des Athleten festgestellt. Das moralisch gesehen entscheidende Motiv der Anwendung blieb hingegen im Dunkeln. Ohne zusätzliche Regelungen war es daher leicht möglich, dass auch Athleten positiv getestet und bestraft wurden, die lediglich zu therapeutischen Zwecken Medikamente eingenommen hatten. Für Sportorganisationen stellte sich daher die Frage, wie die gebotene Differenzierung zwischen Therapie und Leistungssteigerung gelingen konnte.

Ein Blick in die Dopingregularien von Sportverbänden zu Beginn der Kontrollaktivitäten offenbart, dass dieses Problem Ende der 1960er und Anfang der 1970er Jahre teilweise noch gar nicht geregelt war. Wenn Regelungen dazu bestanden, so waren die Formulierungen teilweise weit interpretierbar. In den Regularien für die ersten Dopingkontrollen bei Fußballweltmeisterschaften 1966 hieß es beispielsweise ganz allgemein:

„In general, each case would be considered in conjunction with the medical history of the player concerned e.g. the use of ephedrine as a bronchial dilator would constitute a defence if its use was adequately documented in the medical records of the player concerned.“[193]

In den DSB-Rahmen-Richtlinien von 1970, an denen sich die bundesdeutschen Spitzenverbände orientieren sollten, und den Leichtathletikbestimmungen von 1971 war das Problem rigoristisch geregelt: Mit Ausnahme von Lokalanästhetika bei akuten Verletzungen durften grundsätzlich keine verbotenen Medikamente Anwendung finden.[194] Bei der Union Cycliste Internationale (UCI), dem internationalen Radsportverband, versuchte man das Problem kurzzeitig durch zwei Listen zu lösen: Eine Liste enthielt die Substanzen, die prinzipiell verboten waren, eine zweite Liste diejenigen, die bei Vorlage eines ärztlichen Attests zu therapeutischen Zwecken erlaubt waren.[195]

Die Medizinische Kommission des IOC wurde seit den ersten Dopingkontrollen in steter Regelmäßigkeit mit der schwierigen Frage der Differenzierung zwischen Therapie und Leistungssteigerung konfrontiert. Bereits während der ersten Kontrollen bei den Winterspielen in Grenoble 1968 warfen Sportler und Mediziner dem IOC eine „übertriebene Intoleranz“ vor, weil sich auch Me-

---

193 Report on the testing for artificial stimulants in urine samples from football players in the World Championships 1966, S. 121 f., IOC-Archiv, 203697.

194 Vgl. DSB, 1970, §4; Amtliche Leichtathletik-Bestimmungen des DLV 1971, Regel 16, Punkt 6.

195 Vgl. UCI, 1968, S. 6.

dikamente für „leichte Beschwerden" auf der Verbotsliste befänden.[196] Um Probleme mit positiven Proben durch therapeutische Behandlung von vornherein zu verhindern, beschloss die Kommission dann vor den Winterspielen in Sapporo 1972 in einem Treffen mit Vertretern der internationalen Verbände mehrere Maßnahmen: Erstens sollte zur Information von Teamärzten eine Liste mit Medikamenten ausgegeben werden, die verbotene Substanzen enthielten. Zweitens sollten sich alle Athleten im Vorfeld melden, die zu Therapiezwecken Medikamente benötigten.[197] Gleichzeitig wurde jedoch ein Rundbrief an die Teamärzte der einzelnen Olympiamannschaften versandt, in dem Lokalanästhetika als die einzigen Substanzen festgelegt wurden, die überhaupt für eine „therapeutische Ausnahmegenehmigung"[198] im Vorfeld in Frage kamen.[199]

Bei den Sommerspielen in München 1972 erhielt die Medizinische Kommission dann eine konkrete Anfrage eines Teamarztes, der für einen asthmakranken Sprinter eine Ausnahmegenehmigung einholen wollte. Die Anfrage wurde in der Kommission kontrovers diskutiert: Der britische Dopinganalytiker Arnold Beckett betonte, dass unbedingt zwischen Therapie und Leistungssteigerung unterschieden werden müsse. Der belgische Sportmediziner Albert Dirix gab hingegen zu Bedenken, dass der Sprinter durch das Medikament einen klaren Vorteil hätte. Insbesondere würde man mit einer Bewilligung einen „gefährlichen Präzedenzfall"[200] schaffen. Dopingwillige Akteure könnten nämlich

196 Das geht aus dem Bericht des leitenden französischen Arztes Jacques Thiébault hervor: „The third criticism most frequently expressed is that the list [...] includes normal medicine used for mild ailments and in weak doses, for example ephedrine in banal coryza, and this makes sportmen and even their doctors say that we are showing an exaggerated intolerance as there is a world of difference between doctoring a slight cold and doping" (Report by doctor Thiébault on the Grenoble Games to the IOC Medical Commission, Anlage 2, Medizinische Kommission, 14.-15.7.1968, S. 3, IOC-Archiv, 203604).

197 Vgl. Minutes of the IOC Medical Commission with the representatives of the international winter sport federations, 29.1.1972, S. 1, IOC-Archiv, 203610.

198 Den Terminus technicus „therapeutic use exemption" gibt es zwar erst seit Ende der 1990er bzw. Anfang der 2000er Jahre (vgl. Catlin, Fitch & Ljungvist, 2008, S. 110), er wird hier dennoch auch für frühere Jahrzehnte verwendet.

199 Vgl. Circular letter sent to all Olympic team doctors, Anlage 2, Protokoll Medizinische Kommission, 29.-30.1. & 3.2.1972, S. 2, IOC-Archiv, 203616.

200 Vgl. dazu wörtlich im Protokoll der Medizinischen Kommission (25.8.1972, S. 1, IOC-Archiv, 203602): „If the Commission agreed to this request, it would set a dangerous precedent for all other countries."

solche Zugeständnisse zukünftig ausnutzen und unter dem Deckmantel der therapeutischen Indikation Doping betreiben, ohne dafür bestraft zu werden. Dirix hatte als Mitglied der Medizinischen Kommission der UCI bereits früh entsprechende Erfahrungen gesammelt. Bei einem Dopingsymposium ein paar Jahre später berichtete er jedenfalls darüber, wie die UCI einst durch die angesprochene Aufstellung einer zweiten Liste den Gebrauch bestimmter Substanzen mit ärztlichem Attest erlaubte[201] und daraufhin plötzlich viele Athleten Atteste vorlegten.[202] Diese Regelung wurde daher bereits ein Jahr später wieder abgeschafft. Wenn man solche Nebeneffekte von vornherein vermeiden wollte, so bestand die einfachste Lösung darin, grundsätzlich keine Ausnahmen zuzulassen. Entsprechend wurde die Anfrage des Teamarztes abgelehnt.[203] Der damalige Präsident des Deutschen Sportärztebundes, Herbert Reindell, brachte es im Hinblick auf die Asthmaproblematik sogar rigoros dahingehend auf den Punkt, dass Asthmatiker grundsätzlich von der Teilnahme an Olympischen Spielen ausgeschlossen sein sollten.[204]

Einige Tage nach diesen kontroversen Diskussionen ereignete sich der größte Dopingskandal der Spiele von 1972. Der 16-jährige US-amerikanische Schwimmer Rick DeMont gewann die 400 Meter Freistilstrecke, wurde danach aber positiv auf das Stimulanz Ephedrin getestet. Die Goldmedaille wurde ihm daraufhin aberkannt. Die amerikanische Delegation führte bei der Anhörung vergeblich ins Feld, dass DeMont minderjährig sei, Asthma hätte, Medikamente nehmen müsse und nicht gewusst habe, dass sein Medikament Ephedrin enthielt. Auch IOC-Präsident Brundage machte auf die enorme Kritik aufmerksam, die sich in den USA gegen das Vorgehen des IOC regte, und wiederholte dabei die Forderung, dass unbedingt zwischen Therapie und Doping unterschieden werden müs-

201 Vgl. UCI, 1968, S. 6.

202 Vgl. dazu wörtlich Dirix (Principles and specific problems of doping controls at the Olympic Games. International Symposium „Doping controls of athletes", Moscow, 9.10.1979, S. 2, IOC-Archiv, 203692): „At the start of the races a lot of competitors appeared with a doctor's certificate attesting that ephedrine was indicated for the treatment of some disease. This regulation was of course abandoned the following season."

203 Vgl. Protokoll Medizinische Kommission, 25.8.1972, S. 1 f., IOC-Archiv, 203602.

204 Vgl. dazu wörtlich im Protokoll (Medizinische Kommission, 25.8.1972, S. 1, IOC-Archiv, 203602): „He [Reindell] considered that anyone who was asthmatic should not be allowed to participate in the Olympic Games. This should be considered as doping and not be permitted."

se.[205] Egal aus welchen Motiven heraus DeMont letztlich das Mittel anwandte, wichtig ist, sich das grundsätzlich legitimitätsgefährdende Potential eines solchen Falls für die noch in den Kinderschuhen steckende Dopingbekämpfung vor Augen zu führen: Es stellte sich erstens die Frage, ob wirklich das bestraft wurde, was bestraft werden sollte. Wenn nämlich durch Dopingkontrollen eher diejenigen disqualifiziert würden, die aus Krankheitsgründen auf Medikamente angewiesen waren, als diejenigen, die bewusst Substanzen zu Zwecken der sportlichen Leistungssteigerung anwandten, so liefen die Bekämpfungsmaßnahmen nämlich am eigentlichen Ziel vorbei. Zweitens war die Liste nicht dafür gemacht worden, die Verschreibung von Medikamenten für kranke Athleten zu verhindern. Aus moralischen Gründen musste also eine Lösung für dieses Problem gefunden werden.

1974 wurde daher nochmals über die Aufstellung einer speziellen Medikamentenliste für therapeutische Zwecke diskutiert. De Mérode brachte gegen eine solche Liste vor, dass diese erstens niemals vollständig sein könne und zweitens therapeutische Indikationen so heterogen seien, dass schlicht nicht hinreichend präzise geregelt werden könne, wann eine ärztliche Verordnung legitim sei. Gleichzeitig wurde jedoch betont, dass man vor allem für gängige Erkrankungen wie Asthma, Erkältungen und Allergien zukünftig eine tragbare Lösung finden müsse.[206] Letztlich fasste man einen Beschluss, der therapeutische Ausnahmen grundsätzlich ermöglichte, ohne jedoch genaue Kriterien dafür zu spezifizieren.[207] Die Frage von Zulassung oder Ablehnung wurde damit zu einer ad-hoc Entscheidung der Medizinischen Kommission.

Für die Winterspiele in Innsbruck 1976 wurden alle Teamärzte bei einem Treffen darauf aufmerksam gemacht, dass zu Therapiezwecken Anfragen gestellt werden könnten, jedoch Ephedrin und ähnliche Produkte kategorisch verboten seien.[208] Trotzdem wurde die sowjetische Skilangläuferin und Bronzemedaillengewinnerin über fünf Kilometer Galina Kulakowa positiv auf Ephedrin getestet.

205 Vgl. Protokoll Exekutivkomitee, 8.9.1972, S. 46, IOC-Archiv.

206 Vgl. Protokoll Medizinische Kommission, 7.4.1974, S. 16, IOC-Archiv, 203602.

207 Der Beschluss lautet wörtlich: „The Medical Commission realizes that there are sometimes problems regarding the therapeutic treatment of competitors during the Olympic Games. They emphasize that they are prepared to accept requests for the use of medication in these circumstances and will rule whether in fact the drug in the medication comes within the classes of banned drugs or not“ (Protokoll Medizinische Kommission, 7.4.1974, S. 16, IOC-Archiv, 203602).

208 Vgl. Minutes IOC Medical Commission with the team doctors of the Olympic national teams, 2.2.1976, S. 2 f., IOC-Archiv, 203599.

Das IOC kam in diesem Fall zu der Erkenntnis, dass es sich um kein absichtliches Doping handelte. Dennoch müsste aus prinzipiellen Gründen der Verstoß geahndet werden.[209] Kulakowa wurde schließlich zwar die Bronzemedaille aberkannt, jedoch erfolgte aufgrund der Umstände nicht, wie üblich, ein Ausschluss von den Spielen. Die Athletin konnte daher weiterhin an den Wettbewerben in Innsbruck teilnehmen.[210] In diesem Fall wirkte sich das vermeintliche Motiv der Einnahme zumindest strafmildernd aus. Dieselbe Strafdifferenzierung nahm man auch im Fall des kanadischen Seglers Lorne Leibel bei den Sommerspielen in Montreal wenige Monate später vor. Der Athlet wurde positiv auf Norephedrin getestet, hatte jedoch bei der Anhörung ins Feld geführt, Asthmatiker zu sein und lediglich ein Medikament genommen zu haben, das eigentlich kein Norephedrin enthalten sollte. Leibels siebter Platz wurde zwar annulliert, er durfte jedoch ebenfalls weiter an den Spielen teilnehmen.[211]

Die Anerkennung mildernder Umstände allein beendete jedoch nicht die Kritik am Vorgehen des IOC. Wenige Wochen nach dem Fall Leibel kam es zu einer Beschwerde des Präsidenten des Amerikanischen Verbandes der Allergologen (American College of Allergists), der Folgendes zum Ausdruck brachte:

> „I would like to call to your attention that athletes who are suffering from Bronchial Asthma or severe Pollen Hay Fever or severe Nasal Allergy of necessity must be provided with antihistaminic drugs or adrenergic drugs. Therefore, when such an athlete who has a bona fide certificate from a physician stating that he is an Asthma sufferer or is under treatment for any of the above-mentioned allergic conditions, he should not in any way be discriminated against if awarded any medals in Olympic competitions [...] Therefore, in my official capacity, I am requesting that in future Olympics, no athlete be discriminated against who suffers from Bronchial Asthma, severe Pollen Hay Fever or severe Nasal Allergy [...].“[212]

209 Vgl. dazu wörtlich im Protokoll des Exekutivkomitees (9.2.1976, S. 30, IOC-Archiv): „The circumstances of the case were very unfortunate and there was no evidence of willful doping. However, the Commission had concluded that I.O.C. Rule 27 (A) had been violated and recommended as a matter of principle, that sanctions be brought to bear on the Soviet athlete.“

210 Vgl. Press release regarding the case of Mrs. Galina Kulakova, Anlage 10, Protokoll Exekutivkomitee, Innsbruck 1976, IOC-Archiv.

211 Vgl. Protokoll Exekutivkomitee, 26.7.1976, S. 53, IOC-Archiv.

212 Schreiben Silbert an Lord Killanin, Anlage 2, Protokoll Medizinische Kommission, 7.-8.5. 1977, IOC-Archiv, 203608.

Die Bestrafung von Asthmatikern und Allergikern aufgrund mangelnder Differenzierung zwischen Therapie und Doping wurde hier als untragbare Diskriminierung von kranken Athleten kritisch auf den Punkt gebracht.

In den folgenden Jahren verschärfte sich diese Problematik nochmals. In der Medizinischen Kommission wurde über ein Verbot von Betablockern und Kortikoiden diskutiert.[213] Beide Substanzklassen wiesen einen weiten therapeutischen Indikationsbereich auf: Betablocker wurden primär bei verschiedenen Herz-Kreislauferkrankungen zur Senkung von Herzfrequenz und Blutdruck eingesetzt. Kortikoide fanden als schmerzlindernde, entzündungshemmende Mittel vor allem Anwendung bei Autoimmunerkrankungen wie Asthma. Athleten mit derartigen gesundheitlichen Problemen wären daher mit einem kategorischen Verbot dieser Substanzen nur noch suboptimal behandelbar gewesen. Ohne differenzierte Regelungen, die therapeutische Ausnahmen zuließen, drohte die wachsende Verbotsliste die medizinische Versorgung von Athleten in einem nicht mehr tragbaren Maße einzuschränken. Für die Sommerspiele in Los Angeles 1984 kehrte die Medizinische Kommission daher zu einer bereits in den 1970er Jahren diskutierten Lösung zurück: Man stellte eine Liste mit Substanzen zusammen, die eingeschränkt mit ärztlichem Attest aus therapeutischen Gründen genommen werden durften.[214] Diese Liste, die an alle Teamärzte versandt und im „Olympic Review" veröffentlich wurde,[215] umfasste konkret zwei Sympathomimetika zur Behandlung von Asthma, Lokalanästhetika bei akuten Verletzungen sowie Kortikoide und Betablocker. Bei den Spielen zeigte sich dann der nicht intendierte Nebeneffekt dieser Spezifizierung: Die therapeutische Verwendung von Betablockern wurde fast ausschließlich in Sportarten beantragt, in denen ihre Verwendung einen Leistungsvorteil mit sich brachte.[216] Die Medi-

213 Vgl. Protokoll Medizinische Kommission, 26.-27.5.1973, S. 4 f., IOC-Archiv, 2036 02; Protokoll Medizinische Kommission, 7.-8.5.1977, S. 5 f., IOC-Archiv, 203608.

214 Vgl. Draft letter to be sent to team doctors in Los Angeles concerning corticosteroids and beta-blocking agents, Anlage 27, Protokoll Medizinische Kommission, 5.-19.2.1984, IOC-Archiv, Procès-verbal Commission Medicale 1984.

215 Vgl. Schreiben Medizinische Kommission an die Teamärzte, 20.6.1984, Anlage 6, Protokoll Medizinische Kommission, 24.7.-12.8.1984, IOC-Archiv, Procès-verbal Commission Medicale 1984; Mérode, 1984.

216 Vgl. dazu wörtlich den Kommentar der Medizinischen Kommission zu diesem Problem: „On reviewing those athletes who were notified to the Commission during the 1984 Olympiad as requiring medication with beta-blockers, it is evident that almost without exception, the athletes were competing in an event in which an advantage in performance may result from beta blockade" (Statement on beta-blockers, Anlage 4,

zinische Kommission beschloss daraufhin, bei entsprechenden Anfragen zukünftig auf alternative Möglichkeiten der Behandlung zu verweisen.[217]

Die grundsätzliche Lösungsstrategie für therapeutische Ausnahmegenehmigungen in den folgenden Jahren bestand im Wesentlichen darin, die therapeutische Anwendung verbotener Substanzen in den Fällen zuzulassen, bei denen es berechtigt erschien, aber gleichzeitig diese Thematik sowohl innerhalb des IOC und auch in der Kommunikation nach außen weitgehend auszusparen. Nachdem bei den Spielen 1988 in Calgary und Seoul die Medizinische Kommission adhoc über therapeutische Ausnahmen entschieden hatte,[218] wurde 1991 ein Komitee gebildet, das sich speziell mit therapeutischen Ausnahmegenehmigungen beschäftigen sollte.[219] Das sogenannte „Medications Advisory Committee" stellte nun zum ersten Mal abstrakte Kriterien dafür auf, an denen man sich fortan orientieren wollte.[220] Interessant ist jedoch, dass mit Ausnahme der Mitgliederversammlung 1991, in der die Gründung des Komitees kurz erwähnt wurde,[221] in den Protokollen der Mitgliederversammlungen in den darauffolgenden Jahren an keiner Stelle von diesen Kriterien oder der Arbeit des Gremiums berichtet wurde, obwohl der Vorsitzende der Medizinischen Kommission dort regelmäßig einen Bericht vorlegte.[222] Im „Olympic Review" als offiziellem Publikationsorgan

---

Protokoll Medizinische Kommission, 10.-11.4.1985, IOC-Archiv, Procès-verbal Commission Medicale 1985).

217 Vgl. ebd.

218 Vgl. Fitch, 2013, S. 1. Konkret erlaubte man bei den Winterspielen in Calgary einem Athleten, aufgrund einer chronisch-entzündlichen Darmerkrankung weiterhin Kortikoide einzunehmen. Bei den Sommerspielen in Seoul gestattete man einem Athleten, der unter dem nephrotischen Syndrom litt, seine Therapie mit Diuretika fortzusetzen (vgl. dazu auch Catlin, Fitch & Ljungqvist, 2008, S. 110).

219 Vgl. Protokoll Mitgliederversammlung, 13.-16.6.1991, S. 102, IOC-Archiv.

220 Die Kriterien lauteten: „1. The athlete would experience significant impairment of health if the prohibited medication was withheld. 2. No enhancement of performance could result from the administration of the prohibited substance as medically prescribed. 3. The person would not be denied the prohibited substance if he/she was not a competing athlete. 4. No available permitted or practical alternative can be substituted for the prohibited substance. 5. Retrospective approval would not be granted" (Fitch, 2013, S. 1; Catlin et al, 2008, S. 110 f.).

221 Vgl. Protokoll Mitgliederversammlung, 13.-16.6.1991, S. 102, IOC-Archiv.

222 Inwiefern die Arbeit des Komitees Thema in der Medizinischen Kommission und im Exekutivkomitee war, konnte aufgrund der erwähnten Sperrfristen für die Protokolle

des IOC wurde nicht einmal bekanntgegeben, dass es dieses Komitee überhaupt gab, geschweige denn nach welchen Kriterien dort verfahren wurde. Die Kriterien wurden auch nicht formell bestätigt, sondern das Komitee arbeitete lediglich intern danach.[223] Die Begründung, warum man offiziell keine Kriterien spezifizierte und sich hinsichtlich der Arbeit des Komitees generell in Schweigen hüllte, führten die damaligen Komiteemitglieder Ken Fitch und Don Catlin rückblickend auf die Angst von de Mérode und anderen Mitgliedern der Medizinischen Kommission zurück, dass man mit einer Veröffentlichung vermehrt Betrüger auf den Plan rufen könnte, die Ausnahmegenehmigungen lediglich für Dopingzwecke ausnutzen wollten.[224] Die Spezifizierung von Kriterien für Ausnahmegenehmigungen und ihre Veröffentlichung erhöht ohne Zweifel das Missbrauchspotenzial. Diese Lehre hatte auch die Medizinische Kommission aus den Erfahrungen der Vergangenheit wie beispielsweise der Betablockerproblematik bei den Spielen 1984 in Los Angeles gezogen. Damals fungierte die offizielle Bekanntgabe der Möglichkeit des legitimen Gebrauchs bestimmter Substanzen mit ärztlichem Attest als implizite Handlungsanweisung an Athleten, sich einen bereitwilligen Arzt zu suchen, der die gewünschten Medikamente verschrieb. Danach versuchte die Medizinische Kommission solche nicht intendierten Hinweiseffekte durch regelrechtes Verschweigen und Nichtthematisieren zu vermeiden.

---

dieser Gremien nicht rekonstruiert werden (vgl. zum Quellenzugang Unterabschnitt 1.4.1).

223 Vgl. Catlin, Fitch & Ljungqvist, 2008, S. 111.

224 Catlin, Fitch & Ljungqvist (2008, S. 111) schreiben zur Begründung der fehlenden offiziellen Anerkennung und Veröffentlichung: „However, the concept was not formally approved by the IOC Executive Board nor permitted to be publicized because the Chair of the IOC-MC [Medical Commission] was concerned that a plethora of applications for TUEs [Therapeutic Use Exemptions] may follow.“ Ähnlich Fitch (2013, S. 2): „However, the IOC-MC Chairman, supported by some Commission members, would not permit any publicity for ‚fear of abuse of the system‘.“

3. Doping verurteilen

3.1 Fragestellung, Quellenbasis und Vorgehen

„Warum sollte man überhaupt pharmakologische Leistungshilfen verbieten?" fragt der Kultur- und Sporthistoriker John Hoberman und bezeichnet dies als „die wichtigste Frage in der Dopingdebatte".[1] Das Dopingkonzept existiert nur im Sport.[2] In keinem anderen sozialen Bereich findet sich ein ähnliches Verbot, geschweige denn Kontrollen und Sanktionen. Die Leistung von Musikern oder Dichtern beispielsweise wird durch den Gebrauch von Drogen nicht in Frage gestellt, sondern trägt bisweilen sogar zur Glorifizierung der Künstler bei. Im sporthistorischen Rückblick zeigt sich, dass das Dopingkonzept in früheren Zeiten nicht existierte. Körperliche Leistung zu steigern ist zwar ein alter Traum der Menschheit[3] und der Gebrauch leistungssteigernder Mittel ein altes Phänomen. Verhältnismäßig neu ist jedoch die Verurteilung, Verfolgung und Sanktionierung pharmakologischer Leistungssteigerung als „Doping".[4]

Diese Überlegungen verweisen darauf, dass der Gebrauch leistungssteigernder Substanzen nicht bereits „an sich" verwerflich ist. Konstruktivistische Ansätze zur Devianz betonen vielmehr, dass das, was als verwerflich gilt, nicht in der Handlung selbst begründet liegt, sondern von Bedeutungen abhängt, die in sozialen Aushandlungsprozessen zugeschrieben werden.[5] Aufbauend auf Beckers klassischem Etikettierungsansatz[6] haben Stokvis[7] und Goode[8] die Anti-

1 Hoberman, 1994, S. 121.

2 Vgl. ebd., S. 131 ff.

3 Vgl. ebd., S. 121.

4 Vgl. Waddington & Smith, 2009, S. 20.

5 Vgl. Becker, 1973; Conrad & Schneider, 1980; Ben-Yahuda, 1990; Goode, 1994; Goode & Ben-Yahuda, 2009; Spector & Kitsuse, 2008.

6 Vgl. Becker, 1973.

Doping-Politik als ein „moralisches Unternehmen“ bezeichnet, bei dem bestimmte Akteure den Gebrauch leistungssteigernder Substanzen als relevantes Problem wahrgenommen und eine Bekämpfung vorangetrieben haben. Die frühen Anti-Doping-Pioniere konnten jedoch nicht alleine erfolgreich sein, sondern mussten breitere Unterstützung für ihr Anliegen finden. Dafür mussten überzeugende Gründe vorgebracht werden, warum Doping verboten, kontrolliert und sanktioniert werden sollte. Überzeugend ist vor allem die Referenz auf Werte, die einen hohen Grad an Zustimmung und Selbstverständlichkeit erreicht haben. Gesundheit ist dafür ein gutes Beispiel: Wenn etwa davon die Rede ist, dass Doping die Gesundheit schädigt und daher zu verbieten sei, dann nimmt man implizit an, dass alle Beteiligten den Positivwert Gesundheit schätzen und eben nicht den Negativwert Krankheit.[9] Die Selbstverständlichkeit zeigt sich darin, dass Gesundheit im Kommunikationsprozess nicht explizit begründet werden muss, sondern unterstellt werden kann, dass in Bezug auf die Wertschätzung Konsens besteht. Anti-Doping-Akteure nahmen daher Werte wie Gesundheit oder Fairness für ihr Unternehmen in Anspruch, die eine hohe Zustimmungsbereitschaft abriefen und kaum sinnvoll in Frage gestellt werden konnten.

Der Rekurs auf breit geteilte Werte bietet jedoch keine Garantie gegen widersprüchliche Ansichten und kontroverse Diskussionen über die zu ergreifenden Maßnahmen. Der Weg vom Gesundheits- oder Fairnessargument hin zur Durchsetzung von Dopingverbot und -kontrolle ist lang und setzt die Akzeptanz einer Reihe weiterer Prämissen voraus. Das wird beispielsweise mit der Einsicht klar, dass mit dem Gesundheitsargument nicht nur für eine stärkere Regulierung, sondern – ganz im Gegenteil – auch für eine stärkere Liberalisierung argumentiert werden kann.[10] Die beiden Ethiker Bennett Foddy und Julian Savulescu sind der Meinung, dass die größten Gesundheitsrisiken gerade im Zuge der gegenwärtigen Anti-Doping-Politik entstünden. Das Dopingverbot führe dazu, dass Medikamente heimlich, unkontrolliert und ohne medizinische Überwachung genommen würden.[11] Auch nach Ansicht der Sportsoziologen Rob Beamish und Ian Ritchie vergrößerten Dopingkontrollen auf nicht intendierte Weise das gesundheitliche Risiko. Um nicht erwischt zu werden, griffen Athleten nämlich eher zu gefährlicheren als zu harmloseren Substanzen, falls erstere weniger leicht

7 Vgl. Stokvis, 2003.

8 Vgl. Goode, 2011.

9 Vgl. Luhmann, 2008, S. 241.

10 Vgl. Asmuth & Binkelmann, 2012, S. 7.

11 Vgl. Foddy & Savulescu, 2008, S. 100. Siehe dazu auch Savulescu, Foddy & Clayton, 2004, S. 668 ff.

nachweisbar seien.[12] Es steht also nicht per se fest, ob die Gesundheit von Sportlern mit oder ohne Dopingkontrollen besser geschützt wird. Vielmehr können mit demselben Wert bei gleichzeitig unterschiedlichen Annahmen über die Effekte von Kontrollen ganz verschiedene Maßnahmen gerechtfertigt werden. Des Weiteren sind Werte unterschiedlich interpretierbar. Was verstehen die Kommunikationsteilnehmer beispielsweise unter Fairness?[13] Ist damit Chancengleichheit gemeint, dann ist in einem Spiel, in dem sich beide Parteien dopen, Doping nicht mehr unfair.[14] Definiert man Fairness hingegen als Regelgebundenheit, so ist Doping unfair, weil es gegen die bisher geltenden Regeln verstößt, was sich wiederum dann änderte, wenn Doping freigegeben würde.[15] Außerdem können nicht nur Werte, sondern auch Fakten unterschiedlich gedeutet werden. Differenzen auf deskriptiver Ebene können dabei Differenzen auf normativer Ebene zur Folge haben:[16] Wenn es beispielsweise um die Nebenwirkungen einer Substanz geht, so wird derjenige, der gesundheitliche Risiken feststellt, eher für ein Verbot eintreten, als derjenige, der die Substanz für harmlos hält.

Um die Deutung von zentralen Werten und Fakten wurde permanent gerungen. Gerade bei der Betrachtung der untypischen Ränder und nicht-repräsentativen Stimmen lässt sich gut nachvollziehen, wo Konflikte verliefen und oppositionelle Dynamiken entstanden. Es geht in diesem Kapitel daher nicht darum, die Beschwörung von gängigen Werten zur Legitimation von Anti-Doping-Maßnahmen mit Quellenbelegen zu untermauern. Da es sich um bekannte Tatsachen handelt, wäre ein solches Unternehmen ermüdend und wissenschaftlich unergiebig. Vielmehr wird die Stabilisierung der gewöhnlichen Legitimationsmuster im Anti-Doping-Kampf gerade durch die Beleuchtung der Weisen ihrer Infragestellung sichtbar. Der Blick wird also gezielt auf jene konflikthaften Momente gerichtet, in denen die üblichen Konventionen durchbrochen, die gängigen moralischen Legitimationsmuster in Frage gestellt und Deutungskämpfe letztlich gewonnen oder verloren wurden.

Das Kapitel folgt einer thematischen Ordnung und richtet in den einzelnen Abschnitten den Blick auf zentrale Werte, mit denen Doping verurteilt und Anti-Doping-Maßnahmen legitimiert wurden. Amateurismus und Natürlichkeit sind alte Ideale des Sports, auf deren Boden die moralischen Vorbehalte gegen Do-

12 Vgl. Beamish & Ritchie, 2006, S. 132 ff.

13 Siehe zu unterschiedlichen Bedeutungsdimensionen von Fairness Carr, 2000, S. 2.

14 Vgl. Heringer, 1990, S. 185.

15 Vgl. Foddy & Savulescu, 2008, S. 103; Savulescu, Foddy & Clayton, 2004, S. 667; Fost, 1986, S. 6.

16 Siehe zum Zusammenhang von Fakten und Werten Köchy, 2008.

ping in der ersten Hälfte des 20. Jahrhunderts gedeihen konnten.[17] Um diesen Ursprüngen auf die Spur zu kommen, wird zeitlich bis in die erste Hälfte des 20. Jahrhunderts zurückgegangen. Der Abschnitt zum Amateurismus (3.2) richtete den Blick vor allem auf das IOC als derjenigen Organisation, die den Amateurismus zur ideellen Grundlage leistungssportlichen Strebens erhob und weltweit populär machte. Da die semantischen Konstrukte der „Natürlichkeit" und „Normalität" sowohl zur Begründung des Dopingverbots als auch definitorisch verwendet wurden,[18] gibt es in diesem Abschnitt (3.3) große Überschneidungen zu Abschnitten im Kapitel „Doping definieren". Um Redundanzen so weit wie möglich zu vermeiden, wurde das bereits Diskutierte lediglich ergänzt und der Abschnitt insgesamt kurz gehalten. Gesundheit ist bis zum heutigen Tag das wohl wichtigste Argument in der Dopingdebatte. Nichts macht nachdrücklicher auf die Gesundheitsschädlichkeit von Doping und die Notwendigkeit von Bekämpfungsmaßnahmen aufmerksam als dopingbedingte Todesfälle im Sport. Im Rahmen einer Sekundärliteraturanalyse von jüngeren englischsprachigen Arbeiten, die insbesondere im deutschsprachigen Raum bisher kaum zur Kenntnis genommen worden sind, werden einige, im kollektiven Dopinggedächtnis tief verankerte Erzählungen betrachtet, und zwar im Hinblick auf ihr Zustandekommen sowie ihre Rezeption und sportpolitische Funktion (Unterabschnitt 3.4.2). Am Beispiel der Kontroversen um anabole Steroide, welche seit den 1970er Jahren das größte Dopingproblem darstellten, wird herausgearbeitet, wie der Diskurs beschaffen waren, dass mit dem Gesundheitsargument nicht nur ein Verbot, sondern ganz im Gegenteil auch eine Legalisierung gefordert werden konnte. Dafür werden die Diskussionen um diese Substanzen sowohl beim IOC als auch in der Bundesrepublik durch die Analyse einschlägiger sportpolitischer Dokumente und sportmedizinischer Literatur ausgewertet (Unterabschnitt 3.4.3). Keine Substanzklasse hat die Chancengleichheit im Sport stärker in Frage gestellt als anabole Steroide. Insofern ist auch im Abschnitt „Fairness" (3.5) der Blick fallstudienartig auf die Anabolikaproblematik gerichtet. Des Weiteren geht es um die kontrovers diskutierte Frage der Einführung von Trainingskontrollen, welche ab den 1970er Jahren gemeinhin als die erfolgversprechendste Maßnahme zur Kontrolle von anabolen Steroiden galten. Obwohl internationale Initiativen durchaus eine Rolle spielten, fiel die Implementierung und Durchführung von Trainingskontrollen letztlich in den Zuständigkeitsbereich der nationalen Verbände. Daher richtet sich der Blick hier auf die sportpolitischen Diskussionen um Trainings-

17 Vgl. Gleaves, 2011b; Gleaves, & Llewellyn, 2014.

18 Vgl. Philipp, 2002, S. 16.

kontrollen in der Bundesrepublik. Sie wurden zwar bereits seit den 1970er Jahren diskutiert, aber erst Ende der 1980er Jahre eingeführt. Insofern stellt sich die Frage, wie der Verzicht auf Trainingskontrollen sportpolitisch legitimiert wurde. Nichthandeln im Feld der Dopingbekämpfung weist zweifellos eine besondere Brisanz auf, weil engagierte Kritiker und Medien leicht eine Verweigerungshaltung ausmachen und Versäumnisse anprangern können. Um Angriffspunkte zu vermeiden, wäre es daher nicht verwunderlich, wenn sich die Legitimationsmuster, die von sportpolitischen Akteuren im öffentlichen Raum vertreten wurden, von denjenigen unterschieden, die in der internen Kommunikation tatsächlich eine Rolle spielten. Intern konnte manches vermutlich offener thematisiert werden, was in der Öffentlichkeit nicht ausgesprochen werden durfte. Daher wurden für die Bearbeitung dieser Thematik verstärkt Archivquellen herangezogen, welche auch den öffentlich weitgehend unsichtbaren internen Diskurs beleuchten.

3.2 Amateurismus

Die ersten moralischen Bedenken gegen den Gebrauch leistungssteigernder Substanzen tauchten im 19. Jahrhundert im Pferdesport auf. Um die Jahrhundertwende wurden dort auch die ersten Anti-Doping-Regularien implementiert und Tests entwickelt.[19] Außerhalb des Pferdesports betrafen die moralischen Vorbehalte bis in die Nachkriegszeit hinein zunächst vor allem den Amateur- und nicht den Profisport.[20] Die Wurzeln der Dopingbekämpfung liegen daher im Amateurismus und dessen Verteidigung im Zuge der Professionalisierung des Sports begründet.[21]

Beim Amateurismus handelte es sich um ein diffuses Ideal, das schwer zu fassen ist und sowohl historisch als auch sportartspezifisch deutlich variierte.[22] Ein im Hinblick auf die Dopingthematik wichtiger Grundgedanke ist sicher, dass der Amateur intrinsisch motiviert und selbstzweckhaft um des Spiels willen spiele und dabei stets den Regeln des Spiels verpflichtet bleibe. Vor diesem Hintergrund erscheint der Profisport als negativer Auswuchs eines entgrenzten Leis-

19 Vgl. Hoberman, 1994, S. 116 ff., 311 ff.; Gleaves, 2011a; Wilsdorf & Graf, 1998.

20 Vgl. Hoberman, 2005a, S. 183.

21 Vgl. Gleaves, 2011b; Gleaves & Llewellyn, 2014; Dimeo, 2007a, 121 f.

22 Vgl. Llewellyn & Gleaves, 2014; Gleaves, 2011b, S. 249; Chappelet & Kübler-Mabbott, 2008, S. 65. Siehe zur Idee des Amateurismus unter historischer Perspektive des Weiteren Guttmann, 1987; Krüger, 1988; Allison, 2012, S. 27 ff.

tungsprinzips, in dem materielle Anreize oder sonstige extrinsisch motivierte Ziele das Spiel korrumpieren. Sozialfunktional gesehen handelt es sich beim Amateurismus um eine ethische Semantik, die an breitere sozialstrukturelle Differenzierungen anknüpfte:[23] Der „Gentleman Amateur“, der aufgrund seiner gehobenen sozialen Position im viktorianischen England nicht auf den finanziellen Profit aus dem Sport angewiesen war, fungierte als kultureller Gegenentwurf zum Profi aus der Arbeiterklasse, der seinen Lebensunterhalt aus dem Sport bestreiten musste. Im Kontext der Klassengegensätze des 19. Jahrhunderts war der Amateurismus daher ein wichtiges Instrument zur Abgrenzung der oberen von den unteren sozialen Schichten.[24]

Die gedanklichen Beziehungen zwischen Amateurismus und Anti-Doping sind mannigfaltig. Der Gebrauch von Aufputschmitteln wurde seit der Jahrhundertwende hauptsächlich mit dem Profisport in Verbindung gebracht.[25] Dort war der Wettkampf, den gängigen Vorstellungen nach, kein selbstzweckhaftes, belangloses Spiel mehr, sondern eine ernste, berufliche Angelegenheit, die leicht auf Kosten von Gesundheit und anderen sportlichen Ideale gehen konnte. Der Profi betrieb seinen Sport im Unterschied zum Amateur schließlich nicht um des Sports willen, sondern um seinen Lebensunterhalt zu verdienen. Aufgrund seiner finanziellen Abhängigkeit musste er Risiken quasi zwangsläufig in Kauf nehmen, um sportlich erfolgreich zu sein. Der Gebrauch leistungssteigernder Substanzen wurde als Ausdruck dieses bedingungslosen Strebens nach Leistungssteigerung gesehen und schien daher vor allem im Profisport ausgeprägt. In moralischer Hinsicht wurde Doping dort anders bewertet: Als Teil der beruflichen Tätigkeit war Doping eine Art soziale Notwendigkeit[26] und daher bis in die 1950er Jahre hinein eher unproblematisch.[27] Aus Sicht der Amateurideologie manifestierten sich im Gebrauch leistungssteigernder Substanzen jedoch die exzessiven Tendenzen des Profisports, in deren Zuge nicht nur gesundheitliche Grenzen überschritten wurden, sondern insgesamt zu ernst, zu ehrgeizig, zu sie-

---

23 Siehe grundsätzlich zum Zusammenhang von Gesellschaftsstruktur und ethischen Semantiken Luhmann, 2008, S. 284 f.

24 Vgl. Guttmann, 1987, S. 14 f.; Krüger, 1988, S. 88.

25 Vgl. Gleaves, 2011b, S. 243 ff.; Gleaves & Llewellyn, 2014, S. 842 ff.

26 In der einleitend (Kapitel 1) genannten Resolution des Landesverbandes Berlin-Brandenburg des Deutschen Ärztebundes zur Förderung der Leibesübungen von 1927 wurde der Gebrauch leistungssteigernder Substanzen im Profisport beispielsweise damit gerechtfertigt, dass der Sinn dort „nicht im sportlichen, sondern im sozialen Erfolg“ liege (Ruhemann, 1928, S. 36).

27 Vgl. Gleaves, 2011b, S. 246, 249 f.; Hoberman, 2005a, S. 183.

gesversessen gekämpft und so das Spielerische am Sport eliminiert wurde. Unter Berufung auf die Amateurideale wurde Doping daher für den Bereich des Amateursports zunehmend kritisch thematisiert und allmählich auch vereinzelt Regeln dagegen implementiert.[28] Mit der beginnenden Diskussion um die Frage der Legitimität pharmakologischer Leistungssteigerung fungierte der dopingaffine Profisport als Negativfolie, vor dessen Hintergrund sich der „saubere" Amateursport mit seinen höheren moralischen Ansprüchen abhob. Wichtig ist in diesem Zusammenhang die tieferliegende Einsicht in die Funktion dieser binären Logik: Der Amateur konnte grundsätzlich nur in Opposition zum Profi existieren. Der Profi fungierte als Differenz, als Negation, die den Amateur hervorbrachte und auszeichnete. Dem stereotypen Diskurs um „saubere Amateure" und „gedopte Profis"[29] kam also eine wichtige Distinktionsfunktion zu:[30] Durch die konkrete Zuschreibung von Attributen wurden die beiden Bereiche als zwei getrennte Welten dichotomisiert, die moralische Höherwertigkeit der einen gegenüber der anderen konstruiert und damit soziale Grenzen stabilisiert.

Besonders wichtig waren solche Grenzziehungen in Sportarten, die erstens mit dem Makel des Unterschichtensports behaftet waren und in denen sich zweitens ein Profitum ausgebildet hatte. Gerade dort, wo die Grenzen zu verschwimmen drohten, war es notwendig, die beiden Bereiche noch klarer als üblicherweise voneinander zu trennen.[31] Insofern war es kein Zufall, dass exklusiv für den olympischen Marathonlauf von 1908 die erste Anti-Doping-Regelung geschaffen wurde.[32] Die im 19. und zu Beginn des 20. Jahrhunderts in England und den USA boomenden Geh- und Laufwettbewerbe („Pedestrianism") waren nämlich zum großen Teil kommerzialisiert und professionalisiert.[33] Im internationalen Pedestrianismus dominierten Berufsläufer, die zu den ersten professionellen Athleten überhaupt zählten,[34] und mit ihren besonderen Leistungen Schlagzeilen machten.[35] Im Langstreckenlauf entwickelte sich so ein Nebenei-

---

28 Vgl. Gleaves, 2011b, S. 243 sowie die aufgelisteten Regularien in Abschnitt 2.2.1.

29 Vgl. Hoberman, 2005a, S. 18; Hoberman, 2005b, S. 252.

30 Siehe zur Distinktionsfunktion von Anti-Doping-Regelungen basierend auf der Idee des Amateurismus auch Dimeo, 2007a, S. 121 f.; Gleaves, 2011b, S. 250.

31 Vgl. Reinold, 2015c, S. 70.

32 Die Regelung lautete: „No competitor either at the start or during the progress of the race may take or receive any drug. The breach of this rule will operate as an absolute disqualification" (British Olympic Council, 1908, S. 72).

33 Vgl. Turrini, 2010, S. 10.

34 Vgl. ebd.

35 Vgl. Bernett, 1987, S. 100.

nander von professionellem Pedestrianismus und dem Langstreckenlauf der Amateure als Teil des aus England kommenden „Athletiksports“,[36] wobei die Grenzen in der Praxis – wie in der gesamten Amateurfrage – oft nicht klar waren und ab Beginn des 20. Jahrhunderts auch immer wieder überschritten wurden.[37] Obwohl dem Laufen der Makel des „Sports des armen Mannes“[38] anhaftete, begann sich in England auch die Gentry dafür zu interessieren – allerdings nur in seiner kultivierten Variante eines „Gentleman-Sport“.[39] Mit der Anti-Doping-Regelung für den olympischen Marathon von 1908 formalisierte man zum ersten Mal die moralische Erwartung an den „Gentleman Amateur“, sich der Nutzung von Dopingsubstanzen zu enthalten, und markierte damit einen weiteren Unterschied zum Berufsläufer, der den Sieg gemeinhin „um jeden Preis“ anstrebte.

Bezüglich des Zustandekommens der Regel ist zu sagen, dass die sportartspezifischen Regelungen für die Londoner Spiele 1908 von den jeweiligen britischen Spitzenverbänden erlassen wurden.[40] Die Marathonregel ging also nicht auf das IOC oder auf die erst 1912 gegründete IAAF als internationalem Dachverband zurück, sondern stammte von der „Amateur Athletic Association“ aus dem Mutterland des Amateurismus. Beim IOC war Doping erst knapp dreißig Jahre später auf den Mitgliederversammlungen 1937 und 1938 zum ersten Mal auf der Tagesordnung.[41] Kurz zuvor tauchten im Zusammenhang der Berliner Spiele von 1936 Berichte über staatlich organisierte Trainingslager und Unterstützung für Amateursportler auf. Sie veranlassten den IOC-Vizepräsidenten, Sigfrid Edström, dazu, eine Kommission zur Untersuchung dieser Anschul-

36 Vgl. ebd., S. 54.

37 Beispielsweise wechselten international erfolgreiche Amateurläufer wie der italienische Marathonläufer Dorando Pietri oder der irische Olympiasieger Jonny Hayes nach ihren Erfolgen als Amateure ins Profilager (vgl. Llewellyn, 2008, S. 710, 714 f.).

38 Bernett, 1987, S. 96.

39 Vgl. ebd., S. 21.

40 Mit der Vergabe der Spiele durch das IOC nach London war das britische NOK (British Olympic Council) für die Spiele verantwortlich und delegierte die Festsetzung der Regeln für die einzelnen olympischen Sportarten daraufhin an die nationalen Spitzenverbände (vgl. British Olympic Council, 1908, S. 29, 403).

41 Vgl. Protokoll Mitgliederversammlung, 9.6.1937, S. 8; Protokoll Mitgliederversammlung, 16.3.1938, S. 20, IOC-Archiv. Das ist auch der Grund, warum das IOC vor 1937 keine Akten zur Dopingthematik hat, wie aus einem Brief des IOC Sekretärs, Albert Berdez, an den Präsidenten des internationalen Fechtverbandes (Féderation International d'Escrime), Paul Anspach, hervorgeht (vgl. Schreiben Berdez an Anspach, 12.10.1937, IOC-Archiv, Amateurism 1935-1937, 204766).

digungen ins Leben zu rufen.[42] In Vorbereitung darauf listete IOC-Präsident Henri de Baillet-Latour sieben drängende Fragen des Amateurismus auf, worunter sich auch der Punkt „Doping of Athletes" befand. Auf der Mitgliederversammlung 1937 wurde dann mit Edström, dem späteren IOC-Präsidenten Avery Brundage, dem späteren Präsidenten des NOK für Deutschland Karl Ritter von Halt und dem italienischen Funktionär Alberto Bonacossa eine namhafte Spezialkommission zur Bearbeitung der Dopingfrage berufen. Das von der Kommission ausgesprochene Verbot fand 1946 unter „Resolutions Regarding the Amateur Status" Eingang in die nach dem Zweiten Weltkrieg revidierte Olympische Charta.[43]

Die Dopingproblematik wurde beim IOC in den folgenden Jahren zunächst weder bei den Mitgliederversammlungen noch bei den Sitzungen des Exekutivkomitees aufgegriffen. Das änderte sich erst mit dem auf Doping zurückgeführten Tod des dänischen Radfahrers Knud Enemark Jensen beim 100 Kilometer Mannschaftszeitfahren bei den Sommerspielen 1960 in Rom.[44] Vier Jahre später in Tokio nahm der belgische Sportmediziner Albert Dirix zusammen mit Kollegen dann zum ersten Mal inoffiziell Dopingkontrollen auf olympischer Ebene vor, und zwar just in dem Wettbewerb, in dem Jensen vier Jahre vorher gestorben war.[45] Dass sich der Todesfall ausgerechnet bei einem Radwettbewerb ereignete und Dopingkontrollen hier nun von sportmedizinischer Seite für notwendig erachtet wurden, passte ins gängige Bild vom Radsport, der wie keine andere Sportart für Professionalisierung und deren negative Auswüchse stand. Dieses schlechte Image betraf wohlgemerkt auch den Amateurbereich dieser Sportart. Als IOC-Präsident Brundage davon erfuhr, dass nach Jensens Todesfall in Rom bei den darauffolgenden Spielen in Tokio medizinischerseits auch Dopingkontrollen im olympischen Radsport für notwendig erachtet wurden, interpretierte er dies als Zeichen eines „degenerierten Sports" und drohte, solche Sportarten künftig von den Spielen auszuschließen.[46] Die Einführung von Bekämpfungs-

42 Vgl. dazu und zum Folgenden Gleaves & Llewellyn, 2014, S. 847 f.

43 Vgl. IOC, 1946, S. 28.

44 Vgl. Protokoll Exekutivkomitee, 10.9.1960, S. 3, IOC-Archiv.

45 Vgl. Albert Dirix, Principles and specific problems of doping controls at the Olympic Games. International Symposium „Doping controls of athletes", Moscow, 9.10.1979, S. 2, IOC-Archiv, 203692.

46 Vgl. wörtlich im Protokoll des Exekutivkomitees (16.10.1964, S. 1, IOC-Archiv): „The President reminded that doping means the degradation of a sport; the Games are clean, any degraded sport would be expelled from the Games". Unter der Führung von Brundage wurde die Möglichkeit, problematische Sportarten wie Radsport und Fuß-

maßnahmen verweist stets auch unmissverständlich darauf, dass es ein Problem gibt. Für Brundage waren die ersten Dopingkontrollen im olympischen Sport in erster Linie ein Ausdruck dafür, dass auch im Amateurbereich etwas grundlegend falsch lief. Das Dopingproblem hatte offensichtlich ein solches Ausmaß angenommen, dass kompetente Experten auf diesem Gebiet Kontrollen für notwendig hielten. Als überzeugter Anhänger des Amateurismus[47] war die Notwendigkeit von Dopingkontrollen für Brundage eine Niederlage des Amateursports, weil Doping hier – im Gegensatz zum Profisport – eigentlich gar nicht vorkommen durfte. Die Einführung von Kontrollen signalisierte unmissverständlich eine Dekadenz, die im Abfall vom Amateurgedanken begründet lag und den olympischen Sport zu korrumpieren drohte.

Die tiefsitzende Überzeugung, dass Doping in erster Linie ein Problem professionalisierter Sportarten war, schien sich bei den ersten Kontrollaktivitäten im italienischen Profifußball sowie im belgischen Radsport auch empirisch zu bestätigen: In Italien waren im ersten Jahr der Kontrollen (Fußballsaison 1961/1962) 27 Prozent der Proben positiv.[48] Im belgischen Profiradsport war bei den ersten Kontrollen 1965 die Dopingprävalenz verglichen mit dem Amateur- bzw. Juniorenbereich mit 37 Prozent positiver Proben am höchsten.[49] Vor allem im Zusammenhang mit dem Aufkommen von anabolen Steroiden wurde jedoch immer deutlicher, dass auch Amateure in Sportarten wie Gewichtheben und Schwimmen sowie der olympischen Kernsportart Leichtathletik, die vergleichsweise wenig professionalisiert und kommerzialisiert waren, sich als keineswegs immun erwiesen gegen Doping. Vielmehr verschob sich die Hauptproblematik in den 1970er Jahren auf diese Sportarten. Damit wurde zunehmend offensichtlich, dass auch diejenigen Athleten, die vermeintlich noch am wenigsten durch finanzielle Anreize korrumpiert waren, zu Dopingsubstanzen griffen, um sportlich erfolgreich zu sein. Diese Entwicklung stellte die gängige Unterscheidung zwischen „gedopten Profis" und „sauberen Amateuren" grundsätzlich in Frage. Letztlich ging der Plausibilitätsverlust dieser stereotypen Konstruktion Hand in Hand mit der allgemeinen Auflösung der Grenze zwischen Amateuren und Profis im Zuge der überwältigenden Prozesse der Professionalisierung und Kom-

ball von den Spielen auszuschließen, generell zu dieser Zeit im IOC diskutiert, weil viele Athleten in diesen Sportarten zwischen den Spielen ihr Geld als Profis bei der Tour de France bzw. in den Profiligen verdienten, also einfach zwischen dem Amateur- und Profibereich hin- und herwechselten (vgl. Guttmann, 1994, S. 114).

47 Vgl. Guttmann, 1994, S. 110.

48 Vgl. Venerando & Sio, 1965, S. 62.

49 Vgl. Dirix, 1966a, S. 707 f.

merzialisierung des Sports ab den 1960er Jahren.[50] Was nach dem Niedergang des Amateurismus fortbestand, war das Dopingverbot, das nun keine Differenzierungen mehr kannte und für alle Athleten verbindlich war.

3.3 NATÜRLICHKEIT UND NORMALITÄT

Betrachtet man die in Unterabschnitt 2.2.1 vorgestellten frühen Dopingdefinitionen, so zeigt sich, dass diese wesentlich auf der Grenzziehung zwischen „natürlich" und „künstlich" bzw. „normal" und „abnormal" beruhten. Aus historischer Perspektive stellt sich die Frage, was unter diesen Begriffen zu verstehen war und welche Mittel der Leistungssteigerung dabei wie bewertet wurden. Vorwegzunehmen ist, dass es sich um normative Begrifflichkeiten handelt[51] und dabei weder das Begriffspaar „natürlich"/„künstlich" noch „normal"/„abnormal" einheitlich und konsistent definiert waren. Des Weiteren lassen sich die Begriffe „Normalität" und „Natürlichkeit" in den Quellenbefunden nicht sinnvoll voneinander unterscheiden. Vielmehr wurden sie oft synonym verwendet oder luden sich in ihren Bedeutungen wechselseitig auf: Was „natürlich" war, war auch „normal" und was „normal" war, war gleichzeitig auch „natürlich".[52] Festzuhalten bleibt, dass es sich um semantisch äußerst vage Konzepte handelte, bei denen quasi automatisch ein normativer Konsens unterstellt werden konnte. Die Sprecher waren dabei nur selten gezwungen, die Bedeutungen der Begriffe wirklich offenzulegen. Entsprechend wird im Folgenden der Versuch unternommen, die impliziten Bedeutungen zu explizieren und zu kontextualisieren.

In Kapitel zwei wurde herausgearbeitet, dass Stimulanzien als prototypische Dopingsubstanzen deswegen als gefährlich angesehen wurden, weil sie wie keine andere Substanzklasse in der Lage waren, den Körper kurzfristig über die „natürlichen" physiologischen Grenzen hinauszutreiben und dadurch Gesundheitsschäden hervorzurufen.[53] Das klassische Verständnis von Doping ist dabei im breiteren Kontext allgemeinphysiologischer Vorstellungen zu sehen: Die körperliche Ermüdung markierte eine ernstzunehmende Grenze, die das „Natür-

50 Siehe zu diesen Prozessen und dem Zusammenhang zu Doping aus historisch-soziologischer Perspektive Waddington & Smith, 2009, S. 68 ff.

51 Siehe zum Natürlichkeitsargument aus ethischer Perspektive Pawlenka, 2010.

52 Im Folgenden orientiert sich daher der Begriffsgebrauch an demjenigen der Quellen. Siehe zu den Konzepten „Natürlichkeit" und „Normalität" auch ausführlich Kapitel zwei (Unterabschnitte 2.2.2 und 2.2.3).

53 Vgl. dazu und zum Folgenden ausführlich die Unterabschnitte 2.2.2 und 2.2.3.

liche“ vom „Unnatürlichen“ und damit den Bereich des Physiologischen von dem des Pathologischen trennte. Die Begriffe des „Natürlichen“ und „Normalen“ referierten also auf den Bereich des Physiologischen, dem das Spektrum gesunder Zustände entsprach. Die Gegenbegriffe des „Künstlichen“ und „Abnormalen“ bezogen sich entsprechend auf das Pathologische, das den Bereich jenseits dieser Grenze markierte. Grundsätzlich handelt es sich beim Konzept der „Normalität“ um eine Leitidee des 19. Jahrhunderts, die sich im Laufe der Zeit gegenüber älteren, diätetischen Vorstellungen der Gesundheit durchsetzte.[54] Als Begriff, der das physiologisch Gesunde bezeichnete, war „Normalität“ prinzipiell wissenschaftlich operationalisierbar: Physiologische Parameter konnten erhoben und mit „Normalwerten“, welche als Referenz für die Beurteilung von „physiologisch“ oder „pathologisch“ dienten, abgeglichen werden. Konkret waren zur Differenzierung zwischen illegitimen Dopingsubstanzen und legitimen „Hilfsmitteln des Trainings“ vor allem vegetative Parameter relevant. Deren Erhebung und Beurteilung diente letztlich zur Klärung der Frage, ob die Einnahme bestimmter Substanzen eine künstliche und kurzzeitige „vegetative Enthemmung“ bewirkte und daher als gesundheitsschädliches Doping verboten werden sollte, oder ob es sich um eine „echte“, d.h. langfristige Form der Leistungssteigerung ähnlich wie beim Training handelte. Die langzeitstabilen, moderaten körperlichen Veränderungen waren das „Normale“ wohingegen kurzzeitige, große Veränderungen „Abnormalität“ signalisierten. Diesen Vorstellungen nach sprengten Stimulanzien temporär die Grenzen des physiologisch Normalen und wurden daher als Dopingmittel verboten. Die medizinischen Begriffe des „Normalen“ und „Natürlichen“ verliehen dem Dopingverbot so eine naturgegebene Objektivität, die allen menschlichen Wertsetzungen vorauszugehen schien. Genau darin lag die moralische Überzeugungskraft der Referenz auf Tatsachen des „Normalen“ und „Natürlichen“ begründet.

„Normalität“ und „Natürlichkeit“ waren nicht nur medizinische Kategorien. Oftmals war damit auch das gemeint, was innerhalb einer Kultur als durchschnittliche, gewöhnliche oder gängige soziale Praxis angesehen werden konnte. „Abnormal“ und „künstlich“ war entsprechend alles, was nicht den üblichen Praktiken entsprach und aus dem „normalen“ Rahmen fiel. Musterbeispiele für solche Interpretationen von „Normalität“ finden sich vor allem in sportmedizinischen Abhandlungen zum Doping aus der ersten Hälfte des 20. Jahrhunderts. So klassifizierte der Sportarzt Seel in seinem Beitrag über „medikamentöse Beeinflussung der Leibesübungen“, abgedruckt in einem sportmedizinischen Lehrbuch von 1933, nicht nur klassische Aufputschmittel, sondern auch „Nährmittel- und

54 Vgl. Sarasin & Tanner, 1998, S. 20.

Organpräparate" wie beispielsweise Hefe, künstliche Milchprodukte, Fleischextrakte oder andere „Nährspezialitäten" als Dopingmittel. Das dahinterstehende Argument lautete, dass auch sie „Abweichungen von der natürlichen Lebensweise"[55] darstellten. Was darunter genau zu verstehen war, wurde implizit durch folgende Ausnahmebedingung deutlich: Die Anwendung von Nährmitteln und Organpräparaten wäre nämlich, laut Seel, dann gerechtfertigt,

> „wenn sie für eine ganze Trainingsgruppe einheitlich im Gesamternährungsplan eine Rolle spielen [...] wie dies bei der Schweizerischen Trainingsmannschaft zu den Olympischen Winterspielen 1928 und für die Deutsche Olympiademannschaft 1932 mit Ovomaltine geschehen. Eine solche Verabreichung fällt dann in die allgemeinen Ernährungsvorschriften [...]."[56]

Der Umstand, dass das energiereiche Malzgetränk Ovomaltine einheitlich bei ganzen Mannschaften zur Anwendung kam, machte aus einer „abnormalen" eine „normale" Maßnahme. Einheitlichkeit schaffte Normalität. Damit änderte sich gleichzeitig auch die moralische Bewertung. Aus einer Dopingmaßnahme wurde so ein legitimes Hilfsmittel.

Die Frage der Klassifizierung war bei bestimmten Mitteln besonders umstritten: UV-Licht und Sauerstoff waren ohne Zweifel „natürlich" in dem Sinne, dass jeder Mensch sie zum Leben benötigt. Gleichzeitig waren diese Praktiken jedoch an Apparaturen gebunden, die ungewöhnlich waren. Entsprechend handelte es sich nach Ansicht von einigen Sportärzten daher bei der UV-Bestrahlung und beim Sauerstoffdoping auch um keine „normalen" Mittel.[57] Die Frage, ob Koffein als Dopingmittel zu sehen sei, war ebenso schwierig zu beantworten. Die Substanz hatte in Form von Kaffee oder Coca-Cola eine weite Verbreitung in der Bevölkerung gefunden. Die Frage wurde von Werner Ruhemann in den Erläuterungen zur bereits zitierten Dopingdefinition des Deutschen Sportärztebundes von 1952 erörtert:

55 Seel, 1933, S. 261 f.

56 Ebd., S. 262.

57 Zur UV-Bestrahlung siehe Friedrich, 1955, S. 23; Seel, 1956, S. 406 f. Zum Sauerstoffdoping Prokop, 1955a, S. 7; Prokop, 1955b; Thörner, 1959, S. 311; Schönholzer, 1966, S. 55. Zur Diskussion dieser Methoden in der Zwischenkriegszeit Hoberman, 1994, S. 161 ff. sowie Unterabschnitt 2.2.2.

„Genußmittel, die gleichzeitig Reizmittel sind, wie z. B. Kaffee, dürfen nur im Rahmen der täglichen Gewohnheit vor Wettkämpfen verabfolgt werden. Sowie sich mit der Mehrverabfolgung die Absicht der sofortigen Leistungssteigerung verbindet, ist es Doping."[58]

Nach Ruhemann sollte Koffein als gängiges Genußmittel also nicht pauschal als Doping klassifiziert werden, sondern nur der Gebrauch mit der Absicht der Leistungssteigerung, die sich in Form einer erhöhten Dosis über das alltäglich „normale" Maß hinaus manifestiere. Sofern sich der Athlet also im Rahmen der täglichen Gewohnheiten bewegte, war der Kaffeekonsum unproblematisch, während eine „Mehrverabfolgung" Abnormalität signalisierte. Dieser Klassifizierung lag ein Verständnis von Normalität zugrunde, welches das, was sich in einer Gesellschaft im Laufe der Zeit durch Wiederholung, Regelmäßigkeit und Dauerhaftigkeit herausgeschält hatte, als legitime soziale Praxis anerkannte, und das, was über dieses „normale" Maß hinausging, als illegitim verurteilte. Mit der Einführung von Dopingkontrollen stellte sich dann die Frage, wie ein „abnormales" Maß konkret überhaupt nachzuweisen war. Die Operationalisierung des Abnormalen im Fall von Koffein erfolgte ab 1983 beim IOC durch Quantifizierung über einen Grenzwert, mit dem man Normalität von Abnormalität bzw. Natürlichkeit von Künstlichkeit auf wissenschaftlich objektivierbare Weise unterschied. Ähnliches galt auch für das natürlicherweise im Körper vorkommende Testosteron.[59]

Insbesondere seit den 1960er Jahren stellten verschiedene moderne Dynamiken die bis dahin gängigen Vorstellungen von Normalität und Natürlichkeit in Frage. Das Dopingproblem verschob sich grundlegend von Aufputschmitteln, welche prototypisch für eine künstliche Form der Leistungssteigerung standen, auf Anabolika sowie später Blutdoping, das Wachstumshormon und EPO, die im Unterschied zu Stimulanzien körpereigene „natürliche" Mittel waren, über längere Zeiträume angewandt wurden und auch längerfristig wirkten.[60] Des Weiteren sind alle Kontroversen um die Beurteilung von spezieller Ernährung und unterschiedlicher Arten von „Substitution" nicht zu verstehen ohne die damit zusammenhängenden Vorstellungen zu den Anforderungen im Leistungssport und zur Physiologie des Sportlers. Eine Möglichkeit für Sportmediziner, mit den dynamischen Entwicklungen im modernen Leistungssport umzugehen, bestand darin, die „Abnormalität" der hohen leistungssportlichen Anforderungen und – daraus resultierend – die „Abnormalität" der Athletenkörper als unvermeidliche

58 Ruhemann, 1953a, S. 26.

59 Vgl. dazu Unterabschnitt 2.3.4.

60 Vgl. dazu Unterabschnitt 2.3.2.

Konsequenz des Leistungsprinzips zu akzeptieren, um in diesem Zuge verschiedene sportmedizinische Spezialmaßnahmen zu rechtfertigen, die ansonsten weit außerhalb der Norm lagen. Neue Normalitäten schufen neue moralische Normen. Wenn beispielsweise ein zweimal tägliches Training für Spitzensportler „normal" wurde, um konkurrenzfähig zu sein, dann waren die damit einhergehenden physiologischen Veränderungen genauso als „normal" zu akzeptieren wie die sportmedizinischen Maßnahmen, die ein solches Pensum überhaupt erst erlaubten. Im Zuge von fluiden Grenzen des Normalen ließ sich dann auch die Frage neu stellen, wo Nahrungsergänzung bzw. Substitution aufhörte und Doping begann. Wir werden am Ende des folgenden Abschnitts zum Gesundheitsargument sehen, dass die Konstruktion leistungssportlicher Spezialkörper, die sich von der durchschnittlichen Physiologie des „normalen" Menschen unterschieden, jenen sprachlichen Handlungsspielraum schuf, innerhalb dessen die Gabe von Anabolika als „Substitution" kommuniziert werden konnte.

3.4 GESUNDHEIT

3.4.1 Gesundheit als gesellschaftlich anschlussfähiger Wert

Die Gesundheitsschädlichkeit der Einnahme leistungssteigernder Substanzen und Methoden war seit jeher ein zentrales Argument in der Dopingdebatte und ist es bis heute geblieben. Leibesübungen, Turnen und Sport waren traditionell eng mit Gesundheit verbunden und mit gesundheitlichen Versprechen aufgeladen.[61] Innerhalb der vielfach betonten pädagogischen und moralischen Werte des Sports war Gesundheit besonders zentral. Doping unterminierte auf offensichtliche Weise dieses Ideal vom Sport als gesunder körperlicher Betätigung. Die moralischen Vorbehalte gegen den Gebrauch leistungssteigernder Substanzen waren daher in diesem sozialen Bereich besonders gut anschlussfähig.

Seit der Aufklärung war Gesundheit auch ein allgemein akzeptierter Wert in der bürgerlichen Gesellschaft.[62] Als moralisches Regulativ artikulierte der Gesundheitsbegriff gesellschaftliche Verhaltenserwartungen und fungierte so als Lebens- und Verhaltensrichtlinie für jeden einzelnen. Mit der Industrialisierung und den damit zusammenhängenden sozialen Fragen wurde Gesundheit zudem

61 Siehe dazu aus historisch-soziologischer Perspektive Waddington & Smith, 2009, S. 22 f.; Cachay & Thiel, 2000, S. 63-82. Aus historischer Perspektive Langenfeld, 2010; Krüger, 2006a; Größing, 1997, S. 155-178; Schulz, 1991.

62 Vgl. Labisch, 1985, S. 61.

ein Wert von höchster politischer Relevanz.[63] Verschiedene sozialpolitische Maßnahmen und Interventionen wurden mit diesem Konstrukt legitimiert.[64] In einem kulturellen Kontext, in dem ein „gesunder Lebensstil" als normative Leitlinie fungierte und Maßnahmen zur Sicherung öffentlicher Gesundheit einen selbstverständlichen Teil von Politik darstellten, trafen auch moralische Vorbehalte gegen den Gebrauch gesundheitsschädlicher Substanzen im Sport und die Implementierung von Bekämpfungsmaßnahmen auf Zustimmung.[65]

Des Weiteren koinzidierte der Anti-Doping-Kampf im Sport in auffälliger Weise mit der Drogenbekämpfung in der Gesellschaft.[66] Im 19. und zu Beginn des 20. Jahrhunderts hatte man noch stark den sozialen Nutzen von Substanzen zur Steigerung der Leistungsfähigkeit in Arbeit und Krieg betont. Dieser Optimismus wich im Laufe des 20. Jahrhunderts zunehmend moralischen Vorbehalten und führte zu einer strengeren Regulierung. Besonders seit den 1960er Jahren wurde der Gebrauch von Drogen mit gesundheitlichen Risiken, Abhängigkeit und Todesfällen sowie mit Drogensubkulturen, sozialem Abstieg und Kriminalität assoziiert und dagegen vorgegangen. In der Dopingbekämpfung wurden vielfach Parallelen zur Drogenbekämpfung gezogen und Maßnahmen mit ähnlichen Argumentationsmustern gerechtfertigt.[67] In Gesellschaften, in denen man Gesundheit als soziales Gut begriff und Maßnahmen initiierte, sowie den Gebrauch von Drogen verurteilte und bekämpfte, war auch der Anti-Doping-Kampf legitimiert über die Sorge um Gesundheit gut anschlussfähig.

3.4.2 Moralgeschichten

Doping ist gesundheitsschädlich und kann im Extremfall zum Tod führen. Der Tod ist die äußerste Konsequenz gesundheitsschädlichen Verhaltens und nichts macht nachdrücklicher auf die moralische Verwerflichkeit von Doping und die Notwendigkeit seiner Bekämpfung aufmerksam als dopingbedingte Todesfälle. Diese Einsicht spielt eine große Rolle, wenn es im Folgenden um die Art und Weise geht, wie Todesfälle im Sport von Anti-Doping-Akteuren in Verbindung

63 Vgl. Frevert, 1984.

64 Vgl. Labisch, 1985, S. 62, 76; Labisch, 2005, S. 247.

65 Siehe zum Zusammenhang von Dopingbekämpfung und politischen Gesundheitsinitiativen Dimeo, 2009, S. 31 ff.

66 Siehe zu dieser Koinzidenz und zum Folgenden Dimeo, 2007a, S. 10, 53, 88, 134; Hoberman, 2005a, S. 181; Waddington & Smith, 2009, S. 43 f.

67 Vgl. Hoberman, 2005a, S. 181, 233, 262 f.

mit Doping gebracht, von Journalisten und Wissenschaftlern rezipiert und damit Bekämpfungsmaßnahmen forciert wurden.

In der Forschungsliteratur wird immer wieder darauf verwiesen, dass das Dopingproblem in den 1960er Jahren gravierende Ausmaße angenommen habe und daher Anti-Doping-Maßnahmen quasi zwangsläufig ergriffen werden mussten. Als deutlichster Ausdruck für die Dringlichkeit der Problematik führen einige Autoren die zunehmende Anzahl an Dopingtoten an.[68] Dieses Begründungsmuster ist nicht neu: Ludwig Prokop als einer der wichtigsten Anti-Doping-Pioniere konstatierte bereits 1968, dass insgesamt „über 100 Todesfälle" dem Gebrauch von Dopingsubstanzen zuzuschreiben seien.[69] Ein Jahr zuvor zitierte der „Spiegel" den damaligen Präsidenten des internationalen Sportärztebundes, Paul André Challey-Bert, sogar mit der Aussage, dass allein im Radsport „mehr als 1000 Fälle" tödlich endeten.[70] Auffällig ist jedoch, dass keine weiteren Referenzen und Details genannt wurden. Im Vergleich zu der behaupteten hohen Zahl an Todesfällen sind bis heute nur sehr vereinzelt die Namen der Toten bekannt. Tatsächlich tauchen immer nur dieselben wenigen Namen als Beispiele für dopingbedingte Todesfälle in der Literatur auf.[71]

Der wahrscheinlich am meisten zitierte Fall ist der angeblich amphetaminbedingte Tod des dänischen Radrennfahrers Knud Enemark Jensen beim 100 Kilometer Mannschaftszeitfahren bei den Olympischen Spielen in Rom 1960. Er gilt als zentrales Ereignis in der Dopinggeschichte, weil das IOC angesichts der Tragik dieses Falls scheinbar zwangsläufig zum Handeln gezwungen war.[72] Mit Jensens Tod wurden bereits von frühen Anti-Doping-Kämpfern und Mitgliedern der Medizinischen Kommission schärfere Maßnahmen gegen Doping gefordert.[73] Auf den ersten Blick klingt es plausibel, die forcierte Dopingbekämpfung ab den 1960er Jahren mit diesem Drama in Verbindung zu bringen. Zwar stand der Fall Jensen zweifellos am Beginn der Anti-Doping-Aktivitäten des IOC,[74] von wenigen Ausnahmen abgesehen wird jedoch meist völlig übersehen, dass

68 Vgl. beispielsweise Donohoe & Johnson, 1986, S. 125; Dresen, 2012, S. 60, Dresen, 2010, S. 22; Haug, 2006, S. 16 f.; Verroken, 2000, S. 2; Voy, 1991, S. 6 f.

69 Prokop, 1968a, S. 2803.

70 Der Spiegel, 24.7.1967, S. 88.

71 Vgl. Møller, 2010, S. 32 f., 37.

72 Vgl. Donohoe & Johnson, 1986, S. 6; Houlihan, 1999, S. 36; Krüger, 2006b, S. 333 f.; Voy, 1991, S. 6 f.; Verroken, 2000, S. 2; Haug, 2006, S. 16; Dresen, 2012, S. 60; Dresen, 2010, S. 21; Daumann, 2013, S. 13; Senkel, 2014, S. 160.

73 Vgl. Prokop, 1968a, S. 2803; Prokop, 1970, S. 126; Dirix, 1966b, S. 185.

74 Vgl. Hunt, 2011, S. 6 ff.

erhebliche Zweifel an der Attribuierung des Todes auf Amphetamine bestehen. Der Sportsoziologe Verner Møller hat den Fall detailliert untersucht.[75] Das 100 Kilometer Mannschaftszeitfahren fand an einem sehr heißen Tag statt, an dem zahlreiche Fahrer große Probleme hatten und Jensen nach seinem Zusammenbruch in einem überhitzten Zelt behandelt wurde.[76] Wie Jensens Trainer in den darauffolgenden Tagen zugab, hatte er vor dem Rennen den dänischen Fahrern den Vasodilatator Roniacol gegeben, der Jensens Zustand verschlechtert haben könnte. Von Amphetaminen war hingegen nicht die Rede.[77] Obwohl nicht öffentlich zugänglich, schien auch der offizielle Obduktionsbericht keine Spuren von Amphetaminen zu erwähnen und als Todesursache ausschließlich einen Hitzschlag anzugeben.[78] Zumindest geht das aus einem veröffentlichten Brief des Präsidenten des dänischen NOK an das IOC hervor. Die mit dem Fall Jensen beschäftigten italienischen Behörden hatten den Obduktionsbericht an die dänischen Behörden übersandt, die daraufhin das dänische NOK über den Inhalt unterrichteten. Dessen Präsident wiederum wandte sich 1962 an das IOC und gab, basierend auf den Mitteilungen der Behörden, als ausschließliche Todesursache einen Hitzschlag an.[79] Es bleiben Zweifel über die tatsächliche Todesursache von Jensen. Auf der einen Seite behaupteten im Nachhinein Ärzte, dass Amphetamine gefunden worden wären.[80] Gleichzeitig erwähnte der Obduktionsbericht offenbar keine Spuren von Amphetaminen. Für Møller liegt die beste Erklärung für diesen Widerspruch darin, dass es wohl analytische Unsicherheiten bei der Obduktion gab. Als relativ gesichert kann gelten, dass Jensen bei großer Hitze unter dem Einfluss des Vasodilatators Roniacol fuhr. Falls er tatsächlich auch noch Amphetamine genommen haben sollte, dann hätte der aufputschende Effekt, so argumentiert Møller, die ungünstigen Wirkungen von Roniacol bei Hitze eher neutralisiert.[81] Ohne klare Belege bleibt die Todesursache aber letztlich Spekulation.

75 Vgl. zum Fall Jensen die Publikationen von Møller, 2005; Møller, 2010, S. 37-42; Møller, 2014, S. 938 f. Im Folgenden wird mit der ausführlichsten Version (Møller, 2005) gearbeitet.

76 Vgl. Møller, 2005, S. 461.

77 Vgl. ebd., S. 463 f.

78 Vgl. ebd., S. 467 ff.

79 Vgl. wörtlich: „[...] the Copenhagen Police want to establish as final the conclusion of said report, viz., that the death of Knud Enemark Jensen was caused solely by heatstroke" (Frederiksen, 1962, S. 47).

80 Vgl. Møller, 2005, S. 467, 469.

81 Vgl. ebd., S. 468 ff.

Im Hinblick auf der Frage der Legitimation von Dopingbekämpfungsmaßnahmen ist vor allem interessant, dass Jensens Tod in der Regel mit großer Selbstverständlichkeit auf Amphetaminmissbrauch zurückgeführt wurde. Es handelt sich also um genau diejenige Substanzklasse, die als die prototypischen Dopingsubstanzen galten und auf die sich der Anti-Doping-Kampf zu Beginn konzentrierte.[82] Jahrzehnte später hat Prokop, der diese Attribuierung damals wesentlich forciert hatte, in einem Interview von 2001 eingeräumt, dass er zwar nie den Obduktionsbericht gesehen habe, aber von einem Kollegen unterrichtet worden sei, und der Anti-Doping-Kampf immerhin mit dem Tod Jensens erst richtig begonnen habe.[83] Folgt man Møller und – auf dessen Untersuchung aufbauend – auch Dimeo[84] und Gleaves[85], so stellt das Drama um den angeblich amphetaminbedingten Tod Jensens eine wirkmächtige Moralgeschichte von Anti-Doping-Akteuren dar, welche damals wie heute[86] in erster Linie die Funktion erfüllt, unmissverständlich die verhängnisvollen Konsequenzen von Amphetaminmissbrauch vor Augen zu führen.[87] Wer verschärfte Maßnahmen im Anti-Doping-Kampf rechtfertigen wollte, tat gut daran, die Dopingrealität in möglichst düsteren Farben zu zeichnen. Die Tragödie wurde in der Tat kaum je für etwas anderes verwendet als für die Legitimation und Begründung der forcierten Dopingbekämpfung seit den 1960er Jahren. Die Anti-Doping-Maßnahmen des IOC waren jedoch keineswegs eine zwangsläufige Konsequenz dieses Todesfalls. Vielmehr wurde von Prokop und anderen Anti-Doping-Pionieren gezielt Handlungsdringlichkeit erzeugt und zwar indem Jensens Tod auf Amphetaminmissbrauch zurückgeführt und gleichzeitig alle anderen Faktoren ausblendet wurden, die als Todesursachen – der Faktenlage nach zu urteilen – eher in Frage kamen. Zweifellos verdeutlicht nichts nachdrücklicher die Gefährlichkeit von Amphetaminen und die Notwendigkeit von Bekämpfungsmaßnahmen als der Tod eines Sportlers, der auf den Missbrauch dieser Substanzklasse zurückgeführt wird.

82 Vgl. dazu die Abschnitte 2.2. und 4.2.

83 Vgl. Møller, 2005, S. 467.

84 Vgl. Dimeo, 2007a, S. 55 f.; Dimeo, 2016.

85 Vgl. Gleaves, 2014, S. 816.

86 Auf der Homepage der WADA (2015b) wird Jensens Tod bis ins Jahr 2016 auf Amphetaminmissbrauch zurückgeführt (vgl. dazu auch Dimeo, 2016).

87 Vgl. dazu wörtlich Møller, 2014, S. 938: „Jensen did not die in vain. [...] It is obvious that Prokop's anti-doping idealism allows him to compromise truth for the benefit of the greater good."

Jensen war nicht der einzige Todesfall, der von Anti-Doping-Akteuren ohne klare Belege auf Amphetamine attribuiert und so auch von Journalisten und Wissenschaftlern weithin unkritisch perpetuiert wurde. In steter Regelmäßigkeit wurde der walisische Radrennfahrer Arthur Linton als erster Dopingtoter genannt.[88] Tatsächlich ist Linton jedoch noch zehn Jahre nach seinem vermeintlichen Tod 1886[89] Rennen gefahren. Ein Zeitungsartikel aus seinem Todesjahr 1896 legt zudem nahe, dass Linton an Typhus und nicht an Doping starb.[90] Auch die zahlreich geäußerte Behauptung, dass Testosteron von der Wehrmacht im Zweiten Weltkrieg zur Agressivitätssteigerung von Soldaten eingesetzt worden wäre,[91] lässt sich nicht belegen. So wie sich die Quellenlage dazu darstellt, sagt diese These mehr über die moralische Intention ihrer Verfasser, Testosteron durch die Nähe zu einem verbrecherischen Regime zu stigmatisieren, als über die historische Realität.[92] Die erwähnte Behauptung, dass es zu einer Zunahme an dopingbedingten Todesfällen in den Nachkriegsjahrzehnten gekommen wäre, lässt sich ebenfalls kaum empirisch nachweisen. Zumindest hat sich – soweit ersichtlich – nie jemand darum bemüht, dies wirklich zu belegen. Eine Prüfung der tatsächlichen Faktenlage wäre für den Anti-Doping-Kampf möglicherweise auch hinderlich gewesen, falls sich erwiesen hätte, dass das Problem der Zunahme gar nicht existierte. Der Kommunikationswissenschaftler Bernat López kommt immerhin durch die Analyse von wissenschaftlichen Arbeiten und Presseartikeln zum angeblich EPO-bedingten Tod von 18 Radfahrern während der späten 1980er und Anfang der 1990er Jahre, als EPO erstmals im Radsport verwendet wurde, zu dem Ergebnis, dass sich diese Geschichten nicht empirisch belegen ließen.[93] Untersuchungen an Teilnehmern der Tour de France haben sogar erge-

88 Vgl. beispielsweise Prokop, 1970, S. 125; Woodland, 1980, S. 30; Voy, 1991, S. 6; Houlihan, 1999, S. 34; Krauß, 2000, S. 12; Waddington, 2000, S. 154; Sörös & Vogl, 2008, S. 35; Dresen, 2012, S. 60 (Fußnote 5).

89 Manche Arbeiten geben das Todesjahr von Linton richtig an, gehen aber meist ebenfalls von einem dopingbedingten Tod aus (beispielsweise Singler & Treutlein, 2012, S. 115).

90 Vgl. zur Dekonstruktion des Linton-Mythos Rabenstein, 1998, S. 120; Dimeo, 2007a, S. 7 f.

91 Vgl. Wade, 1972, S. 1400; Haupt & Rovere, 1984, S. 469; Wadler & Hainline, 1989, S. 56; Perlmutter & Lowenthal, 1985, S. 208; Todd, 1987, S. 93; Taylor, 1991, S. 8 f., 17; Berendonk, 1992, S. 241; Fair, 1993, S. 4; Houlihan, 1999, S. 45; Ungerleider, 2001, S. 45.

92 Vgl. Reinold & Hoberman, 2014.

93 Vgl. López, 2011.

ben, dass diese im Durchschnitt älter werden als die Allgemeinbevölkerung.[94] In einer anderen Publikation zum Diskurs um das Wachstumshormon kommt López zu dem Schluss, dass sich erstens ein Großteil der behaupteten Nebenwirkungen empirisch nicht nachweisen lasse und zweitens immer noch auf die längst überholte Gewinnung dieser Substanz aus dem Körper von Leichen rekurriert werde, obwohl bereits seit 1985 kein Wachstumshormon mehr auf diese Art produziert worden sei.[95] Entsprechend, so folgert López, fänden sich im Diskurs um die Substanzen EPO und Wachstumshormon Übertreibungen, Dramatisierungen und Mythen mit dem Ziel der Abschreckung.[96]

Die dargestellten Geschichten über dopingbedingte Todesfälle wurden durch die laienpsychologische Vorstellung plausibilisiert, dass viele Athleten als obsessiv Getriebene alles für den sportlichen Erfolg einzusetzen bereit wären und durch Dopingkontrollen vor sich selbst geschützt werden müssten. Paradigmatisch für dieses stereotype Bild steht die inzwischen über dreißig Jahre alte Studie der amerikanischen Sportmediziner Gabe Mirkin und Marshall Hofmann. Sie hatten mehr als einhundert Läufern die hypothetische Frage gestellt, ob sie eine Substanz nehmen würden, die sie zwar zum Olympiasieger machen, aber gleichzeitig in einem Jahr umbringen würde. Letztlich hätten mehr als die Hälfte der Befragten den Tod für den Olympiasieg in Kauf genommen.[97] Ein anderer amerikanischer Sportmediziner, Robert Goldman, wiederholte diese Studie auf ähn-

94 Zu diesem Ergebnis kommt sowohl eine Untersuchung mit einer Stichprobe von 834 Radfahrern aus Frankreich, Italien und Belgien, die zwischen 1930 und 1964 an der Tour de France teilnahmen (vgl. Sanchis-Gomar et al., 2011), als auch eine Untersuchung mit 786 französischen Radfahrern, die zwischen 1947 und 2012 bei der Tour starteten (vgl. Marijon et al., 2013). Es ist klar, dass damit zwar nichts über die Ursache des Zusammenhangs zwischen Tourteilnahme und niedrigerer Sterblichkeit gesagt ist. Des Weiteren lässt sich mit diesen Zahlen auch nichts über die langfristigen Effekte des EPO-Dopings seit Ende der 1980er/Anfang der 1990er Jahre auf die Sterblichkeit sagen. Insgesamt mag Doping den Zusammenhang zwischen Tourteilnahme und niedrigerer Sterblichkeit durchaus abgeschwächt haben (vgl. Marijon et al., 2013, S. 3149). Dennoch sind die Ergebnisse bemerkenswert: Gemeinhin würde man nämlich erwarten, dass weitverbreitetes Doping bei Profiradfahrern die Lebenserwartung dieser Population unter den Durchschnitt der Normalbevölkerung senkt (vgl. Kayser & Broers, 2015, S. 366).

95 Vgl. López, 2013, S. 232 f.

96 Vgl. López, 2011, 101 f.; López, 2013, S. 233 f.

97 Vgl. Mirkin & Hofmann, 1978, S. 84.

liche Weise ein paar Jahre später und kam zu ähnlichen Resultaten.[98] Christiansen und Gleaves haben kritisch darauf aufmerksam gemacht, dass beide Studien die üblichen Ausführungen zum Untersuchungsdesign, zur Methodik sowie eine Diskussion der Ergebnisse vermissen lassen.[99] Dennoch haben diese offensichtlichen Defizite Wissenschaftler nicht davon abgehalten, mit den Ergebnissen von Mirkin und Hofmann sowie Goldman zu argumentieren.[100] Bezeichnenderweise kam die einzige Studie, die das sogenannte „Goldman-Dilemma" nach gängigen wissenschaftlichen Standards repliziert hat, zu dem Ergebnis, dass tatsächlich gerade einmal ein Prozent der befragten Athleten den Tod für sportlichen Erfolg in Kauf nehmen würde.[101]

Ohne Zweifel werden im Leistungssport viele gesundheitlich riskante Verhaltensweisen praktiziert.[102] Das Ausreizen körperlicher Grenzen ist ohne die Inkaufnahme gesundheitlicher Risiken schlicht nicht möglich. Des Weiteren steht außer Frage, dass Doping tödliche Folgen haben kann. Es ging in diesem Unterabschnitt also *nicht* darum, die Gesundheitsschädlichkeit von Doping oder die Bereitschaft von Athleten, gesundheitliche Risiken zugunsten des sportlichen Erfolgs in Kauf zu nehmen, zu leugnen. Es ging auch nicht um den Abgleich zwischen den von Anti-Doping-Akteuren, Journalisten und Wissenschaftlern getätigten Aussagen und ihrem tatsächlichen „Realitätsgehalt". Vielmehr interessierte, auf welchen Grundlagen Behauptungen gemacht und als „Tatsachen" kommuniziert werden konnten. Durch die Analyse von Sekundärliteratur zeigte sich, dass im Zuge der Dopingbekämpfung Tatsachen geschaffen wurden, die in anderen Kontexten so kaum auf Resonanz gestoßen wären, ohne harte empirische Belege als Gründe anzuführen. Was ins moralische Narrativ der Dopingbekämpfung passte, konnte offensichtlich ohne großen Begründungsaufwand geäußert werden. Egal ob es um dopingbedingte Todesfälle, die todbringende Wirkung von EPO, die Gewinnung des Wachstumshormons aus Leichen, den unter Testosteroneinfluss kampfbereiten Wehrmachtssoldaten oder den Leistungssportler geht, der alles für den sportlichen Erfolg zu opfern bereit wäre:

98 Vgl. Goldman, 1984, S. 32. Gegenüber der Nachrichtenagentur Reuters wies Goldman 2004 darauf hin, die Studie noch mehrmals repliziert zu haben und immer zu denselben Ergebnissen gekommen zu sein (vgl. Tzortzi, 2004).

99 Vgl. Christiansen & Gleaves, 2014, S. 2.

100 Vgl. Donohoe & Johnson, 1986, S. 125; Todd, 1987, S. 88 f.; Wilson, Gilbert & Edwards, 2004, S. 106.

101 Vgl. Connor, Woolf & Mazanov, 2013.

102 Schnell et al., 2014; Thiel, Mayer & Digel, 2010; Nixon, 1992; Nixon, 1993; Nixon, 1994; Roderick, Waddington & Parker, 2000.

Nichts veranschaulicht deutlicher das Böse von Doping und das Gute von Anti-Doping als die Belehrung durch Moralgeschichten, die auf den Tod als äußerste Konsequenz von Substanzmissbrauch rekurrieren. Sie exemplifizieren auf leicht verständliche und emotionale Art und Weise, wie gefährlich Doping grundsätzlich ist, um Handlungsdruck zu erzeugen und Dopingbekämpfungsmaßnahmen zu forcieren. Insofern bildeten diese Erzählungen eine wichtige Legitimationsbasis der sportpolitischen Agenda von Anti-Doping-Akteuren.[103] Beim Todesfall Jensen handelt es sich sogar um ein Ereignis von so zentraler Bedeutung, dass es gemeinhin als Beginn der forcierten Anti-Doping-Politik des IOC gesehen wird. Die bei diesem Fall vorgenommene Kausalattribuierung ist auf viel Resonanz gestoßen und wäre sicher in weniger moralisch aufgeladenen Kontexten auf so dünner empirischer Basis kaum gehört worden. Das gilt, wie gesehen, auch für wissenschaftliche Literatur: Die Quellendokumente stammen meist von denjenigen, die den Anti-Doping-Kampf forciert haben, und sind von dieser Agenda geprägt.[104] Bis zuletzt wurde diese Tatsache selten quellenkritisch hinterfragt und etablierte Narrationen daher oft einfach übernommen.

3.4.3 Kontroverse Beurteilung von Substanzen am Beispiel anaboler Steroide

Gesundheit war nicht nur das zentrale Argument für die Forcierung von Anti-Doping-Maßnahmen allgemein, sondern auch wesentlich bei der Frage, ob eine Substanz bzw. Methode auf die Verbotsliste gesetzt werden sollte. Dabei konnte es leicht zu Kontroversen kommen: Erstens stellte sich in begrifflicher Hinsicht die Frage, welche Nebenwirkungen ein Mittel aufweisen muss, um als „gesundheitsschädlich“ klassifiziert zu werden. Zweitens waren auch in empirischer Hinsicht die Wirkungen und Nebenwirkungen wissenschaftlich oft unklar. Gerade die Geschichte der anabolen Steroide als den vermutlich weitverbreitetsten Dopingsubstanzen überhaupt stellt ein anschauliches Beispiel für langandauernde wissenschaftliche Kontroversen um diese Fragen dar.

CIBA, der Hersteller des ersten und im Westen gebräuchlichsten anabolen Steroids Dianabol,[105] erläuterte in der Packungsbeilage von 1961, welche Idee hinter der Entwicklung der Substanz steckte:

103 Vgl. dazu auch Christiansen & Gleaves, 2014, S. 3.

104 Dimeo, 2007a, S. 7.

105 Vgl. zur Herstellung und Nutzung von Dianabol Hoberman, 1994, S. 307; Berendonk, 1992, S. 242, 263, 270 ff., 275, 333.

„As early as 1935 the growth-promoting effect of the androgenic steroids was recognized in addition to their specific hormonal effects, and clinical use was promptly made of this property. [...] However, the undesirable androgenic effects of these hormones were pronounced and led to a search by the CIBA Research Laboratories for anabolic agents of improved specificity. Dianabol is the result of the systematic examination of numerous experimental preparations for a compound exhibiting not only growth-promoting properties with a favorable influence on nitrogen balance but also marked reduction or absence of androgenic side effects.“[106]

Dianabol wurde also mit der Intention entwickelt, die gewünschten anabolen Wirkungen zu verstärken und die unerwünschten androgenen Nebenwirkungen zu minimieren. Insgesamt stufte der Hersteller die Substanz als hochwirksam ein.[107] Zugleich wurde ausdrücklich betont, dass bei adäquater Dosierung die androgenen Nebenwirkungen von Testosteron ausblieben, höchstens bei zu hoher Dosierung oder längerer Anwendung aufträten und selbst dann nur in leichter und letztlich reversibler Form.[108] Die Idee, molekulare Strukturen von Substanzen so zu verändern, dass die gewünschten Effekte verstärkt und die unerwünschten Nebeneffekte minimiert werden, wurde Ende der 1950er und zu Beginn der 1960er Jahre grundsätzlich zu einer wichtigen Zielstellung in der Hormonforschung.[109]

Die geringen Nebenwirkungen der neu entwickelten Substanzen hob wohlgemerkt nicht nur der Hersteller hervor. In den frühen klinischen Erfahrungsberichten mit Dianabol wurde meist ebenfalls eine „sehr geringe androgene“ und gleichzeitig eine „ausgesprochene eiweißanabole Wirkung“ konstatiert.[110] Wie aus dem Vorwort der ersten zusammenfassenden Monographie zum Thema deutlich wird, war man fasziniert vom „große[n] Wert dieser Verbindungen[111] für die praktische Medizin“, der darin bestand, „unerwünschte Nebenwirkungen, die [...] mit natürlichen Hormonen auftreten können, zu vermeiden oder an Intensität wesentlich herabzusetzen.“[112] Dafür wurde die molekulare Struktur von Testos-

106 CIBA, 1961, S. 3.

107 Vgl. ebd., S. 8, 10.

108 Vgl. ebd., S. 3, 14.

109 Vgl. Schwarting & Neth, 1960, S. 1092.

110 Beiglböck & Brummund, 1960, S. 1194, 1204; Vgl. auch Schwarting & Neth, 1960, S. 1097 f.

111 Gemeint sind anabole Steroide.

112 Krüskemper, 1965, VIII. Arnold & Potts (1966, S. 489), die in ihrer Studie vier anabole Steroide bewerteten, fassten die Entwicklung folgendermaßen zusammen:

teron verändert, die jeweils neu synthetisierten Derivate bei Menschen und Tieren mit unterschiedlichen Krankheitsbildern getestet und ihrem Verhältnis von anabolen zu androgenen Effekten nach beurteilt.[113] Getragen von der Überzeugung, dass eine Trennung von anabolen und androgenen Wirkungen möglich sei, befand sich die Hormonforschung zu Beginn der 1960er Jahre, prägnant zusammengefasst, auf der Suche nach dem perfekten Steroid. Tatsächlich traten die Nebenwirkungen, die anabole Steroide aus heutiger Sicht zweifellos aufweisen, in den genannten Studien zunächst deutlich hinter der Faszination für den wissenschaftlichen Fortschritt zurück, der mit der Dissoziation von anabolen und androgenen Effekten gelungen schien.

Die enorme Faszinationskraft, die hinter der grundsätzlichen Idee von anabolen Steroiden steckte, sollte auch den sportmedizinischen Diskurs maßgeblich prägen. Nachdem man zunächst Untersuchungen an Tieren und an unterschiedlichen Patientengruppen unternommen hatte, führten Sportmediziner auch bald Anabolikastudien an jungen, gesunden Personen und Athleten in sportlichen Zusammenhängen durch.[114] In der ersten ausführlichen deutschsprachigen Studie des Sportmediziners Manfred Steinbach aus dem Jahr 1968, an der 125 Jugendliche teilnahmen und zwei von fünf Gruppen dreieinhalb Monate lang Dianabol

„Since the demonstration of the nitrogen-sparing effects of testosterone [...] considerable effort has gone into the search for steroids with enhanced anabolic and reduced androgenic activities. Anabolic agents that are not virilizing, or are only minimally so, clearly possess marked clinical potential." Kopera (1985, S. 12) fasst in einem historischen Rückblick die Interessen, welche die klinische Medizin damals mit der Trennung von anabolen und androgenen Wirkungen bei anabolen Steroiden verknüpfte, folgendermaßen zusammen: „Such differentiation between an androgenic and an anabolic effect met great practical interest because in the therapeutic use androgens caused considerable virilizing side-effects in women and children. Consequently therapists were intensely interested in the development of non- or less-androgenic androgens, particularly because androgens proved to be quite beneficial in depilitating conditions, convalescing patients and for the treatment of breast cancer."

113 Siehe beispielsweise die Studien von Smith & Johnson, 1961; Overbeek & Visser, 1961; Overbeek, Delver & Visser, 1962; Arnold, Potts & Beyler, 1963; Lyster & Duncan, 1963; Litchfield, 1965; Nutting, Klimstra & Counsell, 1966a&b; Arnold & Potts, 1966; Tausk, 1970, S. 56 ff. Siehe dazu überblickshaft im historischen Rückblick Kopera, 1985; Taylor, 1991, S. 20 ff.; Haupt & Rovere, 1984.

114 Zuvor handelte es sich entweder um tierexperimentelle oder klinische Untersuchungen. Siehe für einen Überblick Krüskemper, 1965.

einnahmen, wurden Steroide zwar als Dopingsubstanzen klassifiziert und auch vor den gesundheitlichen Gefahren einer überdosierten, nicht medizinisch kontrollierten Anwendung gewarnt. Gleichzeitig stellte Steinbach jedoch heraus, dass bei richtiger Dosierung die bisherigen Veröffentlichungen „keine nennenswerten Störungen" gefunden hätten und auch bei seinen Probanden „keine Nebenwirkungen zu beobachten" gewesen seien. Das Anabolikum wurde daher insgesamt als „ziemlich ungefährlich" eingestuft.[115] In der vielbeachteten Studie von Johnson und O'Shea, welche in der amerikanischen Zeitschrift „Science" und damit in einer der weltweit renommiertesten naturwissenschaftlichen Zeitschriften erschien, wurde zwölf männlichen Personen drei Wochen lang Dianabol verabreicht. Auch in dieser Studie stellten die Autoren keine bedeutenden Nebenwirkungen fest.[116] Auf dem wissenschaftlichen Kongress anlässlich der Olympischen Spiele in München 1972 trug Joseph Keul, Professor für Innere Medizin und Sportmedizin in Freiburg, langjähriger betreuender Arzt der deutschen Olympiamannschaften und eine der prägendsten Gestalten der bundesdeutschen Sportmedizin insgesamt, die Ergebnisse einer Studie vor, in der zehn Studenten und fünfzehn Gewichthebern über zwei bzw. drei Monate hinweg Deca-Durabolin verabreicht worden war. Keul kam zu dem Ergebnis, dass sich nach Anwendung dieses Steroids keine gesundheitlichen Nebenwirkungen beobachten ließen.[117]

Das IOC beschäftigte sich auf seiner Mitgliederversammlung 1967 im Zusammenhang mit der geplanten Einführung erster offizieller Kontrollen ein Jahr später auch zum ersten Mal mit anabolen Steroiden und klassifizierte diese Substanzen, wie gesehen, als Doping.[118] Aufgrund der fehlenden Nachweismöglichkeiten wurden sie jedoch nicht in die Verbotsliste aufgenommen. Als Doping bewertet und trotzdem nicht gelistet, befanden sich anabole Steroide in einem diffusen Graubereich zwischen Verbot und Legitimität. Auf der genannten Mitgliederversammlung gab der frühere britische Kugelstoßer und Sportarzt Martyn Lucking eine Zusammenfassung über die bekannten Wirkungen und Nebenwirkungen, die anschließend auch im Publikationsorgan des IOC veröffentlicht

115 Steinbach, 1968, S. 486, 490.

116 Vgl. dazu wörtlich: „There were no consistent or apparently significant physiological side effects" (Johnson & O'Shea, 1969, S. 959). Die Studie ist auch 1973 in deutscher Übersetzung in der Zeitschrift „Leistungssport" erschienen (vgl. Johnson & O'Shea, 1973).

117 Vgl. dazu wörtlich: „No signs of damage could be observed in these sample groups, including the long-term study" (Keul, 1973, S. 482).

118 Vgl. dazu Unterabschnitt 2.3.3.

wurde. Zwar wurden mögliche Nebenwirkungen aufgelistet, gleichzeitig jedoch herausgestellt, dass es sich grundsätzlich um Substanzen mit nur minimal virilisierenden Eigenschaften handele und kaum gesundheitsschädliche Nebenwirkungen aufträten.[119]

Insgesamt gesehen beschäftigte sich die Medizinische Kommission bis zu den Olympischen Spielen in München 1972 in erster Linie mit der Kontrolle von klassischen Stimulanzien, die damals als das Hauptproblem angesehen wurden. Nach diesen Spielen wurden dann anabole Steroide in der Medizinischen Kommission verstärkt thematisiert und nun vor allem auch die gesundheitsschädlichen Nebenwirkungen deutlicher als bisher hervorgehoben. Die Gefahren sollten künftig in einem Zusatz am Ende der Dopingliste zum Ausdruck kommen.[120] In der Mitgliederversammlung kündigte der Vorsitzende der Medizinischen Kommission, de Mérode, zudem an, hinsichtlich der Anabolikaproblematik zukünftig eine entschiedene Position nach außen zu vertreten.[121] Das wurde aus mehreren Gründen für wichtig erachtet: Erstens fanden anabole Steroide in kraft- und schnellkraftorientierten Sportarten zunehmend Verbreitung. Zweitens wurden die Substanzen in den wissenschaftlichen Studien oftmals in einem positiven Licht gesehen und kaum auf die gesundheitlichen Nebenwirkungen hingewiesen. Zu diesem Ergebnis kam auch der französische Sportmediziner Jacques Pellizza in seiner Doktorarbeit zu diesem Thema, die in Ausschnitten im „Olympic Re-

119 Vgl. dazu wörtlich: „These drugs have maximum anabolic properties (building up), with minimum virulising [sic!] properties.“ Entsprechend wird gefolgert: „The harmful side effects are few“ (Protokoll Mitgliederversammlung, 6.-8.5.1967, IOC-Archiv, veröffentlicht in: Bulletin du Comité International Olympique, 1967, Mai-August, 98-99, S. 95).

120 Vgl. dazu wörtlich: „All the members of the Medical Commission were unanimous considering anabolic steroids dangerous and harmful drugs in view of their deleterious side-effects [...]. However, it was decided not to put this type of drugs on the list of banned agents because of the impracticability to prove its misuse [...]. A special statement on it will be added at the end of the official list of doping substances condemning the use of anabolic steroids in sport and stressing their danger“ (Protokoll Medizinische Kommission, 26.-27.5.1973, S. 5, IOC-Archiv, 203602).

121 Vgl. dazu wörtlich im Protokoll der Mitgliederversammlung (5.-7.10.1973, S. 23, IOC-Archiv): „However, in view of their increasing use and the considerable dangers they represent, we feel it necessary to take a very firm stand. This will be done in the next edition of the brochure“ (gemeint ist die Dopingbroschüre für die Olympischen Spiele in Montreal 1976).

view" veröffentlicht wurde.[122] Drittens befanden sich anabole Steroide aus den bereits genannten Gründen in einer Grauzone zwischen Legitimität und Verbot. Das änderte sich mit dem Beschluss der Medizinischen Kommission, anabole Steroide für die Olympischen Spiele in Montreal 1976 in die Liste der verbotenen Substanzen aufzunehmen.[123] Weitet man den Blick über das IOC hinaus, so lässt sich insgesamt feststellen, dass es ab der Mitte der 1970er Jahre international zunehmend zu offiziellen Verlautbarungen verschiedener Sportorganisationen und sportmedizinischer Vereinigungen kam, die mit dem Argument der Gesundheitsschädlichkeit vor dem Gebrauch von anabolen Steroiden warnten und für ein Verbot eintraten.[124]

Die inzwischen deutlich klarere Positionierung von offizieller Seite bezüglich Anabolika und deren Aufnahme in die Liste der verbotenen Substanzen rief Gegenreaktionen hervor. Die beiden deutschen Sportmediziner Keul und Kindermann fanden in einer Studie von 1976 keine Hinweise auf Gesundheitsschädigung nach Applikation von Nandrolondecanoat und betonten daher, „daß die generelle Behauptung einer Schädigung durch anabole Hormone nicht gerechtfertigt ist".[125] Dementsprechend wäre auch ein Verbot „fragwürdig" und „nicht empfehlenswert".[126] Zu einem ähnlichen Schluss kam auch der aus der DDR in

---

122 Vgl. wörtlich Pellizza, 1973, S. 36: „Finally, practically no author has stressed the dangers inherent in the use of such substances."

123 Vgl. Protokoll Medizinische Kommission, 6.4.1974, S. 8, IOC-Archiv, 203602.

124 In der Bundesrepublik wurden die Rahmen-Richtlinien 1977 verändert und anabole Steroide auf die Liste gesetzt (vgl. DSB, 1977b, §1). Wesentlich im Zusammenhang mit der Anabolikaproblematik ist auch die Grundsatzerklärung für den Spitzensport des DSB zu sehen, die als ethische Grundlage für einen humanen Leistungssport dienen sollte und sich grundsätzlich gegen „jede medikamentös-pharmakologische Leistungsbeeinflussung und technische Manipulation am Athleten" (DSB, 1977a, S. 10) aussprach. Der britische Sportmedizinerverband (British Association of Sport and Medicine) veranstaltete 1975 ein Symposium zum Thema anabole Steroide (vgl. Taylor, 1991, S. 24-26). Die offizielle Linie des Verbands bezüglich Anabolika war dabei, dass kein Medikament wirksam und gleichzeitig ohne Nebenwirkungen leistungssteigernd sein könne. Ein Jahr später wurde auf dem jährlichen Kongress des amerikanischen Sportmedizinerverbandes (American College of Sports Medicine) die Anabolikaproblematik intensiv diskutiert und eine ähnliche Position wie ein Jahr zuvor in Großbritannien eingenommen (vgl. Taylor, 1991, S. 26-28).

125 Keul & Kindermann, 1976, S. 108.

126 Keul & Kindermann, 1976, S. 112. Ähnlich der Beitrag von Keul, Deus & Kindermann, 1976, S. 497, 502.

die Bundesrepublik geflüchtete Sportmediziner Alois Mader: Eine Schädigung der Gesundheit durch anabole Steroide sei „nicht direkt und mit ausreichender Wahrscheinlichkeit nachzuweisen". Insofern sollte ein Verbot auch nicht dadurch legitimiert werden, dass die „möglichen Nebenwirkungen [...] aufgebauscht" bzw. „der Anwendung Schäden nachgesagt werden, die bisher nicht aufgetreten sind".[127] Beide Publikationen sind in der Zeitschrift „Leistungssport" als dem zentralen Publikationsorgan für leistungssportliches Training in der Bundesrepublik erschienen. In einer weiteren Veröffentlichung formulierte Mader seine Position noch deutlicher: Die ständige Betonung der Gefahren von anabolen Steroiden durch Anti-Doping-Akteure sei ohne entsprechende empirische Belege eine „Manipulation und Verschleierung der Realität", die letztlich nur dazu dienen würde, bestimmte sport- und medizinethische Prinzipien aufrechtzuerhalten.[128]

Aus heutiger Perspektive ist es erstaunlich, wie offensiv solche Positionen von Sportmedizinern vertreten werden konnten. Die Argumente waren jedoch aus mehreren Gründen im damaligen Diskurs anschlussfähig: Entsprechend der grundsätzlichen Idee, die molekulare Struktur des männlichen Sexualhormons so zu optimieren, dass die unerwünschten Nebenwirkungen zurücktraten, lebten anabole Steroide seit ihrer erstmaligen Synthese vom Mythos des nahezu perfekten Medikaments. Als Vergleichspunkte für ihre relative Harmlosigkeit fungierten natürliches Testosteron und klassisch aufputschende Dopingsubstanzen. Ersteres hatte größere androgene Nebenwirkungen, letztere wurden für die dopingbedingten Zusammenbrüche und Todesfälle im Sport verantwortlich gemacht.

127 Mader, 1977a, S. 145.

128 Vgl. dazu wörtlich Mader, 1977b, S. 16: „Es erscheint mir nicht gerechtfertigt, im Namen sportethischer und ärztlich-ethischer Gesichtspunkte beständig Fakten zu manipulieren. Im Falle der anabolen Steroide im Sport habe ich den begründeten Verdacht, daß aus präventiven Absichten der leistungssteigernde Effekt in gewissen sportlichen Disziplinen negiert, dafür aber die Nebenwirkungen und Gefahren übertrieben werden, nur um ethische Prinzipien durch Abschreckung zu unterstützen. So löblich diese Absichten auch sein mögen, sie sind wegen der darin enthaltenen doppelten Moral korrumpiert. Wer glaubt, sportethische und ärztlich ethische Prinzipien auf die Dauer nur durch Manipulation und Verschleierung der Realität aufrechterhalten zu können, der untergräbt seine eigene Glaubwürdigkeit und damit auch die ethischen Prinzipien, in deren Namen er so handelt [...]. Es geht [...] nicht an, daß beständig (Prof. Prokop) von schweren Schäden bei Sportlern gesprochen wird, ohne daß dies durch Fallstudien und objektive Untersuchungen auch nachgewiesen wird."

Im Vergleich zu diesen Mitteln ließen sich anabole Steroide als relativ harmlose Substanzen deuten.

Begünstigend hinzu kam, dass sich vor dem Hintergrund der gestiegenen Trainingsanforderungen im Spitzenbereich und den damit einhergehenden prekären Gesundheitszuständen von Leistungssportlern eine Reihe von medizinischen Interventionen als therapeutisch indiziert rechtfertigen ließen. Im Zusammenhang mit der Legitimierung von anabolen Steroiden nahm dabei der Begriff der „Substitution" eine Schlüsselfunktion ein. Keul erläuterte 1977 vor wichtigen sportpolitischen Entscheidungsträgern im Sportausschuss des Deutschen Bundestages diesen Begriff und die damit verbundene Anwendungslogik. Ausgangspunkt der Argumentation war die durch mehrere Studien bestätigte Feststellung, dass der leistungssteigernde Effekt von anabolen Steroiden nur bei gleichzeitig intensivem Training eintrete.[129] Daraus wurde abgeleitet, dass es bei einem ausbelasteten Organismus zu einem Testosteronmangel komme und daher durch die Einnahme von anabolen Steroiden lediglich das „substituiert" werde, was der Organismus durch das hohe Trainingspensum nicht mehr in ausreichendem Maße selbst produzieren könne.[130] Damit rückte Keul die Anabolikagabe semantisch in die Nähe einer therapeutischen Maßnahme. Was sich in Ansätzen bereits in der Zwischenkriegszeit andeutete, kam also ab den 1970er Jahren im Zusammenhang mit den deutlich erhöhten Trainingsbelastungen im Leistungssport[131] vollends zum Durchbruch: Der hart trainierende Athletenkörper war kein „normaler" Körper mehr, der einfach auf „normale" Art und Weise behandelt werden konnte. Man hatte es vielmehr mit einem systematisch über das normale Maß be-

---

129 Vgl. dazu die Metanalysen von Haupt & Rovere, 1984, S. 471f., 474; Taylor, 1991, S. 30 ff.

130 Vgl. dazu Keul wörtlich: „Wahrscheinlich ist es so, daß es bei Menschen, die maximal trainieren, d.h. pro Tag sechs Stunden oder mehr, nicht mehr zu einer ausreichenden körpereigenen Testosteronproduktion kommt. Das heißt, daß der Organismus unter diesen enormen Trainingsbelastungen nicht mehr in der Lage ist, seine eigene Testosteronproduktion aufrechtzuerhalten. Es kommt zu einem Absinken der einzelnen Testosteronspiegel im Laufe des Trainingsprozesses, so daß der Spiegel niedrig bleibt. Durch die Gabe von anabolen Steroiden wird dann bei dem, der maximal trainiert, eine Wiederherstellung herbeigeführt. Man könnte hier von einer Substitution sprechen [...]" (Protokoll über die Anhörung von Sachverständigen in der 6. Sitzung des Sportausschusses, 28.9.1977, S. 49 f.).

131 Siehe zur Entwicklung der Trainingsbelastungen im Leistungssport in verschiedenen Sportarten Carl, 1983.

lasteten, substitutionsbedürftigen Körper zu tun, der die Gabe von Anabolika rechtfertigte.

Die Verabreichung sollte dabei am besten unter sportmedizinischer Kontrolle erfolgen. In Zeiten, in denen der Leistungssportler zu einem neuen Patiententyp wurde, der einer dauerhaften medizinischen Überwachung, Kontrolle und Therapie bedurfte,[132] war dieses Argument gut anschlussfähig. Plausibilisierend kam hinzu, dass eine ärztlich kontrollierte Gabe von Anabolika manchen Sportmedizinern weniger gefährlich erschien als eine laienhafte Selbstmedikation. Der Journalist Robert Hartmann gab 1973 in der Fachzeitschrift „Leichtathletik" die Meinung des Freiburger Sportmediziners Armin Klümper wieder, der damals zahlreiche bundesdeutsche Spitzenathleten betreute. Klümper halte es

> „im derzeitigen Schwebezustand für besser, der Arzt gewinne langsam das Vertrauen des Athleten, als daß er sich weiterhin vor ihm verstecke. Im abgelaufenen Jahr seien hier erhebliche Fortschritte erzielt worden. An die Stelle des ‚wilden' Schluckens trat mehr und mehr das kontrollierte und überwachte Einnehmen von Mitteln, die – soweit feststellbar – keine schädlichen Nebenwirkungen zeitigen."[133]

Der Abschnitt stellt ein Plädoyer für die nun offensichtlich stärker praktizierte, sportmedizinisch überwachte Einnahme von Anabolika dar. Des Weiteren ging Klümper davon aus, dass die DDR in dieser Hinsicht schon weiter fortgeschritten sei.[134] Diese Annahme wurde durch den 1974 aus der DDR geflohenen Mader bestätigt. In der bereits zitierten Veröffentlichung zu „Anabolika im Hochleistungssport" von 1977 verglich Mader die unterschiedlichen Praktiken in Ost und West. Sein Urteil fiel eindeutig aus: Während westliche Athleten sich „mit stark überhöhten Dosen und über sehr lange Zeiten" selbst behandelten und daher „Nebenwirkungen naturgemäß stärker in den Vordergrund" träten, führe die ärztlich kontrollierte Anabolikaanwendung in den Ostblockstaaten nicht nur zu einer effektiveren Leistungssteigerung, sondern bedeute auch in gesundheitlicher Hinsicht „ein geringeres Risiko für den Athleten".[135]

Weitet man den Blick über den Bereich des Sports hinaus, wird deutlich, dass die Verabreichung von Medikamenten in nicht klassisch therapeutischen Zusammenhängen Teil einer Entwicklung war, die in der Medizinsoziologie als

132 Vgl. Waddington, 1996, S. 179 f.; Waddington & Smith, 2009, S. 66 ff.; Hoberman, 2005a, S. 212.

133 Hartmann, 1973, S. 1660.

134 Vgl. ebd.

135 Mader, 1977a, S. 136 f. Vgl. dazu auch Mader, 1977b, S. 16.

Prozess der Medikalisierung[136] bezeichnet und als einer der wirkmächtigsten sozialen Transformationsprozesse der zweiten Hälfte des 20. Jahrhunderts angesehen wird.[137] Zentrale Konzepte wie Krankheit, Prävention und Therapie wurden ausgeweitet, neue Krankheitskategorien eingeführt und auf neue Gebiete bzw. Patientengruppen angewandt.[138] Die pharmakologische Behandlung von Phänomenen wie Alter, Stress oder Schwangerschaft, die man früher als natürlich und gegeben hingenommen hatte, wurde allmählich sozial akzeptiert.[139] Dadurch vergrößerte sich nicht zuletzt auch der Aufgabenbereich von Ärzten. Die Ausdehnung des legitimen medizinischen Interventionsbereichs durch die Erweiterung der Krankheits- und Patientenkategorien ging Hand in Hand mit dem Wachstums- und Ausdifferenzierungsprozess der Medizin insgesamt.[140]

In einer Gesellschaft, in der die pharmakologische Behandlung einer Reihe von ursprünglich „normalen" physiologischen Zuständen zunehmend akzeptiert wurde, stellte sich quasi zwangsläufig die Frage, warum der Sport in dieser Hinsicht so streng verfährt. Der Sportmediziner Wildor Hollmann wies im Sportausschuss des Deutschen Bundestages 1977 auf die Diskrepanz zwischen dem Anabolikaverbot im Sport und der gesellschaftlichen Akzeptanz der Anti-Baby Pille hin:

> „Mit der Antibabypille werden Testosteronmengen [...] im Körper einer jeden Frau in einer Größenordnung in Freiheit gesetzt, die etwa der üblichen Dosis der anabolen Steroide entspricht. Wo, meine Damen und Herren, will ich hier die Grenze setzen?! [...] Wer hat bisher davon gesprochen, daß Millionen Frauen in Deutschland und in der Welt regelmäßig unter Umständen über mehrere Jahre hinweg die Antibabypille nehmen mit weitaus größeren hormonellen Konsequenzen im gesamten Organismus, als es bei einer nach wissenschaftlichen Gesichtspunkten verabfolgten anabolen Steroid-Komponente der Fall ist."[141]

---

136 Conrad (2007, S. 4) definiert den Begriff der Medikalisierung folgendermaßen: „Medicalization describes a process by which nonmedical problems become defined and treated as medical problems, usually in terms of illness and disorders."

137 Vgl. Clarke et al., 2003, S. 161. Siehe zum Zusammenhang des gesellschaftlichen Medikalisierungsprozesses und der Dopingproblematik im Sport Waddington, 1996; Waddington & Smith, 2009, S. 65-68; Hoberman, 2005a, S. 228.

138 Vgl. Conrad, 2007, S. 118 f.

139 Vgl. Conrad, 2007, S. 6.

140 Vgl. Luhmann, 2009, S. 179.

141 Protokoll über die Anhörung von Sachverständigen in der 6. Sitzung des Sportausschusses, 28.9.1977, S. 109.

Medizinsoziologen haben darauf hingewiesen, dass auch Verhaltensweisen, die einst als unmoralisch und kriminell angesehen wurden, im Zuge des Medikalisierungsprozesses eine medizinische Bedeutung bekamen und zunehmend als Krankheiten definiert wurden.[142] Conrad und Schneider sehen in diesem sozialen Transformationsprozess die bedeutendste Veränderung bei der Zuschreibung von Devianz in den vergangenen zwei Jahrhunderten.[143] Gängige psychische Störungen wie beispielsweise Lernstörungen oder ADHS[144], die heute psychotherapeutisch und medikamentös behandelt werden, sind früher tendenziell moralisch mit bösen Absichten oder anderen Charakterschwächen erklärt worden und zogen dementsprechend eher punitive Maßnahmen nach sich.[145] Auch Drogenabhängige wurden in der ersten Hälfte des 20. Jahrhunderts als zu bestrafende Kriminelle gesehen und später zunehmend als medizinisch behandlungsbedürftige Kranke. Die praktischen Auswirkungen dieser Veränderungen manifestierten sich ab Mitte der 1960er Jahre, als in den USA zum ersten Mal Methadonprogramme mit Heroinabhängigen durchgeführt und positiv aufgenommen wurden.[146] Der Umgang mit bestimmten gesellschaftlich problematischen Verhaltensweisen fiel damit nicht mehr ausschließlich in den Bereich von strafenden Instanzen, sondern wurde zunehmend auch zur Sache von Ärzten.

Die dargestellten Argumente von Sportmedizinern für eine ärztlich kontrollierte Anabolikafreigabe waren nur innerhalb von Gesellschaften anschlussfähig, die eine medizinische Überwachung und pharmakologische Intervention weit jenseits traditioneller therapeutischer Indikationen als Problemlösungsansatz akzeptierten. In diesem Zuge wurde auch der hochtrainierte Athlet zu einer neuen Patientenkategorie.[147] Um den Anforderungen des modernen Hochleistungssports gerecht zu werden, musste er sportmedizinisch betreut werden. Im Unterschied zu einem normalen Körper befand sich sein Körper aufgrund der hohen Trainingsbelastungen in einem besonderen, substitutionsbedürftigen Zustand. Dieses Argument in Kombination mit der aus der modernen Drogenbekämpfung bekannten These, dass eine medizinisch überwachte Einnahme den Drogengebrauch sicherer mache, sollte die ärztlich verordnete Anabolikagabe legitimieren.

142 Vgl. Conrad (2007, S. 6), der von „medicalization of deviance" spricht.

143 Vgl. Conrad & Schneider, 1980, Xi.

144 Aufmerksamkeitsdefizit-/Hyperaktivitätsstörung.

145 Vgl. Conrad & Schneider, 1980, S. 32 ff.

146 Vgl. Ben-Yahuda, 1990, S. 159.

147 Vgl. Waddington & Smith, 2009, S. 66; Waddington, 1996, S. 179; Hoberman, 2005a, S. 212.

Die Attraktivität dieser Deutung für Sportmediziner bestand in der Entschärfung eines grundlegenden Dilemmas: Einerseits konnte auf Anabolika in bestimmten Sportarten und Disziplinen kaum mehr verzichtet werden, wenn die betreuten Sportler erfolgreich sein sollten. Andererseits standen einer Verabreichung medizinethische Gründe entgegen. Das sportmedizinische Dilemma wurzelte in den bereits thematisierten, divergierenden Handlungsmaximen:[148] Als medizinische Experten für die Perfektionierung sportlicher Leistung waren Sportärzte den funktionalen Erfordernissen eines sich dynamisch entwickelnden Leistungssports verpflichtet. Es ging dabei um das Ausreizen körperlicher Grenzen – und eben nicht um Gesundheit. Die Deutung der Anabolikaverabreichung als ärztlich indizierter Substitution bot Sportmedizinern einen Ausweg aus dieser Dilemmasituation zwischen Gesundheit einerseits und Leistungssteigerung andererseits. Indem die Gabe von Anabolika von einer gesundheitsschädlichen zu einer gesundheitsförderlichen Maßnahme umgedeutet und damit quasi-therapeutisch legitimiert wurde, versuchte man, die unhintergehbare professionsethische Maxime des Gesundheitsschutzes aufrechtzuerhalten. Gleichzeitig wurde man mit der Anwendung von Anabolika der auf Leistungssteigerung zielenden Handlungslogik im Spitzensport gerecht. Mit dieser Deutung ließen sich letztlich zwei schwer kompatible Ziele sportmedizinischen Handelns besser vereinbaren.

Es verwundert nicht, dass diese Deutung primär von Sportärzten verfochten wurde, die etwa als Team-, Verbands- oder Olympiaärzte Spitzensportler praktisch betreuten und daher unmittelbar mit der Frage des angemessenen Umgangs mit Sportlern, die Anabolika nehmen wollten, konfrontiert waren. In der Medizinischen Kommission des IOC hingegen stand eine Freigabe von anabolen Steroiden unter medizinischer Aufsicht nie zur Diskussion. Ein solcher Lösungsweg hätte diese Substanzen vom moralischen Stigma des Dopings befreit und ein ursprünglich verwerfliches Verhalten zu einer legitimen therapeutischen Maßnahme umgewertet. Die Freigabe ärztlich verordneter Anabolika verstanden als Substitution hätte die Anerkennung des hochtrainierten Athletenkörpers als medizinisch behandlungsbedürftig vorausgesetzt, was dem Gesundheits- und Natürlichkeitsideal des olympischen Sports grundsätzlich widersprochen und nicht zuletzt auch dessen Vorbildfunktion in Frage gestellt hätte.

148 Vgl. dazu Unterabschnitt 1.3.3.

3.5 FAIRNESS

Neben dem Gesundheitsargument spielt heutzutage das Fairnessargument die vielleicht wichtigste Rolle in der Dopingdebatte. Fairness ist eine Erfindung der englischen Mittel- und Oberschicht der viktorianischen Epoche[149] und gilt als „*die* Leitidee"[150] bzw. „*die* zentrale moralische Kategorie im Sport"[151]. Doping wird als unfair angesehen, weil es zu einseitigen Vorteilen verhilft. Mit diesem Argumentationsmuster werden Dopingpraktiken nicht nur verurteilt, sondern auch Bekämpfungsmaßnahmen legitimiert, um „faire" Ausgangsbedingungen für alle zu schaffen.

Die bisherigen Analysen haben gezeigt, dass zentrale Anti-Doping-Argumente vielfältig ausdeutbar waren. Was war „normal" bzw. „natürlich" und wo lag die Grenze zum „Abnormalen" und „Künstlichen"? Was war „gesund" und wo lag die Grenze zwischen einem „physiologischen" und einem „pathologischen" Zustand? Außerdem wurde kontrovers darüber diskutiert, wie sich diese Ideale angesichts der enormen Anforderungen im Leistungssport überhaupt erreichen und sicherstellen ließen. Wie gesehen konnte mit dem Gesundheitsargument nicht nur für ein Verbot von Anabolika, sondern ganz im Gegenteil auch für eine Freigabe argumentiert werden. Aufgrund der Interpretationsoffenheit dieser Werte und der schwierig zu beantwortenden Frage, wie ein „natürlicherer" und „gesünderer" Sport am besten zu verwirklichen war, konnte dasselbe Argument sowohl für eine restriktivere als auch für eine liberalere Anti-Doping-Politik in Anspruch genommen werden.[152]

Ähnliches lässt sich in Zusammenhängen beobachten, in denen es um Fairness ging. Bundesdeutsche Spitzenathleten ansprechend, kommentierte der Kölner Sportmediziner Wildor Hollmann die Situation auf dem Höhepunkt der Anabolikaproblematik 1977 folgendermaßen:

---

149 Vgl. Guttmann, 1987, S. 11; Eisenberg, 1999, S. 36 ff.; Krüger, 2005, S. 35 ff.; Vamplew, 2007, S. 857.

150 Daume, 1995, VII (Hervorhebung im Original).

151 Siep, 1995, S. 91 (Hervorhebung im Original). Lenk (2004, S. 119) und Irrgang (2004, S. 289) bezeichnen Fairness als die „Tochter des Sports", Gerhardt (1995) als „Tugend des Sports". Speziell mit Fairness im Sport beschäftigen sich eine Fülle weiterer sportethischer Arbeiten so u.a. Lenk & Pilz, 1989; Heringer, 1990; Heringer, 1995; Pieper, 1995; Gerhardt, 1995; Caysa, 2004; Carr, 2000; Lenk, 1995; Lenk, 2002; Lenk, 2004; Ott, 2004; Loland, 2009.

152 Vgl. dazu auch Asmuth & Binkelmann, 2012, S. 7.

„Wenn es eines Tages soweit ist, und du triffst in einem nennenswerten internationalen Wettkampf auf einen Gegner aus dem Osten, dann mußt du eines wissen: Er ist medikamentös vorbehandelt. Das verhilft ihm zu einem entscheidenden Leistungsvorsprung.“[153]

Was bedeutet eine solche Analyse für Athleten, die mit denselben Ausgangsbedingungen an den Start gehen wollen wie ihre Gegner? Die Asymmetrierung sportlichen Wettbewerbs durch Doping geht ohne Zweifel mit einer wachsenden Bereitschaft zur Regeldurchbrechung auch der bisher nicht dopenden Athleten einher, sobald diese das Gefühl haben, dass Regelkonformität sie über Gebühr benachteiligt. Wenn tatsächlich angenommen wird, dass die Dopingprävalenz hoch ist, und damit implizit, dass Kontrollen die Normbrecher nicht verlässlich entdecken, dann wird Doping leicht zum Mittel der Wahl, um gleiche Ausgangsbedingungen auf eigene Faust zu schaffen.

Die Legitimierung von leistungssteigernden Maßnahmen mit dem Argument der Chancengleichheit hat eine längere Tradition. Bereits in der kontroversen Diskussion um die UV-Bestrahlung im Jahr 1926 wurde darauf hingewiesen, dass sich deutsche gegenüber amerikanischen Sportlern „bedeutend im Nachteil“ befänden, wenn diese in den USA bereits praktizierte Methode „im Interesse des deutschen Sportes“ im eigenen Land nicht ebenfalls Anwendung fände.[154] In Vorbereitung auf die Olympischen Spiele in Amsterdam 1928 wurden dann bei den zweimal jährlich stattfindenden Olympiakursen der deutschen Leichtathleten „große Bestrahlungseinrichtungen mit künstlicher Höhensonne“ genutzt.[155] Nach dem Zweiten Weltkrieg sprach Prokop beim deutschen Sportärztekongress 1952 davon, dass viele Sportmediziner die Verwendung von Dopingmitteln bei großen internationalen Wettkämpfen als eine „nationale Notwendigkeit“ ansähen, „weil es die anderen auch machen“.[156]

Zu einem weitverbreiteten Legitimationsmuster wurde das Argument vor allem mit der Verbreitung von anabolen Steroiden. Diese hochwirksamen und schwer zu kontrollierenden Substanzen ließen wie keine andere Substanzklasse zuvor Athleten, Trainer und Sportmediziner daran zweifeln, ob man ohne Anabolika in kraftorientierten Sportarten wie Gewichtheben oder den Wurfdisziplinen der Leichtathletik bei großen internationalen Meisterschaften überhaupt noch eine Chance auf sportliche Erfolge hatte. In der Zeitschrift „Leichtathletik“ tauchte das Argument der Chancengleichheit zum ersten Mal in einem Artikel

153 Die Welt, 5.2.1977.

154 Bach, 1926, S. 448.

155 Sturm, 1928, S. 172.

156 Diskussionsbeitrag Prokop in: Engelhardt, 1953, S. 105.

von 1969 auf, in dem die Meinung des amerikanischen Diskuswerfers und vierfachen Olympiasiegers Al Oerter wiedergegeben wurde. Aufgrund der vermuteten hohen Anabolikaprävalenz in den Wurfdisziplinen der Leichtathletik müsste er zu diesen Substanzen greifen, um bei den Olympischen Spielen 1972 „mit seinen Gegnern konkurrieren zu können".[157] Ein Jahr später wurde über den Fall des deutschen Kugelstoßers Rolf Bläsius berichtet. Bläsius habe aufgrund der hohen Anabolikaprävalenz seine Karriere beendet, weil „das Prinzip der gleichen Voraussetzungen und Möglichkeiten verletzt wird, wenn die einen lassen, was die anderen tun".[158] Im selben Artikel wurde ein deutscher Werfer zitiert, der die Einnahme von Anabolika zugab und dabei auf folgendes Dilemma hinwies:

> „Ich würde die Pillen lieber nicht schlucken, aber um voranzukommen und den Anschluss nicht zu verpassen, bin ich dazu gezwungen. Oder ich ziehe die Konsequenzen, wie sie Rolf Bläsius gezogen hat."[159]

Nach Skandalen innerhalb der bundesdeutschen Mannschaft bei den Olympischen Spielen in Montreal 1976 fand in der Bundesrepublik die bis dahin kontroverseste sportpolitische Dopingdiskussion bis in die höchsten Ebenen von Sport und Politik statt.[160] Sie spitzte sich allmählich auf die Frage des Umgangs mit der Anabolikaproblematik zu. Eine wichtige Besonderheit dieser Debatte lag darin, dass eine Reihe von Athleten, Trainern, Sportmedizinern, Funktionären und Politikern in einer außergewöhnlichen Offenheit Positionen einnahmen und begründeten, die von der Linie des strikten Verbots abwichen. Das Argument der Chancengleichheit spielte dabei – neben dem bereits erörterten Argument der ärztlich überwachten „Substitution" – die wichtigste Rolle.

Der deutsche Sportärztebund hatte sich auf seinem Jahreskongress 1976 mit der Anabolikaproblematik befasst. Einige Sportmediziner standen der Verabreichung ablehnend gegenüber, andere hingegen waren der Meinung, dass ohne diese Substanzen ein chancengleicher Wettkampf nicht mehr möglich sei.[161]

157 Leichtathletik, 1969, 42, S. 1641.

158 Leichtathletik, 1970, 20, S. 689.

159 Ebd.

160 Vgl. dazu ausführlich Meier & Reinold, 2013; Meier, Reinold & Rose, 2012, S. 221 ff.; Krüger et al., 2014, S. 86 ff. Des Weiteren die Unterabschnitte 5.4.2 und 5.4.3.

161 Siehe zu diesem Sportärztekongress vor allem die Schreiben von Keul und Reindell an Daume vom 15.11.1976 (BISp-Archiv, 05415 / 09 Veröffentlichungen Publikati-

Dasselbe Meinungsbild zeigte sich auch innerhalb der Athletenschaft. Eine vom DSB und NOK eingesetzte Kommission um den Sportpädagogikprofessor Ommo Grupe[162] führte Informationsgespräche mit Athleten zum Thema Doping und erkannte grundsätzlich zwei Positionen:

„Eine (kleinere) Gruppe der Athleten glaubt Anabolika und andere leistungssteigernde Medikamente zu benötigen, um sportliche Höchstleistungen zu erbringen bzw. sich im Kreise der Spitzensportler über längere Zeit halten zu können.
Die andere Gruppe treibt Hochleistungssport ohne pharmakologische leistungssteigernde Mittel und möchte dies auch weiterhin tun."[163]

Ähnlich stellte sich das Meinungsbild bei Gesprächen der Kommission mit Trainern, Verbandsvertretern, Pharmakologen und Medizinern dar: Eine Gruppe lehnte den Gebrauch von Anabolika ab, eine zweite hielt Anabolika dann für legitim, wenn keine Nebenwirkungen zu erwarten seien, und für eine dritte Gruppe war der Gebrauch aufgrund der internationalen Situation zur Wahrung der Chancengleichheit grundsätzlich erforderlich.[164]

Die Diskussion um Anabolika fand ihren sportpolitischen Höhepunkt schließlich bei der öffentlichen Anhörung von Sachverständigen im Sportausschuss des Deutschen Bundestages ein Jahr nach den Spielen von Montreal 1976. Die Argumente von Freigabebefürwortern aus dem Sport bzw. der Sport-

---

onen – Tröger) sowie von Reindell an Grupe vom 14.12.1976 (BArchiv Koblenz, B 322 / 444), in denen ausführlich über diesen Kongress berichtet wurde.

162 Der Auftrag dieser Kommission lautete, eine Grundlage für die weitere Behandlung des Problems der medizinischen Leistungsbeeinflussung im Sport zu erarbeiten. Dabei sollte das Problem umfassend aus sportmedizinischer, ethischer, pädagogisch-psychologischer, sozialer und sportpolitischer Seite beleuchtet werden (vgl. Grupe, 1977, S. 5). Die Kommission führte Informationsgespräche mit insgesamt 34 Experten. Darunter waren Athleten, Trainer, Mediziner, Pharmakologen, Journalisten, Theologen, Apotheker und Funktionäre (vgl. Bericht über die Arbeit der gemeinsamen Kommission, S. 2, BArchiv Koblenz, B 322 / 444). Die Arbeit dieser Kommission mündete in der Grundsatzerklärung für den Spitzensport von 1977 (vgl. DSB, 1977a).

163 Teilprotokoll I: Gespräch mit dem Beirat der Aktiven vom 17.2.1977, S. 1, BArchiv Koblenz, B 322 / 444.

164 Vgl. Zusammenfassung von Gesprächsnotizen anlässlich des Informationsgesprächs am 14. & 15.1.1977 in Frankfurt, Haus des Deutschen Sports, BArchiv Koblenz, B 322 / 444.

medizin wurden dabei von Politikern aufgenommen. Bekannt ist vor allem der Gedanke des damaligen Sportausschussmitglieds und Abgeordneten der CDU/CSU-Fraktion Wolfgang Schäuble, der zur Disposition stellte, ob man bei bestimmten leistungssteigernden Substanzen wie in erster Linie Anabolika statt eines rigorosen Verbots nicht besser sagen sollte:

> „Wir wollen solche Mittel nur sehr eingeschränkt und nur unter der absolut verantwortlichen Kontrolle der Sportmediziner, also unter ärztlicher Verantwortung einsetzen, statt eine Norm aufzustellen, von der alle Sachkundigen wissen, daß sie in bestimmten Bereichen die Einhaltung dieser Norm weder garantieren können noch wollen, weil es offenbar Disziplinen gibt, in denen heute ohne den Einsatz dieser Mittel der leistungssportliche Wettbewerb in der Weltkonkurrenz nicht mehr mitgehalten werden kann."[165]

Die Medizinische Kommission des IOC hatte, wie gesehen, anabole Steroide 1974 auf die Liste gesetzt und 1976 zum ersten Mal kontrolliert.[166] Im Kontext dieser Entwicklung war daher in der Bundesrepublik zu diesem Zeitpunkt kaum ein anderer Weg mehr gangbar als ein offizielles Bekenntnis zum strikten Verbot dieser Substanzklasse, wie es 1977 sowohl in der Grundsatzerklärung für den Spitzensport des DSB[167] als auch in den Rahmen-Richtlinien zur Bekämpfung des Dopings erfolgte.[168]

Im Hinblick auf eine effektive Kontrolle des Anabolikaverbots machte der Leiter des Dopingkontrolllabors in Köln, Manfred Donike, bereits 1975 darauf aufmerksam, dass es nicht an den analytischen, sondern an den organisatorischen Grundlagen fehle. Da diese Substanzen im Training eingenommen und vor dem Wettkampf einfach abgesetzt würden, müssten Kontrollen außerhalb von Wettkämpfen eingeführt werden.[169] Dasselbe forderte er beim Hearing im Sportausschuss des Deutschen Bundestages 1977:

---

165 Protokoll über die Anhörung von Sachverständigen in der 6. Sitzung des Sportausschusses, 28.9.1977, S. 102.

166 Vgl. dazu Unterabschnitt 2.3.3.

167 Vgl. DSB, 1977a.

168 Während anabole Steroide in den ersten Rahmen-Richtlinien von 1970 noch nicht gelistet waren (vgl. DSB, 1970), wurden sie in die 1977 veränderten Rahmen-Richtlinien aufgenommen (vgl. DSB, 1977b, §1). Grundsätzlich handelte es sich bei den Rahmen-Richtlinien um Bestimmungen des DSB, an denen sich die nationalen Spitzenverbände orientieren sollten.

169 Vgl. Donike, 1975.

„Wenn klar erkannt ist und Übereinstimmung darüber besteht, daß Anabolika nicht im Sinne der herkömmlichen Dopingmittel zu behandeln sind, dann müssen auch die satzungsgemäßen Voraussetzungen für eine Dopingkontrolle geschaffen werden. Das ist in meinen Augen der wichtigste Punkt, der ansteht: Kontrollen in der Trainingsphase [...].“[170]

Formal wurden Trainingskontrollen zwar erstmals in der Bundesrepublik 1977 in den Rahmen-Richtlinien verankert,[171] eine praktische Umsetzung fand jedoch bis Ende der 1980er Jahre nicht statt. Die Diskussionen zeigen, dass eine Einführung von Trainingskontrollen auf nationaler Ebene wesentlich davon abhing, wie sich andere Nationen in dieser Angelegenheit verhielten. Für Schäuble war die Antwort auf die Frage „wie sieht es im Ausland aus, wie sehen dort die Kontrollmöglichkeiten aus, wie hoch kann unsere Erwartung sein, daß die Mitbewerber bei internationalen Wettkämpfen unter gleichen Bedingungen an den Start gehen“ von entscheidender Bedeutung.[172] Der Vorsitzende der Medizinischen Kommission der IAAF, Max Danz, hatte fundierte Einblicke in die internationale Kontrollsituation in der Leichtathletik. Er antwortete auf Schäubles Frage, dass international „nicht mit der entsprechenden Intensität, wie wir es tun, an den Dingen gearbeitet“ werde. Grundsätzlich bestehe „nicht überall die Einsicht der Notwendigkeit, die Dinge in den Griff zu bekommen, obwohl man auch in den Regionalverbänden der anderen Erdteile weiß, daß die Anabolika genommen werden.“[173] Aus Athletensicht gab der Mittelstreckenläufer Thomas Wessinghage offen zu bedenken, dass die Ostblockländer aus politischen Prestigegründen „überhaupt nicht daran interessiert sein können, daß ihre Athleten während der Trainingsphase oder auch bei Wettkämpfen kontrolliert werden.“ Folglich würde die praktische Umsetzung von Trainingskontrollen „in einen Al-

170 Protokoll über die Anhörung von Sachverständigen in der 6. Sitzung des Sportausschusses, 28.9.1977, S. 43.

171 Vgl. DSB, 1977b, §§ 12, 13.

172 Protokoll über die Anhörung von Sachverständigen in der 6. Sitzung des Sportausschusses, 28.9.1977, S. 44. Ähnlich fragte Schäubles Parteikollege Schwarz: „Wie wird es in Zukunft im internationalen Sport aussehen? Wenn wir – das entspricht unserer Mentalität – diese Grundsätze ordnungsgemäß in den Fachverbänden durchsetzen und andere Länder es nicht tun, wie sieht es dann im internationalen Vergleich aus?“ (Protokoll über die Anhörung von Sachverständigen in der 6. Sitzung des Sportausschusses, 28.9.1977, S. 51).

173 Ebd., S. 47 f.

leingang unsererseits hinauslaufen, wenn wir versuchten, unsere Athleten total zu reglementieren."[174]

Vor dem Hintergrund, dass sich der DDR-Spitzensport im Vergleich zur Bundesrepublik in den Jahren zuvor als drückend überlegen erwies, lag diesem Gedanken implizit die Befürchtung zugrunde, dass ein „Alleingang" die bundesdeutschen Athleten sportlich noch weiter ins Hintertreffen bringen würde.[175] Die Einführung von Trainingskontrollen wurde also in der Sportausschusssitzung tendenziell als eine unfaire Maßnahme gegenüber den eigenen Athleten gesehen, die es zumindest so lange zu vermeiden galt, wie international nicht auf dieselbe Weise durchgegriffen wurde. Substantiiert wurde dieses Misstrauen, das sich vor allem gegen die Ostblockstaaten richtete, durch Berichte von DDR-Flüchtlingen und Insidern, die nahelegten, dass es in der DDR nicht nur an einer konsequenten Dopingbekämpfung mangelte, sondern es sogar eine staatlich organisierte, sportmedizinisch gesteuerte und streng geheime Verabreichung von Anabolika an Leistungssportler gab.[176] Derartige Berichte haben 1979 Abgeordnete der CDU/CSU-Fraktion veranlasst, im Rahmen einer Kleinen Anfrage „Leistungssportförderung und Dopingmissbrauch in der DDR" die Bundesregierung nach Möglichkeiten der Sicherstellung von „Chancengleichheit für alle Sportler im internationalen Wettbewerb" zu fragen.[177] Die Bundesregierung antwortete darauf unter anderem mit dem Verweis auf ihr Bemühen um verschärfte und insbesondere weltweit einheitliche Anti-Doping-Regelungen.[178]

174 Ebd., S. 57.

175 Bereits bei den Olympischen Spielen 1964 stellte die DDR den größeren Teil der gesamtdeutschen Mannschaft (vgl. Hockerts, 2009, S. 22). Bei den Sommerspielen 1968 in Mexiko-Stadt, als erstmals zwei deutsche Mannschaften getrennt auftraten, war die DDR im Medaillenspiegel drei Plätze vor der Bundesrepublik auf Platz fünf. Auf dem Boden des Klassenfeinds in München 1972 kam die DDR bereits auf den dritten Platz im Medaillenspiegel, während die Bundesrepublik als Gastgeber nur Vierter wurde. Die DDR verdoppelte die Zahl ihrer Olympiasieger innerhalb von vier Jahren nochmals und belegte bei den Sommerspielen in Montreal 1976 im Medaillenspiegel noch vor den USA den zweiten Platz, während die Bundesrepublik auf dem vierten Platz stagnierte. Die Leistungsexplosion im DDR-Sport erreichte zu dieser Zeit in einigen Sportarten ihren Höhepunkt (vgl. Singler & Treutlein, 2012, S. 96 ff.).

176 Vgl. dazu Unterabschnitt 4.3.5.

177 BT-Drucksache, 8 / 2755, S. 1.

178 Vgl. BT-Drucksache, 8 / 2850, S. 3.

Der Fortgang der Diskussionen um Trainingskontrollen in den 1980er Jahren zeigt, dass man den Kontrollpraktiken im Ostblock kein Vertrauen entgegenbrachte, was wiederum im weiten Kontext eines grundsätzlichen Misstrauens zweier verfeindeter politischer Blöcke zu sehen ist und die Schaffung eines einheitlichen Anti-Doping-System torpedierte. Unter der begründeten Annahme, dass der Osten Kontrollen zugunsten des sportlichen Erfolgs unterliefe, würde die Einführung von Trainingskontrollen in der Bundesrepublik, so die Befürchtung, die bereits offensichtlich gewordene Ungleichheit weiter vergrößern. Trainingskontrollen waren unter dieser Perspektive kein Instrument zur Herstellung von Chancengleichheit, sondern bewirkten genau das Gegenteil. Mit dem Argument der Chancengleichheit wurde jedoch nie mehr so offensiv argumentiert wie nach den Spielen von Montreal 1976, obwohl – wie sich im Folgenden zeigen wird – viel dafür spricht, dass dieser Grund auch in den 1980er Jahren bei den internen Entscheidungsprozessen im bundesdeutschen Sport entscheidend blieb. Insbesondere Donike, der als Leiter des Kölner Dopingkontrolllabors ein großes Interesse an verstärkten Kontrollaktivitäten hatte,[179] drängte ab der ersten Hälfte der 1980er Jahre die Sportverbände[180], den DSB[181], das NOK[182], das Bundesinstitut für Sportwissenschaft[183] und das Bundesinnenministerium[184] verstärkt zur Einführung von Trainingskontrollen. Interne Sitzungsprotokolle und Korrespondenzen aus dem Umfeld des DSB und des Bundesinstituts zeigen, dass gegen die Einführung primär mit rechtlichen, organisatorischen und finanziellen Gründen argumentiert wurde.[185] Der Sportmediziner Joseph

179 Siehe dazu auch Unterabschnitt 5.4.3.

180 Vgl. Schreiben Donike an Kirsch, 5.7.1983, CuLDA, Nachlass Kirsch, 86 / Doping 2; Schreiben Donike an Kirsch, 6.5.1983, CuLDA, Nachlass Kirsch, 86 / Doping 2.

181 Vgl. Schreiben Donike an DSB, 11.1.1986, DOSB-Archiv, 1322 / B 6.5/ 4B 12.

182 Vgl. Schreiben Donike an NOK, 21.1.1986, DOSB-Archiv, 1322 / B 6.5 / 4B 12.

183 Vgl. Schreiben Donike an Kirsch, 18.1.1982, CuLDA, Nachlass Kirsch, 86 / Doping 2; Schreiben Donike an Kirsch, 29.4.1985, CuLDA, Nachlass Kirsch, 87 / Doping 3 / 1985-86; Schreiben Donike an Kirsch, 16.1.1987, CuLDA, Nachlass Kirsch, 98 / Doping 4; Schreiben Donike an Kirsch, 16.3.1987, CuLDA, Nachlass, Kirsch, 98 / Doping 4.

184 Vgl. Schreiben Donike an Bundesinnenministerium, 16.12.1986, CuLDA, Nachlass Kirsch, 98 / Doping 4.

185 Vgl. zu dieser Diskussion Schreiben Kirsch an Bundesinnenministerium, 4.6.1987, CuLDA, Nachlass Kirsch, 98 / Doping 4; Protokoll 5. Sitzung der Kleinen Arbeitsgruppe Dopingfragen des BISp, 5.9.1986, S. 6, CuLDA, Nachlass Kirsch, 87 / Doping 3 / 1985-86; Schreiben Keul an Kirsch, 25.11.1985, CuLDA, Nachlass Kirsch,

Keul beispielsweise fasste in einem Schreiben an den Direktor des Bundesinstituts, August Kirsch, die Vorbehalte gegen Trainingskontrollen 1985 folgendermaßen zusammen:

> „Unangemeldete Kontrollen im Training sind äußerst schwierig, beinhalten eine Fülle von Organisationsaufgaben und sind für meine Begriffe rechtlich gar nicht abzusichern. Darüber hinaus erscheint es mir völlig fragwürdig, wie dies vorgenommen werden soll, da häufig die Trainingsstätten nicht bekannt sind, zumal eine Reihe von Athleten ihr Training im Ausland absolvieren. Zudem ist mir auch unklar, wer die nicht gering anzusetzenden Kosten bezahlen soll."[186]

Keul brachte also im Wesentlichen Argumente der rechtlichen, organisatorischen und finanziellen Unrealisierbarkeit vor und verwies damit Trainingskontrollen in einen utopischen Bereich jenseits des sportpolitisch Realisierbaren. Im Diskurs um Trainingskontrollen stellten solche Formulierungen der Unmöglichkeit und des Nicht-Könnens grundsätzlich die wichtigsten Argumente gegen die Einführung dar.

Donikes argumentative Ausgangsposition hatte sich jedoch ab Mitte der 1980er Jahre wesentlich verbessert: Er konnte inzwischen nicht nur auf einschlägige Empfehlungen des Europarats und des IOC verweisen, sondern auch darauf, dass Trainingskontrollen in einigen Staaten im Unterschied zur Bundesrepublik[187] bereits eingeführt worden seien.[188] Selbst die Sportminister der sozia-

---

87 / Doping 3 / 1985-86; Schreiben Keul an Tröger, 10.1.1984, Nachlass Kirsch, 86 / Doping 2; Anti-Doping-Broschüre. Eine Informationsschrift zum Schutze gegen Doping von Sportlern für Sportler. Beirat der Aktiven im Bundesausschuß Leistungssport, S. 10, CuLDA, Nachlass Kirsch, 87, Doping 3, 1985-86; Schriftliche Stellungnahme von Heinz Liesen als Sachverständiger bei der öffentlichen Anhörung des Sportausschusses des Deutschen Bundestages „Humanität im Spitzensport" am 14. Oktober 1987, Deutscher Bundestag, 1988, S. 201.

186 Schreiben Keul an Kirsch, 25.11.1985, CuLDA, Nachlass Kirsch, 87 / Doping 3 / 1985-86.

187 Eine Ausnahme stellte der Deutsche Schwimmverband dar, der nach positiven Anabolikaproben zweier minderjähriger Schwimmerinnen bereits 1984 und 1985 eigenständig Kontrollen im Training durchgeführt hatte (vgl. Schreiben Donike an Kirsch, 29.4.1985, Nachlass Kirsch, 87 / Doping 3 / 1985-86).

188 In einem Schreiben an den Direktor des Bundesinstituts, Kirsch, machte Donike im Jahr 1985 darauf aufmerksam, dass Kontrollen außerhalb von Wettkämpfen in England, Norwegen, Schweden, der Schweiz, Kanada und den USA durchgeführt wür-

listischen Länder hätten auf der europäischen Sportkonferenz in Athen 1987 ihre Bereitschaft zu Trainingskontrollen bekundet.[189] Laut Donike könne somit inzwischen nicht mehr davon gesprochen werden, „daß Trainingskontrollen auf internationaler Basis am Widerstand der sozialistischen Staaten scheitern."[190] Innerhalb einer Arbeitsgruppe, die sich im Rahmen der europäischen Sportkonferenz mit der Implementierung von effektiven Anti-Doping-Maßnahmen beschäftigte, wurde sogar 1988 von Seiten der DDR bekanntgegeben, dass im Jahr zuvor mehr als dreitausend Kontrollen außerhalb von Wettkämpfen durchgeführt worden seien.[191] Mit der zunehmenden Umsetzung von Trainingskontrollen durch andere Staaten und dem daraus resultierenden Anpassungsdruck war das Argument der Unrealisierbarkeit in der Bundesrepublik zunehmend schwieriger aufrechtzuerhalten.

Grundsätzlich blieb natürlich die Frage, ob jedes Land die Kontrollen tatsächlich auch so umsetzte, wie behauptet wurde. Letztlich konnte dies nicht kontrolliert werden. Durchaus angebrachte Zweifel an den Kontrollpraktiken einzelner Länder ließen sich bei den internationalen Konferenzen und Sitzungen kaum kommunizieren. Der schwerwiegende Vorwurf an die Adresse der DDR, nicht

den (vgl. Schreiben Donike an Kirsch, 29.4.1985, CuLDA, Nachlass Kirsch, 87 / Doping 3 / 1985-86). Gegenüber dem DSB nannte Donike 1986 die Länder Norwegen, Schweden, Dänemark, Großbritannien, Kanada, USA, Österreich, Belgien, UDSSR und DDR (vgl. Schreiben Donike an DSB, 11.1.1986, DOSB-Archiv, 1322 / B 6.5 / 4B 12). Ein Jahr später machte er wiederum das Bundesinstitut darauf aufmerksam, dass inzwischen 23,6% aller Kontrollen in IOC-akkreditierten Laboren auf Kontrollen außerhalb von Wettkämpfen entfielen, während im Dopinglabor in Köln bisher nur 72 Proben des Deutschen Schwimm-Verbandes außerhalb von Wettkämpfen genommen worden wären (vgl. Schreiben Donike an Kirsch, 16.3. 1987, CuLDA, Nachlass Kirsch, 98 / Doping 4).

189 Vgl. Schreiben Donike an Gieseler, 5.2.1988, CuLDA, Nachlass Kirsch, 89 / Doping 6. Siehe wörtlich den Aufruf der Sportminister der sozialistischen Länder im Rahmen der 8. Europäischen Sportkonferenz 1987 in Athen: „We think it desirable that the international sport federations should perform out-of-competition testings all year round, on condition they do so without fear or favour, according to equal rights and obligations, respecting the conception of political-geographical and sport balance" (CuLDA, Nachlass Kirsch, 88 / Doping 5).

190 Schreiben Donike an Gieseler, 5.2.1988, CuLDA, Nachlass Kirsch, 89 / Doping 6.

191 Vgl. European Sport Conference, Working Group on Effective Anti-Doping Measures, Report of the Fifth Meeting Held at Cologne, 10.-12.4.1988, S. 7, CuLDA, Nachlass Kirsch, 88 / Doping 5.

Dopingkontrollen sondern Ausreisekontrollen durchzuführen, um sicherzustellen, dass die eigenen Athleten bei internationalen Wettkämpfen nicht positiv getestet würden, wäre politisch schlicht nicht sagbar gewesen.[192] Egal um welche internationalen Gremien oder Konferenzen es sich handelte: Man musste von der korrekten Durchführung der von den einzelnen Staaten behaupteten Maßnahmen genauso selbstverständlich ausgehen wie von deren Bereitschaft zur tatsächlichen Umsetzung gemeinsam getroffener Beschlüsse.[193] Hingegen ließ sich eine zögernde bis ablehnende Haltung gegenüber Trainingskontrollen vor dem Hintergrund eines sich abzeichnenden internationalen Konsenses leicht als inkonsequente Anti-Doping-Politik auslegen und war daher gegen Ende der 1980er Jahre letztlich nicht mehr aufrechtzuerhalten. Das wurde besonders deutlich, nachdem im Europarat über einen Empfehlungsentwurf zur Verankerung von Trainingskontrollen abgestimmt wurde, dem alle Delegationen der Mitgliedsländer zustimmten, mit Ausnahme der Niederlande und der Bundesrepublik, die sich unter Hinweis auf die notwendige Abstimmung mit den Sportorganisationen eine endgültige Entscheidung vorbehielten.[194] Von Seiten des

---

192 Vgl. dazu auch Unterabschnitt 4.3.5.

193 Obwohl sich dieses Misstrauen – im Unterschied zu den 1970er Jahren – inzwischen kaum noch in öffentlichen Debatten sichtbar niederschlug, zeigen interne Dokumente, dass es weiterhin eine große Rolle spielte. Der Vorsitzende der Anti-Doping-Kommission des DLV, Dieter Baron, beispielsweise schilderte dem DLV-Generalsekretär, Heiner Henze, seine persönlichen Eindrücke eines internationalen Symposiums über Doping im Sport in Florenz 1987: „Da jedem Land aber unterstellt werden muß, die Kontrollen korrekt durchzuführen, ist man natürlich keinen Schritt weitergekommen. Selbst die rekordpflichtigen Dopingkontrollen bergen eine Vielzahl von Unsicherheiten in sich, daß sie schlicht als Augenwischerei bezeichnet werden müssen. Lediglich ein internationales Kontrollgremium, welches zu jeder Zeit an jeden Ort dieser Welt gelangen kann, würde ein gewisses Maß an echter Kontrolle darstellen, wobei es auch hier möglich sein kann, daß der eine oder andere Athlet aus ‚Krankheitsgründen' indisponiert ist. Finanzielle und politische Gründe machen diese Überlegung jedoch irrational. Mit der bloßen Kampfansage gegen das Doping und der Durchführung der Kontrollen im alten Stil ist die Chancengleichheit der Athleten weiterhin nicht gegeben" (Schreiben Baron an Henze, 9.6.1987, Nachlass Kirsch, 98 / Doping 4 / 1986-87).

194 Vgl. Council of Europe. Committee for the Development of Sport. Preliminary Draft Recommendation of the Committee of the Ministers of Member States of the Institution of Doping Controls without Warning ‚Outside Competitions', 2.3.1988, CuLDA, Nachlass Kirsch, 88 / Doping 5.

Bundesinnenministeriums wurde daraufhin in einem Rundschreiben klar zum Ausdruck gebracht, „daß bei dieser Sachlage eine Ablehnung der Empfehlung einen falschen Eindruck hinsichtlich der deutschen Haltung zum Dopingproblem erwecken würde.“[195] Unter dem drohenden Szenario, sich international zu isolieren und dem Vorwurf inkonsequenter Dopingbekämpfung ausgesetzt zu sein, sah sich das Bundesinnenministerium nun also gezwungen, die Entscheidungsprozesse im Sport in Richtung des internationalen Konsenses zu beschleunigen. Als dann die europäische Sportministerkonferenz[196], der Europarat[197] und die erste Welt-Anti-Doping-Konferenz[198] Empfehlungen zur Verankerung von Trainingskontrollen verabschiedet hatten und man sich darüber hinaus im Europarat im Prozess der Ausarbeitung einer völkerrechtlich verbindlichen Konvention gegen Doping befand,[199] beschlossen schließlich auch DSB und NOK ein Pilotprojekt zur Einführung von Trainingskontrollen für die Jahre 1989 und 1990.[200]

---

195 Schreiben Bundesinnenministerium an DSB, Ständige Konferenz der Spitzenverbände, NOK, Vorsitzender Sportministerkonferenz, Ministerium für Kultus und Sport des Landes Baden-Württemberg, Kultusministerium des Landes Nordrhein-Westfalen, Bundesministerium für Jugend, Familie, Frauen und Gesundheit, BISp und Donike, 15.3.1988, CuLDA, Nachlass Kirsch, 88 / Doping 5.

196 Vgl. Conference of European Ministers responsible for Sport, 1.-2.6.1988, CuLDA, Nachlass Kirsch, 88 / Doping 5; Draft Recommendation of the Committee of the Ministers of Member States of the Institution of Doping Controls without Warning ‚Outside Competitions‘, DOSB-Archiv, 4026 / B 6.5 / KII 10B.

197 Vgl. Council of Europe. Recommendation No. R (88) 12 of the Committee of Ministers to Member States on the Institution of Doping Controls Without Warning (adopted 21 June 1988 by Comittee of Ministers), CuLDA, Nachlass Kirsch, 88 / Doping 5.

198 Vgl. Final Declaration of the First Permanent World Conference on Anti-Doping in Sport, 26.-29.6.1988, Anlage 1, Protokoll Mitgliederversammlung, 13.-16.9.1988, S. 104, IOC-Archiv.

199 Vgl. Report of the 13th Informal Meeting of European Ministers responsible for Sport. Athens, 1-2 June 1988. Kirsch, 88 / Doping 5; Ständige Konferenz der Spitzenverbände, NOK, Vorsitzender Sportministerkonferenz der Länder, Ministerium für Kultus und Sport Baden-Württemberg, Kultusministerium des Landes Nordrhein-Westfalen, Bundesministerium für Jugend, Familie, Frauen und Gesundheit, BISp, 26.8.1988, CuLDA, Nachlass Kirsch, 88 / Doping 5.

200 Nachdem das NOK in einem Grundsatzbeschluss vom 30. August 1988 seine Mitgliedsverbände aufgefordert hatte, gemäß den Empfehlungen der internationalen In-

Donike hatte kurze Zeit später in einer Stellungnahme an DSB-Präsident Hans Hansen Struktur und Umfang des Projekts als „mangelhaft“[201] kritisiert. Diese Mängel lägen, so Donike, nach wie vor darin begründet, dass mit dem Argument der Chancengleichheit Trainingskontrollen auf breiter Ebene in der Bundesrepublik nicht erwünscht seien, weil deren korrekte Durchführung in anderen Ländern nicht garantiert werden könne.[202] Betrachtet man die Entwicklung der Zahlen der jährlich durchgeführten Dopingkontrollen in der Bundesrepublik in den Jahren vor und nach der Wende, so fällt auf, dass diese sich in dem kurzen Zeitraum zwischen 1989 und 1992 von 1542 auf 6832 Proben mehr als vervier-

---

stitutionen Kontrollen außerhalb von Wettkämpfen einzuführen (vgl. Ergebnisprotokoll NOK-Präsidiumssitzung, 30.8.1988, Top 6 Kampf gegen Doping, DOSB-Archiv, 4026 / B6.5 / KII 10B), beschloss man am 19. November 1988 schließlich unangemeldete Dopingkontrollen außerhalb von Wettkämpfen mit einer Pilotphase in den Jahren 1989 und 1990. Darin enthalten waren auch entsprechende Ergänzungen der Nominierungs- und Förderungsrichtlinien (vgl. Zusammenfassung der wichtigsten NOK-Beschlüsse im Kampf gegen Doping, S. 2, DOSB-Archiv, 4026 / B 6.5 / KII 10B). Innerhalb des DSB stellte das Präsidium kurze Zeit später einen Antrag für das Projekt im Hauptausschuss (vgl. Antrag des Präsidiums des DSB für die 34. Sitzung des Hauptausschusses, 3.12.1988, CuLDA, Nachlass Kirsch, 89 / Doping 6). Das Pilotprojekt für die Jahre 1989 bis 1990 wurde schließlich am 10. Februar 1989 auch vom DSB-Präsidium beschlossen (vgl. Protokoll DSB-Präsidiumssitzung, 10.2.1989, DSOB-Archiv, 1322 / B 6.5 / 4B 12). Siehe zur Einführung von Trainingskontrollen in der Bundesrepublik auch Krüger et al., 2014, S. 134 ff.; Meier, Reinold & Rose, 2012, S. 234 ff.

201 Stellungnahme Donike zum Pilotprojekt des BAL, Schreiben Donike an Hansen, 12.4. 1989, CuLDA, Nachlass Kirsch, 89 / Doping 6.

202 Vgl. wörtlich Donike: „Als Begründung für die ‚Bescheidenheit‘ des Pilot-Projekts, sowohl was den Umfang, die Struktur und die Perspektive für das Jahr 1990 und darüber hinaus angeht, wird von Seiten des BAL [Bundesausschuss Leistungssport], des Aktivensprechers etc. [...] die Chancenungleichheit der Athleten angeführt. Es wird unterstellt [...], daß ohne die Einnahme anaboler Steroide im Training der internationale Leistungsstandard (Endkampfteilnahme) nicht zu erfüllen sei. Die Einstellung, dass im Bereich des Deutschen Sportbundes die Kontrollen außerhalb des Wettkampfes auf einer breiten Ebene durchgeführt werden sollen, wenn dies auch international gesichert ist, halte ich für kurzsichtig und mittelfristig bis langfristig für sportschädigend“ (Stellungnahme Donike zum Pilotprojekt des BAL, Schreiben Donike an Hansen, 12.4. 1989, CuLDA, Nachlass Kirsch, 89 / Doping 6).

fachten.[203] Diese Steigerung ging im Wesentlichen auf eine massive Erhöhung der Anzahl an Trainingskontrollen nach 1990 zurück. Während man in der Pilotphase der Jahre 1989 und 1990 mit insgesamt 534 Trainingskontrollen noch in relativ bescheidenem Umfang kontrollierte, erhöhte sich die Zahl 1991 auf 1557 und 1992 sogar auf knapp 4000 im Jahr.[204] Die Einführung und Ausweitung von Trainingskontrollen koinzidierte in auffälliger Weise mit dem Zusammenbruch der DDR, was sicher nicht nur damit zusammenhängt, dass nach der Wiedervereinigung die Zahl der zu kontrollierenden Athleten angestiegen war. Vor dem Hintergrund der wichtigen Rolle, welche das Argument der Chancengleichheit bei der Frage der Einführung von Trainingskontrollen stets spielte, erschien diese Expansion vielmehr erst tragbar, nachdem der Kalte Krieg zu Ende gegangen war und damit das Land nicht mehr existierte, das man als Hauptgegner angesehen und dem man bei der Dopingbekämpfung am meisten misstraut hatte.

---

203 Die größten Sprünge sind dabei zwischen 1990 und 1991 (von 2082 auf 4906 Proben) sowie zwischen 1991 und 1992 (von 4906 auf 6832 Proben) zu verzeichnen (vgl. Bundesministerium des Innern, 1995, S. 84). Siehe zur Entwicklung der Dopingkontrollzahlen ausführlich Unterabschnitt 5.3.2.

204 Vgl. Bundesministerium des Innern, 1995, S. 84. Die Zahl blieb dann lange Zeit relativ konstant bei ca. 4000 Trainingskontrollen jährlich bis dann 2008 eine Verdopplung auf fast 8000 Kontrollen im Jahr stattfand (vgl. Krüger et al., 2014, S. 181).

4. Doping entdecken

4.1 Fragestellung, Quellenbasis und Vorgehen

Doping findet im Verborgenen statt. Anders als beispielsweise ein Foul im Fußball kann es in der Regel nicht mit bloßem Auge erkannt werden. Dementsprechend ist seine Aufdeckung nur mit ungewöhnlich hohem Aufwand möglich. Das folgende Kapitel erzählt eine Geschichte der Sichtbarmachung von Doping. Dem konstruktivistischen Untersuchungsansatz der Arbeit folgend, geht es dabei nicht um die Frage, wer mit welchen Mitteln gedopt hat oder wie verbreitet Doping „eigentlich" war, sondern vielmehr darum, wie Doping überhaupt sichtbar gemacht wurde, und insbesondere, warum auf eine ganz bestimmte und keine andere Art und Weise. Eine solche Geschichte ist gleichzeitig eine Geschichte des Dopingbeweises. Die Sichtbarmachung erfolgte mit der Intention, Dopingverstöße nachzuweisen und zu sanktionieren. Was jedoch konkret als Nachweis galt, war nicht von vornherein festgelegt, sondern beruhte auf einem Diskurs, der bestimmte Feststellungen als „Nachweise" gelten ließ, wohingegen anderen nicht mehr als der Status von ungesicherten „Hinweisen", vagen „Vermutungen" oder auch nur haltlosen „Gerüchten" zugeschrieben wurde.

In Abschnitt 4.2 werfen wir zunächst einen Blick auf frühe Formen der Entdeckung vor der Einführung von Kontrollen in den 1960er Jahren. Im Hinblick auf die grundlegende Frage dieser Arbeit, wie die Dopingbekämpfung geschaffen wurde, kommt dieser Teilfrage eine wichtige Bedeutung zu: Wenn bestimmte Akteure die Implementierung von Bekämpfungsmaßnahmen erfolgreich durchsetzen wollten, dann musste deren Notwendigkeit vorab anderen plausibel gemacht werden. Erst im Angesicht eines real existierenden Problems von krisenhaftem Ausmaß ließ sich Handlungsdruck erzeugen und hatten Forderungen nach Bekämpfungsmaßnahmen Aussicht auf Erfolg.[1] Anti-Doping-Akteure

1 Vgl. Stokvis, 2003; Goode, 2011.

mussten insofern zunächst überzeugend darstellen, dass es überhaupt ein ernstzunehmendes Problem gab. Das ist kein einfaches Unternehmen, denn wie wollte man zeigen, dass etwas existierte, das in der Regel sorgsam versteckt wurde? Doping trat nicht für jedermann sichtbar offen zu Tage, sondern musste zunächst aktiv sichtbar gemacht werden. Im ersten Abschnitt dieses Kapitels geht es daher um die Frage, wie Sportmediziner auf die Existenz und Dringlichkeit des Problems vor der Einführung von Kontrollen hinwiesen und damit Anti-Doping-Maßnahmen überhaupt erst zu einer sportpolitischen Notwendigkeit machten.

Mit der Entscheidung, Doping ab den 1960er Jahren aktiv zu verfolgen, musste der Normbruch in jedem einzelnen Fall auf eine juristisch haltbare Weise bewiesen werden. In Abschnitt 4.3 geht es daher um die Regeln, nach denen Wahrheit in der Dopingbekämpfung produziert wurde.[2] Wir werden sehen, dass die Analyse von Körperflüssigkeiten im Labor zur einzig legitimen Form der Beweiskonstruktion wurde. Diese Entwicklung lässt sich nur unzureichend technologisch damit erklären, dass im Zuge des wissenschaftlichen Fortschritts neue analytische Nachweisverfahren zur Verfügung standen. Erstens wurden Dopingkontrollen im Pferdesport schon viel früher durchgeführt.[3] Zweitens stellten Dopingkontrollen keineswegs die einzige Möglichkeit dar, Doping zu entdecken und zu beweisen. Auch andere Beweistypen basierend auf staatsanwaltschaftlichen Ermittlungen, polizeilichen Durchsuchungen oder Zeugenaussagen wären denkbar gewesen. De facto spielten sie aber bis zum Festina-Skandal bei der Tour de France 1998 kaum eine Rolle.[4] Es muss also Gründe dafür gegeben haben, Doping mit Hilfe der Dopinganalytik und nicht über andere Formen der Beweiskonstruktion festzustellen.

Wir werden in Unterabschnitt 4.3.3 sehen, dass die enorme Beweiskraft, die positiven Proben in sportverbandlichen Verfahren heutzutage zukommen, erst im

2 Eine theoretisch-methodisch ähnlich gelagerte Arbeit stammt von der Historikerin Rebecca Habermas (2008) zur Beweisproduktion bei Diebstahldelikten im 19. Jahrhundert.

3 Nachdem es einem russischen Chemiker 1904 gelungen war, im Speichel gedopter Rennpferde Alkaloide nachzuweisen, entwickelte der österreichische Forscher Fränkel 1910 den ersten Speicheltest im Bereich des Pferdesports, so dass in den folgenden Jahrzehnten bei Rennen in unterschiedlichen Ländern Proben genommen und untersucht wurden (vgl. Hoberman, 1994, S. 117; Wilsdorf & Graf, 1998, S. 223; Clarke & Moss, 1976, S. 100).

4 Hoberman (2005b, S. 261) schreibt dazu: „The Tour de France scandal marked the advent of state prosecution of doping offenses on a major scale.“ Siehe dazu auch Hoberman, 2001a, S. 264 ff.

Laufe der Zeit geschaffen wurde. Die Selbstverständlichkeit, mit der Laborergebnisse als die wichtigste und von Athletenseite kaum zu widerlegende Beweisgrundlage für Sanktionen fungieren, verschwindet mit der Erkenntnis, dass biochemische Parameter nicht an sich aussagekräftig, sondern grundsätzlich interpretationsoffen sind. Mit anderen Worten: Eine positive Probe stellt nicht per se einen Dopingbeweis dar. Es können – von der Probenabnahme, über die Analyse bis hin zur Interpretation der Ergebnisse – zahlreiche Ungereimtheiten und Ambivalenzen ins Feld geführt werden, durch die sich das Kontrollergebnis in Frage stellen lässt. Zudem erzählen biochemische Parameter nichts darüber, wie und warum eine verbotene Substanz in den Körper des Athleten gelangt ist. Ein verseuchtes oder manipuliertes Nahrungsergänzungsmittel ist als Grund genauso denkbar wie der therapeutische Gebrauch ohne leistungssteigernde Absichten. Kurz gesagt muss ein positives Kontrollergebnis nicht notwendigerweise auf Dopingabsichten, sondern kann potentiell auch auf ganz andere Ursachen zurückgeführt werden. Es ist diese grundsätzliche Interpretationsoffenheit von Kontrollergebnissen, die positiv getesteten Athleten juristische Spielräume verschafft und Möglichkeiten zur Entkräftung der Vorwürfe bietet. Damit Verfahren jedoch nicht ständig daran scheitern, dass sich Athleten allzu einfach „herausreden" können, wurden diese Spielräume allmählich erheblich eingeschränkt. De facto kam dem Kontrollergebnis bald die entscheidende Beweiskraft zu. Es geht in diesem Unterabschnitt (4.3.3) daher um die Identifizierung der Prozesse, welche die Relativierungs- und Entlastungsmöglichkeiten für Athleten nach einer positiven Probe systematisch auf ein Minimum reduzierten und die biochemischen Parameter damit zum entscheidenden Dopingbeweis machten.

Jedes Entdeckungs- und Beweisinstrumentarium reduziert eine überkomplexe Realität und blendet bestimmte Aspekte dadurch aus. In Unterabschnitt 4.3.4 geht es vor allem um diese exkludierenden Effekte, durch die manche Feststellungen zu bloßen „Vermutungen" oder haltlosen „Gerüchten" gemacht wurden, während andere als legitime „Beweise" fungierten. Die dopinghistorisch hochinteressante Frage, wie Sport und Politik mit Berichten über die Existenz eines systematischen Dopingsystems in der DDR umgingen, steht im Mittelpunkt des letzten Unterabschnitts (4.3.5). Auch dieser Umgang lässt sich nicht verstehen, ohne die Frage zu klären, welche Feststellungen als „Beweise" Geltung beanspruchen konnten und welche sich als „Gerüchte" marginalisieren oder ignorieren ließen.

Die primär auf IOC-Quellen basierende Analyse wird an mehreren Stellen systematisch ergänzt: Für die Beantwortung der Frage, wie Doping vor den ersten Kontrollen in den 1960er Jahren entdeckt wurde (Abschnitt 4.2), werden in erster Linie Aussagen von Sportmedizinern sowie Presseartikel herangezogen, die auf die Existenz der Problematik hinwiesen. Die Frage, wie die positive Probe zum entscheidenden Dopingbeweis werden konnte (Unterabschnitt 4.3.3), lässt sich nicht ohne eine Analyse der Beweisschwierigkeiten bei den ersten positiv verlaufenden Kontrollen in den 1960er und Anfang der 1970er Jahre beantworten. Da vor allem im bundesdeutschen Radsport und auch in der Leichtathletik bereits relativ früh kontrolliert wurde, lassen sich diese Probleme durch eine Analyse der BDR-Verbandszeitschrift „Radsport" ergänzt durch Unterlagen aus dem DLV-Archiv gut nachzeichnen.[5] Die Frage des Umgangs mit Berichten über systematisches Doping in der DDR kann nur durch eine breite Quellenrecherche geklärt werden.[6] Ausgehend von Presseartikeln zum Doping in der DDR wurde gefragt, wie auf diese Berichte im bundesdeutschen Sport, im Deutschen Bundestag und beim IOC reagiert wurde.

4.2 Frühe Formen der Entdeckung

Die erste Hälfte des 20. Jahrhunderts hat in mehrerer Hinsicht den Boden dafür bereitet, dass die Dopingbekämpfung in der zweiten Hälfte deutlich forciert werden konnte. Doping war zwar noch kein Thema, das medial breit skandalisiert wurde. In Insiderkreisen handelte es sich jedoch um ein bekanntes Phänomen. Für den Mediziner Worringen, der sich ab der zweiten Hälfte der 1920er Jahre immer wieder zur Dopingthematik äußerte,[7] war es beispielsweise „kein Geheimnis, daß bei den Sechstagerennen das Doping eine bedeutende Rolle spielt."[8] Auch nach Ansicht des Breslauer Pharmakologieprofessors Riesser, der in der ersten Hälfte der 1930er Jahre die Dopingthematik behandelte,[9] „wissen wir alle, [...] daß der Wettstreit sportlicher Leistungen vielfach mehr ein solcher der Dopingmittel als einer des Trainings ist."[10] Auffällig ist, dass weder Worringen noch Riesser konkrete Fälle anführten, sondern auf Doping als allgemein bekannte Tatsache referierten, die keines weiteren Nachweises bedurfte.

---

5 Protokolle des BDR fanden sich nur spärlich im Archiv der Deutschen Sporthochschule in Köln. Unterlagen, die Aufschluss über Verfahren gegen positiv getestete Athleten hätten geben können, lagen nicht vor.

6 Vgl. dazu die allgemeinen Ausführungen zur Quellengrundlage in Abschnitt 1.4.

7 Vgl. Worringen, 1926a, 1926b & 1930.

8 Worringen, 1926a, S. 354.

9 Vgl. Riesser, 1930 & 1933.

10 Riesser, 1933, S. 394.

In den seltenen Fällen, in denen konkrete Beispiele für Doping genannt wurden, blieb unklar, welcher Dopingbegriff den Anschuldigungen überhaupt zugrunde lag. Im Kapitel „Doping definieren" wurde ausführlich auf die semantische Vagheit des Dopingbegriffs bis zur Einführung von Listen in den 1960er Jahren aufmerksam gemacht.[11] Mit einem unscharfen Zentralbegriff ließen sich im täglichen Sportgeschehen leicht Verhaltensweisen finden, die als „unnormale" und „unnatürliche" Formen der Leistungssteigerung bezeichnet und damit als Doping klassifiziert werden konnten. Nach den Olympischen Spielen von Los Angeles 1932 wurde beispielsweise die Anwendung von konzentriertem Sauerstoff durch die japanische Schwimmmannschaft in den USA als Doping skandalisiert.[12] Ob diese Art der Leistungssteigerung jedoch Doping darstellte, wurde zu dieser Zeit kontrovers diskutiert. Der Sinn der Anschuldigungen von US-amerikanischer Seite bestand – wie gesehen – darin, die sportliche Leistung des Gegners zu denunzieren und damit das enttäuschende Abschneiden der eigenen Mannschaft zu entschuldigen. Die Unbestimmtheit des Dopingbegriffs ließ grundsätzlich genügend semantische Spielräume, um eine ganze Reihe von Verhaltensweisen als Doping zu klassifizieren. Aufschlussreich in dieser Hinsicht ist auch der Fall Peltzer, bei dem niemals konkret gesagt wurde, welche Substanzen der Athlet genau genommen hatte.[13] Letztlich war eine Konkretisierung auch nicht wichtig. Damit Doping behauptet werden konnte, mussten die Vorgänge und Verhaltensweisen lediglich so beschaffen sein, dass sie den vagen Vorstellungen der Zeitgenossen von Doping als „unnormaler" bzw. „unnatürlicher" Form der Leistungssteigerung entsprachen. Hinzu kam, dass – egal was der Beschuldigte zum Dopingvorwurf sagte – die Antwort von vornherein unter dem Verdacht des „Herausredens" stand. Wie sollte der Athlet beweisen, dass etwas nicht stattgefunden hatte, was in der Regel sorgsam verheimlicht wurde? Gerade der Umstand, dass Doping nicht offen zu Tage trat und Anschuldigungen leicht abgestritten werden konnten, öffnete den Raum für die Resonanzfähigkeit dünner empirischer Begründungen. Kurz zusammengefasst konnte Doping in einem Diskurs leicht behauptet werden, in dem vieles unter diesen Begriff subsumierbar war und gegenteilige Aussagen unter dem konstitutiven Verdacht der Unaufrichtigkeit standen.

Vom Pferdesport abgesehen, hatte die Existenz der Problematik die Zeitgenossen in der ersten Jahrhunderthälfte zunächst nicht dazu veranlasst, Doping

11 Vgl. Unterabschnitt 2.2.4.

12 Vgl. dazu und zum Folgenden Dyreson & Rorke, 2014, S. 865, sowie Unterabschnitt 2.2.4.

13 Vgl. Vettenniemi, 2010, S. 417, sowie Abschnitt 2.2.4.

aktiv aufzudecken und zu verfolgen. Das änderte sich in Ansätzen seit den 1950er Jahren. Sportmediziner versuchten nun gezielt, das Ausmaß des Problems offenzulegen. Dem österreichischen Sportmediziner Ludwig Prokop kam dabei eine entscheidende Rolle zu. Er hatte als Olympiaarzt 1952 sowohl bei den Sommer- als auch Winterspielen einschlägige Beobachtungen gesammelt, über die er bei verschiedenen Anlässen berichtete.[14] Prokop zufolge ging es dabei um Funde von Ampullen und Injektionsspritzen.[15] Zudem machten seine Ausführungen deutlich, dass es sich nicht nur um reine Zufallsfunde handelte, sondern

14 Bereits nach den Winterspielen von Oslo 1952 berichtete Prokop im Rahmen des deutschen Sportärztekongresses, dass viele Sportmediziner die Verwendung von Dopingmitteln bei großen internationalen Wettkämpfen als „nationale Notwendigkeit" ansähen (vgl. Diskussionsbeitrag Prokop, in: Engelhardt, 1953, S. 105). Die Tageszeitung „Der Mittag" (25.2.1953) berichtete im Jahr 1953 über einen Vortrag Prokops vor Medizinern zu „sportärztlichen Ergebnissen und Erfahrungen bei olympischen Spielen". Dabei sei deutlich geworden, dass Doping inzwischen „sozusagen zum guten Ton bei einer ganzen Reihe von Nationen" gehöre. Die Wochenzeitung „Welt der Arbeit" (20.11.1953) berichtete im selben Jahr ausführlich über Prokops Beobachtungen bei den Spielen von 1952, bei denen er „massenweise Ampullenreste von Einspritzmitteln" gefunden hätte. Insgesamt hätten fast alle Nationen gedopt, und zwar angefangen von harmlosen Kochsalzlösungen bis hin zu raffinierten Mixturen aus unterschiedlichen Substanzen. In einer weiteren Veröffentlichung nannte Prokop (1955a, S. 6) konkret die Sportarten Radfahren, Schwerathletik, Fußball und Langstreckenlauf, in denen in größerem Umfang gedopt würde.

15 Vgl. Prokop, 1975, S. 85. Ähnliche Beobachtungen schilderte retrospektiv auch Albert Dirix. Als belgischer Teamarzt sei er bei den Olympischen Spielen in Melbourne 1956 mit einem Trainer konfrontiert gewesen, der einem Athleten vor dem 800 Meter-Finale eine Spritze setzen wollte und einem Marathonläufer verschiedene Substanzen zur Leistungssteigerung vorschlug. Außerdem schilderte er die Fälle dreier Radfahrer, von denen einer aufgrund von Doping schwer erkrankt, der zweite in einen Graben gefahren und der dritte depressiv geworden sei. Bei den Spielen in Tokio 1964 organisierte Dirix zusammen mit Kollegen zum ersten Mal inoffizielle Kontrollen im 100 Kilometer Mannschaftszeitfahren und zwar in Form von Urinkontrollen, der Suche nach Injektionsspuren sowie weiterer Durchsuchungen (vgl. Dirix, 1966b, S. 184). Bei dreizehn Fahrern seien Injektionsspuren sichtbar gewesen. In einem weiteren Fall fand man einen Fahrer auf einer Massagebank liegend bereit für eine Injektion (vgl. Albert Dirix, Principles and specific problems of doping controls at the Olympic Games. International Symposium „Doping controls of athletes", Moscow, 9.10.1979, S. 2, IOC-Archiv, 203692).

er „stichprobenartige Überprüfung von Nahrungsmitteln und Bekleidung der Athleten“ vorgenommen hatte.[16] Abgesehen vom Pferdesport, wo es Kontrollen in manchen Ländern seit der ersten Jahrhunderthälfte gab, ergriff Prokop also gezielt Maßnahmen, um eine höhere Transparenz im Dunkelfeld Doping herzustellen.

Diese relativ einfachen Wege der Sichtbarmachung in Form von Bekleidungs- und Verpflegungskontrollen nahmen bereits im Laufe der 1950er Jahre komplexere und systematischere Formen an. Das galt in erster Linie für Italien und hatte wohl mit der dortigen Popularität des Radsports und des Fußballs zu tun, welche damals als die dopingbelastetsten Sportarten galten. Die Tageszeitung „Der Mittag“ berichtete 1953 von Kontrollen des italienischen Radsportverbandes bei der Kleinen Lombardei-Rundfahrt, bei der die Getränke der Fahrer analysiert wurden.[17] Zwei Jahre später nahm der italienische Sportärztebund Urinkontrollen bei einem Radrennen vor.[18] Ab Anfang der 1960er Jahre kam es sowohl im italienischen Fußball als auch im Radsport regelmäßiger zu Kontrollen.[19] Die Ausführungen des Präsidenten des italienischen Sportärztebundes, Antonio Venerando, legen nahe, dass diese Maßnahmen in erster Linie auf eine Erhebung der Verbreitung von Stimulanzien im Sport zielten.[20] Die gewonnenen Daten wurden sowohl durch Umfragen als auch durch eine Sammlung von auf Stimulanzienmissbrauch zurückgeführten Zusammenbrüchen ergänzt.[21] Außerhalb von Italien ist, von den Spielen von 1952 abgesehen, auch von Kontrollen bei der Tour de France die Rede. 1955 wurden dort Razzien durchgeführt, nachdem die beiden Fahrer Jean Malléjac und Ferdinand Kübler körperliche Symptome von Aufputschmittelmissbrauch zeigten.[22]

Im Zusammenhang mit der Erzeugung eines Problembewusstseins in der Öffentlichkeit ist auch die Art und Weise von entscheidender Bedeutung, wie in der

16 Prokop, 1970, S. 128. Siehe dazu auch La Cava, 1976, S. 165.

17 Vgl. Der Mittag, 3.11.1953.

18 Vgl. Venerando, 1963, S. 32.

19 In den Jahren 1961 bis 1964 wurden im Fußball Kontrollen vorgenommen. In den Jahren 1962 und 1963 kam es im italienischen Radsport zu Kontrollen (vgl. Venerando, 1963, S. 32, 38; Venerando & Sio, 1965, S. 60 ff.).

20 Vgl. Venerando, 1963, S. 31 ff. Siehe dazu auch Dimeo, 2007a, S. 13, 90 ff. Ausnahmen stellen die Sanktionierungen zweier Radfahrer in den Jahren 1956 und 1958 dar (vgl. Krieger, 2016, S. 28).

21 Siehe dazu sowie zu den frühen Kontrollen in Italien im Allgemeinen Venerando, 1963; Venerando & Sio, 1965.

22 Vgl. Der Spiegel, 3.8.1955, S. 34.

Presse von solchen Fällen berichtet wurde. Der „Spiegel" beschrieb die Symptome der beiden Fahrer Malléjac und Kübler sowohl physisch als auch auf psychisch sehr eindrücklich:

> „Und draußen auf der Strecke lag zehn Kilometer vor der Paßhöhe der ‚Tour'-Zweite von 1953, Jean Malléjac, 27, im Straßengraben. Seine Augen waren geschlossen, aber mit einem Fuß, der immer noch an das Pedal geschnallt war, kurbelte er ruhelos weiter.
> Der ‚Tour'-Arzt Dr. Dumas brachte schließlich mit einer Kampfer-Injektion wieder etwas Leben in die erstarrten Züge des Bewußtlosen. Helfer wollten Malléjac auf eine Bahre legen. Plötzlich riß sich der Radfahrer los und schrie: ‚Laßt mich los, ich werde noch gewinnen!' Man mußte den Tobenden auf der Bahre festschnallen und nach Avignon ins Krankenhaus transportieren."[23]

Nicht weniger plastisch fiel die Schilderung der Symptome bei Kübler aus:

> „Während die Ärzte um Malléjacs Leben kämpften und als offizielle Erklärung des Kollaps verbreitet wurde, der Rennfahrer habe einen Hitzschlag erlitten, hatte sich Ferdi Kübler in seinem Hotelzimmer eingeschlossen. Klopfte jemand an die Tür, so brüllte Kübler scheinbar wirre Sätze zurück: ‚Ferdi wird bald explodieren, Ferdi ist mit Dynamit geladen!'"[24]

Der Spiegelartikel rekurrierte unverkennbar auf die zeitgenössische Vorstellung von Doping als Stimulation.[25] Kaum eine Schilderung hätte besser veranschaulichen können, wie Stimulanzien die natürlichen Grenzen des Körpers sprengten und die Sportler in eine lebensgefährliche Situation brachten. Derart plastische Darstellungen der gesundheitlichen Folgen von Doping fanden sich auch in anderen Artikeln, wobei – der Logik der Konstruktion gemäß – vorwiegend extreme physische und psychische Erschöpfungszustände[26] bis hin zum Tod[27] als nach außen hin sichtbare Zeichen von Dopingmissbrauch geschildert wurden.

Kurz zusammengefasst kamen in den 1950er und frühen 1960er Jahren zwei wichtige Entwicklungen in Gang: Erstens wurde Doping – im Unterschied zur ersten Jahrhunderthälfte – nicht mehr ausschließlich zufällig entdeckt. Vielmehr

23 Ebd.

24 Ebd.

25 Vgl. dazu ausführlich Abschnitt 2.2.

26 Vgl. Die Welt, 21.7.1955; Kölnische Rundschau, 21.7.1955; Radsport, 8.9.1959, S. 13; Neue Ruhr Zeitung, 11.8.1959; Radsport, 6.7.1965, S. 4.

27 Vgl. Der Mittag, 29.8.1960; Radsport, 13.12.1960, S. 17.

versuchten einzelne Sportmediziner nun, den Normbruch über unterschiedliche Arten von Kontrollen gezielt sichtbar zu machen. Man gab sich nicht mehr mit dem allgemeinen Hinweis auf die Existenz der Problematik und Zufallsfunden zufrieden, sondern wollte das Ausmaß aktiv offenlegen. Zweitens lag das Hauptaugenmerk auf Doping mit Stimulanzien als den wirksamsten und gefährlichsten Substanzen. Dabei wurde verstärkt auf bestimmte körperliche Symptome von Sportlern hingewiesen, die als nach außen hin sichtbare Zeichen für Stimulanzienmissbrauch fungierten. Typischerweise handelte es sich um plastische Schilderungen extremer vegetativer Stimulation in Kombination mit extremer körperlicher Erschöpfung. Dadurch ließ sich am nachdrücklichsten auf die gesundheitlichen Gefahren von Doping aufmerksam machen.

4.3 DIE DOPINGANALYTIK ALS ENTDECKUNGS- UND BEWEISINSTRUMENTARIUM

Mit der sportpolitischen Entscheidung, Doping künftig zu sanktionieren, mussten Normbrüche auf eine juristisch haltbare Art und Weise festgestellt werden. Aus Berichten über frühe Dopingkontrollen im internationalen Radsport der 1960er Jahre lassen sich drei verschiedene Arten von Kontrollen differenzieren: Erstens war in der Schweiz und Belgien von Polizeirazzien die Rede.[28] Zweitens fanden in Österreich Kontrollen von Bekleidung und Verpflegung durch Sportärzte statt.[29] Drittens wurden in verschiedenen Ländern Körperflüssigkeiten, d.h. in erster Linie Urin, abgenommen und in Laboren analysiert.[30]

Die Dopinganalyse entwickelte sich schnell zur ausschließlichen Form der Kontrolle. Auf olympischer Ebene wurde seit Beginn der offiziellen Kontrollen bei den Winterspielen in Grenoble und den Sommerspielen in Mexiko-Stadt 1968 exklusiv so kontrolliert, obwohl mit Prokop und Dirix durchaus Sportärzte in der Medizinischen Kommission saßen, die in den Jahren zuvor auch andere Arten von Kontrollen praktiziert hatten. Der Bericht des leitenden Arztes und Kommissionsmitglieds, Jacques Thiébault, über die ersten Kontrollen in Grenoble gibt Aufschluss darüber, warum man auf keine andere Form der Kontrolle setzte:

„We did not think that the medical examination and the search for possible traces of injections should be recommended because of the numerous imperfections in these methods where the personal factor of the examining doctor is too large. Also we did not believe in

28 Vgl. Der Tagesspiegel, 28.11.1961; 8.11.1964; Welt am Sonntag, 10.9.1961; Radsport, 26.9.1961, S. 2; 6.4.1965, S. 2; Schreiben Fichtel & Sachs an BDR, 24.3.1965, DSHS Köln, Nachlass Gronen, 11.

29 Vgl. Radsport, 9.7.1963, S. 2; Prokop, 1966a, S. 56.

30 Vgl. Radsport, 9.7.1963, S. 2; 21.7.1964, S. 13; 6.10.1964, S. 19; 1.12.1964, S. 12; Prokop, 1966a, S. 56. Teilweise ist auch von Speichel- und Schweißproben die Rede (vgl. Radsport, 9.7.1963, S. 2). In den Wettfahrbestimmungen des BDR von 1963 wird neben Urin und Speichel auch Blut als Grundlage für den Nachweis genannt (vgl. BDR, 1963, Ziffer 29). Laut Donike (1966, S. 82) lasse allerdings die Urinprobe „am ehesten eine eindeutige Aussage zu [...], weil hier die Konzentration der zugeführten Arzneimittel oder deren Metaboliten am größten ist.“

having to search the runners' luggage or clothes as these methods are the responsibility of the police and not of the doctors."[31]

Es wurde also mit zwei Gründen gegen andere Kontrollarten argumentiert: Erstens seien die angesprochenen medizinische Untersuchungen bzw. die Suche nach Injektionsspuren mit zahlreichen Unsicherheiten und subjektiven Aspekten behaftet. Zweitens fielen Durchsuchungen von Gepäck und Kleidung nicht in den Verantwortungsbereich von Ärzten. Diese Gründe werden im Folgenden ausführlicher thematisiert.

4.3.1 Dopinganalytik als Eindeutigkeits-, Objektivitäts- und Neutralitätsversprechen

Doping war seit der ersten Hälfte des 20. Jahrhunderts eine für Gerüchte und Denunziationen anfällige Thematik.[32] Obwohl harte Beweise schwierig zu erbringen waren, ließen sich mit Dopingvorwürfen dennoch leicht Skandale in der Presse produzieren. Des Weiteren wirkte der Kalte Krieg als ein Katalysator für Denunziationen. In der Forschungsliteratur wurde verschiedentlich darauf hingewiesen, dass im Zuge der Blockkonfrontation auf beiden Seiten des Eisernen Vorhangs Propaganda betrieben wurde, die auch den Sport erfasste und das Aufkommen unterschiedlicher Gerüchte begünstigte.[33] Das gilt nicht zuletzt auch für Berichte über Doping beim jeweiligen Klassenfeind.

Ein Musterbeispiel dafür stellt der eher unbekannte, aber sehr aufschlussreiche Fall des Langstreckenläufers Manfred Letzerich dar. Letzerich vertrat die bundesdeutsche Mannschaft beim Europapokalwettbewerb der Leichtathletik 1967 in Kiew über 3000 Meter Hindernis. Berichten in der „Leichtathletik" und im „Spiegel" zufolge wurden gegen Letzerich nach dem Rennen Dopingvorwürfe erhoben. Nicht zufällig gehen die Anschuldigungen auf das Konto des „Deutschen Sportechos" als dem Organ des Deutschen Turn- und Sportbundes[34] in der DDR, sowie der sowjetischen Tageszeitung „Prawda" als dem Sprachrohr

31 Report by doctor Thiébault on the Grenoble Games to the IOC Medical Commission, Anlage 2, Protokoll Medizinische Kommission, 14.-15.7.1968, S. 4, IOC-Archiv, 203 604.

32 Vgl. dazu Abschnitte 2.2.4 und 4.2.

33 Vgl. Beamish & Ritchie, 2005b; Beamish & Ritchie, 2007; Dimeo, 2007b; Andrews & Wagg, 2007.

34 Der Deutsche Turn- und Sportbund war die zentrale Massenorganisation für den Sport in der DDR.

des Zentralkomitees der KPdSU. Die beiden Zeitungen aus dem Osten berichteten, der Athlet sei nach dem Lauf zusammengebrochen und in ein Krankenhaus eingeliefert worden. Dort hätte man einen ungewöhnlich hohen Eiweißwert im Urin gefunden, der auf Doping hindeutete.[35] Im Westen hingegen wurde der Fall ganz anders gesehen. Die „Leichtathletik" stellte klar, dass Letzerich lediglich versehentlich gestürzt und anschließend keineswegs in einem Krankenhaus untersucht worden sei. Außerdem könne von einem erhöhten Eiweißwert nicht auf Doping geschlossen werden.[36] Westliche Sportfunktionäre wie der niederländische Präsident des Europakomitees der IAAF, Adriaan Paulen,[37] Sportmediziner wie Ludwig Prokop[38] und Sportler wie der Schweizer 400 Meterläufer Jean-Jacques Hegg[39] empörten sich über diese Art der Dopingberichterstattung aus dem Osten und deuteten sie als einen Akt politisch motivierter Verleumdung.[40] In der „Leichtathletik" wurde die These aufgestellt, dass man der Öffentlichkeit von sowjetischer Seite aus das enttäuschende Abschneiden der eigenen Männermannschaft plausibel machen wollte, die am Ende überraschenderweise nur einen Punkt vor der Bundesrepublik lag.[41] Der „Spiegel" mutmaßte, dass die Niederlage des DDR-Hindernisläufers Dieter Hartmann, der im Europapokalrennen wider Erwarten gegen Letzerich verloren hatte, den Anstoß für diese Kampagne von Seiten der DDR-Presse gegeben habe.[42]

An dieser Stelle kann offen bleiben, was „tatsächlich" passiert ist. Der Fall verdeutlicht jedoch beispielhaft, wie einfach sich das gerüchteanfällige Thema Doping in der politisch aufgeladenen Atmosphäre des Kalten Krieges zur Denunzierung des sportlichen Gegners instrumentalisieren ließ. Wenn Sportorganisationen wie das IOC bei der Verfolgung von Dopingverstößen jedoch nicht zum

---

35 Vgl. Leichtathletik, 1967, 39, S. 1158; Leichtathletik, 1967, 40, S. 1188; Der Spiegel, 25.9.1967, S. 100.

36 Vgl. Leichtathletik, 1967, 39, S. 1158.

37 Vgl. ebd.; Leichtathletik, 1967, 40, S. 1188.

38 Vgl. Leichtathletik, 1967, 39, S. 1158.

39 Vgl. Hegg, 1967, S. 1188.

40 Paulen bedauerte, „daß ein so anständiger Sportsmann wie Manfred Letzerich durch den unbegründet ausgesprochenen Verdacht auf Doping in Ost-Berlin in der Öffentlichkeit diskriminiert worden ist" (Leichtathletik, 1967, 39, S. 1158). Prokop vermutete ein „Politikum" (Leichtathletik, 1967, 39, S. 1158) und für Hegg (1967, S. 1188) haben „die Sowjets [...] mit ihrem Vorgehen bewiesen, daß ihnen alle Mittel recht sind."

41 Vgl. Leichtathletik, 1967, 40, S. 1188.

42 Vgl. Der Spiegel, 25.9.1967, S. 100.

Spielball politischer Propaganda werden wollten, dann war es zwingend notwendig, Denunziation zuverlässig von Wahrheit zu unterscheiden. Dazu musste konkretisiert werden, wie Feststellungen genau beschaffen sein mussten, um als „Beweise" gelten zu können.

Die herausragende Rolle, die dabei der Dopinganalytik zukam, kann an dieser Stelle kaum überbetont werden. Konkret wurde damit begonnen, Urinproben abzunehmen und an Labore zu verschicken, die über chemische Analyseverfahren nach den Spuren illegitimer Leistungssteigerung suchten und so die entscheidenden Fakten zum Beweis von Verstößen generierten. Doping wurde also nicht mehr – wie noch in den 1950er und Anfang der 1960er Jahre geschehen – über nach außen hin sichtbare Zeichen entdeckt. Dem verborgenen Charakter von Doping entsprechend, richtete sich der Blick von nun an ausschließlich nach innen, in den Körper des Athleten, der somit zum einzig legitimen Referenzpunkt wurde.

Das Entdeckungsinstrumentarium für die Exegese der inneren Zeichen war dabei genuin wissenschaftlicher Natur.[43] Dafür gibt es mehrere Gründe: Wenn Doping zukünftig verfolgt und sanktioniert werden sollte, dann mussten die für einen Dopingverstoß vorgebrachten Fakten als „wahr" akzeptiert werden. Mit dem Aufstieg der experimentellen naturwissenschaftlichen Forschung wurde das Labor ab dem 19. Jahrhundert zu einer „epistemischen Institution"[44], durch die auf eine geregelte Weise „wahre" Aussagen produziert wurden.[45] Gerade verborgene physiologische Zustände konnten dort „eindeutig" und „objektiv" sichtbar gemacht werden. Es gibt bis heute keinen anderen Ort, der ein vergleichbares Versprechen auf Wahrheit transportiert. Dass die Beweiskonstruktion im Kampf gegen Doping gerade in die Labore als den glaubwürdigsten Stätten menschlicher Erkenntnis verlagert wurde, lag also zum einen daran, dass mit der Einführung von Sanktionen Dopingverstöße fortan juristisch einwandfrei bewiesen werden mussten. Die im Labor produzierten Fakten galten als die gesichertsten Resultate, die sich zur Feststellung von Dopingverstößen gewinnen ließen. Diese Art der Beweiskonstruktion schien daher auch am besten zu garantieren, dass Schuld und Unschuld korrekt verteilt würden. Zum anderen war die Dopingthematik grundsätzlich für Gerüchte anfällig, was durch den Kalten Krieg noch begünstigt wurde. Dopingproben wurden daher anonymisiert zur Analyse in Labore gegeben, wo „neutrale" Wissenschaftler seit jeher einen von jeglichen Kon-

43 Siehe zur Funktion des naturwissenschaftlichen Entdeckungsinstrumentariums in der Dopingbekämpfung auch Grüneberg, 2010, S. 76.

44 Sarasin & Tanner, 1998, S. 18.

45 Vgl. Latour, 2010, S. 154.

textfaktoren gereinigten Blick auf die Dinge beanspruchten. Derart gewonnene Fakten konnten am ehesten von allen Seiten als „neutral" akzeptiert werden. Insofern war die Laboranalyse das größte Eindeutigkeits-, Objektivitäts- und Neutralitätsversprechen, das man in der Dopingbekämpfung zur Verfügung hatte.

4.3.2 Dopinganalytik als professions- und organisationsadäquate Technik der Beweiskonstruktion

Dass die Analytik lange Zeit die ausschließliche Form der Beweiskonstruktion blieb, hatte neben den genannten Gründen auch mit organisatorischen Strukturen und professionsbedingten Interessen zu tun. Wie gesehen waren es Sportmediziner, die Dopingbekämpfungsmaßnahmen auf den Weg brachten. Im zitierten Bericht über die ersten olympischen Kontrollen bei den Winterspielen in Grenoble 1968 sahen die Mitglieder der Medizinischen Kommission die Durchsuchung von Umkleideräumen, Kleidung und Verpflegung grundsätzlich nicht als ihre Aufgabe an.[46] Für die Produktion beweiskräftiger Fakten bediente man sich stattdessen einer naturwissenschaftlichen Methode aus dem Bereich der ärztlichen Diagnostik. Doping sollte, kurz gesagt, ausschließlich auf eine Art und Weise entdeckt und bewiesen werden, wie es der Expertise von Sportmedizinern entsprach. Insofern ist die Forcierung der Dopinganalytik als vermeintlich bester Technik, um Doping zu entdecken und zu beweisen, nicht losgelöst von der Profession derjenigen zu sehen, die sich die Dopingbekämpfung zur Aufgabe gemacht hatten.[47]

Dass die Beweiskonstruktion ausschließlich durch Labore vorgenommen und nicht etwa durch staatliche Ermittlungen ergänzt wurde, wie dies später beispielsweise bei den Winterspielen 2006 in Turin der Fall sein sollte, entsprach auch dem traditionellen Selbstverständnis des IOC als einer von Regierungen und Politik unabhängigen Organisation. Der Kalte Krieg hatte die Gefahr der politischen Vereinnahmung dabei noch verstärkt. Vor diesem Hintergrund erschien

---

46 Vgl. Report by doctor Thiébault on the Grenoble Games to the IOC Medical Commission, Anlage 2, Protokoll Medizinische Kommission, 14.-15.7.1968, S. 4, IOC-Archiv, 203604.

47 Auch Henne (2014, S. 889) weist auf den grundlegenden Zusammenhang der Wahl des Bekämpfungsansatzes mit der Zusammensetzung der Medizinischen Kommission des IOC hin: „The adoption of a technocratic focus is not surprising given that seven of the other members appointed to the Commission were specialists in either medicine or pharmacology. In fact, other than de Mérode, only Arpad Csanadi of Hungary lacked training in these fields." Siehe dazu auch Krieger, 2016, S. 22-113.

eine enge Kooperation mit staatlichen Instanzen und Regierungen in der Dopingbekämpfung grundsätzlich nicht geboten. Das IOC beschränkte vielmehr seine Verbindungen zur Politik auf ein Minimum und behandelte die Problematik intern.[48]

4.3.3 Objektivierungsprozesse

Wenn Doping künftig über Dopinganalysen kontrolliert und sanktioniert werden sollte, dann musste den Labordaten die maßgebliche Beweiskraft in den Verfahren zukommen. Heutzutage kann sich ein positiv getesteter Athlet in den seltensten Fällen vom Dopingvorwurf entlasten. Wir werden im Folgenden allerdings feststellen, dass die kaum zu entkräftende Beweiskraft der positiven Probe erst im Laufe der Zeit geschaffen wurde. Athleten hatten bis in die 1970er Jahre hinein noch deutlich bessere Chancen, Testergebnisse erfolgreich infrage zu stellen und Dopingvorwürfe zu entkräften.

Das liegt erstens daran, dass sich zu Beginn der Kontrollaktivitäten noch verhältnismäßig triviale Verfahrensfehler ereigneten, mit denen Athleten leicht zu ihren Gunsten argumentieren konnten. In der Zeitschrift „Radsport" war 1967 beispielsweise von unleserlich gekennzeichneten Proben und fehlenden B-Proben die Rede.[49] Ein Jahr zuvor bereits beklagte Prokop, dass der holländische Radfahrerbund „nur unter Hinweis auf die ihm von den Rennfahrern als nicht korrekt geschilderte Methode der Kontrolle"[50] von einer Bestrafung positiv getesteter Fahrer abgesehen habe. Der französische Radprofi Jacques Anquetil konnte 1968 seine Sperre sogar mit dem Hinweis aufheben, er sei nicht rechtzeitig über die Kontrolle informiert worden.[51] Was damals noch erfolgreich als „Verfahrensfehler" ins Feld geführt werden konnte, wurde später, im Zeitalter von unangekündigten Dopingkontrollen, zu einem wichtigen Qualitätsmerkmal eines verbesserten Kontrollsystems.

Zweitens war zu Beginn der Kontrollen manches nicht klar geregelt. Athleten konnten daher leicht Regelungslücken ausfindig machen. Der deutsche Hürdenläufer Günther Nickel beispielsweise trat im Jahr 1974 nicht zur Dopingkontrolle an – ein Verhalten, das heute als Verstoß gegen die Dopingbestimmungen geahndet würde. Das DLV-Präsidium beschloss damals jedoch, dem Athleten lediglich eine Belehrung zu erteilen. Die Begründung hierfür war unter anderem

48 Vgl. dazu ausführlicher die Abschnitte 5.3.1 und 5.5.

49 Vgl. Radsport, 12.9.1967, S. 2.

50 Prokop, 1966a, S. 59.

51 Vgl. Radsport, 30.7.1968, S. 12.

„die nicht eindeutige Rechtslage bezüglich der Notwendigkeit des Antretens zur Doping-Kontrolle [...].“[52] Ein Jahr später wurde die Hochspringerin Brigitte Holzapfel positiv auf das Aufputschmittel Norfenefrin getestet. Sie erhielt jedoch ebenfalls nur einen Verweis. Als Grund dafür wurden divergierende Dopinglisten genannt. Die gefundene Substanz stehe nämlich nicht auf der Liste des internationalen Dachverbandes IAAF, sondern nur auf der „nicht für den DLV ausschlaggebenden Liste des DSB.“[53] 1971 wurde der Radfahrer Dieter Leitner trotz positiver Probe auf Amphetamine aus „Mangel an Beweisen“ vom BDR freigesprochen.[54] Leitner konnte damals noch erfolgreich argumentieren, er habe aus einer mutmaßlich manipulierten Getränkeflasche getrunken, die ihm zuvor von einem Unbekannten gereicht worden sei.[55] Ähnlich erfolgsversprechend war auch die Behauptung, die im Körper gefundene Substanz sei lediglich aus therapeutischen Gründen eingenommen worden. Der deutsche Mehrkämpfer Erich Klamma beispielsweise legte nach einem positiven Test auf das Stimulanz Captagon im Jahr 1970 im Nachhinein ein ärztliches Attest vor, welches den therapeutischen Gebrauch des Mittels bestätigte. Des Weiteren wurde der Freispruch durch den DLV damit begründet, dass der Zeitpunkt der Einnahme unklar geblieben sei. Es könne nämlich nicht ausgeschlossen werden, dass der Athlet das Mittel zu Therapiezwecken erst nach dem Wettkampf eingenommen habe.[56] Die Beweislast war in den Fällen Klamma und Leitner also noch eindeutig zu Gunsten der Athleten verteilt, wohingegen das Strict-Liability-Prinzip später die Beweislastverteilung umkehrte. Des Weiteren fanden in Form des nachgereichten Attests im Fall Klamma und dem vagen Verdacht auf Manipulation im Fall Leitner noch Typen von Gegenargumenten Anerkennung, mit denen Athleten in späteren Jahren hoffnungslos gescheitert wären.

---

52 Protokoll DLV-Präsidiumssitzung, 23.5.1974, S. 5 f., CuLDA, Nachlass Kirsch, 111 / DLV 4 Verbandsrat. In den Amtlichen Leichtathletik-Bestimmungen des DLV (1971, Regel 16) war allerdings schon damals festgelegt: „Jeder Wettkämpfer muß sich nach Aufforderung einer Dopingkontrolle unterziehen. Bei Verweigerung wird er disqualifiziert.“ Eine ähnliche Regelung fand sich auch in den Rahmen-Richtlinien des DSB (1970, § 8).

53 Protokoll DLV-Präsidiumssitzung, 10.8.1978, S. 3 f., CuLDA, Nachlass Kirsch, 111 / DLV 4 Verbandsrat. Siehe zu diesem Fall auch ausführlich die Akten im DLV-Archiv, B-2-1-, Doping 1966-1976.

54 Schrange, 1971, S. 8.

55 Vgl. ebd., S. 7 f.

56 Vgl. Leichtathletik, 1970, 40, S. 1409.

Drittens stießen Zweifel an der wissenschaftlichen Zuverlässigkeit der verwendeten Nachweisverfahren und Analyseergebnisse zu Beginn der Kontrollen noch viel eher auf Resonanz. Klamma konnte sich beispielsweise nach einem zweiten positiven Test ein Jahr später wiederum vom Dopingvorwurf entlasten. Diesmal zog er das verwendete gaschromatographische Verfahren, das damals eigentlich als die sicherste Methode zum Nachweis von Amphetaminen galt,[57] durch ein wissenschaftliches Gutachten in Zweifel. Donike als Leiter des Instituts für Biochemie in Köln, wo die Probe analysiert worden war, widersprach diesem Gutachten.[58] Dennoch wurde Klamma freigesprochen und zwar mit der Begründung, dass die „erbrachten, sich widersprechenden Gutachten der Parteien [...] nicht den sicheren Nachweis der Einnahme eines Dopingmittels [zulassen]. In dubio pro reo."[59]

Der Fall des belgischen Radsportidols Eddy Merckx zeigt besonders deutlich, wie groß die diskursiven Spielräume für die erfolgreiche Infragestellung einer positiven Probe als Dopingbeweis einst waren und wie sehr diese im Laufe der Zeit eingeschränkt wurden. Merckx war beim Giro d'Italia 1968 positiv getestet und für einen Monat gesperrt worden. Die Strafe wurde jedoch vom Direktionskomitee der UCI vor Beginn der Tour de France einstimmig aufgehoben. Über die Begründung berichtete die Zeitschrift „Radsport" Folgendes:

> „Motiviert wurden die Aufhebung der Sperre und die Wiederzulassung [...] mit dem Umstand, daß kein Beweis dafür erbracht worden sei, Merckx habe bewußt verbotene Aufputschmittel genommen. In diesem Zusammenhang wies man auch auf die Tatsache hin, daß der Belgier beim Giro d'Italia insgesamt zehn Dopingtests mit negativem Ausgang unterworfen worden sei, bevor Spuren einer verbotenen Substanz in seinem Urin festgestellt werden konnten.
> In dem Kommuniqué kam zum Ausdruck, daß die UCI-Offiziellen es für unlogisch halten, Merckx solle sich ausgerechnet für eine relativ harmlose Etappe aufgeputscht haben. Alle Begleitumstände der Angelegenheit [...] sprechen gegen die Annahme eines bewußten und willentlichen Dopingverstoßes des Belgiers."[60]

Die positive Probe als Dopingbeweis wurde in diesem Fall erfolgreich durch eine Serie negativer Proben in Frage gestellt, sowie durch den Hinweis, dass es

57 Vgl. Donike, 1966, S. 84; Alfes et al., 1968, S. 495 f.

58 Vgl. Bescheid Rechtswart FLVW im Rechtsverfahren gegen Klamma, 4.12.1972, DLV-Archiv, Rechtsverfahren Klehr, 1.

59 Ebd.

60 Radsport, 17.6.1969, S. 5.

sich um eine „relativ harmlose Etappe“ gehandelt habe, für die – so das Argument – die bewusste Verwendung von Dopingmitteln „unlogisch“ sei. Dass positiv getestete Athleten mit diesen Kontextfaktoren argumentieren und auf Entlastung hoffen konnten, wurde bald völlig unwahrscheinlich.

Es geht in dieser Arbeit weniger um die Frage, ob es sich bei den geschilderten Fällen um „verzeihbare Fehler“ von Kontrollsystemen handelt, die damals noch in den Kinderschuhen steckten, oder ob diese Fälle als Ausweise für eine grundsätzlich lax betriebene Dopingbekämpfung zu werten sind, hinter der von Anfang an kein ehrlicher Wille von Seiten der Sportorganisationen stand. Im Fall Merckx beispielsweise ging die Aufhebung der Sperre vor Beginn der Tour de France sicher wesentlich auf den massiven Druck von Seiten der Fans, Funktionäre und Organisatoren der Tour zurück, die ohne Merckx ihres Superstars beraubt gewesen wäre.[61] Für diese Arbeit, die nach dem Raum des Sagbaren fragt, ist in erster Linie die Erkenntnis von Bedeutung, dass Freisprüche damals noch mit Argumenten erwirkt werden konnten, die später auf keine Resonanz mehr stießen. Donike setzte sich beispielsweise 1971, drei Jahre nach dem Fall Merckx, in der Zeitschrift „Radsport“ öffentlich mit den Einwänden eines Radvereinsvorsitzenden auseinander. Der Funktionär kritisierte, dass ein Vereinsmitglied nach siebzehn negativen Proben in den vergangenen Jahren nun einmal positiv getestet und daraufhin rigoros für drei Monate gesperrt worden sei.[62] Donike, der die Analyse in diesem Fall vorgenommen hatte, erwiderte hingegen, dass eine Serie negativer Proben „kein Beweis gegen die Richtigkeit des positiven Befundes“ darstelle.[63] Die negativen Ergebnisse zuvor sprächen nicht zwingend für die Unschuld des Fahrers, sondern könnten auch aufgrund einer „schlecht angelegten Analytik“ zustande gekommen sein.[64] Das im Zusammenhang der positiven Probe verwendete Nachweisverfahren sei hingegen ausgearbeitet, in einschlägigen Fachzeitschriften publiziert und von der Medizinischen Kommission des IOC offiziell anerkannt.[65]

Wenn Verfahren nicht ständig scheitern und die forcierten Bekämpfungsmaßnahmen nicht nur eine leere Drohung darstellen sollten, dann musste künftig verhindert werden, dass sich Athleten mit allzu einfachen Gegenargumenten vom Dopingvorwurf entlasten konnten. Zwar wurden positiv getestete Athleten

61 Vgl. Der Spiegel, 14.7.1969, S. 86; Radsport, 10.6.1969, S. 6.

62 Der Leserbrief des Vorsitzenden ist abgedruckt in: Radsport, 22.6.1971, S. 22. Zur Sperre siehe Radsport, 8.6.1971, S. 4.

63 Donike, 1971, S. 6.

64 Ebd.

65 Vgl. ebd.

auch weiterhin stets angehört. Entscheidend ist jedoch, dass die Anhörung in der weit überwiegenden Anzahl der Fälle – im Unterschied zu den betrachteten Beispielen der 1960er und Anfang der 1970er Jahre – bald überhaupt keinen Einfluss mehr auf das Urteil hatte. Die Anhörungen bei Olympischen Spielen etwa zeigen, dass sich die von Athleten vorgebrachten Argumente in seltenen Fällen höchstens noch strafmildernd auswirken konnten, und zwar dann, wenn die Medizinische Kommission zu der Erkenntnis kam, dass das fragliche Medikament nicht mit der Absicht der Leistungssteigerung genommen wurde.[66] Die mit Abstand wichtigsten Fakten für die Urteilsfindung wurden jedoch nicht bei der Anhörung, sondern vorher im Dopingkontrolllabor produziert. Um dem analytischen Nachweis die entscheidende Beweiskraft zu verleihen, musste erstens alles eliminiert werden, was im praktischen Ablauf – von der Probenabnahme über die Analyse bis zum Urteil – als „Verfahrensfehler" von Athletenseite geltend gemacht werden konnte. Zweitens waren Regelungslücken zu schließen, so dass beispielsweise keine nachträgliche therapeutische Rechtfertigung mehr möglich war. Drittens mussten Verantwortung und Beweislast so verteilt werden, dass dem Kontrollergebnis auch die entscheidende Beweiskraft im Verfahren zukam.

Daneben schränkten verschiedene Prozesse der naturwissenschaftlichen Objektivierung den Spielraum an Entlastungsmöglichkeiten für positiv getestete Athleten zunehmend ein. Wenn Athleten die wissenschaftliche Qualität eines Nachweisverfahrens anfangs relativ einfach in Frage stellen konnten, war dies nur unter diskursiven Bedingungen möglich, unter denen solche Einsprüche mit berechtigten Hoffnungen gewagt werden konnten. Im Laufe der Zeit kamen immer mehr Entwicklungen in Gang, die den Kontrollprozeduren ein hohes Maß an Objektivität und den Kontrollergebnissen im Verfahren somit die entscheidende Beweiskraft verliehen. Zu Beginn der Kontrollen stand man in dieser Hinsicht noch ganz am Anfang. Bei den Radweltmeisterschaften in der Bundesrepublik 1966 versuchte die sportärztliche Kommission beispielsweise die Zuverlässigkeit des Testsystems kurzerhand dadurch zu demonstrieren, dass man die Probe eines Kommissionsmitglieds erfolgreich identifizierte, das zuvor absichtlich ein Dopingmittel zu sich genommen hatte.[67] In der zweiten Hälfte der 1960er Jahre bildete sich allmählich ein Kreis von Wissenschaftlern, die sich der Dopinganalytik professionell zuwandten. Die Durchsicht einschlägiger Zeitschriften zeigt, dass ab dieser Zeit eine zunehmende Anzahl an Publikationen erschien, welche die

66 Als Beispiele hierfür können die Fälle Kulakowa (bei den Winterspielen 1976) und Leibel (bei den Sommerspielen im selben Jahr) angeführt werden (vgl. dazu Unterabschnitt 2.3.5).

67 Vgl. Radsport, 29.11.1966, S. 7.

Entwicklungen im Bereich chromatographischer und spektroskopischer Verfahren aus der Chemie und Pharmakologie auf die Analyse von Dopingproben anwandten und bezüglich Sensibilität und Zuverlässigkeit detailliert erörterten.[68] Im Unterschied zu den 1950er Jahren, als primär definitorische Probleme im Mittelpunkt gestanden hatten und die Möglichkeit von Dopingkontrollen höchstens beiläufig angesprochen worden war, wurde nun zum ersten Mal in einem Kreis von Experten anwendungsorientiert geforscht und diskutiert. Die Analyseverfahren mussten sich zunächst im Experiment und in der kritischen wissenschaftlichen Diskussion bewähren, bevor sie in der Routineanalytik eingesetzt werden konnten. Dies betraf bald nicht mehr nur Nachweisverfahren für Stimulanzien, sondern seit den 1970er Jahren vor allem den Nachweis für anabole Steroide[69] und Anfang der 1980er Jahre für Testosteron[70]. Insofern bestand stets ein großer Teil der Arbeit der Medizinischen Kommission des IOC in der wissenschaftlichen Diskussion neuer Nachweisverfahren.[71]

Anfang der 1980er Jahre kam es zu einer fachlichen Ausdifferenzierung dieser Kommission. Durch die Gründung der Subkommission „Doping und Biochemie“[72] wurde die Spezialisierung weiter vorangetrieben und ein noch engerer Expertenkreis geschaffen, dessen Mitglieder sich fortan ausschließlich mit Doping bzw. den potentiellen Kontroll- und Analyseverfahren beschäftigen sollten.[73] Während sich die Medizinische Kommission bei ihrer Gründung noch zum großen Teil aus sportmedizinischen Experten zusammensetzte,[74] waren nun mit

68 Vgl. Venerando, 1963; Moerman, 1965; Venerando & Sio 1965; Donike, 1966; Beckett, Tucker & Moffat, 1967; Clasing et al., 1967; Alfes et al., 1968; Donike & Stratmann, 1970.

69 Vgl. Brooks, Firth & Sumner, 1975; Ward, Shackleton & Lawson, 1975; Donike, 1975; Beckett, 1976; Dugal, Dupuis & Bertrand, 1977.

70 Vgl. Donike et al., 1983; Donike et al., 1984; Donike et al.,1985.

71 Vgl. zur Entwicklung von Nachweisverfahren ausführlich Unterabschnitt 5.3.2.

72 Neben der Subkommission „Doping und Biochemie“ wurden gleichzeitig auch die Subkommissionen „Sportmedizin“ sowie „Biomechanik und Sportphysiologie“ gegründet (vgl. Olympic Review, 1980, Dezember, 158, S. 687).

73 Vgl. dazu ausführlich Krieger (2016, S. 205-221) sowie Krieger & Wassong (2013, S. 113).

74 Gründungsmitglieder der Medizinischen Kommission 1967 waren die Sportmediziner Professor Guiseppe La Cava (Italien), Professor Ludwig Prokop (Österreich), Dr. Albert Dirix (Belgien), Dr. Pieter van Dijk (Niederlande) sowie als medizinische Berater der Organisationskomitees für die kommenden Spiele 1968 in Grenoble und Mexiko Dr. Roger Genin (Frankreich) sowie Dr. Eduardo Hay (Mexiko). Hinzu kamen Pro-

Manfred Donike als Vorsitzendem der neuen Subkommission, Robert Dugal, Claus Clausnitzer, Viktor Rogozkin und Arnold Beckett vielmehr Biochemiker und Wissenschaftler mit spezialisierter Laborerfahrung die Hauptakteure.[75] Während die Sportmediziner bei den ersten Kontrollen in den 1950er und 1960er Jahren noch mit den damals üblichen papier- oder dünnschicht-chromatographischen Verfahren arbeiteten,[76] wurden im Laufe der Zeit immer komplexere Verfahren eingeführt.[77] Diese erforderten hochspezialisierte Labore, welche nur von speziell ausgebildeten Wissenschaftlern betreut werden konnten.

Wichtig ist, sich die legitimierende Funktion der dargestellten Prozesse vor Augen zu halten: Musste in den 1960er Jahren zunächst die forcierte Anti-Doping-Politik und die Einführung von Kontrollen aus sportmedizinischer Sicht gerechtfertigt werden, so ging es später vor allem um die Leistungsfähigkeit von Nachweismethoden.[78] In konkreten Dopingverfahren galten die Testergebnisse nur deswegen als beweisfeste, „harte“ Fakten, weil Wissenschaftler zuvor mit Autorität gesättigte Aussagen über die verwendeten Analysemethoden produziert hatten, die sich danach nur noch sehr schwer anzweifeln ließen. War ein wissenschaftlicher Konsens über die Zuverlässigkeit bestimmter Nachweisverfahren einmal hergestellt, konnte dieser höchstens von anderen Experten und nur unter beträchtlichem wissenschaftlichem Aufwand wieder in Frage gestellt werden. Die Validität und Objektivität der verwendeten Methoden wurde also durch einen Expertendiskurs verbürgt, der nicht mehr auf einfache Art und Weise revidiert werden konnte. Auf die Dopingverfahren hatte dies den Effekt, dass die Hauptansatzpunkte für Kritik bald nur noch selten die analytischen Daten betrafen, sondern in der weit überwiegenden Anzahl der Fälle den Kontrollablauf, über den die Laborexperten kaum Kontrolle[79] und entsprechend weniger Deutungshoheit hatten.

Ein weiterer wichtiger Aspekt des Objektivierungsprozesses war der Aufbau spezialisierter Dopingkontrolllabore. Bei Olympischen Spielen fiel diese Aufga-

---

fessor Arnold Beckett (Großbritannien) als Pharmakologe sowie der Vorsitzende Alexander de Mérode (Belgien) und sein Stellvertreter Arpad Csanadi (Ungarn), die keine naturwissenschaftliche Expertise besaßen (vgl. Newsletter, 1967, Oktober, 1, S. 15).

75 Einzig Alexandre de Mérode wies keine naturwissenschaftliche Expertise auf (vgl. Krieger & Wassong, 2013, S. 113).

76 Vgl. Soehring, 1958, S. 284; Venerando, 1963, S. 34 ff.; Venerando & Sio, 1965, S. 56 ff.; Clasing et al., 1967; Alfes et al., 1968, S. 495; Prokop 1970, S. 130.

77 Vgl. dazu ausführlich Unterabschnitt 5.3.2.

78 Vgl. Krieger & Wassong, 2013, S. 113.

79 Vgl. Krieger, 2016, S. 186.

be in den Zuständigkeitsbereich der jeweiligen Organisationskomitees. Außerhalb der Spiele gestaltete sich die Lage schwieriger. Nach Einschätzung des Leiters der ersten Dopingkontrollen bei den Winterspielen in Grenoble 1968, Jacques Thiébault, waren damals weltweit lediglich drei Labore in der Lage, Doping mit Stimulanzien verlässlich festzustellen.[80] In der Bundesrepublik gab es bis zu den Spielen in München 1972 kein spezialisiertes Labor. Wie eine Umfrage des DSB von 1971 zeigt, ließen die wenigen deutschen Spitzenverbände, die bereits vor der Schaffung eines zentralen Dopingkontrolllabors Tests durchführten, diese anfangs an verschiedenen gerichtsmedizinischen Instituten analysieren.[81] Diese Praxis stellte aus Sicht der Experten jedoch keine brauchbare Lösung dar. Der Freiburger Sportmediziner Armin Klümper, der damals für die sportärztliche Betreuung im deutschen Radsport zuständig war, in dem mit Abstand am meisten kontrolliert wurde,[82] brachte seine Meinung diesbezüglich folgendermaßen auf den Punkt:

> „[…] solange es in der Bundesrepublik keine Institution gibt, die in der Lage ist, uns eindeutige Doping-Analysen zu liefern, solange lehne ich persönlich die Kontrollmaßnahmen auf diesem Gebiet ab […]. Es ist völlig sinnlos, daß man irgendwelche gerichtsmedizinischen Institute mit Doping-Analysen beauftragt, denn diese Analytik ist keine einfache Labormethode, die so eben wie Blutzuckeruntersuchungen oder etwas ähnliches gemacht werden, sondern ist ein sehr schwieriges Problem. Das ganze Doping-Problem wird der Lächerlichkeit preisgegeben, wenn man jahrelang versucht, mit einer insuffizienten Methode etwas zu machen."[83]

Es wurde also ein Dopingkontrolllabor als spezialisiertem Ort der Beweisproduktion verlangt, der – im Unterschied zu den wenig spezialisierten gerichtsmedizinischen Instituten – ein höheres Maß an Objektivität garantierte.

Weitet man den Blick auf den internationalen Raum, so schuf der Kalte Krieg eine durchdringende Atmosphäre des Misstrauens, die Objektivität latent

80 Vgl. Report by doctor Thiébault on the Grenoble Games to the IOC Medical Commission, Anlage 2, Protokoll Medizinische Kommission, 14.-15.7.1968, S. 15, IOC-Archiv, 203604.

81 Vgl. Tabellarische Auflistung zur DSB-Umfrage, 9.3.1971, BArchiv Koblenz, B 322 / 443.

82 Vgl. Krüger et al., 2014, S. 82.

83 Protokoll der BDR-Bundeshauptversammlung 1971, Rechenschaftsbericht Klümper, S. 12, DSHS Köln. Siehe zur Expertenkritik an der Dopinganalyse durch gerichtsmedizinische Institute außerdem Krüger et al., 2014, S. 71.

gefährdete. Das zeigte sich kurz vor den Spielen 1972 in München, wo die Proben von DDR-Athleten im Labor des größten Klassenfeindes analysiert werden sollten. Der Laborleiter in München, Manfred Donike, wurde von Seiten der DDR im Vorfeld angefragt, ob DDR-Ärzte im Labor mitarbeiten dürften.[84] Die Anfrage wurde innerhalb der Medizinischen Kommission verhandelt. Donike war nicht gewillt, Zugeständnisse zu machen, und wies darauf hin, dass den Regelungen gemäß ein Arzt eines internationalen Verbandes die Kontrollen überwachen dürfe und dies als Beweis für die korrekte Durchführung der Analysen ausreichen müsse. Die Anfrage von Seiten der DDR wurde schließlich auch von der Medizinischen Kommission als „totally out of line“[85] zurückgewiesen. Der Gefahr politisch motivierter Kritik an der Laborarbeit, welche zweifellos die Integrität des gesamten Testsystems gefährden konnte, sollte damit von vornherein kein Raum gegeben werden. Am wichtigsten Ort der Beweisproduktion musste der Kalte Krieg unter allen Umständen außen vor bleiben.[86]

Ein letzter wichtiger Teil des Objektivierungsprozesses war die Einführung eines Akkreditierungssystems. Damit versuchten die IAAF[87] und das IOC ab Ende der 1970er bzw. Anfang der 1980er Jahre erstens den Aufbau von Doping-

84 Vgl. wörtlich dazu im Protokoll der Medizinischen Kommission (21.8.1972, S. 3, IOC-Archiv, 203602): „Prince de Mérode asked Dr. Donike if he had received a letter from the DDR asking that four doctors from this country be allowed to work with him in the laboratory and help the Medical Commission.“

85 Ebd.

86 Das IOC blieb dieser Linie treu, wie nicht zuletzt eine von Krieger (2016, S. 230 f.) geschilderte Episode in der ersten Hälfte der 1980er Jahre zeigt: Funktionäre aus der DDR und diesmal auch der Sowjetunion brachten wiederum einen Vorschlag bei der Medizinischen Kommission ein, der vorsah, dass die Dopingkontrollen bei den Spielen zukünftig nicht mehr ausschließlich durch Personal des gastgebenden Landes, sondern in Kooperation mit Vertretern verschiedener Länder durchgeführt werden sollten. Dafür schlug man auch geeignete Personen aus sozialistischen Ländern vor. Diese Internationalisierung würde den Dopingkontrollen – so die Begründung – eine größere Objektivität verleihen. Wenig später kam von Seiten der DDR zudem der Vorschlag, dass zukünftig in zwei Laboren, und zwar jeweils in einem nicht sozialistischen und einem sozialistischen Land gelegen, kontrolliert werden sollte. Das IOC lehnte diese Vorschläge jedoch ab und verwies darauf, dass allein die Mitglieder der Medizinischen Kommission eine objektive Durchführung der Kontrollen garantieren könnten.

87 Zur Einführung des Akkreditierungssystems und der wichtigen Rolle der IAAF dabei siehe ausführlich Krieger, 2016, S. 133-138, 176-183, 192-197, 205-221.

kontrolllaboren weltweit stärker voranzutreiben[88] und zweitens die Leistungsfähigkeit der einzelnen Labore standardmäßig zu überprüfen, um so eine hohe Qualität der Analysen sicherzustellen.[89] Auch hier ist die legitimierende Funktion dieser Maßnahme hervorzuheben: Das technologische Prüfungsverfahren beglaubigte, dass in den Laboren objektive und beweiskräftige Fakten produziert wurden. Damit sollten etwaige Zweifel an einer guten Laborpraxis und potentielle rechtliche Angriffsflächen von vornherein ausgeräumt und die Analyseergebnisse institutionell abgesichert werden.[90] Die Akkreditierung fungierte als einheitliches Gütesiegel, das die Qualität der vorgenommenen Analysen verbürgte.

Mit den dargestellten Prozessen der Reglementierung, Verwissenschaftlichung, Spezialisierung und Professionalisierung wurde der diskursive Spielraum an Entlastungsmöglichkeiten für positiv getestete Athleten allmählich systematisch zum Verschwinden gebracht und die positive Probe so zu einem harten, kaum noch zu entkräftenden Dopingbeweis. Bemerkenswert ist vor allem die komplexitätsreduzierende Funktion dieser Form der Beweiskonstruktion mitsamt ihren exkludierenden Effekten: Keine spezifischen Ereignisketten und Sinnzusammenhänge, keine Motive, keine potentiellen Mittäter und Kontexte, kurz gesagt nichts, durch was sich Athleten eventuell hätten herausreden können, spielten in den Verfahren noch eine entscheidende Rolle. Wichtig waren die biochemischen Parameter, die aufwendig ermittelt wurden. Diese Reduktion ging zwei-

88 Die Zahl akkreditierter Labore hat sich tatsächlich im Laufe der 1980er Jahre von sechs im Jahr 1982 auf 22 im Jahr 1988 erhöht (vgl. Olympic Review, 1982, Januar, 171, S. 49; Olympic Review, 1989, Oktober, 263-264, S. 458-460) und stieg im Laufe der 1990er Jahre weiter an (vgl. Dirix, & Sturbois, 1998, S. 34).

89 Vgl. Proposal with regard to the acceptance of qualified laboratories in the fight against doping, 1980, IOC-Archiv, 203624.

90 Siehe dazu auch die einleitenden Worte im ausgearbeiteten Vorschlag der Medizinischen Kommission zum neuen Akkreditierungssystem (Proposal with regard to the acceptance of qualified laboratories in the fight against doping, 1980, S. 1, IOC-Archiv, 203624): „As the quality of equipment and the level of technological skills of the laboratories vary considerably, it has happened in the past and it is still the case that some athletes are unjustly declared guilty while others succeed in avoiding any penalty. The doctors, the coaches, and the athletes know very well that certain laboratories do not have the required qualifications for the sophistication of present doping control methods and the detection of doping agents. This situation throws a permanent discredit on the control and constitutes an intolerable discrimination in the world of sport."

fellos auf Kosten der Bedeutung vieler anderer Faktoren. Die maßgebliche Beweiskraft der positiven Probe kam gerade dadurch zustande, dass all jene Faktoren regelrecht weggeschnitten wurden, die vielleicht ebenfalls für die Beurteilung der Tat von Bedeutung waren, denen aber aufgrund der latenten Gefahr des „Herausredens" keine Relevanz mehr eingeräumt werden durfte.

4.3.4 Dopinganalytik als exklusive Form der Beweiskonstruktion: Sichtbares und Ausgeblendetes

Gleichzeitig wurde mit der Einführung von Dopingkontrollen auch all jenen Zeichen der Beweischarakter abgesprochen, welche über die biochemischen Parameter hinaus potentiell auf Doping hinwiesen. Äußerlich sichtbare körperliche Symptome, Beobachtungen oder Zeugenberichte von Insidern stellten nicht einmal Hinweise dar, die weitergehende Untersuchungen einleiten konnten. Das ist ein wichtiger Unterschied zu den frühen Dopingkontrollen im internationalen Radsport, bei denen durchaus auch auf Verdacht hin kontrolliert wurde.[91] Doch worauf stützte sich ein Verdacht? Er bezog sich auf äußere Zeichen wie beispielsweise klinische Symptome oder Zeugenberichte, die – im Unterschied zu den inneren Zeichen – mit dem Odium des Subjektiven belastet waren. Beim IOC wurden daher von Anfang an alle Anschuldigungen und Verdachtsmomente, die nicht auf einem analytischen Nachweis basierten, nicht weiter verfolgt. Das zeigte sich bereits, als bei den Sommerspielen 1968 in Mexiko-Stadt zum ersten Mal kontrolliert wurde. Die niederländische Mannschaft hatte einen Masseur nach Hause geschickt, weil er einem Radsportler mutmaßlich Anabolika gegeben hatte. Ohne einen positiven analytischen Befund disqualifizierte das IOC den Radsportler jedoch nicht und stellte auch keine weiteren Untersuchungen in Aussicht. Die UCI zeigte sich verwundert über diese Zurückhaltung, nachdem das IOC dem Dopingproblem gerade erst offensiv den Kampf angesagt hatte. De Mérode begründete das Vorgehen der Medizinischen Kommission folgendermaßen: „[...] under no circumstances would we accept denouncements. [...] If we agreed to work in this way, an atmosphere of suspicion would quickly reign in the Olympic villages."[92] Zur Sicherung der Integrität des Testsystems kontrol-

---

91 Vgl. Radsport, 20.10.1964, S. 12; Wünsche, 1966, S. 10. In den Dopingbestimmungen des BDR von 1963 (Ziffer 29) war zudem festgelegt, dass sich die Fahrer einer Untersuchung stellen müssten, „wenn der dringende Verdacht für die Verwendung von Dopingmitteln besteht".

92 Protokoll Medizinische Kommission, 25.-26.1.1969, S. 5, IOC-Archiv, 203615. Siehe dazu auch den Bericht über die in Mexiko-Stadt durchgeführten Dopingkontrollen

lierte man nach neutralen Kriterien von Los und Platzierung und verließ sich allein auf die Laboranalyse. Indem man die Dopinganalytik als die objektivste und valideste Form der Beweisproduktion heraushob, schloss man gleichzeitig alle anderen möglichen Beweistypen als subjektiv und ambivalent aus. Es war die positive Probe, der alleinige Beweiskraft zukam. Man hatte damit die möglichen Beweiswege auf einen einzigen reduziert – ein Vorgang mit weitreichenden Konsequenzen, wie im Folgenden zu sehen sein wird.

Ein wichtiger Nebeneffekt bestand darin, dass bestimmte Dopingpraktiken nicht aufgedeckt werden konnten, obwohl ihre Verbreitung offensichtlich war. Bei den Sommerspielen in Montreal 1976 traten Zeichen von Anabolikadoping so deutlich zutage wie nie zuvor. Dies galt vor allem für die Schwimmerinnen aus der DDR. Gut einen Monat vor Beginn der Spiele wurde bei den DDR-Schwimmmeisterschaften die unglaubliche Zahl von siebzehn neuen Weltrekorden aufgestellt. Das Verbandsorgan des bundesdeutschen Schwimmsports kommentierte dies mit folgenden Worten:

> „Siebzehn Weltrekorde in der Dynamo-Schwimmhalle schoben die 27. DDR-Meisterschaften in der Geschichte des Schwimmsports in die vorderste Reihe. Mehr aber noch als dieses für Landesmeisterschaften einmalige Quantum – bisher standen die US-Olympiaausscheidungen an der Spitze – riefen die Steigerungsrate und die eminente Dichte in der Spitze resignierendes Kopfschütteln bei dem Dutzend ausländischer Journalisten hervor. Nicht die sieben DDR-Nixen und die beiden Superstaffeln des SC-Dynamo allein, die jetzt die 13 neuen Weltrekorde in den 14 WM-Disziplinen halten, blieben unter den alten Werten, 24 mal unterbot die Garde des DSSV die vorigen Marken.“[93]

Die sich bereits seit den Weltmeisterschaften 1973 in Belgrad[94] abzeichnende Überlegenheit des DDR-Schwimmsports war vor Montreal mit dem vorläufigen

(General report presented by Dr. Eduardo Hay, Oktober 1968, S. 19, IOC-Archiv, 203682): „An incident has been mentioned regarding the complaints made to the Medical Commission by different persons from Sports Olympic organizations. These complaints referred to drugs injected or administered to the athletes by other procedures. It was not feasible to investigate these medications nor was it possible for the Medical Commission, for both practical and ethical reasons, to consider accusations made by interested parties.“

93 Schwimmsport, 1976, 24, S. 441.

94 Dort hatten die DDR-Schwimmerinnen bereits sieben Weltrekorde aufgestellt, zehn von vierzehn Rennen gewonnen und damit innerhalb von kürzester Zeit die Position der weltbesten Mannschaft eingenommen.

Höhepunkt bei den nationalen Meisterschaften deutlich absehbar. Dieser Trend sollte sich bei den Spielen dann bestätigen. Vor allem die Schwimmerinnen beherrschten in Montreal die Konkurrenz und errangen elf von dreizehn möglichen Goldmedaillen. Die Leistungsexplosion ging einher mit enormen körperlichen Veränderungen, die sich am offensichtlichsten bei den Frauen zeigten. Der „Spiegel“ berichtete folgendermaßen:

> „Konvexe Muskelberge da, wo man sie bequem vermissen kann, unter dem Oberarm und auf der Rückenpartie, konkave Leere, dort, wo das Ewig-Weibliche sich normalerweise konvex darbietet in Brusthöhe. Schlimmer noch: Die Stimme wird tiefer, der Haarwuchs an Bein und Brust stärker – Kennzeichen der Roboterriege von DDR-Schwimmerinnen.“[95]

In den USA, der bisher führenden Schwimmnation, schilderte der Olympiasieger über 400 Meter Lagen, Rod Strachan, seine Eindrücke von den DDR-Schwimmerinnen in Montreal: „If you look at the East Germans they don't look exactly like they're girls. They're quite bigger than most of the men on the American team.“[96] Dennoch wurde kein einziger DDR-Athlet weder 1976 noch bei anderen Olympischen Spielen jemals positiv getestet.[97]

Ein im „Olympic Review“ veröffentlichter Bericht des Laborleiters in Montreal, Robert Dugal, über die dortigen Kontrollen liest sich in Teilen wie eine Replik auf das Kopfschütteln, das das offensichtliche Anabolikadoping in der DDR bzw. dessen fehlende Aufdeckung und Sanktionierung in den westlichen Sportnationen ausgelöst hatte. Dugal erinnerte unmissverständlich daran, was als Beweis zählte und was nicht:

> „To accuse an athlete of doping merely on the basis of clinical impressions – no matter how justified – is not a sufficient motive for action. It is essential to show the presence of the medicine (or a metabolite) in the samples of urine taken under clearly defined conditions governed by regulations conceived not only for the protection of the athlete but also for the integrity of the whole testing system.“[98]

95 Der Spiegel, 2.8.1976, S. 102.

96 Zitiert nach Hunt, 2011, S. 59.

97 Die DDR-Kugelstoßerin und Olympiasiegerin von 1980, Illona Slupianek, wurde 1977 beim Europapokal der Leichtathleten positiv getestet und ist die einzige Athletin der DDR, die jemals durch eine positive Dopingprobe aufgefallen ist (vgl. Berendonk, 1992, S. 54).

98 Dugal, 1977, S. 385.

In einer Zeit, in der körperliche Veränderungen und sagenhaft gesteigerte Leistungen deutlicher zutage traten als jemals zuvor und gleichzeitig keine der DDR-Schwimmerinnen bei den ersten Anabolikakontrollen positiv getestet wurde, musste nochmals klargestellt werden, dass die biochemischen Parameter die einzig legitimen Referenzpunkte für weitergehende Maßnahmen und Sanktionen darstellten.

Ungeachtet der massiven Zweifel in der Öffentlichkeit und von Athletenseite wurden die Kontrollaktivitäten bei den Spielen in Montreal 1976 von Seiten der Medizinischen Kommission als Erfolg dargestellt. Für diese Einschätzung wurden Fakten herangezogen, die ansonsten zumeist als Misserfolg des Kontrollsystems gedeutet wurden. Dugal interpretierte den prozentual gesehen geringen Anteil an positiven Proben nicht als Zeichen der geringen Aufdeckungsquote eines ineffektiven Kontrollsystems, sondern vielmehr als Ausweis für seine abschreckende Wirkung. Dieses Deutungsschema wurde zwar insbesondere für Doping mit Stimulanzien herangezogen, für deren Nachweis 1800 Proben genommen und lediglich drei positiv waren, galt aber durchaus auch für Doping mit anabolen Steroiden:

> „[...] 275 analyses testing anabolic steroids were carried out and 8 positive results were reported to the IOC Medical Commission, which represents a proportion of 3%. It is very likely that the very small number of positive results is due to the prohibition ordered by the Medical Commission at its meeting in Innsbruck in 1974, and later widely publicised."[99]

Der Vorsitzende der Medizinischen Kommission, de Mérode, wiederholte Dugals Ausführungen in einem 1979 publizierten Rückblick fast wörtlich und verbuchte damit die Dopingkontrollen von Montreal ebenfalls als Ausweis erfolgreicher Abschreckung.[100] Das von Dugal und de Mérode bemühte Deutungsmuster beruhte auf starken Prämissen und folgte einer spezifischen Logik: Der Anteil an positiven Proben fungierte implizit als Parameter, welcher die Dopingverbreitung verlässlich widerspiegelte. Da der Prozentsatz positiver Proben gering war, wurde entsprechend auf eine niedrige Dopingprävalenz und einen weitgehend sauberen Sport geschlossen. Attribuiert wurde dies auf die angeblich abschreckende Wirkung von Verbot und Kontrolle.

Dieses Deutungsmuster wurde regelmäßig bemüht und mit den Ergebnissen der Sommerspiele von Moskau 1980 auf die Spitze getrieben. Dort wurde kein

---

99 Ebd., S. 387.

100 Vgl. Mérode, 1979, S. 16.

einziger Athlet positiv getestet. Der Leiter des Moskauer Dopingkontrolllabors, Viktor Rogozkin, gab in seinem Bericht zu den dortigen Kontrollen de Mérodes Deutung dieser Tatsache wieder:

„[...] the chairman of the Medical Commission of the IOC, Prince Alexandre de Mérode, stressed that the Olympic Games in Moscow had been the most ‚pure'. Proof of this is the fact that not one case of doping was registered."[101]

Im Hinblick auf Anabolikadoping beruhte diese Deutung auf der vollständigen Ausblendung der Tatsache, dass Athleten die Kontrollen leicht hintergehen konnten, indem sie anabole Steroide kurz vor dem Wettkampf ab- und durch das nicht nachweisbare Testosteron ersetzten. Beide Problematiken wurden bereits in den 1970er Jahren diskutiert und waren bekannt.[102] Die Deutung de Mérodes lässt sich daher kaum mit Unkenntnis erklären. Vielmehr handelte es sich um den Versuch, mit Hilfe von Kontrollstatistiken eine Version der Wirklichkeit zu konstruieren, wie sie für die Kommunikation erfolgreicher Anti-Doping-Politik und eines sauberen Sports generell nötig erschien.[103]

Diese „offizielle" Version der Wirklichkeit dürfte jedoch kaum ein Athlet als eine korrekte Beschreibung der Dopingrealität ernst genommen haben. Der geringe Anteil an positiven Proben wurde eher als ein Indikator dafür gesehen, dass die Konkurrenz Mittel und Wege gefunden hatte, die Kontrollen erfolgreich zu unterlaufen. Wie weit sich die persönliche Wahrnehmung von Athleten vom Deutungsmuster der Medizinischen Kommission unterschied, verdeutlicht ein Zitat des ungarischen Fechters Jeno Kamuti zu den Dopingkontrollen in Moskau:

101 Rogozkin, 1981, S. 158.

102 IOC-Präsident Brundage wurde von der Medizinischen Kommission bereits im Jahr 1971 darüber unterrichtet, dass der Nachweis von Hormonen schwierig sei, weil dopingwillige Athleten die Substanzen drei Wochen vor den Spielen absetzten und dadurch kein Nachweis mehr möglich sei (vgl. Protokoll Mitgliederversammlung, 11.-18.9.1971, S. 23, IOC-Archiv). Testosteron wurde seit 1977 in der Medizinischen Kommission hinsichtlich einer potentiellen Aufnahme in die Verbotsliste diskutiert (vgl. Protokoll Medizinische Kommission, 7.-8.4.1977, S. 5, IOC-Archiv, 203608). Im „Olympic Review" ist seit 1978 davon die Rede, dass Athleten anabole Steroide kurz vor dem Wettkampf durch das nicht nachweisbare Testosteron ersetzten, um einer positiven Dopingprobe am Wettkampftag zu entgehen (vgl. Howald, 1978, S. 299; Ferris, 1979, S. 338).

103 Vgl. dazu ausführlich Unterabschnitt 5.3.3.

„In 1980, at Moscow, 2,488 tests were carried out, of which 800 were aimed at proving that competitors had taken anabolic steroids. The results in all cases were negative. Does this mean that none of the competitors had used doping products? Certainly not. If the analysis proved negative, it was because the prospective athletes had stopped taking the drug two or three months before the Games."[104]

Das wissenschaftliche Entdeckungsinstrumentarium hatte das, was damals ohne technischen Aufwand deutlich zu erkennen war, nicht entdeckt. Kaum etwas erschüttert das Vertrauen in ein Kontrollsystem mehr, als wenn offensichtliche Normbrüche nicht erkannt und sanktioniert werden. Es war daher rational, wenn Athleten ihren Augen und Ohren mehr Glauben schenkten als der wissenschaftlichen Analytik, die nicht in der Lage schien, Doping verlässlich aufzudecken. Die Situation, vor der Athleten infolgedessen standen, brachte der englische Langstreckenläufer und ehemalige Weltrekordhalter über 5000 Meter, David Moorcraft, folgendermaßen auf den Punkt:

„If the governing bodies' rules cannot be enforced or […] cheating cannot be consistently detected, then a few coaches and athletes will set their own rules and the rest of the world has to decide whether to stick by its principles or to follow the drug-takers, justifying it on the grounds that ‚if you can't beat them, join them'."[105]

An der Ausschließlichkeit des analytischen Entdeckungsinstrumentariums hielt das IOC selbst dann fest, wenn für bestimmte Substanzen und Methoden gar keine analytischen Nachweismethoden zur Verfügung standen und daher per se nur andere Wege der Beweiskonstruktion in Frage kamen. Wie gesehen versuchte man das Problem nicht nachweisbarer Mittel lange Zeit dadurch zu umgehen, dass diese einfach nicht in die Dopingliste aufgenommen wurden und somit formal auch nicht verboten waren.[106] Dieses Vorgehen hatte zur Konsequenz, dass die Liste nicht mehr umfassend das widerspiegelte, was als moralisch verwerflich angesehen wurde. Im Zusammenhang mit dem Bekanntwerden von Blutdopingpraktiken hatte sich Beckett bereits 1976 in einer Sitzung der Medizinischen Kommission erkundigt, ob die Kommissionsmitglieder berechtigt seien, in Umkleideräumen nach Spuren von Injektionsanwendungen zu suchen. Der Vorschlag wurde damals jedoch als „unpraktikabel" abgelehnt.[107] Knapp zehn

---

104 Kamuti, 1984, S. 41.

105 Moorcroft, 1985, S. 635.

106 Vgl. Unterabschnitt 2.3.3.

107 Protokoll Medizinische Kommission, 12.2.1976, S. 1, IOC-Archiv, 203599.

Jahre später wurde die Medizinische Kommission im Zusammenhang mit bekanntgewordenen Blutdopingpraktiken im US-amerikanischen Radsport mit einer Resolution des NOK der USA konfrontiert.[108] Die Organisation wollte die Regeln dahingehend verändern, dass zukünftig nicht mehr zwingend eine positive Probe notwendig war, sondern nach entsprechenden Ermittlungen auch anderen Fakten Beweiskraft zukommen sollte. Damit kamen potentiell auch Beobachtungen bzw. Zeugenberichte in Frage.[109] Der Grund dafür war, dass Blutdopingpraktiken im amerikanischen Radsport offensichtlich waren, aber durch die Dopinganalytik als dem einzig legitimen Beweisweg nicht nachgewiesen und damit auch nicht sanktioniert werden konnten. Die Medizinische Kommission des IOC hielt jedoch, trotz der fehlenden Nachweismethode für Blutdoping, an der Ausschließlichkeit des analytischen Beweisverfahrens fest. Das IOC hätte, laut de Mérode, nicht die Funktion, Ermittlungen durchzuführen.[110] Des Weiteren wäre die Öffnung für andere Beweiswege grundsätzlich integritätsgefährdend für den Anti-Doping-Kampf. Das Kommissionsmitglied Eduardo Hay brachte die Gefahr in der Mitgliederversammlung folgendermaßen auf den Punkt: „[...] where no material proof could be brought, there is a danger of the Medical Commission being obliged to rely on allegations and enquiries and thereby losing its face."[111]

Die Gefahr wurde darin gesehen, dass man bei einem Rückgriff auf weniger objektive Beweiswege riskierte, falschen Beschuldigungen aufzusitzen. Hingegen provozierte Zurückhaltung schnell den Vorwurf der laxen Dopingbekämp-

---

108 Siehe zu diesem Skandal Gleaves, 2015a; Voy, 1991, S. 71 ff.; Unterabschnitt 2.3.3.

109 Zum genauen Ablauf der Vorgänge: Zunächst hatte der Vorsitzende der Anti-Doping-Kommission des NOK der USA (USOC) das IOC über Folgendes unterrichtet: „The USOC was now endeavouring to change the rules in order to make it unnecessary to have a scientific test to prove that blood doping had taken place, but to prove that the procedure had occurred. Something to the effect that ‚Evidence of positive cases may consist of observation and witness reports that doping has taken place'" (Protokoll Subkommission Doping und Biochemie, 18.-19.2.1985, S. 6, IOC-Archiv, Procès-verbal Commission Medicale 1985). Kurze Zeit später wurde dem IOC folgende Resolution des NOK mitgeteilt: „Any evidence comfirming, after an appropriate investigation, that the practice of blood doping was administered to an athlete will cause for punitive action [...]" (Schreiben Miller an USOC Exekutivkomitee, Protokoll Medizinische Kommission, 10.-11.4.1985, S. 30, IOC-Archiv, Procès-verbal Commission Medicale 1985; Hervorhebung im Original).

110 Vgl. Protokoll Mitgliederversammlung, 12.-17.10.1986, S. 66, IOC-Archiv.

111 Ebd.

fung. Um in dieser Dilemmasituation ein Zeichen nach außen zu setzen, entschied die Medizinische Kommission 1985 daher zum ersten Mal, mit Blutdoping eine analytisch nicht nachweisbare Methode in die Verbotsliste aufzunehmen.[112] Dieser Beschluss erfolgte jedoch, ohne dass dabei gleichzeitig andere Wege der Beweiskonstruktion über die Dopinganalytik hinaus Eingang fanden. Zwar konnten Athleten eine positive Probe auch bei wissenschaftlich nachweisbaren Substanzen leicht vermeiden, indem die Mittel rechtzeitig abgesetzt wurden. Blutdoping war jedoch unter der gegebenen Ausschließlichkeitslogik der Beweisführung unter keinen Umständen nachweisbar. Dasselbe galt auch für Peptidhormone, die vom IOC im Jahr 1989 auf die Verbotsliste gesetzt wurden.[113] Unter diese Wirkstoffgruppe fiel unter anderem das im Ausdauersport weitverbreitete EPO. Es ist daher nicht verwunderlich, dass der erste große EPO-Skandal der Dopinggeschichte 1998 bei der Tour de France durch Razzien der französischen Polizei aufgedeckt wurde und eben nicht durch die Dopinganalytik.[114]

Mit der Wahl eines bestimmten Entdeckungs- bzw. Beweisinstrumentariums fiel nicht nur die Entscheidung darüber, was sichtbar bzw. beweisbar gemacht werden konnte, sondern auch, wer als Schuldiger entdeckt wurde und wer nicht. Dopingkontrollen objektivierten den Normbruch am Körper des Athleten. Die Verantwortung für Dopingverstöße blieb daher in der Regel vollständig dort haften, wo der Normbruch entdeckt wurde, nämlich am positiv getesteten Athleten. Hingegen konnte die Beteiligung von Umfeldakteuren mit dem analytischen Zugriff von vornherein nicht beleuchtet werden. Hinweise auf Verstrickungen von Trainern, Sportmedizinern oder Funktionären konnten sich im Verfahren höchstens über die Anhörungen positiv getesteter Athleten ergeben. Die Protokolle der Medizinischen Kommission zeigen jedoch klar, dass fast ausschließlich Athleten bestraft wurden.[115]

112 Vgl. Protokoll Subkommission Doping und Biochemie, 18.-19.2.1985, S. 7, IOC-Archiv, Procès-verbal Commission Medicale 1985.

113 Vgl. Bericht der Medizinischen Kommission, 15.-16.4.1989, S. 7, IOC-Archiv, Procès-verbal Commission Medicale 1989-1990.

114 Vgl. Christiansen, 2005, S. 497; Brissonneau, 2015. Erst bei den Olympischen Spielen 2000 in Sydney wurden zum ersten Mal Bluttests auf EPO vorgenommen, nachdem zuvor ein Nachweisverfahren entwickelt worden war (vgl. Corrigan & Kazlauskas, 2000, 312 f.).

115 Eine seltene Ausnahme stellte die Sperre eines tschechoslowakischen Teamarztes bei den Olympischen Winterspielen 1976 dar. Dieser hatte einem Athleten ein Mittel

Außen vor blieben auch alle Vorgänge, die mit dem Handel und der Versorgung von Athleten mit Dopingmitteln zu tun hatten. Konkret wurde zwar in der Medizinischen Kommission ab Mitte der 1980er Jahre auf den Vertrieb leistungssteigernder Substanzen in Fitnessstudios aufmerksam gemacht, die mutmaßlich verstärkt über diesen Weg in den Leistungssport kamen.[116] 1988 wurde sogar eine Regel erlassen, die den Handel mit Dopingmitteln verbot.[117] Letztlich konnten solche Vergehen jedoch allein mit Dopingkontrollen gar nicht nachgewiesen werden.

Die Blindheit des Entdeckungs- und Beweisinstrumentariums im Hinblick auf die Mitwirkung von Umfeldakteuren zeigt sich retrospektiv auch am Beispiel der fehlenden Aufdeckung sogenannter „Vortests". Mit ihnen wollten dopingwillige Akteure sicherstellen, dass beim Wettkampf keine Spuren von verbotenen Mitteln mehr nachgewiesen werden konnten. Vortests stellten wohl die elaborierteste Strategie zur Vermeidung positiver Proben dar und erforderten ein komplexes Netz an Umfeldakteuren mit hoher wissenschaftlicher Expertise inklusive eines leistungsfähigen Labors, welches solche Tests durchführen konnte. Im Zuge von Berichten über Vortests[118] arbeitete die Medizinische Kommission einen Ethikcode für IOC-akkreditierte Labore aus, in dem verankert wurde, dass Dopingtests ausschließlich im Zusammenhang mit offiziellen Dopingkontrollen durchgeführt werden dürften.[119] In der DDR wurden Vortests wohl am systematischsten und umfangreichsten umgesetzt.[120] Durch den Fall des Dopingkontroll-

verschrieben, das die verbotene Substanz Codein enthielt (vgl. Protokoll Exekutivkomitee, 12.2.1976, S. 32 f., IOC-Archiv).

116 Vgl. Meeting with the Medical Commission of the International Weightlifting Federation, 11.4.1985. Anlage 15, Protokoll Medizinische Kommission, 11.-12.4.1985, S. 7, IOC-Archiv, Procès-verbal Commission Medicale 1985; Schreiben Donike an de Mérode, 29.10.1986, Anlage 17, Protokoll Subkommission Doping und Biochemie, 12-13.11.1986, IOC-Archiv, Procès-verbal Commission Medicale 1986, Vol. 2.

117 Vgl. Rule against the trafficking of prohibited drugs, Anlage 9, Protokoll Mitgliederversammlung, 13.-16.9.1988, S. 6, IOC-Archiv.

118 Vgl. Protokoll Medizinische Kommission, 12.8.1984, S. 64, IOC-Archiv, Procès-verbal Commission Medicale 1984.

119 Vgl. Anlage 5, Protokoll Medizinische Kommission, 24.-26.2.1987, IOC-Archiv, Procès-verbal Commission Medicale 1987. Siehe zur Einführung des Ethikcodes auch Krieger, 2016, S. 269 ff.

120 Zum DDR-Dopingsystem vgl. Berendonk, 1992; Spitzer, 1998; Latzel, 2009. Hinweise auf Vortests gibt es jedoch auch für die Sowjetunion (vgl. Riordan, 1993, S. 256) und die USA (vgl. Hunt, 2011, S. 68-70; Todd & Todd, 2001, S. 79). In der

labors in Kreischa lässt sich im Nachhinein klar konstatieren, dass im Rahmen des IOC-Akkreditierungsverfahrens letztlich nur die wissenschaftliche Leistungsfähigkeit von Laboren kontrolliert werden konnte. Bei der letzten Reakkreditierung ein Jahr vor der deutschen Wiedervereinigung wurde das DDR-Dopingkontrolllabor weltweit als eines der vier besten Labore eingestuft, während fünfzehn andere Labore schlechter bewertet oder gar nicht erst akkreditiert wurden.[121] Die Erkenntnisse zum DDR-Dopingsystem nach der Wende haben jedoch deutlich gemacht, dass der Erfolg des staatlich organisierten Dopings, bei dem insgesamt nur eine DDR-Athletin jemals mit einer positiven Probe auffiel,[122] wesentlich an den Vortests lag, die in Kreischa vorgenommen wurden.

Kurz zusammengefasst wurde mit der Reduzierung auf die Dopinganalytik als einzig legitimem Beweisweg der Normbruch konsequent auf positiv getestete Athleten hin singularisiert und systematisch alle Akteure ausgeblendet, die ebenfalls am Dopinggeschehen mitwirkten. Kontextbedingungen, überindividuelle Verstrickungen und komplexe Schuldzusammenhänge blieben so a priori unsichtbar. Doping wurde – dem athletenzentrierten Blick der Analytik entsprechend – unterkomplex zur Schuld von einzelnen. Die von den Soziologen Bette und Schimank akzentuierte Personalisierung der Verantwortung[123] hat vor allem in der Art und Weise ihren Ursprung, wie Doping entdeckt bzw. bewiesen wurde. Die Blindheit des Entdeckungs- und Beweisinstrumentariums für Verstrickungen ganzer Netzwerke wirkte entlastend auf das Dopingkontrollsystem. Durch die Fokussierung auf den einzelnen Athleten blieb nämlich die ganze Komplexität und Tragweite der Problematik von vornherein ausgeblendet.

Bundesrepublik gab es im Vorfeld der Olympischen Spiele von Los Angeles 1984 einen Fall, der Vortests sehr nahe kam: Dem Bahnradfahrer Gerhard Strittmatter wurde aus angeblich therapeutischen Gründen ein Depotpräparat verabreicht. Um sicherzustellen, dass er bei den Spielen nicht positiv auffallen würde, wurde er in Absprache mit Donike mehrfach kontrolliert, um die Ausscheidungsmenge der Metaboliten zu prüfen und so über eine Teilnahme an den Spielen entscheiden zu können (vgl. Krüger et al., 2014, S. 118).

121 Vgl. Reaccreditation Procedure 1989, Anlage 1, Protokoll Subkommission Doping und Biochemie, 5.2.1989, IOC-Archiv, Procès-verbal Commission Medicale 1989.

122 Vgl. Berendonk, 1992, S. 54.

123 Vgl. Bette, 2001; Bette & Schimank, 2006b, S. 20 ff.

4.3.5 Zum Umgang mit Berichten über systematisches Doping in der DDR

Die Regeln der Wahrheitsproduktion beim Doping spielten auch für das Verständnis des Umgangs von Sport und Politik mit Berichten über systematisches Doping in der DDR eine große Rolle. Der „Spiegel“ mutmaßte bereits im Jahr 1970, dass im Ostblock die Anabolikaeinnahme durch Ärzte überwacht werde.[124] Die Wochenzeitung erneuerte den Verdacht in einer Artikelserie zum DDR-Leistungssport im Vorfeld der Spiele in München 1972.[125] Ein Jahr später berichtete der geflohene DDR-Kugelstoßer Joachim Krug in der Bild-Zeitung selbst von seinen Erfahrungen mit zentral verordnetem Anabolikadoping.[126]

Die Sportwissenschaftler Pfetsch, Beutel, Stork und Treutlein führten in der ersten Hälfte der 1970er Jahre ein vom Bundesinstitut für Sportwissenschaft gefördertes Projekt zur Bestimmung von Faktoren der Leistungsentwicklung durch und gingen dabei auch auf die Frage von Doping in der DDR ein.[127] Unter Berufung auf ein Interview der französischen Sportzeitung „L'Équipe“ mit einem nicht genannten Trainer aus dem Ostblock mutmaßten die Autoren, „daß von Athleten aus der DDR Anabolika und Dopingmittel unter strenger Aufsicht der Ärzte verwendet werden“ und außerdem diese Mittel „mit den derzeit verwendeten Testmethoden nicht nachgewiesen werden können.“[128] Des Weiteren folgerten Pfetsch und Kollegen basierend auf Aussagen von Athleten und Trainern, Beobachtungen signifikanter körperlicher Veränderungen sowie sprunghafter Leistungssteigerungen in den leichtathletischen Wurfdisziplinen, dass dort in der Weltspitze in größerem Umfang Anabolika genommen würden.[129] Die beiden vom Bundesinstitut als Gutachter bestellten Sportmediziner Keul und Klümper kritisierten diese Ergebnisse heftig.[130] Keul brachte zum Ausdruck, dass es

124 Vgl. Der Spiegel, 30.3.1970, S. 178.

125 Vgl. Der Spiegel, 14.8.1972, S. 90.

126 Vgl. Bild, 6.11.1973. Siehe zu Berichten von DDR-Flüchtlingen über das Dopingsystem in der DDR auch Berendonk, 1992, S. 53; Singler & Treutlein, 2012, S. 132; Krüger et al., 2014, S. 87 f.

127 Der dem Bundesinstitut 1974 vorgeschlagene Manuskripttext ist an dopingrelevanten Stellen abgedruckt in: Singler & Treutlein, 2012, S. 358-364.

128 Ebd., S. 361.

129 Vgl. ebd., 361 ff.

130 Die Gutachten von Keul (vom 6.8.1974) und Klümper (vom 24.1.1975) sind komplett bzw. auszugsweise abgedruckt in: Singler & Treutlein, 2012, S. 364-366 bzw. 366-384.

nicht möglich sei, „aufgrund von Äußerungen in Tageszeitungen den Sportlern der DDR zu unterstellen, daß sie Medikamente nehmen und darüber hinaus noch zu behaupten, daß sie nicht nachgewiesen werden können.“[131] Klümper argumentierte ähnlich und stellte heraus, dass man Aussagen zur Verbreitung von Anabolika wie die von Pfetsch und Kollegen getätigten „vielleicht in der Boulevardpresse [...], aber nicht in einer wissenschaftlichen Arbeit“ machen könne. Belege könnten hier nicht vorgebracht werden mit dem Verweis auf die „subjektiven Aussagen eines Coaches oder eines Interviewabdrucks.“[132] Vielmehr wäre spätestens seit den umfangreichen Dopingkontrollen bei den Spielen in München 1972 „die Fata Morgana der großen unbekannten Mittel und auch nicht nachweisbaren Mittel endgültig gestorben“ und das Dopingproblem daher nun „fest im Griff der einschlägigen funktionstüchtigen analytischen Laboratorien.“[133]

Die Motive, die hinter diesen Gutachten steckten, dürften vielschichtig gewesen sein.[134] Interessant ist vor allem, *wie* Keul und Klümper die Ergebnisse von Pfetsch und Kollegen marginalisierten: Die Rezeption von Presseberichten und Interviews konnte leicht als naive Übernahme sensationsgesteuerter Medienberichterstattung abgewertet und in die Ecke von Gerüchten geschoben werden. Der von den Autoren präsentierte Zusammenhang zwischen Anabolika und der beispiellosen Leistungsexplosion im DDR-Sport konnte genauso als subjektiv und ambivalent abgetan werden wie der Zusammenhang zwischen Anabolika und den massiven körperlichen Veränderungen von Athleten. Der in den Gutachten angelegte Maßstab wissenschaftlicher Beweiskonstruktion entsprach grundsätzlich der Ausschließlichkeitslogik in der Dopingbekämpfung, nach der einzig den naturwissenschaftlich produzierten Laborergebnissen Beweiskraft zukam. Alle anderen empirischen Evidenzen konnten vor dem Hintergrund, dass bis zu diesem Zeitpunkt kein DDR-Athlet positiv getestet worden war, als unwissenschaftlich beiseitegeschoben werden.

Wie aus einem Bericht des Ministeriums für Staatssicherheit vom Oktober 1974 hervorgeht, stellte der Bundesnachrichtendienst eigene geheimdienstliche Untersuchungen an und kam dabei zu der Erkenntnis, dass Anabolika in der

131 Ebd., S. 365.

132 Ebd., S. 380.

133 Ebd., S. 376, 378.

134 Siehe zur Sichtweise von Keul und Klümper auf die Anabolikaproblematik im Sport ausführlich Unterabschnitt 3.4.3. Siehe dazu auch Singler & Treutlein, 2012, S. 357 f.

DDR zentral verordnet und geheime Forschung dazu betrieben werde.[135] Die in dem Dokument beschriebenen Tatsachen gelangten jedoch in dieser Form nie in die Öffentlichkeit. 1976 informierte der Kölner Sportmediziner Wildor Hollmann in einer öffentlichen Informationssitzung den Sportausschuss des Deutschen Bundestages auf der Grundlage von Berichten des geflüchteten DDR-Sportmediziners Alois Mader über unterschiedliche Stufen der Geheimhaltung sportmedizinischen Wissens in der DDR:

„In der obersten, strengsten Stufe stehen militärische Geheimnisse, nukleare Geheimnisse und sportmedizinische Forschung. Es stehen hohe Strafen auf jede Weitergabe von sportmedizinischen Forschungsergebnissen. […] Einer der maßgeblichen Forscher der DDR,

135 Im Dokument wurde unter anderem Folgendes wörtlich aus dem internen Bericht des Bundesnachrichtendienstes zitiert: „Am Forschungsinstitut für Körperkultur und Sport (FKS) der DDR ist im Juni 1974 eine neugebildete Forschungsgruppe mit der Aufgabe betraut worden, die Möglichkeiten der Leistungssteigerung im Hochleistungssport mit Hilfe leistungssteigernder Pharmaka zu untersuchen. Unter der Leitung von … soll diese Forschungsgruppe in erster Linie die einschlägige Wirksamkeit, Wirkungsdauer und Dosierung von Anabolika untersuchen. Diese Forschungsarbeiten sind auf Anordnung der Regierung streng geheim zu halten […]. In der DDR ist der Einsatz von leistungssteigernden Mitteln, die auf der internationalen Dopingliste stehen, grundsätzlich streng verboten. Man befürchtet bei Aufdeckung solcher Praktiken vor allem einen internationalen Skandal mit schädlichen Auswirkungen auf das politische Ansehen. Da Anabolika bisher nicht zu den Dopingmitteln gezählt werden, sich aber in fast allen Sportarten als leistungssteigernd erwiesen haben, soll ihr gezielter Einsatz jetzt auch durch einschlägige Forschungsarbeiten untermauert werden. Bisher gibt es in der DDR bei der Anwendung von Anabolika als leistungssteigernde Mittel nur empirische Erfahrungen. Dosierungshöhe und -dauer werden in den einzelnen Sportverbänden sehr unterschiedlich praktiziert. Jeder Verbandsarzt muß für das Trainingsjahr eine ‚Konzeption' zur Behandlung mit Anabolika erarbeiten, in der für jeden zu behandelnden Sportler Behandlungszyklus und Dosierung schriftlich festzulegen sind. Eine Kommission aus Fachärzten und Sportfunktionären muß jeden einzelnen Behandlungsfall genehmigen. Die Ausgabe der Anabolika erfolgt an die einzelnen ‚Sportärztlichen Hauptberatungsstellen' (SHB) direkt durch die Leitung des Sportmedizinischen Dienstes der DDR" (Ministerium für Staatssicherheit: Information über Spionagetätigkeit des Bundesnachrichtendienstes im Bereich der Sportmedizin der DDR, DOSB-Archiv, 2, Anlagen zum Gutachten von Prof. Franke). Siehe zu diesem Dokument auch Krüger et al., 2014, S. 88; Fischer-Solms, 2009, S. 114.

ein Dr. Mader, ist vor anderthalb Jahren von drüben nach hier geflohen und arbeitet heute als Mitarbeiter in meinem Institut. Wir kennen alle Details von ihm. [...] Wir kennen über die Leute alle Details, auch das berühmte so streng abgehaltene, selbst vor sowjetischen Kollegen abgeschirmte Forschungsinstitut in Leipzig. Dort gibt es ein Institut, da wird den Gästen [...] alles gezeigt und sie glauben, sie haben alles gesehen. In Wirklichkeit gibt es aber eine Treppe nach unten und unter der Erde befinden sich dann Labors, die nur mit Spezialkarten betreten werden dürfen. Da dürfen noch nicht einmal sowjetische Kollegen oder polnische Kollegen herein. Aber wir wissen, was sich dort abspielt. Wir kennen die Geräte, wir kennen die Zahl und die Ausbildung der Mitarbeiter und wir kennen die Forschungsfragen, die dort bestritten werden."[136]

Mader selbst konkretisierte ein Jahr später in der Zeitschrift „Leistungssport", dass es in den Ostblockstaaten eine „weitverbreitete [...] von der politischen Führung sanktionierte und ärztlich kontrollierte Anabolikaanwendung zur Steigerung der sportlichen Leistungen" gäbe, die aber „vor der Öffentlichkeit entweder mit Diskretion behandelt wird oder, wie im DDR-Leistungssport, strengen Geheimhaltungsvorschriften unterliegt."[137] In einer Veröffentlichung von 1978 zum DDR-Leistungssport berichtete der bundesdeutsche Sportjournalist Willi Knecht, einer der besten Kenner des DDR-Sports der damaligen Zeit, dass der positive Dopingtest der DDR-Kugelstoßerin Illona Slupianek ein Jahr zuvor als ein „Betriebsunfall" zu werten sei.[138] Das Dopingsystem sei derart organisiert, dass Substanzen normalerweise „nur zu genau vorgeschriebenen Zeiten mit gebührendem Sicherheitsabstand zu Wettkämpfen verabreicht werden."[139] Ein Jahr später berichteten die beiden geflüchteten DDR-Sportlerinnen Renate Vogel in der Zeitschrift „Schwimmsport"[140] und Renate Neufeld im „Spiegel" über die eigenen Erfahrungen im Kontext der zentral gesteuerten Dopingpraktiken in der DDR.[141]

Der ausführliche Spiegelbericht sowie eine weitere Veröffentlichung im Deutschland-Archiv hatten 1979 Abgeordnete der CDU/CSU-Fraktion veranlasst, im Rahmen einer Kleinen Anfrage die Bundesregierung über vorliegende

136 Öffentliche Informationssitzung in der 37. Sitzung des Deutschen Sportausschusses zum Stand der Sportwissenschaft und der Sportmedizin in der Bundesrepublik Deutschland, 17.3.1976, S. 96 f., PArchiv Berlin, Protokoll Nr. 37, -726-2450-.

137 Mader, 1977a, S. 137.

138 Knecht, 1978, S. 140.

139 Ebd., S. 139.

140 Vgl. Schwimmsport, 1979, 46, S. 987.

141 Vgl. Der Spiegel, 19.3.1979, S. 194-207.

Erkenntnisse zu „Leistungsförderung und Dopingmißbrauch in der DDR“ zu befragen. Die Bundesregierung antwortete kurz und knapp in einem Satz, dass sie über die genannten Publikationen hinaus keine eigenen Erkenntnisse dazu hätte.[142] Für die Opposition war diese Antwort ungenügend. Der Sportsprecher der CDU/CSU-Fraktion, Ferdi Tillmann, konstatierte, dass die sozialliberale Bundesregierung den Fragen ausweiche und mutmaßte:

> „Stört etwa schon die Frage nach Doping-Mißbrauch in der DDR die Entspannungspolitik der Bundesregierung? Gehört nicht der Hinweis auf die Wettbewerbsverzerrung durch erwiesene Praktiken der DDR in diesem Bereich des Leistungssports auch zur Beschreibung der ‚Lage der Nation‘?“[143]

Der Vorwurf des zentral gesteuerten Dopings hätte der auf Entspannung ausgerichteten Ostpolitik ab den 1970er Jahren sicher nicht entsprochen. Dennoch sollte dieses von der Opposition geäußerte Argument nicht überbewertet werden. Bis 1990 wurden von keiner Bundesregierung jemals Dopingvorwürfe gegenüber der DDR vorgebracht. Als Beweise hätte man sich primär auf Berichte republikflüchtiger Zeugen stützen müssen, die grundsätzlich unter dem Verdacht standen, als vom DDR-Regime Enttäuschte eine verzerrte Sichtweise zu transportieren. In der Dopingbekämpfung hatte man, wie gesehen, Zeugenberichten nicht zuletzt aufgrund der Gefahr der politisch motivierten Denunziation schon längst jegliche Beweiskraft abgesprochen. Zudem galt es zu bedenken, dass man auch von Seiten der DDR gegebenenfalls auf Dopingpraktiken in der Bundesrepublik hätte verweisen können, die in gewisser Weise sogar besser belegbar gewesen wären. Im Unterschied zu DDR-Athleten fielen bundesdeutsche Sportler nämlich gelegentlich mit positiven Dopingproben auf. Hinzu kam, dass nach den skandalträchtigen Vorgängen innerhalb der bundesdeutschen Mannschaft bei den Olympischen Spielen in Montreal 1976 sich nicht mehr nur Belege für individuelle Verfehlungen finden ließen, sondern auch für Verstrickungen von Trai-

---

142 Vgl. wörtlich: „Die Bundesregierung hat über die in den genannten Publikationen veröffentlichten Dopingpraxis [sic!] der DDR keine eigenen Erkenntnisse“ (Antwort der Bundesregierung auf die Kleine Anfrage der Abgeordneten Schäuble, Tillmann, Pfeifer, Jentsch und der Fraktion der CDU/CSU „Leistungsförderung und Dopingmißbrauch in der DDR, BT-Drucksache, 8 / 2850, S. 2).

143 Stellungnahme Tillmann zur Antwort der Bundesregierung auf die Kleine Anfrage der CDU/CSU-Bundestagsfraktion betr. „Leistungsförderung und Dopingmißbrauch in der DDR“, Pressedienst der CDU/CSU-Fraktion im Deutschen Bundestag, 12.5.79, BISp-Archiv, Doping A-D.

nern, Sportmedizinern und Funktionären.[144] So war man in der Bundesrepublik mit einem „Nichtangriffspakt“ besser beraten als mit unvorsichtigen Anschuldigungen gegenüber der DDR, die leicht eine Eskalationsdynamik hätten auslösen können, bei der Bumerangeffekte unvermeidbar gewesen wären.

Die Durchsicht der Protokolle der IOC-Mitgliederversammlungen, des Exekutivkomitees, der Medizinischen Kommission und des „Olympic Reviews“ zeigt, dass auch von Seiten des IOC keine Reaktion auf Berichte über systematisches Doping in der DDR erfolgte. In den Archivakten der Medizinischen Kommission finden sich jedoch durchaus Presseberichte über die leistungssteigernden Praktiken in der DDR. So wurde sowohl ein Bericht der französischen Sportzeitung „L'Équipe“ als auch der britischen Tageszeitung „The Times“ aufbewahrt. Beide hatten 1976 einen Artikel der Tageszeitung „Die Welt“ aufgegriffen und auf der Basis von Aussagen des geflohenen DDR-Turners Wolfgang Thüne sowie Maders über wissenschaftliche Experimente mit einem Kombinationspräparat berichtet.[145] Des Weiteren findet sich in den Akten ein großer Artikel über anabole Steroide aus der Zeitschrift „Women's Sports“. Darin berichteten die beiden geflüchteten DDR-Athletinnen, Renate Neufeld und Renate Vogel, ausführlich von der zwangsweisen Verabreichung von Steroiden.[146] So-

144 Es ging dabei zunächst um die Verabreichung von Spritzen zur sportlichen Leistungssteigerung (konkret um das Kombinationspräparat Cocarboxylase und Thioctacid) sowie um die sogenannte „Aktion Luftklistier“ – einem dubiosen Experiment, bei dem die Wasserlage von Schimmern dadurch verbessert werden sollte, dass der Darm mit Luft gefüllt wurde. Die Dopingdebatte spitzte sich dann im Laufe der Zeit auf die Anabolikaproblematik zu. Siehe zu den Vorgängen Meier & Reinold, 2013; Meier, Reinold & Rose, 2012, S. 221-228; Krüger et al., 2014, S. 86-107.

145 Vgl. L'Équipe, 26.8.1976; The Times, 27.8.1976. Beide Berichte finden sich im IOC-Archiv, 203611.

146 Vgl. Shuer, 1982. Der Artikel findet sich im IOC-Archiv, 203607. Darin ist über Renate Neufeld beispielsweise Folgendes zu lesen: „GDR track star Renate Neufeld, a member of the 400-meter relay team, defected in 1978. She brought along samples of tablets she was taking at her coach's insistence. They were analyzed at the West German Sports Institute in Cologne and found to be similar to Dianabol, a popular steroid in the West […]. Her coach, Gunther Klann, gave her the tablets shortly after that, telling her they were vitamins. He reminded her of her obligation to East Germany and told her that she could talk to the sports-club doctor if she had reservations about the pills. (Consulting an outside physician was against the rules). She was supposed to take the tablets for two to three weeks, then stop for ten days, then repeat the cycle […]. In April 1977 Neufeld made the East German Olympic team.

weit ersichtlich hat sich das IOC in der Zeit des Kalten Krieges niemals mit solchen Vorwürfen beschäftigt, geschweige denn Konsequenzen ergriffen. Es gehört nicht viel Spekulation dazu, um vorherzusagen, dass man von Seiten der DDR diese Vorwürfe bestritten, als Propaganda abgetan und im Gegenzug mit leicht zu findenden Belegen auf Dopingpraktiken im Westen verwiesen hätte. Um eine letztlich nicht entscheidbare sportpolitische Eskalation zu verhindern, war das IOC von Beginn der aktiven Dopingverfolgung an nicht bereit, etwas anderes als harte Laborergebnisse zu akzeptieren. Hinzu kam, dass sich das IOC in Zeiten des Kalten Krieges als neutraler Puffer zwischen den Blöcken mit idealerweise völkerverständigender Kraft sah. Die Blindheit des Entdeckungs- und Beweisinstrumentariums für komplexe Dopingverstrickungen kam dieser deeskalierenden Maxime entgegen: Entdeckt wurde der einzelne Dopingsünder, wohingegen auf die Kenntnisnahme von Verfehlungen eines ganzen (sport)politischen Systems a priori verzichtet wurde. Diese eingeschränkte Optik war insofern ein Mittel, um nicht beherrschbare Eskalationsdynamiken von vornherein auszuschließen und damit den Kalten Krieg im Bereich des Sports so weit wie möglich zu begrenzen.

She was becoming increasingly leery of taking the ‚vitamin‘ tablets and concerned about her ability to conceive and have children. She began to take the tablets randomly and finally stopped altogether. And when Klann asked her if she was taking them, she told him the truth. Retribution followed swiftly. Neufeld was prevented from competing in the Junior European Cup meet in Prague; her ‚salary‘, a stipend based on her victories and other accomplishments, was cut and she was warned she could lose her elite position as an athlete entirely. But Neufeld was determined not to take the tablets. Soon afterward she was pulled out of bed at six a.m. by plainclothes state security police and interrogated. At the same time her fiancé, a Bulgarian journalist Pentscho Spassov, was also interrogated. Both were released, but Neufeld was forbidden to see Spassov again. As soon as possible, they fled the country.“

5. Doping bekämpfen

5.1 Fragestellung, Quellenbasis und Vorgehen

Das letzte Hauptkapitel dieser Arbeit behandelt die Frage, welche Ansätze zur Lösung der Dopingproblematik ins Spiel gebracht wurden und wie sie anschlussfähig waren. Schon vor der Einführung von Kontrollen in den 1960er Jahren wurde über verschiedene Problemlösungsansätze diskutiert. Der Abschnitt 5.2 beschäftigt sich daher zunächst mit diesen frühen Überlegungen, deren Ursprünge in die erste Hälfte des 20. Jahrhunderts zurückgehen und sich vor allem in sportmedizinischen Abhandlungen finden.

Ab den 1960er Jahren wurden Dopingkontrollen zum wichtigsten Instrument in der Dopingbekämpfung. Sie transportierten ein Versprechen auf Problemlösung, wie es mit keinem anderen Ansatz in vergleichbarer Weise möglich schien. Nur so ist die erfolgreiche Einführung und enorme Ausweitung der Kontrollaktivitäten im letzten halben Jahrhundert zu erklären. Der Abschnitt 5.3 zielt daher in erster Linie auf die Frage, wie führende Akteure in der Anti-Doping-Politik des IOC über Dopingkontrollen in den 1960er und 1970er Jahren kommuniziert haben, dass sie zum wichtigsten Problemlösungsversprechen werden konnten. Dass die Kontrollaktivitäten ihre Funktion erfüllten, ließ sich zweifellos am besten mit einem Rückgang der Dopingproblematik plausibilisieren. Dafür wiederum wurden statistische Parameter in Form der Anzahl positiver bzw. negativer Proben herangezogen. Ganz abgesehen davon, dass Kontrollstatistiken nach Ansicht der meisten Experten kaum Aussagekraft hinsichtlich der tatsächlichen Dopingprävalenz haben,[1] geht es dieser Arbeit gar nicht um einen Abgleich

1 Dimeo & Taylor (2013) geben einen grundlegenden Überblick zur Problematik der Erhebung der Dopingprävalenz und betonen dabei, wie andere Wissenschaftler auch (vgl. Waddington, 2005; Mottram, 2005), die Differenz zwischen der scheinbar nied-

zwischen den Statistiken und der „eigentlichen" Dopingrealität. Die Zahlen werden, mit anderen Worten, nicht auf ihren „Wahrheitsgehalt" hin untersucht, sondern es geht um die Frage, wie sportpolitische Akteure solche Fakten gedeutet haben und welche Legitimierungs- und Wirklichkeitseffekte mit diesen Deutungen erzielt wurden.

Die Untersuchung bliebe unvollständig ohne die Analyse der Verantwortungs-, Kompetenz- und Zuständigkeitsbereiche für die Durchführung von Kontrollen. Die Organisationsstrukturen werden dabei nicht quasi-deterministisch als den Redeweisen und Handlungen vorgängig betrachtet. Die Akteure rekurrierten zwar – wie sich zeigen wird – erfolgreich auf grundlegende Axiome wie die Politikfreiheit des Sports oder sportverbandliche Autonomie, als handele es sich um vorgegebene, unveränderliche Strukturen. Verantwortungen, Kompetenzen und Zuständigkeiten sind jedoch als Produkte von Aushandlungsprozessen zu begreifen, die grundsätzlich in Rede und Gegenrede geschaffen wurden[2] und die es zu analysieren gilt.

Kontrollen waren ab den 1960er Jahren zwar der mit Abstand wichtigste, aber keineswegs der einzige Problemlösungsansatz. Vielmehr standen auch nach ihrer Einführung ergänzende Bekämpfungsstrategien zur Disposition. Der Blick richtet sich dafür in Abschnitt 5.4 auf die Anti-Doping-Politik in der Bundesrepublik. Auf nationaler Ebene hatten die Sportverbände und – als weiterer wichtiger Akteur – der Staat deutlich vielfältigere Möglichkeiten, Anti-Doping-Politik zu gestalten als das IOC, dessen unmittelbarer Einflussbereich sich stark auf die alle vier Jahre stattfindenden Olympischen Spiele beschränkte. Der Staat konnte beispielsweise über legislative Maßnahmen oder die sportverbandliche Förderung intervenieren. Gerade was die Verteilung von Ressourcen betrifft, sind die Vorschläge zur Dopingbekämpfung jedoch nicht ohne die Interessen von einzelnen Akteuren und Akteursgruppen zu verstehen. Gleichgültig welche Problemlösungsansätze dabei ins Spiel gebracht wurden, ihre Durchsetzung war stets von erfolgreicher Deutungsarbeit abhängig. Insofern gibt sich dieser Abschnitt nicht mit den Handlungszielen von Akteuren zufrieden, sondern nimmt wiederum zum

rigen Dopingprävalenz, welche die offiziellen Statistiken mit dem geringen Anteil von meist deutlich unter zwei Prozent positiver Proben suggerieren (vgl. Pitsch, 2009, S. 97), und der deutlich höheren Prävalenz, welche Wissenschaftler aus anderen empirischen Daten ableiten. Zur Schätzung der Dopingprävalenz wurde in den letzten Jahren insbesondere mit der Randomized Response-Technique gearbeitet, um Verzerrungen durch soziale Erwünschtheit bei Athletenbefragungen zu verhindern (vgl. Pitsch, Emrich & Klein, 2005; Pitsch, Maats & Emrich, 2009; Striegel, Ulrich & Simon, 2010).

2 Vgl. Steinmetz, 1993, S. 18.

Ausgangspunkt, dass erst in einer sprachlich auf spezifische Weise strukturierten Welt bestimmte Ansätze Sinn haben und anschlussfähig sind.

Um krisenhafte Momente in der Anti-Doping-Politik geht es schließlich in den Ausführungen zur Gründung der WADA (Abschnitt 5.5). Die WADA hat das IOC 1999 als führende Organisation im weltweiten Anti-Doping-Kampf abgelöst. Ohne Zweifel muss dieser historische Einschnitt als Krise des IOC begriffen werden. Der bloße Verweis auf eine Krise erklärt jedoch noch nichts. Vielmehr muss analysiert werden, wie konkret die Krise beschaffen war.[3] Zentral ist dabei erstens die Frage nach den zeitgenössischen Krisenerfahrungen und Defizitattribuierungen und zweitens nach den konkreten Zukunftserwartungen, die mit der WADA-Gründung verbunden waren. Dass die Ausführungen in diesem Abschnitt eher ausblickhaft erfolgen müssen, hat in erster Linie mit der eingeschränkten Quellenbasis zu tun: Aus Gründen der Sperrfrist konnten aus dem IOC-Archiv nur die Protokolle der Mitgliederversammlungen ausgewertet werden.[4] Wie in der Medizinischen Kommission und auch im Exekutivkomitee über die Probleme verhandelt wurde, geben so nur ansatzweise und indirekt die Diskussionen und Berichte in den Mitgliederversammlungen Aufschluss. Des Weiteren wird durch diese Einschränkung kaum deutlich, von wem die Krisendiagnosen ausgingen, sondern nur, was davon in den Mitgliederversammlungen ankam. Eine systematische Analyse von öffentlich vorgetragenen Forderungen und des kritischen Pressediskurses hätte den Rahmen dieser Arbeit jedoch gesprengt.

5.2 FRÜHE PROBLEMLÖSUNGSANSÄTZE

Der Blick richtet sich in diesem Abschnitt zunächst auf frühe Formen der Bekämpfung vor der Einführung von Kontrollen. Erzieherischen Aspekten kam dabei eine grundlegende Bedeutung zu.

3 Vgl. Föllmer, Graf & Leo, 2005, S. 23, 28 f.; Graf, 2005, S. 80.

4 Vgl. dazu ausführlich Unterabschnit 1.4.1.

5.2.1 Erziehung auf olympischer Ebene

Erziehung durch Idealisierung und Abschreckung

Als bei der IOC-Mitgliederversammlung 1962 zum ersten Mal über Doping von Seiten einer dafür neu gegründeten Kommission[5] berichtet wurde, nannte der brasilianische Arzt Ferreira Santos drei wichtige Bekämpfungsmaßnahmen: Erstens sollten ausgearbeitete Regularien geschaffen, zweitens Kontrollen eingeführt und drittens eine umfassende Aufklärungskampagne eingeleitet werden, um Athleten auf die schädlichen Nebenwirkungen von Doping aufmerksam zu machen.[6] Bereits kurz zuvor erschien ein Dopingartikel des italienischen Arztes Guiseppe La Cava, den das IOC als Generalsekretär des Weltverbandes der Sportmedizin und Anti-Doping-Pionier in Italien kontaktierte und mit dem die Dopingkommission künftig zusammenarbeiten sollte.[7] Die „einzige Lösung" des Dopingproblems bestehe, nach La Cava, darin, Athleten aufzuklären über die körperlichen und moralischen Schäden, die Doping in Form „unkontrollierter Erschöpfung" und „Minderwertigkeitskomplexen" hinterließe.[8] In den Jahren 1965 und 1966 berichtete Arthur Porritt als Vorsitzender der Dopingkommission zunächst in der Sitzung des Exekutivkomitees und später in der Mitgliederversammlung des IOC über Doping. Die Problematik könne letztlich nur durch langfristige Erziehungsmaßnahmen gelöst werden.[9] Wichtig erschien ihm, ers-

---

5 Zur Gründung der Dopingkommission siehe Protokoll Exekutivkomitee, 2.3.-3.3.1962, S. 3, IOC-Archiv.

6 Vgl. Protokoll Mitgliederversammlung, 5.-8.6.1962, S. 4, IOC-Archiv; Ferreira Santos & Carvalho Pini, 1963, S. 57.

7 Vgl. Bulletin du Comité International Olympique, 1962, Februar, 77, S. 46; Protokoll Mitgliederversammlung, 5.-8.6.1962, S. 4, IOC-Archiv. Das IOC hatte bereits seit der ersten Hälfte des 20. Jahrhunderts den internationalen Sportärztebund regelmäßig in medizinischen Angelegenheiten kontaktiert (vgl. Wrynn, 2004, S. 213). Siehe zu den ersten Kontrollen in Italien Abschnitt 4.2.

8 Vgl. wörtlich La Cava, 1962, S. 52 (Hervorhebung im Original): „Thus the only solution to the problem of doping [...] is to explain to the athletes the damage that such a practice does to their physique through an uncontrolled expenditure of energy, and to their morale by engendering an inferiority complex."

9 Im Bericht, der 1966 bei der Mitgliederversammlung vorgelegt (vgl. Protokoll Mitgliederversammlung, 24.-30.4.1966, Anlage 11, Report Committee on Doping. Sir Arthur Porritt, IOC-Archiv) und vier Monate später im Bulletin (vgl. Bulletin du Comité International Olympique, 1966, August, 95, S. 91) veröffentlicht wurde, hieß es wört-

tens auf die gesundheitlichen Gefahren inklusive körperlicher Abhängigkeit hinzuweisen.[10] Zweitens sei die ethisch-moralische Seite zu berücksichtigen. Doping sei unfair und ginge auf „Charakterschwäche“[11] bzw., La Cava aufgreifend, „Minderwertigkeitskomplexe“[12] zurück. Nicht zuletzt hätten Dopingfälle von sportlichen Vorbildern auch einen „verheerenden Einfluss“ auf die Jugend.[13]

Die genannten Verlautbarungen wurden alle im offiziellen Publikationsorgan des IOC veröffentlicht, das als das wichtigste Medium für die Vermittlung moralischer Botschaften der Olympischen Bewegung fungierte.[14] In der zweiten Hälfte der 1960er Jahre erschien dann eine Reihe von Artikeln zur Dopingproblematik von Personen außerhalb der Dopingkommission. 1967 stellte die Redakteurin des „Olympic Review“ und spätere Direktorin des IOC, Monique Berlioux, klar, dass sich der sportliche Wettkampf durch Doping auf einen Kampf zwischen Pharmaherstellern reduzierte und sich Sportler dadurch zu Sklaven von Scharlatanen machten.[15] Zwei Jahre später wies Berlioux auf den tragischen Tod des dänischen Radfahrers Jensen hin.[16] In demselben Jahr wandte sich der indische Arzt Oza explizit an die Athleten. Er brachte zum Ausdruck, dass man im olympischen Sport nur mit seinen natürlichen Voraussetzungen um

---

lich: „[...] the problem of doping can be met only by a long-term education policy stressing the physical and moral aspects of the subject“.

10 Vgl. wörtlich Porritt, 1965a, S. 48: „It is also true that any drug with a definite pharmacological effect in the required direction is potentially toxic and therefore dangerous. [...] Continued use of stimulants (or depressants) automatically leads to increased dosage and so a habit is set up which is the first stage of addiction.“

11 Vgl. wörtlich ebd.: „On the ethical or moral side, it is the weakness of character which allows an intent to obtain an unfair advantage“.

12 Vgl. wörtlich ebd.: „One good point to make is that the taking of drugs is in itself an expression of an inferiority complex.“

13 Vgl. wörtlich ebd.: „Socially, the example of drug-taking by sports heroes can, if known or even suggested, have possibly a devastating effect on the record-crazy youth of today.“

14 Siehe zur Funktion des Publikationsorgans für das IOC Wagner & Pedersen, 2014, S. 165.

15 Vgl. wörtlich Berlioux, 1967, S. 2: „Finally, and this is much more serious, there is the fact that a whole crowd of scholars and above all of charlatans entering the lists could turn the sportsman into a slave. The battles in the halls, on the tracks, on the road and in the water would be reduced to an indirect fight between dope and dope producers.“

16 Vgl. Berlioux, 1969, S. 562.

den Sieg kämpfen dürfe. Die Einnahme künstlicher Hilfsmittel hingegen sei ein Abfall von der olympischen Idee.[17] Die langfristigen Konsequenzen konkretisierte Oza in drastischen Worten: Athleten könnten ihre Natürlichkeit und Intelligenz verlieren, so dass sie ihr Leben in einem verwirrten Zustand, faul und indifferent führten. Besonders tragisch sei das, weil sie eigentlich zu Höherem berufen seien.[18] Zwei Jahre später bekräftigte er diese idealtypische Überhöhung: Athleten müssten nicht zu leistungssteigernden Substanzen greifen, sondern stünden über den Anstrengungen, Belastungen und Misserfolgen des täglichen Lebens.[19]

Erziehung erfolgte in den genannten Verlautbarungen und Publikationen im „Olympic Review", prägnant zusammengefasst, durch Polarisierung: Auf der einen Seite wurde das Ideal des wahren olympischen Athleten gezeichnet. Dessen Glorifizierung erfolgte mit typischen Werten des Sports wie Gesundheit, Fair Play, Natürlichkeit, Charakterstärke und Eigenleistung, die Athleten zu breit akzeptierten Vorbildern für die Jugend machten. Am anderen Ende der moralischen Skala befanden sich dopende Sportler, die in möglichst abschreckenden Farben gezeichnet wurden. Dazu gehörte die unmissverständliche Darstellung der gesundheitlichen Verfallserscheinungen bis hin zum Tod. Doper wurden dabei auch des Öfteren in die Nähe von Drogenabhängigen gerückt. Damit rekurrierte man auf bestimmte stereotype Vorstellungen, die neben den körperlichen auch psychische und soziale Verfallserscheinungen beinhalteten. Die moralische Fallhöhe könnte kaum größer gezeichnet werden als durch die Konstruktion des Ideals vom gesunden und moralisch integren olympischen Athleten einerseits und dem Drogenabhängigen als Gegenentwurf andererseits.

---

17 Vgl. Oza, 1969, S. 210.

18 Vgl. wörtlich Oza, 1969, S. 211 f.: „Drugs may deprive the athletes of their natural feelings and actions; they may lead their life in a confused state; it may not be a dynamic life. They may become lazy and indifferent towards leading the life of a sportsman. They may loose their natural smartness and intelligence [...]. I would prefer to class the athletes as a ‚better race' on the surface of the earth [...]. I would never wish then, that we should be deprived of such fine, healthy persons as a result of doping."

19 Vgl. wörtlich Oza, 1971, S. 179: „An athlete is above the stresses, strains and failures of everyday life. To overcome these hardships he should under no circumstances opt for drugs. An athlete's natural build-up is enough to keep him or her sufficiently healthy and vigorous for achieving glory on the field of sports."

Erziehung versus Kontrolle

Neben die Erziehung traten in den 1960er Jahren weitere Maßnahmen. Porritt schlug in seinem ersten Kommissionsbericht die Einführung von Regularien, Kontrollen und Sanktionen vor. Interessanterweise hielt er jedoch diese weitergehenden Schritte eigentlich nicht für die „richtige Antwort", sondern lediglich für kurzfristig erforderliche „Notmaßnahmen".[20] Auch IOC-Präsident Brundage sah die Einführung von Kontrollen zunächst, wie gesehen, eher skeptisch als Zeichen eines degenerierten Amateursports.[21] Obwohl beide diese anfänglichen Vorbehalte nicht näher erläuterten, dürften sie vor allem darin begründet gewesen sein, dass man sich mit der Einführung von Kontrollen und Sanktionen weg vom klassischen Erziehungsgedanken des Olympismus hin zu einem Problemlösungsansatz bewegte, den die beiden Sporthistoriker Jedlicka und Hunt als „catch and punish policy" bezeichnen.[22] Ein solcher Richtungswechsel hatte unvermeidliche Kehrseiten: Erstens signalisierte die Notwendigkeit von Kontrollen und Sanktionen, dass mit der olympischen Realität etwas grundlegend nicht in Ordnung war. Zweitens wurde damit offensichtlich, dass das Dopingproblem nicht mehr allein durch Erziehungsmaßnahmen bewältigt werden konnte, sondern künftig härter durchgegriffen werden musste. De facto bedeutete die Einführung eines durchaus ungewöhnlichen Systems der Überwachung und Bestrafung eine Abkehr von aufgeklärter Pädagogik und Moralerziehung. Im Lichte des Olympismus als Erziehungsidee konnten Kontrollen und Sanktionen daher nicht als wünschenswert erscheinen, sondern stellten nur die Ultima Ratio dar, weil die erzieherischen Bemühungen bisher nicht zum erhofften Erfolg geführt hatten. Inwiefern ein so scharf kontrollierter Bereich wie der Hochleistungssport weiterhin pädagogisch wertvoll sein kann, ist eine grundlegende Frage, die im Exekutivkomitee, in der Mitgliederversammlung oder der Medizinischen Kommission jedoch nicht ausführlich diskutiert wurde. Der tiefe Widerspruch zwischen Erziehung auf der einen und Überwachung und Bestrafung auf der anderen Seite war überzeugten Verfechtern des Olympismus wie Brundage und Porritt zwar nicht entgangen, Vorbehalte gegen Kontrollen zeigten sich jedoch nur

---

20 Im Bericht, der beim Treffen des Exekutivkomitees 1965 vorgelegt (Protokoll Exekutivkomitee, 11. & 14.4.1965, S. 4) und im Publikationsorgan des IOC (Porritt, 1965a, S. 48) kurz danach veröffentlicht wurde, hieß es wörtlich: „Sanctions are not the real answer (which is a moral one) but some emergency, and one hopes temporary, measures would seem urgently called for."

21 Vgl. dazu Abschnitt 3.2.

22 Jedlicka & Hunt, 2013, S. 1532.

andeutungsweise zu Beginn der Diskussionen und verschwanden bald vollständig hinter dem scheinbar Notwendigen und Unabänderlichen.

5.2.2 Abschreckung durch Verbot und Strafe

Bevor Kontrollen eingeführt werden konnten, mussten zunächst Anti-Doping-Regularien geschaffen werden. Die Geschichte der Regulierung von Doping geht zwar zurück bis in die erste Hälfte des 20. Jahrhunderts, die meisten Sportverbände begannen damit jedoch erst in den 1960er und 1970er Jahren. In der Bundesrepublik stellte sich die Situation, laut einer Umfrage des DSB, im Jahr 1969 folgendermaßen dar: Von den 42 angeschriebenen nationalen Spitzenverbänden hatten nur der BDR, der DLV, der Deutsche Amateur-Box-Verband sowie die Deutsche Reiterliche Vereinigung Anti-Doping-Bestimmungen in ihren Satzungen verankert. Von den internationalen Dachverbänden wiesen zu diesem Zeitpunkt, laut Umfrage, acht Anti-Doping-Bestimmungen auf (Amateurboxen, Fußball, Kanu, Leichtathletik, Radfahren, Reiten, Rudern, Moderner Fünfkampf).[23] Auffällig hierbei ist, dass es sich, mit Ausnahme von Fußball, ausschließlich um Einzel- sowie um Sommersportarten handelte.[24]

Die bloße Existenz von Anti-Doping-Regularien sollte nicht überbewertet werden. Inhaltlich umfassten sie bis in die 1970er Jahre hinein meist nur wenige Zeilen und kamen kaum über eine vage Definition und kurze Verurteilung von Doping hinaus. Teilweise ist von Sanktionen in Form von Disqualifikation bzw. Ausschluss die Rede, wobei die Dauer meist nicht weiter präzisiert wurde.[25] Die IAAF behielt sich in der Regelung von 1928 allerdings einen dauerhaften Ausschluss von leichtathletischen Amateurwettkämpfen vor[26] und sprach sich noch 1971 für eine lebenslange Sperre aus.[27] Der DLV wies in seiner Anti-Doping-

23 Vgl zur Umfrage BArchiv Koblenz, B 322 / 9.

24 Vgl. Reinold, Becker & Nielsen, 2012, S. 158 f.

25 Vgl. zu frühen Anti-Doping-Bestimmungen von Sportverbänden Unterabschnitt 2.2.1.

26 Vgl. wörtlich: „Doping is the use of any stimulant not normally employed to increase the power of action in athletic competition above the average. Any person knowingly acting or assisting as explained above shall be excluded from any place where these rules are in force, or, if he is a competitor, be suspended for a time or otherwise, from participating in amateur athletics under the jurisdiction of this federation" (IAAF, 1928, zitiert in: Vettenniemi, 2010, S. 421).

27 Vgl. Olympic Review, 1970, November-December, 38-39, S. 653.

Regel von 1959 ebenfalls auf die Möglichkeit einer dauerhaften Sperre hin.[28] Im Radsport sollten nach den Bestimmungen des BDR von 1956 und 1963 „Helfer", die sich der Verabreichung von Dopingsubstanzen schuldig gemacht hatten, mit Lizenzentzug auf Lebenszeit bestraft werden.[29]

Ob die Androhung dieser sportlichen Höchststrafe jedoch Wirkungen bei dopingwilligen Sportlern und Umfeldakteuren hinterließ, war wesentlich davon abhängig, ob sie tatsächlich realistisch und glaubwürdig erschien.[30] Nur wenn Sportler und Umfeldakteure es wirklich für möglich hielten, dass erstens der Regelbruch potentiell aufgedeckt werden könnte und zweitens die Sportorganisationen auch entschlossen wären, dies zu tun, hätte die Drohung zum gewünschten Erfolg geführt. Eine offenkundig leere Drohung hingegen – egal wie schwer die angedrohte Strafe auch sein mochte – hielt kaum jemanden vom Doping ab, weil er nicht damit rechnete, entdeckt und bestraft zu werden. Daher war die Glaubwürdigkeit der Drohung unerlässlich für ihren Erfolg. Genau darin lag jedoch die Problematik: Solange Doping nicht kontrolliert wurde, konnten die Sportorganisationen dopingwilligen Akteuren in keiner Weise glaubhaft machen, dass die Einnahme leistungssteigernder Substanzen tatsächlich eine Sanktionierung nach sich ziehen könnte. Es gab mit anderen Worten bis weit in die zweite Hälfte des 20. Jahrhunderts keinen Grund, die Strafandrohungen wirklich ernst zu nehmen.

Es bleibt Spekulation, ob man innerhalb der Sportorganisationen wirklich überzeugt war, Athleten vom Doping abhalten zu können, ohne die Sanktionsdrohung tatsächlich irgendwann wahr machen zu müssen. Durch die besonders harte lebenslängliche Sperre in der Leichtathletik (und für Umfeldakteure auch im Radsport) sollte jedenfalls die größtmögliche Drohkulisse aufgebaut werden. Die in diesem Zusammenhang bedeutsame Frage nach der Verhältnismäßigkeit einer solchen Strafe stellte sich damals noch nicht, weil Doping gar nicht verfolgt und daher auch niemand bestraft wurde. Auch die meist unpräzise formulierten Sanktionen stellten noch kein rechtliches Problem dar. Egal wie unangemessen oder unpräzise die Strafen formuliert waren – sie blieben ohne die praktisch-rechtlichen Folgeprobleme, die entstanden wären, wenn Verstöße tatsächlich geahndet worden wären. Solange die Regeln nicht kontrolliert wurden, stell-

28 Darin hieß es wörtlich: „Jeder, der bei Wettkämpfen derartige Mittel verwendet, wird durch den Rat der IAAF zeitweilig oder dauernd von der Teilnahme an Amateurwettkämpfen ausgeschlossen" (DLV, 1959, Regel 16, Ziffer 2).

29 Vgl. BDR, 1956, Ziffer 243 c; BDR, 1963, Ziffer 29 c.

30 Vgl. Lamnek, 2007, 24 f.; Paris, 1998, S. 17 f.

ten die formal festgelegten Sanktionen lediglich Drohgebärden auf rein rhetorischer Ebene dar.

Das veränderte sich erst mit der beginnenden Verfolgung von Dopingvergehen ab den 1960er und 1970er Jahren. Das Strafmaß wurde nun allmählich in den einzelnen Regularien ausdifferenziert bzw. dem Verhältnismäßigkeitsgrundsatz nach abgemildert. Im Radsport war beispielsweise in den Bestimmungen des BDR von 1956 und 1963 noch undifferenziert von Lizenzentzug (bzw. für Helfer von lebenslänglichem Lizenzentzug) die Rede,[31] während dann 1968 in Anlehnung an die Regelungen des internationalen Dachverbands differenziertere Strafen vorgesehen waren. Sie reichten für Athleten und Helfer gleichermaßen von einer einmonatigen Sperre beim ersten, über eine dreimonatige beim zweiten, einer einjährigen beim dritten und einer lebenslänglichen beim vierten Vergehen.[32] Die Anti-Doping-Regularien veränderten, kurz zusammengefasst, mit der aktiven Verfolgung von Dopingvergehen ihre Funktion als Drohgebärden auf rhetorischer Ebene hin zu justiziablen Regelwerken, die nun weder beliebig ausdeutbar sein noch dem Verhältnismäßigkeitsgrundsatz widersprechen durften.

5.2.3 Verheimlichung von Wissen als Präventionsstrategie

Eine andere, bereits vor der Einführung von Kontrollen diskutierte Präventionsstrategie wurzelte in der Überzeugung, dass ein fundiertes Wissen über leistungssteigernde Substanzen nicht nur wissenschaftlich notwendig und wichtig, sondern auch potentiell gefährlich sei, falls es in die Hände von dopingwilligen Sportlern gelangte. Das von Experten generierte und kommunizierte Wissen über die Wirkungen bestimmter Mittel präzisierte nämlich zugleich das Wissen für deren Nutzbarmachung beim Doping.[33] Pharmakologische Studien, wie sie gerade in der sportmedizinischen Forschung auch mit leistungsfähigen Sportlern durchgeführt wurden, stellten mit anderen Worten potentielle Handreichungen für Dopingpraktiken dar.

Der Sportwissenschaftler Andreas Singler wies darauf hin, dass Sportmediziner daher bereits in der ersten Hälfte des 20. Jahrhunderts versuchten, die Verbreitung solcher Wissensbestände über enge wissenschaftliche Zirkel hinaus möglichst gering zu halten. Durch diese Strategie der Nichtthematisierung vor dem öffentlichen Laienpublikum versuchte man zu verhindern, dass dopingrele-

31 Vgl. BDR, 1956, Ziffer 243 a & c; BDR, 1963, Ziffer 29 b & c.

32 Vgl. BDR, 1968, Ziffer 29 b; UCI, 1968, Artikel 25, S. 4.

33 Vgl. Körner, 2012, S. 85.

vantes Wissen in die falschen Hände gelangte.[34] Eine ähnliche Präventionsstrategie verfolgte auch Werner Ruhemann als Präsident des Deutschen Sportärztebundes Anfang der 1950er Jahre. Nachdem diese Organisation unter seiner Präsidentschaft eine abstrakte Wesensdefinition von Doping aufgestellt hatte, kamen Forderungen nach einer genau spezifizierten Liste auf. Ruhemann begegnete diesen nicht nur mit dem Argument der grundsätzlichen Unvollständigkeit von Listen,[35] sondern wandte zudem ein, dass man „mit solcher Veröffentlichung all denen einen wundervollen Gefallen tun [würde], die Dopingmittel benutzen wollen."[36] Mit einer Konkretisierung, so die dahinterstehende Überlegung, würde man nämlich implizit dopingwilligen Laien eine Liste an Möglichkeiten zur pharmakologischen Leistungssteigerung an die Hand geben. Diese Befürchtung findet sich in modifizierter Form auch in anderen sportmedizinischen Veröffentlichungen der 1950er Jahre. Der Münchener Sportarzt Franz Friedrich nahm in seinem frühen sportmedizinischen Lehrbuch von 1950 bewusst Abstand von einer konkreten Aufzählung von Dopingsubstanzen.[37] Vier Jahre später diskutierte er in einem in der „Sportmedizin" erschienenen Artikel zwar einige Dopingsubstanzen, hielt es aber gleichzeitig für angebracht, „wenn in sportlichen Laienabhandlungen möglichst wenig oder besser gar nichts geschrieben wird."[38] Der Berliner Pharmakologe Hans Seel hielt eine Abhandlung über Dopingmittel selbst in einem speziellen sportmedizinischen Lehrbuch für bedenklich.[39]

Mit der Einführung von Kontrollen in den 1960er Jahren erfolgte schließlich aus praktischen und rechtlichen Gründen der Wechsel zur extensionalen Dopingdefinition über eine Liste.[40] Daher konnte sich die Geheimhaltung nun nicht mehr auf die Substanzen an sich beziehen, sondern höchstens auf ihre Nachweisbarkeit. In der Medizinischen Kommission des IOC wurde daher 1967 bei den Diskussionen um die ersten Kontrollen für die Olympischen Spiele ein Jahr

34 Vgl. Singler, 2012, S. 28.

35 Vgl. dazu Unterabschnitt 2.2.4

36 Ruhemann, 1954, S. 12.

37 Vgl. Friedrich, 1950, S. 312.

38 Friedrich, 1955, S. 22.

39 Vgl. wörtlich Seel, 1956, S. 398: „Eine Abhandlung über ‚Dopingmittel', selbst in einem Lehrbuch für Sportmedizin, erweckt ernsthafte Bedenken, da ein solches Buch nicht nur medizinischen Fachkräften zugänglich ist, sondern auch den sporttreibenden medizinischen Laien, und gerade von diesen gelesen wird; dieser Abschnitt müßte ihn geradezu zum Gebrauch von Dopingmitteln anleiten."

40 Vgl. dazu Unterabschnitt 2.3.1.

später herausgestellt, dass über die Substanzen, auf welche die Tests zielten, möglichst Stillschweigen zu bewahren sei, um zu verhindern, dass Athleten auf nicht nachzuweisende Mittel auswichen.[41] De facto war aber zu diesem Zeitpunkt bereits eine Studie zu den Nachweisverfahren erschienen, mit denen bei den Spielen getestet werden sollte.[42] Der Leiter des Labors in Mexiko-Stadt, Eduardo Hay, kritisierte diese Veröffentlichung in seinem Abschlussbericht zu den Kontrollen bei den Spielen 1968:

> „The technique proposed by Dr. Beckett was published in an internationally read magazine. It is obvious that the drugs mentioned in Dr. Beckett's work would not then be used for doping. A cursory knowledge of vapor phase chromatography would allow choosing other drugs that could never be identified by this technique."[43]

Zweifellos präzisierte das Wissen über die verwendeten Nachweisverfahren zugleich die pharmakologischen Ausweichmöglichkeiten, mit denen ohne Entdeckungsgefahr weiterhin gedopt werden konnte. Ein US-amerikanischer Gewichtheber beschrieb, wie das Verbot und die neu eingeführten Kontrollen die Dopingpraxis mit Amphetaminpräparaten beeinflusste:

> „What ban? Everyone used a new one [...]. They couldn't pick it up in the test they were using. When they get a test for that one, we'll find something else. It's like cops and robbers [...]."[44]

Nach der Einführung von Dopingkontrollen stellte die gezielte Verwendung von nicht nachweisbaren Mitteln für dopingwillige Athleten die vielleicht wichtigste Strategie dar, um positive Tests zu vermeiden. Nachdem bei den Olympischen Spielen in Montreal 1976 zum ersten Mal auf anabole Steroide getestet wurde,[45] ersetzten Athleten diese Substanzen wenige Wochen vor dem Wettkampf durch das damals nicht nachweisbare Testosteron. Dieses Problem wurde bald auch in-

---

41 Vgl. Basis for discussion for the meeting of the IOC Medical Commission, 20.12.1967, S. 1, IOC-Archiv, 203603.

42 Vgl. Beckett, Tucker & Moffat, 1967.

43 General report presented by Dr. Eduardo Hay, Oktober 1968, S. 15-16, IOC-Archiv, 203682.

44 Anon. zitiert in: Berlioux, 1969, S. 561.

45 Verbot und Kontrolle wurden 1974 beschlossen (vgl. Protokoll Medizinische Kommission, 6.4.1974, S. 8, IOC-Archiv, 203602).

nerhalb des IOC diskutiert.[46] Nachdem beschlossen worden war, bei den Spielen 1984 mit einem neu entwickelten Nachweisverfahren auf Testosteron zu testen,[47] wurde jedoch wiederum klar, dass Athleten beim Doping bereits auf das nicht nachweisbare Wachstumshormon als muskelaufbauende Substanz zurückgriffen.[48] Die meisten dopingwilligen Athleten wussten entweder selbst über die Nachweisbarkeit einzelner Substanzen Bescheid oder wurden von naturwissenschaftlichen Experten unterstützt, welche die in wissenschaftlichen Publikationen detailliert beschriebenen Nachweisverfahren einschätzen konnten. Spätestens nach ersten positiven Tests auf vormals nicht nachweisbare Mittel waren alle informiert. Der ursprüngliche Gedanke, Hinweiseffekte durch die Geheimhaltung der Nachweisverfahren zu vermeiden, erwies sich daher schnell als unrealistisch.

5.2.4 Relativierung und Negierung leistungssteigernder Effekte als Präventionsstrategie

Neben der Verheimlichung stellte die Relativierung der leistungssteigernden Wirkung von Dopingmitteln eine ähnlich gelagerte Präventionsstrategie dar. Bei hohem Erfolgsdruck hat vielleicht genau dasjenige Argument die größten Chancen gehört zu werden, das dem Sportler plausibel zu machen versteht, dass Do-

46 Die Aufnahme von Testosteron in die Liste der verbotenen Substanzen wurde in der Medizinischen Kommission 1977, d.h. ein Jahr, nachdem man begonnen hatte, auf anabole Steroide zu testen, zum ersten Mal diskutiert (vgl. Protokoll Medizinische Kommission, 7.-8.4.1977, S. 5, IOC-Archiv, 203608). Donike berichtete 1981 in der Subkommission Doping und Biochemie von inoffiziellen Tests auf Testosteron, welche zu experimentellen Zwecken bei den Spielen in Moskau und Lake Placid 1980 durchgeführt worden waren und deren Ergebnisse „wahrscheinlich auf eine weite Verbreitung dieser Substanz bei Männern und Frauen schließen" lassen (vgl. Protokoll Subkommission Doping und Biochemie, 20.-22.5.1981, S. 2, IOC-Archiv, Procès-verbal Commission Medicale 1981-1983). Beckett beschrieb in einem Brief an de Mérode den Grund für die Konjunktur dieser Dopingpraxis: „The escalating misuse of testosterone [...] is undermining the whole basis of our dope control because competitors are increasingly using natural hormone rather than anabolic steroids for which we can test and have banned" (Schreiben Beckett an de Mérode, 5.2.1982, Anlage 9, Protokoll Medizinische Kommission, 6.-7.2.1982, IOC-Archiv, 203607).

47 Vgl. Protokoll Medizinische Kommission, 23.-24.5.1982, S. 11, IOC-Archiv, 203607.

48 Vgl. Schreiben Beckett an de Mérode, 9.12.1983, IOC-Archiv, 203610.

ping eigentlich gar nicht die gewünschten Effekte hat.[49] Im Folgenden wird sich zeigen, dass eine Reihe von namhaften Sportmedizinern die Möglichkeit der pharmakologischen Leistungssteigerung beim austrainierten Athleten negierte oder zumindest relativierte.

Frohwalt Heiss, erfahrener Olympiaarzt und erster Vorsitzender des 1950 wiedergegründeten Deutschen Sportärztebundes,[50] wandte sich vor den Olympischen Spielen 1952 an seine Kollegen mit der Bitte,

> „daß ‚Präparate zur Verbesserung der Leistungsfähigkeit', die in ihrer Wirkung zweifelhaft sind, von den deutschen Spitzenkönnern ferngehalten werden. Der Sportsmann muß durch hartes Training den Glauben an seine Leistung bekommen und darf seine Hoffnung nicht auf Pillen oder Tropfen setzen. Die Ernährung soll ebenfalls einfach und zweckmäßig bleiben, da nicht zu erwarten ist, daß durch eine bessere Verköstigung die Leistungsfähigkeit gesteigert wird."[51]

Lassen sich die Zweifel in diesem Zitat noch auf „Ernährung" beziehen, so negierte Heiss kurze Zeit später beim ersten deutschen Sportärztekongress explizit die leistungssteigernden Wirkungen von Dopingmitteln.[52] Noch Mitte der 1960er Jahre brachte der damals wohl bekannteste deutsche Sportmediziner und Präsident des Deutschen Sportärztebundes, Herbert Reindell, anlässlich des ersten bundesdeutschen Symposiums zur Dopingproblematik zum Ausdruck, „dass keine chemische Substanz in der Lage ist, eine sichere und effektvolle Leistungssteigerung im Wettkampf bei gesunden Sportlern hervorzurufen."[53]

---

49 Vgl. Bette & Schimank, 2006a, S. 324.

50 Bereits bei den Olympischen Spielen in Amsterdam 1928 führte Heiss größere Reihenuntersuchungen zu Sportschäden am Bewegungsapparat durch. 1932 wurde ihm die sportärztliche Betreuung der deutschen und österreichischen Olympiamannschaft in Los Angeles, 1936 der deutschen Olympiamannschaft bei den Winterspielen in Garmisch-Partenkirchen und nach dem Krieg bei den Sommerspielen in Helsinki 1952 übertragen (vgl. Klaus, 1963, S. 240).

51 Heiss, 1952, S. 26.

52 Vgl. wörtlich Heiss (Diskussionsbeitrag Heiss in Meier, 1953, S. 113): „Ich glaube nicht, dass man die Höchstleistung eines Sportlers mit derartigen Mitteln höhertreiben kann." Heiss bezog sich in diesem Zusammenhang vor allem auf koffeinhaltige Präparate mit aufputschender Wirkung.

53 Vgl. Reindell, 1966, S. 46.

Der österreichische Sportmediziner Ludwig Prokop hatte eigene Studien zur leistungssteigernden Wirkung von Dopingmitteln durchgeführt und kam 1957 zu dem Ergebnis, dass es sich größtenteils um Placeboeffekte handele:

> „Auf Grund unserer Untersuchungen glauben wir zu dem Schluß berechtigt zu sein, daß mit Ausnahme weniger Mittel [...] ein positiver Effekt zum großen Teil auf einen autosuggestiven Wirkungsmechanismus zurückgeführt werden kann. Dies gilt zweifellos [...] auch bei wiederholter Gabe der sogenannten massiven Dopingmittel[54]. Das sollte den ‚Unbeirrbaren' vor allem im Radsport, in der Schwerathletik und im Fußball doch zu denken geben. Der Placeboversuch wird damit zum stärksten physiologischen Argument gegen das Doping überhaupt."[55]

In den folgenden Jahren fehlte in kaum einer von Prokops Veröffentlichungen der Hinweis, dass die leistungssteigernde Wirkung von Substanzen vornehmlich auf einem autosuggestiven Effekt beruhe und eine Einnahme daher unnötig sei.[56] Als Mitglied der Medizinischen Kommission des IOC sorgte er dafür, dass dieses Argument auch in ausführlicher Form Eingang fand in die offizielle Dopingbroschüre für die Olympischen Spiele 1972 in München.[57] Es ist offensichtlich, dass Prokop mit der Placebothese ein pädagogisches Ziel verfolgte. Gleichzeitig schließt dies nicht aus, dass daneben auch echte naturwissenschaftliche Überzeugung eine Rolle spielte. Außerdem konnte die fehlende Wirksamkeit vor dem Hintergrund von gegenteiligen Meinungen[58] nicht plausibel behauptet werden, ohne eine schlüssige wissenschaftliche Begründung dafür zu liefern. Der einflussreiche Aufsatz des bekannten US-amerikanischen Anästhesisten Henry Beecher aus dem Jahr 1955[59] markierte den Beginn einer größeren Auseinandersetzung mit dem Placeboeffekt.[60] Prokops Rekurs auf die Placebowirkung war daher gut anschlussfähig.

---

54 Damit waren in erster Linie stark aufputschende Amphetamine gemeint.

55 Prokop, 1957, S. 621. Siehe zur Placebowirkung auch die Studie von Prokop & Radbauer, 1966.

56 Vgl. Prokop, 1962, S. 252; Prokop, 1964, S. 268 f.; Prokop, 1966a, S. 60; Prokop, 1966b, S. 99; Prokop, 1968a, S. 2810; Prokop, 1968b, S. 283; Prokop, 1970, S. 130; Prokop, 1975, S. 85.

57 Vgl. IOC, 1972, S. 15.

58 Sportler beispielsweise, die Dopingmittel verwendeten, waren natürlich von der leistungssteigernden Wirkung überzeugt.

59 Vgl. Beecher, 1955.

60 Vgl. Craen et al., 1999, S. 512 f.

Die wissenschaftliche Skepsis bezüglich der Wirksamkeit von Substanzen beim gesunden, austrainierten Athleten hatte jedoch eine weitaus längere Tradition. Bereits 1930 stellte Otto Riesser, Direktor des Instituts für Pharmakologie an der Universität Breslau, die Frage, ob medikamentöse Beeinflussung im Sport möglich sei. Er zählte lediglich Phosphate, Koffein, Theobromin und Kalksalze zu den potentiell leistungssteigernden Substanzen. Einschränkend bemerkte er jedoch:

„Am meisten wird man mit diesen Mitteln erzielen können bei solchen Leuten, die körperlich nicht auf der Höhe sind. Bei gut trainierten Sportsleuten wird man nicht viel erwarten dürfen. Denn stärker als jedes Medikament ist die Übung als ein Mittel der Gewöhnung an die Ermüdungsgifte und als eine Methode, die in harmonischem Zusammenwirken alle für die Leistung erforderlichen Funktionen durch üben fördert, während jedes Medikament letzthin doch nur Teilprozesse beeinflusst und außerdem nie ganz ohne mehr oder weniger erwünschte Nebenwirkungen ist. [...] Die medikamentöse Beeinflussung der sportlichen Leistung wird, so kann man es kurz sagen, nur bei Störung der Leistungsfähigkeit in Frage kommen.“[61]

Diese Zweifel hatten tiefere naturwissenschaftliche Gründe, die sich auch bei einer Reihe von klassisch arbeitsphysiologischen Studien zu unterschiedlichen Substanzen zeigten, so unter anderem zu Pervitin, das bis zum Aufkommen von Anabolika als das effektivste Dopingmittel galt. Nachdem die Substanz 1938 auf den Markt kam, wurden am renommierten Dortmunder Kaiser-Wilhelm-Institut für Arbeitsphysiologie empirische Studien durchgeführt.[62] Unter Pervitineinfluss wurde zwar eine teilweise beträchtliche Mehrarbeit festgestellt, jedoch müsse die Wirksamkeit, den Ergebnissen des Arbeitsphysiologen Otto Graf zufolge, differenziert werden: Die Substanz wirke ausgesprochen günstig bei denjenigen Arbeiten, bei denen normalerweise Schwierigkeiten aufträten.[63] Die Arbeiten hingegen,

„die in Höchstform ausgeführt werden, [...] sind entweder nicht mehr steigerungsfähig, oder sie werden sogar in ihrem reibungslosen Ablauf gestört. Es ist eine alte Erfahrung im pharmakologischen Arbeitsversuch, dass durch Übung hochgezüchtete Leistungen besonders empfindlich sind; offenbar beruht die hohe Leistung hier auf einem besonders feinen

61 Riesser, 1930, S. 541 f. Zur weitverbreiteten Ansicht, dass austrainierte Sportler von Dopingmitteln nicht profitieren könnten, siehe auch Singler, 2012, S. 35 f.

62 Vgl. Lehmann, Straub & Szakáll, 1939; Graf, 1939c.

63 Vgl. Graf, 1939c, S. 703.

Zusammenspiel der verschiedenen Funktionen, jede Veränderung wirkt hier leicht als Störung."[64]

Entsprechend zeigte die Wirkungsstärke des Pervitins starke Schwankungen.[65] Auch andere arbeitsphysiologische Studien kamen zu dem Ergebnis, dass der Ausgangszustand des Individuums einen zentralen Einfluss darauf habe, ob und wie stark Substanzen leistungssteigernd wirkten.[66]

Diese Forschungsergebnisse waren von prokybernetischen Vorstellungen zur Physiologie des Körpers durchdrungen. Aufbauend auf der Idee der „physiologischen Arbeitsteilung" des 19. Jahrhunderts,[67] hatte der US-amerikanische Physiologe Walter Cannon in seinem einflussreichen Werk „The Wisdom of the Body" von 1932 den Körper als selbstregulierendes System beschrieben.[68] Sein Konzept der Homöostase, das zu einem zentralen Begriff in der Trainingslehre wurde, postulierte eine durch chemische Wirkstoffe und andere Prozesse stabilisierte und regulierte Organisation des Körpers. Als funktional differenziertes System wurde dessen interne Koordinierung durch Rückkopplungsmechanismen gewährleistet. Die körperliche Funktionsfähigkeit beruhte auf einem dynamischen Gleichgewichtszustand, bei dem die einzelnen Teile des Systems nicht unabhängig voneinander arbeiteten, sondern sich gegenseitig beeinflussten und eine harmonische Einheit bildeten. Diese prokybernetischen Vorstellungen waren auch der Schlüssel zum Verständnis körperlicher Höchstleistung.[69] Während verminderte Leistungsfähigkeit oder Krankheit auf eine gestörte Gleichgewichtslage zurückgeführt wurde, befand sich der zur Höchstleistung fähige Athletenkörper in einem harmonischen Gleichgewichtszustand, bei dem die einzelnen physiologischen Prozesse dank optimierter Regulationsmechanismen fein und reibungslos aufeinander abgestimmt waren. Eine pharmakologische Beeinflussung von außen hingegen griff, diesen Vorstellungen nach, auf künstliche Weise in diese sensiblen selbstregulativen Prozesse ein und drohte so den durch

64 Graf, 1939c, S. 704.

65 Vgl. Graf, 1939c, S. 705.

66 Siehe beispielsweise die Arbeitsversuche von Graf (1939b, S. 385, 389; 1939a, S. 341, 343 ff.) mit Koffein und Cardiazol, Kinzius (1950, S. 245) zu Adrenalin, Prolingheuer & Scholz (1953, S. 1220) zum männlichen Sexualhormon, Ehrenberg (1948, S. 47) zu Phosphat. Zur Bedeutung der Ausgangslage für den pharmakologischen Arbeitsversuch allgemein Graf, 1939a.

67 Vgl. Tanner, 1998, S. 143.

68 Vgl. dazu und zum Folgenden ebd.; Stoff, 2012, S. 188 ff.

69 Vgl. Beamish & Ritchie, 2005a, S. 420.

Training erreichten Optimalzustand zu beeinträchtigen. Im Unterschied zum untrainierten, schwachen oder kranken Körper wurde die pharmakologische Intervention am austrainierten Athletenkörper daher mehr als störende denn als leistungssteigernde Maßnahme begriffen.

Wenn Sportmediziner von eigenen Beobachtungen über Dopingpraktiken berichteten, wurde daher differenziert zwischen Untrainierten bzw. nicht im Vollbesitz ihrer Kräfte stehenden Sportlern auf der einen Seite, und austrainierten, auf dem Höhepunkt ihrer Leistungsfähigkeit befindlichen Sportlern auf der anderen. Der Sportmediziner Hans Hoske wies beim ersten Kongress des Deutschen Sportärztebundes 1952 darauf hin, dass Dopingmittel dann eingesetzt würden, wenn die Sportler den Anforderungen nicht gewachsen seien oder Störungen im körperlichen, geistigen oder seelischen Bereich vorlägen.[70] Im Hinblick auf Hormone machte Ruhemann darauf aufmerksam, dass ihre Verwendung bei Sporttreibenden in erster Linie in der Annahme geschähe, „daß sie in geschlechtlicher Beziehung sich keine Beschränkungen aufzuerlegen brauchen."[71] 1954 untersuchte der Medizindoktorand Oskar Wegener in Freiburg bei Reindell die Wirkungen der vier Dopingmittel Koffein, Strychnin, Veriazol und Pervitin. Einleitend zu seiner Dissertation bemerkte Wegener, dass es meistens nicht „die durch Training gut vorbereiteten Sportler [sind], die gedopt werden, sondern die etwas über dem Durchschnitt stehenden Sportler, die auf diese Weise das fehlende Training auszugleichen suchen."[72] Diese Feststellung war kompatibel mit naturwissenschaftlichen Vorstellungen zur Physiologie körperlicher Spitzenleistung: Dopingmittel vermochten höchstens die Leistung zu steigern, wenn Defizite, beispielsweise in Form von fehlendem Training, bestanden, aber kaum beim austrainierten, im Vollbesitz seiner Kräfte befindlichen Sportler.

Ausgesprochen günstig wirkten Medikamente bei Krankheiten. Der Internist Helmut Dennig diskutierte in einem Vortrag, gehalten beim deutschen Sportärztelehrgang 1953, unterschiedliche Mittel zur Leistungssteigerung und stellte nicht nur einen Unterschied in der Wirkungsweise abhängig vom Trainingszustand fest, sondern auch, dass manches ausschließlich beim Kranken wirke nicht aber beim Gesunden.[73] Medikamente wurden für die Behandlung von Krankheiten entwickelt und ihre Wirkungen galten daher in erster Linie im therapeutischen Bereich als gesichert. Diese Sichtweise teilte auch Arthur Jores, Rektor der Universität Hamburg, Endokrinologe und Mitbegründer der wissenschaftli-

70 Vgl. Hoske, 1953, S. 21.

71 Ruhemann, 1953a, S. 26.

72 Wegener, 1954, S. 6.

73 Vgl. Dennig, 1954, S. 40.

chen Psychosomatik. Jores hielt auf dem Kongress des Deutschen Sportärztebundes 1957 einen Vortrag zu endokriner Regulation und Leistung. Bezüglich der Wirkung von Testosteron führte er aus, dass sich eine Leistungssteigerung bekanntermaßen dann erzielen lasse, wenn Störungen wie Eunuchoidismus oder altersbedingte Leistungsschwäche vorlägen. Zur Frage, ob auch sportliche Leistung durch androgene Hormone verbessert werden könne, habe er keine Literatur finden können.[74] Insgesamt äußerte sich Jores jedoch skeptisch: Man dürfe nicht den Fehler machen,

> „die Leistung nur als Folge hier des richtig funktionierenden endokrinen Systems zu betrachten. Dominierend und letzten Endes maßgebend für die richtige Funktion des endokrinen Systems dürfte immer wieder nur die innere Einstellung des Menschen zu dieser Leistung sein. Das endokrine System steht im Dienste dieser Leistung und wird von diesem höheren Ziel her richtig oder falsch gesteuert. Wenn wir das Primat des Psychischen hier richtig einschätzen, werden wir auch erkennen, dass es kaum eine Möglichkeit geben wird, von der Seite des endokrinen Systems her hier steigernd auf die Leistung einzuwirken, immer unter der Voraussetzung, dass in diesem endokrinen System keine anatomischen oder funktionellen Schädigungen vorliegen."[75]

Jores' Betonung des „Primat des Psychischen" stellte keineswegs eine randständige Sichtweise eines Psychosomatikers dar, sondern findet sich in modifizierten Formen auch in anderen Quellen. Der Bonner Physiologieprofessor Walter Thörner beispielweise betonte in seinem für Sportler und Erzieher geschriebenen Werk „Biologische Grundlagen der Leibeserziehung" zum Thema Doping, dass

> „stärker als manche der erwähnten materiellen Mittel[76] *seelische Faktoren* die Leistung […] erhöhen: freudige Stimmung, Begeisterung, Eifer im Wettkampf, Trieb zur Erhaltung des Lebens, Wille zur Pflichterfüllung, zur Erreichung eines Zieles, zum Sieg. Diese seelischen Kräfte können ihren Träger über seine physiologischen Leistungsgrenzen hinaus fortreißen bis zu organischen, ja tödlichen Schäden, wie bei dem Siegesboten von Marathon."[77]

Thörner rekurrierte hier auf ein seit der Antike angelegtes Menschenbild, das der Seele den Primat gegenüber dem Körper einräumte. Danach war der Mensch ein

74 Vgl. Jores, 1958, S. 54 f.

75 Ebd., S. 56 f.

76 Damit waren Dopingmittel gemeint.

77 Thörner, 1959, S. 312. Hervorhebung im Original.

zur Selbstbewegung fähiges Wesen, das aus eigenem Antrieb heraus handelte. Der Mensch funktionierte nicht nach einem Reiz-Reaktionsmechanismus, bei dem endogen produzierte Hormone oder exogen zugeführte pharmakologische Substanzen Leistung auf triviale Weise determinierten. Die Relativierung der leistungssteigernden Wirkung von Dopingmitteln wurde also unter anderem durch ein Menschenbild plausibilisiert, das über Jahrhunderte die Seele über den Körper gestellt hatte und mit dem Wissenschaftler auch um die Mitte des 20. Jahrhunderts noch argumentieren konnten.

Mit solchen Relativierungen zogen Sportmediziner auch gegen laienhaften Wunderglauben und Scharlatanerie zu Feld. In der Presse fanden sich immer wieder Berichte über Mittel mit wundersamer Wirkung. Über den Boxweltmeister im Halbschwergewicht, Adolf Heuser, berichtete die „Berliner Zeitung" im Jahr 1949 beispielsweise, dass er „vor jedem Kampf aus einer geheimnisvollen Flasche trank und dann wie eine Maschine kämpfte."[78] Ohne Zweifel wurden diese mythischen Vorstellungen auch von Seiten der Wissenschaft befeuert. Des Öfteren wurde beispielsweise behauptet, bestimmte Substanzen könnten das Training ersetzen. Der Mediziner Rudolf Ehrenberg etwa machte in der vielgelesenen „Deutschen Medizinischen Wochenschrift" 1948 darauf aufmerksam, dass sich durch eine gezielte Phosphatzufuhr von außen eine Steigerung der Leistungsfähigkeit erreichen ließe, und zwar „ohne den für die Durchführung eines Trainings geforderten hohen Kalorienbedarf". Aufgrund seiner physiologischen Wirkungsweise sei Phosphat als ein „umfassendes Training" zu klassifizieren.[79] Die Arbeitsphysiologen Klein und Weis stellten fest, dass Ultraviolettbestrahlung Anpassungen ermögliche, „die weitgehend dem körperlichen Training ähneln".[80] Vergleichbares konstatierten Heim und Klavis für Vitamin C, sowie Wildhagen für Phoselit.[81] An der Deutschen Sporthochschule in Köln wurden in den 1950er Jahren im Rahmen von Diplomarbeiten eine Reihe von Substanzen gezielt auf trainingsähnliche Wirkungen hin getestet[82] und teilweise als trainingsäquivalente Formen der Leistungssteigerung klassifiziert.[83] Im Gegensatz dazu warnten andere Sportmediziner wie beispielsweise Josef Nöcker explizit

78 Berliner Zeitung, 31.3.1949.

79 Ehrenberg, 1948, S. 46.

80 Klein & Weis, 1953, S. 85.

81 Vgl. Heim, 1954, S. 11; Klavis, 1955, S. 213; Wildhagen, 1952, S. 83.

82 Vgl. Settegast, 1953; Wick, 1953; Struck, 1954; Rottke, 1954; Kolkow, 1955; Wegener, 1956.

83 So zum Beispiel ein intravenös injizierbares Honigpräparat (vgl. Wick, 1953, S. 37) und Inosit (vgl. Kolkow, 1955, S. 27 ff.).

vor „mystischen Vorstellungen“ zur Ernährung und betonten, dass sportliche Höchstleistungen nur durch ein „intensives und zweckmäßiges Training“ erreicht werden könnten.[84] Auch Hoske brachte deutlich zum Ausdruck, dass man nicht nach „Wunderstoffen“ zu suchen bräuchte, die es nicht gäbe, sondern Leistung von jedem ein „fortgesetztes Bemühen“ verlange.[85]

Neue Wirkstoffe wurden also auf der einen Seite als Triumph der Wissenschaft begeistert aufgenommen und ihre Wirkungen im Sport in utopischen Farben ausgemalt. Auf der anderen Seite misstraute man nicht nur allzu weitgehenden pharmakologischen Eingriffen, sondern dämpfte auch die Erwartungen bezüglich der leistungssteigernden Wirkungen bei austrainierten Sportlern. Wissenschaftler waren, mit anderen Worten, damit beschäftigt, die Potenziale der neuen Substanzen zu intensivieren und zugleich wieder zu relativieren. Im Hinblick auf die Eindämmung der Dopingproblematik fungierte die Relativierung als eine wichtige pädagogische Strategie, die gleichzeitig wissenschaftlich anschlussfähig war: Die Existenz von leicht trivialisierbaren pharmakologischen Utopien, die Konjunktur des Placeboeffekts, das jahrhundertealte Primat der Seele gegenüber dem Körper, der klassische Anwendungsbereich von Medikamenten bei Krankheiten, der austrainierte Athletenkörper als ein perfekt harmonierendes, pharmakologisch nicht mehr steigerungsfähiges System – all dies war Teil eines Diskurses, innerhalb dessen sich die pädagogische Strategie der Relativierung wissenschaftlich plausibilisieren ließ.

Exkurs: Relativierung und Negierung leistungssteigernder Effekte am Beispiel anaboler Steroide

Präsent blieb diese Strategie in modifizierter Form auch in der zweiten Hälfte des 20. Jahrhunderts, und zwar vor allem, was die Diskussionen um anabole Steroide betraf. Die internationale Forschungslage zu dieser Substanzklasse stellte sich besonders in den 1960er und 1970er Jahren kontrovers dar: In einer Metanalyse von 1984 werteten die beiden Mediziner Haupt und Rovere 25 Studien aus, die zum Thema anabole Steroide und sportliche Leistung durchgeführt worden waren, und stellten bezüglich der leistungssteigernden Effekte divergierende Ergebnisse fest.[86] Zu einem ähnlichen Ergebnis kam auch der Sportmediziner Taylor sieben Jahre später: Circa die Hälfte der etwa zwanzig Studien im Zeitraum zwischen 1965 und 1976 zeigten leistungssteigernde Effekte, die andere Hälfte

84 Nöcker, 1954, S. 305. Vgl. auch Nöcker, 1956, S. 97; Thörner, 1959, S. 161.

85 Hoske, 1954, S. 24.

86 Vgl. Haupt & Rovere, 1984.

hingegen nicht.[87] In den Jahren 1975 und 1976 wurde sowohl innerhalb des amerikanischen als auch des britischen Sportärztebundes die Steroidproblematik auf mehreren Treffen diskutiert. Die Meinungen bezüglich der leistungssteigernden Wirkungen waren ebenfalls geteilt.[88]

Dass viele Studien die leistungssteigernden Effekte nicht erkannten, lag zum Teil an der Verabreichung von lediglich therapeutischen Dosierungen, die wesentlich geringer ausfielen als diejenigen, die Sportler in der Regel zu sich nahmen.[89] Ein weiterer Grund war die anfangs unbekannte Tatsache, dass der gewünschte anabole Effekt nur bei gleichzeitig adäquatem Training eintritt. Die meisten Studien, in denen die Probanden parallel kein Training durchgeführt hatten, konnten dementsprechend auch keine leistungssteigernden Wirkungen nachweisen, während sich bei denjenigen Studien, bei denen die Probanden während der Einnahme gleichzeitig trainierten, zumeist positive Effekte zeigten. Die Untersuchungen stellten damit das aus der ersten Jahrhunderthälfte bekannte Paradigma, nach dem Dopingmittel vor allem bei körperlichen Defiziten wirkten, regelrecht auf den Kopf: Anabole Steroide steigerten nämlich gerade dann die sportliche Leistung, wenn sich der Sportler voll im Training befand.[90]

Manche Sportmediziner vermuteten hinter den skeptischen Sichtweisen bezüglich der leistungssteigernden Effekte weniger wissenschaftliche Gründe als vielmehr präventive Absichten. Der Sportmediziner Alois Mader, der 1974 aus der DDR geflüchtet war und dort detaillierte Kenntnisse über die Wirkungen anaboler Steroide bei Sportlern erlangt hatte, brachte seine Meinung diesbezüglich 1977 folgendermaßen auf den Punkt:

> „Im Falle der anabolen Steroide im Sport habe ich den begründeten Verdacht, daß aus präventiven Absichten der leistungssteigernde Effekt in gewissen sportlichen Disziplinen negiert, dafür aber die Nebenwirkungen und Gefahren übertrieben werden, nur um ethische Prinzipien […] zu unterstützen."[91]

Wie Mader ist auch Taylor davon überzeugt, dass Sportmediziner in den 1970er Jahren in präventiver Absicht ein „falsches Dogma"[92] verbreiteten und anabole Steroide aus Gründen der Dopingprävention als unwirksam einstuften. Taylor

87 Vgl. Taylor, 1991, S. 30 f.

88 Vgl. ebd., S. 24-28.

89 Vgl. ebd., S. 27; Todd, 1987, S. 97.

90 Vgl. Singler, 2012, S. 59.

91 Mader, 1977b, S. 16.

92 Taylor (1991, S. 24) spricht von einem „false dogma".

machte dies nicht zuletzt an den offiziellen Stellungnahmen des amerikanischen und des britischen Sportärztebundes fest. Trotz der kontroversen Diskussionslage und gegenteiliger Evidenzen äußerten sich beide Organisationen betont skeptisch bezüglich einer möglichen Leistungssteigerung mit anabolen Steroiden.[93]

Solche Einschätzungen widersprachen jedoch den Erfahrungswerten von Athleten. Im Zuge der bundesdeutschen Dopingdiskussionen nach den Sommerspielen in Montreal 1976 entbrannte bei einer Anhörung von Sachverständigen im Sportausschuss des Deutschen Bundestages eine Kontroverse zwischen Endokrinologen, Sportmedizinern und Sportlern über die Frage, ob anabole Steroide leistungssteigernde Effekte im Sport hätten.[94] Die These, dass durch die Substanzen kein Muskelzuwachs zu erreichen sei, hielt der bundesdeutsche Sprinter Manfred Ommer aus persönlichen Erfahrungen heraus

> „für ausgeschlossen. Das ist bei jedem Athleten meßbar. Darüber werden auch private Aufzeichnungen in einem Trainingsbuch geführt. Man sieht innerhalb von kurzer Zeit nach der Einnahme von Anabolika den Kraftzuwachs [...].“[95]

In der Grundsatzerklärung für den Spitzensport, in denen der DSB 1977 ethische Leitlinien formulierte, wurde die leistungssteigernde Wirkung von anabolen Steroiden als „umstritten“ bezeichnet, wie überhaupt medikamentöse Leistungssteigerung „eher auf Suggestiveffekte oder auf Placebowirkungen zurückzuführen“ sei. Diese Feststellung führte zum Appell, dass grundsätzlich im Sport „auf Medikamente verzichtet werden“ könne.[96]

Vorstellungen über die leistungssteigernde Kraft des männlichen Sexualhormons haben eine lange Geschichte. Es gibt kaum Substanzen, welche die Fantasie vergangener Zeiten so beflügelten und dabei des Öfteren auch utopische Züge annahmen.[97] Allzu optimistische Berichte von Sportlern über die Wirkungen von anabolen Steroiden ließen sich daher anfangs leicht als naive Laienvorstellungen ohne harte naturwissenschaftliche Empirie marginalisieren. Athleten in den kraft- und schnellkraftorientierten Sportarten spürten jedoch schnell am

93 Vgl. ebd., S. 24 ff.

94 Vgl. Protokoll über die Anhörung von Sachverständigen in der 6. Sitzung des Sportausschusses, 28.9.1977, S. 47 ff., 61. Siehe zu den Hintergründen dieser Sitzung Unterabschnitt 5.4.2.

95 Protokoll über die Anhörung von Sachverständigen in der 6. Sitzung des Sportausschusses, 28.9.1977, S. 61.

96 DSB, 1977a, S. 11.

97 Vgl. Hoberman, 1994, S. 172; Hoberman, 2005a.

eigenen Körper, welche außergewöhnlichen Effekte damit erzielt werden konnten. Die Substanzen erwiesen sich seit ihrem Eindringen in den Leistungssport ab den 1950er Jahren als die mit Abstand effektivsten Mittel, die von Sportlern bis dahin verwendet worden waren. Wenn Sportmediziner den Mythos von anabolen Steroiden als „glorifizierten Placebos“[98] – ungeachtet gegenteiliger Erfahrungen aus der Dopingpraxis – trotzdem aufrechterhielten, um im Namen der Dopingverbotsnorm Verhaltenskonformität zu erreichen, so musste dies zwangsläufig in einen Glaubwürdigkeitsverlust münden. Kaum eine Aussage brachte das Scheitern dieser Präventionsstrategie besser auf den Punkt als die Kritik des US-amerikanischen Hochspringers Chris Dunn, Olympiateilnehmer 1972 in München, am leitenden Teamarzt der US-amerikanischen Olympiamannschaft, Daniel Hanley:

> „How are athletes supposed to take the drug problem seriously when the alleged ‚experts‘ like Dr Hanley tell all the Olympic weight men to their faces that steroids only help psychologically – when every weight man on the U.S. team took them? Steroids are wrong, but you can't curb an athlete from taking them by lying to his face.“[99]

5.3 DOPINGKONTROLLEN

Im vorigen Abschnitt standen diejenigen Präventionsstrategien im Mittelpunkt, deren Ursprünge in die erste Jahrhunderthälfte zurückreichten. Ab den 1960er Jahren wurden dann Kontrollen eingeführt, die das Dopingproblem lösen sollten. Bevor in Unterabschnitt 5.3.3 geklärt wird, wie führende Akteure in der Anti-Doping-Politik des IOC über Dopingkontrollen kommuniziert haben, dass sie zum herausragenden Problemlösungsversprechen werden konnten, müssen erstens die Organisationsstrukturen analysiert und zweitens die Kontrollexpansion im historischen Verlauf rekonstruiert werden.

5.3.1 Wer kontrolliert? Akteure, Zuständigkeiten, Organisationsstrukturen

Die Organisation des Spitzensports bliebe unverständlich, wenn man ihn als zentral gesteuert, streng hierarchisch aufgebaut und mit klaren Zuständigkeits-

---

98 Taylor (1991, S. 29) spricht von „glorified placebos“.

99 Dunn in „Track and Field News“, 1.2.1973, zitiert nach Henne, 2014, S. 894.

bzw. Verantwortungsbereichen ausgestattet verstünde.[100] Die einzelnen Organisationen aus Sport und Politik handelten vielmehr innerhalb relativ autonomer Strukturen, die im Hinblick auf die Aufgabenverteilung bei der Dopingbekämpfung große Interpretationsspielräume ließen. Das IOC begriff sich seit seiner Gründung als eine von Regierungen und Politik unabhängige Organisation. In der Bundesrepublik gestaltete sich das Verhältnis zwischen Sport und Politik durchaus ähnlich: Die weitgehende Autonomie des Sports begrenzte staatliche Eingriffe. In einem relativ autonomen Verhältnis zueinander standen auch die internationalen Dachverbände zum IOC, die nationalen Spitzenverbände zu den internationalen Dachverbänden und die nationalen Spitzenverbände zum DSB. Im weiteren Verlauf der Arbeit wird es daher immer wieder um die Frage gehen, wie Zuständigkeiten und Verantwortungen im Bereich der Dopingbekämpfung im Kontext dieser autonomen Strukturen verhandelt und definiert wurden. Im Folgenden soll zunächst die Zuständigkeitsverteilung skizziert werden, als man Dopingkontrollen in den 1960er und 1970er Jahren auf internationaler und bundesdeutscher Ebene einführte.

Internationale Ebene: IOC – internationale Spitzenverbände

Die Frage, wer die Kontrollen bei Olympischen Spielen durchführen und verantworten sollte, stellte sich zum ersten Mal vor ihrer offiziellen Einführung 1968. Grundsätzlich gab das IOC von Anfang an die Regeln vor, nach denen die Organisationskomitees die Dopingkontrollen organisieren sollten. Konkret mussten die Komitees im Vorfeld der Spiele ein den Beschlüssen entsprechend ausgestattetes Kontrolllabor vor Ort aufbauen und generell für die organisatorischen Voraussetzungen zur regelgetreuen Durchführung der Dopingproben sorgen. Bei den Spielen selbst sollte, nach dem Willen von IOC-Präsident Brundage, die Medizinische Kommission zwar die Durchführung der Kontrollen überwachen und auch beratend tätig sein, aber ansonsten die Verantwortung aus juristischen Gründen bei den internationalen Verbänden liegen.[101] Dies führte Ende der 1960er Jahre zu scharfen Auseinandersetzungen zwischen Brundage und de Mérode, der eine Marginalisierung der gerade neu organisierten Kommission befürchtete, wenn die Kommissionsarbeit auf eine lediglich überwachende und be-

100 Grundlegendes dazu wurde bereits in Abschnitt 1.3 dargelegt. Es geht im Folgenden darum, die Ausführungen noch stärker auf die Frage der Zuständigkeiten und Zuständigkeitsverteilungen bei der Dopingbekämpfung zuzuschneiden.

101 Vgl. Protokoll Exekutivkomitee, 30.9.-6.10.1968, S. 6, IOC-Archiv.

ratende Funktion reduziert wäre.[102] Nach Ansicht des Exekutivkomitees sollten sich die Aktivitäten zumindest auf die Zeit um die Spiele herum beschränken.[103] In der Praxis stellte sich die Situation dann folgendermaßen dar: Dopingfälle bei den Spielen wurden vor der Medizinischen Kommission verhandelt und positiv getestete Athleten auch vom IOC disqualifiziert. Längerfristige Sperren über die Spiele hinaus mussten jedoch von den internationalen Dachverbänden vorgenommen werden.

Hier zeigte sich bereits in Ansätzen ein Problem, das sich in den folgenden Jahrzehnten als grundlegend und dauerhaft erweisen sollte: Zwar konnte das IOC seine Regeln für die Spiele durchsetzen. Jedoch lag die Regelung sowie die praktische Durchführung und Verantwortung für Dopingkontrollen und Sanktionen außerhalb der Spiele vollständig im Verantwortungsbereich der autonomen Verbände. Es wird sich im Verlauf des Kapitels zeigen, dass sich das IOC auf der einen Seite zwar durchaus auch über den Bereich der Spiele hinaus als Instanz mit moralischem Führungsanspruch sah. Auf der anderen Seite ging diese Einflussnahme aber nicht über Vorschläge, Forderungen und Vereinbarungen mit lediglich unverbindlichem Charakter hinaus. In welchem Umfang außerhalb der Spiele kontrolliert wurde und wie die Regeln und Richtlinien dafür aussahen, hing daher letztlich von den internationalen und nationalen Sportverbänden ab.

Bundesdeutsche Ebene: DSB – nationale Spitzenverbände

Ähnlich unabhängige Strukturen gab es auch auf nationaler Ebene mit dem DSB an der Spitze des bundesdeutschen Sports und seinen autonomen Mitgliedsverbänden. Angestoßen durch Europaratsinitiativen fand 1965 in der Bundesrepublik ein sportmedizinisches Symposium zur Dopingproblematik statt, bei dem der spätere Leiter des Dopingkontrolllabors in Köln, Manfred Donike, zum ersten Mal ausführlich über Fragen der Kontrolle und Analytik referierte.[104] Das Dopingproblem wurde dann wiederholt zwischen dem DSB, dem Deutschen Sportärztebund und dem Bundesinnenministerium diskutiert.[105] In einer Informations-

---

102 Vgl. Wrynn, 2004, S. 223 ff.; Hunt, 2011, S. 32 ff.; Dimeo, Hunt & Bowers, 2011, S. 930 f.; Henne, 2009, S. 11 ff.; Henne, 2014, S. 891; Krieger & Wassong, 2013, 106 f.

103 Vgl. Protokoll Exekutivkomitee, 22.-23.3.1969, S. 6, IOC-Archiv.

104 Vgl. Donike, 1966.

105 Vgl. Schreiben Weber an Hollmann, 8.12.1965; Schreiben Perrey an Mitglieder des Bundesausschusses zur Förderung des Leistungssports, 19.1.1966; Schreiben Reindell an Lotz, 3.3.1966, BArchiv Koblenz, B322 / 9.

schrift machte der DSB 1966 detaillierte Pläne, wie basierend auf dem internationalen Diskussionsstand eine erfolgreiche Bekämpfung gelingen könne. Die Dopingkontrolle und die damit zusammenhängenden Fragen der Analytik und Sanktionierung standen dabei im Mittelpunkt.[106] In Übereinstimmung mit der Haltung des Europarats, der sich gegen gesetzliche Regelungen und für sportverbandliche Lösungen aussprach,[107] und dem Ideal des politikfreien Sports sollte die Dopingbekämpfung primär in den Bereich der Sportverbände fallen. Beim Bundestag des DSB 1966 wurde daher vom Deutschen Sportärztebund gefordert, dass jeder Spitzenverband einen inhaltlich nicht weiter präzisierten „Schutz-Paragraphen" gegen Doping in seine Wettkampfregeln aufnehmen solle. Mit dem Verweis, dass der DSB als Dachorganisation keinen bindenden Beschluss gegenüber den Mitgliedsverbänden fassen könne, wurde die Forderung jedoch lediglich als eine unverbindliche „Empfehlung" angenommen.[108] Als sich dann nach dem auf Doping zurückgeführten Tod des Profiboxers Jupp Elze 1968 der DSB in einem Rundschreiben nach der Umsetzung der Empfehlungen erkundigte,[109] stellte sich heraus, dass von den 42 angeschriebenen nationalen Spitzenverbänden lediglich vier Dopingbestimmungen in ihren Ordnungen aufwiesen,[110] wobei alle vier Verbände diese bereits vor der Empfehlung verankert hatten.[111] Auf nationaler Ebene zeigte sich nun zum ersten Mal, was sich als dauerhaftes strukturelles Problem erweisen sollte: Vom DSB als Dachverband an der Spitze des bundesdeutschen Sports wurden die Richtlinien in der Dopingbekämpfung vorgegeben, deren Umsetzung dann an die Mitgliedsverbände weiterdelegiert wurde. Die Mitgliedsverbände wiederum bestanden auf ihrer Autonomie und ließen lediglich eine unverbindliche Empfehlung zu, die letztlich keine Wirkung zeigte.

Im Zuge von Elzes Tod und der mangelnden Implementierung von Anti-Doping-Regularien durch die Spitzenverbände wurden die Rahmen-Richtlinien zur Bekämpfung des Dopings auf den Weg gebracht und vom DSB 1970 verab-

106 Vgl. Das Dopingproblem im internationalen Sport, BArchiv Koblenz, B 322 / 9.

107 Vgl. Weidemann, 1966, S. 49.

108 Vgl. Ergebnisprotokoll Bundestag DSB, 7.5.1966, S. 2, DOSB-Archiv, Protokolle DSB-Bundestage.

109 Vgl. Schreiben DSB an Spitzenverbände, 28.5.1969, BArchiv Koblenz, B 322 / 9.

110 Es handelte sich dabei um den Deutschen Amateur-Box-Verband, den BDR, den DLV und die Deutsche Reiterliche Vereinigung.

111 Eine tabellarische Übersicht findet sich im BArchiv Koblenz, B 322 / 9.

schiedet.[112] Sie stellten ein 23 Paragraphen umfassendes Regelwerk mit angehängter Dopingliste dar, das den komplexen regulativen Anforderungen der Dopingbekämpfung deutlich gerechter wurde als die bisherigen Regelungen der Sportverbände, die nur wenige Zeilen umfassten. Sofern keine anderslautenden Bestimmungen der internationalen Dachverbände vorlägen,[113] sollten die Spitzenverbände die Richtlinien nun in ihre Satzungen einbeziehen und Dopingkontrollen umsetzen.[114]

De facto geschah dies jedoch nur schleppend. Bei einer erneuten Umfrage des DSB zum Stand der Dopingbekämpfungsmaßnahmen kam Anfang 1977 heraus, dass im Jahr zuvor nur vier Verbände Kontrollen durchgeführt hatten.[115] Überhaupt hielt der Großteil, d.h. 25 von 37 antwortenden Sportverbänden, Kontrollen in ihrer jeweiligen Sportart für überflüssig.[116] Es zeigte sich zehn Jahre nach den ersten Empfehlungen erneut, dass es den vom DSB gefassten Beschlüssen an Verbindlichkeit mangelte. Der Deutsche Fußball-Bund fasste 1979 in einem Schreiben an den leitenden Direktor des Bundesausschuss Leistungssport des DSB in klare Worte, was bis dahin die meisten anderen Verbände praktiziert hatten: Die Rahmen-Richtlinien stellten „keine Vorschriften mit rechtsverbindlicher Wirkung“ dar[117] und wurden daher de facto nur soweit umgesetzt, wie es die einzelnen Verbände in ihrer jeweiligen Sportart für notwendig erachteten.

Gleichzeitig war der DSB – ähnlich wie das IOC im internationalen Raum – auch gar nicht gewillt, eine stärkere Verbindlichkeit zu schaffen und dabei auch selbst mehr Verantwortung in der Dopingbekämpfung zu übernehmen. Nachdem es nach Skandalen bei den Sommerspielen in Montreal 1976 im darauffolgenden Jahr zu einer Anhörung von Experten vor dem Sportausschuss des Deutschen

112 Vgl. DSB, 1970. Siehe zum Wiederaufleben der Dopingdebatte nach dem Tod von Elze und der Genese der Rahmen-Richtlinien Meier, Reinold & Rose, 2012, S. 216 ff.; Krüger et al., 2014, S. 63 f.

113 Vgl. DSB, 1970, Präambel.

114 Vgl. Beschlußprotokoll der 8. Hauptausschuß-Sitzung des DSB, 26.9.1970, DOSB-Archiv.

115 Es handelte sich dabei um den DLV, den BDR, die Deutsche Reiterliche Vereinigung und den Deutschen Kanu-Verband (vgl. Endgültiges Ergebnis der Umfrage „Dopingkontrolle“, Stand Januar 1977, BArchiv Koblenz, B 322 / 444).

116 Vgl. ebd. Außerdem wurden noch organisatorische Schwierigkeiten und hohe Kosten als Hinderungsgründe angegeben.

117 Schreiben Deutscher Fußball-Bund an Meyer, 15.8.1979, BISp-Archiv, Doping A-D.

Bundestages kam,[118] bemängelte der Bundesbeauftragte für Dopinganalytik, Manfred Donike, die fehlende Umsetzung der Rahmen-Richtlinien durch den Großteil der Verbände und schlug daher den Aufbau einer zentralen Dopingkontrollorganisation vor, welche beim DSB angesiedelt sein sollte.[119] Heinz Fallak, der den DSB bei der Anhörung vertrat, schloss solche Überlegungen jedoch grundsätzlich aus. Beim DSB würde man

> „gar nicht daran denken, eine Kontrollorganisation aufzubauen oder zu entwickeln. Im übrigen gilt nach wie vor der Grundsatz – wir sind föderativ-pluralistisch organisiert im Sport –, daß die Spitzenverbände in erster Linie dafür verantwortlich sind, die praktischen Kontrollmaßnahmen durchzuführen. Es muß natürlich Wechselbeziehungen zwischen dem Deutschen Sportbund und den Spitzenverbänden in der Beratung und der Koordinierung dieser Frage geben."[120]

Eine stärkere Zentralisierung wurde vom DSB also abgelehnt und das Verhältnis zu den Mitgliedsverbänden explizit als beratend und koordinierend definiert. Legitimieren ließ sich die dezentrale Organisation der Dopingbekämpfung mit dem grundlegenden Axiom der föderativ-pluralistischen Organisation des bundesdeutschen Sports, welche den Spitzenverbänden grundsätzlich ein hohes Maß an Eigenverantwortung und Unabhängigkeit zugestand.

Vom Nutzen autonomer Strukturen

Für die nationale Anti-Doping-Politik folgt aus dieser Analyse also ähnliches wie im Falle der Anti-Doping-Politik des IOC auf internationaler Ebene: Der DSB als Dachverband gab Richtlinien vor, deren Umsetzung dann in den Verantwortungsbereich der Mitgliedsorganisationen fiel. De facto entschieden die einzelnen Verbände jedoch selbst, ob die Richtlinien umgesetzt wurden oder nicht. Dies setzt wohlgemerkt autonome Organisationsstrukturen voraus. Strukturen sind jedoch keine festen, unveränderlichen Determinanten. Verantwortungsbereiche, Zuständigkeiten und Verbindlichkeiten werden vielmehr dadurch geschaffen, dass sie verbal ausgehandelt werden. Zugleich lassen sie sich genau dadurch auch wieder verändern. Es waren, mit anderen Worten, in letzter Instanz nicht die Strukturen, sondern die Kommunikationen der Akteure, die be-

---

118 Vgl. zu den Hintergründen Unterabschnitt 5.4.2.

119 Vgl. Protokoll über die Anhörung von Sachverständigen in der 6. Sitzung des Sportausschusses, 28.9.1977, S. 41, 43.

120 Ebd., S. 41.

stimmten, wie die (sport)politischen Handlungsspielräume in der Anti-Doping-Politik beschaffen waren.[121] Konkret unternahmen weder das IOC noch der DSB über unverbindliche Forderungen und Richtlinien hinaus Anstrengungen, ihren Einfluss- und Verantwortungsbereich in der Dopingbekämpfung substanziell zu vergrößern und verbindlicher zu gestalten, indem sie beispielsweise eine stärkere Zentralisierung in den sportpolitischen Debatten forcierten oder anderweitig Druck ausübten. IOC und DSB beschränkten sich darauf, Richtlinien aufzustellen und Vereinbarungen zu treffen, für deren Umsetzung sie aber letztlich gar nicht selbst verantwortlich zeichneten. Vielmehr wurde dies an die internationalen bzw. nationalen Sportverbände delegiert, die allein die Verantwortung für Dopingkontrollen und alles, was damit zusammenhing, trugen. Für das IOC und den DSB boten die dezentralen Strukturen den Vorteil, dass Anti-Doping-Maßnahmen auf rhetorischer Ebene leicht gefordert, aber die Probleme in der Dopingbekämpfung auf praktischer Ebene den Fachverbänden überlassen werden konnten. Die begrenzten Einfluss- und Verantwortungsbereiche schränkten also nicht nur ein, sondern entlasteten auch von Verantwortung, etwa wenn organisatorische, finanzielle oder juristische Schwierigkeiten auftauchten. Letztlich blieb die Implementierung von adäquaten Anti-Doping-Maßnahmen nämlich die Angelegenheit der internationalen und nationalen Spitzenverbände. Ihre weitgehende Autonomie erlaubte diesen wiederum, die Regeln und Richtlinien des IOC bzw. des DSB nach ihren Vorstellungen zu modifizieren oder auch zu ignorieren. Dieses organisatorische Charakteristikum wurde de facto bis zur Gründung der WADA im Jahr 1999 nicht substanziell verändert.[122]

5.3.2 Chronologie der Kontrollimplementierung und -expansion

Die 1960er Jahre als Beginn der modernen Dopingbekämpfung

Bis in die 1960er Jahre war Doping eine fast ausschließlich von Sportmedizinern bearbeitete Thematik und spielte bei Sportorganisationen und in der Politik kaum eine Rolle. Das IOC hatte sich zwar vor dem Zweiten Weltkrieg kurz mit der Dopingproblematik beschäftigt,[123] das Thema dann aber in den 1940er und

121 Vgl. Steinmetz, 1993, S. 13.

122 Vgl. dazu Abschnitt 5.5.

123 Vgl. Protokoll Mitgliederversammlung, 9.6.1937, S. 8; Protokoll Mitgliederversammlung, 16.3.1938, S. 20, IOC-Archiv.

1950er Jahren zunächst nicht wieder aufgenommen.[124] In der Bundesrepublik sind – abgesehen vom Fall Brustmann, der den Deutschen Ruderverband kurzzeitig intensiv beschäftigte[125] – keine größeren Aktivitäten von Seiten der Verbände geschweige denn der Politik sichtbar. Der DSB als Dachverband des bundesdeutschen Sports hatte in den 1950er Jahren lediglich die Dopingdefinition des Deutschen Sportärztebundes von 1952 übernommen.[126]

Den mit der Thematik beschäftigten Sportmedizinern ging es zunächst vor allem um die Dopingdefinition, die pharmakologische Wirkungsweise von Substanzen sowie um moralische und erzieherische Aspekte. Kontrollen standen bis in die 1960er Jahre noch nicht im Mittelpunkt der Diskussionen. Die ersten Kontrollinitiativen in Italien ab der Mitte der 1950er Jahre lassen sich zwar durchaus als Vorboten der Veränderungen im kommenden Jahrzehnt sehen. Es handelte sich jedoch um sporadische Maßnahmen, die außerdem nicht auf Sanktionierung, sondern auf die Ermittlung der Dopingprävalenz zielten.[127]

In den 1960er Jahren wurden dann Kontrollen und Sanktionen als die wichtigsten Bekämpfungsmaßnahmen auf den Weg gebracht. Auf internationalen Kongressen rückten praktische Aspekte der Dopingkontrolle in den Mittelpunkt der Diskussionen.[128] Gleichzeitig gelangte die Problematik über engere sportmedizinische Zirkel hinaus auf die Agenda von wichtigen Organisationen in Sport und Politik. Ab Mitte der 1960er Jahre wurden in unterschiedlichen europäischen Ländern verstärkt Erziehungs-, Regelungs- und Kontrollmaßnahmen in den Sportorganisationen und Ministerien diskutiert.[129] Was die praktische Umsetzung von Kontrollen betraf, ergriff Ludwig Prokop in Österreich die Initiative und führte bei der Österreichrundfahrt ab 1963 regelmäßig Dopingkontrollen durch.[130] Im belgischen Radsport nahm Albert Dirix ab 1965 regelmäßig Kontrollen vor.[131] Bei der Tour de France lassen sich jährliche Kontrollen spätestens

124 In beiden Jahrzehnten ist weder in der Mitgliederversammlung noch im Exekutivkomitee von Doping die Rede.

125 Vgl. dazu Abschnitt 2.2.

126 Vgl. DSB, 1953, S. 64.

127 Vgl. Venerando, 1963, S. 31 ff.; Dimeo, 2007a, S. 13, 90 ff.

128 Vgl. für einen Überblick aus zeitgenössischer Perspektive Venerando, 1963, S. 973, 976; Prokop, 1970, S. 129. Vgl. auch Dimeo, 2007a, S. 98 f.

129 Siehe beispielsweise zur Einführung der Dopinggesetze in Frankreich und Belgien Brissonneau & Depiesse, 2006, S. 145, 148; Krogmann, 1999, S. 19. Zu den Initiativen in der Bundesrepublik Unterabschnitt 5.4.1.

130 Vgl. Radsport, 9.7.1963, S. 2; 15.6.1965, S. 14; Prokop, 1966a.

131 Vgl. Dirix, 1966a; Prokop, 1970, S. 130.

ab 1966 nachweisen.[132] In demselben Jahr fanden auch die ersten Dopingkontrollen bei Fußballweltmeisterschaften unter der Leitung von Arnold Beckett statt.[133]

Dopingkontrollen in der Bundesrepublik

Für die Kontrollpraxis der bundesdeutschen Sportverbände ergibt sich folgendes Bild: Abgesehen vom BDR, der über Jahrzehnte hinweg die mit Abstand meisten Kontrollen vornahm, hatten nach einer DSB-Umfrage in den 1960er Jahren einmalig der Deutsche Schwimm-Verband und der Deutsche Verband für Modernen Fünfkampf jeweils im Jahr 1968 Dopingkontrollen durchgeführt.[134] Der DLV beschloss 1969 bei deutschen Meisterschaften künftig Kontrollen zu organisieren und kontrollierte ab 1970 regelmäßig.[135] Umfrageergebnisse des DSB zur Umsetzung von Anti-Doping-Bestimmungen sowie Korrespondenzen von Manfred Donike zu den Dopingkontrollaktivitäten der Verbände zeigen, dass außerhalb des Radsports und der Leichtathletik die Kontrollen bei anderen bundesdeutschen Spitzenverbänden bis zu den Olympischen Spielen in Montreal 1976 unregelmäßig und oft lediglich im Zusammenhang mit internationalen Großereignissen stattfanden.[136] Nach diesen Spielen kamen als wichtige doping-

---

132 Vgl. Radsport, 21.6.1966, S.11; 1.8.1967, S. 2; 30.7.1968, S. 12; 15.7.1969, S. 9, 11.

133 Vgl. Beckett, Tucker & James: Report on the testing for artificial stimulants in urine samples from football players in the World Championship 1966, IOC-Archiv, 203697.

134 Vgl. Deutscher Schwimm-Verband an DSB, 9.6.1969; Deutscher Verband für Modernen Fünfkampf an DSB, 3.6.1969, BArchiv Koblenz, B 322 / 9.

135 Vgl. Leichtathletik, 1969, 13, S. 431; Leichtathletik, 1970, 40, S. 1409. Siehe zur Kontrollpraxis der bundesdeutschen Sportverbände in den 1960er Jahren ausführlich Reinold, Becker & Nielsen, 2012, S. 159 ff.

136 Abgesehen vom Radsport und der Leichtathletik sowie den genannten Kontrollen von 1968 im Schwimmen und im Modernen Fünfkampf führten in diesem Zeitraum nach Aktenlage der BVDG und der Deutsche Verband für Modernen Fünfkampf im Jahr 1971 Dopingkontrollen durch (vgl. Protokoll BVDG-Vorstandssitzung, 26.-28.2.1971, S. 1, BVDG-Archiv, Protokolle Bundesvorstand 70er-80er; DSB-Umfrage 1971, BArchiv Koblenz, B 322 / 433). Der Deutsche Ruderverband, der Deutsche Eislaufverband und der Deutsche Skiverband kontrollierten 1974 (vgl. Schreiben Donike an BISp, 4.2.1976, BISp-Archiv, 0413 / 020413 / 04), der Deutsche Kanu-Verband 1976 (vgl. Schreiben Donike an BISp, 27.5.1978, CuLDA, Nachlass Kirsch / 101 / Doping 1). Der Deutsche Amateur-Box-Verband gab bei der

belastete Sportverbände der BVDG und der Deutsche Schwimm-Verband als regelmäßig kontrollierende Verbände hinzu.

Die Zahl der insgesamt genommenen Proben verdoppelte sich in dieser Zeit von 465 im Jahr 1977 auf 836 im Jahr 1978. Die Zahlen bewegten sich bis einschließlich 1981 zwischen 716 und 853 Kontrollen jährlich. Ab 1982 nahmen die deutschen Spitzenverbände dann konstant mehr als 1.000 Proben, wobei ein kontinuierlicher Anstieg bis 1703 Kontrollen im Jahr 1988 zu verzeichnen war.[137] Die größte Steigerung erfolgte durch die Einführung von Trainingskontrollen ab 1989/1990. Die Zahl stieg insgesamt zwischen 1989 und 1992 um mehr als das Vierfache von 1542 auf 6832 Proben und stabilisierte sich im wiedervereinigten Deutschland in den 1990er Jahren bei knapp 7000 Kontrollen pro Jahr.[138]

Die Ausdehnung der Kontrollaktivitäten lässt sich auch anhand des Haushaltsansatzes bemessen, den der Bund für die Dopinganalytik bereitstellte. Bis zur Einrichtung des Zentrallabors in Köln hatte Donike Forschung und Routineanalytik über Aufträge und Gelder des Bundesinstituts für Sportwissenschaft am biochemischen Institut der Universität Köln durchgeführt. Die bereitgestellten Mittel bewegten sich in den Jahren 1970 bis 1972 noch im fünfstelligen Bereich.[139] Eine große Investition stellten die 500.000 DM dar, mit denen das Bundesinnenministerium 1973 vom NOK die Geräte des Olympialabors in München

DSB-Umfrage von 1969 an, bei jedem Wettkampf Urinkontrollen vorzunehmen (vgl. BArchiv Koblenz, 322 / 09). In den folgenden Jahren finden sich jedoch keine Hinweise darauf, dass der Verband Tests vornahm. Da bis zur Gründung des Dopingkontrolllabors in Köln 1974 dezentral an verschiedenen gerichtsmedizinischen Instituten Dopingproben analysiert wurden, kann jedoch nicht ausgeschlossen werden, dass auch andere Verbände Dopingtests durchführten. Siehe zu den Kontrollaktivitäten bundesdeutscher Sportverbände in den 1970er Jahren bis zu den Spielen in Montreal auch ausführlich Krüger et al., 2014, S. 82-86.

137 Diese Zahlen stützen sich auf die Angaben in den BISp-Berichten (1975-1990) abzüglich der Kontrollen der ausländischen Sportverbände, die ab 1979 ihre Dopingproben teilweise ebenfalls in Köln analysieren ließen. Siehe dazu auch Krüger et al., 2014, S. 119 f.

138 Vgl. Bundesministerium des Innern, 1995, S. 84; Bundesministerium des Innern, 1999, S. 49.

139 Interner Vermerk vom 29.9.1977 über die erhaltenen Zuwendungen für Doping-Analytik und -Kontrolle, BISp-Archiv.

für das Zentrallabor in Köln erwarb.[140] Weitere 120.000 DM wurden im darauffolgenden Jahr für den Aufbau ausgegeben.[141] Die laufenden Laborkosten wurden ab 1975 über den Haushalt des Bundesinstituts gedeckt. Dieser Betrag umfasste nicht nur Forschungsarbeiten zu neuen Analysemethoden und zur Pharmakokinetik, sondern auch die Dopinganalysekosten für die deutschen Amateursportverbände.[142] Die Kosten beliefen sich in den Jahren 1974 bis 1978 zwischen rund 150.000 und 250.000 DM.[143] Mit der Erhöhung des Haushaltsansatzes für die Dopinganalytik auf 400.000 DM im Jahr 1979 wurde dieser Posten gleichzeitig von den Förderungsmitteln für die Sportmedizin abgekoppelt. Den Bundeshaushaltsplänen nach schwankten die tatsächlichen Ausgaben in den 1980er Jahren – unter anderem aufgrund anfallender Kosten für neue Analysegeräte – zwischen 466.000 und 709.000 DM mit insgesamt steigender Tendenz. Mit der überproportionalen Steigerung der Kontrollzahlen durch die Einführung von Trainingskontrollen und der Finanzierung des zweiten Dopingkontrolllabors in Kreischa nach der Wende erhöhten sich die Zuwendungen für die Dopinganalytik dann nochmals deutlich und bewegten sich in den 1990er Jahren zwischen 1,3 und rund 2,3 Millionen DM jährlich.[144]

---

140 Vgl. Übersicht über die Sportförderungsmittel des Bundesministeriums des Innern in den Haushaltsjahren 1973 und 1974 (Einzelplan 06), 30.11.1973, PArchiv Berlin; Bundeshaushaltsplan, 1973, S. 451.

141 Interner Vermerk vom 29.9.1977 über die erhaltenen Zuwendungen für Doping-Analytik und -Kontrolle, BISp-Archiv.

142 Vertrag mit dem Beauftragten für Dopinganalytik des BISp, 22.7.1974, BISp-Archiv.

143 In den Jahren 1974, 1975 und 1976 betrugen die Beträge für Forschung und Kontrolle nach einem internen Vermerk des BISp 148.576, 171.000 und 150.800 DM (vgl. interner Vermerk vom 29.9.1977 über die erhaltenen Zuwendungen für Doping-Analytik und -Kontrolle, BISp-Archiv). 1977 und 1978 standen, laut Protokoll der Sportausschusssitzung 1977, Haushaltsansätze von jeweils 250.000 DM zur Verfügung (Kurzprotokoll der 8. Sitzung, 9.11.1977, TOP 3: Haushaltsansätze Sport, PArchiv Berlin, 3124 Sport).

144 Vgl. dazu detailliert die Sollansätze für das jeweilige Jahr und das Vorjahr sowie die tatsächlichen Ausgaben des zweitletzten Rechnungsjahres in den Bundeshaushaltsplänen der Jahre 1979 bis 2001: Bundeshaushaltspläne 1979, S. 535; 1980, S. 573; 1981, S. 531; 1982, S. 506; 1983, S. 249; 1984, S. 259; 1985, S. 255; 1986, S. 259; 1987, S. 277; 1988, S. 284; 1989, S. 293; 1990, S. 228; 1991, S. 247; 1992, S. 256; 1993, S. 221; 1994, S. 245; 1995, S. 247; 1996, S. 223; 1997, S. 216; 1998, S. 151; 2000, S. 111; 2001, S. 126.

Abbildung 2: Anzahl der jährlichen Dopingkontrollen von bundesdeutschen Sportverbänden von 1974 bis 1997.

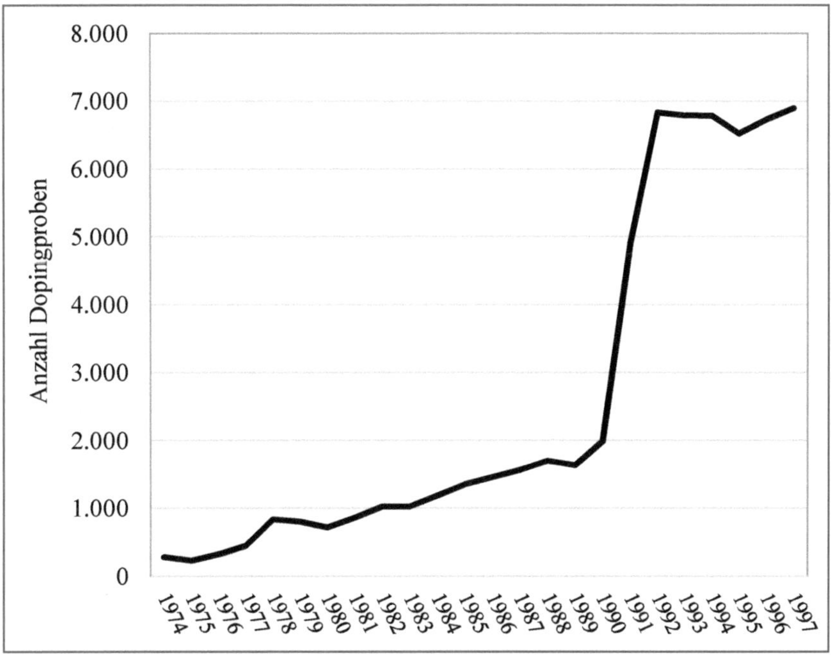

Quellen: Schreiben Donike an Bundesinstitut, 4.2.1976, BISp-Archiv, 0413 / 02 0413 / 04; Schreiben Donike an Bundesinstitut, 27.5.1978, CuLDA, Nachlass Kirsch, 101, Doping 1; Bundesministerium des Innern, 1995; BISp-Berichte der Jahre 1977-1990; Oeckl, 1998.

Abbildung 3: Kosten der Dopinganalytik in der Bundesrepublik von 1970 bis 1999 (Ist-Werte).

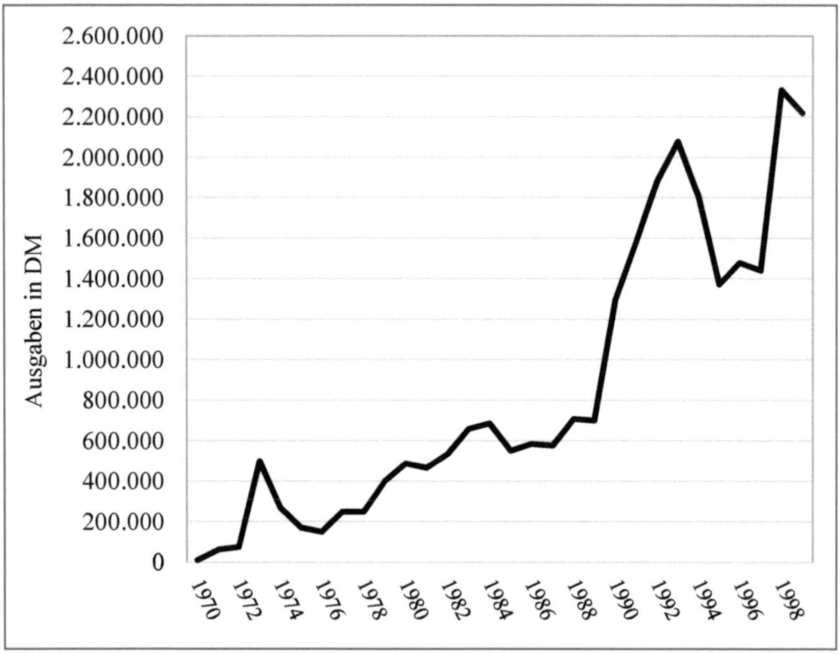

Quellen: Interner Vermerk, 29.9.1977, über die erhaltenen Zuwendungen für Doping-Analytik und Kontrolle, BISp-Archiv; Kurzprotokoll der 8. Sitzung des Sportausschuss des Deutschen Bundestages, 9.11.1977, TOP 3: Haushaltsansätze Sport, PArchiv Berlin, 3124 Sport; Bundeshaushaltspläne 1979-2001.

Dopingkontrollen bei Olympischen Spielen

Beim IOC beschäftigte man sich seit dem Tod des dänischen Radrennfahrers Jensen bei den Olympischen Spielen 1960 wieder mit der Dopingproblematik.[145] 1961 thematisierte man im Exekutivkomitee und in der Mitgliederversammlung zum ersten Mal die Möglichkeit von Kontrollen.[146] Dirix nahm bei den Sommerspielen in Tokio 1964 zusammen mit Kollegen beim 100 Kilometer Mann-

145 Vgl. Protokoll Exekutivkomitee, 10.9.1960, S. 3, IOC-Archiv.

146 Vgl. Protokoll Exekutivkomitee, 15.6.1961, S. 2; Protokoll Mitgliederversammlung, 19.-21.6.1961, S. 74, IOC-Archiv.

schaftszeitfahren erste, allerdings noch inoffizielle Dopingkontrollen vor.[147] Die Neuformierung der Medizinischen Kommission unter dem neuen Vorsitzenden de Mérode im Jahr 1967 war ein wichtiger Schritt hin zu den ersten offiziellen Kontrollen auf olympischer Ebene ein Jahr später. Mitglieder der Kommission wurden frühe Anti-Doping-Pioniere wie Prokop, Beckett, La Cava und Dirix, die zu diesem Zeitpunkt in ihren Ländern bereits Erfahrungen mit Kontrollen gemacht hatten, und mit denen sich die Kommissionsarbeit nun deutlich intensivierte. Ein Jahr vor den 1968er Spielen wurden dann bei internationalen Wettkämpfen in Mexiko-Stadt probeweise Kontrollen vorgenommen.[148] Neben dem Bericht darüber finden sich in den Akten der Medizinischen Kommission auch ausführliche Berichte von den Kontrollen bei den Fußballweltmeisterschaften 1966 und bei Radwettbewerben im Rahmen der Panamerikanischen Spiele 1967.[149] Schließlich wurden 1968 bei den Winterspielen in Grenoble und den Sommerspielen in Mexiko-Stadt auch erstmals offiziell Dopingkontrollen auf olympischer Ebene durchgeführt.[150]

Die Kontrollaktivitäten nahmen in den folgenden Jahrzehnten eine rasante Entwicklung. Hatte man bei den Spielen in Mexiko-Stadt noch 670 Urintests genommen,[151] so waren es in München 1972 bereits über 2000.[152] Was die Zahl der genommenen Proben angeht, setzten zwar bereits diese Spiele einen Standard,

147 Vgl. Dirix, 1966b, S. 184.

148 Vgl. Report on the tests for detecting the use of stimulants by athletes participating in the III international sports competition, Mexico City, Oktober 1967, IOC-Archiv, 203603. Diese Wettkämpfe waren Teil einer Wettkampfserie, welche bereits 1965 und 1966 stattgefunden hatten, und zwar damals unter anderem mit dem Ziel der Erhebung höhenphysiologischer Daten (vgl. Wrynn, 2006, S. 1158).

149 Vgl. Report on the testing for artificial stimulants in urine samples from football players in the World Championships 1966, IOC-Archiv, 203697; Report of the Drug Testing Programme (Cycling Event) fifth Pan American Games, Anlage 1, Protokoll Medizinische Kommission, 13.-14.7.1968, IOC-Archiv, 203604.

150 Detaillierte Berichte zu den Kontrollen in Grenoble und Mexiko-Stadt finden sich im IOC-Archiv: Report by Doctor Thiebault on the Grenoble Games to the IOC Medical Commission, Anlage 2, Protokoll Medizinische Kommission, 14.-15.7. 1968, 203604; General report presented by Dr. Eduardo Hay, Oktober 1968, 203682.

151 Vgl. General report presented by Dr. Eduardo Hay, Oktober 1968, S. 8, IOC-Archiv, 203682.

152 Vgl. Clasing, Donike & Klümper, 1974, S. 134.

der erst wieder in Sydney im Jahr 2000 übertroffen wurde.[153] Der analytische Aufwand und die damit einhergehenden Kosten stiegen jedoch in diesen rund drei Jahrzehnten beträchtlich. Das liegt zum Teil an der Ausweitung der Dopingliste, zum Teil an den höher werdenden Qualitätsstandards für die Analysen. Beides machte immer aufwendigere Nachweisverfahren und Laborgeräte erforderlich. In München 1972 testete man mit der Standardkombination von Gaschromatographie und Massenspektrometrie noch lediglich auf Stimulanzien und Narkotika.[154] Die Prozeduren gestalteten sich dann mit der Aufnahme von anabolen Steroiden in die Dopingliste ab den Spielen von Montreal 1976 wesentlich aufwendiger. Der Nachweis auf anabole Steroide wurde dort und auch vier Jahre später in Moskau allerdings noch mit dem Radioimmunassay-Verfahren vorgenommen.[155] Vor den Spielen in Los Angeles 1984 hatte man dann auch Testosteron auf die Dopingliste gesetzt. Da der Nachweis über die Bestimmung des Quotienten von Testosteron zu Epitestosteron geführt wurde und dafür Gaschromatographie und Massenspektrometrie notwendig waren, wurden in Los Angeles auch die Proben auf anabole Steroide mit dieser analytischen Kombination untersucht.[156] Außerdem hatte man mit dieser Testosteronnachweismethode erstmals ein indirektes und des Weiteren ein Grenzwert basiertes Verfahren eingeführt. Letzteres galt im Übrigen auch für Koffein, für das vor den Spielen von Los Angeles ebenfalls ein Limit festgesetzt wurde.[157]

Mitte der 1980er Jahre konzentrierte sich die Analytik dann primär auf den Metabolismus anaboler Steroide und den Einfluss ihrer längerfristigen Anwendung auf die körpereigene Hormonproduktion. Zur Bestimmung der Relation körpereigener Steroide zueinander, des sogenannten Steroidprofils, mussten zusätzlich zu Testosteron und Epitestosteron eine Reihe weiterer Steroide quantifiziert werden. Die Überführung Ben Johnsons bei den Sommerspielen in Seoul

153 In Sydney wurden 2769 Urin- und zusätzlich zum ersten Mal 625 Bluttests genommen. Zwischen München 1972 und Sydney 2000 bewegten sich die Zahlen bei den Sommerspielen zwischen 1510 (Los Angeles 1984) und 2001 (Montreal 1976). Eine ausführliche Übersicht findet sich bei Hemmersbach (2008, S. 840), der allerdings die Zahl der Kontrollen in Montreal mit 1786 statt 2001 falsch angibt (vgl. Organisationskomitee Montreal, 1978, S. 455).

154 Vgl. Clasing, Donike & Klümper, 1974.

155 Vgl. Dugal, 1977, S. 386; Rogozkin, 1981, S. 157.

156 Vgl. Hemmersbach, 2008, S. 841 f.

157 Vgl. dazu ausführlich Unterabschnitt 2.3.4.

1988 wäre ohne diese Entwicklungen nicht möglich gewesen.[158] Mit der Einführung der Hochauflösenden Massenspektrometrie bei den Winterspielen in Lillehammer 1994 konnten die Nachweiszeiten für anabole Steroide weiter gesteigert und die Nachweisgrenzen gesenkt werden.[159] Für die Untersuchung auffälliger Testosteronbefunde wurde seit Mitte der 1990er Jahre die Isotopenverhältnis-Massenspektrometrie eingeführt und bei den Spielen in Sydney 2000 zum ersten Mal voll implementiert.[160] Basierend auf der Tatsache, dass körperfremde Substanzen in vielen Fällen ein anderes Isotopenverhältnis haben als dieselben körpereigenen Substanzen, diente die Methode zur Einschätzung der Herkunft von Mitteln. Beide massenspektrometrischen Verfahren erforderten hohe Geräteinvestitionen.[161]

Weitere Spezialprozeduren wurden notwendig für Diuretika, Kortikoide, Betablocker, Peptidhormone und Blutdoping, welche das IOC im Laufe der 1980er Jahre auf die Dopingliste gesetzt hatte. Für Diuretika, Kortikoide und Betablocker stellte sich die Kombination von Flüssigkeitschromatographie und Massenspektrometrie als optimal heraus.[162] Der Nachweis von Diuretika wurde bei den Olympischen Spielen in Barcelona 1992 zum ersten Mal so vorgenommen.[163] Große Schwierigkeiten bereitete die Entwicklung von Nachweisverfahren für die beiden wichtigsten Peptidhormone, das Wachstumshormon und EPO, sowie für Blutdoping. Aufgrund der völlig anderen Konstitution des

---

158 Im konkreten Fall spielten die von Donike vorgenommenen Arbeiten zum Metabolismus des schwer nachweisbaren Steroids Stanozolol eine entscheidende Rolle (vgl. BISp-Bericht, 1985/86, S. 87 f.; BISp-Bericht, 1987/88, S. 94-99). Nach Johnsons positiver Probe auf Stanozolol setzte sich der damalige Vizepräsident des IOC und spätere Vorsitzende der WADA, Richard Pound, als Repräsentant der kanadischen Delegation bei der Anhörung vor der Medizinischen Kommission für Johnson ein. Er argumentierte unter anderem, dass die Wasserflasche Johnsons während des 100 Meter Finals unbeaufsichtigt und daher leicht manipulierbar gewesen wäre. Donike hingegen verwies in der Anhörung mehrmals auf das Steroidprofil des Athleten. Dieses ließe eindeutig auf eine langfristige Anwendung von Stanozolol schließen (vgl. IOC Medical Commission Meeting with the Health Services of the SLOOC [Seoul Olympic Organizing Committee], 14.9.1988, S. 33-36, IOC-Archiv, Procès-verbal Commission Medicale 1988).

159 Vgl. Hemmersbach, 2008, S. 844; Thevis, 2010, S. 22.

160 Vgl. Hemmersbach, 2008, S. 845 f.; Thevis, 2010, S. 22.

161 Vgl. Kammerer, 2001, S. 10 f..

162 Vgl. Schänzer & Thevis, 2004, S. 238.

163 Vgl. Hemmersbach, 2008, S. 844.

Wachstumshormons und EPO im Vergleich zu anderen Dopingmitteln waren diese Substanzen nicht mit den gängigen analytischen Methoden nachzuweisen.[164] Für deren Analyse spielten letztlich Immunassays in unterschiedlichen Kombinationen eine große Rolle.[165] Der Nachweis des Wachstumshormons ist seit 1999 und ein direkter EPO-Nachweis seit 2001 möglich, wobei der zusätzliche Aufwand und die Kosten erheblich sind.[166] Dass seit den Spielen in Sydney 2000[167] auch regelmäßig Blutproben genommen werden, liegt wesentlich an der Kontrolle von leistungssteigernden Methoden zur Erhöhung der Sauerstofftransportkapazität des Blutes, die durch EPO, Blutdoping und ähnliche Mittel erreicht werden kann und die in Ausdauersportarten eine große Bedeutung hat.[168]

Die zunehmende Anzahl an kontrollierenden Verbänden und an Dopingkontrollen, die Ausdehnung der Dopinglisten, die Implementierung von immer aufwendigeren Analyseverfahren sowie die steigenden Kosten verdeutlichen kurz zusammengefasst Folgendes: Die Kontrollaktivitäten haben im Laufe der letzten fünfzig Jahren eine enorme Expansion erfahren. Der folgende Unterabschnitt beschäftigt sich daher mit der Frage, wie über Dopingkontrollen kommuniziert wurde, dass sie in den 1960er und 1970er Jahre zu dem wurden, was sie bis heute sind, nämlich ein – trotz einiger schwerwiegender Krisen – nicht zu erschütterndes Problemlösungsversprechen.

164 Vgl. Müller, 2004, S. 80.

165 Vgl. Thevis, 2010, S. 15.

166 Vgl. Müller, 2004, S. 81.

167 Der internationale Skiverband hatte allerdings bereits bei den Olympischen Winterspielen 1994 in Lillehammer zum ersten Mal auf eigene Initiative Blutkontrollen durchgeführt (vgl. Anlage 2, Report by the IOC Medical Commission, Protokoll Mitgliederversammlung, 8.-10.2.1994, S. 66, IOC-Archiv).

168 Vgl. Hemmersbach, 2008, S. 840, 845 ff.

Tabelle 1: Die Erweiterung der Liste von verbotenen Substanzen und Methoden bei Olympischen Sommerspielen von 1968 bis 2000 (Auswahl).

Verbotene Substanz bzw. Methode	**1968**	**1972**	**1976**	**1980**	**1984**	**1988**	**1992**	**1996**	**2000**
Stimulanzien	✓	✓	✓	✓	✓	✓	✓	✓	✓
Narkotika	✓	✓	✓	✓	✓	✓	✓	✓	✓
anabole Steroide			✓	✓	✓	✓	✓	✓	✓
Koffein					✓	✓	✓	✓	✓
Testosteron					✓	✓	✓	✓	✓
Kortikoide					✓	✓	✓	✓	✓
Betablocker					✓	✓	✓	✓	✓
Diuretika						✓	✓	✓	✓
Blutdoping						✓	✓	✓	✓
Peptid-hormone							✓	✓	✓

Quellen: Protokolle der Medizinischen Kommission des IOC.

5.3.3 Dopingkontrollen als Problemlösungsversprechen

Die Einführung von Dopingkontrollen basierend auf naturwissenschaftlichen Analyseverfahren fügte sich ein in eine Zeit, in der das IOC generell den Gewinn einer verstärkten Nutzung von Wissenschaft und Sportmedizin im olympischen Sport erkannte.[169] Neben der Dopingproblematik beschäftigte man sich mit Geschlechtskontrollen und aufgrund der Vergabe der Sommerspiele für 1968 an die 2300 Meter hoch gelegene Stadt Mexiko auch mit höhenphysiologischen Fragen. Im Zusammenhang mit keiner anderen Sportveranstaltung wurde bis zu diesem Zeitpunkt so viel wissenschaftliche Forschung durchgeführt wie vor den Olympischen Spielen 1968.[170]

169 Vgl. Wrynn, 2004, S. 211 ff.

170 Vgl. Wrynn, 2006, S. 1154.

Dopingkontrollen waren mit demselben positivistischen Fortschritts- und Problemlösungsversprechen verbunden wie die anwendungsorientierte Nutzung von naturwissenschaftlichen Errungenschaften generell. Die Ausgangssituation schien relativ klar: Den dopenden Sportlern als naturwissenschaftlichen Laien standen Wissenschaftler gegenüber, die durch moderne Verfahren in der Lage schienen, Doping zu kontrollieren und harte Fakten zu schaffen. Führende Anti-Doping-Akteure gingen davon aus, dass bereits die bloße Ankündigung von Kontrollen Sportler vom Doping abschrecken würde. Die Tatsache, dass bei den ersten inoffiziellen Kontrollen im Rahmen der Sommerspiele von Tokio 1964 keine Probe positiv ausfiel, wurde von Albert Dirix auf deren abschreckende Wirkung zurückgeführt.[171] Im Vorfeld der Spiele von 1968 erhielt die Medizinische Kommission des IOC einen ausführlichen Erfahrungsbericht über die Dopingkontrollen bei den Fußballweltmeisterschaften zwei Jahre zuvor. Für Arnold Beckett, der die Kontrollen damals leitete und als Kommissionsmitglied die Anti-Doping-Politik in den folgenden rund zwei Jahrzehnten entscheidend mitbestimmte, war klar, warum 1966 kein Fußballer positiv getestet worden war:

„The fact that tests were instituted, and knowledge became generally available that stimulants of the type which were forbidden could be detected in urine […] acted as a sufficient deterrent to ensure that drugs were not being taken by players immediately before and during matches."[172]

Ludwig Prokop, wie Beckett und Dirix ebenfalls Gründungsmitglied der 1967 reformierten Medizinischen Kommission, untermauerte den vermeintlich abschreckenden Effekt von Kontrollen in einem Überblicksartikel von 1970 mit harten Statistiken. Im Pferdesport, wo die ersten Kontrollen bereits in der ersten Jahrhunderthälfte durchgeführt worden waren, habe sich die Situation mit der Einführung von Speicheltests grundlegend verändert. Während in den Vorkriegsjahren ohne Kontrollen, laut Prokop, noch etwa dreißig bis fünfzig Prozent der Pferde auf amerikanischen Rennplätzen gedopt gewesen seien, sei der Anteil inzwischen auf ein Prozent gesunken.[173] Eine ähnliche Entwicklung erkannte Pro-

---

171 Siehe dazu wörtlich Dirix (1966, S. 184) in seinem Bericht zu diesen versuchsweisen Kontrollen: „The experiment [...] proved [...] that the announcement that a control take place is effective: no traces of amphetamines were found in the urine samples taken."

172 Report on the testing for artificial stimulants in urine samples form football players in the World Championships 1966, S. 124, IOC-Archiv, 203697.

173 Vgl. Prokop, 1970, S. 126.

kop auch außerhalb des Pferdesports: Während sich die Dopingfälle in den 1950er Jahren zusehends gehäuft hätten,[174] brächten die nun ergriffenen Maßnahmen „bedeutende Erfolge".[175] Prokop führte dafür aktuelle Kontrollstatistiken aus Italien und Belgien an. Im belgischen Radsport betrug der Anteil an positiven Proben bei den 1965 erstmals durchgeführten Kontrollen noch knapp 26 Prozent und hatte sich in den darauffolgenden zwei Jahren bis auf acht Prozent reduziert. Im italienischen Radsport war der Rückgang von knapp 33 Prozent im Jahr 1965 auf knapp drei Prozent im Jahr 1968 noch deutlicher. Im italienischen Fußball sei in der Saison 1963/1964 sogar kein einziger Amphetaminmissbrauch mehr aufgetreten, während zwei Spielzeiten davor noch 27 Prozent der Proben positiv gewesen seien.[176]

Auch Manfred Donike, verantwortlicher Laborleiter für die Dopingkontrollen bei den Sommerspielen in München 1972, drückte im Vorausblick auf die Wettkämpfe sein Vertrauen auf die reinigende Kraft von Kontrollen aus. Er schätzte deren abschreckende Wirkung sogar so stark ein, dass ein positiver Befund „eher auf einem Mißverständnis als auf einem bewußten Dopingversuch" beruhen werde.[177] Aus der Tatsache, dass bei den Sommerspielen in Montreal 1976 von den 1800 Kontrollen auf Stimulanzien lediglich drei positiv waren, leitete Robert Dugal, Laborleiter in Montreal, in seinem Bericht über die dortigen Kontrollen ab, dass das klassische Doping mit Stimulanzien im Rückgang begriffen sei.[178] Basierend auf diesen Kontrollergebnissen wiederholte der Vorsitzende der Medizinischen Kommission, de Mérode, fast wörtlich Dugals optimistische Diagnose:

> „Certain definite trends can be detected in the results achieved at the Games in Montreal. Out of 1800 analyses carried out as part of the testing of traditional doping substances, only three samples proved positive. It may, therefore, be deducted that the use of psychomotor stimulants is definitely on the decline owing to the existence of the means of dissuasion constituted by a testing laboratory."[179]

---

174 Vgl. ebd., S. 127.

175 Ebd., S. 130.

176 Vgl. ebd. Siehe zu den genannten Kontrollen in Belgien Dirix, 1966a, S. 707 f.; Dirix, 1967, S. 45. Zu den genannten Kontrollen in Italien Venerando, 1963; Venerando & Sio, 1965, S. 62 f.

177 Donike, 1972, S. 49.

178 Vgl. Dugal, 1977, S. 387.

179 Mérode, 1979, S. 16.

Etwas anders stellte sich die Situation bei der Anabolikaproblematik dar. Im Vergleich zu den 1800 Tests auf Stimulanzien wurde mit 275 Tests auf anabole Steroide in Montreal noch in verhältnismäßig geringem Umfang auf diese Substanzklasse kontrolliert. Der Anteil an positiven Proben war mit drei Prozent (acht positive Proben) zwar höher als bei den Stimulanzien, aber immer noch so gering, dass dieses Ergebnis von Dugal und de Mérode als positives Signal für die abschreckende Wirkung von Anabolikakontrollen interpretiert werden konnte.[180] Des Weiteren sahen beide eine analoge Entwicklung im Gang, wie man sie zuvor bereits beim Doping mit klassischen Stimulanzien konstatiert hatte. Dugal und de Mérode hielten es für „sehr wahrscheinlich", dass sich das Problem mit anabolen Steroiden auf dieselbe Weise erledigen würde, wie das der aufputschenden Mittel.[181] Die Bedingung dafür sei allerdings, dass der Anti-Doping-Kampf weiterhin konsequent geführt werde. Die Herausforderungen seien nämlich groß:

> „[...] it is common knowledge that new products with stimulating properties are continually being discovered and quickly become available. Athletes may be tempted to use them. But the methods of detection and identification also continue to evolve – and this is a recent phenomenon – at a more rapid pace than the discovery and launching of new products."[182]

Diese optimistische Erwartung hegte de Mérode auch für schwer nachweisbares Doping mit körpereigenen Substanzen:

> „It is well known that the present trend in doping seems to be directed towards the exogenous addition of normal physiological constituents. Such practices [...] will certainly

180 Vgl. dazu wörtlich Dugal, 1977, S. 387: „It is very likely that the very small number of positive results is due to the prohibition ordered by the Medical Commission at its meeting in Innsbruck in 1974, and later widely publicised." Nahezu identisch äußerte sich zwei Jahre später de Mérode, 1979, S. 16: „It is likely that the very small number of positive results is due to the prohibition, later widely publicised, ordered by the Medical Commission at its meeting in Innsbruck in 1974."

181 Vgl. dazu wörtlich Dugal, 1977, S. 387: „It is [...] very likely that the problem of doping with anabolic steroids will fall off in the same way as that of psychomotor stimulants." Nahezu identisch wiederum de Mérode, 1979, S. 16: „It is [...] very likely that the problem of doping with anabolic steroids will decline in the same way as that of psychomotor stimulants."

182 Mérode, 1979, S. 16.

become detectable in a nearer future than is generally thought. You have only to remember that for a long time it was thought that anabolics were neither detectable nor identifiable."[183]

Die Kommunikation bestimmter Erfahrungen aus der Vergangenheit und Erwartungen für die Zukunft bahnte den Weg für die Einführung und den Ausbau von Dopingkontrollen. Dafür taugten keine pessimistischen Haltungen. Vielmehr wurde optimistisch Handlungsfähigkeit behauptet. Scheinbar harte Zahlen wurden als Indikatoren des bisherigen Erfolgs in Anschlag gebracht und mit Zukunftserwartungen angereichert, um so den eingeschlagenen Weg weiter zu forcieren. Aber was sagen drei Prozent positiver Proben auf anabole Steroide über die Dopingrealität aus und was folgt daraus für die Gestaltung künftiger Anti-Doping-Politik? Von Seiten der Medizinischen Kommission wurde die Zahl als Ausweis für die abschreckende Wirkung von Kontrollen interpretiert und damit signalisiert, dass man sich auf dem richtigen Weg befinde. Von Athleten, Journalisten und anderen Insidern hingegen wurde das Kontrollsystem mit genau demselben Faktum als hoffnungslos lückenhaft kritisiert.[184] Wie ist der massive Rückgang positiver Proben auf Stimulanzien zu interpretieren und was folgt daraus für die Problematik mit anderen Dopingmitteln? Selbst wenn man akzeptiert, dass Doping mit Stimulanzien im Rückgang begriffen war: Kann daraus auf eine analoge Entwicklung der Problematik mit anderen Substanzen geschlossen werden, bei denen sich der Nachweis deutlich schwieriger gestaltete und das Wettrüsten zwischen dopingwilligen Sportlern und Analytikern längst in Gang gekommen war?

Die Wirklichkeitskonstruktionen der Kommissionsmitglieder de Mérode, Dugal, Donike, Prokop und Beckett sind also keineswegs alternativlos und beruhen auf folgenden Prämissen: Unter Ignoranz der Dunkelziffer fungierten Kontrollstatistiken erstens als verlässliche Indikatoren für die Dopingverbreitung. Dieser Logik nach spiegelte eine abnehmende Zahl positiver Proben den Rückgang der Dopingproblematik wider. Zweitens wurde die zunehmende Konformitätsbereitschaft von Athleten auf den Abschreckungseffekt von Kontrollen zurückgeführt. Plausibilisiert wurde diese Attribuierung durch Kontrastierung: Die Zeit vor der Einführung von Kontrollen wurden als dopingverseuchte Krisenjahre dargestellt, während mit Beginn der Kontrollaktivitäten eine bessere Zeit mit zunehmend sauberem Sport begonnen habe. Die abnehmende Zahl an positiven Proben beglaubigte den abschreckenden Effekt von Dopingkontrollen.

183 Ebd.

184 Vgl. dazu die Unterabschnitte 4.3.4 und 4.3.5.

Diese Deutungsmuster diagnostizierten nicht nur die vergangene und gegenwärtige Situation, sondern prognostizierten gleichzeitig, was kommen würde. Kein anderer Bereich transportierte ähnlich große Hoffnungen auf die Lösung sozialer Probleme und stand so für Besserung und Fortschritt wie die naturwissenschaftliche Forschung. Das Versprechen, dass sich künftig immer mehr Substanzen in immer feineren Spuren analytisch nachweisen ließen und so letztlich kaum ein Dopingsünder ungestraft bliebe, war dem naturwissenschaftlich basierten Problemlösungsansatz inhärent. Der Historiker Reinhart Koselleck betont die enorme Falsifikationsresistenz der modernen Fortschrittsidee gegenüber kritischen Erfahrungswerten.[185] Indem Geschichte als ein fortschreitender Prozess zunehmender Vervollkommnung begriffen wird, löst sich die Zukunft von dem, was bisherige Erfahrungen geboten haben. Unter dem Credo des Fortschritts ist alles Bisherige kein Einwand mehr gegen die Andersartigkeit der Zukunft, die besser sein wird als die Vergangenheit. Vor diesem Horizont stellten die Einwände von Kritikern, die das gegenwärtige Kontrollsystem als lückenhaft bewerteten, keine substanziellen Gegenargumente dar, die den analytischen Problemlösungsansatz wirklich von Grund auf in Frage stellen konnten. Sofern die Analytik nämlich weiter vorangetrieben werde, würden sich die gegenwärtigen Probleme in der Zukunft lösen. Das Fortschrittsversprechen verlieh den Schwierigkeiten einen lediglich vorläufigen, bewältigbaren Charakter und machte den analytischen Ansatz damit immun gegen negative Erfahrungswerte.

Mit dem Verweis auf Erfolge bei gleichzeitiger Betonung der Herausforderungen wurde der Ausbau des Kontrollsystems eingeleitet und in Gang gehalten. Das ständige Oszillieren zwischen diesen beiden Polen zeigt sich beispielsweise im Bericht des Organisationskomitees der Spiele von Montreal 1976 über die dortigen Dopingkontrollen, der in enger Zusammenarbeit mit der Medizinischen Kommission des IOC geschrieben wurde. Die bekannten Deutungsmuster finden sich dort in verdichteter Form: Auf der Basis der geringen Zahl positiver Proben auf Stimulanzien wurde diese Problematik als weitgehend gelöst betrachtet. Aufgrund der Einführung von Anabolikakontrollen, die man als „nahezu 100 Prozent effektiv" bezeichnete,[186] wurde auch für die Steroidproblematik eine ähnliche Entwicklung erwartet. Gleichzeitig wurde jedoch angemahnt:

---

185 Vgl. dazu und zum Folgenden Koselleck, 1989, S. 364 ff.

186 Vgl. dazu wörtlich Organisationskomitee Montreal, 1978, S. 454: „Tests of this type had never been successful before in Olympic history, and resulted in a system whereby the majority of anabolic steroids available on the market could be controlled for the first time at the Games with virtually 100 percent effectiveness."

„It is important […] that there be no relaxation in the enforcement of doping control measures. In fact, they should be even more stringent and severe, for new stimulants are coming on the market almost daily and are readily available to athletes.“[187]

Die Bekämpfung dürfe also im Zuge der größer werdenden Herausforderungen nicht nachlassen. Vielmehr müsse das Kontrollsystem weiter verbessert werden. Insbesondere der ständige Hinweis auf die Entwicklung neuer nicht identifizierbarer Mittel begründete die Notwendigkeit zur permanenten Neuentwicklung und Optimierung analytischer Methoden. Letztlich laufen die Deutungen auf einen einfachen Zusammenhang hinaus, aus der eine klare Handlungsstrategie folgt: Je umfangreicher und besser die Kontrollen, desto eher ist das Problem in den Griff zu bekommen. Mit dieser auf die Perfektionierung des Kontrollsystems zielenden Logik konnte der Ausbau legitimiert und von Anti-Doping-Akteuren immer weiter forciert werden.

5.3.4 Widerstände von Athletenseite

Ein Kontrollsystem, wie es sich im Leistungssport in den letzten fünfzig Jahren etabliert hat, sucht in anderen sozialen Bereichen seinesgleichen. Verschiedene Autoren haben auf diesen Ausnahmecharakter hingewiesen und kritisch reflektiert.[188] Von Athleten gibt es heutzutage angesichts des Ausmaßes an Kontrolle und Überwachung erstaunlich wenig Opposition. Diese nahezu selbstverständliche Akzeptanz ist historisch gewachsen und war keineswegs von Anfang an gegeben. Zu Beginn waren Dopingkontrollen vielmehr etwas ganz und gar ungewöhnliches, was durchaus offene Kritik von Athletenseite hervorrief. Bei der Tour de France 1966 entlud sich die Verärgerung über die neu eingeführten Maßnahmen in Proteststreiks, bei denen die Fahrer bei zwei Etappen für einige Minuten kollektiv vom Rad stiegen.[189] Ein Tour-Teilnehmer fasste die Sichtweise der Streikenden folgendermaßen zusammen: „Die Art und Weise wie man uns hier behandelt – sozusagen als mögliche Kriminelle – ist ganz einfach entwürdigend.“[190] In diesem Zitat wird deutlich, wie stichprobenartige Kontrollen von den Kontrollierten selbst wahrgenommen wurden: Für die Fahrer waren sie Ausdruck eines grundsätzlichen Misstrauens, das man ihnen entgegenbrachte und sie in die Nähe von Kriminellen rückte. Kontrolliert wird, diesem Wahrnehmungs-

187 Organisationskomitee Montreal, 1978, S. 455 f.

188 Vgl. Asmuth, 2012, S. 245; Kayser, 2009, S. 156; Henne, 2015, S. 153.

189 Vgl. Radsport, 5.7.1966, S. 2, 11.

190 Anon. zitiert in: Radsport, 5.7.1966, S. 11.

muster nach, schließlich nur dann, wenn ein Verdacht besteht. Ansonsten hätte eine Kontrolle keinen Sinn. Die Einführung solcher Maßnahmen – egal in welchem sozialen Bereich – transportierte also unweigerlich die implizite Botschaft an die Kontrollierten, dass ihnen nicht mehr vertraut wird. Hinzu kam, dass Kontrollen einen weitgehenden Eingriff in die Privatsphäre bedeuteten und in einem intimen körperlichen Bereich eine Transparenz herstellten, die leicht als „entwürdigend" empfunden und kritisiert werden konnte. Ein anderer Tour-Teilnehmer äußerte sich 1966 mit den Worten: „We are free men. [...] As free men we wanted to protest against a law[191] that we consider unjust."[192] Die protestierenden Athleten rekurrierten auf Werte, die im Zuge des kulturellen Wandels in den 1960er Jahren eine breite gesellschaftliche Konjunktur erfuhren: Der Ruf nach Selbstbestimmung, Mündigkeit und individueller Freiheit; die Auflösung von Werten, Regeln und Konventionen, die als paternalistisch wahrgenommen wurden; das Recht auf den eigenen Körper. Es zeigen sich zwei gegenläufige Entwicklungen: Während man in der Dopingbekämpfung zunehmend restriktiver agierte, war die Gesellschaft in vielen anderen Bereichen in einem Prozess der Liberalisierung begriffen.

Für die kontrollierenden Instanzen stellte sich insofern zunächst die moralische und rechtliche Frage, ob es in freien Gesellschaften überhaupt vertretbar sei, Menschen stichprobenartig Kontrollen zu unterwerfen und ihre Körper auf die Einnahme bestimmter Substanzen hin zu durchleuchten. Zudem mussten die künftigen Befugnisse der Kontrollierenden und die Verpflichtungen der Kontrollierten formal geregelt werden. Im Publikationsorgan des IOC erschien 1962 eine Serie von Artikeln über frühe Dopingkontrollen in der Schweiz.[193] In einem Artikel wurde ausgeführt, was zum Zweck der Dopingbekämpfung künftig erlaubt sein werde:

> „Public authorities or their representatives as well as the police forces will have the power to intervene before or during the competition, in order to search the equipment and the luggage which athletes and their escorts may have with them for the competition [...] In addition to this, the sport authorities or the representatives have the power to compel the

191 Damit ist das ein Jahr zuvor verabschiedete Dopinggesetz in Frankreich gemeint, das die gesetzliche Grundlage für die Kontrollen bei der Tour de France damals darstellte.

192 Anon. zitiert in Meuwly, 1966, S. 61.

193 Vgl. Bulletin du Comité International Olympique, 1962, Mai, 78, S. 52; 1962, Mai, 78, S. 53-54; 1962, November, 80, S. 62-63.

athletes to submit themselves to a medical examination. *Athletes must release doctors of their pledge of professional secret where the sport authorities are concerned.*“[194]

Mit solch weitgehenden Maßnahmen betrat man sowohl in moralischer als auch rechtlicher Hinsicht Neuland. Von IOC-Seite fragte man daher, ob eine derartige „Abweichung von der üblichen Vorgehensweise“ überhaupt noch im Rahmen des gesetzlich Erlaubten sei.[195] 1965 fragte der Vorsitzende des Dopingkomitees, Arthur Porritt, ob medizinische Untersuchungen, Tests und Durchsuchungen eine Verletzung der Persönlichkeitsrechte darstellten.[196] Um möglichen Kontrollverweigerungen durch die Einklagung von Freiheits- und Persönlichkeitsrechten vorzubeugen, hatte Porritt bereits kurz zuvor in der Mitgliederversammlung vorgeschlagen, dass Athleten künftig eine Erklärung unterschreiben sollten, nach der sich jeder freiwillig allen Untersuchungen unterwerfen müsse, die man für notwendig erachte.[197] In den folgenden Jahren wurde dann vielfach auf die Notwendigkeit einer entsprechenden Ergänzung in den Regularien aufmerksam gemacht und vor den ersten Kontrollen 1968 auch aufgenommen.[198] Athleten, die sich Kontrollen verweigerten, wurden künftig disqualifiziert.[199]

Wichtig ist, sich die legitimierende Funktion dieser Regelung vor Augen zu führen: Eine von außen auferlegte Kontrollmaßnahme wird durch die persönliche Einwilligung des Athleten zu einer freiwillig in Kauf genommenen.

194 Bulletin du Comité International Olympique, 1962, Mai, 78, S. 54. Hervorhebung im Original.

195 Vgl. wörtlich (Bulletin du Comité International Olympique, 1962, Mai, 78, S. 54): „Do the legislative regulations admit such a departure from usual custom?“

196 Vgl. wörtlich Porritt, 1965a, S. 48: „Does medical investigation or testing or searching of clothes or equipment constitute technically an assault upon the person?“

197 Vgl. wörtlich die Erklärung, die in der IOC-Mitgliederversammlung 1964 vorgeschlagen und im „Bulletin“ (1965, Februar, 89, S. 76) veröffentlicht wurde: „I do not use drugs, and hereby declare that I am prepared to submit to any examination that may be thought necessary.“

198 Vgl. Protokoll Exekutivkomitee, 9.-10.7.1965, S. 5 f., IOC-Archiv; Protokoll Mitgliederversammlung, 24.-30.4.1966, IOC-Archiv, veröffentlicht in Bulletin du Comité International Olympique, 1966, August, 95, S. 91; Protokoll Exekutivkomitee, 22.10.1966, S. 11; Protokoll Medizinische Kommission, 27.9.1967, S. 1, IOC-Archiv, 203603; Bulletin du Comité International Olympique, 1967, Mai-August, 98-99, S. 102; Protokoll Exekutivkomitee, 30.9.-6.10.1968, S. 6 f., IOC-Archiv.

199 Vgl. Newsletter, 1968, Februar, 5, S. 65.

Dadurch dass sich der Kontrollierte *selbst* verpflichtet, legitimiert er gleichzeitig das Vorgehen. Denn schließlich könnte er seine Unterschrift auch verweigern. Dass es sich jedoch um eine Quasi-Freiwilligkeit handelt, zeigt sich darin, dass eine Verweigerung nur um den Preis des Ausschlusses vom Wettbewerb möglich ist und daher für einen Leistungssportler, der von der Teilnahme am Wettbewerb lebt, de facto kaum eine Option sein kann.

5.4 Ergänzende und konkurrierende Strategien der Bekämpfung auf nationaler Ebene bis 1989

Dopingkontrollen waren zwar die mit Abstand wichtigsten, aber nicht die einzigen Bekämpfungsmaßnahmen, mit deren Hilfe das Problem gelöst werden sollte. Beschränkte sich der unmittelbare Einflussbereich des IOC primär auf Kontrollen bei den alle vier Jahre stattfindenden Olympischen Spielen, so hatten auf nationaler Ebene die Sportverbände und als weiterer wichtiger Akteur der Staat deutlich mehr Möglichkeiten, Anti-Doping-Politik auch über den Kontrollansatz hinaus verbindlich zu gestalten. Um die komplexen Diskussionen über die ins Spiel gebrachten Problemlösungsansätze sichtbar zu machen, konzentriert sich der gesamte folgende Abschnitt (5.4) ausschließlich auf die bundesdeutsche Ebene und betrachtet dabei den Zeitraum bis zur deutschen Wiedervereinigung 1990.

5.4.1 Anti-Doping-Gesetz

Staatlicherseits konnte man auf unterschiedliche Weise auf eine Forcierung der Dopingbekämpfung im Sport hinwirken: Erstens war es möglich, die sportverbandlichen Dopingbekämpfungsmaßnahmen staatlich mitzufinanzieren, um damit die teils engen Budgets der Sportverbände zu entlasten. Zweitens konnte der Staat seine finanziellen Zuwendungen für den Leistungssport von der Implementierung adäquater Dopingbekämpfungsmaßnahmen abhängig machen, um dadurch Druck auf diejenigen Sportverbände auszuüben, die Doping unzureichend bekämpften. Drittens waren legislative Maßnahmen beispielsweise in Form eines Anti-Doping-Gesetzes denkbar. Ein solches Gesetz stellte den weitgehendsten Eingriff in die Autonomie des Sports dar und soll in diesem Unterabschnitt zunächst Gegenstand der Betrachtung sein.

1965 lud der Europarat die europäischen Regierungen zu einer Doping-Tagung in Straßburg ein. Im Zuge der Einführung von Anti-Doping-Gesetzen in Frankreich und Belgien sollte es um die Frage gehen, welche Bekämpfungsmaßnahmen notwendig seien und ob Anti-Doping-Gesetze auch für die anderen europäischen Staaten in Frage kämen. Wenige Tage nach der Konferenz fand in der Bundesrepublik ein sportmedizinisches Symposium zur Dopingproblematik statt, bei dem es wesentlich um die Ergebnisse der Straßburger Tagung ging. Im Hinblick auf mögliche legislative Maßnahmen wurden die dortigen Ergebnisse folgendermaßen zusammengefasst:

> „Das Zentralproblem der Konferenz lag weniger auf medizinischem als vor allem auf juristischem Gebiet. Es lag im Interesse der Franzosen und der Belgier, die bei der Durchführung ihres Doping-Gesetzes nicht ohne Schwierigkeiten voranzukommen scheinen, durch den internationalen Beschluß staatlicher Sanktionen gegen das Doping sich für ihr eigenes Gesetz gewissermaßen Rückendeckung und Bestätigung zu verschaffen. Die Mehrzahl der vertretenen europäischen Staaten wollte jedoch das Doping-Problem vorerst auf der Ebene der Sportverbände gelöst sehen und gesetzgeberische Maßnahmen des Staates vermeiden."[200]

Worin genau die Schwierigkeiten in Frankreich und Belgien lagen, wurde nicht näher erläutert. Im bundesdeutschen Radsport jedenfalls sorgten die Kontrollmaßnahmen der Polizei in den beiden Nachbarländern für Unmut und wurden als ein unverhältnismäßig rigides Vorgehen wahrgenommen. Die Firma Fichtel & Sachs als Sponsor eines deutschen Profiteams beschwerte sich beispielsweise 1965 beim BDR über die Polizeirazzien, denen man sich auf der Anreise zu einem Straßenrennen in Belgien ausgesetzt sah:

> „Wir empfinden diese Art von Kontrolle auf ausländischem Boden als einen unerlaubten Überfall; denn es bestand nicht der geringste Tatverdacht als Veranlassung zu einer solchen Kontrolle. Nach deutschem Recht ist eine Hausdurchsuchung auch nur dann rechtlich vertretbar, wenn ein speziell auf einen Verdächtigen ausgestellter Durchsuchungsbefehl vorgezeigt werden kann. Dieses Recht dürfte auch in anderen Ländern Gültigkeit haben […]."[201]

200 Weidemann, 1966, S. 49. Weidemann war ein Mitarbeiter Reindells und als Vertreter des Deutschen Sportärztebundes und des DSB zusammen mit einem Vertreter des Bundesinnenministeriums bei der Straßburger Konferenz anwesend (vgl. Reindell, 1966, S. 46).

201 Schreiben Fichtel & Sachs an BDR, 24.3.1965, DSHS Köln, Nachlass Gronen, 11.

Die Firma bezeichnete die stichprobenartigen Kontrollen ohne konkreten Verdacht daher als „unerlaubten Überfall" und „Maßnahmen der Willkür".[202] Ähnlich wie bei den Streiks der Fahrer bei der Tour de France 1966 gegen die neu implementierten Dopingkontrollen[203] wurden ein Jahr zuvor also auch die Maßnahmen der belgischen Polizei als ein unverhältnismäßiges und illegitimes Vorgehen bewertet. Die polizeilichen Durchsuchungen rückten die Kontrollierten zwangsläufig in ein kriminelles Licht, und zwar in einem noch stärkeren Maße, als dies ohnehin schon bei den von Sportmedizinern durchgeführten Urinkontrollen empfunden und beklagt wurde. Wenn man bedenkt, dass sich Sportverbände und Politik bis vor kurzem noch nicht um die aktive Verfolgung von Doping bemüht hatten, wirkten die Maßnahmen in Belgien und Frankreich nun als eine unverhältnismäßige Kriminalisierung einer zuvor unkontrollierten Praxis.

Das dürfte mit ein Grund dafür gewesen sein, warum – im Unterschied zu Frankreich und Belgien – die anderen europäischen Staaten das Dopingproblem damals nicht über gesetzgeberische Maßnahmen, sondern zunächst über sportverbandliche Regelungen angehen wollten. In der Bundesrepublik entsprach diese Linie grundsätzlich dem Axiom der Autonomie des Sports. Bereits vor der Straßburger Konferenz hatte das Bundesinnenministerium in einem Schreiben an den Sportmediziner Joseph Keul, der als Experte über den Stand der Anti-Doping-Maßnahmen berichten sollte, darauf insistiert, „so lange wie möglich mit anpassungsfähigen und praxisnahen Verbandsregelungen" auszukommen, bevor man sich „für den Weg der Gesetzgebung entschließt."[204] Da sich nun auch die Mehrheit der europäischen Staaten gegen gesetzgeberische Maßnahmen ausgesprochen hatte, sah sich das Bundesinnenministerium in seiner politischen Linie bestätigt.[205]

Auch juristischerseits wurde ein solches Vorgehen empfohlen. Die deutschen Sportmediziner hatten für ihr Doping-Symposium 1965 speziell einen Juristen eingeladen. Der Bundesanwalt Max Kohlhaas referierte über „Gesetzliche Grundlagen für ein Verbot des Dopings" und verglich dabei die bestehenden Dopingbekämpfungsmaßnahmen in anderen europäischen Ländern mit den Ver-

202 Ebd.

203 Vgl. dazu Unterabschnitt 5.3.4.

204 Schreiben Bundesinnenministerium an Keul, 10.8.1965, BArchiv Koblenz, B 322 / 9.

205 Schreiben Bundesinnenministerium an Reindell, 27.9.1965, BArchiv Koblenz, B 322 / 9.

hältnissen in der Bundesrepublik. Auch er warnte vor gesetzgeberischen Maßnahmen und plädierte für sportinterne Lösungen.[206]

Die Bundesregierung hielt in den folgenden Jahren an ihrer Linie fest. Als nach dem mit Doping in Verbindung gebrachten Todesfall des deutschen Boxers Jupp Elze 1968 das Problem zum ersten Mal im Deutschen Bundestag thematisiert und die Frage nach den Konsequenzen gestellt wurde, verwies der zuständige Bundesinnenminister, Ernst Benda, auf eine Resolution des Ministerkomitees des Europarats von 1967, das – entsprechend der 1965 in Straßburg eingeschlagenen Linie – Schutzmaßnahmen der Sportverbände empfohlen hatte.[207] Des Weiteren hob Benda die bereits erfolgten Initiativen der Bundesregierung, des DSB und des Deutschen Sportärztebundes hervor und stellte insgesamt klar, dass

> „die bestehenden strafrechtlichen Bestimmungen über die fahrlässige und vorsätzliche Körperverletzung und Tötung bereits einen weitergehenden Schutz gegen das Doping bieten und weitere Maßnahmen von den Sportfachverbänden in deren Statuten geregelt werden sollten."[208]

In den ersten umfassenden Dopingbestimmungen des DSB, den Rahmen-Richtlinien zur Bekämpfung des Dopings von 1970, wurde die Aufgabe der Dopingbekämpfung dann auch formal bei den Verbänden angesiedelt.[209]

Die Vermeidung gesetzgeberischer Maßnahmen war sowohl für die Sportorganisationen als auch für den Staat selbst von Vorteil: Der bundesdeutsche Sport konnte so weitgehend eigenständig und ohne äußere Einflussnahme handeln. Staatlicherseits wiederum konnte man die Bekämpfung dieses undankbaren Problems dem Sport überlassen. Diese Linie war, wie gesehen, gut anschlussfähig: Sie entsprach erstens der Haltung der meisten anderen europäischen Staaten und zweitens auch dem grundlegenden Axiom der Unabhängigkeit des Sports von der Politik.

---

206 Vgl. Kohlhaas, 1966. Soweit ersichtlich war Kohlhaas in den folgenden Jahren der einzige Jurist in der Bundesrepublik, der sich immer wieder zu dieser Thematik äußerte. Er stand dabei gesetzgeberischen Maßnahmen stets skeptisch gegenüber (vgl. Kohlhaas, 1970, 1972a & 1972b).

207 Die Resolution wurde in deutscher Übersetzung als Rundschreiben an die Mitglieder des DSB versandt (vgl. Bundesarchiv Koblenz, B 322 / 122).

208 BT-Drucksache, 5.WP, 196. Sitzung, 15.11.1968, S. 10556, BArchiv Koblenz, B 322 / 9.

209 Vgl. DSB, 1970, § 9.

5.4.2 Kopplung der staatlichen Sportförderung an die Einhaltung der Anti-Doping-Bestimmungen

In der Bundesrepublik wich man von dieser Linie auch in den folgenden Jahrzehnten nicht ab. Die Jahre 1976/1977 bedeuteten jedoch einen Einschnitt, und zwar deswegen, weil zum ersten Mal auch die Bundesregierung durch Dopingpraktiken im bundesdeutschen Sport unter politischen Druck geriet und stärker als bisher aktiv werden musste. Nach den Olympischen Spielen in Montreal 1976 wurde nämlich offensichtlich, in welchem Ausmaß sowohl ethisch bedenkliche als auch explizit verbotene leistungssteigernde Maßnahmen Anwendung fanden. Zu ersteren gehörten die gezielte Verabreichung von Spritzen zur Leistungssteigerung[210] sowie die sogenannte „Aktion Luftklistier", bei der die Wasserlage von Schwimmern dadurch verbessert werden sollte, dass Luft in den Darm gepumpt wurde.[211] An diesen dubiosen Praktiken entzündete sich zunächst

---

210 Zu den Spielen in Montreal wurden nach Angaben des Präsidenten des Deutschen Sportärztebundes, Herbert Reindell, mehr als 1200 Spritzen verschickt (vgl. Schreiben Reindell an Kirsch, 2.11.1978, BISp-Archiv, Doping E-Z). In der Presse wurde vor allem der Fall des Ruderers Kolbe skandalisiert, der den enttäuschenden Rennverlauf auf die Verabreichung des Kombinationspräparats Cocarboxylase und Thioctacid, der sogenannten „Kolbe-Spritze", zurückführte. Das Präparat wurde seit 1973 erfolgreich im DDR-Leistungssport eingesetzt und kam über den aus der DDR geflüchteten Sportmediziner Alois Mader in den Westen. Am Institut für Kreislaufforschung und Sportmedizin in Köln führte Mader dann ab 1976 experimentelle Untersuchungen mit Cocarboxylase und Thioctacid durch und stellte leistungssteigernde Wirkungen fest (vgl. vgl. Schreiben Mader an Nöcker, 3.9.1976, Daume-Archiv, 105.14; Mader: Vorläufiger Bericht zur Wirkung von Berolase (Cocarboxylase) und Thioctacid (Alpha-Liponsäure) auf die sportliche Leistungsfähigkeit im Kurz- und Mittelzeitausdauerbereich. Beiliegend in Schreiben Mader an Nöcker, 3.9.1976, Daume-Archiv, 105.14). Siehe zu diesen Vorgängen auch Krüger et al., 2014, S. 86 ff.

211 1975 wollte eine Gruppe dem Deutschen Schwimm-Verband eine nicht näher erläuterte leistungssteigernde Methode für eine Million DM verkaufen, wobei gleichzeitig angekündigt wurde, im Falle einer Ablehnung das Mittel anderen Nationen anzubieten (vgl. Schwimmsport, 1977, 21, S. 418). Der Verband nahm daraufhin Verhandlungen auf (vgl. Schreiben Deutscher Schwimm-Verband an Bundesinnenministerium, 16.6.1976, PArchiv Berlin) und bekam vom Bundesinnenministerium unter der Bedingung, dass die Methode weder gesundheitsschädlich sei noch gegen die Anti-Doping-Bestimmungen verstoße, zusätzliche Mittel in Höhe von 250.000

die öffentliche Diskussion, bevor sie sich dann auf anabole Steroide verlagerte, die in Montreal zum ersten Mal auf der Verbotsliste standen. Obwohl es im Unterschied zur DDR im Westen zwar kein staatlich gelenktes Dopingprogramm gab, fanden die leistungssteigernden Praktiken bei den Spielen 1976 unter der Beteiligung und mit dem Wissen von bundesdeutschen Trainern, Sportmedizinern und Funktionären statt. Weitet man den Blick auf die Zeit zwischen den Spielen in München 1972 und Montreal 1976, so finden sich ebenfalls eine Reihe von Indizien und Belegen dafür, dass vor allem bei der Anabolikaanwendung das Athletenumfeld des Öfteren mitbeteiligt war.[212]

Die Bundesregierung wurde nach den Skandalen von Montreal zwischen März 1977 und Mai 1979 mit fünf kritischen Anfragen im Bundestag konfrontiert.[213] Die Parteien hinterfragten dabei nicht nur die Vorgänge bei den Spielen 1976, sondern – viel grundsätzlicher – die Förderung des Spitzensports durch den Bund. Als 1977 eine öffentliche Anhörung von Sachverständigen zur Dopingproblematik im Sportausschuss des Deutschen Bundestages stattfand, brachte der Ausschussvorsitzende, Hans Evers, das Kernanliegen der Sitzung einleitend folgendermaßen auf den Punkt:

„Das Parlament muß Antwort auf die Frage bekommen, was wir eigentlich mit den Sportförderungsmitteln der öffentlichen Haushalte fördern. Deckt sich das, was wir fördern, mit

---

DM bewilligt (vgl. Schreiben Bundesinnenministerium an Deutscher Schwimm-Verband, 21.6.1976, PArchiv Berlin). Diese Kriterien wurden letztlich erfüllt (vgl. Heydn, 1977, S. 140) und die Methode vor den Sommerspielen 1976 im Trainingslager getestet (vgl. Deutscher Schwimm-Verband an Bundesinnenministerium, 16.6.1976, PArchiv Berlin). Danach votierten Vertreter des Bundesausschuss Leistungssport sowie die Ärzte für die Anwendung dieser Methode in Montreal. Allerdings mussten schließlich während der Vorkämpfe alle Versuche aufgrund „mangelnder technischer Voraussetzungen“ (Schwimmsport, 1977, 21, S. 418) abgebrochen werden. Siehe zu diesen Vorgängen ausführlich Meier & Reinold, 2013; Krüger et al., 2014, S. 86 ff.

212 Berendonk (1992, S. 242, 277, 279), Singler & Treutlein (2012, S. 241-314) und Krüger et al. (2014, S. 94 ff.) weisen auf öffentliche Aussagen von Beteiligten, interne Korrespondenzen und von Sportmedizinern ausgestellte Rezepte hin, welche das Wissen und die Beteiligung von Akteuren aus dem Athletenumfeld belegen.

213 Vgl. BT-Drucksache 8 / 168, S. 8 & 1113 ff.; BT-Drucksache 8 / 328, S. 1771 f.; BT-Drucksache 8 / 1826, S. 7398; BT-Drucksache 8 / 2249, S. 9022 f.; BT-Drucksache 8 / 2850, S. 9.

den sportpolitischen Zielvorstellungen, die von den Fraktionen und von den Parteien entwickelt worden sind?“[214]

Zur Disposition stand also, ob die Verwendung der öffentlichen Gelder wirklich den offiziellen politischen Zielvorstellungen entsprach oder ob man damit nicht vielmehr dubiose leistungssteigernde Praktiken unterstützte. Mit den Skandalen von Montreal wurde die Spitzensportförderung für die Bundesregierung zu einer politischen Angriffsfläche, weil offensichtlich geworden war, dass staatliche Mittel in einen dopingverseuchten Sport flossen. Gleichzeitig war die Sportförderung des Bundes jedoch auch ein Instrument, mit dem der Staat die Sportverbände zur Forcierung der Dopingbekämpfung unter Druck setzen konnte, indem er beispielsweise die Bereitstellung von Sportförderungsmitteln von der Implementierung adäquater Bekämpfungsmaßnahmen abhängig machte. Potentiell wirkungsvoll war dieses Druckmittel vor allem deswegen, weil der Sport auf die inzwischen erheblichen staatlichen Summen angewiesen war. Bei der Betrachtung der Zahlen für sogenannte „zentrale Maßnahmen auf dem Gebiet des Sports“, welche vom Bundesinnenministerium kamen und vor allem in den Spitzensport flossen, fällt auf, dass die Förderung in den 1970er Jahren überproportional zunahm.[215] Der Staat hatte damit ein Instrument zur Verfügung, mit dem er seinen Einfluss auf die Dopingbekämpfung intensivieren konnte, ohne durch legislative Maßnahmen selbst aktiv zu werden.

Die Bundesregierung verwies in ihren Antworten auf die kritischen Nachfragen im Bundestag vor allem auf eine 1978 vorgenommene Ergänzung der Besonderen Bewirtschaftungsgrundsätze. Danach wurde die Bereitstellung von Sportförderungsmitteln formal an die Beachtung der Anti-Doping-Bestimmungen gekoppelt.[216] Des Weiteren machte man auf die Verankerung einer Dopingklausel in der Vergütungsordnung für Bundestrainer aufmerksam. Bei einem Dopingverstoß berechtigte sie zukünftig zur Kündigung des Arbeitsverhältnisses mit dem betroffenen Trainer.[217] Die entscheidende Frage an dieser Stelle lautet, wie die Einhaltung dieser Bestimmungen tatsächlich kontrolliert wurde. Bei kritischen Nachfragen in dieser Richtung verwies die Bundesregierung bevorzugt auf Kontrollstatistiken. Konfrontiert mit der Aussage des Hammerwerfers Walter

214 Protokoll über die Anhörung von Sachverständigen in der 6. Sitzung des Sportausschusses, 28.9.1977, S. 9.

215 Vgl. Abbildung 1 in Unterabschnitt 1.3.2.

216 Vgl. BT-Drucksache 8 / 1826, S. 7398; BT-Drucksache 8 / 2249, S. 9023; BT-Drucksache 8 / 2850, S. 8 f.

217 Vgl. BT-Drucksache 8 / 2850, S. 8 f.

Schmidt, der in einem Interview mit der Tageszeitung „Die Welt" 1978 behauptet hatte, dass in der Bundesrepublik „jetzt noch mehr geschluckt und gespritzt wird als vor einem Jahr", verwies die Bundesregierung auf gegenteilige Evidenzen:

> „Der Bundesregierung liegen keine Erkenntnisse darüber vor, daß seit einem Jahr die unerlaubte Anwendung von Medikamenten oder anderen Hilfsmitteln zur Leistungssteigerung im Spitzensport zugenommen hat. Nach den der Bundesregierung vorliegenden Informationen ist vielmehr die Zahl der insgesamt geprüften Proben rückläufig."[218]

Wenige Monate später wurde die Bundesregierung erneut mit einer gänzlich anderen Einschätzung konfrontiert. Es wurde von sportmedizinischer Seite behauptet, dass „in der Doping-Szene des Hochleistungssports in diesem Jahr ein neuer Höhepunkt erreicht" worden sei. Die Bundesregierung betonte daraufhin nochmals, daß es dafür keine Anhaltspunkte gäbe. Es lägen „im Gegenteil Erkenntnisse darüber vor, daß die Zahl der positiven Proben nicht ansteigt."[219] Die tatsächlich geringe Zahl positiver Dopingproben wurde also als Zeichen einer niedrigen Dopingprävalenz interpretiert.[220] Daher sah die Bundesregierung auch „keinen Anlaß, ihre Sportförderung und Sportpolitik neu zu gestalten" oder „den Bewilligungsvorbehalt geltend zu machen".[221] Nach einer weiteren Anfrage vom April 1979 wurde ausführlich auf eine Vielzahl von Maßnahmen und Fakten aufmerksam gemacht, so vor allem auf die verschärften Regelungen, die erhöhten staatlichen Aufwendungen für die Dopinganalytik, die steigende Zahl kontrollierender Verbände sowie die steigenden Kontrollzahlen generell, welche als Ausweis für die verstärkten Anti-Doping-Bemühungen von staatlicher und sportverbandlicher Seite vorgebracht wurden.[222]

Die Legitimierung der staatlichen Spitzensportförderung erfolgte also nach den Skandalen von Montreal durch den Verweis auf neu geschaffene Regelungen, so vor allem auf eine Ergänzung der Besonderen Bewirtschaftungsgrundsätze. Des Weiteren machte die Bundesregierung im Bereich der Dopingbekämpfung auf vermeintliche Fortschritte und Erfolge aufmerksam, die sich durch statistische Daten plausibilisieren ließen. Die gestiegenen Aufwendungen

218 BT-Drucksache 8 / 1826, S. 7398.

219 BT-Drucksache 8 / 2249, S. 9022 f.

220 In den Jahren 1976 bis 1978 waren insgesamt lediglich zehn bundesdeutsche Sportler positiv getestet worden (vgl. BT-Drucksache 8 / 2850, S. 5).

221 BT-Drucksache 8 / 2249, S. 9022 f.

222 Vgl. BT-Drucksache 8 / 2850, S. 3, 8 f.

für die Dopinganalytik sowie die Zunahme der Kontrollen fungierten als Ausweise forcierter Anti-Doping-Politik. Der niedrige Prozentsatz positiver Proben wurde als Zeichen niedriger Dopingprävalenz vorgebracht. Die Bundesregierung übernahm damit jene zweifelhaften Deutungsmuster, welche von Anti-Doping-Akteuren seit den Anfängen der Kontrollaktivitäten immer wieder bemüht wurden, um Erfolg zu kommunizieren.[223] Die Tatsache, dass es keine Trainingskontrollen gab, obwohl sie formal seit 1977 in den Rahmen-Richtlinien verankert waren, und die Wettkampfkontrollen von dopingwilligen Athleten leicht umgangen werden konnten, blieb dabei völlig ausgeblendet. Kritische Einschätzungen wurden stattdessen mit der vermeintlichen Glaubwürdigkeit, Exaktheit und Objektivität quantitativer Daten marginalisiert. Kurz zusammengefasst, wurden Fortschritt und Erfolg in der Dopingbekämpfung hergestellt durch den Verweis auf verstärkte Regulierung und Kontrolle sowie durch die Stilisierung von Statistiken zum Abbild niedriger Dopingprävalenz bei gleichzeitiger Ignoranz und Marginalisierung jener Indikatoren, die auf eine hohe Dunkelziffer hindeuteten.

Nicht ignoriert werden konnte jedoch ein konkreter Verstoß im bundesdeutschen Gewichtheben.[224] Bei den deutschen Meisterschaften 1981 wurden fünf Heber positiv getestet und vom BVDG bestraft. Problematisch war dabei jedoch, dass der Verband die Sperren zunächst nicht veröffentlichte und damit die bestehende Veröffentlichungspflicht von Dopingfällen verletzte. Nachdem die Opposition im Bundestag diesen Verstoß kritisch hinterfragt und sich nach den Konsequenzen erkundigt hatte,[225] wurden die staatlichen Mittel für den Verband bis zur Klärung der Angelegenheit eingefroren.[226] Die Klärung fand in Form einer Anhörung des BVDG-Vorstands vor Vertretern des Bundesinnenministeriums und des DSB in Bonn statt. Zur Entlastung des Verbandes wurde festgestellt, dass die betroffenen Gewichtheber aus eigener Initiative ohne Beteiligung von verbandlichen Funktionsträgern gedopt und die ausgesprochenen Sanktionen den Anti-Doping-Bestimmungen entsprochen hätten. Außerdem sagte der BVDG zu, die Veröffentlichungspflicht künftig genau zu beachten. Die Bundesregierung setzte daher die finanzielle Förderung letztlich fort.[227] Innerhalb des BVDG wurde die gesamte Situation – trotz des am Ende glimpflichen Ausgangs – jedoch als sehr bedrohlich empfunden. Der Verband und die ganze

223 Vgl. Unterabschnitt 5.3.3.

224 Siehe dazu und zum Folgenden auch Krüger et al., 2014, S. 113 f.

225 Vgl. BT-Drucksache 9 / 1292, S. 7.

226 Vgl. ebd.

227 Vgl. ebd., S. 8.

Sportart seien nämlich „ohne staatliche finanzielle Unterstützung [...] zum Tode verurteilt".[228] Gewichtheben war zweifellos eine Randsportart, die kaum Finanzierungsquellen aufwies und wesentlich von staatlicher Förderung abhängig war. Für die Verbandsmitglieder glich die Anhörung in Bonn daher einem „Canossa-Gang", bei dem die „Gefahren der finanziellen Austrocknung durch den Bund" unbedingt abgewendet werden mussten.[229]

Dass gerade der BVDG auf die Veröffentlichung der fünf Dopingfälle verzichtete, war kein Zufall. Seit der Konjunktur anaboler Steroide im Leistungssport gehörte das Gewichtheben in der öffentlichen Wahrnehmung zu den am stärksten vom Doping betroffenen Sportarten. Als bei den Olympischen Spielen 1976 zum ersten Mal auf anabole Steroide getestet wurde, entfielen acht der zehn positiven Proben auf Gewichtheber. Darunter befanden sich auch zwei Goldmedaillen- und ein Silbermedaillengewinner.[230] In der „Athletik", dem Verbandsorgan des BVDG, wurde 1977 ein Presseartikel nachgedruckt, in dem es um einen Vorschlag von Max Danz, Vizepräsident der IAAF und Vorsitzender der Medizinischen Kommission dieses Verbandes, ging. Darin wurde berichtet, Danz wolle sich für die Streichung der leichtathletischen Disziplinen Kugelstoßen, Hammer- und Diskuswerfen sowie der Sportart Gewichtheben aus dem olympischen Programm einsetzen.[231] Diesem Vorschlag hielt der Pressereferent des BVDG entgegen, dass mit demselben Argument dann auch andere Sportarten gestrichen werden müssten wie beispielsweise das Schwimmen, wo man „in Montreal die muskelbepackten DDR-Mädchen beobachten konnte, deren phänomenale Leistungen sicherlich nicht allein das Produkt enormen Trainingsfleißes waren." Des Weiteren ginge es nicht nur um anabole Steroide, sondern auch um andere Substanzen wie beispielsweise Blutdoping. Das Dopingproblem sei, mit anderen Worten, zu vielschichtig, als dass es allein durch die Streichung der leichtathletischen Wurfdisziplinen und des Gewichthebens gelöst werden könnte. Aus Sicht der Gewichtheber war klar: „Der Bannstrahl gegen die muskel-

228 Protokoll BVDG-Bundestag, 12.6.1982, S. 3, BVDG-Archiv, Protokolle Sportausschuss + BL (Bundesliga) – Vereinsvertreter ab 1974.

229 Ebd.

230 Vgl. Organisationskomitee Montreal, 1978, S. 207.

231 Vgl. Athletik, 1977a, 1, S. 11. Ob Danz diesen Vorschlag tatsächlich irgendwo eingebracht hat, ist nicht bekannt. Der DLV erklärte auf die Forderung von Danz hin jedenfalls 1976, dass es sich lediglich um eine persönliche Stellungnahme gehandelt habe, die weder beim DLV noch bei der IAAF zur Diskussion stehe (vgl. Leichtathletik 1976, 50, S. 1760).

pillengeschädigten Sportarten ist eine einseitige Maßnahme und stellt eine Ungerechtigkeit dar, die sich der Sport nicht gefallen lassen sollte."[232]

Ohne Zweifel war Doping ab der zweiten Hälfte der 1970er Jahre für das Gewichtheben zu einer äußerst reputationsschädigenden Problematik geworden, die teilweise sogar als existenzgefährdend wahrgenommen wurde. Das Gewichtheben hatte dabei das Radfahren als diejenige Sportart mit dem größten Dopingimage abgelöst. Dort hatte man sich zuvor bereits über ähnliche Probleme beklagt. Beim BDR konstatierte man 1967 einen allgemeinen Niedergang des Radsports, welcher sich in mangelndem Zuschauerinteresse, zahlenmäßigem Rückgang von Radsportveranstaltungen, dem Ausstieg von Sponsoren und der kompletten Auflösung von zwei deutschen Profiteams manifestierte. Dafür wurde im Wesentlichen die Dopingproblematik mit der fast ausschließlich auf den Radsport beschränkten Skandalisierung in der Presse verantwortlich gemacht.[233] Aus diesem Grund wollte man sich beim BDR künftig „ganz entschieden dagegen verwahren, dass der Radsport ständig als der Prügelknabe dieser Volksseuche hingestellt wird."[234] Auch im Verbandsorgan wurde immer wieder die Frage gestellt, warum ausgerechnet in dieser Sportart die Maßnahmen so streng wären, obwohl in anderen Sportarten auch gedopt würde.[235] Die anfangs stark auf den Radsport beschränkten Kontrollmaßnahmen hatten zunächst ziemlich einseitig in dieser Sportart Dopingfälle ans Licht gebracht, wohingegen das Fehlen von Skandalen in anderen Sportarten signalisierte, dass es dort auch kein Problem gab. Dass außerhalb des Radsports kaum aktive Aufdeckung betrieben wurde, blieb dabei ziemlich ausgeblendet. Tendenziell erfuhr der Radsport durch die Kontrollen also keine positive Bestätigung in dem Sinn, dass die Kontrollaktivitäten als Ausweis für den konsequenten Willen zur Dopingbekämpfung ausgelegt worden wären. Kontrollen im Radsport galten vielmehr als spezifische Notwendigkeit einer besonders dopingdurchsetzten Sportart. Aufdeckungen bestätigten dabei lediglich dieses dopingbelastete Image. Vor dem Hintergrund eines solchen Deutungsmusters fielen Kontrollen und Aufdeckungen unweigerlich negativ auf den Sportverband zurück, der sie betrieb.

Das Bekanntwerden von Dopingfällen produzierte also ohne Zweifel ein negatives Image, das in den 1960er Jahren zunächst am stärksten das Radfahren betraf und dann in den 1970er Jahren auf anabolikabelastete Sportarten übergriff.

---

232 Athletik, 1977b, 1, S. 11.

233 Vgl. BDR-Jahresbericht 1967, S. 47, DSHS Köln. Zur Skandalisierung des Radsports in der Presse vgl. Meier, Rose & Woborschil, 2012, S. 168.

234 BDR-Jahresbericht 1967, S. 47, DSHS Köln.

235 Vgl. Radsport, 20.10.1964, S. 12; 29.6.1965, S. 18.

Die Nichtveröffentlichung der fünf positiven Proben bei den deutschen Gewichthebermeisterschaften 1981 ist vor diesem Hintergrund einzuordnen. Angesichts der Tatsache, dass in den Jahren zuvor in allen bundesdeutschen Verbänden zusammengenommen jährlich meist weniger als fünf Dopingfälle aufgedeckt worden waren,[236] stellten fünf positive Proben bei nur einer Veranstaltung einen Skandal dar. Wichtig ist, sich das Deutungsmuster vor Augen zu halten, das fünf positive Proben erst zu einem schwerwiegenden Problem für den Verband machte. Positive Proben sind nämlich per se kein Misserfolg, sondern können durchaus auch als Erfolg in dem Sinne gewertet werden, dass sie einen konsequenten Willen zur Aufdeckung signalisieren und damit die Funktionsfähigkeit des Kontrollsystems unter Beweis stellen. Erfolg in der Dopingbekämpfung wurde jedoch zu dieser Zeit anders operationalisiert: Der Bundesbeauftragte für Dopinganalytik, Manfred Donike, bezeichnete die Bilanz von insgesamt lediglich neun positiven Proben im gesamten deutschen Sport in den zwei Jahren vor dem Gewichtheberskandal als „erfreulich".[237] Dieser geringe Prozentsatz[238] zeige, so Donike, dass Doping zumindest für den Bereich der deutschen Meisterschaften und anderer wichtiger Wettkämpfe „keine Rolle mehr" spiele.[239] Wie gezeigt werden konnte, hatte auch die Bundesregierung die geringe Anzahl positiver Proben im Sinne einer niedrigen Dopingprävalenz interpretiert. Wenn ein geringer Anteil positiver Proben als „Sauberkeitsausweis" fungiert, dann legt ein hoher Anteil im Umkehrschluss das Gegenteil nahe. Im Bewusstsein dieser Reziprozität wog es für das krisengeschüttelte Gewichtheben schwer, dass 1981 gleich fünf Heber überführt wurden. Nach allem, wie bisher Erfolg und Misserfolg in der Anti-Doping-Politik operationalisiert wurden, musste man beim BVDG damit rechnen, dass der hohe Anteil positiver Proben bei den deutschen Meisterschaften 1981 die Kritiker bestätigen, als weiterer Beweis für die Dopingdurchsetztheit der Sportart ausgelegt und negativ auf den Verband zurückfallen würde. Im schlimmsten Fall würde es als ein sportartspezifisches Scheitern von Kontrollen vorgebracht werden, was die Streichung der Sportart nahelegte, da der erfolgversprechendste Ansatz zur Ein-

236 Die jährliche Anzahl positiver Proben deutscher Sportler betrug zwischen 1976 und 1980 im Durchschnitt knapp vier. 1976 wurde ein deutscher Sportler positiv getestet, 1977 zwei, 1978 sieben, 1979 zwei und 1980 wiederum sieben (vgl. BT-Drucksache 8 / 2850, S. 5; BISp-Bericht, 1979/80, S. 50).

237 BISp-Bericht, 1979/80, S. 50.

238 Bei einer Gesamtzahl von 1693 genommenen Proben in den Jahren 1979 und 1980 entsprach das 0,5 %.

239 BISp-Bericht, 1979/80, S. 50.

dämmung der Problematik offenbar nicht griff. An dieser Stelle zeigt sich der Nebeneffekt dieser Wirklichkeitskonstruktion: Die Stilisierung einer geringen Anzahl positiver Proben zum Erfolg, macht eine höhere Anzahl quasi zwangsläufig zum Problem. Vor dem Hintergrund eines solchen Diskurses konnten Sportverbände weder an effektiven Kontrollen mit hoher Aufdeckungswahrscheinlichkeit noch an einer Veröffentlichung von Dopingfällen interessiert sein.

Vom genannten Skandal im Gewichtheben 1981 und einer Nachfrage beim BDR[240] abgesehen, scheint das Bundesinnenministerium bis 1990[241] keine Bewilligungsvorbehalte gegenüber den Verbänden geäußert zu haben. Schließlich war der Anteil positiver Proben bei gleichzeitig gesteigerter Kontrollintensität stets gering.[242] De facto war der entscheidende Faktor für die Höhe der staat-

240 Kurz vor dem Skandal beim BVDG fragte das Bundesinnenministerium auch beim BDR nach. Der BDR hatte trotz positiver Anabolikaproben von Radfahrern 1981 keine Sanktionen verhängt, weil angeblich seitens der UCI eine Anabolika-Untersuchung nicht gefordert war. Donike protestierte jedoch gegen diese Entscheidung (vgl. Schreiben Wenzel an Donike, 19.5.1981; Schreiben Donike an Wenzel, 25.5. 1981, BISp-Archiv, Doping BMI). Das Bundesinnenministerium forderte daraufhin den BDR zu einer ausführlichen Stellungnahme auf und verwies in diesem Zusammenhang explizit auf die Notwendigkeit der Einhaltung der Besonderen Bewirtschaftungsgrundsätze (Schreiben Bundesinnenministerium an BDR, 28.8.1981, BISp-Archiv, Doping BMI). Siehe zu den Vorgängen auch Krüger et al., 2014, S. 112-114.

241 Nachdem eine Kommission unter dem Präsidenten des Bundessozialgerichts, Heinrich Reiter, einen Bericht zur Dopingpraktiken in Deutschland vorgelegt hatte, beschloss der Sportausschuss kurzzeitig 1991/1992 eine Haushaltssperre. Siehe zu diesen Vorgängen ausführlich Krüger et al., 2014, S. 158-168.

242 Aus den Berichten des Bundesinstituts lässt sich entnehmen, dass der Anteil positiver Proben im Zeitraum von 1977 bis 1990 jährlich zwischen 0,24 und 2,75 Prozent lag. Eine Ausnahme bildeten die Jahre 1986-1988. 1986 betrug der Anteil positiver Proben 3,65 Prozent, wobei zwanzig Prozent davon auf das neuerdings nachweisbare anabole Steroid Stanozolol entfiel (vgl. BISp-Bericht, 1985/86, S. 88-90), auf das auch Ben Johnson zwei Jahre später bei den Olympischen Spielen in Seoul positiv getestet wurde. Die höchsten Anteile von 4,51 und 5,69 Prozent positiver Proben 1987 und 1988 gingen vor allem darauf zurück, dass in diesen zwei Jahren auch die deutschen Bodybuilder Kontrollen durchführten und von den positiven Proben insgesamt jeweils über siebzig Prozent allein auf Bodybuilder entfielen (vgl. BISp-Bericht, 1987/88, S. 96, 98). Vgl. im chronologischen Verlauf die Daten aus den

lichen Zuwendungen an die Verbände seit den 1970er Jahren der sportliche Erfolg. In den beiden Jahrzehnten zuvor basierte die Mittelvergabe noch auf Voranträgen, in denen die Verbände geschätzte Angaben für das kommende Förderjahr machten. Ende der 1960er Jahre kündigte sich auf bundespolitischer Ebene an, dass zukünftig die finanziellen Mittel gezielt auf der Basis leistungsorientierter Gesichtspunkte verteilt werden sollten.[243] Der DSB beschloss 1970, bei der „Vergabe öffentlicher Mittel (BMI) und privater Spenden (Stiftung Deutsche Sporthilfe) den chancenreichen Sportarten und Athleten den Vorrang zu geben".[244] Eine dreistufig differenzierte Mittelvergabe wurde im „Leistungssportprogramm der Bundesregierung" verankert und Ende 1974 im Deutschen Bundestag vorgestellt.[245] Die veränderte Zuwendungspraxis erreichte die Verbände jedoch bereits im Vorfeld der Olympischen Spiele 1972. Interessant in diesem Zusammenhang sind insbesondere Verbände wie der BVDG, die zum einen fast vollständig auf die Sportförderung des Bundes angewiesen waren, und zum anderen aufgrund der Leistungsexplosion in den Ostblockstaaten relativ wenig Aussicht auf internationale Erfolge hatten. Im Rückblick auf die Verhandlungen für das Olympiajahr 1972 betonte der Vorsitzende des BVDG, Otto Schumann,

> „daß es sehr schwierig war, den DSB zu überzeugen, der ursprünglich nur die Verbände unterstützen wollte, deren Athleten in München gute Aussichten auf vordere Plätze haben. Mit dem Versprechen einer systematischeren Trainingsplanung und einer strafferen Führung sei die Finanzierung noch einmal gesichert worden."[246]

Bei der Durchsicht der BVDG-Vorstandsprotokolle zeigt sich, dass bereits vor München 1972 die gestiegenen externen Erfolgserwartungen sowie die Erfordernisse einer systematischeren Planung und Führung eine Orientierung an

---

BISp-Berichten, 1977/78, S. 41; 1979/80, S. 50 f.; 1981/82, S. 42 f.; 1983/84, S. 66 f.; 1985/86, S. 87 ff; 1987/88, S. 94 ff.; 1989/90, S. 70 ff.

243 Vgl. Balbier, 2007a, S. 178 f.

244 BArchiv Koblenz, B 106 / 49958. Siehe dazu und zum Folgenden auch Krüger et al., 2014, S. 110-114.

245 Vgl. Bundesministerium des Innern, 1976, S. 53. Die Leitlinien zum Leistungsportprogramm sind abgedruckt in: Bundesministerium des Innern, 1976, S. 113-117.

246 Protokoll BVDG-Vorstandssitzung, 13.11.1971, S. 1, BVDG-Archiv, Protokolle Bundesvorstand 70er – 80er.

der Sowjetunion als führender Gewichthebernation zur Folge hatten.[247] Vor den Spielen in Montreal 1976 wurde schließlich eine 26-seitige Ausarbeitung zur Olympiavorbereitung der bundesdeutschen Gewichtheber vorgelegt und zwar mit dem Grundgedanken der „Schaffung von ostblockähnlichen Trainingsbedingungen um die hohe Norm, die vom NOK gesetzt worden sei (8. Platz im Finale), zu erreichen."[248] Am Beispiel des BVDG wird deutlich, dass mit der Umstellung auf eine leistungsorientierte Förderpolitik von Seiten der Bundesregierung und des DSB den Verbänden klar die Wichtigkeit sportlicher Erfolge signalisiert wurde.

An der zunehmenden Erfolgsabhängigkeit änderte auch die bisweilen zu beobachtende anreiznivellierende Rhetorik nichts. In der Grundsatzerklärung für den Spitzensport, die der DSB als ethische Leitlinie nach den Skandalen von Montreal 1977 beschloss und an der man sich künftig orientieren wollte, wurde explizit angemahnt, „die Leistungen unserer Sportler nicht allein an Medaillen und Rekorden zu messen, sondern auch deren individuelle Leistungen und deren Rangplätze im internationalen Leistungsvergleich zu würdigen."[249] Ein solcher Appell stand jedoch im vollkommenen Gegensatz zu den Leistungssportstrukturen, die ab den 1970er Jahren geschaffen wurden, um zusätzliche Leistungsanreize zu setzen. Das „Leistungssportprogramm der Bundesregierung" beispielsweise wurde nach den Spielen von Montreal 1976 zwar überprüft,[250] aber keineswegs revidiert. Es bestand vielmehr zunächst als dreistufig differenziertes System fort[251] und wurde 1983 um eine Förderungsstufe erweitert.[252]

---

247 Vgl. Protokoll BVDG-Vorstandssitzung, 1.-4.4.1971, S. 2; Protokoll BVDG-Vorstandssitzung, 13.11.1971, S. 1 f., BVDG-Archiv, Protokolle Bundesvorstand 70er – 80er.

248 Protokoll BVDG-Vorstandssitzung, 1.11.1975, S. 1, BVDG-Archiv, Protokolle Bundesvorstand 70er – 80er.

249 DSB, 1977a, S. 12.

250 Vgl. Bundesministerium des Innern, 1978, S. 14.

251 Vgl. Leistungssportprogramm der Bundesregierung, abgedruckt in: Bundesministerium des Innern, 1978, S. 135-149.

252 Vgl. Bundesministerium des Innern, 1986, S. 30. Diese Ausdifferenzierung wurde notwendig, weil die Mittel für die Sportförderung zuvor rückläufig waren und auch zukünftig nicht mehr mit den Steigerungen der 1970er Jahre zu rechnen war. Daher mussten noch stärker als bisher Prioritäten gesetzt werden (vgl. Bundesministerium des Innern, 1982, S. 16). Letztlich ermöglichte die Umstellung von einem drei- auf ein vierstufiges Förderungssystem eine noch genauere Differenzierung und Konzentrierung der Mittel nach Kriterien des sportlichen Erfolges. Das revidierte Leis-

Die Einführung des „Nominierungskriteriums Endkampfchance" stellte eine weitere strukturelle Veränderung dar, welche die anreiznivellierende Rhetorik systematisch unterlief.[253] Eine Verschärfung der Nominierungsrichtlinien wurde im Vorfeld der Spiele von München 1972 auf den Weg gebracht. Innerhalb des DSB wurde gefordert, dass die Aufstellung der Nationalkader nicht mehr, wie bisher, rein nach Teilnahmeberechtigungen und Startmöglichkeiten erfolgen solle, sondern auch Leistungsnormen zu berücksichtigen seien.[254] Daher sollten nur noch diejenigen Athleten mit einer berechtigten Chance auf eine Endkampfplatzierung zu internationalen Meisterschaften und Olympischen Spielen nominiert werden. Die verschärften Kriterien wurden bereits vor den Münchener Spielen zum Gegenstand heftiger Auseinandersetzungen. Das Ausscheiden des DLV-Bundestrainers Hansjörg Kofink ist auf die Nichtnominierung der bundesdeutschen Kugelstoßerinnen zurückzuführen, die aufgrund der Verbreitung von Anabolika zu dieser Zeit keine Chance mehr auf eine Endkampfplatzierung hatten und entsprechend vom DLV nicht für eine Nominierung vorgeschlagen wurden.[255] Vor allem nach den Spielen von Montreal 1976 wurde das „Nominierungskriterium Endkampfchance" zwar immer wieder von Sportpolitikern und Funktionären kritisch thematisiert,[256] ohne dass man es jedoch tatsächlich revidierte.

Ähnlich wie die Mittelvergabe an die Verbände erfolgte auch die Vergütung von Bundestrainern zunehmend leistungsorientiert.[257] Bereits im ersten Sportbericht der Bundesregierung von 1970 war davon die Rede, dass „durch leistungsabhängige Zulagen besondere Leistungsanreize" geschaffen worden seien.[258] Ein

tungssportprogramm ist abgedruckt in: Bundesministerium des Innern, 1986, S. 162-168.

253 Vgl. dazu und zum Folgenden auch Krüger et al., 2014, S. 108 f.

254 Vgl. Bericht über die Sitzung des Bundesausschuss Leistungssport, 28.4.1970, BArchiv Koblenz, B 106 / 49957.

255 Kofink (1972) brachte seine Kritik damals in einem offenen Brief an den Vorstand des DLV folgendermaßen auf den Punkt: „Sie bestrafen Athletinnen, die sich an ihre Gesetze halten und konfrontieren sie mit Leistungen, von denen auch Sie wissen, dass sie nicht unter diesen Bedingungen des Anabolika-Verbots entstanden sind."

256 Vgl. Sportausschuss des Deutschen Bundestages, 1977, S. 66; Neckermann, 1977, S. 6.

257 Bundestrainer wurden seit 1965 vom DSB angestellt und vom Bund finanziert (vgl. Bundesministerium des Innern, 1970, S. 21). Siehe dazu und zum Folgenden auch Krüger et al., 2014, S. 109 f.

258 Bundesministerium des Innern, 1970, S. 21.

Aufsteigen des Trainers im Gehalt erfolgte jedoch damals noch in erster Linie nach Zeitablauf. Dieses Staffelungsprinzip wurde jedoch mit einer 1979 erlassenen Vergütungsordnung aufgegeben. Die Einordnung in die einzelnen Vergütungsstufen richtete sich nunmehr „allein nach den Leistungsergebnissen der von den Bundestrainern persönlich betreuten Sportlern und Mannschaften."[259] Bei der vergleichenden Analyse der Trainervergütungsordnungen im chronologischen Verlauf fällt auf, dass vor allem die Vergütung der oberen Stufen in den 1980er Jahren wesentlich höher ausfiel als noch im Jahrzehnt zuvor, während in den unteren Stufen das Bruttoeinkommen nur unwesentlich anstieg.[260] Eine weitere wichtige Veränderung war die Umstellung auf Zeitarbeitsverträge. Während Bundestrainer in den 1960er und 1970er Jahren noch unbefristet eingestellt worden waren, begrenzte man die Laufzeit der Verträge mit Inkrafttreten der neuen Vergütungsordnung – dem Rhythmus der Olympischen Spiele entsprechend – auf vier Jahre.

Ohne Zweifel hatte die neue Vergütungsordnung das Ziel, Motivationsanreize zu setzen und die Erfolgskontrolle zu verstärken. Ähnliches galt auf Sportverbandsebene für die leistungsorientierte Mittelvergabe. Des Weiteren sollte das „Nominierungskriterium Endkampfchance" sicherstellen, dass nur diejenigen Athleten an großen internationalen Meisterschaften teilnahmen, die aufgrund ihrer Vorleistungen für Endkampfplatzierungen in Frage kamen. Für die Fachverbände sowie die Sportler und ihr Umfeld waren diese Strukturveränderungen ein eindeutiges Signal dafür, dass sportliche Erfolge künftig noch wichtiger sein würden. Die anreiznivellierende Rhetorik änderte daran genauso wenig wie die Kopplung der Sportförderung an die Einhaltung der Anti-Doping-Bestimmungen. Solange mit verschärften Regelungen, ausgeweiteten Kontrollmaßnahmen und wenigen positiven Proben Fortschritt und Problemlösung im Anti-Doping-Kampf signalisiert werden konnten, wurden keine Gelder gestrichen. Für die Mittelvergabe waren insofern vor allem sportliche Erfolgsfaktoren relevant.

---

259 Bundesministerium des Innern, 1982, S. 32. Dasselbe galt auch für die Vergütung der Honorartrainer, die an die Vergütungsgrundsätze der Bundestrainer angelehnt war (vgl. Bundesministerium des Innern, 1982, S. 34).

260 Ein Bundestrainer der höchsten Vergütungsstufe bekam beispielsweise ab 1.3.1984 eine Bruttovergütung von 6744 DM während sie in der höchsten Stufe im Jahre 1977 lediglich 3772 DM betrug. Im Vergleich dazu wurde in der niedrigsten Vergütungsstufe im Jahr 1984 mit 3194 DM nur unwesentlich mehr ausbezahlt als 1977 mit 2944 DM. Vgl. zu diesen Zahlen sowie zum Folgenden die Unterlagen im DOSB-Archiv, Vergütungsordnung für Bundestrainer; 151, Bundestrainervergütungsordnung bis 31.12.1979.

5.4.3 Optimierung legaler Wege zur Leistungssteigerung: Ausbau der sportmedizinischen Betreuung und des Leistungssportsystems

Genese einer Dopingpräventionsstrategie

Wie die Politik auf die Skandale von Montreal reagieren würde, war jedoch für die Vertreter des Sports zunächst nicht klar. Immerhin hinterfragte man im Deutschen Bundestag nun zum ersten Mal die Spitzensportförderung. Für die Sportverbände stellte dies eine Bedrohung dar, die unbedingt ernst genommen werden musste. Grundsätzlich strebte der DSB eine möglichst umfangreiche Förderung und die einzelnen Fachverbände einen möglichst großen Anteil daran an. Die moralische Krise nach den Spielen von Montreal 1976 zwang den DSB dazu, den in Verruf geratenen Spitzensport wieder auf eine solide Legitimationsbasis zu stellen, so dass die Sportförderung gesichert blieb.

Zur Krisenbewältigung wurde von den Präsidien des DSB und des NOK eine Kommission eingesetzt, bestehend aus Heinz Fallak, Vorsitzender des Bundesausschuss Leistungssport, Dieter von Landsberg-Velen, Vizepräsident des DSB, sowie federführend Ommo Grupe, Professor für Theorie der Leibeserziehung, DSB-Präsidiumsmitglied sowie Vorsitzender des Direktoriums des Bundesinstituts für Sportwissenschaft.[261] Der Auftrag lautete, eine Grundlage für die weitere Behandlung des Problems der medizinischen Leistungsbeeinflussung im Sport zu erarbeiten.[262] Die Arbeit der Kommission mündete in die Grundsatzerklärung für den Spitzensport, welche vom DSB 1977 verabschiedet wurde. Darin wurden allgemeine ethische Leitlinien „für einen menschlichen Sport" formuliert.[263] Im Hinblick auf die spezifische Problematik medikamentöser Leistungsbeeinflussung sprach man sich für ein grundsätzliches Verbot unter Einbezug von Anabolika aus. Stichprobenartige Kontrollen und Überwachung seien zwar wichtig, doch wäre es, wie Grupe einleitend feststellte, „dem Sinn des Sports nicht angemessen, totale Kontrolle anzustreben."[264] Ähnlich wie man es in den 1960er Jahren bei Brundage und Porritt andeutungsweise beobachten konnte,[265] war eine rigide Kontrollpraxis nicht gut kompatibel mit den erzieherischen und ethischen Idealen des Sportpädagogen Grupe.

261 Vgl. dazu und zum Folgenden auch Krüger et al., 2014, S. 103-107.

262 Vgl. Grupe, 1977, S. 5.

263 Weyer, 1977.

264 Grupe, 1977, S. 8.

265 Vgl. dazu die Abschnitte 3.2 und 5.2.1.

Vorbehalte gegen den Ausbau des Kontrollsystems gab es auch von Seiten des DSB und der Sportverbände. Sie wollten die staatlichen Mittel weniger für Kontrollen als vielmehr für zusätzliche leistungsfördernde Maßnahmen verwendet sehen. So spielten in der Grundsatzerklärung Forderungen nach einer Verbesserung der sportmedizinischen und trainingsphysiologischen Athletenbetreuung eine große Rolle.[266] Grundsätzlich entsprach dies der weitverbreiteten Überzeugung, dass sportliche Erfolge das Produkt einer systematischen Planung, Betreuung und Unterstützung darstellten.[267] Die aus der Systemkonkurrenz heraus entstandenen Studien des Bundesausschuss Leistungssport beispielsweise analysierten die Grundlagen der sportlichen Erfolge der Sowjetunion und der DDR und identifizierten die dortigen Leistungssportstrukturen als entscheidende Faktoren.[268] Keine Nation hatte dies besser verdeutlicht als die DDR, die in den 1970er Jahren neben der Sowjetunion und den USA als kleines Land zur dritten sportlichen Weltmacht aufgestiegen war.

Interessanterweise wurden die Forderungen nach einer besseren Betreuung und Unterstützung in der Bundesrepublik nach Montreal dezidiert als Dopingpräventionsstrategie ins Spiel gebracht.[269] Argumentiert wurde dabei folgendermaßen: Bundesdeutsche Athleten benutzten Dopingmittel, um international konkurrenzfähig zu sein. Sie könnten nur dann davon abgehalten werden, wenn, so die Forderung, „andere Maßnahmen […] an deren Stellen treten: vor allem die Anwendung von verbesserten trainings- und bewegungswissenschaftlichen Methoden und eine auf den Athleten abgestimmte pädagogisch-psychologische Betreuung."[270] Die bisherige Situation in diesen Bereichen wurde dabei grundsätzlich als unzureichend bewertet. Für bundesdeutsche Sportler sei die schlechte Betreuungssituation im eigenen Land, laut DSB-Generalsekretär Karlheinz Gieseler, der „entscheidende Nachteil gegenüber allen Sportlern aus den sozialistischen Ländern, die als Repräsentanten ihres Systems jede nur erdenkliche soziale Hilfe erhalten."[271] Im Hinblick auf Doping führe dies dazu, „daß Spitzensportler – mit späterem Schaden an Leib und Leben – erforderliche Trainingsstunden z.B. mit Anabolika kompensieren".[272] Der Problemdiagnose nach ver-

266 Vgl. DSB, 1977a.

267 Vgl. Balbier, 2007a; Balbier, 2007b.

268 Vgl. Lempart & Spitz, 1979; Lempart, 1973.

269 Vgl. dazu und zum Folgenden auch Krüger et al., 2014, S. 105 ff.; Meier, Reinold & Rose, 2012, S. 228.

270 DSB, 1977a, S. 11.

271 Gieseler, 1978, S. 144.

272 Ebd.

suchten die eigenen Athleten durch den Griff zu Dopingmitteln also lediglich den Nachteil der defizitären Förderung und Betreuung auszugleichen. Dieser musste folglich behoben werden, wenn das Dopingproblem wirklich nachhaltig gelöst werden sollte. Propagiert wurde daher ein verbessertes Betreuungssystem, das Dopingpraktiken für bundesdeutsche Sportler verzichtbar werden ließe, weil Konkurrenzfähigkeit und Chancengleichheit damit auf legale Weise hergestellt werden könnten.

Vor dem Sportausschuss des Deutschen Bundestages 1977 galt es nun, diese Dopingpräventionsstrategie gegenüber politischen Vertretern zu forcieren. Gegen die Behauptung, dass man international ohne Doping nicht mehr konkurrenzfähig sei,[273] führte Grupe ins Feld, dass bei „entsprechender sozialer Unterstützung, angemessener pädagogisch-psychologischer Betreuung und Ausschöpfung aller trainings- und bewegungswissenschaftlichen Erkenntnisse [...] weiterhin mit einem Anstieg der Spitzenleistungen in der Welt zu rechnen" sei.[274] Im Hinblick auf die Dopingproblematik könnten solche Maßnahmen dazu dienen, „Verführungen zur Medikamenteneinnahme im Sport [...] so gering wie überhaupt möglich zu halten."[275] Als Vertreter des DSB sprach Heinz Fallak konkret mehrere strukturelle Defizite an und verwies auf Lösungsmöglichkeiten, um auch zukünftig im internationalen Spitzensport ohne Doping mithalten zu können: Beispielsweise leiste die Mehrheit der bundesdeutschen Sportler bisher nicht das für internationale Spitzenleistungen erforderliche Trainingspensum. Des Weiteren mangele es an der notwendigen Anzahl qualifizierter Trainer.[276] Durch „eine klare, bessere, weitere Unterstützung der öffentlichen Hände" sollten verbesserte trainingsmäßige, sportmedizinische, physiotherapeutische und soziale Betreuungsbedingungen geschaffen werden.[277] Fallak fasste die Position des DSB unter Beifall der anwesenden Sportler folgendermaßen zusammen:

273 So beispielsweise Wolfgang Schäuble, der zu bedenken gab, dass ohne Dopingmittel in bestimmten Disziplinen „der leistungssportliche Wettbewerb in der Weltkonkurrenz nicht mehr mitgehalten werden kann" (Protokoll über die Anhörung von Sachverständigen in der 6. Sitzung des Sportausschusses, 28.9.1977, S. 102).

274 Ebd., S. 22.

275 Ebd., S. 18.

276 Vgl. ebd., S. 30 ff.

277 Ebd., S. 32.

„Kontrollen müssen in einem noch zu bestimmenden Umfang sein, wir wollen aber eine Verbesserung aller Betreuungsmaßnahmen für die Sportler erreichen. Wir meinen, das ist das beste Anti-Doping, das man sich überhaupt vorstellen kann."[278]

An den zusammenfassenden Schlussworten des Sportausschussvorsitzenden Evers lässt sich ablesen, was die politischen Vertreter für die zukünftige Ausrichtung der Anti-Doping-Politik mitnehmen sollten:

„Es ist deutlich geworden, daß sich das ausgesprochene Verbot[279] wohl nur dann durchsetzen lässt, wenn wir dem Athleten das Gefühl vermitteln können, daß seine Betreuung in psychischer, medizinischer und sozialer Hinsicht so verbessert werden kann, daß der Verzicht oder die Umgehung keine unzumutbare Schmälerung seiner Konkurrenzfähigkeit auf internationaler Ebene bedeutet."[280]

Die Forderungen von Seiten des Sports standen, wie gesehen, unter der Prämisse, dass sich durch geeignete Fördermaßnahmen Anreize zum Doping abmildern ließen. Der Sport nahm damit den Staat in die Pflicht: Stellten die Skandale zunächst die Sportförderung in Frage, so wurde nun gerade die Finanzierungs- und Betreuungssituation als unzureichend bemängelt und als wichtigste Ursache dafür identifiziert, dass bundesdeutsche Sportler überhaupt zu illegalen Mitteln griffen, um sportliche Nachteile gegenüber den hervorragend betreuten Ostblockathleten zu kompensieren. Mit dieser Deutungsstrategie von Doping als Kompensationsreaktion unzureichend betreuter Athleten wurde das Druckmittel Sportförderung nicht nur neutralisiert, sondern die Dopingproblematik sogar offensiv für die Einforderung weiterer finanzieller Mittel genutzt. Eine Steigerung würde eine verbesserte Betreuung ermöglichen und Doping verhindern, während im Umkehrschluss Mittelkürzungen die Problematik gerade verschärfen würden. Mit der Konstruktion dieses Kausalzusammenhangs stellte sich die paradoxe Situation ein, dass mit dem Dopingproblem zusätzliche finanzielle Mittel eingefordert werden konnten, nachdem die Mittel zuvor gerade *wegen* des Dopingproblems in Frage standen. Damit versuchte der Sport, den zentralen Hebel des Staates zu neutralisieren und die Vorgänge von Montreal gewinnbringend zur Steigerung der sportlichen Leistungsfähigkeit der eigenen Athleten zu nutzen.

278 Ebd., S. 41.

279 Gemeint ist das Dopingverbot.

280 Protokoll über die Anhörung von Sachverständigen in der 6. Sitzung des Sportausschusses, 28.9.1977, S. 153.

Konkurrierende Strategien der Bekämpfung: Dopingkontrollen versus Ausbau der sportmedizinischen Betreuung

Bei der Anhörung vor dem Sportausschuss hatte vor allem Donike deutlich gemacht, dass auch zusätzliche Mittel für die Dopinganalytik nötig seien.[281] Mit der Einrichtung eines zentralen Dopingkontrolllabors in Köln und Donikes Berufung zum Bundesbeauftragten für Dopinganalytik 1974 übernahm der Bund auch die Analysekosten für die Amateursportverbände. Wenn die Verbände künftig mehr kontrollieren sollten, so war das zwangsläufig mit einem erhöhten Kostenaufwand für den Bund verbunden. Des Weiteren verursachten die Ausdehnung der Dopinglisten und die Implementierung von immer aufwendigeren Analyseverfahren steigende Kosten. Der Direktor des Bundesinstituts für Sportwissenschaft, August Kirsch, wies daher im Sportausschuss 1977 auf das Problem hin, dass die Dopinganalytik im Haushalt des Bundesinstituts große Teile der Mittel beanspruche und damit anderen Bereichen wegnähme. Er schlug daher die Schaffung einer eigenen Haushaltsstelle für die Dopinganalytik mit entsprechend höherem Mittelansatz vor.[282] 1979 wurde die Dopinganalytik finanziell von den Förderungsmitteln für die Sportmedizin abgekoppelt und ein eigener Haushaltstitel für die „Durchführung der Dopinganalytik" mit einem Ansatz von jährlich 400.000 DM geschaffen.[283] Mit der finanziellen Trennung zwischen Sportmedizin und Dopinganalytik wurden künftig zwar nicht mehr Mittel aus dem Posten der Sportmedizin für dopinganalytische Zwecke verwendet. Dennoch wurde das Problem durch die Trennung nicht aufgehoben, sondern nur verschoben. Es blieb nämlich die Frage, wie hoch die Gelder für die unterschiedlichen Bereiche jeweils ausfallen sollten, denn die Mittel des Bundes waren natürlich begrenzt und wurden nach vorher definierten Prioritäten verteilt.

Kontroverse Diskussionen um die Verteilung von Mitteln ergaben sich vor allem in Zeiten, in denen die Haushaltslage angespannt war.[284] Bei der Betrach-

---

281 Vgl. ebd., S. 42 ff., 67 f.

282 Ebd., S. 118.

283 Vgl. BT-Drucksache 8 / 2850, S. 3.

284 Bei der Betrachtung der Summen der vom Bundesinstitut für Sportwissenschaft bewilligten Forschungsanträge und -aufträge für die einzelnen sportwissenschaftlichen Teildisziplinen ergibt sich im chronologischen Verlauf folgendes Bild: Die Forschungsförderung erreichte 1977 mit einer Gesamtsumme von rund 2,6 Millionen DM ihren Höhepunkt und war in den folgenden Jahren zunächst leicht rückläufig. 1981 brach sie auf einen Tiefpunkt von rund 1,6 Millionen DM ein. In den folgenden Jahren stiegen die Zahlen dann zwar wieder langsam und überstiegen 1984 die

tung der Zahlen Anfang der 1980er Jahre zeigt sich, dass sich die Forschungsmittel für die Sportmedizin zu dieser Zeit klar verringerten.[285] Konkret sanken sie von deutlich über einer Million DM in den Jahren 1975 bis 1978[286] auf unter eine Million im Jahr 1980 und wiesen 1981 mit knapp über 700.000 DM einen Tiefstand auf. Die Förderungssummen aus der zweiten Hälfte der 1970er Jahre wurden auch in den folgenden Jahren zunächst nicht wieder erreicht. Im Gegensatz dazu hatten sich die Mittel für die Dopinganalytik von 1978 zu 1979 von 250.000 auf 400.000 DM erhöht und wiesen selbst während der schwierigen Haushaltslage Anfang der 1980er Jahre eine insgesamt steigende Tendenz auf. Wie gesehen, kamen nach der Einführung von Kontrollen in den 1960er Jahren immer mehr Entwicklungen in Gang, welche die Kosten für die Dopinganalytik auch zukünftig in die Höhe treiben würden.[287] In der Sportmedizin fühlte man sich hingegen unterfinanziert. Die beiden damals wohl einflussreichsten deutschen Sportmediziner Wildor Hollmann und Joseph Keul, welche in Köln und Freiburg die beiden wichtigsten sportmedizinischen Institute leiteten, brachten ihr Missfallen darüber deutlich zum Ausdruck. Bereits beim Sportärztekongress 1978 kritisierte Hollmann die schlechter werdende Finanzierungslage der Sportmedizin.[288] Ende 1979 wandte sich Keul persönlich an das Bundesinnenministerium und wies dabei insbesondere auf die Beschlüsse der Grundsatzerklärung hin:

Grenze von zwei Millionen DM. Die Förderungssumme aus dem Spitzenjahr 1977 wurde jedoch erst 1990 mit rund 2,9 Millionen DM übertroffen. Diese Zahlen sowie die folgenden für die sportmedizinische Forschung sind entnommen aus den BISp-Berichten (1973/74, S. 27 f., 31; 1977/78, S. 45 f.; 1979/80, S. 53 f.; 1981/82, S. 44; 1983/84, S. 34 f.; 1985/86, S. 61; 1987/88, S. 63 f.; 1989/90, S. 42 f.).

285 Vgl. dazu Abbildung 4 am Ende dieses Unterabschnitts. Vgl. dazu und zum Folgenden auch Krüger et al., 2014, S. 120-125.

286 Die Mittel für die sportmedizinische Forschung erreichten ihren Höchststand im Jahr 1977 mit rund 1,4 Millionen DM. Zu beachten ist allerdings, dass bis einschließlich 1977 die Ausgaben für die Dopinganalytik bei den Mitteln für sportmedizinische Forschung enthalten waren, da die Dopinganalytik erst ab 1978 einen separaten Haushaltstitel besaß, so dass der Höchststand der rein für die sportmedizinische Forschung verwendeten Mittel im Jahr 1978 mit rund 1,2 Millionen DM erreicht wurde.

287 Vgl. dazu Unterabschnitt 5.3.2.

288 Vgl. Sport-Informations-Dienst, 29.11.1978, CuLDA, Nachlass Kirsch, 101 / Doping 1.

„Vor zwei Jahren wurde die Charta für den Leistungssport erlassen und von vielen namhaften Gremien unterstützt, wobei dem Spitzensportler jede mögliche Hilfe gewährt werden soll, damit er nicht auf unerlaubte Manipulation zurückgreifen muß. Von der sportmedizinischen Forschung aus gesehen vermindern sich diese Möglichkeiten zunehmend, da die Zuwendungen des Bundes rückläufig sind. Dem hohen Anspruch der Charta kann von wissenschaftlicher Seite her nur entsprochen werden, wenn eine ausreichende finanzielle Unterstützung möglich ist."[289]

Des Weiteren machte Keul auf die Situation in der DDR aufmerksam, wo die sportmedizinische Forschung schwerpunktmäßig leistungsphysiologisch ausgerichtet sei und „durch diese Ausrichtung wesentliche Fortschritte erzielt hat." In der Bundesrepublik bestehe hingegen „die Gefahr, daß bei fehlender Förderung an verschiedenen sportmedizinischen Einrichtungen das Interesse für die wissenschaftliche Tätigkeit auf dem Gebiet des Hochleistungssports erlischt."[290] Keul rechtfertigte die Forderung nach mehr Mitteln mit dem bekannten Deutungsmuster: Sportmedizinische Unterstützung wurde als eine notwendige Maßnahme und wirksame Strategie zur Verhinderung von Doping in Anschlag gebracht. Der Verweis auf die Erfolge des Klassenfeindes bei gleichzeitiger Warnung vor dem eigenen Zurückfallen verlieh der Forderung auch in leistungssportlicher Hinsicht größtmöglichen Nachdruck.[291]

Vor dem Hintergrund der knappen Gelder und Mittelkürzungen standen die einzelnen Teildisziplinen und Forschungsgebiete in der Sportwissenschaft zunehmend auch in Konkurrenz zueinander. Ambitionierte Wissenschaftler strebten einen möglichst großen Anteil der Forschungsgelder des Bundesinstituts für den eigenen Bereich an. Dafür musste gerechtfertigt werden, dass das eigene Forschungsgebiet relevanter war als andere. So entwickelte sich ab Anfang der 1980er Jahre ein Konkurrenzkampf um die Verteilung knapper werdender Mittel, und zwar vor allem zwischen der Dopinganalytik, vertreten durch Manfred Donike, und der Sportmedizin, für die sich primär Joseph Keul einsetzte.[292] Beide Seiten versuchten dabei, die Prioritäten der Förderung zu ihren Gunsten zu verschieben. Donike war als Leiter des Kölner Dopingkontrolllabors an einer guten Ausstattung interessiert. Hinzu kam, dass er seit 1981 Vorsitzender der Sub-

---

289 Schreiben Keul an Bundesinnenministerium, 17.12.1979, BISp-Archiv, Fachausschuss Medizin 2.

290 Ebd.

291 Vgl. zur Einforderung von Fördermitteln und zur Instrumentalisierung von Warnungen vor einem Zurückfallen gegenüber der DDR auch Balbier, 2007b, S. 151.

292 Vgl. dazu und zum Folgenden auch Krüger et al., 2014, S. 120 ff.

kommission „Doping und Biochemie“ des IOC war und seine Anerkennung als einer der weltweit führenden Dopinganalytiker insbesondere auf das von ihm entwickelte Nachweisverfahren auf exogen zugeführtes Testosteron zurückging.[293] Auch für seine persönliche Reputation waren daher zusätzliche finanzielle Mittel, mit denen er Forschung betreiben konnte, sowie ein möglichst fortschrittlich geführter Anti-Doping-Kampf in der Bundesrepublik unerlässlich. Keul hingegen vertrat offensiv wie kein anderer die Interessen der Sportmedizin gegenüber dem DSB, dem Bundesinstitut und dem Bundesinnenministerium. In einem Grundsatzpapier zur Verteilung künftiger Gelder forderte Keul 1982 unmissverständlich eine Abkehr vom Ausbau der Dopinganalytik und stattdessen eine bessere sportmedizinische Betreuung:

> „Die Verhinderung des Dopings kann sich […] nicht nur auf die Doping-Analytik beziehen, sondern muß ganzheitlich diese Problematik erkennen und ihren Mißbrauch unterbinden. Von ganz entscheidender Bedeutung sind daher Betreuungsmaßnahmen durch entsprechend geschulte und verantwortliche Ärzte […]. Will die Bundesregierung, wie es ihr erklärtes Ziel ist, dem Doping Einhalt gebieten, dann müssen außer der Doping-Analytik auch die anderen Gebiete sinnvoll und erfolgreich mit angegangen werden, denn eine Weiterentwicklung der Doping-Analytik mit noch größerem apparativen Aufwand, mit noch höherer Genauigkeit der Bestimmung, mit noch schnellerer Auswertung bringt uns einer Lösung dieser Fragestellung nicht nahe […].“[294]

Nachdem der DSB bereits nach den Spielen in Montreal 1976 zum Ausdruck gebracht hatte, dass man nicht nur einseitig in Dopingkontrollen investieren dürfe, verfolgte Keul diese sportpolitische Leitlinie nun konfrontativ weiter. Die Dopinganalytik wurde zunehmend als unliebsame Konkurrenz um begrenzte finanzielle Mittel wahrgenommen, der man nicht mehr allein das finanziell rentable Feld der Dopingbekämpfung überlassen wollte. Angesichts der Tatsache, dass die Mittel für die Dopinganalytik stiegen und diejenigen für die Sportmedizin sanken, lag der finanzielle Nachholbedarf in den Augen Keuls bei der Sportmedizin.

293 Vgl. dazu Unterabschnitt 2.3.4.

294 Keul in nicht-adressiertem Grundsatzpapier „Maßnahmen zur Verhinderung des Dopings“, 29.6.1982, CuLDA, Nachlass Kirsch, Doping 86 / Doping 2. Keul unterbreitete dabei den konkreten Vorschlag, die Mittel für die Dopinganalytik für die Anstellung von Ärzten, die Gestaltung von Symposien und Tagungen für Trainer und Athleten sowie für andere Präventionsmaßnahmen zu verwenden.

Keuls Grundsatzpapier schlug sich in einer ergänzenden Stellungnahme zur Grundsatzerklärung des Hauptausschusses des DSB 1983 nieder. In der Einführung dazu erläuterte Grupe:

„Das Direktorium hat auf der Grundlage eines Diskussionspapiers seines Mitgliedes Prof. Keul in einer ausführlichen Stellungnahme auf die sich ständig vergrößernde Schere zwischen Kontrollen, Kosten für Kontrollen, Aufwand für technische und gerätemäßige Entwicklung einerseits und dadurch entstehende Verantwortungsentlastung für Athleten und Trainer andererseits hingewiesen; zudem hat es auf das Problem der Verselbständigung des Kontrollsystems aufmerksam gemacht und auf die oft mangelnde Aufklärung von Athleten und Trainern hingewiesen."[295]

Generell förderte diese Entschließung eine noch kritischere Sicht auf forcierte Kontrollaktivitäten[296] und verstärkte gleichzeitig die Schwerpunktsetzung auf sportmedizinische und trainingsphysiologische Maßnahmen. Letzteres wurde dann nach den Olympischen Spielen 1984 im Konzept der Olympiastützpunkte umgesetzt. Durch regionale Orientierung und verbesserte Infrastruktur sollten die bisherigen Schwachpunkte in den Leistungszentren und Bundesstützpunkten ausgemerzt werden.[297]

Vor dem Hintergrund des schwelenden Konkurrenzkampfes um die Verteilung von finanziellen Mitteln sind auch die Konfrontationen zwischen Keul und Donike in der Frage der Aufnahme von Testosteron und Koffein in die Dopingliste zu erklären. Donike war an einer Aufnahme interessiert und forcierte dies

---

295 Einführung von Grupe zur Entschließung des Hauptausschusses des DSB am 3.12.1983 in Frankfurt/M. zur Grundsatzerklärung für den Spitzensport, S. 10, CuLDA, Nachlass Kirsch, Doping 86 / Doping 2.

296 In der Entschließung hieß es wörtlich: „Sie [der DSB mit seinen Mitgliedsorganisationen und das NOK] halten an ihrer Grundüberzeugung fest, daß zur Aufrechterhaltung der sportlichen Ordnung zwar ständige Kontrollen erforderlich sind, daß eine vollständige und lückenlose Kontrolle jedoch nicht möglich und dieser Ordnung auch nicht entsprechen würde. Vielmehr sind tragende Elemente der Ordnung die ethischen Grundlagen der Sportbewegung und die Selbstverantwortung aller beteiligten Athleten, Trainer, Ärzte, Betreuer und Funktionäre. Diese Elemente des Leistungssports müssen gestärkt und gesichert werden" (Für einen humanen Spitzensport. Entschließung des Hauptausschusses des DSB zur Grundsatzerklärung für den Spitzensport am 3.12.1983, abgedruckt in: DSB, 1986, S. 223).

297 Zur Entwicklung und Idee der Olympiastützpunkte siehe Keul, 1987; Hagedorn, 1987; Spranger, 1988.

innerhalb der Medizinischen Kommission des IOC.[298] Im Gegensatz zu Donike war Keul nicht Mitglied dieser weltweit wichtigsten Kommission im Anti-Doping-Kampf und befand sich daher strategisch in einer deutlich schlechteren Position. Keul opponierte jeweils unterschiedlich mit dem Hinweis auf Unzulänglichkeiten bezüglich des Nachweisverfahrens auf Testosteron sowie fehlende wissenschaftliche Belege für die leistungssteigernden bzw. gesundheitsschädlichen Effekte von Koffein.[299] Des Weiteren machte Donike seit der ersten Hälfte der 1980er Jahre verstärkt auf die Notwendigkeit der Umsetzung von Trainingskontrollen aufmerksam und nahm dabei meist auf einschlägige Beschlüsse internationaler Organisationen wie Europarat oder IOC Bezug. Diesen Forderungen waren einige Sportorganisationen und Staaten zu diesem Zeitpunkt auch bereits nachgekommen. Keul hingegen opponierte mit Argumenten der rechtlichen, organisatorischen und finanziellen Unrealisierbarkeit gegen eine Erweiterung der Kontrollaktivitäten auf die Trainingsphase.[300]

Der Tod der Siebenkämpferin Birgit Dressel im Jahr 1987 bedeutete einen tragischen Einschnitt, der nicht zuletzt den Ruf der bundesdeutschen Sportmedizin gefährdete und auch die Frage nach einer effektiven Dopingbekämpfung neu aufwarf.[301] Nachdem Dressel aufgrund von Schmerzen in das Universitätsklinikum Mainz eingewiesen worden war, starb sie drei Tage später an einem durch Medikamente ausgelösten toxisch-allergischen Schock. Ohne letztlich zu klaren Ursachen- und Verantwortungszuschreibungen zu kommen, wurde der Tod im rechtsmedizinischen Gutachten hauptsächlich mit zwei Umständen in Zusammenhang gebracht: Erstens sei im Krankenhaus ein metamizolhaltiges Präparat

---

298 Vgl. dazu Unterabschnitt 2.3.4.

299 Zu diesem Themenkomplex liegen zahlreiche Korrespondenzen und Protokolle aus unterschiedlichen Gremien vor. Vgl. beispielsweise Schreiben Keul an Lundquist, 6.9.1983, CuLDA, Nachlass Kirsch, 86 / Doping 2; Schreiben Keul an Donike, 8.9.1983, CuLDA, Nachlass Kirsch, 86 / Doping 2; Schreiben Keul an Kirsch, 27.2.1984, CuLDA, Nachlass Kirsch, 86 / Doping 2; Schreiben Keul an Tröger, 10.10.1984, CuLDA, Nachlass Kirsch, 86 / Doping 2; Protokoll der 8. Sitzung der Kleinen Arbeitsgruppe Dopingfragen des BISp, 11.3.1988, BISp-Archiv, 0415 / 05 Kleine Arbeitsgruppe Dopingfragen des BISp. 1. bis 14. Sitzung 1984-1992; Schreiben Keul an Tröger, 10.10.1984, CuLDA, Nachlass Kirsch, 86 / Doping 2; Antrag von Keul zur Delegiertenversammlung des Deutschen Sportärztebundes, 28.3.1989, DOSB-Archiv, 864 / B6.5 / 3B7.

300 Vgl. dazu ausführlich Abschnitt 3.5.

301 Vgl. dazu und zum Folgenden auch Meier, Reinold & Rose, 2012, S. 228-237; Krüger et al., 2014, S. 116 f.

in überdosierter Form verabreicht worden. Zweitens sei Dressel über Jahre hinweg in intensiver medikamentöser Behandlung gewesen.[302] In Dressels Körper wurde bei der Obduktion eine Vielzahl verschiedener Mittel festgestellt, worunter sich auch die beiden anabolen Substanzen Stromba und Megagrisevit befanden.[303] Die Gutachter stellten insgesamt fest, dass die vorgenommene medikamentöse Behandlung „nicht überschaubar" und mit der Gefahr der Überforderung des Immunsystems verbunden gewesen sei.[304] Besonders schwer für die Sportmedizin wog dabei, dass Dressel bei dem Freiburger Sportarzt Armin Klümper in Behandlung war. Klümper war zu dieser Zeit einer der bekanntesten und bei Spitzenathleten der beliebteste Sportmediziner in der Bundesrepublik.

Klümpers Kollegen waren daher nach dem Fall Dressel in erster Linie darum bemüht, einen drohenden Reputationsverlust ihres Fachs aufgrund des tragischen Todes der jungen Athletin zu vermeiden. Dafür musste eine Deutung des Falls durchgesetzt werden, bei der Klümpers Behandlungsmethoden nicht ursächlich für den Tod waren. Noch vor Erscheinen des rechtsmedizinischen Gutachtens ging der leitende Verbandsarzt des DLV, Hartmut Krahl, in einem offenen Brief lediglich von einer „Medikamentenunverträglichkeit" Dressels aus.[305] Als dann in den Medien auf der Basis der Presseerklärung des leitenden Oberstaatsanwalts die fragwürdigen sportmedizinischen Behandlungsmethoden kritisch diskutiert wurden, verwies Krahl auf die Überdosierung des in der Klinik verabreichten Schmerzmittels als Todesursache und bezeichnete gleichzeitig den Vorwurf der polypragmatischen Behandlung Klümpers als „rein hypothetisch".[306] Der Kampf um die Deutungshoheit über Dressels Tod wurde dann nochmals bei einer öffentlichen Anhörung im Sportausschuss des Deutschen Bundestages im Oktober 1987 ausgefochten. Der Kölner Sportmediziner Heinz Liesen betonte, dass es sich um ein „klinisches Problem der Behandlung eines Patienten handelt und

302 Vgl. Rechtsmedizinisches Gutachten vom 23.7.1987 von Prof. Dr. R. Mattern und Prof. Dr. H.-J. Wagner im Auftrag der Staatsanwaltschaft Mainz, Archiv Doping-Opfer-Hilfe. Kurze Auszüge aus dem Gutachten sind abgedruckt in: Berendonk, 1992, Textdokument 4B.

303 Vgl. Rechtsmedizinisches Gutachten vom 23.7.1987 von Prof. Dr. R. Mattern und Prof. Dr. H.-J. Wagner im Auftrag der Staatsanwaltschaft Mainz, S. 60, Archiv Doping-Opfer-Hilfe.

304 Ebd., S. 97, 94.

305 Krahl, 1987, S. 807.

306 Stellungnahme des Leitenden DLV-Arztes zum rechtmedizinischen Gutachten Dressel adressiert an DLV-Präsident Munzert, 21.9.1987, CuLDA, Nachlass Kirsch, 98 / Doping 4.

nicht um ein sportmedizinisches."[307] Die Medizinerin und ehemalige Athletin Heidi Schüller hingegen hielt es „gelinde gesagt, für ein intellektuelles Foul, diese Ursächlichkeit an die Universitätsklinik Mainz zu verschieben."[308]

Der Fall Dressel sollte sich also auf keinen Fall negativ für die bundesdeutsche Sportmedizin und deren Bemühungen um mehr finanzielle Mittel auswirken. Auch von Seiten des DSB forderte man weiterhin offensiv eine bessere sportmedizinische Betreuung. Auf eine Anfrage des Bundesinnenministeriums bezüglich einer möglichen Einführung von Trainingskontrollen[309] antwortete der Bundesausschuss Leistungssport des DSB rund einen Monat nach dem Todesfall, dass eine

> „gesundheitliche Gefährdung durch die Einnahme irgendeines den Dopingmitteln zuzuordnenden Medikamentes [...] bisher nicht festgestellt werden [konnte]. Es muß jedoch mit großer Besorgnis zur Kenntnis genommen werden, daß die Zahl der sportbedingten Verletzungen und Erkrankungen sich auf einem hohen Niveau eingependelt hat,[310] ohne daß es bis heute möglich gewesen ist, eine Finanzierung von Ärzten für den Hochleistungssport zu erlangen. Eine Ausweitung der Doping-Analytik und der Zahl der Doping-Bestimmungen scheint somit nicht geboten, wohl eine weitere Verbesserung der ärztlichen Fürsorge [...]. Die Durchführung von Doping-Kontrollen im Training läßt einen unverhältnismäßig hohen personellen und finanziellen Aufwand erwarten, der nicht im Verhältnis zu möglichen Auswirkungen steht, zudem gesundheitliche Störungen durch irgendwelche medikamentösen Maßnahmen im Training bis heute nicht belegt werden können."[311]

Der DSB wandte sich bei der Diskussion über die zu ergreifenden Maßnahmen unmittelbar nach dem Todesfall Dressel also gegen Trainingskontrollen und forcierte stattdessen weiter den Ausbau der sportmedizinischen Betreuung. Wenige Monate später argumentierte Keul bei der Anhörung im Sportausschuss, dass die Bundesrepublik im Bereich der Dopinganalytik gut abgedeckt sei und es viel-

---

307 Deutscher Bundestag, 1988, S. 104.

308 Ebd., S. 109.

309 Schreiben Bundesinnenministerium an DSB, 19.3.1987, CuLDA, Nachlass Kirsch, 98 / Doping 4.

310 Man nahm damit Bezug auf die „Verletzungsflut" im bundesdeutschen Hochleistungssport, die Sportärzte nach den Olympischen Spielen 1984 in Los Angeles beklagt hatten (vgl. Hoberman, 1998, S. 502).

311 Schreiben Bundesausschuss Leistungssport an Bundesinnenministerium, 15.5.1987, CuLDA, Nachlass Kirsch, 98 / Doping 4.

mehr an sportmedizinischer Betreuung mangele.[312] Liesen bezeichnete die Erweiterung der Dopingkontrollaktivitäten offen als „Irrweg".[313] Zusätzliche Mittel sollten vielmehr in den Ausbau der sportärztlichen Versorgung fließen.

Die Bundesregierung stand bei Bundestagsnachfragen im Zusammenhang mit dem Todesfall Dressel[314] zunächst weiterhin hinter dieser Linie. Auf den Grundsatz der Autonomie des Sports rekurrierend, wurde eine potentielle Einführung von Trainingskontrollen dem Sport überlassen.[315] Den Ausbau der Olympiastützpunkte solle der Sport weiter optimieren. Die Verbesserung der sportmedizinischen, physiotherapeutischen und sozialen Betreuung sowie der Laufbahnberatung seien adäquate Mittel, um Versuche der medizinisch-pharmakologischen Leistungssteigerung zu verhindern.[316] Vor dem Hintergrund von Dressels tragischem Tod erfuhr diese Dopingpräventionsstrategie jedoch nun zum ersten Mal eine deutliche Kritik von Seiten der politischen Opposition. Mit Verweis auf den Tod der jungen Athletin wurde ein weiterer Ausbau der sportmedizinischen Betreuung von der Fraktion der Grünen im Bundestag 1988 nicht mehr unhinterfragt als wirksame Anti-Doping-Strategie akzeptiert. Die Sportmedizin wurde vielmehr vom Grünen-Abgeordneten Hans-Joachim Brauer selbst als Teil des Dopingproblems gesehen:

> „Geradezu bedenklich ist der Ruf nach mehr und intensiverer Betreuung durch die Sportmediziner. Betrachtet man dazu die Stellungnahme der Sportmediziner, wird deutlich, daß unter dem Deckmantel der Prävention und der Substitution eine pharmakologische Dauerbehandlung durchgeführt werden soll [...] Der Glaube, mit mehr Medizin weniger Doping zu erreichen, ist ein fataler Irrglaube. Denn wer verabreicht den Sportlern die Wundermittel?"[317]

---

312 Vgl. Deutscher Bundestag, 1988, S. 97.

313 Ebd., S. 201.

314 Vgl. Kleine Anfrage von CDU/CSU und FDP „Humanität im Leistungssport", 3.6.1987 (BT-Drucksache 11 / 404).

315 Vgl. dazu wörtlich: „Aufgrund der ihm zukommenden Autonomie muß der Sport zu diesen Kontrollen [...] Stellung beziehen. Die Bundesregierung beabsichtigt nicht, in diesen Entscheidungsprozess einzugreifen" (Antwort auf die Kleine Anfrage von CDU/CSU und FDP „Humanität im Leistungssport", 23.6.1987, BT-Drucksache 11 / 506).

316 Vgl. Antwort auf die Kleine Anfrage von CDU/CSU und FDP „Humanität im Leistungssport", 23.6.1987, BT-Drucksache 11 / 506.

317 64. Sitzung des Deutschen Bundestags, 3.3.1988, S. 4438, Plenarprotokoll 11 / 64.

Entscheidend für die Einführung von Trainingskontrollen war letztlich jedoch der Anpassungsdruck aus dem internationalen Raum. Vor dem Hintergrund, dass Trainingskontrollen in anderen europäischen Ländern zunehmend eingeführt wurden und unter dem drohenden Szenario, sich international zu isolieren, startete der DSB 1989/1990 schließlich ein entsprechendes Pilotprojekt.[318]

Resümierend kann festgehalten werden, dass der bundesdeutsche Sport die seit den Vorkommnissen von Montreal 1976 zu beobachtende Strategie der verbesserten Athletenbetreuung zur Verhinderung von Doping in den 1980er Jahren konsequent weiterverfolgte. Vor dem Hintergrund rückläufiger finanzieller Mittel geschah dies in offener Konfrontation zur Dopinganalytik. Eine durch den Tod einer Spitzenathletin diskreditierte bundesdeutsche Sportmedizin wäre für den weiteren Ausbau der sportärztlichen Betreuung jedoch kontraproduktiv gewesen. Man versuchte daher, die Verantwortung für den Tod Dressels offensiv von Klümper als einem der prominentesten Sportmediziner wegzutragen und damit eine Deutung des Falls durchzusetzen, die zur sportpolitischen Leitlinie passte.

318 Vgl. dazu ausführlich Abschnitt 3.5.

Abbildung 4: Summe der vom Bundesinstitut für Sportwissenschaft bewilligten Forschungsanträge und -aufträge im Bereich der Sportmedizin von 1973 bis 1990.

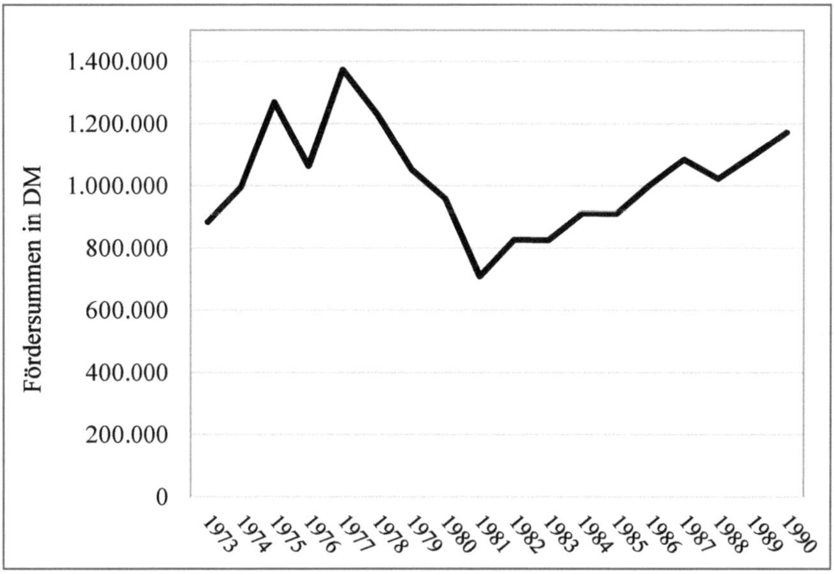

Quellen: BISp-Berichte der Jahre 1973-1990.

Sportmedizinische Aufklärung: Das Beispiel „Regenerationsstudie"

Die Vorgänge verweisen nicht zuletzt darauf, wie sich im Laufe der 1970er Jahre die Dopinganalytik als ein eigenständiger Bereich entwickelte und zunehmend von der Sportmedizin entfernte. Wie ausführlich dargestellt, waren es vor allem Sportmediziner, welche die ersten Kontrollen in den 1960er Jahren durchgeführt und den Anti-Doping-Kampf auf den entscheidenden Ebenen vorangetrieben hatten.[319] Als es in der Bundesrepublik vor den Olympischen Spielen in München 1972 darum ging, ein Kontrolllabor aufzubauen, waren die Sportmediziner intensiv darum bemüht, die Dopinganalytik für die Spiele nicht einem gerichtsmedizinischen Institut in München zu überlassen, sondern in den Händen der Sportärzteschaft zu behalten. Es war klar, dass mit dieser Vergabe eine Entscheidung über die Spiele hinaus getroffen wurde.[320] Zudem ging es um For-

319 Vgl. dazu insbesondere Unterabschnitt 5.3.2.

320 Vgl. Krüger et al., 2014, S. 71 ff.

schungsmittel und Reputation in einem Gebiet, das erheblich an Bedeutung zu gewinnen versprach. Die Sportmedizin wollte sich die Arbeit, die man seit Mitte der 1960er Jahre vorangetrieben hatte, daher nicht aus der Hand nehmen lassen.

Im Zuge ihrer fortschreitenden Spezialisierung wurde die Dopinganalytik im Laufe der 1970er Jahre jedoch immer mehr zu einem Betätigungsfeld von speziell ausgebildeten Wissenschaftlern mit Laborerfahrung. Die breite medizinische Expertise von Sportmedizinern war dafür nicht mehr ausreichend. Von der Existenz der Dopingproblematik profitierten daher immer mehr andere Naturwissenschaftler mit spezieller Laborexpertise.[321] Sportmediziner konnten sich im Feld der Dopingbekämpfung künftig eher dann ins Spiel bringen, wenn es ihnen gelang, professionsadäquate eigene Problemlösungsansätze alternativ bzw. ergänzend zu Kontrollen zu entwickeln und zu plausibilisieren. Eine verbesserte sportmedizinische Betreuung als Dopingpräventionsstrategie war ein solcher Ansatz.

Eine zweite wichtige Strategie war die ärztliche Aufklärung des Athleten über Wirkungen und Nebenwirkungen von Substanzen. Dafür mussten die Effekte jedoch zunächst wissenschaftlich geklärt werden. Die „Bearbeitung von pharmakologischen Fragen im Sport" wurde daher bereits im ersten Schwerpunktprogramm für die Förderung der sportwissenschaftlichen Forschung von 1972 als eine Priorität für die zukünftige Mittelvergabe in der Bundesrepublik ausgewiesen. Damit waren wohlgemerkt nicht nur Arbeiten im Bereich Dopinganalyse und Pharmakokinetik gemeint, sondern auch explizit Untersuchungen „über den leistungssteigernden Effekt von Präparaten". Die Sportmedizin müsse nämlich „sowohl die leistungsmäßigen als auch die gesundheitlichen Aspekte solcher Präparate prüfen."[322] Nach der Entschließung des DSB-Hauptausschusses zur Grundsatzerklärung von 1983 sollte diese Zielstellung verstärkt Berücksichtigung finden.[323] Zeitgleich wurde auf Empfehlung des Direktoriums des Bundesinstituts die „Kleine Arbeitsgruppe Dopingfragen" eingerichtet, die sich insbesondere mit der Bewertung neuer Dopingsubstanzen befassen sollte.[324]

321 Siehe zur Ablösung von Sportmedizinern durch Biochemiker auch Krieger, 2016, 170 ff., 205 ff.

322 Schwerpunktprogramm für die Förderung der sportwissenschaftlichen Forschung vom November 1972, abgedruckt in: Bundesministerium des Innern, 1973.

323 Vgl. Für einen humanen Spitzensport. Entschließung des Hauptausschusses des DSB zur „Grundsatzerklärung für den Spitzensport" am 3.12.1983, abgedruckt in: DSB, 1986, S. 222-225.

324 Vgl. die Protokolle der AG Dopingfragen, BISp-Archiv, 0415 / 05 Kleine Arbeitsgruppe Dopingfragen des BISp. 1. bis 14. Sitzung 1984-1992.

Sportmedizinische Studien zu Wirkungen und Nebenwirkungen leistungssteigernder Praktiken wurden also als ein zunehmend wichtiger Teil der Dopingbekämpfung gesehen, um faktenbasiert Aufklärung betreiben zu können.

Anschlussmöglichkeiten für sportmedizinische Forschungsprojekte ergaben sich besonders, wenn neue Dopingpraktiken im Leistungssport auftauchten, deren Effekte klärungsbedürftig erschienen. Das vielleicht umstrittenste Forschungsprojekt in der bundesdeutschen Sportgeschichte – das vom Bundesinstitut 1985 vergebene Projekt „Über den Einfluß der oralen Gabe von Testosterondecaoat auf die Regenerationsfähigkeit nach intensiven Trainings-, Test- oder Wettkampfbelastungen" (kurz „Regenerationsstudie" genannt) – ging wesentlich auf die Konjunktur des Dopingmittels Testosteron zu dieser Zeit zurück.[325] Nachdem anabole Steroide nachgewiesen werden konnten, fand Testosteron zunächst als sogenanntes „Überbrückungsdoping" für die letzte Vorbereitungsphase vor dem Wettkampf Verbreitung, um so das Absetzen der anabolen Steroide ohne Leistungsverlust zu kompensieren. Seit Beginn der 1980er Jahre war dann davon die Rede, dass Testosteron nicht nur in den kraft- und schnellkraftintensiven Sportarten, sondern auch in den Ausdauersportarten Vorteile brächte. Laut dem Sportmediziner Paul Nowacki habe Heinz Liesen bei einem Sportärzteseminar 1981 ausgeführt, dass „auch bei Marathonläufern die Gabe von anabolen Hormonen indiziert sei, da hierdurch die Regenerationsphase verkürzt werden könne [...]."[326] Keul stellte seinen Kollegen Liesen 1983 diesbezüglich zur Rede:

> „Wiederholt habe ich erfahren, daß Du die Auffassung vertrittst, daß es gerechtfertigt ist, bei Spitzensportlern Testosteron oder seine Derivate zu geben, da das Hochleistungstraining zu gesundheitlichen Schäden, Funktionsstörungen oder einer Abwehrschwäche führen könnte.
> Du weißt, daß ich diese Auffassung grundsätzlich nicht teile und auch den Begriff der Substitution, wenn es sich um Testosteron handelt, keine Anwendung finden kann.
> Ich möchte Dich bitten [...], Belege zukommen zu lassen, die diese Auffassung bestätigen. [...] Mir sind solche Arbeiten bisher nicht bekannt."[327]

325 Vgl. dazu und zum Folgenden auch Krüger et al., 2014, S. 125-134.

326 Schreiben Nowacki an Gieseler, 14.10.1982, CuLDA, Nachlass Kirsch, 86 / Doping 2.

327 Schreiben Keul an Liesen, 24.10.1983, CuLDA, Nachlass Kirsch, Doping 86 / Doping 2.

Die Substitutionsthese war nicht neu. Keul selbst hatte sie in den 1970er Jahren vertreten,[328] sich dann jedoch zunehmend davon distanziert, als klar war, dass eine Legalisierung von Anabolika unter ärztlicher Begleitung nicht durchsetzbar sein würde. Neu war jedoch, dass dem männlichen Sexualhormon nun auch in Ausdauersportarten eine regenerationsfördernde Wirkung zugeschrieben wurde. Liesens Annahme fußte auf internationalen Arbeiten[329] sowie teilweise auch auf Ergebnissen, die am Institut in Köln gewonnen worden waren.[330] Sie hatten gezeigt, dass der Testosteronspiegel nach längerdauernder sportlicher Belastung sank. Ob dabei eine exogene Testosteronzufuhr tatsächlich regenerationsfördernd wirkte, war hingegen nicht gesichert und bedurfte in den Augen wichtiger Sportmediziner einer wissenschaftlichen Klärung.[331] Die „Regenerationsstudie“ ist ein Beispiel dafür, wie eine neue leistungssteigernde Praktik im Sport von medizinischen Experten aufgegriffen und als wissenschaftliches Problem rekonzeptionalisiert wurde. Über Innovationen im Bereich pharmakologischer Leistungssteigerung ließen sich fachwissenschaftliche Kontroversen zu Wirkungen und Nebenwirkungen generieren, die – dopingpräventiv legitimiert – zu relevanten wissenschaftlichen Fragen gemacht wurden und so auch für die Einwerbung von Forschungsmitteln genutzt werden konnten. Damit brachte sich die

328 Vgl. Unterabschnitt 3.4.3.

329 Vgl. beispielsweise Galbo et al., 1977; Aakvaag et al., 1978; Kuoppasalmi et al., 1980.

330 Vgl. Hoederath, 1979.

331 Keul schlug dem Bundesinstitut 1985 ein Konzept zu einem Forschungsauftrag über die Förderung der Regeneration bei Hochleistungssportlern vor (vgl. Schreiben Keul an BISp, 27.9.1985, CuLDA, Nachlass Kirsch, 87 / Doping 3 / 1985-86). Bei einer Sitzung der „Kleinen Arbeitsgruppe Dopingfragen“ Anfang 1986 fasste Keul nochmals pointiert zusammen, warum ein solches Projekt notwendig war: „Nach extremer körperlicher Ausdauerbelastung wurde bei Sportlern in einigen Untersuchungen eine Abnahme der Testosteronkonzentration im Blut gemessen. Diese Beobachtung wird von einigen Sportmedizinern für eine Substitutionstherapie mit Testosteron ausgenutzt. Man erhofft sich mit der Substitution eine Verbesserung der Regenerationsphase und damit verbunden eine Leistungssteigerung. Dieses Vorgehen ist bisher durch keine einzige wissenschaftliche Untersuchung abgesichert. Mit dem Forschungsauftrag Regeneration soll überprüft werden, ob bei Dauerleistern durch Testosteron- bzw. Anabolikagaben die Regenerationsphase verbessert und die Leistung erhöht wird“ (Top 2 des Protokolls der Sitzung der Kleinen Arbeitsgruppe Dopingfragen, 31.1.1986, CuLDA, Nachlass Kirsch, 87 / Doping 3 / 1985-86).

Sportmedizin gegenüber der Dopinganalytik im expandierenden und zukunftsträchtigen Feld der Dopingbekämpfung selbst wieder stärker ins Spiel.

Die Bemühungen von Keul waren schließlich erfolgreich. Das Forschungsprojekt wurde vom Bundesinstitut 1985 genehmigt[332] und über einen Zeitraum von drei Jahren mit jährlich 100.000 DM gefördert.[333] Die Studie wurde auf vier Standorte verteilt, letztlich aber nur an drei durchgeführt,[334] nämlich bei Keul in Freiburg,[335] Kindermann in Saarbrücken[336] sowie Liesen in Paderborn.[337] Bei den Untersuchungen wurde Athleten aus dem Mittel- und Langstreckenlauf, Triathlon, Rudern, Radsport und Skilanglauf nach intensiven Trainingsphasen Testosteron verabreicht und die Ausdauerleistungsfähigkeit überprüft. Die Studien wurden meist placebokontrolliert, randomisiert, doppelblind und cross-over durchgeführt.

Im Hinblick auf die Ergebnisse des Projekts ist auffällig, wie vehement Keul gegen die Substitutionsthese Liesens argumentierte. Die während der Projektlaufzeit vorgestellten Forschungsergebnisse[338] sowie der Abschlussbericht von Keul und seinem Mitarbeiter Jakob lesen sich wie eine Bestätigung von Keuls Kritik an Liesen: „In keiner der vorliegenden Untersuchungen war ein eindeutiger Testosteroneffekt auf die untersuchten Kenngrößen zu sichern“, weshalb das Projekt „mit Sicherheit gezeigt [hat], daß eine Substitution mit Testosteron und gleichermaßen auch mit Anabolika keine Vorteile für Regeneration und Immunstatus erwarten läßt und erwähnte bzw. vermutete positive Effekte zufällig gewe-

---

332 Vgl. Protokoll über die Sitzung des Fachausschusses Medizin des Fachbeirates Angewandte Wissenschaften auf dem Gebiet des Sports vom 24.10.1985, BISp-Archiv, Fachausschuss Medizin 1; BT-Drucksache 12 / 1781, S. 3.

333 Vgl. Top 2 des Protokolls der Sitzung der Kleinen Arbeitsgruppe Dopingfragen vom 31.1.1986, in CuLDA, Nachlass Kirsch, 87 / Doping 3 / 1985-86.

334 Ursprünglich war geplant, die Studie auch in Heidelberg bei Helmut Weicker durchzuführen. Aus unbekannten Gründen ist dies nicht geschehen.

335 Teilstudien eins im Jahr 1986 und drei in den Jahren 1989/90.

336 Teilstudien eins, zwei und drei in den Jahren 1986-1990.

337 Teilstudien zwei in den Jahren 1987/88 und drei in den Jahren 1989/90. Die Teilstudien wurde ursprünglich an Hollmann und Liesen in Köln vergeben. Letztlich hat Liesen die Teilstudie zwei an der Universität Paderborn durchgeführt, an die er 1987 berufen wurde.

338 Zwischenergebnisse wurden in der „Kleinen Arbeitsgruppe Dopingfragen“ ab der sechsten Sitzung am 2.2.1987 regelmäßig vorgestellt (vgl. BISp-Archiv, 0415 / 05 Kleine Arbeitsgruppe Dopingfragen des BISp. 1. bis 14. Sitzung 1984-1992).

sen sein dürften."[339] Der Abschlussbericht wurde jedoch von Experten in mehrerer Hinsicht außergewöhnlich stark kritisiert, so unter anderem aufgrund der fehlenden Darstellung divergierender Forschungsergebnisse.[340] Bei den Ergebnispräsentationen in der „Kleinen Arbeitsgruppe Dopingfragen" sowie im Abschlussbericht fanden die Divergenzen tatsächlich kaum Erwähnung. Abgesehen von den methodischen Schwierigkeiten, die vor allem die Saarbrücker Forschergruppe in ihren Publikationen mehrfach betonte[341] und die eine so eindeutige „Sicherheit", wie sie im Abschlussbericht zum Ausdruck kam, ausschließen, kam der Doktorand Fuchs in seiner von Keul betreuten Arbeit sogar zu Ergebnissen, die eher zu Liesens Standpunkt passten.[342] Fuchs zeigte nämlich, „daß Testosteron bei den untersuchten Sportlern einen positiven Einfluß auf die Hämatopoese hat", was in die These mündete, „daß die veränderten hämatologischen Verhältnisse eine Bedeutung im Sinne einer Verbesserung der regenerativen Vorgänge besitzen."[343] Es gab für Keul vor allem zwei gute Gründe, über die tatsächlich unklare Ergebnislage hinwegzugehen und regenerationsfördernde Effekte von Testosteron auszuschließen: Erstens wurden so die eigenen Annahmen, die er bereits im Vorfeld des Projekts offensiv gegenüber Liesen vertreten hatte, bestätigt. Zweitens stellte die Relativierung und Negierung der Effekte von Substanzen eine bekannte Dopingpräventionsstrategie dar.[344] Vom präventiven Gesichtspunkt aus betrachtet war daher das von Keul kommunizierte Ergebnis gleichzeitig auch das erwünschte, denn nur ein solches Forschungsergebnis ließ sich auch, wie vorgesehen, präventiv nutzbar machen. Ein Projekt hingegen, das

---

339 Abschlussbericht des Forschungsvorhabens Regeneration von Keul & Jakob vom Dezember 1992, BISp-Archiv, 0408 / 01 Projekt Regenerationsstudie W 1.1 1986-1990.

340 Des Weiteren wurde Kritik hinsichtlich des geringen siebenseitigen Umfangs, schlechter äußerer Darstellungsform, fehlender neuerer Ergebnisse zum Thema, fehlender methodischer Darlegung, fehlender Teile einzelner Forschergruppen sowie fehlender einheitlicher Darstellung der Ergebnisse der drei Forschergruppen geübt (vgl. Fb W – Referat Medizin: Bewertung des Abschlußberichts zum Forschungsvorhaben „Regeneration" vom 9.2.1993, BISp-Archiv, 0408 / 01 Projekt Regenerationsstudie W 1.1 1986-1990).

341 Vgl. Urhausen, Stein, Biro & Kindermann, 1989a; Urhausen, Stein, Biro & Kindermann, 1989b; Urhausen, Spieldenner, Biro & Kindermann, 1991.

342 Liesen selbst publizierte – soweit ersichtlich – keine eigenen Forschungsergebnisse dazu.

343 Fuchs, 1988, S. 39.

344 Vgl. Unterabschnitt 5.2.4.

herausgefunden hätte, dass Testosteron tatsächlich regenerationsfördernd wirkte, hätte dopingwillige Athleten möglicherweise zur Benutzung der Substanz motiviert. Ein solches Forschungsergebnis hätte keinen präventiven, sondern – ganz im Gegenteil – einen implizit dopingbegünstigenden Effekt gehabt.

Die „Regenerationsstudie“ löste schwere Kontroversen aus und zwar vor allem hinsichtlich der Frage, ob es sich um Dopingforschung, d.h. um Forschung mit dem Ziel der anwendungsorientierten Nutzung beim Doping handelte.[345] Darauf zielte auch die Kleine Anfrage der SPD an die Bundesregierung aus dem Jahr 1991 zur „Beteiligung und Finanzierung des Bundes an Forschungsprojekten, in denen Testosteron-Versuche mit Sportlern vorgenommen wurden.“[346] Der Verdacht der Dopingforschung lag auf der Hand, generierten Studien zu leistungssteigernden Substanzen doch zugleich Wissensbestände, die leicht für Dopingzwecke nutzbar gemacht werden konnten. Gleichzeitig greift es aber zu kurz, solche Arbeiten grundsätzlich auf die Intention der Nutzanwendung beim Doping zu reduzieren. Sie gehörten vielmehr selbstverständlich zur Dopingprävention dazu. Wie gesehen hatten Sportmediziner seit Jahrzehnten Studien durchgeführt, um Wirkungen und Nebenwirkungen zu bestimmen, auf dieser Basis Substanzen als Doping oder als legitime Nahrungsergänzung zu klassifizieren und Aufklärung zu betreiben. Die Grenze zwischen Dopingforschung und Anti-Doping-Forschung ergab sich also nicht aus der Studie an sich, sondern aus der dahinterstehenden Intention und der Art der Nutzung der Ergebnisse. Die Bundesregierung antwortete auf die erhobenen Vorwürfe, kurz zusammengefasst, folgendermaßen:

> „Einziges Ziel des Forschungsprojekts war es, Aufschluß darüber zu erhalten, ob Testosteron ein Substitutions- und Regenerationsmittel sein kann. Wie in der Vorbemerkung ausgeführt, war ‚Doping-Forschung‘ eindeutig nicht das Ziel der Forschungsarbeit.“[347]

Das entscheidende Argument der Bundesregierung war, dass die Untersuchung auf die Frage der Regeneration beschränkt gewesen sei.[348] Allen an der Studie Beteiligten schien von vornherein klar gewesen zu sein, dass sich der Verdacht der Dopingforschung ergeben könnte. Daher wurde auch bereits bei der Abstimmung des Vorhabens 1985 betont, dass die Studie „nur auf Regeneration

345 Vgl. dazu grundsätzlich Krüger et al., 2014, S. 125-133; Spitzer, Eggers, Schnell & Wisniewska, 2013, S. 155-258; Singler & Treutlein, 2012, S. 295-303.

346 Vgl. BT-Drucksache, 12 / 1519.

347 BT-Drucksache, 12 / 1781, S. 7.

348 Vgl. BT-Drucksache, 12 / 1781, S. 6.

und nicht auf Leistungssteigerung ausgerichtet" sei.[349] Dem Begriff der „Regeneration" kam also bei der Legitimierung der Studie als Anti-Doping-Forschung argumentativ eine zentrale Funktion zu. De facto fungierte „Regeneration" als Gegenbegriff zu „Leistungssteigerung" und signalisierte, dass es eben nicht um Doping, sondern „nur" um Regeneration ging. Diese Argumentation blendete jedoch vollständig aus, dass Regeneration und Leistungssteigerung eng miteinander zusammenhängen und eine schnelle Regeneration einen positiven Einfluss auf die sportliche Leistungsfähigkeit hat. Ein schnell regenerierender Athlet hat, kurz gesagt, den Vorteil, dass er mehr und härter trainieren kann, ohne jedoch dabei in einen Zustand des Übertrainings zu geraten. Selbst wenn Testosteron also lediglich die Regenerationszeiten verkürzte, so wäre das ein für dopingwillige Athleten sehr relevantes Forschungsergebnis, weil es in Form höherer Trainingsumfänge und -intensitäten einen leistungssteigernden Nutzen implizierte. Dieser Zusammenhang wurde bei der Antragstellung und später bei der Verteidigung der Studie aus legitimationsstrategischen Gründen jedoch völlig ausgeblendet, um den Verdacht der Dopingforschung von vornherein zu vermeiden bzw. – nachdem dieser Vorwurf dann doch im Raum stand – zu entkräften.

Die Frage, ob es sich bei der „Regenerationsstudie" um Doping- oder Anti-Doping-Forschung gehandelt habe, lässt sich letztlich kaum eindeutig beantworten.[350] Die Studie zeigt in erster Linie, dass die Grenzen fließend sind. Naturwissenschaftliche Forschung zu leistungssteigernden Substanzen und Methoden lässt sich gleichermaßen für Anti-Doping- als auch für Dopingzwecke nutzbar machen. Klar ist jedoch, dass die „Regenerationsstudie" als Dopingpräventionsstudie kommuniziert und legitimiert wurde, um in diesem Feld die Sportmedizin gegenüber der Dopinganalytik besser in Stellung zu bringen und mit mehr Forschungsmitteln auszustatten.

5.5 AUSBLICK: DER WEG ZUR WADA-GRÜNDUNG

Lag das Augenmerk im vorigen Abschnitt auf der nationalen Ebene, so geht der Blick im Folgenden zurück zum IOC. Der abschließende Teil behandelt den Weg zur Gründung der WADA, die im Jahr 1999 das IOC als führende Organi-

349 Protokoll über die Sitzung des Fachausschusses „Medizin" des Fachbeirates „Angewandte Wissenschaften auf dem Gebiet des Sports", 24.10.1985, BISp-Archiv, Fachausschuss Medizin 1.

350 Siehe zu dieser Frage ausführlicher Krüger et al., 2014, insbesondere S. 133 f.

sation in der internationalen Anti-Doping-Politik abgelöst hat und ohne Zweifel eine neue Phase der Dopingbekämpfung einleitete.

5.5.1 Hohe Erwartungen – ernüchternde Erfahrungen

Die WADA-Gründung muss als das Resultat einer ernstzunehmenden Krise der weltweiten Anti-Doping-Politik und des IOC im Besonderen begriffen werden. Angelehnt an Überlegungen des Historikers Reinhart Koselleck zum Wandel geschichtlicher Zeiten[351] vereint der Begriff der „Krise“ sowohl diagnostische als auch prognostische Elemente: In einer Krise werden gegenwärtige Veränderungen diagnostiziert und als negativ bewertet. Der Krisenbegriff erschöpft sich jedoch nicht pessimistisch in Verschlechterung und Niedergang. Vielmehr bedeutet eine Krise auch optimistisch die Chance zur Erneuerung.[352] Mit diesem zweidimensionalen Krisenbegriff werden die Quellen erstens nach den zeitgenössischen Krisendiagnosen und zweitens nach den konkreten Erwartungen im Hinblick auf die Anti-Doping-Politik befragt. Dies kann in diesem Abschnitt insbesondere aus Gründen des eingeschränkten Quellenzugangs allerdings nur ansatzweise und überblickshaft geschehen.[353]

In einer Krise manifestiert sich explizit oder implizit eine Kluft zwischen den Erwartungen und den tatsächlichen Erfahrungen bei der Lösung eines Problems. Wenn das, was erfahren wird, konstant hinter dem zurückbleibt, was erwartet wird, dann ist der Ruf nach Veränderung nicht weit. Dem Ideal der olympischen Erziehung verpflichtet, hegte der erste Vorsitzende der Dopingkommission, Arthur Porritt, in den 1960er Jahren noch die Hoffnung, dass Kontrollen und Sanktionen lediglich vorübergehend durchgeführt werden müssten und sich die Dopingproblematik durch Erziehung und Rückbesinnung auf die olympischen Amateurideale bald erledigte.[354] Eingetreten ist jedoch genau das Gegenteil: Die Kontrollaktivitäten wurden keineswegs zurückgeschraubt, sondern immer weiter ausgebaut. Die Geschichte der Dopingbekämpfung ist ohne Zweifel vor allem eine Geschichte stetig restriktiver werdender Kontrollmaßnahmen.[355] Auch Porritts Nachfolger, de Mérode, scheiterte mit seinen optimistischen Zukunftserwartungen an der harten Realität: Nachdem ein Testverfahren auf anabole Steroide gefunden und Kontrollen bei den Olympischen Spielen 1976 eingeführt

351 Vgl. Koselleck, 1973.

352 Vgl. Föllmer, Graf & Leo, 2005, S. 14.

353 Vgl. zum Quellenzugang ausführlich Abschnitt 1.4.1 sowie 5.1.

354 Vgl. Unterabschnitt 5.2.1.

355 Vgl. Reinold, 2012a.

wurden, hielt es de Mérode für „sehr wahrscheinlich“, dass sich das Anabolikaproblem bald erledigen werde.[356] Anabole Steroide blieben jedoch bis heute eines der größten Dopingprobleme im Sport. Hinzu kamen weitere Substanzen und Methoden wie Blutdoping, EPO oder das Wachstumshormon, die nicht weniger gewichtige Probleme verursachten.

De Mérode war über mehr als drei Jahrzehnte Vorsitzender der Medizinischen Kommission. Das Krisenpotential, das in einer stetig wachsenden Kluft von optimistischen Erwartungen auf der einen Seite und ernüchternden Erfahrungen auf der anderen steckt, ist ihm nicht entgangen. In den 1990er Jahren klangen seine Aussagen hinsichtlich der Erfolgsaussichten in der Dopingbekämpfung tatsächlich wesentlich bescheidener. Als es wenige Monate vor dem Festina-Skandal bei der Tour de France 1998 in der IOC-Mitgliederversammlung darum ging, wie der weitverbreiteten Ausnutzung therapeutischer Ausnahmegenehmigungen durch Athleten vorgebeugt werden könne, konfrontierte de Mérode die Mitglieder mit einer nüchternen Analyse, die nicht mehr viel gemein hatte mit den optimistischen Problemlösungsversprechen früherer Jahre. Betrug werde, so de Mérode, auch zukünftig existieren. Das Ziel sei nicht, den Betrug abzuschaffen, sondern Doping zu bekämpfen. Er glaube nicht, dass man diesen Kampf jemals gewinnen könne. Wichtig wäre daher in erster Linie, nicht zu verlieren.[357] Ähnlich pessimistische Aussagen von de Mérode fanden sich in den Jahrzehnten zuvor nicht. Vielmehr wurde von Seiten der Medizinischen Kommission stets optimistisch Handlungsfähigkeit behauptet und Problemlösung signalisiert.[358] Damit wurden Erwartungen geschürt, die – so viel sei vorausgeschickt – das IOC in den 1990er Jahren einholten. Zu oft wurde im Laufe der Zeit deutlich, dass das rosige Bild und die optimistischen Versprechungen nicht der Realität standhielten. Insofern war es ein logischer Schritt, dass de Mérode nun die Erwartungen erheblich dämpfte. Dafür war es jedoch gegen Ende der 1990er Jahre bereits zu spät.

Dass das IOC inzwischen viel an Glaubwürdigkeit verloren hatte, zeigte sich auch in der Weise, wie de Mérode in den 1990er Jahren über Testergebnisse

356 Vgl. wörtlich de Mérode, 1979, S. 16: „It is […] very likely that the problem of doping with anabolic steroids will decline in the same way as that of psychomotor stimulants.“ Siehe dazu auch Unterabschnitt 5.3.3.

357 Vgl. dazu wörtlich (Protokoll Mitgliederversammlung, 3.-5.2.1998, S. 15, IOC-Archiv): „Cheating would always exist; the aim was not to get rid of cheating but to fight against doping. He said he did not think they would ever win but the important thing was that they should not lose.“

358 Vgl. dazu Unterabschnitt 5.3.3.

sprach. In den beiden Jahrzehnten zuvor war die geringe Anzahl positiver Proben stets zum Ausweis erfolgreicher Anti-Doping-Politik stilisiert worden. Eine solche optimistische Deutung war in den 1990er Jahren jedoch kaum mehr möglich. Besonders deutlich zeigte sich dies, als bei der IOC-Mitgliederversammlung 1993 ein Mitglied bemerkte, dass positive Proben bei den Spielen für die Olympische Bewegung schädlich seien.[359] De Mérode widersprach dieser Ansicht entschieden. Bezugnehmend auf aktuelle Kontrollergebnisse der Sommerspiele in Barcelona 1992, wo fünf Sportler positiv getestet worden waren, hätte gerade die Aufdeckung dieser fünf Fälle der Arbeit der Medizinischen Kommission die nötige Glaubwürdigkeit verliehen. Wenn man hingegen, so gab de Mérode zu bedenken, bei den Spielen keine Dopingverstöße aufdecke, dann würde das IOC sofort der Intrige und Vertuschung beschuldigt.[360] Dieser massive Diskurswandel ist tatsächlich bemerkenswert: Während de Mérode die Tatsache, dass 1976 in Montreal lediglich drei Proben positiv auf Stimulanzien ausfielen, als Indikator für den abschreckenden Effekt von Kontrollen vorbringen konnte und 1980 sogar so weit ging, und die Spiele in Moskau als die „saubersten Spiele" der Olympischen Geschichte bezeichnete, weil kein Athlet positiv getestet worden war,[361] taugte dasselbe Faktum in den 1990er Jahren nicht mehr als Ausweis eines sauberen Sports und einer gelingenden Dopingbekämpfung. Die veränderte Redeweise indiziert einen grundlegenden Wandel in der Wahrnehmung der Anti-Doping-Politik des IOC. Was vormals noch als Erfolg verzeichnet werden konnte, wurde nun regelrecht ins Gegenteil verkehrt und fiel als Ausweis des Scheiterns in einem zuvor unbekannten Maß negativ auf das IOC zurück.

Es stellt sich die Frage, wie es dazu kam, dass bestimmte Fakten verstärkt umgewertet und zunehmend im Sinne einer nicht funktionierenden und teilweise sogar korrumpierten Anti-Doping-Politik ausgelegt wurden. Wie gesehen gab es auch bereits in den Jahrzehnten zuvor oftmals deutliche Kritik am IOC. Die geringe Anzahl positiver Proben bei den Spielen beispielsweise wurde von Athleten, Insidern und Journalisten oft negativ im Sinne einer hohen Dunkelziffer,

---

359 Vgl. Diskussionsbeitrag Wilson, Protokoll Mitgliederversammlung, 21.-24.9.1993, S. 15, IOC-Archiv.

360 Vgl. dazu wörtlich (Protokoll Mitgliederversammlung, 21.-24.9.1993, S. 16, IOC-Archiv): „The Prince de Mérode [...] was afraid that if no doping cases at all were found during the Games, the IOC would instantly be criticized, and face accusations of intrigue, cover-ups, etc. The five doping cases identified in Barcelona had in fact shown that the Medical Commission was serious in its work."

361 Vgl. dazu Unterabschnitt 4.3.4.

niedriger Aufdeckungswahrscheinlichkeit und erfolgloser Anti-Doping-Politik interpretiert.[362] Der Unterschied besteht somit nicht darin, dass es diese kritischen Sichtweisen nicht schon früher gab, sondern darin, dass ab Ende der 1980er Jahre Evidenzen für die Unzulänglichkeiten vorlagen, die sich nicht mehr einfach umdeuten und wegdiskutieren ließen. Das IOC konnte die von Kritikern angeführten Defizite im Anti-Doping-Kampf zuvor lange Zeit noch vergleichsweise leicht entkräften, und zwar entweder mit dem Hinweis auf fehlende Evidenzen für die behaupteten Unzulänglichkeiten oder mit dem Versprechen auf Fortschritt, welcher allen Problemen einen bewältigbaren Charakter verlieh.[363] Inzwischen gab es jedoch – wie im Folgenden deutlich wird – zu viele Belege dafür, dass die Dunkelziffer hoch und die Anti-Doping-Politik ineffektiv war, und es daher allmählich auch nicht mehr plausibel erschien, warum das IOC an der Spitze der weltweiten Dopingbekämpfung tatsächlich in der Lage sein sollte, die Probleme zukünftig besser zu bewältigen als es bisher der Fall war.

Ein grundlegender Kritikpunkt betraf die organisatorische Ebene. Das IOC war in erster Linie für den Bereich der Olympischen Spiele zuständig, sah sich aber auch über die Spiele hinaus als Instanz mit moralischem Führungsanspruch. Die praktische Durchführung und Verantwortung für Dopingkontrollen außerhalb der Spiele lag jedoch – den autonomen Organisationsstrukturen entsprechend – bei den Verbänden. Ob und in welchem Umfang Kontrollen vorgenommen wurden, hing also von den nationalen und internationalen Sportverbänden ab.[364] Ab Anfang der 1980er Jahre wurde nicht nur verstärkt über die Notwendigkeit von Kontrollen außerhalb der Spiele, sondern auch außerhalb von Wettkämpfen diskutiert. Bei führenden Dopinganalytikern galt ihre Einführung als die wichtigste anstehende Aufgabe.[365] Zwar wurden sie in verschiedenen Verbänden und Ländern im Laufe der 1980er und 1990er Jahre umgesetzt,[366] das

362 Vgl. dazu Unterabschnitt 4.3.4.

363 Vgl. dazu Unterabschnitte 4.3.4, 4.3.5 und 5.3.3.

364 Vgl. dazu Unterabschnitt 5.3.1.

365 Vgl. Donike, 1975; Dugal, 1977.

366 Der internationale Ruderverband führte – vermutlich als erster internationaler Fachverband – im Winter 1982/1983 Kontrollen während der Trainingsphase durch (vgl. Protokoll Medizinische Kommission, 12.-14.2.1983, S. 5, IOC-Archiv, Procès-verbal Commission Medicale 1981-1983). 1982 informierte der spätere IOC-Präsident Rogge in einer Sitzung der Arbeitsgruppe „Wissenschafts- und Gesundheits-Probleme“ der europäischen NOK darüber, dass Dopingkontrollen im Training in Finnland, Schweden, Norwegen und Belgien durchgeführt würden (vgl. Bericht über die Sitzung der Arbeitsgruppe Wissenschafts- und Gesundheits-Probleme der euro-

IOC spielte dabei jedoch kaum eine Rolle. Mit den bestehenden Kompetenzen konnte die Organisation höchstens unverbindlich über Empfehlungen, Absprachen und Kooperationen auf die Implementierung von Trainingskontrollen hinwirken,[367] jedoch nicht verpflichtend durchsetzen. Dieses Problem wurde beim IOC auch erkannt und kritisch diskutiert. De Mérode brachte gegenüber IOC-Präsident Juan Antonio Samaranch zum Ausdruck, dass die Einführung von Trainingskontrollen den Einflussbereich des IOC grundsätzlich übersteige, und warnte ausdrücklich davor, dass erfolglose Durchsetzungsversuche das Prestige der Organisation gefährden könnten.[368] Das Beispiel Trainingskontrollen zeigt in erster Linie, wie sich die Erwartungen an eine effektive Dopingbekämpfung im Laufe von rund zwei Jahrzehnten erhöht hatten. Galt es in den 1960er Jahren bereits als Fortschritt, dass überhaupt Kontrollen bei sportlichen Großereignissen durchgeführt wurden, so konnte man in den 1980er Jahren Kontrollaktivitäten beschränkt auf Wettkämpfe allmählich kaum mehr als effektiv bezeichnen. Je höher jedoch die Erwartungen wurden, desto größer wurde auch die Gefahr für das IOC, an organisatorische Grenzen zu stoßen. Die Legitimität und Stabilität der Organisation an der Spitze des weltweiten Anti-Doping-Kampfes war daher in hohem Maß eine Funktion der Erwartungen, denen sich das IOC ausgesetzt sah und mit deren Ausweitung auch die Gefahr der Enttäuschung wuchs.[369]

---

päischen NOK am 13.1.1982 in Brüssel, S. 2, CuLDA, Nachlass Kirsch, 86 / Doping 2). In England begann im Jahr 1985 ein Pilotprojekt mit Kontrollen außerhalb von Wettkämpfen (vgl. Olympic Review, Mai-Juni, 211-212, 1985, S. 359). Siehe zur Einführung von Kontrollen außerhalb von Wettkämpfen in der Bundesrepublik im Jahr 1989 Meier, Reinold & Rose, 2012, S. 234-237.

367 Vgl. beispielsweise zur geplanten Kooperation zwischen IOC und IAAF bei der Frage der Einführung von Kontrollen außerhalb von Wettkämpfen Anlage 5, Protokoll Medizinische Kommission, 6.-7.2.1982, IOC-Archiv, 203607.

368 De Mérode wörtlich zu Kontrollen außerhalb von Wettkämpfen: „To control is the extent of our possibilities and we would be endangering our moral prestige by undertaking a premature operation without chance of succeeding“ (Schreiben de Mérode an Samaranch, 23.2.1982, Anlage 8, Protokoll Medizinische Kommission, 23.-24.5.1982, IOC-Archiv, 203607). Auf diese organisatorischen Probleme wurde wiederholt aufmerksam gemacht (vgl. beispielsweise Protokoll Mitgliederversammlung, 12.-17.10.1986, S. 66, IOC-Archiv).

369 Zur Relevanz von politischen Erwartungsstrukturen, die prägen, was in der Politik als gut oder schlecht, zielerreichend oder versagend erfahren werden kann, siehe Mergel, 2005, S. 91 f.

Grundsätzlich war es für die Organisation schwer, auf den Bereich außerhalb der Spiele Einfluss zu nehmen. Das galt auch für Versuche der Harmonisierung der jeweils unterschiedlichen Anti-Doping-Regularien. Divergierende Verbotslisten beispielsweise hatten immer wieder zu Komplikationen geführt. Eine Harmonisierung galt daher als wichtige zu realisierende Maßnahme und war vor allem in den 1990er Jahren ein beherrschendes Thema in den Mitgliederversammlungen.[370] Die Einführung eines „Medical Codes" mitsamt einer Vereinbarung mit den internationalen Spitzenverbänden auf Harmonisierung im Januar 1994 sollte in dieser Hinsicht den Durchbruch bringen.[371] Die Berichte von Seiten der juristischen Kommission des IOC, die diesen Prozess vorantreiben sollte, waren jedoch stets ernüchternd: Die Verbände würden auf Nachfragen kaum reagieren[372] und auch Jahre später wurde noch bemängelt, dass keine einheitliche Dopingdefinition und kein einheitliches Strafmaß erkennbar seien.[373] Der Vorsitzende der juristischen Kommission, Kéba Mbaye, bilanzierte in der Mitgliederversammlung 1999 nüchtern, dass eine Harmonisierung bisher nicht hätte erreicht werden können.[374]

Hatten die dezentralen Strukturen für das IOC lange Zeit den Vorteil, dass sie die Organisation entlasteten, weil die Verantwortung für die mangelnde Umsetzung von Anti-Doping-Maßnahmen einfach an die Sportverbände weiterge-

---

370 Vgl. dazu die Protokolle der Mitgliederversammlungen, 17.-20.9.1990, S. 9; 5.-6.2.1992, S. 124 f.; 21.-24.9.1993, S. 2, 8, 14 f., 94; 8.-10.2.1994, S. 2, 17 f., 86; 4.-5.9.1994, S. 56; 15.-18.7.1996, S. 20 ff.; 3.-5.9.1997, S. 8; 3.-5.2.1998, S. 9 ff., IOC-Archiv.

371 Der Medical Code ist einsehbar als Anlage 1, Protokoll Mitgliederversammlung, 15.-18.6.1995, IOC-Archiv. Zur Vereinbarung mit den internationalen Spitzenverbänden siehe Protokoll Mitgliederversammlung, 8.-10.2.1994, S. 2, IOC-Archiv.

372 Vgl. Anlage 8, Report by the Chairman of the Juridical Commission H. E. Judge Kéba Mbaye, Protokoll Mitgliederversammlung, 15.-18.7. 1996, S. 130; Diskussionsbeitrag Mbaye (Vorsitzender juristische Kommission), Protokoll Mitgliederversammlung, 15.-18.7.1996, S. 23, IOC-Archiv.

373 Vgl. Anlage 8, Report by the Chairman of the Juridical Commission H. E. Judge Kéba Mbaye, Protokoll Mitgliederversammlung, 3.-5.9.1997, S. 108; Anlage 23, Report by the Chairman of the Sport and Law Commission H. E. Judge Kéba Mbaye, Protokoll Mitgliederversammlung, 3.-5.9.1997, S. 140; Diskussionsbeitrag Hodler (Juristische Kommission), Protokoll Mitgliederversammlung, 3.-5.2.1998, S. 9, IOC-Archiv.

374 Vgl. Diskussionsbeitrag Mbaye (Vorsitzender juristische Kommission), Protokoll Mitgliederversammlung, 17.-20.6.1999, S. 11, IOC-Archiv.

geben werden konnte, so wurde die fehlende Durchsetzung nun mit zunehmender Ernüchterung aufgenommen. Hypothetisch wäre die schärfste Waffe des IOC zur Forcierung der Anti-Doping-Bekämpfung der Verbände wohl die Drohung des Ausschlusses aus der Olympischen Bewegung aufgrund laxer Anti-Doping-Politik gewesen. Obwohl die Athletenkommission in der Mitgliederversammlung 1990 dieses Druckmittel zumindest ansprach,[375] finden sich in den gesichteten Protokollen der IOC-Organe keine Hinweise darauf, dass dies jemals ernsthaft in Erwägung gezogen worden wäre. Nachdem der Vorsitzende der juristischen Kommission aufgrund des geringen Erfolgs der bisherigen Harmonisierungsbemühungen die IOC-Mitglieder 1996 bat, sie mögen ihren Einfluss bei den internationalen Verbänden und den NOK diesbezüglich geltend machen,[376] betonte IOC-Präsident Samaranch im Gegenzug, dass Harmonisierung zwar notwendig sei, aber die Autonomie der Verbände respektiert werden müsse.[377] De facto erwiesen sich jedoch Harmonisierung auf der einen Seite und Autonomie auf der anderen als zwei unvereinbare Gegensätze in der Anti-Doping-Politik. Solange jeder Verband seine eigenen Regelungen aufstellen und Dopingbekämpfung nach eigenem Ermessen betreiben konnte, war das IOC schlicht auf die Bereitwilligkeit der Verbände angewiesen. Hätte das IOC eine Harmonisierung und Forcierung der Bekämpfung außerhalb der Spiele tatsächlich durchsetzen wollen, so wäre dies zwangsläufig nur durch eine stärkere Zentralisierung und damit zu Lasten der Autonomie der Verbände möglich gewesen.

Erst im Zuge der Entwicklungen nach dem Tour de France Skandal 1998 und der Beschlüsse bei der Doping-Weltkonferenz 1999 baute man eine deutlich

375 Die Athletenkommission brachte zum Ausdruck, dass Sportarten und Disziplinen von der Olympischen Bewegung ausgeschlossen werden könnten, falls diese ein größeres Dopingproblem hätten und keine Anstrengungen zur Dopingbekämpfung unternähmen bzw. sich nicht an die Forderungen des IOC hielten (vgl. Joint Executive Board / Athletes' Commission meeting, Lillehammer, 11.12.1990, Anlage 2, Protokoll Mitgliederversammlung, 13.-16.6.1991, S. 91, IOC-Archiv).

376 Vgl. dazu wörtlich im Protokoll (Mitgliederversammlung, 15.-18.7.1996, S. 23, IOC-Archiv): „H. E. Judge Mbaye […] requested, on behalf of the Juridical Commission, that the IOC members use their influence with the Ifs [International Federations] and NOCs [National Olympic Committees], firstly to ask them for documentation, and secondly to urge them to apply the agreement they had signed in 1994."

377 Samaranch wird im Protokoll (Mitgliederversammlung, 15.-18.7. 1996, S. 23, IOC-Archiv) folgendermaßen wiedergegeben: „Harmonization was a necessary step, but the IF's [International Federation's] autonomy would always be respected."

schärfere Drohkulisse auf. In der IOC-Mitgliederversammlung wurde folgende Empfehlung einstimmig angenommen:

> „Sports that do not apply the Olympic Movement Anti-Doping Code and in particular do not perform out-of-competition testing in accordance with the rules of the World Anti-Doping Agency will no longer be included in the programme of the Olympic Games. In the case of other sports recognized by the IOC, they will lose their recognition.“[378]

Der Wille zum härteren Durchgreifen kam jedoch, wie noch zu zeigen sein wird, zu spät. Das IOC war zu diesem Zeitpunkt an der Spitze der weltweiten Dopingbekämpfung bereits nicht mehr tragbar.

Neben der Implementierung von Kontrollen außerhalb der Spiele und außerhalb von Wettkämpfen sowie der Harmonisierung der Regularien drängten in den 1980er noch weitere Problematiken in den Fokus, für deren Bewältigung das IOC ohne einschneidende strukturelle Veränderungen nicht die notwendigen Voraussetzungen mitbrachte. Nachdem sich lange Zeit der Blick auf den dopenden Athleten beschränkt hatte, wurde Mitte der 1980er Jahre verstärkt die Rolle von Umfeldakteuren und vor allem der Handel mit leistungssteigernden Substanzen problematisiert.[379] Die umfassendere Beleuchtung überindividueller Verstrickungen und komplexer Schuldzusammenhänge verlieh der Dopingproblematik Züge von organisierter Kriminalität. Als solche musste sie nun auch behandelt werden. Die Bekämpfung des Handels mit Dopingmitteln überstieg jedoch die Kapazitäten des IOC. De Mérode stellte in der Mitgliederversammlung 1988 klar heraus, dass das IOC juristisch gesehen sogar „ein großes Risiko“ einginge, wenn man Maßnahmen ergriffe, ohne dass harte Beweise gegen Verdächtigte vorgebracht werden könnten.[380] Auf der ersten Welt-Anti-Doping-Konferenz wenige Monate später wurde jedoch gerade die Wichtigkeit der Bekämpfung des Handels mit Dopingmitteln und die dafür notwendigen Kooperationen zwischen Sportorganisationen und staatlichen Ermittlungsorganen her-

378 Protokoll Mitgliederversammlung, 11.-12.12.1999, S. 29, IOC-Archiv.

379 Vgl. Meeting with the Medical Commission of the International Weightlifting Federation, 11.4.1985, Anlage 15, Protokoll Medizinische Kommission, 11.-12.4.1985, S. 7, IOC-Archiv, Procès-verbal Commission Medicale 1985; Schreiben Donike an de Mérode, 29.10.1986, Anlage 17, Protokoll Subkommission Doping und Biochemie, 12.-13.11.1986, IOC-Archiv, Procès-verbal Commission Medicale 1986, Vol. 2.

380 Protokoll Medizinische Kommission, 9.-11.2.1988, S. 12, IOC-Archiv, Procès-verbal Commission Medicale 1988.

vorgehoben.[381] Das IOC-Exekutivkomitee sah sich unter dem Druck der Ergebnisse der Konferenz veranlasst, eine neue Regel gegen den Handel mit verbotenen Substanzen zu erlassen,[382] ohne jedoch gleichzeitig die für die Bekämpfung notwendigen Strukturen beispielsweise in Form von Kooperationen mit staatlichen Ermittlungsorganen zu schaffen. Es zeigt sich wiederum eine deutliche Parallele zu den Diskussionen um die Harmonisierung von Regularien und um Trainingskontrollen: Die Regeln bzw. Maßnahmen konnten de facto überhaupt nicht kontrolliert bzw. durchgesetzt werden. Des Weiteren musste mit der komplexeren Problemwahrnehmung die bisherige Anti-Doping-Politik zwangsläufig unterkomplex erscheinen. Bisher hatte die systematische Ausblendung von Umfeldakteuren das auf den analytischen Ansatz eingeschränkte Bekämpfungsinstrumentarium als ausreichend gerechtfertigt.[383]

Der Fall des kanadischen Sprinters Ben Johnson bei den Olympischen Sommerspielen in Seoul 1988 stellte einen weiteren wichtigen Wendepunkt dar. Die von der Regierung Kanadas eingesetzte Kommission zur Untersuchung von Doping unter dem Anwalt Charles Dubin betonte, dass nicht nur ein großer Teil der kanadischen Topathleten regelmäßig dope, sondern dass Doping ein international verbreitetes Phänomen mit netzwerkartigem Charakter darstelle. In ihrem Abschlussbericht warf die Kommission zudem dem IOC vor, eine jahrelang verfehlte Anti-Doping-Politik betrieben und wider besseren Wissens ein falsches Bild der Realität aufrechterhalten zu haben.[384] Im November 1989 verabschiedete dann der Europarat das „Übereinkommen gegen Doping", das – im Unterschied zu den unverbindlichen Empfehlungen zuvor – ein völkerrechtlich ver-

381 Vgl. Final Declaration of the First Permanent World Conference on Anti-Doping in Sport, 26.-29.6.1988, Anlage 1, Protokoll Mitgliederversammlung, 13.-16.9.1988, S. 106, IOC-Archiv.

382 Vgl. Rule against the trafficking of prohibited drugs, Anlage 9, Protokoll Mitgliederversammlung, 13.-16.9.1988, S. 6, IOC-Archiv.

383 Vgl. dazu Unterabschnitt 4.3.4.

384 Vgl. wörtlich Dubin, 1990, S. 553: „The IOC has been aware for many years of the prevalence of drug use in Olympic sports. It also knew that testing at competition time was an inadequate method of detection and deterrence. Dr Donike and Dr Dugal, two members of the IOC subcommission on doping and biochemistry of sport, testified, that they had known since before the introduction of testing for anabolic steroids at Olympic Games that in-competition testing was an ineffective means of detecting the use of such drugs. Yet the appearance of clean, fair competition was maintained while those directly involved in sport knew that the reality was otherwise."

bindliches Regelwerk darstellte.[385] Das Übereinkommen listete konkrete, von der jeweiligen nationalen Politik umzusetzende Maßnahmen auf und berücksichtigte dabei vor allem die problematischen Punkte, die vom Sport alleine nicht gelöst werden konnten. So sah die Konvention vor allem eine engere Zusammenarbeit zwischen Sport und Politik, internationale Kooperationen sowie Kooperationen zwischen staatlichen Behörden und Sportorganisationen vor.[386]

Die Enthüllungen zum DDR-Dopingsystem nach 1990 zeigten in erster Linie, dass die bisherigen Kontrollmaßnahmen offensichtlich nicht in der Lage waren, organisiertes Doping mit wissenschaftlichem Know-how und einem Labor, das Vortests unternahm, zu entdecken. 1994 kam dann ein Skandal ans Licht, der nicht nur die Zweifel an den Kapazitäten des IOC vergrößerte, sondern grundlegend in Frage stellte, ob das IOC überhaupt ernsthaft gewillt war, Doping aufzudecken. Die Enthüllungen legten nämlich nahe, dass Unterlagen über neun positive Dopingproben aus dem Hotelzimmer von de Mérode zehn Jahre zuvor bei den Olympischen Spielen in Los Angeles absichtlich vernichtet worden waren, um die Olympische Bewegung vor einem Imageverlust aufgrund zu vieler namhafter Dopingfälle zu bewahren.[387] Ohne Zweifel stellt kaum eine Vermutung die Integrität einer Sportorganisation stärker in Frage als der Vorwurf der mutmaßlichen Vernichtung positiver Proben. Im Sommer 1998 erschütterte schließlich der Festina-Skandal bei der Tour de France die Sportwelt. Die Anzahl der involvierten Fahrer zeigte eine weitgehende Verflechtung des Radsports in Dopingpraktiken und stellte die Effektivität der bisherigen Anti-Doping-Politik ein weiteres Mal grundlegend in Frage. Der Umstand, dass erst staatliches Eingreifen die Dopingpraktiken mit analytisch nicht nachweisbarem EPO offengelegt hatte, bestätigte erneut diejenigen, die dem organisierten Sport Kompetenz, Kapazität und guten Willen absprachen, das Dopingproblem zu lösen.[388] Zur selben Zeit wurde die Glaubwürdigkeit des IOC aufgrund von Gerüchten über Korrup-

385 Vgl. Schmidt, 2009, S. 22 f.

386 Vgl. Europarat, 1989.

387 Vgl. zu diesen Vorgängen und Vorwürfen Todd & Todd, 2001, S. 101; Hoberman, 2001a, S. 244; Hunt, 2011, S. 75 f.; Hanstad, Smith & Waddington, 2008, S. 230 f. Krieger (2016, S. 253) hält es allerdings angesichts der generell zu beobachtenden Obstruktionspolitik des Organisationskomitees der Spiele von Los Angeles gegenüber den Dopingkontrollaktivitäten des IOC (vgl. dazu Unterabschnitt 2.3.4) für wahrscheinlicher, dass das Organisationskomitee die Dokumente vernichtete.

388 Vgl. Hanstad, Smith & Waddington, 2008, S. 228-231; Waddington, 2000, S. 153-169.

tionsfälle bei der Vergabe der Olympischen Spiele an Salt Lake City im Jahr 2002 zusätzlich erschüttert.[389]

5.5.2 Die Doping-Weltkonferenz 1999 und die Gründung der WADA

Ein wichtiger Schritt des IOC zur Wiederherstellung der eigenen Glaubwürdigkeit war die Einberufung der Doping-Weltkonferenz in Lausanne im Februar 1999. Eingeladen wurden neben Vertretern des organisierten Sports auch Delegierte nationaler Regierungen sowie supranationaler Organisationen.[390] Das Ziel des IOC bestand darin, die politischen Vertreter unter dem Druck der Ereignisse zwar formal mit einzubeziehen, die Kontrolle über die Dopingbekämpfung aber beim IOC zu belassen und so den drohenden Zugriff der Politik abzuwehren. Zentrales Element der Reformvorschläge war daher die Einrichtung einer weltweiten Anti-Doping-Organisation („Olympic Movement Anti-Doping Agency") unter Leitung des IOC-Präsidenten und innerhalb der IOC-Strukturen.[391]

Auf der Konferenz sah sich das IOC jedoch schweren Vorhaltungen seitens der Regierungen ausgesetzt. Erstens wäre eine Beteiligung der Politik von ausschlaggebender Bedeutung für die Implementierung allgemeingültiger Standards bzw. Regularien und für eine effektive Dopingbekämpfung generell.[392] Der Tour de France Skandal 1998 lehrte in der Tat so deutlich wie kein anderer Skandal zuvor, dass der Anti-Doping-Kampf nur in Kooperation mit staatlichen Ermittlungsorganen erfolgversprechend sein konnte. Zweitens bestanden die Regierungsvertreter auf einer vom IOC unabhängigen Organisation.[393] Die Lausanner

389 Vgl. MacAloon, 2001, S. 206; Hoberman, 2005b, S. 260-262; Hunt, 2011, S. 106; Hanstad, Smith & Waddington, 2008, S. 231.

390 Vgl. Hanstad, Smith & Waddington, 2008, S. 234 ff.

391 De Mérode machte auch nach der Konferenz in der darauffolgenden Mitgliederversammlung rund einen Monat später nochmals darauf aufmerksam, dass die Agentur unbedingt unter dem Vorsitz des IOC-Präsidenten und der Leitung der Olympischen Bewegung stehen sollte (vgl. Anlage 14, Presentation by the Prince de Mérode on the follow-up to the World Conference on Doping in Sport, Protokoll Mitgliederversammlung, 17.-18.3.1999, S. 78; Diskussionsbeitrag de Mérode, Protokoll Mitgliederversammlung, 17.-18.3.1999, S. 19, IOC-Archiv). Siehe zum Bemühen des IOC, die Dopingbekämpfung nicht aus der Hand zu geben, Hoberman, 2001a, S. 264 ff.; Hanstad, Smith & Waddington, 2008, S. 234 ff.; Hunt, 2011, S. 107.

392 Vgl. Hanstad, Smith & Waddington, 2008, S. 234 ff.; Hunt, 2011, S. 107.

393 Vgl. Hanstad, Smith & Waddington, 2008, S. 238; Hunt, 2011, S. 107.

Konferenz endete schließlich mit der gemeinsamen Willenserklärung für die Gründung einer Welt-Anti-Doping-Organisation, an der – entgegen der bisherigen Anti-Doping-Politik und Intention des IOC – Sport und Politik gleichermaßen beteiligt sein sollten.[394] Dies spiegelte sich dann auch in den Führungsstrukturen und der Finanzierung der im November 1999 gegründeten WADA wider. So finanzieren seit 2002 der organisierte Sport und die staatlichen Vertragspartner die WADA je zur Hälfte.[395]

Diskurshistorisch interessant ist, dass die wahrgenommenen Unzulänglichkeiten in der Anti-Doping-Politik Ende der 1990er Jahre in erster Linie als Probleme des IOC als Organisation an der Spitze der weltweiten Dopingbekämpfung begriffen wurden: fehlende Durchsetzung einheitlicher Regularien und Maßnahmen, fehlende Kompetenzen und Ressourcen für eine umfassende Bekämpfung sowie fehlende Unabhängigkeit. Die Gründung einer neuen Organisation mit veränderten Strukturen entsprach daher der Art und Weise, wie diese Probleme attribuiert wurden und wie eine effektivere Bekämpfung in Zukunft möglich schien.

394 Vgl. Lausanne Declaration on Doping in Sport, Anlage 2, Protokoll Mitgliederversammlung, 17.-18.3.1999, IOC-Archiv.

395 Vgl. WADA, 2001, S. 1.

6. Zusammenfassung, Orientierung und Ausblick

Der Ehrgeiz, sportliche Leistung mit Hilfe der Wissenschaft zu steigern, wurzelt im 19. Jahrhundert.[1] In der zweiten Hälfte des 20. Jahrhunderts kam ein anderes ehrgeiziges Projekt hinzu: Sportliche Leistung sollte auf ihr Zustandekommen von Wissenschaftlern kontrolliert und so als „saubere“ Leistung ausgewiesen werden. Welche als solche galt und welche nicht, welche Wahrnehmungen, Deutungen und Überzeugungen dahintersteckten, welche Problemlösungsstrategien ins Spiel gebracht wurden und wie diese anschlussfähig waren, kurz gesagt, wie das Unternehmen Dopingbekämpfung letztlich geschaffen wurde, dass es so dauerhaft bestehen, immer weiter ausgebaut und aus dem Leistungssport heutzutage nicht mehr wegzudenken ist – damit beschäftigte sich diese Arbeit.

Sie fragte dabei nicht, wie es „eigentlich“ gewesen ist, sondern wendete den Blick von den „Fakten“ hin zu den Bedeutungsdimensionen dieser „Fakten“. Das mag für viele unbefriedigend sein: Für engagierte Anti-Doping-Kämpfer wird es nicht dasselbe sein, ein objektiv vorhandenes, moralisch verwerfliches Problem zu bekämpfen, oder in dieser Arbeit gesagt zu bekommen, dass es sich beim Doping um eine historisch kontingente, soziale Konstruktion handelt. Mit der Feststellung, dass Doping etwas Geschaffenes ist, scheint ein katastrophaler Verlust an Realität einherzugehen, der unbedingt vermieden werden muss, wenn seine Bekämpfung – überspitzt formuliert – nicht gegen eine bloße Fiktion geführt werden soll. Es geht jedoch nicht um eine Entscheidung zwischen wirklich oder konstruiert, objektiv oder erfunden.[2] Vielmehr tritt Wirklichkeit stets als eine spezifisch gedeutete, so und nicht anders geschaffene Wirklichkeit in Erscheinung. Doping ist, konkret gesagt, nicht per se gegeben, sondern hat seinen Ursprung in den Redeweisen, Weltwahrnehmungen und Deutungen von Menschen.

1 Vgl. Hoberman, 1994, S. 13.

2 Vgl. Latour, 2010, S. 155, 160.

Diese müssen ausgeleuchtet werden, um – ähnlich der Freilegung des Gerüsts eines solide gebauten Hauses[3] – der Frage auf die Spur zu kommen, *wie* das Unternehmen Dopingbekämpfung so fest und dauerhaft geschaffen wurde.

Des Weiteren mag die Arbeit für diejenigen unbefriedigend sein, die von dopinghistorischer Forschung vor allem Aufklärung erwarten. Mit Aufklärung im Sinne des detektivistischen Aufspürens bisher unbekannter Verfehlungen und Versäumnisse kann diese Arbeit nicht dienen. Ihr aufklärerischer Impuls ist gänzlich anders gelagert: Die Einsicht in den historischen Prozess der Konstruktion von Wirklichkeit erzeugt einen Verfremdungseffekt, der latente Selbstverständlichkeiten und Gewissheiten hinter dem Schleier des Unhinterfragten hervorholt und auf diese Weise sichtbar und thematisierbar macht. So werden Prämissen des eigenen Denkens freigelegt, denen man ansonsten konsequent verhaftet bliebe. Allein dadurch ist bereits einiges für eine rationale Diskussion gewonnen.[4]

Vielleicht werden auch diejenigen nach dem Nutzen dieser Arbeit fragen, die praktische Entscheidungen in der Anti-Doping-Politik zu treffen haben. Einfache politische Lösungen sind jedoch nicht zu erwarten. Im Unterschied zu den naturwissenschaftlichen Teildisziplinen der Sportwissenschaft bieten die geistes- und sozialwissenschaftlichen keine Technologien an, die sich einfach einsetzen lassen, um Probleme zu lösen und gewünschte Ergebnisse zu erhalten. Durch notorische Hinterfragung machen sie Probleme sogar tendenziell komplexer als sie zuvor waren.[5] Des Weiteren zielen viele Arbeiten gar nicht auf die Generierung von unmittelbar anwendbarem Steuerungswissen ab. Ohne Zweifel können diese Arbeiten nur in einem Kontext entstehen, in dem der Autor vom Druck entlastet ist, sportpolitischer Akteur oder Dienstleister zu sein. Durch Komplexitätssteigerung jenseits des Korsetts enger Zweckmäßigkeiten und Anwendermotive lassen sich jedoch Erkenntnisgewinne erzielen, die nur so erreichbar sind: Die Einsicht in das historische Zustandekommen verortet das, was irgendwann in die Welt gesetzt wurde und sich im Laufe der Zeit zur selbstverständlichen Gewissheit verfestigt hat, und macht es dadurch hinterfragbar. So werden Denkmöglichkeiten über die etablierten Perspektiven und Ziele hinaus geschaffen,[6] ohne jedoch im selben Atemzug etwas Neues an ihre Stelle zu setzen. Historiker

3 Vgl. Latour, 2010, S. 155; Mergel, 1996, S. 65.

4 Vgl. Landwehr, 2009a, S. 168; Landwehr, 2010, S. 5, 9; Latour, 2006, S. 197.

5 Im Zusammenhang mit sportsoziologischer Forschung hat dies Bette (2010, S. 144 ff.) treffend ausgeführt.

6 Vgl. Graf, 2008a, S. 87.

und Soziologen sprechen daher nicht von einem Anwendungs-, sondern einem „Orientierungswissen“[7], das ihre Wissenschaftsdisziplinen produzieren.

Ausgehend von diesen Überlegungen wird im Folgenden nicht nur die Absicht verfolgt, die Kernthesen in zehn Punkten zusammenzufassen (Abschnitt 6.1), sondern auch angerissen, wie der lange Arm der Vergangenheit sportpolitisches Reden und Handeln in der Dopingbekämpfung gegenwärtig prägt und wo sich Kontinuitäten oder Brüche zeigen (Abschnitt 6.2).

6.1 Zusammenfassung

1. Ein soziales Problem beginnt mit seiner Identifizierung und Abgrenzung. Was Doping betrifft, kam diese Aufgabe Sportmedizinern zu, die Kraft ihrer naturwissenschaftlichen Expertise und moralischer Verpflichtung Verhalten im Sport regulieren sollten. Doping zu definieren bedeutete in erster Linie, zu differenzieren zwischen legitimen und illegitimen Formen der Leistungssteigerung. Dies geschah seit der ersten Hälfte des 20. Jahrhunderts mit Hilfe von typischen semantischen Merkmalen. Eine prominente Rolle spielten dabei die medizinischen Konzepte von „Normalität“ und „Natürlichkeit“. Es ist klar, dass mit diesen schillernden Attributen kaum trennscharfe Unterscheidungen möglich waren. In die Nähe von Doping konnten daher bis zur Aufstellung konkreter Listen ab den 1960er Jahren eine Vielzahl von leistungssteigernden Maßnahmen gerückt werden, die den gängigen Vorstellungen nach etwas „Künstliches“ und „Abnormales“ an sich hatten.

Solange Doping bis in die 1960er Jahre hinein nicht kontrolliert und sanktioniert wurde, ergaben sich daraus keine rechtlichen Normkonkretisierungs- und Subsumtionsprobleme. Das scheinbare Defizit der semantischen Vagheit des Dopingbegriffs stellte sich daher in Zeiten, in denen Doping noch nicht aktiv verfolgt wurde, anders dar. Man wird den Jahrzehnten vor der Einführung von Dopinglisten sicher nicht gerecht, wenn man die damaligen Definitionen mit den Maßstäben der Gegenwart misst und aufgrund ihrer mangelnden Klarheit eindimensional als defizitär bewertet. Die Geschichte der Dopingdefinition ist keine Fortschrittsgeschichte im Hinblick auf immer größere Eindeutigkeit, sondern die Abfolge ganz unterschiedlicher Problematiken und Lösungsversuche. Bis zur Einführung von Kontrollen wurden die Definitionen nicht für sportrechtliche Belange der Dopingverfolgung konzipiert, sondern sollten die Benutzung pharma-

7 Wehler, 1988, S. 13; Marschik & Müllner, 2009, S. 255; Luh, 2013, S. 74; Bette, 2010, S. 144.

kologischer Präparate im Sport moralisch verurteilen. Ohne Kontrolle und Sanktionierung galt vor allem die Vermittlung der Verwerflichkeit von Doping als eine wirksame Präventionsstrategie. Dafür taugten keine moralisch neutralen Dopinglisten, denn letztlich kam es weniger auf die benutzte Substanz an als vielmehr – den erzieherischen und moralischen Idealen des Sports entsprechend – auf die richtige Gesinnung des Athleten. Der Blick in die Vergangenheit macht an dieser Stelle auch deutlich, was durch den Einzug juristisch-technokratischer Prinzipien wie Dopinglisten und – damit zusammenhängend – Kontrollen sowie dem Strict-Liability-Prinzip ab den 1960er Jahren verloren ging: Doping wurde zu einem technisch vermittelten Konstrukt, bei dem nicht mehr nach den ethischen Entscheidungen einzelner Personen gefragt wurde, sondern nach den juristischen Tatbestände, d.h. konkret den biochemischen Parametern. Solange sich diese im Normbereich bewegten, konnten sich Athleten auch mit der Nutzung fragwürdiger leistungssteigernder Praktiken rechtlich auf der richtigen Seite wähnen.

Das verweist auf einen weiteren Nachteil der eindeutigen extensionalen Definition gegenüber der vagen intensionalen, der unter der heute dominierenden juristischen Perspektive gerne aus dem Blick gerät: Je präziser der Dopingbegriff nämlich definiert wird, desto genauer verweist er Dopingwillige auf das, was nicht verboten ist. Die Präzisierung des Begriffs konturiert den Toleranzbereich, den Dopingwillige dann bis zur scharf markierten Grenze des Illegitimen ausreizen können. Die unscharfen Definitionen früherer Zeiten hingegen vermieden diese Kehrseite jeder exakten Definition. Vagheit war, kurz gesagt, nicht das Problem, sondern Teil der Lösung. Da potentiell vieles unter Doping subsummierbar war, machten Sportler, die Vorwürfen und Denunzierungen aus dem Weg gehen und auf der sicheren Seite sein wollten, daher am besten einen großen Bogen um alle Mittel, die auch nur ansatzweise in die Nähe zum Doping gerückt werden konnten. Gleichzeitig steigerte ein vager Dopingbegriff die Rehabilitierungschancen für diejenigen, die Dopingvorwürfen ausgesetzt waren. Innerhalb eines Diskurses, der große Klassifizierungsspielräume ließ, waren konträre Ansichten nämlich meist gleichermaßen legitimierbar. Doping war vieles – und damit gleichzeitig fast nichts. Ein vager Begriff erlaubte sowohl eine einfache Denunzierung als auch eine einfache Rehabilitierung.

Trotz der unscharfen Ränder lässt sich durchaus ein fester Kern des Dopingbegriffs ausmachen, der bis in die 1970er Jahre wirkmächtig blieb. Es bestand Konsens darin, dass Stimulanzien die prototypischen Dopingsubstanzen darstellten. Naturwissenschaftlich plausibilisiert wurde diese Klassifizierung durch Vorstellungen und Befunde zur Physiologie von sportlichem Training, Leistung und Ermüdung. Eine durch Training erreichte Leistungssteigerung beruhte auf einer langfristig harmonischen Ökonomisierung aller relevanten Körperfunktionen. Ähnliches galt für „Nährstoffe“, die physiologische Vorgänge lediglich auf natürliche Art und Weise unterstützten. Im Gegensatz dazu kam eine Leistungssteigerung mit Hilfe von Stimulanzien durch eine kurzfristig einseitige Enthemmung des vegetativen Nervensystems zustande, welche den Körper über sein „eigentliches“ Leistungsvermögen, d.h. konkret über die Grenze der Ermüdung, hinaustrieb. Problematisch war dies deshalb, weil die Ermüdung – diesen Vorstellungen nach – den entscheidenden Regulator darstellte, der den Körper bei anspruchsvollen sportlichen Belastungen im Bereich des „Normalen“ bzw. „Natürlichen“ hielt und damit vor „unphysiologischen“ Folgen schützte.

2. Diese medizinisch-naturwissenschaftlichen Vorstellungen verbanden sich auf kohärente Weise mit traditionellen Werten des Sports: Sport und sportliche Leistung konnten nur dann natürlich und gesund sein, wenn der Einsatz gemäßigt und die physiologischen Grenzen ernstgenommen wurden. Auch beim Amateurismus handelte es sich um ein Ideal, das der Mäßigung (in Form des zweckfreien Spiels) huldigte und den Exzess (in Form eines allzu ernst betriebenen Profisports) verdammte. In der klassischen Bedeutung von Doping manifestierten und konkretisierten sich diese moralischen Werte. Gleichzeitig wäre der moderne Hochleistungssport, wie er sich – dem Imperativ des „citius, altius, fortius“ entsprechend – in der zweiten Hälfte des 20. Jahrhunderts rasant entwickelte, niemals sozial annehmbar geworden ohne Verschiebungen und kontextuelle Anpassungen der normativen Grenzen zwischen dem Normalen und Abnormalen, Natürlichen und Künstlichen, Physiologischen und Unphysiologischen.[8] Die grundsätzliche Unterbestimmtheit dieser Begriffe schaffte Flexibilität und war die Voraussetzung dafür, dass diese traditionellen moralischen Regulative immer wieder neu verhandelt und angepasst werden konnten.

Eines der wichtigsten Beispiele dafür sind die kontroversen Diskussionen um anabole Steroide. Als Derivate von Testosteron, bei denen über molekulare Strukturveränderungen die gewünschten anabolen Effekte verstärkt und die unerwünschten androgenen Nebenwirkungen verringert wurden, lebte diese Substanzklasse in den 1960er und 1970er Jahren vom Mythos des nahezu perfekten Medikaments. Anabole Steroide wurden von einigen Pharmakologen und Sportmedizinern als hochwirksam und – bei richtiger Dosierung – zugleich als relativ harmlos angesehen. Dies wiederum plausibilisierte die teilweise geäußerte Forderung nach Freigabe unter sportmedizinischer Kontrolle, durch welche die Anwendung im Sport aus dem dunklen Bereich der laienhaften Selbst-

8 Vgl. Hoberman, 1998, S. 497.

medikation herausgeholt werden sollte. Hinzu kam, dass mit den deutlich gestiegenen Anforderungen des Hochleistungssports vor allem ab der zweiten Hälfte des 20. Jahrhunderts der Körper des Spitzenathleten kein „normaler“ Körper mehr war. Es handelte sich vielmehr um einen sportmedizinisch betreuungsbedürftigen Körper. Die „Substitutionsthese“, welche besagte, dass Athleten mit anabolen Steroiden lediglich durch hartes Training hervorgerufene physiologische Defizite ausglichen, verlieh der ärztlichen Intervention eine therapeutische Indikation und bot Sportmedizinern einen Ausweg aus einem grundlegenden Dilemma widersprüchlicher Anforderungen: Indem die ärztliche Gabe von Anabolika von einer gesundheitsschädlichen zu einer gesundheitsförderlichen Maßnahme umgedeutet wurde, hielt man einerseits die unhintergehbare ärztliche Maxime des Gesundheitsschutzes aufrecht. Andererseits entsprach man damit gleichzeitig dem Imperativ der Leistungssteigerung. So sollten zwei schwer zu vereinbarende Ziele sportmedizinischen Handelns kompatibel gemacht werden. Genau darin lag die eigentliche Attraktivität der Substitutionsthese für Sportmediziner.

Obwohl anabole Steroide letztlich auf die Liste der verbotenen Substanzen gesetzt wurden und man dem Problemlösungsansatz der ärztlichen Begleitung damit die moralische Legitimität absprach, können solche Diskussionen nur in einem Kontext ernsthaft geführt werden, wo sich ein Resonanzboden dafür findet. Insbesondere ist das Auftauchen solcher Forderungen nicht zu verstehen ohne den fluiden Charakter medizinischer Kategorien. Die Deutung der Anabolikaverabreichung als Substitution war nur innerhalb eines Diskurses anschlussfähig, der Athleten zuvor bereits zu einer neuen Patientenkategorie gemacht hatte. Gesamtgesellschaftlich gesehen war die Ausweitung des medizinischen Interventionsbereichs keineswegs ein außergewöhnliches Phänomen: In der Drogenbekämpfung beispielsweise wurde der Abhängige vom bestrafungswürdigen Kriminellen zum behandlungsbedürftigen Kranken. Ähnliches ließe sich über eine Reihe weiterer Phänomene sagen, die einst primär als moralisch verwerflich angesehen wurden und ab der zweiten Hälfte des 20. Jahrhunderts dann eine medizinische Bedeutung bekamen. Selbst Prozesse und Erscheinungen wie Alter, Stress oder Schwangerschaft, die man ehemals als normal und selbstverständlich hinnahm, wurden nun zu behandelbaren Zuständen. Ohne Zweifel stellt sich in einer Welt von plastischer Chirurgie, Sedativa und Kontrazeptiva viel eher die Frage, warum der Sport so rigide verfährt. Eine ärztlich kontrollierte Anabolikafreigabe war also nur innerhalb eines Diskurses sagbar, in dem Schlüsselkonzepte wie Krankheit, Therapie und Prävention ausgeweitet und pharmakologische Interventionen weit jenseits traditioneller medizinischer Indikationen sozial akzeptiert wurden.

3. Wendet man den Blick zur Frage, wie Doping vor der Einführung von Kontrollen in den 1960er Jahren bekämpft wurde, waren es vor allem Moral und Erziehung, die Athleten vom Doping abhalten sollten. Die erzieherischen Maßnahmen reduzierten sich dabei im Wesentlichen auf Idealisierung und Abschreckung. Das Ideal des „sauberen" olympischen Amateurs wurde durch Abgrenzung zum gedopten Profi geschaffen. Letzterer wurde teilweise mit den stereotypen Eigenschaften eines Drogenabhängigen belegt und damit breit geteilte Ängste über die körperlichen, moralischen und sozialen Folgen von Medikamentenmissbrauch aktiviert. Eine andere Präventionsstrategie von Sportmedizinern bestand darin, mit der bewussten Nichtthematisierung oder Relativierung der leistungssteigernden Wirkungen von Substanzen Sportlern dopingrelevantes Wissen vorzuenthalten. Wenn dopingwillige Athleten tatsächlich überzeugt werden können, dass Doping eigentlich gar keine Leistungssteigerung bewirkt, so stellt dieses Argument vielleicht das überzeugendste überhaupt dar. Vor dem Hintergrund physiologischer Vorstellungen aus der ersten Hälfte des 20. Jahrhunderts ließ sich diese pädagogische Strategie durchaus plausibilisieren: Medikamente wurden bei Kranken angewandt und nicht bei gesunden austrainierten Athleten, deren Körper – prokybernetisch rekonzeptionalisiert – als perfekt harmonierende, pharmakologisch nicht mehr steigerungsfähige Systeme gesehen wurden. Verbesserte sportliche Leistung nach Medikamentengabe konnte daher relativ leicht auf den Placeboeffekt attribuiert werden. Zudem ließen sich allzu hoch gesteckte Erwartungen in die pharmakologische Optimierung als naive Laienphantasie, Wunderglaube und Scharlatanerie trivialisieren. Das galt in besonderem Maße für das männliche Sexualhormon, über dessen leistungssteigernde Kräfte die Spekulationen schon seit dem Ende des 19. Jahrhunderts utopische Züge angenommen hatten. Gerade was anabole Steroide betrifft, widersprachen solche Relativierungen jedoch vollkommen den Erfahrungen, die Athleten in der Dopingpraxis mit diesen Substanzen seit den 1960er Jahren machten, und des Weiteren auch dem, was in Form sprunghaft gesteigerter Leistungen und extrem veränderter Athletenkörper selbst für Laien sichtbar war. Wenn vor dem Hintergrund gegenteiliger Erfahrungen Sportmediziner und Funktionäre bei der Einschätzung dieser Substanzen trotzdem am Mythos der „glorifizierten Placebos"[9] festhielten, so musste diese Präventionsstrategie quasi zwangsläufig in einen Glaubwürdigkeitsverlust münden.

4. Der Beginn von Kontrollen und Sanktionen in den 1960er Jahren ging mit der Einführung von Dopinglisten einher. Sie versprachen eine weit größere Eindeu-

9 Taylor, 1991, S. 29.

tigkeit als die vagen und strittigen intensionalen Definitionsversuche der ersten Jahrhunderthälfte. Obwohl anabole Steroide 1974 vom IOC auf die Liste gesetzt wurden, zeigen nicht zuletzt die Kontroversen um diese Substanzklasse, dass Grenzen zwischen dem Legitimen und Illegitimen im naturwissenschaftlichen Diskurs keineswegs so eindeutig waren, wie die extensionale Definition über eine Liste suggeriert. Es war vielmehr der rechtliche Zwang zur semantischen Eindeutigkeit im Zuge der sportpolitischen Entscheidung, Doping künftig zu kontrollieren und zu sanktionieren, der für den Wechsel zur extensionalen Definition verantwortlich war. Dopinglisten erlaubten den Sportorganisationen nämlich, mit einem vermeintlich klaren binären Code von gedopt und nicht-gedopt zu operieren. Wenn, mit anderen Worten, Schuld und Unschuld eindeutig verteilt werden sollten, dann setzte das eine klare binäre Aufteilung in Verbotenes und – implizit – Legitimes voraus.

Zudem schien es sinnvoll, die Verbotsnorm auf das tatsächlich Kontrollierbare einzuschränken. Seit den ersten Kontrollen auf olympischer Ebene 1968 setzte das IOC daher fast zwei Jahrzehnte lang nur solche Substanzen auf die Liste, die wissenschaftlich nachweisbar waren. Diese Einschränkung sollte praktikable definitorische Ausgangsbedingungen für die Normdurchsetzung schaffen und so Kontrollprobleme verhindern, die aufgrund mangelnder Nachweisbarkeit entstehen. Das Kriterium bezog sich jedoch nur auf die grundsätzliche analytische Nachweisbarkeit. Man fragte bei der Zusammenstellung der Liste nicht danach, ob die Mittel in der Trainingsphase eingenommen wurden, vor Wettkämpfen leicht abgesetzt werden konnten und daher durch die bis in die 1980er Jahre ausschließlich praktizierten Wettkampfkontrollen de facto kaum nachzuweisen waren. Durch eine zunehmende Anzahl an neuen leistungssteigernden Praktiken, die zwar moralisch verurteilt, aber aufgrund des fehlenden wissenschaftlichen Nachweises nicht gelistet wurden, repräsentierte die Liste jedoch im Laufe der Zeit immer weniger die Gesamtheit dessen, was eigentlich als Doping angesehen wurde. Implizit signalisierte man damit, dass Substanzen und Methoden wie das Wachstumshormon oder Blutdoping, die nicht nachweisbar und daher nicht auf der Liste waren, legitim seien, und setzte nach außen hin fragwürdige Signale. Das IOC veränderte daher seine bisherige Politik ab der Mitte der 1980er Jahre mit der Aufnahme von Blutdoping in die Verbotsliste. Mit der Abkehr vom Kriterium der wissenschaftlichen Nachweisbarkeit entsprach das IOC zwar den moralischen Forderungen nach einem Verbot von zweifelhaften Praktiken. Die Erweiterung der Liste um analytisch nicht nachweisbare Substanzen und Methoden vergrößerte jedoch unweigerlich die Probleme der Normkontrolle und Normdurchsetzung.

Ein weiteres grundlegendes Problem bei der Dopingdefinition betraf die Abgrenzung zwischen Therapie und Leistungssteigerung. Mit einer positiven Probe wurde lediglich die Präsenz einer verbotenen Substanz (bzw. eines Markers) analytisch nachgewiesen, warum sich jedoch die jeweilige Substanz im Körper des Athleten befand und ob es dafür legitime therapeutische Gründe gab, blieb im Dunkeln. Es stellte sich in einigen Fällen daher zwangsläufig die Frage, ob wirklich das bestraft wurde, was bestraft werden sollte. Wenn nämlich auch diejenigen aus dem Verkehr gezogen wurden, die aufgrund einer Krankheit auf Medikamente angewiesen waren, dann liefen die Bekämpfungsmaßnahmen schlicht am Ziel vorbei. Mehrere Problemlösungsansätze wurden daher diskutiert und praktiziert: Der einfachste Ansatz war ein kategorisches Verbot ohne die Möglichkeit für therapeutische Ausnahmegenehmigungen. Eine solch rigoristische Regelung wurde jedoch als gesundheitsgefährdend und diskriminierend kritisiert, weil sie chronisch kranken Athleten entweder eine optimale therapeutische Behandlung verwehrte oder sie grundsätzlich vom sportlichen Wettbewerb ausschloss. Hingegen gab man mit der Aufstellung einer Liste von Substanzen, die mit ärztlichem Attest erlaubt waren, Dopingwilligen implizit eine Anleitung an die Hand, wie sie unter dem Vorwand einer therapeutischen Indikation Doping betreiben konnten. Grundsätzlich barg jede Art von therapeutischen Ausnahmen ein Missbrauchspotential. Je genauer die Ausnahmekriterien dabei spezifiziert wurden, desto genauer wussten Athleten Bescheid, wie sie ausgenutzt werden konnten. Daher ging die Medizinische Kommission des IOC Mitte der 1980er Jahre dazu über, den Umgang mit Ausnahmegenehmigungen bewusst wenig transparent zu gestalten.

5. Neben diesen Definitionsproblematiken bestand eine weitere große Schwierigkeit darin, Doping als Regelbruch, der im Verborgenen stattfand, sichtbar zu machen. Trotz dieser Intransparenz, war es für Sportmediziner seit der ersten Hälfte des 20. Jahrhunderts eine Selbstverständlichkeit, dass Doping praktiziert wurde und ein tatsächlich existierendes Problem darstellte. De facto ließen sich im Sportgeschehen leicht Verhaltensweisen finden, die „abnormal" bzw. „unnatürlich" genug waren, um dem vagen Begriff von Doping, wie er vor der Einführung von Listen anzutreffen war, zu entsprechen. Des Weiteren wurde die Existenz der Problematik durch die Vorstellung plausibilisiert, dass vor allem Profis, aber auch die von Professionalismus und Kommerzialisierung bedrohten Amateure für den sportlichen Erfolg ihre Gesundheit zu opfern bereit wären. Sichtbar wurde dies durch Zusammenbrüche und Todesfälle im Radsport, die wohlgemerkt ohne großen Begründungsaufwand auf Doping attribuiert, dramatisiert und in erhebliche quantitative Dimensionen gesteigert werden konnten. Dass

Doping im Geheimen stattfand und nicht offen zugegeben wurde, sondern meist nur über indirekte Zeichen erschlossen werden konnte, erwies sich für die Erzeugung von Handlungsdringlichkeit keineswegs als Problem. Vielmehr öffnete gerade dieses konstitutive Gewissheitsdefizit den Raum für die Resonanzfähigkeit dünner empirischer Begründungen, dramatisierender Narrative und spekulativer induktiver Schlüsse, die in anderen Kontexten kaum überzeugend gewesen wären. Zudem wurde Doping ab den 1950er Jahren nicht mehr ausschließlich zufällig entdeckt, sondern Sportmediziner unternahmen vereinzelt Durchsuchungen von Bekleidung und Verpflegung sowie Urinkontrollen, um die Verbreitung von Aufputschmitteln als das drängendste und gefährlichste Dopingproblem gezielt sichtbar zu machen.

6. Seit den 1960er Jahren zielten die Maßnahmen dann auf Sanktionierung ab. Die Beweiskonstruktion erfolgte dabei bis zum Ende der 1990er Jahre fast ausschließlich durch Probennahme und anschließende Laboranalyse. Die Auswertung von Zeugenberichten, Durchsuchungen, Polizeirazzien oder staatsanwaltschaftliche Ermittlungen spielten höchstens auf nationaler Ebene in Ländern wie Frankreich und Belgien eine Rolle, in denen es ein Anti-Doping-Gesetz gab. Für den Erfolg der Dopinganalytik als exklusive Art der Beweiskonstruktion gibt es mehrere Gründe: Mit Dopingvorwürfen konnten relativ leicht Gerüchte gestreut und der sportliche Gegner denunziert werden. Diese seit der ersten Hälfte des 20. Jahrhunderts beobachtbare Tendenz verstärkte sich mit dem Kalten Krieg. Wenn die Integrität der Dopingbekämpfung daher nicht durch denunziatorisch-propagandistische Instrumentalisierung unterhöhlt werden sollte, war es notwendig, „unwahre" Denunzierungen verlässlich von „wahren" Beweisen zu unterscheiden. Dafür mussten Sportorganisationen konkretisieren, wie die Fakten beschaffen sein mussten, um als „wahr" gelten zu können. Das wissenschaftliche Entdeckungsinstrumentarium mit dem Dopingkontrolllabor als neutralem Ort der Beweiskonstruktion machte den intransparenten Regelbruch dort sichtbar, wo er scheinbar am verlässlichsten festgestellt werden konnte, nämlich tief im Innern von Athletenkörpern. Diese Verwissenschaftlichung mit Hilfe der Dopinganalytik versprach einen Grad an Eindeutigkeit, Objektivität und (politischer) Neutralität wie keine andere Art der Beweiskonstruktion.

Dennoch lässt sich bis weit in die 1970er Jahre hinein beobachten, dass Verfahren trotz positiver Proben häufig scheiterten, weil sich Athleten noch auf relativ einfache Weise „herausreden" konnten. Das lag daran, dass eine positive Probe damals noch kein harter Dopingbeweis war. Wenn sich verbotene Substanzen im Körper von Athleten fanden, konnte das auf ganz unterschiedliche Gründe zurückgeführt werden, die keineswegs zwangsläufig mit absichtsvoller

Leistungssteigerung zu tun haben mussten. Dass der positiven Probe in konkreten Verfahren dennoch im Laufe der Zeit die entscheidende Beweiskraft zukam und die Anhörung des Athleten in der Regel überhaupt keinen Einfluss mehr auf das Urteil hatte, war das Resultat verschiedener Prozesse, die allesamt darauf abzielten, juristische Spielräume für die erfolgreiche Infragestellung des analytischen Beweises systematisch zum Verschwinden zu bringen. Dazu gehörten insbesondere detaillierte Regelungen mit einer für positiv getestete Athleten ungünstigen Beweislastverteilung, über einen wissenschaftlichen Expertendiskurs abgesicherte, qualitativ hochwertige Analyseverfahren und mit dem einheitlichen Gütesiegel der Akkreditierung ausgestattete, spezialisierte Kontrolllabore. Die kaum zu widerlegende Beweiskraft positiver Proben beruhte darauf, dass die im Kontrolllabor gewonnenen Ergebnisse erstens zu „wahren" und zweitens für die Beurteilung der Tat relevanten Fakten gemacht wurden, und zwar indem man alle anderen potentiellen Einflussfaktoren und Begründungen für das positive Kontrollergebnis unter dem latenten Verdacht des „Herausredens" als unbedeutend eliminierte.

Wichtig sind vor allem die komplexitätsreduzierenden und exkludierenden Effekte dieser Art der Beweiskonstruktion: Nicht nur Ereignisketten, Sinnzusammenhänge und Motive der einzelnen Athleten blieben fast immer irrelevant, sondern auch potentielle Mitschuldige und das gesamte dopingunterstützende Umfeld wurden regelrecht weggeschnitten. Mit der Entscheidung für das analytische Entdeckungs- und Beweisinstrumentarium fiel auch die Entscheidung darüber, was sichtbar und beweisbar gemacht und wer als Schuldiger entdeckt wurde. Das auf die Dopinganalytik reduzierte Instrumentarium objektivierte den Normbruch am Körper des Athleten. Die Verantwortung blieb daher ausschließlich am Athleten haften. Die Beleuchtung von Umfeldakteuren wurde durch diese Art der Beweiskonstruktion von vornherein ausgeschlossen.

Das analytische Entdeckungs- und Beweisinstrumentarium funktionierte nach einer Ausschließlichkeitslogik: Es waren die biochemischen Parameter und zwar nur noch die biochemischen Parameter, die verlässlich Aufschluss über Dopingvergehen gaben. Mit dieser Reduzierung auf den analytischen Beweisweg konnten alle anderen Zeichen, welche potentiell auf Doping hinwiesen, von sportpolitischer Seite entweder übergangen oder als subjektiv und ambivalent in die Ecke von Gerüchten abgeschoben werden. Das galt konkret für Berichte von Athleten und deren Betreuern, investigativen Journalisten, Wissenschaftlern sowie Republikflüchtlingen aus der DDR, die ab den 1970er Jahren entweder einschlägige persönliche Erfahrungen oder andere dopingrelevante Beobachtungen vorgebracht hatten. Der Unterschied zum Jahrzehnt zuvor könnte kaum größer sein: Der tödliche Zusammenbruch des dänischen Radrennfahrers Knud Enemark Jensen bei den Olympischen Spielen in Rom 1960 konnte von führenden Sportmedizinern damals auf dünner empirischer Faktenlage, aber mit einer bis heute überzeugenden Selbstverständlichkeit auf Amphetamindoping zurückgeführt und so eine forcierte Dopingbekämpfung eingeläutet werden. Nach der Einführung von Kontrollen hingegen gaben Dopinganschuldigungen, die nicht auf harten biochemischen Parametern beruhten, nicht einmal Anlass für weitergehende Untersuchungen.

Der Vertrauensverlust von Athleten in das Kontrollsystem, der damit einherging, war enorm: Das wissenschaftliche Entdeckungs- und Beweisinstrumentarium hatte das, was damals ohne technischen Aufwand selbst für Laien offensichtlich war, nicht aufgedeckt. Ohne Zweifel schwächt die Asymmetrierung sportlichen Wettbewerbs durch Regelbrüche und deren mangelnde Aufdeckung die Bindekraft ethischer Normen. Konkret gesagt war es für viele Athleten rationaler, Chancengleichheit mit Hilfe von Dopingmitteln auf eigene Faust herzustellen, als auf ein Kontrollsystem zu vertrauen, das Regelbrüche offensichtlich nicht verlässlich feststellen konnte. Auf der anderen Seite ist es wichtig, sich die legitimierende und systemstabilisierende Funktion dieser eingeschränkten Optik für Sportorganisationen und politische Instanzen vor Augen zu halten: Der Regelbruch wurde im Körper des Athleten festgestellt, konsequent auf den einzelnen Athleten singularisiert und damit systematisch alle Akteure ausgeblendet, die ebenfalls am Dopinggeschehen mitgewirkt hatten. Diese Blindheit wirkte entlastend, weil die ganze Komplexität und Tragweite der Problematik a priori ausgeblendet blieb. Vor allem Anschuldigungen breiter Verstrickungen bzw. systematischen Dopings bargen (sport)politisch riskante Eskalationsdynamiken, an denen weder Sportorganisationen noch politische Akteure in Zeiten des Kalten Krieges interessiert sein konnten.

7. Des Weiteren stellten Dopingkontrollen ein von Sportmedizinern forciertes Problemlösungsversprechen dar, das seine Funktionsfähigkeit unter Beweis stellen musste. Dafür taugten keine pessimistischen Haltungen, welche die blinden Flecken des Kontrollsystems hervorhoben. Vielmehr musste optimistisch Erfolg und Handlungsfähigkeit kommuniziert werden und zwar nicht zuletzt mit Hilfe von Statistiken. Konkret wurde der Rückgang positiver Proben nach der Einführung erster Kontrollen in den 1960er Jahren und ihr konstant niedriger Prozentsatz von sportpolitischen Akteuren in steter Regelmäßigkeit zum Abbild niedriger Dopingprävalenz stilisiert und auf den Abschreckungseffekt der angelaufenen Maßnahmen attribuiert. Es handelt sich um ein hervorragendes Beispiel dafür, wie durch die Fixierung im Medium von Zahlen ein günstiges Bild der Normdurchsetzung vermittelt werden sollte. Dies schien nicht nur hilfreich, um

die Bekämpfungsmaßnahmen zu legitimieren, sondern auch um die Wirkung des Verbots und das Drohpotential von Kontrollen gegenüber dopingwilligen Athleten aufrechtzuerhalten.

Diese Vergangenheits- und Gegenwartsanalysen wurden durch optimistische Zukunftsprognosen angereichert. Sie speisten sich aus dem Fortschrittsversprechen der Dopinganalytik, die nach einer einfachen Logik funktionierte: Was gegenwärtig nicht nachweisbar war, würde zukünftig nachweisbar sein. Das Fortschrittsversprechen des naturwissenschaftsbasierten Problemlösungsansatzes koppelte die Zukunft systematisch von negativen Erfahrungswerten ab und verlieh dadurch allen gegenwärtigen Problemen, Schwierigkeiten und Unzulänglichkeiten einen lediglich vorläufigen Charakter. Dopingkontrollen und Dopinganalytik waren, mit anderen Worten, immun gegen eine grundsätzliche Infragestellung. Für den Fortschritt mussten allerdings Anstrengungen und Investitionen getätigt werden. Neben den Erfolgen waren es daher auch Herausforderungen, auf die Anti-Doping-Akteure regelmäßig aufmerksam machten, um Ressourcen zu akquirieren und den Ausbau des Kontrollsystems zu forcieren. Insbesondere der Hinweis auf den Gebrauch von neuen, nicht nachweisbaren Dopingsubstanzen und -methoden begründete die Notwendigkeit zur permanenten Optimierung der Analytik und des Kontrollsystems insgesamt.

Für Athleten waren die ersten Kontrollen etwas vollkommen Ungewöhnliches und führten teilweise zu offenen Protesten und Streiks. Stichprobenartig ohne konkret begründeten Verdacht wurden die Kontrollen als Ausdruck eines grundsätzlichen Misstrauens beurteilt. Zudem stellten sie einen weitgehenden Eingriff in die Privatsphäre dar, der im Widerspruch zum Liberalisierungsprozess der zweiten Hälfte der 1960er Jahre stand. Um möglichen Kontrollverweigerungen durch die Einklagung von Freiheits- und Persönlichkeitsrechten vorzubeugen, holten die Sportorganisationen daher im Vorfeld eine persönliche Einwilligung jedes Athleten zu den Kontrollen ein, die zur Voraussetzung für die Teilnahme am Wettbewerb wurde. Die von außen auferlegten Kontrollmaßnahmen wurden damit zu quasi freiwillig in Kauf genommenen und legitimierten dadurch den Eingriff.

Für die Sportverbände waren Kontrollen ein zweischneidiges Schwert: Auf der einen Seite wurden sie ab den 1970er Jahren für eine immer größere Anzahl an Verbänden zur moralischen Pflicht. Auf der anderen Seite stellte es ein Problem dar, wenn in einer Sportart eine größere Anzahl an Dopingfällen bekannt wurde. Da man anfangs in erster Linie im Radsport kontrollierte, der schon lange als dopingbelastet galt, wurde Doping auch vor allem in dieser Sportart aufgedeckt. Das Dopingimage des Radsports bestätigte sich daher mit jeder positiven Probe, während in denjenigen Sportarten, in denen man nicht kontrollierte, auch keine Dopingprobleme sichtbar wurden. Ab der zweiten Hälfte der 1970er Jahre hatte dann das Gewichtheben mit ähnlichen Problemen zu kämpfen. Dass dort bisweilen ungewöhnlich viele positive Proben auftauchten, bot sogar Anlass zur Sorge um die Existenzberechtigung als olympische bzw. staatlich geförderte Sportart. Wenn Erfolg bzw. Misserfolg in der Dopingbekämpfung primär an Statistiken abgelesen wird und ein hoher Anteil positiver Proben dabei einseitig als Ausweis für die Dopingdurchsetztheit einer Sportart fungiert, dann fallen Aufdeckungen zwangsläufig negativ auf den Sportverband zurück, der sie betreibt. Unter diesen Bedingungen konnten Verbände kaum an effektiven Kontrollen interessiert sein.

8. Der Blick in die Vergangenheit zeigt, dass die Dopingbekämpfung niemals ein ausschließlich moralisch motiviertes Unternehmen war. Vielmehr waren Dopingkontrollen und Dopinganalytik von Beginn an mit bestimmten wissenschaftlichen, finanziellen und sportpolitischen Interessen einzelner Akteure, Professionen und Organisationen verbunden. Interessen sind nicht vorgängig gegeben, sondern vielmehr das Resultat der sinnhaften Organisation der Wirklichkeit. Insbesondere können Akteure ihre Interessen erst dann durchsetzen, wenn sie die Wirklichkeit so strukturiert haben, dass ihre Anliegen von anderen mitgetragen werden. Wie gesehen ist die Expansion der Dopinganalytik und des Dopingkontrollsystems nicht zu verstehen ohne die Art und Weise, wie über die pharmakologische Leistungssteigerung im Sport geredet wurde, d.h. in erster Linie wie sie bewertet, die Verbreitung und Gefahr eingeschätzt und eine Problemlösung plausibilisiert wurde. Für Sportmediziner und zunehmend auch andere Naturwissenschaftler mit Laborerfahrung bot die Dopinganalytik ein zukunftsträchtiges Betätigungsfeld, das mit steigenden finanziellen Mitteln verbunden war. Dieser Problemlösungsansatz wurde daher forciert und so eine Nachfrage erzeugt, die grundsätzlich der Expertise und dem Professionsinteresse dieser Akteure entsprach.

Der analytische Ansatz wurde auch von Sportorganisationen präferiert. Das Problem konnte so sportintern behandelt und – legitimiert über das traditionelle Axiom des politikfreien Sports – Maßnahmen von staatlicher bzw. politischer Seite bis weit in die 1990er Jahre überwiegend herausgehalten werden. Auf olympischer Ebene war der Kalte Krieg dabei ein nicht zu unterschätzender Faktor: Vor dem Hintergrund von Propaganda und gegenseitigem politischen Misstrauen erschien es nicht geboten, bei prestigeträchtigen sportlichen Großveranstaltungen auf Ermittlungsorgane von Staaten und Regierungen zu setzen. Staatliche Exekutivorgane waren stets in einen der beiden politischen Blöcke eingebunden und produzierten daher kaum Fakten über die Dopingpraktiken des

Klassenfeindes, die von allen Seiten als politisch neutral und unabhängig anerkannt würden. Deutlich weniger angreifbar erschien es daher, wenn Wissenschaftler innerhalb von neutralen sportinternen Strukturen die Beweise in der Dopingbekämpfung produzierten. Der Kalte Krieg hat also sicher nicht nur in der Hinsicht an der Dopinggeschichte mitgeschrieben, dass er Doping begünstigte und eine effektive Dopingbekämpfung beeinträchtigte. Er hat auch ganz wesentlich geprägt, von wem und wie Doping bekämpft wurde. Es ist kein Zufall, dass Ermittlungen staatlicher Organe bei internationalen Sportereignissen sowie der Aufbau eines stärker von der Politik getragenen Anti-Doping-Systems, wie es seit der Gründung der WADA 1999 zu beobachten ist, erst nach dem Ende des Kalten Kriegs stattgefunden haben.

9. Mit der Einführung und dem Ausbau von Dopingkontrollen waren, wie gesehen, steigende finanzielle Mittel verbunden, welche die Dopingbekämpfung für Analytiker zu einem lukrativen Unternehmen werden ließen. Sie forcierten die Ausdehnung der Dopinglisten und der Kontrollaktivitäten sowie die Erforschung und Implementierung von neuen Nachweisverfahren. Andere Akteure hingegen standen dem steigenden finanziellen Aufwand skeptisch bis ablehnend gegenüber. Auf olympischer Ebene waren die Ausrichterstädte, auf nationaler Ebene der Staat bzw. der Sport mit stetig steigenden Kosten konfrontiert. Die Organisationskomitees wiesen ab der Mitte der 1970er Jahre immer wieder auf diese Problematik hin. Mit finanziellen Argumenten waren Abstriche beim moralischen Unternehmen Dopingbekämpfung jedoch kaum zu legitimieren. Das Organisationskomitee für die Sommerspiele in Los Angeles 1984 versuchte daher die Ausdehnung der Dopingliste und der damit einhergehenden Implementierung neuer analytischer Verfahren mit wissenschaftlichen Bedenken bei der Dopingdefinition über Grenzwerte sowie beim Nachweis zu verhindern. Wenn es darum ging, gegen die Expansion des Dopingkontrollsystems zu opponieren, stellten Hinweise auf wissenschaftliche Unzulänglichkeiten grundsätzlich den Typ von Argumenten dar, mit dem man im moralisch aufgeladenen Dopingdiskurs die größte Aussicht auf Erfolg hatte.

Auf nationaler Ebene wurden von sportpolitischer Seite ab der zweiten Hälfte der 1970er Jahre alternative Problemlösungsstrategien in Ergänzung bzw. in bewusster Opposition zur Dopinganalytik ins Spiel gebracht. Nach Skandalen innerhalb der bundesdeutschen Mannschaft bei den Olympischen Spielen in Montreal 1976 stand im Bundestag zur Debatte, ob die Verwendung der staatlichen Mittel für den Spitzensport wirklich den offiziellen politischen Zielvorstellungen entsprach. Die Bundesregierung machte die Bereitstellung von Sportförderungsmitteln künftig formal von der Einhaltung der Anti-Doping-

Bestimmungen abhängig. Die Steuerung der Sportförderung war der zentrale Hebel des Staates, um auf die Dopingbekämpfung im Sport gegebenenfalls über Mittelkürzungen Einfluss zu nehmen. Der DSB reagierte darauf mit einer bestimmten Problemdiagnose und Lösungsstrategie: Dass bundesdeutsche Athleten zu Dopingsubstanzen griffen, wurde auf die schlechte Betreuungssituation im bundesdeutschen Leistungssport zurückgeführt. Die eigenen Athleten kompensierten durch Doping, so die Diagnose, einen grundsätzlichen Nachteil gegenüber den hervorragend betreuten Ostblockathleten. Folglich musste dieses strukturelle Defizit behoben werden, wenn Doping in der Bundesrepublik wirksam bekämpft werden sollte. Mit dieser Deutungsstrategie von Doping als Kompensationsreaktion unzureichend betreuter Athleten ließen sich mehrere Probleme gleichzeitig lösen: Erstens neutralisierte man dadurch von Seiten des Sports den zentralen Hebel des Staates. Wenn die Dopingproblematik in der Bundesrepublik auf die schlechte Betreuungssituation zurückging, so waren nämlich Mittelkürzungen gerade kontraproduktiv. Sie würden, der Logik dieser Problemattribuierung folgend, die Situation bundesdeutscher Athleten lediglich weiter verschlechtern und damit implizit die Dopinganreize erhöhen. Zweitens stellte sich damit sogar die paradoxe Situation ein, dass mit Hilfe des Dopingproblems zusätzliche finanzielle Mittel für eine Verbesserung der sportmedizinischen, trainingsphysiologischen und physiotherapeutischen Betreuung eingefordert werden konnten. Es handelt sich um eine strategisch motivierte Deutungsarbeit, die letztlich Leistungssteigerung und Dopingbekämpfung als zwei schwer zu vereinbarende Ziele miteinander in Einklang brachte. Die Erhöhung der Leistungsstärke der eigenen Athleten wurde zum Bestandteil einer umfassenden Dopingprävention gemacht und so konkrete Forderungen nach einer besseren leistungsphysiologischen Athletenbetreuung mit einer unhintergehbaren moralischen Verpflichtung legitimiert.

Auch Sportmedizinern war daran gelegen, dass staatliche Mittel künftig nicht nur der expandierenden Dopinganalytik, sondern auch der sportmedizinischen Athletenbetreuung zu Gute kamen. Die Ausgangslage für die Sportmedizin hatte sich im Laufe der 1970er Jahre verändert: Waren es ab der Mitte der 1960er Jahre noch vor allem Sportärzte gewesen, welche Dopingkontrollen forciert hatten und das zukunftsträchtige Feld der Dopinganalytik in den Händen des Sports und der Sportmedizin belassen wollten, so entwickelte sich die Dopinganalytik mit ihrer fortschreitenden Spezialisierung zu einem von der Sportmedizin unabhängigen Bereich. Es waren daher immer weniger Sportmediziner, sondern in erster Linie Biochemiker und Naturwissenschaftler mit spezieller Laborexpertise, die von der Dopinganalytik profitierten. Sportmediziner mussten sich bei der Verteilung von Geldern für die Dopingbekämpfung daher wieder über professionsadäquate eigene Problemlösungsansätze ins Spiel bringen. Als Ende der 1970er und Anfang der 1980er Jahre die staatlichen Zuwendungen für den Spitzensport und die sportwissenschaftliche Forschung in der Bundesrepublik rückläufig waren, entwickelte sich ein Verteilungskampf um begrenzte Mittel. Sportmediziner kritisierten den ihrer Meinung nach einseitigen Ausbau der Dopinganalytik und führten – in Übereinstimmung mit der vom DSB forcierten Deutungsstrategie – die Förderung der sportmedizinischen Forschung und Betreuung als weitere Säule der Dopingbekämpfung ins Feld. Der Verweis auf den Erfolg großzügiger sportmedizinischer Förderung in der DDR bei gleichzeitiger Warnung vor der eigenen sportlichen Bedeutungslosigkeit verlieh den Forderungen auch in leistungssportlicher Hinsicht größtmöglichen Nachdruck. Die „Regenerationsstudie" ist ein Beispiel dafür, wie Dopinginnovationen (wie in diesem Fall die Verwendung von Testosteron zu Regenerationszwecken in Ausdauersportarten) nicht nur Anschlussmöglichkeiten für Forschungsprojekte im Bereich der Dopinganalytik, sondern auch der Sportmedizin boten. Mit dem Aufkommen neuer Dopingpraktiken wurden neue wissenschaftliche Fragen zu Wirkungen und Nebenwirkungen aufgeworfen, deren Klärung aus Gründen der Dopingprävention erforderlich schien und für die Einwerbung von Drittmitteln nutzbar gemacht werden konnte. Des Weiteren zeigt die Studie, wie schwierig die Grenze zwischen Doping- und Anti-Dopingforschung zu ziehen ist: Einerseits sind faktenbasierte Daten über Wirkungen und Nebenwirkungen von Mitteln für deren Einschätzung und Klassifizierung notwendig. Andererseits kann dieses Wissen nicht nur zu Präventions-, sondern auch zu Dopingzwecken nutzbar gemacht werden.

Die weitverbreitete Ablehnung von Trainingskontrollen im bundesdeutschen Sport hatte ebenfalls mit Vorbehalten gegenüber einer weiteren Ausdehnung der Dopinganalytik zu tun. Außerdem zeigte sich zu Beginn der Diskussionen in den 1970er Jahren sowie später in internen Dokumenten, dass im Hintergrund die Sorge um die internationale Konkurrenzfähigkeit und Chancengleichheit eine große Rolle spielte. Dafür spricht auch, dass eine deutliche Ausweitung der Kontrollaktivitäten erst stattfand, als die DDR als sportlicher Hauptgegner nicht mehr existierte. In der offenen Diskussion brachten Funktionäre, Sportmediziner, Trainer und Athleten hingegen primär Argumente der rechtlichen, organisatorischen und finanziellen Unrealisierbarkeit vor. Die Einführung von Trainingskontrollen in anderen europäischen Staaten führten solche Formulierungen der Unmöglichkeit und des Nicht-Könnens gegen Ende der 1980er Jahre jedoch zunehmend ad absurdum.

10. Die Gründung der WADA im Jahr 1999 schließlich läutete eine neue Epoche ein. Sie war das Resultat einer sich ständig vergrößernden Kluft zwischen Erfahrungen und Erwartungen hinsichtlich der Problemlösungskompetenz des IOC als Organisation an der Spitze der weltweiten Dopingbekämpfung. Erfahrungen und Erwartungen sind nicht per se gegeben, sondern unterliegen einem historischen Wandel. Die Einführung und Ausweitung von Kontrollen bei Wettkämpfen ab den 1960er Jahren bedeuteten einen Fortschritt, der mit optimistischen Zukunftserwartungen verbunden war. Die Skandale der 1990er Jahre zeichneten jedoch ein gänzlich anderes Bild: hohe Dopingverbreitung vor allem im Radsport, aber auch in anderen Sportarten; Dopingnetzwerke; Aufdeckung durch staatliche Ermittlungsinstanzen und nicht durch die Sportverbände. Mit den Enthüllungen ließ sich nicht mehr wegdiskutieren, dass die hohen Erwartungen der Jahrzehnte zuvor nicht der Realität standhielten. Zudem hatte sich das, was an konkreten Maßnahmen von einer effektiven Bekämpfungspolitik verlangt wurde, erheblich verändert: Doping fand nicht mehr primär vor Wettkämpfen statt, sondern in erster Linie in der Trainingsphase. Dies erforderte deutlich ausgeweitete, über Wettkämpfe hinausgehende Kontrollen. Grundsätzlich war das IOC jedoch von einer effektiven Durchsetzung einheitlicher Maßnahmen außerhalb der Spiele weit entfernt. Des Weiteren gerieten nun Umfeldakteure beim Doping stärker in den Blick. Kooperationen mit staatlichen Instanzen waren daher für eine umfassende Bekämpfung unabdingbar. Insgesamt verfestigte sich der Eindruck, dass mit dem IOC eine Organisation an der Spitze des weltweiten Anti-Doping-Kampfes stand, die bisher weder einheitliche Regularien und Maßnahmen außerhalb der Spiele durchsetzen konnte, noch zukünftig für die gestiegenen Ansprüche in der Dopingbekämpfung gerüstet schien.

Was als erfolgreich oder gescheitert, adäquat oder unzureichend gilt, ist historisch kontingent. Die Erwartungen an die Anti-Doping-Politik hatten in den 1990er Jahren nicht mehr viel zu tun mit den Erwartungen zu Beginn der Kontrollaktivitäten in den 1960er Jahren, als vereinzelte Kontrollen bei sportlichen Großereignissen bereits als Fortschritt galten. Mit den gestiegenen Ansprüchen vergrößerte sich auch die Gefahr, an Grenzen zu stoßen. Die wahrgenommenen Unzulänglichkeiten wurden dabei in erster Linie als Organisationsprobleme des IOC konstruiert: mangelnde Durchsetzung einheitlicher Regularien und Maßnahmen, mangelnde Kompetenz und Ressourcen für eine umfassende Bekämpfung, mangelnde Unabhängigkeit und Transparenz. Wirkten sich die dezentralen Strukturen in der Dopingbekämpfung lange Zeit entlastend aus, weil Verantwortung leicht weitergegeben werden konnte, fielen die Unzulänglichkeiten nun negativ auf das IOC zurück. Die Gründung einer neuen Organisation an der Spitze der weltweiten Dopingbekämpfung entsprach daher der Art und Weise, wie die Probleme attribuiert wurden.

6.2 Orientierung und Ausblick

Wenn geschichtswissenschaftliche Studien tatsächlich ein „Orientierungswissen" für die Gegenwart bieten wollen, indem sie Phänomene in ihrer historischen Genese reflektieren und dadurch für laufende Entwicklungen sensibilisieren, hat es Sinn, abschließend grundlegende historische Kontinuitäten und Brüche anzureißen, die sich aktuell in der Anti-Doping-Politik zeigen.

Ein umfassendes System der Dopingbekämpfung ist zu einem selbstverständlichen Teil des Leistungssports geworden. Kontrollen sind dabei bis heute das zentrale Problemlösungsversprechen geblieben. Mit einer weiterhin steigenden Anzahl wird das System von Anti-Doping-Organisationen als zunehmend dicht und engmaschig ausgewiesen. Hinzu kommen bestimmte qualitative Kriterien, deren Überzeugungskraft nahezu ungebrochen ist: Die Implementierung neuer Nachweisverfahren und der Ausbau von Laboren zu hochtechnologisierten Einrichtungen signalisieren wissenschaftlichen Fortschritt, der die Dopingbekämpfung wenn nicht heute, dann spätestens morgen auf Augenhöhe mit innovativen Betrügern operieren lässt. Mit der Möglichkeit von Nachtests eingefrorener Proben[10] und einer großzügigen zehnjährigen Verjährungsfrist für Dopingvergehen[11] haben Anti-Doping-Organisationen dafür heute zehn Jahre länger Zeit als früher.[12]

Weitere wichtige Qualitätskriterien, die von Anti-Doping-Organisationen regelmäßig als Ausweis einer fortschrittlich geführten Bekämpfungspolitik vorgebracht werden, sind ein Abmeldesystem mit möglichst kurzen Vorankündigungszeiten für Trainingskontrollen, eine erhöhte Anzahl an Blutkontrollen sowie die Einführung des biologischen Athletenpasses. Grundsätzlich soll die Dopingbekämpfung heute innerhalb eines Systems von international kooperierenden Instanzen unter wesentlicher Beteiligung der Politik stattfinden und dabei

10 Vgl. WADA, 2015a, Artikel 6.2, 6.5.

11 Vgl. ebd., Artikel 17.

12 Ein impliziter Effekt dieser Regelung ist, dass jeder Sieger zehn Jahre lang ein lediglich vorläufiger Sieger bleibt. Des Weiteren gestehen Anti-Doping-Organisationen damit implizit ein, dass negative Testergebnisse nicht unbedingt „Sauberkeitsausweise" darstellen. Siehe für eine kritische Diskussion dieser Regelung Møller & Dimeo, 2014, S. 262, 264 f., 269; Dimeo, 2014, S. 963.

einheitlich und so weit wie möglich sportunabhängig sein. Letzteres signalisiert Neutralität, während dieses Ideal zu Zeiten der Blockkonfrontation gerade „unpolitischen" Sportorganisationen am ehesten zugeschrieben wurde.

Zwar stellen Dopingkontrollen nach wie vor das Herzstück der Bekämpfungsmaßnahmen dar, die Fixierung auf den analytischen Nachweis wurde jedoch zuletzt in einem bisher unbekannten Ausmaß aufgebrochen. Die aktuellen Entwicklungen in dieser Hinsicht lassen sich beispielsweise am Dopingfall Lance Armstrong 2012 gut nachvollziehen. Der Fall begann bereits in den Jahren 2004 bzw. 2006 als Armstrongs ehemalige Teamkollegen Tyler Hamilton und Floyd Landis positiv getestet wurden. Des Dopings verurteilt und keine weiteren Nachteile mehr befürchtend, entschlossen sich Landis, Hamilton und später auch weitere Fahrer, ihre Verfehlungen nicht als eigenes Verschulden stehen zu lassen, sondern die systematische Dopingpraxis innerhalb des US-Postal-Teams und die zentrale Rolle Armstrongs dabei zu beweisen. Die Fahrer haben daher das „Gesetz des Schweigens"[13] 2010 gebrochen und schwere Vorwürfe gegen ihren Ex-Kapitän erhoben.[14] Initiiert durch die Aussagen ehemaliger Teamkollegen wurde die Überführung Armstrongs durch die Auswertung vieler weiterer Daten inklusive Korrespondenzen, Zahlungsverkehr und Analyseergebnisse von der United States Anti-Doping Agency (USADA) erfolgreich zu Ende gebracht.[15]

Ermittlung und Informationsbeschaffung über den Bereich der klassischen Dopingkontrollen hinaus („Investigations and Intelligence Gathering")[16] ist ein neues Aufgabenfeld, von dem die Anti-Doping-Arbeit, laut NADA-Jahresbericht 2013, „in Zukunft wesentlich [...] geprägt"[17] sein wird. Im WADA-Code 2015 ist explizit verankert, dass die Anti-Doping-Organisationen, wie im Fall Armstrong geschehen, jede Quelle zur Verfolgung eines Regelverstoßes nutzen sollen.[18] Auch bei den analytischen Ergebnissen operiert man nicht mehr nur mit

13 Møller (2010, S. 49) spricht von „law of silence".

14 Vgl. Dimeo, 2014, S. 957 ff.

15 Vgl. USADA, 2012, S. 28-31.

16 WADA, 2015a, Artikel 5.8.

17 NADA, 2013, S. 16.

18 Siehe wörtlich zum Bereich „Investigations and Intelligence Gathering" den aktuellen WADA-Code (2015, Artikel 5.8): „*Anti-Doping Organizations* shall ensure they are able to do each of the following, as applicable and in accordance with the International Standard for Testing and Investigations: 5.8.1 Obtain, assess and process from all available sources to inform the development of an effective, intelligent and proportionate test distribution plan, to plan *Target Testing*, and/or to form the basis of an in-

der Unterscheidung von positiv / negativ, sondern darüber hinaus gibt es auch sogenannte „atypical findings“.[19] Darunter sind auffällige Kontrollergebnisse zu verstehen, die Anlass für weitergehende Ermittlungen und Zielkontrollen geben können. In früheren Jahrzehnten wurde solchen verdächtigen „Zwischenbereichen“ von vornherein keine Relevanz eingeräumt. Das Bekämpfungssystem funktionierte nach einem klaren binären Code von gedopt / nicht-gedopt. Selbst wenn beispielsweise ein Grenzwert nur knapp unterschritten und ein Dopingvergehen wahrscheinlich war, gab dieses Ergebnis keinen Anlass für weitergehende Untersuchungen, ganz zu schweigen davon, dass Zeugenaussagen oder andere Hinweise von außen solche hätten initiieren können. Getestet wurde nach neutralen Kriterien von Platzierung und Los. Die positive Probe war die einzig mögliche Form der Beweiskonstruktion. Alle anderen Kriterien, Indizien, Ermittlungs- und Beweiswege galten als subjektiv und ambivalent.

Das Aufbrechen dieser jahrzehntelang praktizierten Ausschließlichkeitslogik hängt damit zusammen, dass seit den 1990er Jahren allzu offensichtlich wurde, wie viel an anderen möglichen Informationsquellen, Ermittlungs- und Beweiswegen mit der ausschließlichen Fixierung auf den analytischen Beweisweg ausgeblendet wurden. Nach allem, was in dieser Arbeit zu der eingeschränkten Optik dieses Entdeckungs- und Beweisinstrumentariums und der daraus resultierenden Ignoranz des Offensichtlichen grundsätzlich gesagt wurde, ist eine Kombination unterschiedlicher Beweistypen zweifellos effektiver als ausschließlich Dopingkontrollen. Gleichzeitig reimportiert man damit jedoch Probleme, die teilweise bereits in den 1960er Jahren diskutiert wurden, aber bis heute kaum die öffentliche Diskussion erreicht haben: Was machen Behauptungen zu ernstzunehmenden Hinweisen, die Anlass für Zielkontrollen oder weitergehende Ermittlungen geben? Oder anders formuliert: Wie können zureichende Indizien von haltlosen Gerüchten und Denunzierungen unterschieden werden, um sicherzustellen, dass prominente Athleten, die ohne Zweifel leicht zum Objekt von Missgunst und Verdächtigung werden können, nicht ständig ins Visier von Kontrolleuren und Ermittlungen geraten? Die Liste an Informationsquellen, mit de-

vestigation into a possible anti-doping rule violations(s); and 5.8.2 Investigate *Atypical Findings* and *Adverse Passport Findings* [...] 5.8.3 Investigate any other analytical or non-analytical information or intelligence that indicates a possible anti-doping rule violation(s) [...], in order to rule out the possible violation or to develop evidence that would support the initiation of an anti-doping rule violation proceeding.“ (Hervorhebungen im Original.)

19 Vgl. WADA, 2015a, Artikel 5.8.2, 7.4, 7.5, 14.1.

nen inzwischen schon verstärkt gearbeitet wird,[20] signalisiert einen ambitionierten Anti-Doping-Kampf. Aber es dürfte klar sein, dass der Bereich „Investigations and Intelligence Gathering" gerüchteanfällig, potentiell willkürhaft und moralisch keineswegs unproblematisch ist. Dass sich Anti-Doping-Organisationen zukünftig noch stärker auf prominente Topathleten, die im Rampenlicht von Spekulationen stehen, fokussieren als dies durch die Einteilung in Testpools ohnehin schon zutrifft, ist unter diesen Umständen wahrscheinlich.

Dafür spricht auch eine andere Beobachtung im Zusammenhang mit dem Fall Armstrong: Dass seine Dopingvergehen bewiesen werden konnten, ist nicht zu verstehen ohne den bemerkenswert konsequenten Willen der USADA, diesen Sportler zu überführen. Ohne positive Probe im Vorfeld ging man mit der Aufnahme der Ermittlungen durchaus ein juristisch riskantes Unternehmen ein, dessen Beendigung spätestens ab dem Zeitpunkt nahe lag, als die US-Staatsanwaltschaft ihre Untersuchungen aus Mangel an Beweisen einstellte.[21] Dass die USADA die Ermittlungen auch ohne Aussicht auf ein Strafverfahren fortsetzte, war historisch gesehen einmalig und zeigt in erster Linie, wie stark die Intention war, Armstrong zu überführen. Intentionen werden zumeist handlungstheoretisch auf einzelne „herausragende" Akteure attribuiert, wie in diesem Fall auf den Chef-Ermittler Travis Tygart. Eine solche Erklärung ist jedoch unvollständig. Was rationalen Akteuren als erstrebenswert gilt, entwickelt sich nicht in einem sozialen Vakuum:

> „Having ethnographically studied the anti-doping regime since 2007, I can attest that nearly every anti-doping official I have met has gone on record saying that ‚catching' Armstrong would be the anti-doping movement's crowning achievement."[22]

So bringt die Dopingforscherin Kathryn Henne prägnant auf den Punkt, was die Überführung des erfolgreichsten und gleichzeitig von Dopinggerüchten umwobenen Radfahrers bedeutete. Das Unternehmen „catching Armstrong" konnte sich, mit anderen Worten, nur in einem kulturellen Kontext ereignen, in dem Aufdeckungen für die kontrollierenden Instanzen keine unerwünschten Ergeb-

---

20 Die NADA beispielsweise nennt in ihrem Jahresbericht 2013 konkret anonyme Anrufer, Emails, Presseartikel sowie geständige Athleten. Mit der Gründung der „Task Force" im Jahr 2011 wurde ein interdisziplinärer Expertengremium geschaffen, das diese Informationen bündeln soll, um so Zielkontrollen vornehmen zu können (vgl. NADA, 2013, S. 16 f.).

21 Vgl. Dimeo, 2014, S. 962.

22 Henne, 2012.

nisse mehr waren, sondern sich die USADA durch die Überführung des weltweit bekanntesten Radsportlers – noch dazu auf ungewöhnlichen Ermittlungswegen – geradezu profilieren konnte.

Diese Beobachtung leitet über zur wichtigen Frage, über welche Indikatoren Funktionsfähigkeit, Fortschritt und Erfolg in der Dopingbekämpfung zukünftig kommuniziert werden wird. Verlässliche Ableitungen aus der Vergangenheit für die Zukunft gibt es nicht. Klar ist jedoch in jedem Fall, dass das Dopingkontrollsystem im Laufe von rund einem halben Jahrhundert immer restriktiver geworden ist und diese Entwicklung anhält. Fortschritt im Anti-Doping-Kampf wird bis heute zu einem großen Teil über eine simple Logik demonstriert: Je schärfer die Bestimmungen und je umfangreicher und besser die Kontrollen, desto eher ist das Problem in den Griff zu bekommen. Inzwischen kommen, wie gesehen, qualitativ neuartige Mechanismen der Ermittlung und Überwachung hinzu. In einem Dunkelfeld, über das niemand genau weiß, wie erfolgreich die Bekämpfungsmaßnahmen eigentlich sind, wurde ein zunehmendes Maß an Restriktionen zum Ausweis für ein verbessertes Anti-Doping-System. Die Frage der Verhältnismäßigkeit liegt vor dem Hintergrund dieser Dynamik auf der Hand: Welche Mittel sind für die Erreichung der Ziele gerechtfertigt? Wie weit dürfen grundlegende Werte und Rechte von Athleten aufgeweicht werden, um andere zu verteidigen? Und was bedeutet eine weitere Verschärfung der Überwachungsmaßnahmen für den spezifischen Bereich des Leistungssports, der vorgibt, pädagogisch und moralisch wertvoll zu sein? Diese Fragen stellen sich umso dringender, weil eine rational geführte Debatte zu tatsächlichem Ausmaß und Gefahr von Doping genauso schwer möglich ist wie die Problematisierung der dem Kontrollansatz zugrundeliegenden Perfektionierungslogik: Kritik kann von Sportpolitikern und Sportfunktionären in dieser Hinsicht kaum geäußert werden, weil damit eine Stigmatisierung zum „Dopingverharmloser" verbunden ist. Kritische Athletenstimmen zum restriktiven Kontrollsystem gibt es heutzutage ebenfalls nur vereinzelt, ganz zu schweigen von kollektiven Protestaktionen, wie sie zu Beginn der Kontrollaktivitäten zu beobachten waren. Kritik fällt, kurz gesagt, schnell negativ auf denjenigen zurück, der sie äußert. Der soziale Konformitätsdruck und ein latent vorhandener Generalverdacht fordern von allen Beteiligten ein Bekenntnis zu einem „kompromisslos" geführten Anti-Doping-Kampf. Das führt inzwischen dazu, dass Athleten die Regeln teilweise sogar übererfüllen, indem sie beispielsweise ihre Blutdaten freiwillig offenlegen, wenn sie das Gefühl haben, durch bestimmte Umstände besonders unter Dopingverdacht geraten zu sein.[23]

Auch wenn man substanzielle Einschränkungen bei Grundrechten als notwendiges Übel akzeptiert, machen rigidere Maßnahmen der Athletenüberwachung den Anti-Doping-Kampf nicht effektiver, wenn ein Teil der kontrollierenden Instanzen selbst nicht richtig arbeitet. Das Dopingkontrolllabor in Moskau hat, laut WADA-Bericht, im Jahr 2013 die meisten Kontrollen weltweit durchgeführt und darüber hinaus auch die meisten Verstöße oder Verdachtsfälle („atypical findings") aufgedeckt.[24] Die Enthüllungen des Journalisten Hajo Seppelt zeigten jedoch, dass dieses Labor Teil eines Dopingsystems in Russland war.[25] Wenn die Kontrollinstanzen nicht genauso hart auf die Einhaltung des WADA-Codes kontrolliert werden und nicht dieselbe Korrektheit an den Tag legen wie es von Athleten beispielsweise im täglichen Umgang mit Meldepflichten selbstverständlich eingefordert wird, dann besteht die große Gefahr, dass immer strengere Überwachungsmaßnahmen einseitig auf Kosten der Freiheitsrechte von Athleten implementiert werden, um Fortschritt und Problemlösung zu signalisieren, gleichzeitig aber die größten Probleme ausgeblendet bleiben.[26]

„Erfolgreiche" Dopingbekämpfung setzt eine erfolgreiche Deutungsarbeit voraus. Qualitative und quantitative Fakten werden mit Bedeutungen ausgestattet und so zu Indikatoren und Faktoren von Fortschritt und Problemlösung gemacht. Es gibt jedoch weder „gegebene" Kriterien für den Erfolg noch für das Scheitern der Dopingbekämpfung. So ist zu erklären, dass die Anti-Doping-Politik auf der einen Seite stets leicht kritisiert werden konnte und gleichzeitig auf der anderen Seite bestimmte Kernbereiche und Entwicklungen bis heute immun gegen eine

23 So hat der britische Langstreckenläufer Mo Farah, Doppelolympiasieger in London 2012 und Rio de Janiero 2016 über 5000 und 10000 Meter, 2015 seine Blutdaten freiwillig veröffentlicht, nachdem sein Trainer, Alberto Salazar, von anderen Athleten des Dopings beschuldigt wurde und die ARD unabhängig davon über einen hohen Anteil verdächtiger Blutwerte bei Weltklasselangstreckenläufern berichtete (vgl. The Guardian, 9.8.2015). Zu diesem Schritt haben sich daraufhin auch andere Athleten, wie beispielsweise der deutsche Marathonrekordler, Arne Gabius, entschlossen, der seine Blutwerte auf seiner Homepage veröffentlicht hat (vgl. Gabius, 2016).

24 Vgl. WADA, 2013, S. 4, 15.

25 Vgl. dazu die ARD-Reportage „Geheimsache Doping – Wie Russland seine Sieger macht" (ARD, 2014). Eine Untersuchungskommission der WADA hat diese Vorwürfe inzwischen bestätigt (vgl. Pound, McLaren & Younger, 2015; Pound, McLaren & Younger, 2016; McLaren, 2016).

26 Vgl. dazu auch den lesenswerten Artikel von Simon, 2014.

grundsätzliche Infragestellung geblieben sind. Die Sensibilisierung für die Konstruktionsmechanismen der Anti-Doping-Politik wird eine grundlegende Rolle spielen, wenn ein wesentlicher Teil der sozialen Wirklichkeit des Leistungssports zukünftig besser thematisierbar und diskutierbar sein soll.

Abkürzungsverzeichnis

BArchiv – Bundesarchiv Koblenz
BDR – Bund Deutscher Radfahrer
BISp – Bundesinstitut für Sportwissenschaft
BT-Drucksache – Bundestagsdrucksache
BVDG – Bundesverband Deutscher Gewichtheber
CDU – Christlich Demokratische Union Deutschlands
CSU – Christlich-Soziale Union in Bayern
CuLDA – Carl-und-Liselott-Diem-Archiv
DDR – Deutsche Demokratische Republik
DM – Deutsche Mark
DSHS – Deutsche Sporthochschule Köln
DLV – Deutscher Leichtathletik-Verband
DOSB – Deutscher Olympischer Sportbund
DSB – Deutscher Sportbund
EPO – Erythropoetin
FDP – Freie Demokratische Partei
IAAF – International Association of Athletics Federations
IOC – Internationales Olympisches Komitee
NADA – Nationale Anti-Doping Agentur
NOK – Nationales Olympisches Komitee
PArchiv – Parlamentsarchiv Berlin
SPD – Sozial Demokratische Partei Deutschlands
UCI – Union Cycliste Internationale
US oder USA – United States oder United States of America
USADA – United States Anti-Doping Agency
WADA – Welt-Anti-Doping-Agentur (World Anti-Doping Agency)

Bibliographie

Quellen

Archivalien

Archiv Willi Daume der Deutschen Olympischen Akademie, Frankfurt/M. (Daume-Archiv)
- 105.14

Bundesarchiv, Koblenz (BArchiv Koblenz)
- B 106 / 49957
- B 106 / 49958
- B 322 / 9
- B 322 / 433
- B 322 / 443
- B 322 / 444

Bundesinstitut für Sportwissenschaft, Bonn (BISp-Archiv)
- Doping A-D
- Doping E-Z
- Doping BMI
- Fachausschuss Medizin 1
- Fachausschuss Medizin 2
- 0408 / 01 Projekt Regenerationsstudie W 1.1 1986-1990
- 0413 / 020413 / 04
- 0415 / 05 Kleine Arbeitsgruppe Dopingfragen des BISp. 1. bis 14. Sitzung 1984-1992
- 05415 / 09 Veröffentlichungen Publikationen – Tröger

Bundesverband Deutscher Gewichtheber, Leimen (BVDG-Archiv)
- Protokolle Bundesvorstand 70er-80er
- Protokolle Sportausschuss + BL (Bundesliga) – Vereinsvertreter ab 1974

Carl-und-Liselott-Diem-Archiv an der Deutschen Sporthochschule, Köln (CuLDA)
Nachlass August Kirsch
- 101 / Doping 1
- 111 / DLV 4 Verbandsrat
- 86 / Doping 2
- 87 / Doping 3 / 1985-86
- 88 / Doping 5
- 89 / Doping 6
- 91 / Doping 1971-77
- 98 / Doping 4

Deutsche Sporthochschule Köln, Zentralbibliothek (DSHS Köln)
- Protokolle des BDR
- Nachlass Gronen, 11

Deutscher Leichtathletik-Verband, Darmstadt (DLV-Archiv)
- B-2-1-, Doping 1966-1976
- Rechtsverfahren Klehr, 1

Deutscher Olympischer Sportbund, Frankfurt/M. (DOSB-Archiv)
- Protokolle DSB-Bundestage
- Vergütungsordnung für Bundestrainer; 151, Bundestrainervergütungsordnung bis 31.12.1979
- 864 / B 6.5 / 3B 7
- 1322 / B 6.5/ 4B 12
- 4026 / B 6.5 / KII 10B

Doping-Opfer-Hilfe e.V., Berlin (Archiv Doping-Opfer-Hilfe)
- Rechtsmedizinisches Gutachten vom 23.7.1987

IOC Olympic Studies Centre, Historical Archives, Lausanne (IOC-Archiv)
- Protokolle der Mitgliederversammlungen
- Protokolle des Exekutivkomitees

Protokolle der Medizinischen Kommission bzw. der Subkommission Doping und Biochemie

- 203115
- 203599
- 203602
- 203603
- 203604
- 203606
- 203607
- 203608
- 203615
- 203616
- 203682
- 203697
- 204766
- Procès-verbal Commission Medicale 1981-1983
- Procès-verbal Commission Medicale 1984
- Procès-verbal Commission Medicale 1985
- Procès-verbal Commission Medicale 1986, Vol. 2
- Procès-verbal Commission Medicale 1987
- Procès-verbal Commission Medicale 1988
- Procès-verbal Commission Medicale 1989
- Procès-verbal Commission Medicale 1989-1990

Parlamentsarchiv, Berlin (Parchiv Berlin)

- 3124 Sport

Gedruckte Quellen

Aakwaag, A., Sand, T., Opstad, P. K. & Fonnum, F. (1978). Hormonal changes in serum in young men during prolonged physical strain. *European Journal of Applied Physiology*, 39, 283-291.

Alfes, H., Reisch, J., Clasing, D. & Möllmann, H. (1968). Der Nachweis von zentralstimulierenden Arzneimitteln (Dopingmitteln) durch die Gaschromatographie. *Sportarzt und Sportmedizin*, 11, 492-496.

Arnold, A. & Potts, G. O. (1966). Oral Anabolic-Androgenic Evaluations of Four Anabolic Steroids. *Acta Endocrinologica*, 52, 489-496.

Arnold, A., Potts, G. O. & Beyler, A. L. (1963). Relative oral anabolic to androgenic activity ratios of androisoxazole, ethylestrenol, methylandrostenolisoxazole and testosterone. *Acta Endocrinologica*, 44, 490-498.

Athletik, 1972, 5, S. 20. In Amerika ausprobiert: Tabletten gegen Muskelkater.

Athletik, 1977a, 1, S. 11. Pressestimmen Hessische Nachrichten Kassel vom 14.12.1976. Kampf dem Doping bis aufs Messer. Dr. Max Danz macht revolutionäre Vorschläge.

Athletik, 1977b, 1, S. 11. Antwort an die Redaktion.

Atzler, E., Bergmann, K., Graf, O., Kraut, H., Lehmann, G. & Szakáll, A. (1935). Phosphat und Arbeit. *Arbeitsphysiologie*, 8, 621-694.

Bach, H. (1926). Doping im Sport. Erwiderung der Darlegung von Dr. Woringen, Essen. *Die Leibesübungen*, 19, 448.

Backmund, K. (1932). Sport und künstliche Höhensonne. *Die Leibesübungen*, 1, 11-12.

Bausenwein-Plank, I. (1964). Zum Leistungssport der Frau. *Die Leibeserziehung*, 5, 152-158.

BDR (1956). *Wettfahrbestimmungen 1956.*

BDR (1963). *Sport-Ordnung 1963.*

BDR (1968). *Sport-Ordnung 1968.*

Beckett, A. (1976). Problems of anabolic steroids in sport. *Olympic Review*, 11-12 (109-110), 591-598.

Beckett, A. H., Tucker, G. T. & Moffat, A. C. (1967). Routine detection and identification in urine of stimulants and other drugs, some of which may be used to modify performance in sport. *Journal of Pharmacy and Pharmacology*, 19, 273-294.

Beecher, H. K. (1955). The Powerful Placebo. *Journal of the American Medical Association*, 159 (17), 1602-1606.

Beiglböck W. & Brummund, W. (1960). Zur Frage der anabolen Wirkung von Testosteronderivaten. (Bericht über die Erfahrungen mit Dianabol). *Medizinische Welt*, 22, 1192-1205.

Berg, R. (1937). Bemerkungen zu der Mineralstoffzufuhr während der Olympischen Spiele in Berlin 1936. *Die Ernährung*, 2 (6), 255-267.

Berliner Zeitung, 31.3.1949. Dopings – und was sie bedeuten. Das Ende einer Boxkarriere / Klare Bestimmungen im Rennsport.

Berlioux, M. (1967). Editorial. *Olympic Review*, 11 (2), 2.

Berlioux, M. (1969). Doping, Drugs and Sport. *Newsletter*, 10 (25), 561-564.

Bickel, A. (1938). *Die Ernährung der olympischen Kämpfer in Vergangenheit und Gegenwart*. Berlin: Deutsche Verlagsgesellschaft.

BISp-Berichte, 1973-1990. Köln: BISp.

Blau, O. (1930). Eine neue Kraftquelle für Sportleistungen? *Die Leibesübungen*, 23, 689-694.

British Olympic Council (1908). *The Fourth Olympiad: London 1908*. London: British Olympic Council.

Brooks, R. V., Firth, R. G. & Sumner, D. A. (1975). Detection of Anabolic Steroids by Radioummonoassay. *British Journal of Sports Medicine*, 9, 89-92.

Brustmann, M. (1912). *Olympisches Trainierbuch*. Berlin-Schönefeld: Illustrierter Sport.

Brustmann, M. (1936). Erfahrungen mit der Verabreichung von Zellaufbaustoffen bei Körpertraining. *Deutsche Medizinische Wochenschrift*, 62 (23), Beiheft Arzt und Sport, 93-95.

BT-Drucksache 8 / 168, 11.3.1977, Fragen für die Fragestunden der Sitzungen des Deutschen Bundestages am 16. & 17.3.1977.

BT-Drucksache 8 / 328, 29.4.1977, Fragen für die Fragestunden der Sitzungen des Deutschen Bundestages am 4. & 5.5.1977.

BT-Drucksache 8 / 1826, 28.5.1978, Fragen für die Fragestunden der Sitzungen des Deutschen Bundestages am 31.5. & 1.6.1978.

BT-Drucksache 8 / 2249, 3.11.1978, Fragen für die Fragestunden der Sitzungen des Deutschen Bundestages am 8. & 9.11.1978.

BT-Drucksache, 8 / 2755, 16.4.1979, Kleine Anfrage der Fraktion der CDU/CSU, Leistungssportförderung und Dopingmißbrauch in der DDR.

BT-Drucksache, 8 / 2850, 14.5.1979, Antwort der Bundesregierung auf die Kleine Anfrage der Fraktion der CDU/CSU, Leistungssportförderung und Dopingmißbrauch in der DDR.

BT-Drucksache 9 / 1292, 14.1.1982, Antwort des Parlamentarischen Staatssekretärs von Schoeler auf die Anfrage des Abgeordneten Schwarz (CDU/CSU).

BT-Drucksache 11 / 404, 3.6.1987, Kleine Anfrage der Fraktion der CDU/CSU und der Fraktion der FDP, Humanität im Spitzensport.

BT-Drucksache 11 / 506, 23.6.1987, Antwort der Bundesregierung auf die Kleine Anfrage der Fraktion der CDU/CSU und der Fraktion der FDP, Humanität im Spitzensport.

BT-Drucksache 12 / 1519, 8.11.1991, Kleine Anfrage zur Beteiligung und Finanzierung des Bundes an Forschungsprojekten, in denen Testosteron-Versuche mit Sportlern vorgenommen wurden.

BT-Drucksache 12 / 1781, 11.12.1991, Antwort der Bundesregierung auf die Kleine Anfrage von Abgeordneten, Beteiligung und Finanzierung des Bundes an Forschungsprojekten, in denen Testosteron-Versuche mit Sportlern vorgenommen wurden.

Bulletin du Comité International Olympique,1951, Juli, 28, S. 25-26. The Danish oarsmen who took part in the European Championships at Milan in 1950 were they drugged?

Bulletin du Comité International Olympique, 1951, September, 29, S. 16. About Boxing. After the Congress of the „Association International de Boxe Amateur". Provisions of Medical Control.

Bulletin du Comité International Olympique, 1962, Februar, 77, S. 46. Waging War Against Dope.

Bulletin du Comité International Olympique, 1962, Mai, 78, S. 52. Severe measures taken in Switzerland against doping.

Bulletin du Comité International Olympique, 1962, Mai, 78, S. 53-54. In Switzerland, the National Physical Education Association is waging war against the practice of doping and is taking the matter seriously in hand.

Bulletin du Comité International Olympique, 1962, November, 80, S. 62-63. War on doping in Switzerland.

Bulletin du Comité International Olympique, 1965, Februar, 89, S. 70-80. 62nd Session of the International Olympic Committee.

Bulletin du Comité International Olympique, 1966, August, 95, S. 79-93. Minutes of the 64th Session of the IOC.

Bulletin du Comité International Olympique, 1967, Mai-August, 98-99, S. 89-95. Extracts of the minutes of the 65th session of the International Olympic Committee. Tehran, 6, 7 and 8 May, 1967.

Bulletin du Comité International Olympique, 1967, Mai-August, 98-99, S. 101-102. Entry form.

Bundeshaushaltspläne für die Jahre 1962-2001.

Bundesministerium des Innern (1970). *Erster Sportbericht der Bundesregierung.* Bonn.

Bundesministerium des Innern (1973). *Zweiter Sportbericht der Bundesregierung*. Bonn.

Bundesministerium des Innern (1976). *Dritter Sportbericht der Bundesregierung*. Bonn.

Bundesministerium des Innern (1978). *Vierter Sportbericht der Bundesregierung*. Bonn.

Bundesministerium des Innern (1982). *Fünfter Sportbericht der Bundesregierung*. Bonn.

Bundesministerium des Innern (1986). *Sechster Sportbericht der Bundesregierung*. Bonn.

Bundesministerium des Innern (1991). *Siebter Sportbericht der Bundesregierung*. Bonn.

Bundesministerium des Innern (1995). *Achter Sportbericht der Bundesregierung*. Bonn.

Bundesministerium des Innern (1999). *Neunter Sportbericht der Bundesregierung*. Bonn.

CIBA (1961). *Dianabol.* Packungsbeilage.

Clasing, D., Alfes, H., Möllmann, H., Toschke, H. G. & Reisch, J. (1967). Ein Beitrag zum DC-Nachweis von d-Methamphetamin (Pervitin) nach Körperpassage. *Sportarzt und Sportmedizin*, 9, 361-362, 365.

Clasing, D., Donike, M. & Klümper, A. (1974). Dopingkontrollen bei den Spielen der XX. Olympiade München 1972 (I). *Leistungssport*, 2, 130-134.

Daume, W. (1953). Der Sportarzt als Hüter des Sports. Vorwort des Präsidenten zum Bericht des Internationalen Kongresses des Deutschen Sportärztebundes vom 3.-5. Juli 1953 in Frankfurt/M. In DSB (Hrsg.). (1973), *Deutscher Sport 1952-1972* (S. 22-27). München: Pro Sport.

Daume, W. (1954a). Auf dem Weg zur Olympischen Wirklichkeit. Ansprache bei der 2. Bundestagung der Deutschen Olympischen Gesellschaft am 2. Oktober 1954 in Berlin. In DSB (Hrsg). (1973), *Deutscher Sport 1952-1972* (S. 32-47). München: Pro Sport.

Daume, W. (1954b). Der Sport – der Arzt – der Sportarzt. *Sportmedizin*, 5 (9), 257-258.

Daume, W. (1955). Mensch und Organisation im Sport. Ansprache bei der Bundestagung des Deutschen Handball-Bundes (DHB) am 16. Oktober 1955 in Duisburg. In DSB (Hrsg.). (1973), *Deutscher Sport 1952-1972* (S. 48-63). München: Pro Sport.

Daume, W. (1956). Die geistige Durchdringung unserer Probleme. Ansprache des Präsidenten beim 3. Bundestag des DSB am 14. April 1956 in Berlin. In

DSB (Hrsg). (1973), *Deutscher Sport 1952-1972* (S. 64-87). München: Pro Sport.

Dennig, H. (1937). Über Steigerung der körperlichen Leistungen durch künstliche Veränderungen des Säurebasenhaushaltes. *Forschungen und Fortschritte*, 13 (12), 153.

Dennig, H. (1954). Leistungssteigerung durch Arzneimittel. *Sportmedizin*, 3, 40.

Der Mittag, 14.7.1952. Zwei Briefe zu einem unerfreulichen Thema. Ruderarzt Dr. Brustmann und Georg von Opel sagen ihre Meinung.

Der Mittag, 25.2.1953. Ist in Helsinki gedopt worden? Österreichischer Olympia-Arzt vermittelte falsches Bild.

Der Mittag, 3.11.1953. Straßenfahrer nahmen Rauschgift. Italiens Radsportverband bekämpft das Doping.

Der Mittag, 29.8.1960. Hitzschlag oder Doping? Der Tod des dänischen Radfahrers Jensen weitet sich aus.

Der Spiegel, 3.8.1955, S. 34. Tour de France. Fahren mit Dynamit.

Der Spiegel, 24.7.1967, S. 88. Doping. Dynamit geladen.

Der Spiegel, 25.9.1967, S. 100. Leichtathletik Europapokal. Pille im Tee.

Der Spiegel, 14.7.1969, S. 86. Radrennen Tour de France. Eddy I.

Der Spiegel, 30.3.1970, S. 178. Gewichtheben. Muskel-Präparate. Hilfe durch Hormone.

Der Spiegel, 14.8.1972, S. 82-93. „Bei uns ist immer Olympia." Der Sport der DDR vor den Sommerspielen in München. 2. Fortsetzung und Schluß.

Der Spiegel, 2.8.1976, S. 101-103. Noch diesseits.

Der Spiegel, 19.3.1979, S. 194-207. DDR: Schluck Pillen oder kehr Fabriken aus.

Der Tagesspiegel, 28.11.1961. Dopingkontrolle in Gent.

Der Tagesspiegel, 8.11.1964. Gefängnis wegen Dopings.

Deutsche Sportbehörde für Leichtathletik (1927). *Wettkampfbestimmungen*. München: Selbstverlag.

Deutscher Amateur-Box-Verband (1935). *Wettkampfbestimmungen 1935*.

Deutscher Amateur-Box-Verband (1960). *Wettkampfbestimmungen 1960*.

Deutscher Bundestag (1988). *Humanität im Spitzensport. Öffentliche Anhörung des Sportausschusses des Deutschen Bundestages am Bonn 14. Oktober 1987*. Bonn.

Deutscher Fechter-Bund (1950). *Kampfregeln des Internationalen Fechter-Bundes 1950*.

Deutscher Reichsverband für Amateur-Boxen (1929). *Wettkampfbestimmungen 1929*.

Die Welt, 21.7.1955. Tourfahrer gedopt?

Die Welt, 5.2.1977. Leistungssport und Medizin – Interview mit Professor Wildor Hollmann, Köln. Auf dem Weg in ein Panoptikum.

Die Welt, 14.8.1978. An einem Feuerzeug entzündeten sich die Gemüter.

Die Zeit, 16.8.1969, S. 34. Chemische Athleten-Produktion?

Dirix, A. (1966a). Ergebnisse der Antidoping Kontrollen in Belgien im Jahre 1965. In G. Hanekopf (Hrsg.), *XVI. Weltkongreß für Sportmedizin in Hannover 12. bis 16. Juni 1966. Kongreßbericht* (S. 707-708). Köln & Berlin: Deutscher Ärzteverlag.

Dirix, A. (1966b). The Doping Problem at the Tokyo and Mexico City Olympic Games. *Journal of Sports Medicine and Physical Fitness*, 6 (3), 183-186.

Dirix, A. (1967). The problems of altitude and doping in Mexico. *Bulletin du Comité International Olympique*, 2 (97), 43-46.

DLV (1959). *Amtliche Leichtathletik-Bestimmungen 1959.*

DLV (1971). *Amtliche Leichtathletik-Bestimmungen 1971.*

Donike, M. (1966). Der Dopingnachweis mit Hilfe chromatographischer Methoden. *Sportarzt und Sportmedizin,* 2, 81-86.

Donike, M. (1971). BDR-Arzt Dr. Donike nimmt Stellung. *Radsport*, 29.6.1971, 6 & 10.

Donike, M. (1972). Dopinganalytik bei den Olympischen Spielen. In H. Acker (Hrsg.), *Rekorde aus der Retorte. Leistungssteigerung im modernen Hochleistungssport* (S. 46-52). Stuttgart: Deutsche Verlags-Anstalt.

Donike, M. (1975). Zum Problem des Nachweises der anabolen Steroide: Gaschromatographische und massenspezifische Möglichkeiten. *Sportarzt und Sportmedizin,* 1, 1-6.

Donike, M., Adamietz, B., Opfermann, G., Schänzer, W., Zimmermann, J. & Mandel, F. (1985). Die Normbereiche für Testosteron- und Epitestosteron-Urinspiegel sowie des Testosteron-/Epitestosteron Quotienten. In W. Franz, H. Mellerowicz & W. Noack (Hrsg), *Training und Sport zur Prävention und Rehabilitation in der technisierten Umwelt* (S. 503-507). Berlin, Heidelberg, New York & Tokyo: Springer.

Donike, M., Bärwald, K.-R., Klostermann, K., Schänzer, W. & Zimmermann, J. (1983). Nachweis von exogenem Testosteron. In H. Heck, W. Hollmann, H. Liesen & R. Rost (Hrsg.), *Sport: Leistung und Gesundheit* (S. 293-298). Köln: Deutscher Ärzte Verlag.

Donike, M. & Stratmann, D. (1970). Die Amphetaminausscheidung als Indikator für den Captagonmißbrauch. *Sportarzt und Sportmedizin*, 21, 287.

Donike, M., Zimmermann, J., Bärwald, K.-R., Schänzer, W., Christ, V., Klostermann, K. & Opfermann, G. (1984). Routinebestimmung von Anabolika im Harn. *Deutsche Zeitschrift für Sportmedizin*, 1, 14-24.

DSB (1953). Deutscher Sportbund zum Thema „Doping“. *Sportmedizin*, 4, 61.

DSB (1970). *Rahmen-Richtlinien zur Bekämpfung des Dopings.*

DSB (1977a). Grundsatzerklärung für den Spitzensport. Beschluß des Hauptausschusses des Deutschen Sportbundes am 11.6.1977 in Baden-Baden. In DSB (Hrsg), *Grundsatzerklärung für den Spitzensport. 17. Sitzung des Hauptausschusses des Deutschen Sportbundes am 11. Juni 1977 in Baden-Baden* (S. 10-12). DSB.

DSB (1977b). *Rahmen-Richtlinien zur Bekämpfung des Dopings.*

DSB (1978). *Bericht des Präsidiums 1974-1978.* Frankfurt: Haßmüller.

DSB (1982). *Bericht des Präsidiums 1978-1982.* Frankfurt: Haßmüller.

DSB (1986). *Bericht des Präsidiums 1982-1986.* Frankfurt: Haßmüller.

Dubin, C. (1990): *Commission of Inquiry into the Use of Drugs and Banned Practices Intended to Increase Athletic Performance.* Ottawa: Canadian Government Publishing Centre.

Dugal, R. (1977). Doping tests in Montreal. *Olympic Review*, 6-7 (116-117), 383-387.

Dugal, R., Dupuis, C. & Bertrand, M. J. (1977). Radioimmunoassay of anabolic steroids: an evaluation of three antisera for the detection of anabolic steroids in biological fluids. *British Journal of Sports Medicine*, 11, 162-169.

Egle, M (1937). Die Ernährung der Olympiakämpfer während der 16 Wettkampftage der XI. Olympiade Berlin 1936. *Die Ernährung*, 2 (6), 241-254.

Ehrenberg, R. (1948). Über die Wirkung länger dauernder Phosphatzufuhr auf den Stoffwechsel in Ruhe und Arbeit. Untersuchungen an Gesunden und Rekonvaleszenten. *Deutsche Medizinische Wochenschrift*, 3/4, 44-47.

Ekblom, B, Goldbarg, A. N. & Gullbring, B. (1972). Response to exercise after blood loss and reinfusion. *Journal of Applied Physiology*, 33 (2), 175-180.

Emden, G. (1919). Über die Bedeutung von Phosphorsäure für die Muskeltätigkeit und Leistungsfähigkeit. *Medizinische Klinik*, 30, 732-737.

Engelhardt, E. (1953). Ernährungsprobleme im Sport. In Deutscher Sportärztebund (Hrsg.), *Training, Leistung, Gesundheit. Vorträge und Referate anlässlich des Sportärztekongresses Berlin 1952* (S. 103-105). Frankfurt/M.: Limpert.

Engelhardt, E. (1958). Begrüßungsansprache. In Deutscher Sportärztebund (Hrsg.), *Möglichkeiten der Anpassung an extreme körperliche Belastungen. 18. Deutscher Sportärztekongress in Hamburg 1957* (S. 9-10). Frankfurt/M.: Limpert.

Europarat (1989). *Übereinkommen gegen Doping. Strasbourg, 16.11.1989 (Amtliche Übersetzung Deutschland).* Zugriff am 19.8.2015 unter http://conventions.coe.int/Treaty/ger/Treaties/Html/135.htm

Fédération Internationale Médicine Sportive (1954). Tagungsbericht der Generalversammlung der FIMS. 18. Mai 1954 zu Belgrad. *Sportmedizin*, 9 (5), 149-151.

Ferreira Santos, J. & Carvalho Pini, M. de (1963). Doping. *Bulletin du Comité International Olympique*, 2 (81), 56-57.

Ferris, E. (1979). Sportswomen and medicine (II). *Olympic Review*, 6 (140), 332-339.

Fischbach, E. (1955). Zum Kapitel „Doping". *Sportmedizin*, 9, 145-146.

Frederiksen, L. (1962). Correspondence. *Bulletin du Comité International Olympique*, 5 (78), 47.

Friedrich, F. (1950). *Sport und Körper. Die biologischen Grundlagen der Leibeserziehung*. München: Franz Ehrenwirt.

Friedrich, F. (1955). Zum Kapitel „Doping". *Sportmedizin*, 2, 22-24.

Fuchs, V. (1988). *Hämatologische und metabolische Veränderungen bei starken körperlichen Belastungen unter dem Einfluss von Testosteron*. Dissertation an der Universität Freiburg/ Breisgau.

Gabius, A. (2016). Transparency. Zugriff am 14.8.2016 unter http://www.arnegabius.de/transparency/

Galbo, H., Hummer, L., Peterson, I. B., Christensen, N. J. & Bie, N. (1977). Thyreoid and testicular responses to graded and prolonged exercise in man. *European Journal of Applied Physiology*, 36, 101-106.

Gerschler, W. (1953). Diskussionsbemerkungen eines erfahrenen Trainers. In Deutscher Sportärztebund (Hrsg.), *Training, Leistung, Gesundheit. Vorträge und Referate anlässlich des Sportärztekongresses Berlin 1952* (S. 179-182). Frankfurt/M.: Limpert.

Gieseler, K. (1978). Soziale Hilfen für den Spitzensport. Aide-mémoire von Karlheinz Gieseler zu einem Gespräch des Deutschen Sportbundes mit der Bundesvereinigung der Arbeitgeberverbände am 7. Juli 1977 in Köln. In DSB (Hrsg.), *Bericht des Präsidiums 1974-1978* (S. 143-145). Frankfurt: Haßmüller.

Gieseler, K., Blank, E., Eulering, J., Groß, G. G., Klein, H., Pelshenke, G., Quanz, D., Tröger, W. & Wegener, G. (1972). *Der Sport in der Bundesrepublik Deutschland*. Bonn: Boldt.

Gossner, E. (1954). Präventive Medizin und Sportarzt. *Sportmedizin*, 11, 191-192.

Graf, O. (1939a). Die Bedeutung der Ausgangslage und der motorischen Erregung für den pharmakologischen Arbeitsversuch. *Arbeitsphysiologie*, 10, 337-350.

Graf, O. (1939b). Zur Frage der spezifischen Wirkung der Cola auf die körperliche Leistungsfähigkeit. *Arbeitsphysiologie*, 10, 376-395.

Graf, O. (1939c). Über den Einfluß von Pervitin auf einige psychische und psychomotorische Funktionen. *Arbeitsphysiologie*, 10, 692-705.

Graf, O. (1957). Genußmittel, Genußgifte, Leistungsfähigkeit. *Sportmedizin*, 1, 17-22.

Grupe, O. (1959). Was erwartet der Sport von der Sportmedizin? *Sonderdruck aus „Der Sportarzt"*, 11.

Grupe, O. (1977). Der Athlet im Mittelpunkt. Einführung in die Grundsatzerklärung für den Spitzensport von Prof. Dr. Ommo Grupe. In DSB (Hrsg), *Grundsatzerklärung für den Spitzensport. 17. Sitzung des Hauptausschusses des Deutschen Sportbundes am 11. Juni 1977 in Baden-Baden* (S. 5-9). DSB.

Grünewald, M. (1928). Einfluss der Koffeinwirkung auf Arbeitserfolg und sportliche Leistung. *Die Leibesübungen*, 13-14, 359-360.

Hagedorn, G. (1987). Olympiastützpunkte – eine Zukunftschance? *Leistungssport*, 6, 5-9.

Halt, K. R. v. (1952). Olympia. *Leibesübungen – Sportarzt – Erziehung*, 4 (6), 34.

Hartmann, R. (1973). Das Trauma Anabolika. *Leichtathletik*, 47, 1660-1661.

Hauschild, F. (1938). Tierexperimentelles über eine peroral wirksame zentralanaleptische Substanz mit peripherer Kreislaufwirkung. *Klinische Wochenschrift*, 17 (36), 1257-1258.

Hauschild, F. (1939). Zur Pharmakologie des 1-Phenyl-2-Methylaminopropans (Pervitin). *Naunyn-Schmiedebergs Arch. Exper. Path.*, 191 (465), 465-481.

Hegg, J. J. (1967). Ein Schweizer Kommentar. „Gesetz des Dschungels?" *Leichtathletik*, 40, 1188.

Heim, F. (1954). Die pharmakologische Beeinflussung der Ermüdung. *Ärztliche Praxis*, 6 (9), 1, 11, 13, 14.

Heiss, F. (1952). Deutscher Sportärztebund. Sportärztliche Mitarbeit bei den olympischen Spielen. *Leibesübungen – Sportarzt – Erziehung*, 1-3, 26.

Heitan (1931). Doping im Sport. *Die Leibesübungen*, 4, 111.

Heper, H. A. (1956). Über die Möglichkeit einer Leistungssteigerung im Sport durch Einwirkung auf das vegetative Nervensystem. *Sportmedizin*, 4, 107-114.

Hering, W. (1926). Ultraviolette Strahlen für Sportzwecke. *Die Leibesübungen*, 13, 331.

Herxheimer, H. (1922). Zur Wirkung von primärem Natriumphosphat auf die körperliche Leistungsfähigkeit. *Klinische Wochenschrift*, 10, 480-483.

Herxheimer, H. (1933). *Grundriß der Sportmedizin*. Leipzig: Georg Thieme Verlag.

Heydn, G. (1977). „Luftduschen" nutzten nichts. *Der Deutsche Schwimmsport*, 6, 140.

Heyrodt, H. & Weißenstein, H. (1940). Über Steigerung körperlicher Leistungsfähigkeit durch Pervitin. *Archiv für experimentelle Pathologie und Pharmakologie*, 195, 273-275.

Hoederath, A. (1979). *Hormonelle Reaktionen unter Muskelarbeit mit eigenen experimentellen Untersuchungen zum Verhalten von Testosteron bei Ausdauerbelastung*. Diplomarbeit an der Deutschen Sporthochschule Köln.

Hollmann, W. (1987). Risikofaktoren in der Entwicklung des Hochleistungssports. In H. Rieckert (Hrsg.), *Sportmedizin-Kursbestimmung. Deutscher Sportärztekongreß, Kiel, 16.-19.10.1986* (S. 14-22). Berlin: Springer.

Hoske, H. (1953). Das Problem der menschlichen Leistung. In Deutscher Sportärztebund (Hrsg.), *Training, Leistung, Gesundheit. Vorträge und Referate anlässlich des Sportärztekongresses Berlin 1952* (S. 13-22). Frankfurt/M.: Limpert.

Hoske, H. (1954). Hilfsmittel des Trainings. *Sportmedizin, 2*, 23-25.

Howald, H. (1978). Medical and pharmacological means influencing performance in top competition sport. *Olympic Review*, 5 (127), 297-303.

Hueppe, F. (1913). Sport und Reizmittel. *Berliner Klinische Wochenschrift*, 23.3.1913, 549-552.

Hundhausen, F. W. (1942). Experimentell-psychologische Untersuchung mit Pervitin bei Jugendlichen. In W. Pieper (Hrsg.). (2002), *Nazis on Speed. Drogen im 3. Reich. Band I* (S. 521-528). Löhrbach: Edition Rauschkunde.

IOC (1946). *Olympic Rules*. Lausanne: IOC.

IOC (1971). *Olympic Rules and Regulations*. Lausanne: IOC.

IOC (1972). *Doping*. Lausanne: IOC.

IOC (1974). *Olympic Rules and Regulations*. Lausanne: IOC.

Johnson, L. C. & O'Shea, J. P. (1969). Anabolic Steroid: Effects on Strength Development. *Science*, 5 (164), 957-959.

Johnson, L. C. & O'Shea, J. P. (1973). Anabole Steroide und ihre Auswirkung auf die Kraftentwicklung. *Leistungssport*, 1, 49-55.

Jores, A. (1958). Endokrine Regulation und Leistung. In Deutscher Sportärztebund (Hrsg.), *Möglichkeiten der Anpassung an extreme körperliche Belastungen. 18. Deutscher Sportärztekongress in Hamburg 1957* (S. 52-57). Frankfurt/M.: Limpert.

Kamuti, J. (1984). Medical aspects of violence at sports events. *Olympic Review*, 1-2 (195-196), 36-41.

Karpovich, P. V. (1934). The Effect of Oxygen Inhalation on Swimming Performance. *Research Quarterly of the American Physical Educations Association*, 5 (2), 24-30.

Keul, J. (1970). Doping – Gefährdung des Menschen durch Pharmaka im Sport. Ergebnisse eines Symposiums am 26.10.1969 in Freiburg. In DSB (Hrsg.), *Doping. Pharmakologische Leistungssteigerung und Sport* (S. 5-22). Frankfurt/ M.: Haßmüller.

Keul. J. (1973). Anabolic Steroids, Performance and Metabolism. In O. Grupe, D. Kurz & J. M. Teipel (Hrsg.), *Sport in the Modern World – Chances and Problems. Papers, Results, Materials Scientific Congress Munich, August 21 to 25, 1972* (S. 482-485). Berlin, Heidelberg & New York: Springer.

Keul, J. (1987). Olympia-Stützpunkte: Anforderungen an den wissenschaftlichen Service. *Leistungssport*, 1, 9-11.

Keul, J., Deus, B. & Kindermann, W. (1976). Anabole Hormone: Schädigung, Leistungsfähigkeit und Stoffwechsel. *Medizinische Klinik*, 12, 497-503.

Keul, J. & Kindermann, W. (1976). Leistungsfähigkeit und Schädigungsmöglichkeit bei Einnahme von Anabolika. *Leistungssport*, 2, 108-112.

Klaus, E. J. (1954). Sporthygienische Fragen. In DSB (Hrsg.), *Sportmedizin und Gesundheitserziehung* (S. 31-41). Frankfurt/M.: Limpert.

Klaus, E. J. (1963). Prof. Dr. med. Frohwalt Heiss mit der Ruhemann-Plakette ausgezeichnet. *Der Sportarzt*, 10, 240.

Klavis, G. (1955). Leistungssteigernde Pharmaka. In E. Mager, P. Rosenberger & H. Steeg (Hrsg.), *Leistung, Ermüdung, Sicherheit. Kongreß für Arbeitsschutz und Arbeitsmedizin. Düsseldorf vom 18. bis 20. November 1954* (S. 206-214). Darmstadt: Steinkopff.

Klein, E. & Weis, V. (1953). Statistische Untersuchung über die Steigerung der Leistungsfähigkeit durch Ultraviolettbestrahlung. *Arbeitsphysiologie*, 15, 85-92.

Knecht, W. (1978). *Das Medaillenkollektiv. Fakten, Dokumente, Kommentare zum Sport in der DDR.* Berlin: Holzapfel.

Koch, A. (1954). Der Präsident des Deutschen Sportärztebundes zum Kongreß 1954. *Sportmedizin*, 9, 257-258.

Koch, A. (1955). Präventive Medizin und Sport. *Sportmedizin*, 9, 130-131.

Koch, A. (1956). Die deutsche Sportmedizin in der Entwicklung. In Deutscher Sportärztebund (Hrsg.), *Präventive Medizin und Leibesübungen in der Jugend. Vorträge und Referate anläßlich des Deutschen Sportärztekongresses 1955 in Augsburg* (S. 9-14). Tries: Freiburg/ Breisgau.

Koch, A. (1958). *Sportmedizin.* Wien & Innsbruck: Urban & Schwarzenbeck.

Koch, A., Hoske, H. & Hamacher, J. M. (1954). Vom Wirken des Sportarztes. In DSB (Hrsg.), *Sportmedizin und Gesundheitserziehung* (S. 15-29). Frankfurt/ M.: Limpert.

Kofink, H. (1972). Schreiben Kofink an DLV, 11.8.1972. Zugriff am 4.8.2015 unter http://www.cycling4fans.de/uploads/media/Offener_Brief_von_Kofink _an_den_DLV_11.8.1972.pdf

Kohlhaas, M. (1966). Gesetzliche Grundlagen für ein Verbot des „Doping"? *Sportarzt und Sportmedizin*, 2, 64-74 & 77-78 & 81.

Kohlhaas, M. (1970). Zur Anwendung aufputschender Mittel im Sport. *Neue juristische Wochenschrift*, 44, 1958-1960.

Kohlhaas, M. (1972a). Doping aus rechtlicher Sicht. In H. Acker (Hrsg.), *Rekorde aus der Retorte. Leistungssteigerung in modernen Hochleistungssport* (S. 53-57). Stuttgart: Deutsche Verlags-Anstalt.

Kohlhaas, M. (1972b). Das Doping aus rechtlicher Sicht. In F.-C. Schroeder & H. Kauffmann (Hrsg.), *Sport und Recht* (S. 48-56). Berlin: de Gruyter.

Kolkow, J. (1955). *Untersuchung über die Wirkung des „Inosit" auf die vegetative Tonuslage beim Trainierten und Untrainierten.* Diplomarbeit an der Deutschen Sporthochschule Köln.

Kölnische Rundschau, 21.7.1955. Doping-Verdacht bei der Tour de France. Rennleitung veranlaßte internationales Kampfgericht zur Untersuchung.

Krahl, H. (1987). Offener Brief von Prof. Dr. Krahl. *Leichtathletik*, 26, 807.

Krüskemper, H. L. (1965). *Anabole Steroide*. Stuttgart: Thieme.

Kuoppasalmi, K., Noveri, H., Härkönen, M. & Adlercreutz, H. (1980). Plasma Cortisol, Androstendione, Testosterone und Luteinizing Hormone in Running Exercise of Different Intensities. *Scandinavian Journal of Clinical & Laboratory Investigation*, 40, 403-409.

Kusserath, A. (1934). Unsichtbare Strahlen im Dienste des Sportwesens. *Leibesübungen und körperliche Erziehung*, 1, 17-18.

La Cava, G. (1962). The use of drugs in competitive sport. *Bulletin du Comité International Olympique*, 5 (78), 52-53.

La Cava, G. (1976). What medicine owes to the Olympic Games. *Olympic Review*, 3-4 (101-102), 164-167.

Lade, F. (1926). Anwendung ultravioletter Strahlen im Training. *Die Leibesübungen*, 2, 44.

Lehmann, G. (1936). Arbeitsfähigkeit und Ultraviolettbestrahlung. *Forschungen und Fortschritte*, 12 (28), 360-361.

Lehmann, G. & Michaelis, H. F. (1948). Der Eiweißbedarf des Schwerarbeiters. *Biochemische Zeitschrift*, 319, 247-256.

Lehmann, G., Straub, H & Szakáll, A. (1939). Pervitin als leistungssteigerndes Mittel. *Arbeitsphysiologie*, 10 (6), 680-691.

Leichtathletik, 1967, 39, S. 1158. Lügen über Letzerich.

Leichtathletik, 1967, 40, S. 1188. Nun auch die „Prawda".

Leichtathletik, 1969, 13, S. 431. Neu im DLV. Beschlüsse des ordentlichen Verbandstages 1969.

Leichtathletik, 1969, 42, S. 1641. Scheinwerfer: Mitmachen oder verzichten?

Leichtathletik, 1970, 20, S. 689. Scheinwerfer: Wohin wird das führen?

Leichtathletik, 1970, 40, S. 1409. Scheinwerfer: Keine Strafe – aber Dopingverdacht bleibt.

Leichtathletik, 1970, 43, S. 1568. Sind anabole Steroide Dopingmittel? Stellungnahme des DLV Leistungsrats vom 8.8.1970.

Leichtathletik, 1976, 50, S. 1760. Keine offizielle Meinung.

Lempart, T. (1973). *Die XX. Olympischen Spiele München 1972 – Probleme des Hochleistungssports*. Berlin, München & Frankfurt/M.: Bartels & Wernitz.

Lempart, T. & Spitz, L. (1979). *Probleme des Hochleistungssports. Olympische Analyse Montreal 1976*. Berlin, München & Frankfurt/M.: Bartels & Wernitz.

Lendle, L. (1957a). Leistungssteigerung und Ermüdung. *Sportmedizin*, 1, 3-4.

Lendle, L. (1957b). Stimulantia – Excitantia (Dopingmittel). *Sportmedizin*, 1, 22-26.

L'Équipe, 26.8.1976, La pilule magique?

Litchfield, H. R. (1965). Erythropoietic Response to Anabolic Therapy in Nutritionally Deficient Children. *New York State Journal of Medicine*, March 15, 757-761.

Lyster, S. C. & Duncan, G. W. (1963). Anabolic, Androgenic and myotropic activities of derivatives of 7α-methyl-19-nortestosterone. *Acta Endocrinologica*, 43, 399-411.

Mader, A. (1977a). Anabolika im Hochleistungssport. *Leistungssport,* 7 (2), 136-147.

Mader, A. (1977b). Ächtung der Anabolika ist nur vordergründige Drückbergerei. *Medical Tribune*, 18, 16.

McLaren, R. H. (2016). *The Independent Person Report*. Zugriff am 14.8.2016 unter https://www.wada-ama.org/en/resources/doping-control-process/ mclaren-independent-investigations-report-into-sochi-allegations

Meier, W. (1953). Über praktische Erfahrungen bei Anwendung bestimmter Zuckergemische mit Aminosäuren und Alkohol bei Leistungssportlern. In Deutscher Sportärztebund (Hrsg.), *Training, Leistung, Gesundheit. Vorträge und Referate anlässlich des Sportärztekongresses Berlin 1952* (S. 111-114). Frankfurt/M.: Limpert.

Mellerowicz, H. (1954). Deutsches Forschungsinstitut für Sportmedizin. *Sportmedizin*, 9, 303-304.

Mengden, G. v. (1962). Beiträge zur Geschichte des Deutschen Sportbundes. In DSB (Hrsg.), *Jahrbuch des Sports, 1959-1962*. Niedernhausen: Schors.

Mérode, A. de (1979). Doping tests at the Olympic Games in 1976. *Olympic Review*, 1 (135), 10-16.

Mérode, A. de (1984). Anti-doping control. To team doctors. *Olympic Review*, 7-8 (201), 512-513.

Metzner, A. (1958). Eröffnungsansprache. In Deutscher Sportärztebund (Hrsg.), *Möglichkeiten der Anpassung an extreme körperliche Belastungen. 18. Deutscher Sportärztekongress in Hamburg 1957* (S. 8). Frankfurt/M.: Limpert.

Meuwly, M. (1966). Editorial. *Bulletin du Comité International Olympique*, 8 (95), 61.

Moerman, E. (1965). Comparative Study on Detection and Dosage of Doping Agents. In A. de Schaepdryver & H. Hebbelinck (Hrsg.), *Doping. Proceedings of an International Seminar organized at the Universities of Ghent & Brussels, May 1964 by the Research Committee of the International Council of Sport and physical Education* (S. 73-78). Oxford: Pergamon Press.

Moorcroft, D. (1985). Doping. The Athlete's View. Dilemmas and Choices. *Olympic Review*, 10 (216), 634-636.

Müller (1929). Kaffee bei Turnern und Sportlern. *Hochschulblatt für Leibesübungen*, 15 (8).

NADA (2013). *Jahresbericht 2013*. Zugriff am 18.8.2015 unter http://www.nada.de/fileadmin/user_upload/nada/Downloads/Jahresberichte/NADA_Jahreberricht-2013.pdf

Napp, J.-H. (1958). Möglichkeiten und Grenzen der medikamentösen Menstruationsverschiebung. In Deutscher Sportärztebund (Hrsg.), *Möglichkeiten der Anpassung an extreme körperliche Belastungen. 18. Deutscher Sportärztekongress in Hamburg 1957* (S. 272-277). Frankfurt/M.: Limpert.

Nationalsozialistischer Reichsbund für Leibesübungen (1939). *Wettkampfbestimmungen für Leichtathletik*. Berlin: Haus des Deutschen Sports.

Neckermann, J. (1977). Die Abkehr von Normen. *Der Deutsche Schwimmsport*, 1, 6.

Neihaus, A. (1934). Oxygen Inhalation and Athletic Activity. *Journal of the American Medical Association*, 103 (7), 32.

Neue Ruhr Zeitung, 11.8.1959. Deutscher Meister fiel fast vom Rad. „Potz“ dopte zu stark.

Newsletter, 1967, Oktober, 1, S. 14-16. Activities of the Commissions.

Newsletter, 1968, Februar, 5, S. 62-65. International Federations.

Nöcker, J. (1954). Die Ernährung des Sportlers. In J. Nöcker (Hrsg.), *Sportärzte-Tagung. 13. bis 15. Dezember in Leipzig* (S. 285-305). Berlin: VEB Verlag Volk und Gesundheit.

Nöcker, J. (1956). Leistungssteigerung und Leistungsminderung durch alimentäre Einflüsse. *Sportmedizin*, 7 (4), 97-103.

Nutting, E. F., Klimstra, P. D. & Counsell, R. E. (1966a). Anabolic-androgenic activity of a-ring modified androstane derivatives. Part I: A comparison of parenteral activity. *Acta Endocrinologica*, 53, 627-634.

Nutting, E. F., Klimstra, P. D. & Counsell, R. E. (1966b). Anabolic-androgenic activity of a-ring modified androstane derivatives. Part II: A comparison of oral activity. *Acta Endocrinologica*, 53, 635-643.

Oeckl, A. (Hrsg.). (1998). *Taschenbuch des Öffentlichen Lebens. Deutschland 1998/99.* Bonn: Festland.

Olympic Review, 1970, November-Dezember, 38-39, S. 653-660. In the International Federations.

Olympic Review, 1980, Dezember, 158, S. 688-689. Olympic wishes for 1981.

Olympic Review, 1982, Januar, 171, S. 49-60. Within the International Federations.

Olympic Review, 1985, Mai-Juni, 211-212, S. 352-366. National Committees.

Olympic Review, 1989, Oktober, 263-264, S. 458-460. Dope control laboratories accredited by the IOC.

Organisations-Komitee für die XI. Olympiade Berlin 1936 (1936). *Bekanntmachung Nr. 4, Berlin 20. Juli 1936. Der Marathonlauf bei den Olympischen Spielen 1936, 9. August, 15 Uhr.*

Organisationskomitee Montreal (1978). *Games of the XXI Olympiad Montreal 1976. Official Report.*

Overbeek, G. & Visser, J. de (1961). A comparison of the myotrophic and androgenic activities of the phenylpropionates and decanoates of testosterone and nandrolone. *Acta Endocrinologica*, 38, 285-292.

Overbeek, G. A., Delver, A. & Visser, J. de (1962). Anabolic properties of ethylestrenol. *Acta Endocrinologica*, 40, 133-139.

Oza, G. M. (1969). Athletes, Doping and Olympism. *Olympic Review*, 4 (19), 209-212.

Oza, G. M. (1971). The Olympic Ideal faces extinction. *Olympic Review*, 3 (42), 179-180.

Pellizza, J. (1973). Anabolic Substances and their Use in Sport. *Olympic Review*, 1-2 (62-63), 28-41.

Pellmont, B. (1942). Vergleichende Untersuchung über die Wirkungen von Coramin, Coffein und Pervitin auf psychische und physische Leistung des ermüdeten und nicht-ermüdeten Menschen. *Naunyn-Schmiedebergs Arch. Exper. Path.*, 199, 274-291.

Poppelreuter W. (1930). Ist die Einnahme von primärem Natriumphosphat ein Dopingmittel? *Die Leibesübungen*, 18, 534-536.

Porritt, A. (1965a), Doping. *Bulletin du Comité International Olympique,* 5 (90), 47-49.

Porritt, A. (1965b). Doping and the use of chemical agents to modify human performance in sport. *Bulletin du Comité International Olympique*, 5 (90), 49-50.

Pound R. W., McLaren, R. H. & Younger, G. (2015). *The Independent Commission Report #1.* Zugriff am 14.8.2016 unter https://www.wada-ama.org/en/resources/world-anti-doping-program/independent-commission-report-1

Pound, R. W., McLaren R. H. & Younger G. (2016). *The Independent Commission Report #2.* Zugriff am 14.8.2016 unter https://www.wada-ama.org/en/resources/world-anti-doping-program/independent-commission-report-2

Prokop. L. (1954). Vegetatives System und Leistungsrhythmus im Sport. *Sportmedizin*, 4, 55-57.

Prokop, L. (1955a). Das Dopingproblem im Sport. *Leibesübungen und Leibeserziehung*, 9 (5-6), 6-7.

Prokop, L. (1955b). Sportleistung und Sauerstoffgabe. *Sportmedizin*, 5, 68-70.

Prokop, L. (1957). *Leistungssteigerung durch Placebos. Theorie und Praxis der Körperkultur*, 6, 619-621.

Prokop, L. (1960). Vitamine und Sportleistung. Sportmedizin 1960. In L. Prokop & F. Rinner (Hrsg.), *Bericht des 13. Internationalen Kongresses für Sportmedizin in Wien* (S. 20-29). Wien: Hollinek.

Prokop, L. (1962). Doping im Sport. In H. Groh (Hrsg.), *Sportmedizin. Biologische und medizinische Grundlagen der Leibesübungen. Ein Lehrbuch für Ärzte, Sportlehrer und Trainer* (S. 248-252). Stuttgart: Enke.

Prokop, L. (1964). The Problem of Doping. In K. Kato (Hrsg.), *Proceedings of the International Congress of Sport Sciences* (S. 267-269). Tokyo: The Japanese Union of Sport Sciences.

Prokop, L. (1966a). Praktische Erfahrungen mit dem Doping in Österreich. *Sportarzt und Sportmedizin,* 2, 56 & 59-60.

Prokop, L. (1966b). Zur Psychopathologie des Dopings. *Sportarzt und Sportmedizin*, 3, 97-99.

Prokop, L. (1968a). Chemische statt Olympische Spiele. *Selecta*, 43, 2803-2810.

Prokop, L. (1968b). Coffein und Sportleistung. *Sportarzt und Sportmedizin*, 6, 280-287.

Prokop, L. (1970). Zur Geschichte des Dopings und seiner Bekämpfung. *Sportarzt und Sportmedizin*, 21 (6), 125-132.

Prokop, L. (1975). Drug Abuse in International Athletics. *Journal of Sport Medicine*, 3/4 (2), 85-87.

Prokop, L. (1978). The contribution of sports medicine to the improvement of performances. *Olympic Review*, 1 (123), 46-51.

Prokop, L. & Radbauer, F. (1966). Die Placebowirkung der Injektion beim Doping. In G. Hanekopf (Hrsg.), *XVI. Weltkongreß der Sportmedizin in Hannover 12. bis 16. Juni 1966. Kongreßbericht* (S. 635-637). Köln & Berlin: Deutscher Ärzte Verlag.

Prokop, L. & Repp, P. (1954). Über experimentelle künstliche Vagotonisierung. *Acta Neurovegetativa*, 2 (10), 169-177.

Prolingheuer, K.-H. & Scholz, H. (1953). Die Wirkung von Hodentotalextrakt auf die körperliche und geistige Leistungsfähigkeit des Mannes. *Medizinische Klinik*, 48, 1219-1221.

Radsport, 8.9.1959, S. 13. Dopingskandal in Dänemark.

Radsport, 13.12.1960, S. 17. Finger weg vom Doping. Gegen Versagen helfen keine Pillen – Knud Jensens trauriges Beispiel in Rom.

Radsport, 26.9.1961, S. 2. Schweizer greifen durch.

Radsport, 9.7.1963, S. 2. Lasst uns ruhig darüber sprechen. Saison-Höhepunkte und unerfreuliche Begleiterscheinungen.

Radsport, 21.7.1964, S. 13. Am Rande der Tour de France.

Radsport, 6.10.1964, S. 19. Morgens Frey (Dänemark).

Radsport, 20.10.1964, S. 12. Deutscher Straßen-Vierer im Pech.

Radsport, 1.12.1964, S. 12. Am Rande der Straßen und Pisten.

Radsport, 6.4.1965, S. 2. Lasst uns ruhig darüber sprechen. Die Wochenend-Rückblende.

Radsport, 15.6.1965, S. 14. Die Tour d'Autriche wurde zur Skandalfahrt.

Radsport, 15.6.1965, S. 14. Da griff Professor Prokop ein.

Radsport, 29.6.1965, S. 18. Brief aus London: Doping-Skandal auch bei der Tour of Britain.

Radsport, 6.7.1965, S. 4. Skandal in der Tour.

Radsport, 21.6.1966, S.11. Doping-Kontrolle auf Verlangen.

Radsport, 5.7.1966, S. 2. Lasst und ruhig darüber sprechen. Die Wochen-Rückblende.

Radsport, 5.7.1966, S. 11. „Warnstreik“ des Tour-Feldes.

Radsport, 29.11.1966, S. 7. Lob und Anerkennung für BDR.

Radsport, 1.8.1967, S. 2. Lasst uns ruhig darüber sprechen.

Radsport, 12.9.1967, S. 2. Positive Bilanz.

Radsport, 30.7.1968, S. 12. Aus Protest.

Radsport, 10.6.1969, S. 6. Randbemerkungen zu einem Rad-Skandal mit Eddy Merckx im Mittelpunkt.

Radsport, 17.6.1969, S. 5. Eddy Merckx darf bei der „Tour de France" starten.

Radsport, 15.7.1969, S. 9. Eddy Merckx will Silvère Maes nacheifern.

Radsport, 15.7.1969, S. 11. Einheitliche Regelung verlangt.

Radsport, 8.6.1971, S. 4. Amtliche Bekanntmachungen Bundesvorstand.

Radsport, 22.6.1971, S. 22. Leserbriefe. Einige Fragen zu den „Doping-Vorfällen".

Reindell, H. (1966). Begrüßung durch den Präsidenten des Deutschen Sportärztebundes. *Sportarzt und Sportmedizin*, 2, 45-46.

Rheinische Post, 12.9.1966. Doping. Tod der Radfahrer.

Riesser, O. (1930). Ist medikamentöse Beeinflussung im Sport möglich? *Die Leibesübungen*, 18, 537-542.

Riesser, O. (1933). Über Doping und Dopingmittel. *Leibesübungen und körperliche Erziehung*, 17, 393-396.

Riesser, O. (1947). Ueber leistungssteigernde Mittel. *Süddeutsche Apotheker-Zeitung*, 87 (7), 149-151.

Rogozkin, V. (1981). Moscow 1980: Doping Control. *Olympic Review*, 3 (161), 155-158.

Rottke, I. (1954). *Untersuchung über den Einfluss von Glukose auf den Tonus des vegetativen Systems.* Diplomarbeit an der Deutschen Sporthochschule Köln.

Ruhemann, W. (1928). Verschiedenes. In A. Mallwitz & H. Rautmann (Hrsg.), *Muskelarbeit und Blutkreislauf. Verhandlungsbericht über die 4. Sportärzte-Tagung vom 22.-24. Oktober 1927* (S. 34-37). Jena: Fischer.

Ruhemann, W. (1953a). Doping. *Sportmedizin*, 2, 26.

Ruhemann, W. (1953b). Neuartige Definition des Begriffes Doping. *Leichtathletik*, 15 (11), 11.

Ruhemann, W. (1953c). Zum Thema Doping. *Der deutsche Schwimmsport*, 10, 149.

Ruhemann, W. (1954). Vorwort. In DSB (Hrsg.), *Sportmedizin und Gesundheitserziehung* (S. 7-12). Frankfurt/M.: Limpert.

Schenk, P. (1937). Bericht über die Verpflegung der im „Olympischen Dorf" untergebrachten Teilnehmer an den XI. Olympischen Spielen 1936 zu Berlin. *Die Ernährung*, 2 (1), 1-24.

Schönholzer, G. (1966). Sauerstoff als Doping? *Sportarzt und Sportmedizin*, 2, 51-52 & 55.

Schrange, C. (1971). Kompliment Herr Hangstein ... Das war „präsidentisch"! *Radsport*, 34, 7-8.

Schulte, R. W. (1930). *Der Einfluss des Kaffees auf Körper und Geist*. Dresden: Verlag des Deutschen Hygiene-Museums & Deutscher Verlag für Volkswohlfahrt.

Schwarting, G. & Neth, R. (1960). Über anabole Wirkstoffe. Klinische Stoffwechseluntersuchungen mit einem neuen anabol wirkenden Steroid. *Schweizerische Medizinische Wochenschrift*, 39, 1092-1099.

Schwimmsport, 1976, 24, S. 441-444. Trotz der 17 Weltrekorde bei den DDR-Titelkämpfen: DSSV-Verbandstrainer Schramme: „Nur ein Schritt zum Höhepunkt!"

Schwimmsport, 1977, 21, S. 418. Aktion „Luftklistier" – Fakten um ein Kapitel, das dem DSV Schaden eintrug.

Schwimmsport, 1979, 46, S. 987-988. Auf der Flucht vor der Vergangenheit.

Seel, H. (1933). Medikamentöse Beeinflussung der Leibesübungen. In W. Knoll & A. Arnold (Hrsg.), *Normale und pathologische Physiologie der Leibesübungen* (S. 259-263). Leipzig: Johann Ambrosius Barth.

Seel, H. (1956). Äussere Einwirkungen. Pharmakologische Beeinflussung der Leistungsfähigkeit. In A. Arnold (Hrsg.), *Lehrbuch der Sportmedizin* (S. 398-407). Leipzig: Barth.

Settegast, G. (1953). *Untersuchungen über den Einfluss eines Monodisaccharid-Gemisches auf die vegetative Tonuslage bei Trainierten und Untrainierten.* Diplomarbeit an der Deutschen Sporthochschule Köln.

Shuer, M. (1982). Steroids. *Women's Sports*, 4, 17-23 & 58.

Sievert, H.-H. (1954). Aufgaben und Grenzen staatlicher Hilfe für den Sport. *Die Leibeserziehung*, 4, 73-74.

Smith, C. & Johnson, P. C. (1961). Anabolic effect of 19-nortestosterone phenylpropionate in underweight geriatric women. *Journal of the American Geriatric Society*, 9, 304-311.

Soehring, K. (1958): Pharmakologische Grundlagen der Leistungsbeeinflussung. In Deutscher Sportärztebund (Hrsg.), *Möglichkeiten der Anpassung an extreme körperliche Belastungen. 18. Deutscher Sportärztekongress in Hamburg 1957* (S. 283-284). Frankfurt/M.: Limpert.

Sport-Informations-Dienst, 29.11.1978. Hollmann fordert mehr Mittel.

Spranger, C.-D. (1988). Olympiastützpunkte. Eine neue Dimension für den deutschen Spitzensport. *Leistungssport*, 3, 5-7.

Steinbach, M. (1968). Über den Einfluß anaboler Wirkstoffe auf Körpergewicht, Muskelkraft und Muskeltraining. *Sportarzt und Sportmedizin*, 11, 485-492.

Struck, W. (1954). *Untersuchungen über die Wirkung des „Inovit" auf die vegetative Tonuslage beim Trainierten und Untrainierten.* Diplomarbeit an der Deutschen Sporthochschule Köln.

Sturm, K. (1928). Die Vorbereitungen auf die Spiele. In J. Waitzer & W. Dörr (Hrsg.), *Welt-Olympia in Wort und Bild. Deutsches Erinnerungswerk über die Olympischen Spiele von Amsterdam 1928 gewidmet der Deutschen Jugend zur Belehrung und Begeisterung* (S. 170-173). Berlin, Stuttgart & Zürich: Conzett & Huber.

Swedish Olympic Committee (1913) *The Olympic Games of Stockholm 1912. Official Report*. Stockholm: Swedish Olympic Committee.

Tausk, M. (1970). *Pharmakologie der Hormone.* Stuttgart: Thieme.

The Guardian, 9.8.2015. Mo Farah calls for his anti-doping blood test to be made public. Zugriff am 14.8.2016 unter https://www.theguardian.com/sport/2015/aug/09/mo-farah-anti-doping-blood-test-data-public

The Times, 27.8.1976. „Wonder" Pill claimed to be secret of success.

Thörner, W. (1959). *Biologische Grundlagen der Leibeserziehung. Anatomie, Physiologie und Bewegungslehre vorwiegend für Sportler und Erzieher.* Bonn: Dümmler.

UCI (1968). *Doping (annexe aux Règlement Généraux).*

Urhausen, A., Spieldenner, J., Biro, G. & Kindermann, W. (1991). Verhalten von Hormonen und Substraten während einer mehrwöchigen Trainingsphase unter Testosteron. In P. Bernett & D. Jeschke (Hrsg.), *Sport und Medizin. Pro und Contra* (S. 820-822). München, Bern, Wien & San Francisco: Zuckschwerdt.

Urhausen, A., Stein, R., Biro, G. & Kindermann, W. (1989a). Einfluss intramuskulärer Testosterongaben auf Leistungsfähigkeit und Regenerationsfähigkeit. In D. Böning, K. M. Braumann, M. W. Busse, N. Maassen & W. Schmidt (Hrsg.), *Sport – Rettung oder Risiko für die Gesundheit?* (S. 575-579). Köln: Deutscher Ärzte-Verlag.

Urhausen, A., Stein, R., Biro, G. & Kindermann, W. (1989b). Metabolismus und hormonelles Verhalten bei Ausdauertrainierten unter Testosteronapplikation. *Sportmedizin*, 40, 312-319.

USADA (2012). *Annual Report 2012*. Zugriff am 18.8.2015 unter http://www.usada.org/wp-content/uploads/2012_annual_report.pdf

Venerando, A. (1963). Patologia del doping e mezzi di controllo. *Medicina dello sport*, 3 (9), S. 30-40.

Venerando, A. & Sio, F. de (1965). Organisation et résultats du contrôle anti-doping. In A. de Schaepdryver & H. Hebbelinck (Hrsg.), *Doping. Proceedings of an International Seminar organized at the Universities of Ghent & Brussels, May 1964 by the Research Committee of the International Council of Sport and physical Education* (S. 133-145). Oxford: Pergamon Press.

Vogel, M. (1933). Ernährung. In W. Knoll und A. Arnold (Hrsg.), *Normale und pathologische Physiologie der Leibesübungen* (S. 130-138). Leipzig: Johann Ambrosius Barth.

WADA (2001). *Cape Town Declaration on Anti-Doping in Sport.* Zugriff am 15.7.2013 unter www.wada-ama.org/Documents/About_WADA/Funding/WADA_CapeTownDeclaration_EN.pdf.

WADA (2013). *Anti-Doping Testing Figures. Laboratory Report 2013.* Zugriff am 18.8.2015 unter https://wada-main-prod.s3.amazonaws.com/wada_2014_anti-doping-testing-figures_full-report_en.pdf

WADA (2015a). *World Anti-Doping Code 2015.* Montreal: WADA. Zugriff am 18.8.2015 unter https://wada-main-prod.s3.amazonaws.com/resources/files/wada-2015-world-anti-doping-code.pdf

WADA (2015b). *A Brief History of Anti-Doping.* Zugriff am 21.7.2015 unter https://www.wada-ama.org/en/who-we-are/a-brief-history-of-anti-doping

Wade, N. (1972). Anabolic Steroids: Doctors Denounce them, but Athletes Aren't Listening. *Science,* 176 (6), 1400.

Ward, R. J., Shackleton, C. H. & Lawson, A. M. (1975). Gas Chromatographic-mass Spectometric Methods or Detection and Identification of Anabolic Steroid Drugs. *British Journal of Sports Medicine*, 9, 93-97.

Wegener, J. (1956). *Untersuchungen über die Wirkung der „Fruktose" auf die vegetative Tonuslage bei Trainierten und Untrainierten.* Diplomarbeit an der Deutschen Sporthochschule Köln

Wegener, O. (1954). *Die Wirkung von Dopingmitteln auf den Kreislauf und die körperliche Leistung.* Dissertation: Freiburg/ Breisgau.

Weidemann, H. (1966). Internationale Konferenz über „Doping bei Sportlern" vom 23.-25. September in Straßburg. *Sportarzt und Sportmedizin*, 2, 49-50.

Welt am Sonntag, 10.9.1961. Polizei entdeckte Doping-Arsenal.

Welt der Arbeit, 20.11.1953. Mixturen, Medizinmänner, Matadore.

Weyer, W. (1977). Für einen menschlichen Sport. Bericht des Präsidenten des DSB, Dr. h.c. Willi Weyer. In DSB (Hrsg), *Grundsatzerklärung für den Spitzensport. 17. Sitzung des Hauptausschusses des Deutschen Sportbundes am 11. Juni 1977 in Baden-Baden* (S. 3-4). DSB.

Wick, G. (1953). *Beeinflusst intravenöse Honigzufuhr die vegetative Tonuslage beim Trainierten und Untrainierten?* Diplomarbeit an der Deutschen Sporthochschule Köln.

Wildhagen, F. K. (1952). Leistungssteigerung durch Phoselit. *Medizinische Klinik*, 47, 83-84.

Williams, M. H., Goodwin, A. R., Perkins, R. & Bocrie, J. (1973). Effect of blood reinjection upon endurance capacity and heart rate. *Medicine & Science in Sports & Exercise*, 5 (3), 181-186.

Worringen. K. A. (1926a). Doping im Sport. *Die Leibesübungen*, 14-15, 354-355.

Worringen, K. A. (1926b). Entgegnung auf die Äußerungen von Geh. Can.-Rat Dr. Hugo Bach. *Die Leibesübungen*, 19, 448.

Worringen, K. A. (1930). Über Arzneimittelanwendung in der sportärztlichen Praxis. *Die Leibesübungen*, 14, 408-414.

Wünsche, W. (1966). Doping: Der große Selbstbetrug im Sport. *Olympisches Feuer*, 7, 9-11.

SEKUNDÄRLITERATUR

Ackerknecht, E. H. (1992). *Geschichte der Medizin*. Stuttgart: Ferdinand Enke.

Adler, P. A. & Adler, P. (2006). Constructing Deviance. In. P. A. Adler & P. Adler (Hrsg.), *Constructions of Deviance. Social Power, Context and Interaction* (S. 135-138). Belmont: Thomson Wadworth.

Allison, L. (2012). The ideals of the founding father: mythologised, evolved or betrayed? In J. Sugden & A. Tomlinson (Hrsg.), *Watching the Olympics. Politics, power and representation* (S. 18-35). Abingdon: Routledge.

Anders, G. (2008). Soziologie des (Hoch-)Leistungssports. In K. Weis & R. Gugutzer (Hrsg.), *Handbuch Sportsoziologie* (S. 308-330). Schorndorf: Hofmann.

Anderson. L. & Jackson, S. (2013). Competing loyalties in sports medicine: Threats to medical professionalism in elite, commercial sport. *International Review for the Sociology of Sport*, 48 (29), 238-256.

Andrews, D. & Wagg, S. (2007). Introduction: War minus shooting? In S. Wagg & D. L. Andrews (Hrsg.), *East plays West. Sport and the Cold War* (S. 1-11). London & New York: Routledge.

Arndt, K. H. (2004). Entwicklung, Wirken und Ende des Sportmedizinischen Dienstes der ehemaligen DDR. *Deutsche Zeitschrift für Sportmedizin*, 55 (12), 322-329.

Asmuth, C. (2010). Dopingdefinitionen – vom der Moral zum Recht. In C. Asmuth (Hrsg.), *Was ist Doping? Fakten und Probleme der aktuellen Diskussion* (S. 13-32). Bielefeld: transcript.

Asmuth, C. (2012). „Vertrauen ist gut, Kontrolle ist besser". Über Ethik und Kontrolle im Sport. In C. Asmuth & C. Binkelmann (Hrsg.), *Entgrenzung des Machbaren? Doping zwischen Recht und Moral* (S. 223-250). Bielefeld: transcript.

Asmuth, C. & Binkelmann, C. (2012). Einleitung. In C. Asmuth & C. Binkelmann (Hrsg.), *Entgrenzung des Machbaren? Doping zwischen Recht und Moral* (S. 7-18). Bielefeld: transcript.

Bachl, N. (2010). Univ. Prof. DDDr. Ludwig Prokop zum 90. Geburtstag. *Sport- und Präventivmedizin*, 40 (3), 6.

Balbier, U. A. (2005). „Spiel ohne Grenzen". Zu Stand und Perspektiven der deutschen Sportgeschichtsforschung. *Archiv für Sozialgeschichte*, 45, 585-598.

Balbier, U. A. (2007a). *Kalter Krieg auf der Aschenbahn: Der deutsch-deutsche Sport 1950-1972. Eine politische Geschichte*. Paderborn: Schöningh.

Balbier, U. A. (2007b). „Die Grenzenlosigkeit menschlicher Leistungsfähigkeit“ – Planungsgläubigkeit, Konkurrenz und Leistungssportförderung in der Bundesrepublik und der DDR in den 1960er Jahren. *Historical Social Research*, 32 (1), 137-153.

Baltrusch, E. (1997). Politik, Kommerz, Doping: Zum Sport in der Antike. *Gymnasium*, 104, 509-521.

Bächi, B. (2009). *Vitamin C für alle!: pharmazeutische Produktion, Vermarktung und Gesundheitspolitik (1933-1953)*. Zürich: Chronos.

Beamish, R. & Ritchie, I. (2004). From Chivalrous ‚Brothers-in-Arms‘ to the Eligible Athlete: Changed Principles and the IOC's Banned Substance List. *International Review for the Sociology of Sport*, 39 (4), 355-372.

Beamish, R. & Ritchie, I. (2005a). From Fixed Capacities to Performance-Enhancement: The Paradigm Shift in the Science of Training and the Use of Performance-Enhancing Substances. *Sport in History*, 25 (3), 412-433.

Beamish, R. & Ritchie, I. (2005b). The Spectre of Steroids: Nazi Propaganda, Cold War Anxiety and Patriarchal Paternalism. *International Journal of the History of Sport*, 22 (5), 777-795.

Beamish, R. & Ritchie, I. (2006). *Fastest, Highest, Strongest. A critique of high-performance sport.* New York: Routledge.

Beamish, R. & Ritchie, I. (2007). Totalitarian Regimes and Cold War sport: steroid „Übermensch“ and „ball bearing females“. In S. Wagg & D. L. Andrews (Hrsg.), *East plays West. Sport and the Cold War* (S.11-26). London: Routledge.

Becker, C. (2012). Marginalisierung der Sportgeschichte? *Deutschland Archiv. Zeitschrift für das vereinigte Deutschland*, 45 (2), 343-350.

Becker, F. (2013). Raum und Ritual, Körper und Kultur, Politik und Presse: Neue Bücher zur Sportgeschichte. *Neue Politische Literatur*, 58, 375-388.

Becker, H. (1973). *Outsiders. Studies in the Sociology of Deviance*. New York: The Free Press.

Ben-Yahuda, N. (1990). *The Politics and Morality of Deviance. Moral Panics, Drugs Abuse, Deviants Science, and Reversed Stigmatization*. New York: State University of New York Press.

Berendonk, B. (1992). *Doping. Von der Forschung zum Betrug*. Reinbek: Rowohlt.

Berendonk, B. & Franke, W. (1997). Hormondoping als Regierungsprogramm. Mit Virilisierung von Mädchen und Frauen zum Erfolg. In G. Hartmann (Hrsg.), *Goldkinder. Die DDR im Spiegel ihres Spitzensports* (S. 166-187). Leipzig: Forum.

Berger, P. L. & Luckmann, T. (1999). *Die gesellschaftliche Konstruktion der Wirklichkeit. Eine Theorie der Wissenssoziologie*. Frankfurt/M.: Fischer.

Bernett, H. (1987). *Leichtathletik im geschichtlichen Wandel*. Schorndorf: Hofmann.

Bernett, H. (1990). Sport zwischen Kampf, Spiel und Arbeit – Zum Perspektivwechseln in der Theorie des Sports. In H. Gabler & U. Göhner (Hrsg.), *Für einen besseren Sport ... Themen, Entwicklungen und Perspektiven aus Sport und Sportwissenschaft* (S. 163-185). Schorndorf: Hofmann.

Bernett, H. (1995). Neue Aspekte der Zeitgeschichte des Sports. *Sportwissenschaft*, 25 (2), 119-136.

Berryman, J. W. (1995). *Out of Many, One. A History of the American College of Sports Medicine.* Champaign: Human Kinetics.

Berryman, J. W. (2012). The Role of Physiology and Cardiology in the Founding and Early Years of the American College of Sports Medicine. In D. Malcolm & P. Safai (Hrsg.), *The Social Organization of Sports Medicine. Critical Socio-Cultural Perspectives* (S. 25-53). London & New York: Routledge.

Bette, K.-H. (1994). Vorwort. In K.-H. Bette (Hrsg.), *Doping im Leistungssport – sozialwissenschaftlich betrachtet* (S. 1-5). Stuttgart: Nagelschmid.

Bette, K.-H. (2001). Kollektive Personalisierung: strukturelle Defizite im Dopingdiskurs. In H. Digel (Hrsg.), *Spitzensport. Chancen und Probleme* (S. 26-42). Schorndorf: Hofmann.

Bette, K.-H. & Schimank, U. (2006a). *Doping im Hochleistungssport. Anpassung durch Abweichung*. Frankfurt/M.: Suhrkamp.

Bette, K.-H. & Schimank, U. (2006b). *Die Dopingfalle. Soziologische Betrachtungen*. Bielefeld: transcript.

Bette. K.-H. (2010). *Sportsoziologie*. Bielefeld: transcript.

Bloomer, R. (1997). „Dopen“ im Deutschen. Zur Geschichte eines aktuellen Wortes. *Muttersprache*, 107 (3), 206-216.

Bluhm G. (2010). Diskursiver Wandel und der Raum des Politischen. In A. Landwehr (Hrsg.), *Diskursiver Wandel* (S. 177-212). Wiesbaden: VS Verlag für Sozialwissenschaften.

Booth, D. (2003). Theory: Distorting or Enrichung Sport History? *Sport History Review*, 34, 1-32.

Booth, D. (2004). Escaping the Past? The Cultural Turn and Language in Sport History. *Rethinking History*, 8 (1), 103-125.

Booth, D. (2005) Lobbying Orgies: Olympic City Bids in the Post-Los Angeles Era. In K. Young & K. B. Wamsley (Hrsg.), *Global Olympics. Historical and Sociological Studies of the Modern Games* (S. 201-227). Amsterdam: Elsevier.

Booth, D. (2010). Theory. In W. Pope & J. Nauright (Hrsg.), *Routledge Companion to Sports History* (S. 12-34). London & New York: Routledge.

Bödeker H. E. (2002). Reflexionen über Begriffsgeschichte als Methode. In H. E. Bödeker (Hrsg.), *Begriffsgeschichte, Diskursgeschichte, Metapherngeschichte* (S. 74-121). Göttingen. Wallstein.

Brinkschulte, E. (2002). *Körperertüchtigung(en): Sportmedizin zwischen Leistungsoptimierer und Gesundheitsförderung 1895-1933.* Berlin: Freie Universität.

Brissonneau, C. (2015). The 1998 Tour de France. Festina, from scandal to an affair in cycling. In V. Møller, I. Waddington & J. Hoberman (Hrsg.), *Routledge Handbook of Drugs and Sport* (S. 181-192). Routledge: London & New York.

Brissonneau, C. & Depiesse, F. (2006). Doping and Doping control in French Sport. In G. Spitzer (Hrsg.), *Doping and Doping Control in Europe* (S. 145-167). Stuttgart: Meyer & Meyer.

Brown, D. (2001). Modern sport, modernism and the cultural manifesto: De Coubertin's Revue Olympique. *International Journal of the History of Sport,* 18, 78-109.

Brunner, O., Conze, W. & Koselleck, R. (1972): Einleitung. In O. Brunner, W. Conze & R. Koselleck (Hrsg.), *Geschichtliche Grundbegriffe. Historisches Lexikon der politisch-sozialen Sprache in Deutschland. Band I A-D* (S. XIII-XXVII). Stuttgart: Klett.

Bublitz, H. (1999). Diskursanalyse als Gesellschafts-„Theorie". „Diagnostik" historischer Praktiken am Beispiel der „Kulturkrisen"-Semantik und der Geschlechterordnung um die Jahrhundertwende. In H. Bublitz, A. D. Bührmann, C. Hanke & A. Seier (Hrsg.), *Das Wuchern der Diskurse: Perspektiven der Diskursanalyse Foucaults* (S. 22-48). Frankfurt/M. & New York: Campus.

Busse, D. (2009). *Semantik.* Paderborn: Fink.

Cachay, K. & Thiel, A. (2000). *Soziologie des Sports. Zur Ausdifferenzierung und Entwicklungsdynamik des Sports der modernen Gesellschaft*. Weinheim & München: Juventa.

Cantelon, H. (2005). Amateurism, High-Performance Sport, and the Olympics. In K. Young & K. B. Wamsley (Hrsg.), *Global Olympics. Historical and Sociological Studies of the Modern Games* (S. 83-101). Amsterdam: Elsevier.

Carl, K. (1983). *Training und Trainingslehre in Deutschland.* Schorndorf: Hofmann.

Carr, C. L. (2000). *On Fairness*. Aldershot: Engl.-Burlington.

Carter, N. (2012a). From Voluntarism to Specialization: Sports Medicine and the British Association of Sport and Medicine. In D. Malcolm & P. Safai (Hrsg.), *The Social Organization of Sports Medicine. Critical Socio-Cultural Perspectives* (S. 54-76). London & New York: Routledge.

Carter, N. (2012b). *Medicine, Sport and the Body. A Historical Perspective*. London & New York: Bloomsbury.

Catlin, D. H., Fitch, K. D. & Ljungqvist, A. (2008). Medicine and science in the fight against doping in sport. *Journal of Internal Medicine,* 264, 99-114.

Caysa, V. (2004). Was ist ein fairer Umgang mit dem Körper? In C. Pawlenka (Hrsg.), *Sportethik. Regeln – Fairness – Doping* (S. 149-163). Paderborn: mentis.

Chappelet, J.-L. & Kübler-Mabbott, B. (2008). *The International Olympic Committee and the Olympic System. The governance of world sport.* London & New York: Routledge.

Christiansen, A. V. (2005). The Legacy of Festina. Patterns of Drug Use in European Cycling since 1999. *Sport in History*, 25 (3), 497-514.

Christiansen, A. V. & Gleaves, J. (2014). What do the humanitites (really) know about doping? Questions, answers and cross-disciplinary strategies. *Performance Enhancement & Health*, 49, 1-10.

Clarke, E. G. & Moss, M. S. (1976). A Brief History of Dope Detection in Racehorses. *British Journal of Sports Medicine*, 10 (3), 100-102.

Clarke, A. E., Shim, J. K., Mamo, L., Fosket, J. R. & Fishman, J. R. (2003). Biomedicalization: Technoscience, Health, and Illness in the U.S. Biomedicine. *American Sociological Review*, 68, 161-194.

Connor, J. M., Woolf, J. & Mazanov, J. (2013). Would they dope? Revisiting the Goldman dilemma. *British Journal of Sports Medicine*, 47 (11), 697-700.

Conrad, P. (2007). *The Medicalization of Society. On the Transformation of Human Conditions into Treatable Disorders*. Baltimore: John Hopkins University Press.

Conrad, P. & Schneider, J. W. (1980). *Deviance and Medicalization. From Badness to Sickness*. St. Louis, Toronto & London: The C.V. Mosby Company.

Corrigan B. & Kazlauskas R. (2000). Drug testing at the Sydney Olympics. *Medical Journal of Australia*, 173, 312-313.

Court, J. & Hollmann, W. (2001). Doping. In O. Grupe & D. Mieth (Hrsg.), *Lexikon der Ethik im Sport* (S. 97-105). Schorndorf: Hofmann.

Craen, A. J. de, Kaptchuk, T. J., Tijssen, J. G. & Kleijne, J. (1999). Placebo and placebo effects in medicine: historical overview. *Journal of the Royal Society Medicine*, 92, 511-515.

DaCosta, L. (2006). A Never-Ending Story: The Philosophical Controversy Over Olympism. *Journal of the Philosophy of Sport*, 33, 157-173.

Daniel, U. (2001). *Kompendium Kulturgeschichte. Theorien, Praxis, Schlüsselworte*. Frankfurt/M.: Suhrkamp.

Daumann, F. (2013). *Die Ökonomie des Dopings*. Berlin: Erich Schmidt.

Daume, W. (1995). Vorwort. In V. Gerhardt & M. Lämmer (Hrsg.), *Fairness und Fair play: Eine Ringvorlesung an der deutschen Sporthochschule Köln* (S. VII). Sankt Augustin: Academia.

Davidson, D. (1986). *Wahrheit und Interpretation*. Frankfurt/M.: Suhrkamp.

Digel, H. (2002). Ist das Dopingproblem lösbar? In H. Digel & H.-H. Dickhut (Hrsg.), *Doping im Sport* (S. 1-38). Tübingen: Attempto.

Dimeo, P. (2007a). *A History of Drug Use in Sport. Beyond Good and Evil.* London & New York: Routledge.

Dimeo, P. (2007b). Good Versus Evil? Drugs, Sport and the Cold War. In S. Wagg & D. Andrews (Hrsg.), *East plays West: Sport and the Cold War* (S. 149-162). London: Routledge.

Dimeo, P. (2009). The Origins of Anti-Doping Policy in Sports: From Public Health to Fair Play. In V. Møller, M. McNamee & P. Dimeo (Hrsg.), *Elite Sport, Doping and Public Health* (S. 29-40). Odense: University Press of Southern Denmark.

Dimeo P. (2014). Why Lance Armstrong? Historical context and key turning-points in the "cleaning up" of professional cycling. *International Journal of the History of Sport*, 31 (8), 951-968.

Dimeo, P. (2016). The truth about Knud. Revisiting an anti-doping myth. Zugriff am 9.8.2016 unter http://www.sportsintegrityinitiative.com/the-truth-about-knud-revisiting-an-anti-doping-myth/

Dimeo, P. & Hunt, T. (2012). The doping of athletes in the former East Germany: A critical assessment of comparisons with Nazi medical experiments. *International Review for the Sociology of Sport*, 47 (5), 581-593.

Dimeo, P., Hunt, T. & Bowers, M. T. (2011). Saint or Sinner?: A Reconsideration of the Career of Prince Alexandre de Merode, Chair of the International Olympic Committee's Medical Commission, 1967-2002. *The International Journal of the History of Sport*, 28 (6), 925-940.

Dimeo, P. & Taylor, J. (2013). Monitoring drug use in sport: The contrast between official statistics and other evidence. *Drugs: education, prevention and policy,* 20 (1), 40-47.

Dirix, A. & Sturbois, X. (1998). *The first thirty years of the International Olympic Committee Medical Commission 1967-1997*. Lausanne: International Olympic Committee.

Donohoe, T. & Johnson, N. (1986). *Foul Play. Drug Abuse in Sports*. Oxford: Basil Blackwell.

Dresen, A. (2010). *Doping im Spitzensport als soziales Problem. Ursachen und Folgen eines gesellschaftlichen Diskurses.* Wiesbaden: VS Verlag für Sozialwissenschaften.

Dresen, A. (2012). Doping im Sport. Eine Historie der Zuschreibung zwischen Legitimität, Verbot und sozialem Problem. *Sportzeiten. Sport in Geschichte, Kultur und Gesellschaft*, 12 (3), 53-71.

Dresen, A. (2015). Soziologische Betrachtungen von Doping. In A. Dresen, L. Form & R. Brand (Hrsg.), *Dopingforschung. Perspektiven und Themen* (S. 79-96). Schorndorf: Hofmann.

Dyreson, M. (2015). Global Television and the Transformation of the Olympics: The 1984 Los Angeles Games. *The International Journal of the History of Sport*, 32 (1), 172-184.

Dyreson, M. & Rorke, T. (2014). A Powerful False Positive: Nationalism, Science and Public Opinion in the ‚Oxygen Doping' Allegations Against Japanese Swimmers at the 1932 Olympics. *The International Journal of the History of Sport,* 31 (8), 854-870.

Eckart, W. U. (2009). *Geschichte der Medizin. Fakten, Konzepte, Haltungen.* Berlin & Heidelberg: Springer.

Eckart, W. U. & Jütte, R. (2007). *Medizingeschichte. Eine Einführung.* Köln, Weimar & Wien: Böhlau.

Eder, F. (2006). Historische Diskurse und ihre Analyse – eine Einleitung. In F. Eder (Hrsg.), *Historische Diskursanalysen. Genealogie, Theorie, Anwendungen* (S. 9-26). Wiesbaden: VS Verlag für Sozialwissenschaften.

Eisenberg, C. (1994). Der deutsche Sport in der Zeitgeschichte. Überlegungen aus sozial- und kulturgeschichtlicher Sicht. *Mitteilungen aus der kulturgeschichtlichen Forschung*, 17 (34), 179-191.

Eisenberg, C. (1999). *„English Sports" und deutsche Bürger: Eine Gesellschaftsgeschichte 1800-1939.* Paderborn, München, Wien & Zürich: Schöningh.

Emrich, E. & Pitsch, W. (2009). Zum Dopingkontrollmarkt – Sind Investitionen in den Anschein von Ehrlichkeit lohnender als die Ehrlichkeit selbst? In E. Emrich & W. Pitsch (Hrsg.), *Sport und Doping – zur Analyse einer antagonistischen Symbiose* (S. 111-126). Frankfurt/M.: Lang.

Evans, R. (1999). *Fakten und Fiktionen. Über die Grundlagen historischer Erkenntnis.* Frankfurt/M. & New York: Campus.

Fair, J. (1988). Olympic Weightlifting and the Introduction of Steroids: A Statistical Analysis of World Championchip Results, 1948-1972. *International Journal of the History of Sport*, 5, 99-114.

Fair, J. (1993). Isometrics or Steroids? Exploring New Frontiers of Strength in the Early 1960s. *Journal of Sport History*, 20 (1), 1-24.

Fischer-Solms, H. (2009). Spritzensport. Doping in Ost und West. In Stiftung Haus der Geschichte der Bundesrepublik Deutschland (Hrsg.), *Wir gegen uns. Sport im geteilten Deutschland* (S. 110-121). Darmstadt: Primus.

Fitch. K. D. (2013). Therapeutic use exemptions (TUEs) at the Olympic Games 1992-2012. *British Journal of Sports Medicine*, 0, 1-4.

Foddy, B. & Savulescu, J. (2008). Ethik der Leistungssteigerung im Sport: Medikamenten- und Gen-Doping. In B. Schöne-Seiffert & D. Talbot (Hrsg.), *Enhancement. Die ethische Debatte* (S. 93-113). Paderborn: mentis.

Fost, N. (1986). Banning drugs in sports: A sceptical view. *Hastings Center Report*, 5-10.

Foucault, M. (1976). *Der Wille zum Wissen. Sexualität und Wahrheit, Bd. 1.* Frankfurt/M.: Suhrkamp.

Foucault, M. (1977). *Überwachen und Strafen. Die Geburt des Gefängnisses.* Frankfurt/M.: Suhrkamp.

Foucault, M. (1981). *Archäologie des Wissens.* Frankfurt/ M.: Suhrkamp.

Föllmer, M., Graf, R. & Leo, P. (2005). Einleitung: Die Kultur der Krise in der Weimarer Republik. In M. Föllmer & R. Graf (Hrsg.), *Die „Krise" der Weimarer Republik. Zur Kritik eines Deutungsmusters* (S. 9-44). Frankfurt/M. & New York: Campus.

Franke, W. & Ludwig, U. (2007). *Der verratene Sport.* München: Zabert.

Frevert, U. (1984). *Krankheit als politisches Problem 1770 – 1880. Soziale Unterschichten in Preußen zwischen medizinischer Polizei und staatlicher Sozialversicherung.* Göttingen: Vandenhoeck & Ruprecht.

Frings, A. & Marx, J. (2006). Wenn Diskurse baden gehen. Eine handlungstheoretische Fundierung der Diskursanalyse. In F. Eder (Hrsg.), *Historische Diskursanalysen. Genealogie, Theorie, Anwendungen* (S. 91-112). Wiesbaden: VS Verlag für Sozialwissenschaften.

Fritz, G. (2006). *Historische Semantik.* Stuttgart & Weimar: Metzler.

Gebhardt, W. (2005). Kulturwissenschaft und Soziologie. In K. Stierstorfer & L. Volkmann (Hrsg.), *Kulturwissenschaft Interdisziplinär* (S. 19-38). Tübingen: Narr.

Gerhardt, V. (1995). Fairness – die Tugend des Sports. In V. Gerhardt & M. Lämmer (Hrsg.), *Fairness und Fair play: Eine Ringvorlesung an der deutschen Sporthochschule Köln* (S. 5-25). St. Augustin: Academia.

Gissel, N. (2002). Sportgeschichte. In G. Bäumler, J. Court & W. Hollmann (Hrsg.). *Sportmedizin und Sportwissenschaft* (S. 413-437). Sankt Augustin: Academia.

Gissel, N., Krüger, M. & Langenfeld, H. (2010). Grundlagen und Methoden sporthistorischer Forschung. In M. Krüger & H. Langenfeld (Hrsg.), *Handbuch Sportgeschichte* (S. 46-54). Schorndorf: Hofmann.

Gleaves, J. (2011a). Enhancing the Odds: Horse Racing, Gambling and the First Anti-Doping Movement in Sport, 1889-1911. *Sport in History*, 32 (1), 26-52.

Gleaves, J. (2011b). Doped Professionals and Clean Amateurs: Amateurism's Influence on the Modern Philosophy of Anti-Doping. *Journal of Sport History*, 38 (2), 237-254.

Gleaves, J. (2014). A Global History of Doping in Sport: Drugs, Nationalism and Politics. *The International Journal of the History of Sport*, 31 (8), 815-819.

Gleaves, J. (2015a). Manufactured Dope: How the 1984 US Olympic Cycling Team Rewrote the Rules on Drugs in Sports. *The International Journal of the History of Sport*, 32 (1), 89-107.

Gleaves, J. (2015b). The Prohibited List and its Implications. In V. Møller, I. Waddington & J. Hoberman (Hrsg.), *Routledge Handbook of Drugs and Sport* (S. 283-292). Routledge: London & New York.

Gleaves, J & Llewellyn, M. (2014). Sport, Drugs and Amateurism: Tracing the Real Cultural Origins of Anti-Doping Rules in International Sport. *The International Journal of the History of Sport*, 31 (8), 839-853.

Goldman, B. (1984). *Death in the Locker Room.* South Bend: Icarus.

Goode, E. (1994). *Deviant Behavior.* Englewood Cliffs: Prentice Hall.

Goode, E. (2011). *Sports Doping as Deviance. Anti-Doping as Moral Panic.* Copenhagen: International Network of Humanistic Doping Research.

Goode, E. & Ben-Yahuda, N. (2009). *Moral Panic. The Social Construction of Deviance.* Chichester: Wiley-Blackwell.

Graf, R. (2005). Die „Krise" im intellektuellen Zukunftsdiskurs. In M. Föllmer & R. Graf (Hrsg.), *Die „Krise" der Weimarer Republik. Zur Kritik eines Deutungsmusters* (S. 77-106). Frankfurt/M. & New York: Campus.

Graf, R. (2006). Diskursanalyse und radikale Interpretation. Davidsonianische Überlegungen zu Grenzen und Transformationen historischer Diskurse. In F. Eder (Hrsg), *Historische Diskursanalysen. Genealogie, Theorie, Anwendungen* (S. 71-90). Wiesbaden: VS Verlag für Sozialwissenschaften.

Graf, R. (2008a). Geschichtswissenschaft zwischen Ironie und Bullshit. Pragmatische Überlegungen zum Dissidenzpotential historischer Wahrheit. In A. Frings & J. Marx (Hrsg.), *Erzählen, Erklären, Verstehen. Beiträge zur Wis-*

senschaftstheorie und Methodologie der Historischen Kulturwissenschaften (S. 71-96). Berlin: Akademie.

Graf, R. (2008b). *Die Zukunft der Weimarer Republik. Krisen und Zukunftsaneignung in Deutschland 1918-1933.* München: R. Oldenbourg.

Greiner, E. & Arndt, K.-H. (2004). Der erste deutsche Sportärztekongress 1912 – Programm für ein Jahrhundert. *Deutsche Zeitschrift für Sportmedizin*, 55 (12), 310-314.

Größing, S. (1997). *Streifzüge durch die Geschichte der Bewegungskultur*. Salzburg: Institut für Sportwissenschaften.

Grupe, O. (1996). Die Olympische Idee ist pädagogisch. Zu Fragen und Problemen einer „olympischen Erziehung". In N. Müller & M. Messing (Hrsg.), *Auf der Suche nach der Olympischen Idee. Facetten der Forschung von Athen bis Atlanta* (S. 23-38). Kassel: Agon-Sportverlag.

Grupe, O. (2013). Die Olympische Idee ist eine „Erziehungsidee". In A. Hofmann & M. Krüger (Hrsg.), *Olympia als Bildungsidee. Beiträge zur olympischen Geschichte und Pädagogik* (S. 9-22). Wiesbaden: Springer.

Grüneberg, P. (2010). Normativität in biochemischen Analyseprozessen. In C. Asmuth (Hrsg.), *Was ist Doping? Fakten und Probleme der aktuellen Diskussion* (S. 75-92). Bielefeld: transcript.

Guttmann, A. (1979). *Vom Ritual zum Rekord. Das Wesen des modernen Sports*. Schorndorf: Hofmann.

Guttmann, A. (1987). Ursprünge, soziale Basis und Zukunft des Fair Play. *Sportwissenschaft* 17 (1), 9-19.

Guttmann, A. (1994). *The Olympics: A History of the Modern Games*. Urbana & Chicago: University of Illinois Press.

Habermas, J. (1995a). *Theorie des kommunikativen Handeln, Bd. 1: Handlungsrationalität und gesellschaftliche Rationalisierung*. Frankfurt/M.: Suhrkamp.

Habermas, J. (1995b). *Theorie des kommunikativen Handelns, Bd. 2: Zur Kritik der funktionalistischen Vernunft*. Frankfurt/M.: Suhrkamp.

Habermas, R. (2008). *Diebe vor Gericht. Die Entstehung der modernen Rechtsordnung im 19. Jahrhundert*. Frankfurt/M. & New York: Campus.

Hanstad, D. V., Smith, A. & Waddington, I. (2008). The Establishment of the World Anti-Doping Agency: A Study of the Management of Organisational Change and Unplanned Outcomes. *International Review for the Sociology of Sport*, 43 (3), 227-249.

Hardtwig, W. & Wehler, H.-U. (Hrsg.). (1996). *Kulturgeschichte heute*. Göttingen: Vandenhoeck & Ruprecht.

Haug, T. (2006). *Doping – Dilemma des Leistungssports*. Hamburg: Merus.

Haupt, H. A. & Rovere G. D. (1984). Anabolic Steroids: A Review of the Literature. *American Journal for Sports Medicine*, 12 (6), 469-484.

Havemann, N. (2005). *Fußball unterm Hakenkreuz. Der DFB zwischen Sport, Politik und Kommerz*. Frankfurt/M.: Campus.

Heggie, V. (2011). *A History of British Sports Medicine*. Manchester & New York: Manchester University Press.

Hemmersbach, P. (2008). History of mass spectrometry at the Olympic Games. *Journal of Mass Spectrometry*, 43, 839-853.

Henne, K. (2009). *The Origins of the International Olympic Committee Medical Commission and its Technocratic Regime: An Historiographic Investigation of Anti-Doping Regulation and Enforcement in International Sport*. Zugriff am 15.8.2015 unter http://doc.rero.ch/lm.php?url=1000,44,38,20100301152359-AF/2009_-_The_Origins_of_the_International_Olympic_Committee_Medical_Commission_-_HENNE_K.pdf

Henne, K. (2012). *Doped of Duped? Legacies of Anti-Doping Regulation in the Wake of Lance Armstrong*. Zugriff am 30.5.2015 unter http://ph.au.dk/en/about-the-department-of-public-health/sections/sektion-for-idraet/forskning/forskningsenheden-sport-og-kropskultur/international-network-of-humanistic-doping-research/online-resources/commentaries/doped-or-duped-legacies-of-anti-doping-regulation-in-the-wake-of-lance-armstrong/

Henne, K. (2014). The Emergence of Moral Technopreneurialism in Sport: Techniques in Anti-Doping Regulation, 1966-1976. *The International Journal of the History of Sport*, 31 (8), 884-901.

Henne, K. (2015). *Testing for Athlete Citizenship. Regulating Doping and Sex in Sport*. New Brunswick, New Jersey & London: Rutgers University Press.

Heringer, H. J. (1990). Regeln und Fairness. *Sportwissenschaft*, 20, 27-42.

Heringer, H. J. (1995). Fairness und Moral. In V. Gerhardt & M. Lämmer (Hrsg.), *Fairness und Fair play: Eine Ringvorlesung an der deutschen Sporthochschule Köln* (S. 55-68). St. Augustin: Academia.

Hoberman, J. (1992). The Early Development of Sports Medicine in Germany. In J. W. Berryman & R. J. Park (Hrsg.), *Sport and Exercise Science: Essays in the History of Sports Medicine* (S. 233-282). Urbana: University of Illinois.

Hoberman, J. (1994). *Sterbliche Maschinen. Doping und die Unmenschlichkeit des Hochleistungssports.* Aachen: Meyer & Meyer.

Hoberman, J. (1998). „Mortal Engines". Hochleistungssport und die physiologischen Grenzen des menschlichen Organismus. In P. Sarasin & J. Tanner (Hrsg.). *Physiologie und industrielle Gesellschaft. Studien zur Verwissen-*

schaftlichung des Körpers im 19. und 20. Jahrhundert (S. 491-507). Frankfurt/ M.: Suhrkamp.

Hoberman, J. (2001a). How Drug Testing Fails: The Politics of Doping Control. In W. Wilson & E. Derse (Hrsg.), *Doping in Elite Sport. The Politics of Drugs in the Olympic Movement* (S. 241-274). Champaign: Human Kinetics.

Hoberman, J. (2001b). Listening to Steroids. In W. J. Morgan, K. V. Meier & A. Schneider (Hrsg.), *Ethics in Sport* (S. 107-118). Champaign: Human Kinetics.

Hoberman, J. (2004). Doping im Sport. Historische und kulturelle Kontexte. In K. Hasselmann, S. Schmidt & C. Zumbusch (Hrsg.), *Utopische Körper. Visionen künftiger Körper in Geschichte, Kunst und Gesellschaft* (S. 193-209). Paderborn: Fink.

Hoberman, J. (2005a). *Testosterone Dreams: Rejuvenation, Aphrodisia, Doping.* Berkeley: University of California Press.

Hoberman, J. (2005b). Olympic Drug Testing: An Interpretative History. In K. Young & K. B. Wamsley (Hrsg.), *Global Olympics. Historical and Sociological Studies of the Modern Games* (S. 249-267). Amsterdam: Elsevier.

Hoberman, J. (2012). Sports Physicians and Doping. Medical Ethics and Elite Performance. In D. Malcolm & P. Safai (Hrsg.), *The Social Organization of Sports Medicine. Critical Socio-Cultural Perspectives* (S. 247-264). London & New York: Routledge.

Hoberman, J. & Yesalis, C. E. (1995). Die Geschichte der androgen-anabolen Steroide. *Spektrum der Wissenschaft*, 4, 82-88.

Hockerts, H. G. (2009). Wettstreit der Systeme. Sport als Spiegel der deutsch-deutschen Beziehungen. In Stiftung Haus der Geschichte der Bundesrepublik Deutschland (Hrsg.), *Wir gegen uns. Sport im geteilten Deutschland* (S. 14-25). Darmstadt: Primus.

Hollmann, W. (1993). 80 Jahre organisierte Sportmedizin. In K. Tittel (Hrsg.), *Sportmedizin: gestern – heute – morgen. Bericht vom Jubiläumssymposium des Deutschen Sportärztebundes, Oberhof vom 25. bis 27. September 1992* (S. 21-31). Leibzig, Berlin & Heidelberg: Barth.

Hollmann, W. & Tittel, K. (2008). *Geschichte der deutschen Sportmedizin.* Gera: Druckhaus.

Holt, R. (2014). Historians and the History of Sport. *Sport in History*, 34 (1), 1-33.

Houlihan, B. (1999) *Dying to Win.* Strasbourg: Council of Europe Press.

Houlihan, B. (2005). International Politics and Olympic Governance. The Cold War Games. In K. Young & K. B. Wamsley (Hrsg.), *Global Olympics. His-*

torical and Sociological Studies of the Modern Games (S. 127-142). Amsterdam: Elsevier.

Houlihan, B. (2012). Doping and the Olympics. Rights, responsibilities and accountabilities (watching the athletes). In J. Sudgen & A. Tomlinson (Hrsg.), *Watching the Olympics. Politics, power and representation* (S. 97-107). Abingdon: Routledge.

Hunt, L. (Hrsg.). (1989). *The New Cultural History*. Berkeley & Los Angeles: University of California Press.

Hunt, T. M. (2007). Sport, Drugs, and the Cold War. The Conundrum of Olympic Doping Policy, 1970-1979. *Olympika*, 16, 19-42.

Hunt, T. M. (2011). *Drug Games. The International Olympic Committee and the politics of doping, 1960-2008*. Austin: University of Texas Press.

Hunt T. M., Dimeo P., Hemme F. & Mueller, A. (2014) The Health Risks of Doping during the Cold War: A Comparative Analysis of the Two Sides of the Iron Curtain. *International Journal of the History of Sport*, 31 (7), 2230-2244.

Hunt, T. M., Dimeo, P. & Jedlicka, S. R. (2012). The historical roots of today's problems: A critical appraisal of the international anti-doping movement. *Performance Enhancement and Health*, 1 (2), 55-60.

Irrgang, B. (2004). Wie unnatürlich ist Doping? Anthropologisch-ethische Reflexionen zur Erlebnis- und Leistungssteigerung. In C. Pawlenka (Hrsg.), *Sportethik. Regeln – Fairness – Doping* (S. 279-291). Paderborn: mentis

Jedlicka, S. R. & Hunt, T. M. (2013). The International Anti-Doping Movement and UNESCO: A Historical Case Study. *The International Journal of the History of Sport*, 30 (13), 1523-1535.

Johnes, M. (2015). Archives and Historians of Sport. *The International Journal of the History of Sport,* 32 (15), 1784-1798.

Jütte, R. (2008). Zur Geschichte des Dopings. *Geschichte in Wissenschaft und Unterricht*, 59 (5-6), 308-322.

Kammerer, C. (2001). What is Doping and how is it detected? In W. Wilson & E. Derse (Hrsg.*), Doping in Elite Sport. The Politics of Drugs in the Olympic Movement* (S. 3-28). Champaign: Human Kinetics.

Katzer, N. (2008). Am Rande der Vollkommenheit. Aspekte einer Geschichte sowjetischer Körperoptimierung. In K. Latzel & L. Niethammer (Hrsg.), *Hormone und Hochleistung. Doping in Ost und West* (S. 205-230). Köln, Weimar & Wien: Böhlau.

Kayser, B. (2009). Current anti-doping policy: harm reduction or harm induction? In V. Møller, M. McNamee & P. Dimeo (Hrsg.), *Elite Sport, Dop-*

ing and Public Health (S. 155-166). Odense: University Press of Southern Denmark.

Kayser, B. & Broers, B. (2015). Doping and performance enhancement. Harms and harm reduction. In V. Møller, I. Waddington & J. Hoberman (Hrsg.), *Routledge Handbook of Drugs and Sport* (S. 363-376). Routledge: London & New York.

Keller, R. (2006). Wissenssoziologische Diskursanalyse. In R. Keller, A. Hirseland, W. Schneider & W. Viehöver (Hrsg.), *Handbuch sozialwissenschaftliche Diskursanalyse. Band I: Theorien und Methoden* (S. 115-146). Wiesbaden: VS Verlag für Sozialwissenschaften.

Keller, R. (2008). *Wissenssoziologische Diskursanalyse. Grundlegung eines Forschungsprogramms*. Wiesbaden: VS Verlag für Sozialwissenschaften.

Keller, R. (2010). Wissenssoziologische Diskursanalyse und Systemtheorie. In R. John, A. Henkel & J. Rückert-John (Hrsg.), *Die Methodologien des Systems. Wie kommt man zum Fall und wie dahinter?* (S. 241-272). Wiesbaden: VS Verlag für Sozialwissenschaften.

Kläber, M. (2013). *Moderner Muskelkult. Zur Sozialgeschichte des Bodybuildings*. Bielefeld: transcript.

Kopera, H. (1985). The history of anabolic steroids and a review of clinical experience with anabolic steroids. *Acta Endocrinologica*, Supplementum 271, 11-18.

Koselleck, R. (1973). *Kritik und Krise. Eine Studie zur Pathogenese der bürgerlichen Welt.* Frankfurt/M.: Suhrkamp.

Koselleck, R. (1979). Begriffsgeschichte und Sozialgeschichte. In R. Koselleck (Hrsg.), *Historische Semantik und Begriffsgeschichte* (S. 19-36). Stuttgart: Klett-Cotta.

Koselleck, R. (1989). *Vergangene Zukunft. Zur Semantik geschichtlicher Zeiten.* Frankfurt/M.: Suhrkamp.

Köchy, K. (2008). Wie beeinflussen naturwissenschaftliche Fakten moralische Vorstellungen. In C. Brand, E.-M. Engels, A. Ferrari & L. Kovács (Hrsg.), *Was ist Bioethik?* (S. 233-254). Paderborn: mentis.

Körner, S. (2012). Doping im Spitzensport der Gesellschaft. In S. Körner & P. Frei (Hrsg.), *Die Möglichkeit des Sports. Kontingenz im Brennpunkt sportwissenschaftlicher Analyse* (S. 73-98). Bielefeld: transcipt.

Krasmann, S. (2002). Gouvernementalität: Zur Kontinuität der Foucaultschen Analytik der Oberfläche. In J. Martschukat (Hrsg.), *Geschichte schreiben mit Foucault* (S. 79-95). Frankfurt/M. & New York: Campus.

Krauß, M. (2000). *Doping*. Hamburg: Rotbuch.

Krieger, J. (2016). *Dope Hunters. The Influence of Scientists in the Fight Against Doping, 1967-1992*. Champaign: Common Ground.

Krieger, J. & Wassong, S. (2013). Die institutionelle Formierungsphase und das frühe Wirken der Medizinischen Kommission des Internationalen Olympischen Komitees. In E. Meinberg & S. Körner (Hrsg.), *Doping – kulturwissenschaftlich betrachtet* (S. 101-116). Sankt Augustin: Academia.

Krogmann, M. (1999). Zur Dopinggesetzgebung im Ausland. Teil 1. *SpuRT* 1/99, 19 f.

Krüger, M. (1988). Zur Geschichte und Bedeutung des Amateurbegriffs. *Sozial- und Zeitgeschichte des Sports*, 2, 85-94.

Krüger, M. (1990). Ruhmsucht und Rekordfimmel – Zur Geschichte der Leistung im Sport. In H. Gabler & U. Göhner (Hrsg.), *Für einen besseren Sport ... Themen, Entwicklungen und Perspektiven aus Sport und Sportwissenschaft* (S. 343-362). Schorndorf: Hofmann.

Krüger, M. (2005). *Einführung in die Geschichte der Leibeserziehung und des Sports. Teil 3: Leibesübungen im 20. Jahrhundert. Sport für alle.* Schorndorf: Hofmann.

Krüger, M. (2006a). Zur Entstehung und Entwicklung von Gesundheitskonzepten im Sport. In K. Bös & W. Brehm (Hrsg.), *Handbuch Gesundheitssport* (S. 42-57). Schorndorf: Hofmann.

Krüger, M. (2006b). Doping im Radsport – zivilisationstheoretische Anmerkungen zu einer langen Geschichte. *Sport und Gesellschaft*, 3, 324-352.

Krüger, M., Becker, C. & Nielsen, S. (2012). The Munich Olympics of 1972: Its Impact on the Relationship between State, Sports and Anti-Doping Policy in West-Germany. *Sport in History*, 32 (4), 526-550.

Krüger, M., Becker, C. & Nielsen, S. (2015). *German Sports, Doping and Politics. A History of Performance Enhancement*. Lanham: Rowman & Littlefield.

Krüger, M., Becker, C., Nielsen, S. & Reinold, M. (2014). *Doping und Anti-Doping in der Bundesrepublik Deutschland 1950 bis 2007. Genese – Strukturen – Politik*. Hildesheim: Arete.

Krüger, M. & Nielsen, S. (2013). Die Entstehung der Nationalen Anti-Doping Agentur in Deutschland (NADA) im Kontext der Gründung der Welt Anti-Doping Agentur (WADA). *Sport und Gesellschaft*, 30 (12), 1351-1373.

Kuhn, T. (1976). *Die Struktur wissenschaftlicher Revolutionen.* Frankfurt/M.: Suhrkamp.

Labisch, A. (1985). Die soziale Konstruktion der „Gesundheit“ und des „homo hygienicus“: Zur Soziogenese eines sozialen Gutes. *Österreichische Zeitschrift für Soziologie*, 10, 60-81.

Labisch, A. (2005). Kulturwissenschaft, Medizin und Medizingeschichte. In K. Stierstorfer & L. Volkmann (Hrsg.), *Kulturwissenschaft Interdisziplinär* (S. 245-271). Tübingen: Narr.

Labisch, A. & Tennstedt, F. (1991). Prävention und Prophylaxe als Handlungsfelder der Gesundheitspolitik im Deutschen Reich (1871-1945). In T. Eikeles, U.-J. Niehoff, R. Rosenbrock & F. Schneider (Hrsg.), *Prävention und Prophylaxe. Theorie und Praxis eines gesundheitspolitischen Grundmotivs in zwei deutschen Staaten 1949-1990* (S. 13-28). Berlin: Sigma.

Laclau, E. & Mouffe, C. (2000). *Hegemonie und radikale Demokratie. Zur Dekonstruktion des Marxismus*. Wien: Passagen.

Lames, M. (2002). Leistungsentwicklung in der Leichtathletik – Ist Doping als leistungsfördernder Effekt identifizierbar? *dvs-Informationen*, 17 (4), 15-22.

Lamnek, S. (2007). *Theorien abweichenden Verhaltens I. „Klassische" Ansätze.* Paderborn: Wilhelm Fink.

Landwehr, A. (2002). Das Sichtbare sichtbar machen. Annäherung an „Wissen" als Kategorie historischer Forschung. In A. Landwehr (Hrsg.), *Geschichte(n) der Wirklichkeit. Beiträge zur Sozial- und Kulturgeschichte des Wissens* (61-89). Augsburg: Wißner.

Landwehr, A. (2003). Diskurs – Macht – Wissen. Perspektiven einer Kulturgeschichte des Politischen. *Archiv für Kulturgeschichte*, 85, 71-117.

Landwehr, A. (2006). Diskursgeschichte als Geschichte des Politischen. In B. Kerchner & S. Schneider (Hrsg.), *Foucault: Diskursanalyse der Politik* (S. 104-122). Wiesbaden: VS Verlag für Sozialwissenschaften.

Landwehr, A. (2007). *Die Erschaffung Venedigs. Raum, Bevölkerung, Mythos 1570-1750.* Paderborn: Schöningh.

Landwehr, A. (2009a). *Historische Diskursanalyse.* Frankfurt/M.: Campus.

Landwehr, A. (2009b). *Kulturgeschichte.* Stuttgart: Ulmer.

Landwehr, A. (2010). Diskurs und Diskursgeschichte. *Docupedia-Zeitgeschichte. Begriffe, Methoden und Debatten zeithistorischer Forschung.* Zugriff am 15.8.2015 unter https://docupedia.de/zg/Diskurs_und_Diskursge schichte

Landwehr, A. & Stockhorst, S. (2008). *Einführung in die Europäische Kulturgeschichte*. Paderborn, München, Wien & Zürich: Schöningh.

Langenfeld. H. (1988). Auf dem Wege zur Sportwissenschaft: Mediziner und Leibesübungen im 19. Jahrhundert. *Stadion,* 14, 125-148.

Langenfeld, H. (1989). Sportgeschichte. In H. Haag & B. Strauß (Hrsg.), *Theorie und Themenfelder der Sportwissenschaft. Orientierungshilfe zur Konzipierung sportwissenschaftlicher Untersuchungen* (S. 82-93). Schorndorf: Hofmann.

Langenfeld, H. (2010). Medizin und Gymnastik: Gesundheit und Leibesübungen. In M. Krüger & H. Langenfeld (Hrsg.), *Handbuch Sportgeschichte* (S. 355-361). Schorndorf: Hofmann.

Latour, B. (2006). Von der „wissenschaftlichen Wahrheit" zur Kartographie von Kontroversen. In W.-A. Liebert & M.-D. Weitze (Hrsg.), *Kontroversen als Schlüssel zur Wissenschaft? Wissenskulturen in sprachlicher Interaktion* (S. 195-202). Bielefeld: transcript.

Latour, B. (2010). *Eine neue Soziologie für eine neue Gesellschaft*. Frankfurt/M.: Suhrkamp.

Latzel, K. (2009). *Staatsdoping. Der VEB Jenapharm im Sportsystem der DDR*. Köln, Weimar & Wien: Böhlau.

Laure, P. (2006). Zur Entwicklung von Dopingregeln und Antidoping-Gesetzen. In W. Knörzer, G. Spitzer & G. Treutlein (Hrsg.), *Dopingprävention in Europa: Grundlagen und Modelle. Erstes Internationales Expertengespräch 2005 in Heidelberg* (S. 121-132). Aachen: Meyer & Meyer.

Lengwiler, M. & Madarász, J. (2010). Präventionsgeschichte als Kulturgeschichte der Gesundheitspolitik. In M. Lengwiler & J. Madarász (Hrsg.), *Das präventive Selbst. Eine Kulturgeschichte moderner Gesundheitspolitik* (S. 11-28). Bielefeld: transcript.

Lenk, H. (1972). *Werte, Ziele, Wirklichkeit der modernen Olympischen Spiele*. Schorndorf: Hofmann.

Lenk, H. (1995). Fairness und Fair Play. In V. Gerhardt & M. Lämmer (Hrsg.), *Fairness und Fair play: Eine Ringvorlesung an der deutschen Sporthochschule Köln* (S. 25-40). Sankt Augustin: Academia.

Lenk, H. (2002). *Erfolg oder Fairness*? Münster: Lit.

Lenk, H. (2004). Wettkampf-Fairness, assoziative Moral und strukturelle Dilemma-Situationen. In C. Pawlenka (Hrsg.), *Sportethik. Regeln – Fairness – Doping* (S. 119-132). Paderborn: mentis.

Lenk, H. & Pilz, G. A. (1989). *Das Prinzip Fairness*. Zürich: Ed. Interfrom.

Link, J. (2012). Subjektivitäten als (inter)diskursive Ereignisse. Mit einem historischen Beispiel (der Kollektivsymbolik von Maschinen vs. Organismus) als Symptom diskursiver Positionen. In R. Keller, W. Schneider & W. Viehöver (Hrsg.), *Diskurs – Macht – Subjekt. Theorie und Empirie von Subjektivierung in der Diskursforschung* (S. 53-68). Wiesbaden: VS Verlag für Sozialwissenschaften.

Llewellyn, M. (2008). ‚Viva L'Italia!' Dorando Pietri and the North American Professional Marathon Craze, 1908-10. *The International Journal of the History of Sport*, 25 (6), 710-736.

Llewellyn, M., Gleaves, J. & Wilson, W. (2015). The Historical Legacy of the 1984 Los Angeles Olympic Games. *The International Journal of the History of Sport*, 32 (1), 1-8.

Loland, S. (2009). Fairness in sport: an ideal and its consequences. In M. McNamee (Hrsg.), *The Ethics of Sports. A Reader* (S. 116-124). London & New York: Routledge.

Loland, S. (2010). Coubertin's Ideology of Olympism from the Perspective of the History of Ideas. In R. K. Barney (Hrsg.), *Rethinking the Olympics. Cultural Histories of the Modern Olympic Games* (S. 63-94). Morgantown: West Virginia University.

López, B. (2011). The invention of a ‚Drug of Mass Destruction': Deconstructing the EPO Myth. *Sport in History*, 31 (1), 84-109.

López, B. (2013). Creating fear: The social construction of human Growth Hormone as a dangerous doping drug. *International Review for the Sociology of Sport*, 48 (2), 220-237.

Lorenz, C. (1997). *Konstruktion der Vergangenheit. Einführung in die Geschichtstheorie.* Köln, Weimar & Wien: Böhlau.

Luh, A. (2013). Sportgeschichte. In V. Burk & M. Fahrner (Hrsg.), *Einführung in die Sportwissenschaft* (S. 73-97). München & Konstanz: UVK.

Luhmann. N. (1984). *Soziale Systeme. Grundriß einer allgemeinen Theorie.* Frankfurt/M.: Suhrkamp.

Luhmann, N. (2008). *Die Moral der Gesellschaft.* Frankfurt/M.: Suhrkamp.

Luhmann, N. (2009). *Soziologische Aufklärung 5. Konstruktivistische Perspektiven.* Wiesbaden: VS Verlag für Sozialwissenschaften.

Lüschen, G. (1994). Doping als abweichendes Verhalten: Methodologische und inhaltliche Aspekte. In: K.-H. Bette (Hrsg.), *Doping im Leistungssport – sozialwissenschaftlich betrachtet* (S. 7-28). Stuttgart: Nagelschmid.

MacAloon, J. (2001). Doping and Moral Authority: Sports Organizations Today. In W. Wilson & E. Derse (Hrsg.), *Doping in Elite Sport: The Politics of Drugs in the Olympic Movement* (S. 205-224). Champaign: Human Kinetics.

Malcolm, D. & Safai, P. (2012). Introduction: The Social Science of Sports Medicine. In D. Malcolm & P. Safai (Hrsg.), *The Social Organization of Sports Medicine. Critical Socio-Cultural Perspectives* (S. 1-24). London & New York: Routledge.

Mannheim, K. (1969). *Ideologie und Utopie.* Frankfurt/M.: Schulte-Bulmke.

Marijon, E., Tafflet, M., Antero-Jacquemin, J., El Helou, N., Berthelot, G., Celermajer, D .S., Bougouin, W., Combes, N., Hermine, O., Empana, J.-P., Rey, G., Toussaint, J.-F. & Jouven, X. (2013). Mortality of French participants in the Tour de France (1947-2012). *European Heart Journal*, 34, 3145-3150.

Maróti, E. (2004). Gab es Doping im altgriechischen Sportleben? *Acta classica Univ. Scient. Debrecen.*, XL-XLL., 65-71.

Marschik M. & Müllner, R. (2009). Sportgeschichte – Geschichte des Sports. In M. Marschik, R. Müllner, O. Penz & G. Spitaler (Hrsg.). *Sport Studies* (S. 255-258). Wien: Facultas.

Meier, H. E. & Reinold, M. (2013). Performance enhancement and politicisation of high performance sport: The West German ‚air clyster' affaire of 1976. *The International Journal of the History of Sport,* 30 (12), 1351-1373.

Meier, H. E. & Reinold, M. (2015). Unintendierte Folgen performanzorientierter Steuerung: Das Beispiel Spitzensport. In M. Döhler, J. Franzke & K. Wegerich (Hrsg.), *Der gut organisierte Staat. Festschrift für Werner Jann zum 65. Geburtstag* (S. 427-448). Baden-Baden: Nomos.

Meier, H. E., Reinold, M. & Rose, A. (2012). Dopingskandale in der alten Bundesrepublik. Öffentlicher Diskurs und sportpolitische Reaktionen. *Deutschland Archiv. Zeitschrift für das vereinigte Deutschland*, 45 (2), 209-239.

Meier H. E., Rose, A. & Woborschil, S. (2012). Der Dopingdiskurs der fünfziger und sechziger Jahre in den Leitmedien Der Spiegel und Die Zeit. *Sportwissenschaft*, 42 (3), 163-177.

Meier, H. E., Rose, A., Woborschil, S. & Konjer M. (2013). Die Rezeptionsgeschichte des Dopings in Deutschland von 1950 bis 2009. Zugriff am 15.8.2015 unter http://www.bisp.de/SharedDocs/Downloads/Aktuelles/Inhalt licher_Bericht_WWU_Rezeption_des_Dopings.pdf?__blob=publicationFile

Mergel, T. (1996). Kulturgeschichte – die neue „große Erzählung"? Wissenssoziologische Bemerkungen zur Konzeptionalisierung sozialer Wirklichkeit in der Geschichtswissenschaft. In W. Hardtwig & H.-U. Wehler (Hrsg.), *Kulturgeschichte heute* (S. 41-77). Göttingen: Vandenhoeck & Ruprecht.

Mergel, T. (2005). Führer, Volksgemeinschaft und Maschine. Politische Erwartungsstrukturen in der Weimarer Republik 1918-1936. In W. Hardtwig (Hrsg.), *Politische Kulturgeschichte in der Zwischenkriegszeit 1918-1939* (S. 91-127). Göttingen: Vandenhoeck & Ruprecht.

Mergel, T. (2008). Überlegungen zu einer Kulturgeschichte der Politik. In S. S. Tschopp (Hrsg.), *Kulturgeschichte* (S. 205-234). Stuttgart: Franz Steiner.

Mergel, T. (2012). Kulturgeschichte der Politik. *Docupedia-Zeitgeschichte. Begriffe, Methoden und Debatten zeithistorischer Forschung.* Zugriff am 15.8.2015 unter https://docupedia.de/zg/Kulturgeschichte_der_Politik_Version_2.0_Thomas_Mergel

Mergel T. & Welskopp T. (Hrsg.). (1997). *Geschichte zwischen Kultur und Gesellschaft. Beiträge zur Theoriedebatte*. München: Beck.

Mergel, T. & Welskopp, T. (1997). Geschichtswissenschaft und Gesellschaftstheorie. In T. Mergel & T. Welskopp (Hrsg.), *Geschichte zwischen Kultur und Gesellschaft. Beiträge zur Theoriedebatte* (S. 9-38). München: Beck.

Mirkin, G. & Hofmann, M. (1978). *The Sportsmedicine Book*. Boston & Toronto: Little, Brown and Company.

Mondenard, J. P. de (1987). *Drogues et dopages*. Paris: Chiron.

Mottram, D. R. (2005). Prevalence of drug misuse in sport. In D. R. Mottram (Hrsg.). *Drugs in Sport* (S. 357-380). London & New York: Routledge.

Møller, V. (2005). Knud Enemarks Jensen's Death During the 1960 Rome Olympics: A Search for the Truth? *Sport in History*, 25, 452-471.

Møller, V. (2010). *The Ethics of Doping and Anti-Doping. Redeeming the Soul of Sport?* London & New York: Routledge.

Møller, V. (2014). Who Guards the Guardians? *The International Journal for the History of Sport,* 31, (8), 934-950.

Møller, V. & Dimeo, P. (2014). Anti-doping – the end of sport. *International Journal of Sport Policy and Politics*, 6 (2), 259-272.

Müller, N. (1996). Olympismus und „Sport für alle". In N. Müller & M. Messing (Hrsg.), *Auf der Suche nach der Olympischen Idee. Facetten der Forschung von Athen bis Atlanta* (S. 123-134). Kassel: Agon-Sportverlag.

Müller, P. (2008). Das Individuelle und das Allgemeine. „Theorie" in der Tradition des geschichtswissenschaftlichen Methodenstreits. In J. Hacke & M. Pohlig (Hrsg.), *Theorie in der Geschichtswissenschaft. Einblicke in die Praxis des historischen Forschens* (S. 131-146). Frankfurt & New York: Campus.

Müller, R. K. (2004). *Doping. Methoden, Wirkungen, Kontrolle*. München: Beck.

Neumann, A. (2006). Ernährungsphysiologische Humanexperimente in der deutschen Militärmedizin 1939-1945. In W. U. Eckart & A. Neumann (Hrsg.), *Medizin im Zweiten Weltkrieg. Militärmedizinische Praxis und medizinische Wissenschaft im „Totalen Krieg"* (S. 151-170). Paderborn, München, Wien & Zürich: Schöningh.

Nixon, H. L. (1992). A social network analysis of influences on athletes to play with pain and injury. *Journal of Sport & Social Issues,* 16, 127-135.

Nixon, H. L. (1993). Accepting the risks of pain and injury in sport: Medicated cultural influences on playing hurt. *Sociology of Sport Journal,* 10, 183-196.

Nixon, H. L. (1994). Coaches' views of risk, pain, and injury in sport with special reference to gender differences. *Sociology of Sport Journal*, 11, 79-87.

Nolte, M. (2013). Olle Kamellen und Dopinggeschichte à la Potjomkin. *Causa sport,* 3, 230-232.

Nonhoff, M. & Gronau, J. (2012). Die Freiheit des Subjekts im Diskurs. Anmerkungen zu einem Verhältnis der Gleichursprünglichkeit. In R. Keller, W. Schneider & W. Viehöver (Hrsg.), *Diskurs – Macht – Subjekt. Theorie und Empirie von Subjektivierung in der Diskursforschung* (S. 109-130). Wiesbaden: VS Verlag für Sozialwissenschaften.

Ott, K. (2004). Grundelemente der Gerechtigkeit im Sport. In C. Pawlenka (Hrsg.), *Sportethik. Regeln – Fairness – Doping* (S. 133-147). Paderborn: mentis.

Park, J. (2005). Governing Doped Bodies: The World Anti-Doping Agency and the Global Culture of Surveillance. *Cultural Studies ← → Critical Methodologies,* 5 (2), 174-186.

Parks, J. (2007). Verbal Gymnastics. Sports, Bureaucracy, and the Soviet Union's Entrance into the Olympic Games, 1946-1952. In S. Wagg & D. L. Andrews (Hrsg.), *East plays West. Sport and the Cold War* (S. 27-44). London & New York: Routledge.

Paris, R. (1998). *Stachel und Speer. Machtstudien.* Frankfurt/M.: Suhrkamp.

Pawlenka, C. (2010). *Ethik, Natur und Doping.* Paderborn: mentis.

Pelshenke, G. (1999). *Stiftung Deutsche Sporthilfe. Die ersten 25 Jahre.* Frankfurt/ M.: Lang.

Perlmutter G. & Lowenthal D. I. (1985). Use of anabolic steroids by athletes. *American Family Physician,* 32, 208-210.

Philipp, M. (2002). *Die Konstruktion des medialen Dopingdiskurses. Struktur und Strategie.* Wiesbaden: Deutscher Universitätsverlag.

Phillips, M. G. (Hrsg.). (2006). *Deconstructing Sport History. A Postmodern Analysis.* New York: State University of New York Press.

Phillips, M. G. (2006). Introduction. Sport History and Postmodernism. In M. G. Phillips (Hrsg.), *Deconstructing Sport History. A Postmodern Analysis* (S. 1-24). New York: State University of New York Press.

Pieper, A. (1995). Fairness als ethisches Prinzip. In V. Gerhardt & M. Lämmer (Hrsg.), *Fairness und Fair play: Eine Ringvorlesung an der deutschen Sporthochschule Köln* (S. 41-54). Sankt Augustin: Academia.

Pitsch, W., Emrich, E. & Klein, M. (2005). Zur Häufigkeit des Dopings im Leistungssport. Ergebnise eines www-surveys. *Leipziger Sportwissenschaftliche Beiträge,* 46 (2), 63-77.

Pitsch, W., Maats, P. & Emrich, E. (2009). Zur Häufigkeit des Dopings im deutschen Spitzensport. In E. Emrich & W. Pitsch (Hrsg.), *Sport und Doping –*

zur Analyse einer antagonistischen Symbiose (S. 19-36). Frankfurt/M.: Lang.

Pohlig, M. & Hacke, J. (2008). Einleitung: Was bedeutet Theorie für die Praxis des Historikers? In J. Hacke & M. Pohlig (Hrsg.), *Theorie in der Geschichtswissenschaft. Einblicke in die Praxis des historischen Forschens* (S. 7-23). Frankfurt/M. & New York: Campus.

Popper, K. (1984). *Objektive Erkenntnis. Ein evolutionärer Entwurf.* Hamburg: Hoffmann & Campe.

Pörksen, B. (2011). Schlüsselwerke des Konstruktivismus. Eine Einführung. In B. Pörksen (Hrsg.), *Schlüsselwerke des Konstruktivismus* (S. 13-30). Wiesbaden: VS Verlag für Sozialwissenschaften.

Preuss, H. (2004). *The Economics of Staging the Olympics. A Comparison of the Games 1972-2008.* Edward Elgar: Cheltenham & Northampton.

Putnam, H. (1979). *Die Bedeutung von „Bedeutung".* Frankfurt/M.: Klostermann.

Putnam, H. (1990). *Vernunft, Wahrheit und Geschichte.* Frankfurt/M.: Suhrkamp.

Putnam, H. (2004). *The Collapse of the Fact / Value Dichotomy and other Essays.* Cambridge: Harvard University Press.

Pyta, W. (2009). Geschichtswissenschaftliche Annäherung an die historische Dimension des Sports. *Sportwissenschaft*, 39 (4), 339-346.

Pyta, W. (2010). Geschichtswissenschaft und Sport – Fragestellungen und Perspektiven. *Geschichte in Wissenschaft und Unterricht*, 61 (7/8), 388-401.

Quine, W. v. O. (1975). *Word and Object.* Cambridge: MIT Press.

Rabenstein, R. (1998). Some facts about the history of doping in cycling competition. *Proceedings 8th international cycle history conference 1997, San Francisco,* 119-130.

Rabinbach, A. (1998). Ermüdung, Energie und der menschliche Motor. In P. Sarasin & J. Tanner (Hrsg.). *Physiologie und industrielle Gesellschaft. Studien zur Verwissenschaftlichung des Körpers im 19. und 20. Jahrhundert* (S. 286-312). Frankfurt/M.: Suhrkamp.

Real, M. R. (2010). Who Owns the Olympics? Political Economy and Critical Moments in the Modern Games. In V. Girginov (Hrsg.), *The Olympics. A Critical Reader* (S. 221-238). Routledge: London & New York.

Reckwitz, A. (2006). *Die Transformation der Kulturtheorien. Zur Entwicklung eines Theorieprogramms.* Göttingen: Velbrück.

Reichhardt, R. (1985). Einleitung. In R. Reichhardt, E. Schmitt & H.-J. Lüsebrink (Hrsg.), *Handbuch politisch-sozialer Grundbegriffe in Frankreich 1680-1820, Heft 1/2* (S. 39-148). München: Oldenbourg.

Reinold, M. (2010). Doping. In M. Krüger & H. Langenfeld (Hrsg.), *Handbuch Sportgeschichte* (S. 362-377). Schorndorf: Hofmann.

Reinold, M. (2012a). *What do we really learn from the history of anti-doping? On the process of increasing restriction and control.* Commentary for the International Network of Humanistic Doping Research. Zugriff am 15.8.2015 unter http://ph.au.dk/en/about-the-department-of-public-health/sections/sektion-for-idraet/forskning/forskningsenheden-sport-og-kropskultur/international-network-of-humanistic-doping-research/online-resources/commentaries/what-do-we-really-learn-from-the-history-of-anti-doping-on-the-process-of-constantly-increasing-restriction-and-control/

Reinold, M. (2012b). *Arguing against doping: A discourse analytical study on Olympic anti-doping between the 1960s and the late 1980s*. Abschließender Forschungsbericht angefertigt innerhalb des Stipendienprogramms für Doktoranden des Internationalen Olympischen Komitees für das Jahr 2011. Zugriff am 15.8.2015 unter http://doc.rero.ch/record/29383?ln=fr

Reinold, M. (2015a). Dopingbekämpfung im sporthistorischen Überblick am Beispiel des Internationalen Olympischen Komitees. In A. Dresen, L. Form & R. Brand (Hrsg.), *Handbuch Dopingforschung* (S. 281-300). Schorndorf: Hofmann.

Reinold, M. (2015b). Die Geschichte der Anti-Dopingpolitik des Internationalen Olympischen Komitees zwischen moralischem Anspruch und sportpolitischer Überforderung. In E. Hübner, & K. Reinhart (Hrsg.), *Sport – Geschichte – Pädagogik. Festschrift zum 60. Geburtstag von Michael Krüger* (S. 210-229). Hildesheim: Arete.

Reinold, M. (2015c). Drug Use in Athletics. In V. Møller, J. Hoberman & I. Waddington (Hrsg.), *Routledge Handbook of Drugs and Sport* (S. 67-77). London & New York: Routledge.

Reinold, M., Becker, C. & Nielsen S. (2012). Die 1960er Jahre als Formationsphase von modernem Doping und Anti-Doping. *Sportwissenschaft*, 42, (3), 153-162.

Reinold, M. & Hoberman, J. (2014). The Myth of the Nazi Steroid. *The International Journal of the History of Sport*, 31 (8), 871-883.

Reinold, M. & Meier. H. E. (2012). Difficult Adaptions to Innovations in Performance Enhancement: ‚Dr. Brustmann's Power Pills' and Anti-Doping in German Post-war Sport. *Sport in History*, 32 (1), 74-104.

Rheinberger, H.-J. (2007). *Historische Epistemologie zur Einführung*. Hamburg: Junius.

Riha, O. (2008). *Grundwissen Geschichte, Theorie, Ethik der Medizin*. Bern: Huber.

Riordan, J. (1987). Sports Medicine in the Soviet Union and German Democratic Republic. *Social Science & Medicine*, 25 (1), 19-26.

Riordan, J. (1993). Rewriting Soviet Sports History. *Journal of Sport History*, 20 (3), 247-258.

Ritchie, I. (2011) Before and After 1968: Reconsidering the Introduction of Drug Testing in the Olympic Games. In S. Wagg (Hrsg.), *Myths and Milestones in the History of Sport* (S. 141-158). Basingstoke: Palgrave Macmillan.

Ritchie, I. (2014). Pierre de Coubertin, Doped ‚Amateurs' and the ‚Spirit of Sport': The Role of Mythology in Olympic Anti-Doping Policies. *The International Journal of the History of Sport,* 31 (8), 820-838.

Rittberger, V. & Boekle, H. (1997). Das Internationale Olympische Komitee – eine Weltregierung des Sports? In O. Grupe (Hrsg.), *Olympischer Sport. Rückblick und Perspektiven* (S. 127-155). Schorndorf: Hofmann.

Roderick, M., Waddington, I. & Parker, G. (2000). ‚Playing Hurt': Managing Injuries in English Professional Football. *International Review for the Sociology of Sport*, 35 (2), 165-180.

Rorty, R. (1981). *Der Spiegel der Natur. Eine Kritik der Philosophie*. Frankfurt/M.: Suhrkamp.

Rosch, E. (1977). Human Categorization. In N. Warren (Hrsg.), *Studies in Cross-Cultural Psychology, Vol. 1*. (S. 1-49). London: Academic Press.

Rose, A. (2014a). *Linguistische Analyse des Dopingbegriffs anhand der Wortfamilie „Doping" und Doping-Metaphern*. Münster: Westfälische Wilhelms-Universität.

Rose, A. (2014b). Zur Funktion der Doping-Metapher in der deutschen Alltagssprache. *metaphorik.de*, 25, 43-78.

Safai, P. (2003). Healing the Body in the ‚Culture of Risk': Examining the Negotiation of Treatment between Sport Medicine Clinicians and injured Athletes in Canadian Intercollegiate Sport. *Sociology of Sport Journal*, 20, 127-146.

Sanchis-Gomar, F., Olaso-Gonzalez, G., Corella, D., Gomez-Cabrera, M. C., & Vina, J. (2011). Increased average longevity among the ‚Tour de France' cyclists. *International Journal of Sports Medicine*, 32 (8), 644-647.

Sarasin, P. (2003). *Geschichtswissenschaft und Diskursanalyse*. Frankfurt/M.: Suhrkamp.

Sarasin, P. (2006). Diskurstheorie und Geschichtswissenschaft. In R. Keller, A. Hirseland, W. Schneider & W. Viehöver (Hrsg.), *Handbuch sozialwissenschaftliche Diskursanalyse. Band I: Theorien und Methoden* (S. 55-81). Wiesbaden: VS Verlag für Sozialwissenschaften.

Sarasin, P. (2011). Was ist Wissensgeschichte? *Internationales Archiv für Sozialgeschichte der deutschen Literatur*, 36 (1), 159-172.

Sarasin, P. & Tanner, J. (1998). Einleitung. In P. Sarasin & J. Tanner (Hrsg.). *Physiologie und industrielle Gesellschaft. Studien zur Verwissenschaftlichung des Körpers im 19. und 20. Jahrhundert* (S. 12-43). Frankfurt/M.: Suhrkamp.

Savulescu, J., Foddy, B. & Clayton, M. (2004). Why should we allow performance enhancing drugs in sport. *British journal of sports medicine*, 38 (6), 666-670.

Schänzer, W. & Thevis, M. (2004). Doping und Dopinganalytik: Wirkstoffe und Methoden. *Chemie in unserer Zeit*, 38 (4), 230-241.

Schiller, K. & Young, C. (2009). Introduction. The History and Historiography of Sport in Germany: Social, Cultural and Political Perspectives. *German History*, 27 (3), 313-330.

Schmidt, J. (2009). *Internationale Dopingbekämpfung. Grundlagen und nationalstaatliche Umsetzung.* Stuttgart: Boorberg.

Schnell, A., Mayer, J., Diehl, K., Zipfel, S. & Thiel, A. (2014). Giving everything for athletic success! – Sports-specific risk acceptance of elite adolescent athletes. *Psychology of Sport and Exercise*, 15, 165-172.

Schnyder, P. (2000). Erfundene Ursprünge und sprechende Bilder. Historische, etymologische und metaphorische Bemerkungen zum Dopingdiskurs. In M. Gamper, J. Mühlethaler & F. Reidhaar (Hrsg.), *Doping. Spitzensport als gesellschaftliches Phänomen* (S. 69-88). Zürich: Verlag Neue Züricher Zeitung.

Schöttler, P. (1997). „Wer hat Angst vor dem ‚linguistic turn'?" *Geschichte und Gesellschaft*, 23, 134-151.

Schulz, N. (1991). Das Gesundheitsmotiv im sportpädagogischen Denken. Historische Stationen eines wechselhaften Verhältnisses. In D. Küpper & L. Kottmann (Hrsg.), *Sport und Gesundheit* (S. 9-34). Schorndorf: Hofmann.

Schulze Forsthövel, U. (2015). Das „Gedächtnis des Sports". Die Bemühungen des DOSB um Erhalt und Nutzung von Sportkulturgut. In E. Hübner & K. Reinhart (Hrsg.), *Sport – Geschichte – Pädagogik. Festschrift zum 60. Geburtstag von Michael Krüger* (S. 51-65). Hildesheim: Arete.

Seier, A. (1999). Kategorien der Entzifferung: Macht und Diskurs als Analyseraster. In H. Bublitz, A. D. Bührmann, C. Hanke & A. Seier (Hrsg.), *Das Wuchern der Diskurse: Perspektiven der Diskursanalyse Foucaults* (S. 75-86). Frankfurt/M. & New York: Campus.

Senkel, K. (2014). *Wirksamkeitschancen des „Anti-Doping-Rechts". Eine interdisziplinäre Analyse zu den Anforderungen an Dopingbekämpfungsmechanismen und deren Umsetzung.* Dissertation Saarbrücken.

Shaw, C. (2008). *Five Rings Circus: Myths and Realities of the Olympic Games*. Garibola Island: New Society Publishers.

Siep, L. (1995). Arten der Fairness im Sport. In V. Gerhardt & M. Lämmer (Hrsg.), *Fairness und Fair play: Eine Ringvorlesung an der deutschen Sporthochschule Köln* (S. 87-102). Sankt Augustin: Academia.

Simon, P. (2014). *Appell an alle Spitzensportler. Das ist schlimmer als Pornographie*. Zugriff am 17.8.2015 unter http://www.faz.net/aktuell/sport/sportpolitik/doping/perikles-simon-aufruf-an-sportler-im-kampf-gegen-doping-13318114.html

Singler, A. (2012). *Doping und Enhancement. Interdisziplinäre Studien zur Pathologie gesellschaftlicher Leistungsorientierung*. Göttingen: Cuvillier.

Singler, A. & Treutlein, G. (2008). Doping in der Bundesrepublik Deutschland: Historische und soziologische Aspekte abweichenden Verhaltens im Spitzensport. In K. Latzel & L. Niethammer (Hrsg.), *Hormone und Hochleistung. Doping in Ost und West* (S. 41-66). Köln, Weimar & Wien: Böhlau.

Singler, A. & Treutlein, G. (2012). *Doping im Spitzensport. Sportwissenschaftliche Analysen zur nationalen und internationalen Leistungsentwicklung*. Aachen: Meyer & Meyer.

Sörös, M. & Vogl, E. (2008). *Sp(r)itzen Leistungen. Doping und die Zukunft des Sports*. Wien: Ueberreuter.

Spector, M. & Kitsuse, J. (2008). *Constructing Social Problems*. New Brunswick & London: Transaction Publishers.

Spitzer, G. (1998). *Doping in der DDR. Ein historischer Überblick zu einer konspirativen Praxis. Genese – Verantwortung – Gefahren*. Köln: Sport und Buch Strauss.

Spitzer, G. (Hrsg.). (2013). *Doping in Deutschland: Geschichte, Recht, Ethik. 1950-1972*. Köln: Sportverlag Strauß.

Spitzer, G., Eggers, E., Schnell, H. J. & Wisniewska Y. (2013). *Siegen um jeden Preis. Doping in Deutschland: Geschichte, Recht, Ethik 1972-1990*. Göttingen: Die Werkstatt.

Steinacker, J. M. (2013). Medienhype zum Doping in Deutschland. *Deutsche Zeitschrift für Sportmedizin*, 64 (10), 246.

Steinmetz, W. (1993). *Das Sagbare und das Machbare. Zum Wandel politischer Handlungsspielräume – England 1780-1867*. Stuttgart: Klett-Cotta.

Stieglitz, O., Martschukat, J. & Heinsohn K. (2009). Sportreportage: Sportgeschichte als Kultur- und Sozialgeschichte. Zugriff am 14.5.2014 unter http://hsozkult.geschichte.hu-berlin.de/forum/2009-05-001.pdf

Stoff, H. (2012). *Wirkstoffe. Eine Wissenschaftsgeschichte der Hormone, Vitamine und Enzyme, 1920-1970*. Stuttgart: Franz Steiner.

Stokvis, R. (2003). Moral Entrepreneurship and Doping Cultures in Sport. *ASSR Working paper* 03/04. Zugriff am 19.8.2015 unter http://dare.uva.nl/document/2/25842

Stollberg-Rilinger, B. (2005a). Einleitung: Was heißt Kulturgeschichte des Politischen? In B. Stollberg-Rilinger (Hrsg.), *Was heißt Kulturgeschichte des Politischen?* (S. 9-26). Berlin: Duncker & Humblot.

Stollberg-Rilinger, B. (Hrsg.). (2005b). *Was heißt Kulturgeschichte des Politischen?* Berlin: Duncker & Humblot.

Striegel, H., Ulrich, R. & Simon, P. (2010). Randomized response estimates for doping and illicit drug use in elite athletes. *Drug and Alcohol Dependence,* 106 (2-3), 230-232.

Tanner, J. (1998). „Weisheit des Körpers" und soziale Homöostase. Physiologie und das Konzept der Selbstregulation. In P. Sarasin & J. Tanner (Hrsg.), *Physiologie und industrielle Gesellschaft. Studien zur Verwissenschaftlichung des Körpers im 19. und 20. Jahrhundert* (S. 129-169). Frankfurt/M.: Suhrkamp.

Taylor, W. N. (1991). *Macho Medicine. A History of the Anabolic Steroid Epidemic.* London: McFarland & Company.

Thevis, M. (2010). *Mass spectrometry in sports drug testing: Characteriziation of prohibited substances and doping control analytical assays.* New Jersey: John Wiley & Sons.

Thiel, A., Mayer, J. & Digel, H. (2010). *Gesundheit im Spitzensport.* Schorndorf: Hofmann.

Thomas, M. (2008). Sportgeschichte und Kulturwissenschaft. Ein Blick in die Kulturgeschichte des Sports als Teildisziplin der Sportwissenschaft. In J. Standke & T. Düllo (Hrsg.), *Theorie und Praxis der Kulturwissenschaften* (S. 182-204). Logos: Berlin.

Thoms, U. (2006). „Ernährung ist so wichtig wie Munition". Die Verpflegung der deutschen Wehrmacht 1933-1945. In W. U. Eckart & A. Neumann (Hrsg.), *Medizin im Zweiten Weltkrieg. Militärmedizinische Praxis und medizinische Wissenschaft im „Totalen Krieg"* (S. 207-229). Paderborn, München, Wien & Zürich: Schöningh.

Tittel, K. (1993). Der deutsche Beitrag zur internationalen Sportmedizin. In K. Tittel (Hrsg.), *Sportmedizin: gestern – heute – morgen. Bericht vom Jubiläumssymposium des Deutschen Sportärztebundes, Oberhof vom 25. bis 27. September 1992* (S. 31-42). Leibzig, Berlin & Heidelberg: Barth.

Tittel, K. (2004). Leistungen Deutschlands für die internationale Sportmedizin – Historische Reminiszenzen. *Deutsche Zeitschrift für Sportmedizin,* 55 (12), 315-321.

Todd, T. (1987). Anabolic Steroids: The Gremlins of Sports. *Journal of Sport History*, 14, 87-107.

Todd, J. & Todd, T. (2001). Significant Events in the History of Drug Testing and the Olympic Movement. In W. Wilson & E. Derse (Hrsg.), *Doping in Elite Sport: The Politics of Drugs in the Olympic Movement* (S. 65-128). Champaign: Human Kinetics.

Torres, C. R. & Dyreson, M. (2005). The Cold War Games. In K. Young & K. B. Wamsley (Hrsg.), *Global Olympics. Historical and Sociological Studies of the Modern Games* (S. 59-82). Amsterdam: Elsevier.

Trümpler, E. (2007). *Der Fall Baumann. Ein Sportler im Dopingdiskurs.* Darmstadt: VDM-Verlag Dr. Müller.

Tschopp, S. S. (2008). Einleitung. In S. S. Tschopp (Hrsg.), *Kulturgeschichte* (S. 9-32). Stuttgart. Franz Steiner.

Turner, B. S. (1995). *Medical Power and Social Knowledge*. London & New Delhi: Sage Publications.

Turrini, J. M. (2010). *The End of Amateurism in American Track and Field.* Urbana: University of Illinois Press.

Tzortzi, E. (2004). Olympics – doping – should the X-men have a go at the Games? *Reuters News 29. August 2004.*

Ullmann, A. (2004). *„Der Sport ist der praktische Arzt am Krankenlager des deutschen Volkes." Wolfgang Kohlrausch (1888-1980) und die Geschichte der deutschen Sportmedizin.* Freiburg: Albert-Ludwigs-Universität.

Ungerleider, S. (2001). *Faust's Gold: Inside the East German Doping Machine*. New York: St. Martin's Press.

Vamplew, V. (2007). Playing with the Rules: Influences on the Development of Regulation in Sport. *International Journal of the History of Sport*, 24 (7), 843–871.

Verroken, M. (2000). Drug use and abuse in sport. *Ballière's Clinical Endocrinology and Metabolism,* 14 (1), 1-23.

Vertinsky, P. (2007). What is Sports Medicine? *Journal of Sport History*, 34 (1), 401-410.

Vettenniemi, E. (2010). Runners, Rumors, and Reams of Representations: An Inquiry into Drug Use by Athletes in the 1920s. *Journal of Sport History*, 37 (3), 415-430.

Voy, R. O. (1991). *Drugs, Sport, and Politics*. Champaign, IL: Human Kinetics Publishers.

Waddington, I. (1996). The development of sports medicine. *Sociology of Sport Journal*, 13 (2), 176-196.

Waddington, I. (2000). *Sport, Health and Drugs. A Critical Sociological Perspective*. London & New York: Taylor & Francis.

Waddington, I. (2005). Changing Patterns of Drug Use in British Sport from the 1960s'. *Sport in History*, 25 (3), 472-496.

Waddington, I. (2012). The Limits of Professional Autonomy. In D. Malcolm & P. Safai (Hrsg.), *The Social Organization of Sports Medicine. Critical Socio-Cultural Perspectives* (S. 204-226). London & New York: Routledge.

Waddington, I. & Smith, A. (2009). *An Introduction to Drugs in Sport. Addicted to winning?* New York: Routledge.

Wadler G. I. & Hainline, B. (1989). *Drugs and the Athlete*. Philadelphia: F. A. A. Davis Company.

Wagner, U. (2009). Dealing with modern sports' negative spinoff – the International Olymic Committee and the doping issue. In U. Wagner, *The struggle for clean sports. Anti-doping strategies from 1960 to 2009* (S. 129-158). Copenhagen: Det Samfundsvidenskabelige Fakultets ReproCenter.

Wagner, U. & Pedersen, K. M. (2014). The IOC and the Doping Issue: An Institutional Discursive Approach to Organizational Identity Construction. *Sport Management Review*, 17 (2), 160-173.

Wedemeyer-Kolwe, B. (2002). „Was ist und wozu dient Sportgeschichte?" Anmerkungen zu einer Geschichte der Sporthistoriographie. *SportZeiten. Sport in Geschichte, Kultur und Gesellschaft*, 2 (3), 5-24.

Wehler, H.-U. (1979). Anwendung von Theorien in der Geschichtswissenschaft. In R. Koselleck, W.J. Mommsen & J. Rüsen (Hrsg.), *Objektivität und Parteilichkeit in der Geschichtswissenschaft* (S. 17-39). München: Deutscher Taschenbuchverlag.

Wehler, H.-U. (1988). *Aus der Geschichte lernen.* München: Beck.

Wehler, H.-U. (1997). Kommentar. In T. Mergel & T. Welskopp (Hrsg.), *Geschichte zwischen Kultur und Gesellschaft. Beiträge zur Theoriedebatte* (S. 351-366). München: Beck.

Wenn, S. R. (2015). Peter Ueberroth's Legacy: How the 1984 Los Angeles Olympics Changed the Trajectory of the Olympic Movement. *International Journal of the History of Sport*, 32 (1), 157-171.

Wilsdorf, G. & Graf, G. (1998). Historische Aspekte zur Entwicklung der Dopingforschung beim Pferd an der Veterinärmedizinischen Bildungsanstalt in Berlin 1925-1945. *Berliner Münchner Tierärztliche Wochenschrift,* 111, 222-227.

Wilson, S., Gilbert, K. & Edwards, A. (2004). The socio-political conservatism associated with doping and high-performance sport: A case study of an athletic squad's perspective. *Journal of Exercise Science and Fitness,* 2 (2), 105-114.

Wilson, W. (2015). Sports Infrastructure, Legacy and the Paradox of the 1984 Olympic Games. *International Journal of the History of Sport*, 32 (1), 144-156.

Winkler, J. & Karhausen, R. R. (1985). *Verbände im Sport: Eine empirische Analyse des Deutschen Sportbundes und ausgewählter Mitgliedsorganisationen.* Schorndorf: Hofmann.

Wittich, H. v. (2014). *Entwicklungsstufen von Governance als Reaktion auf Doping im deutschen Leistungssport nach der Wiedervereinigung*. Hamburg: Kovac.

Woodland, L. (1980). *Dope: The Use of Drugs in Sport*. Newton Abbot & London: David & Charles.

Wrynn, A. (2004). The Human Factor: Science, Medicine and the International Olympic Committee 1900-70. *Sport in Society*, 7 (2), 211-231.

Wrynn, A. (2006). ‚A Debt Was Paid Off in Tears': Science, IOC Politics and the Debate about High Altitude in the 1968 Mexico City Olympics. *The International Journal of the History of Sport*, 23 (7), 1152-1172.

Yesalis, C. E. & Bahrke, M. S. (2005). Anabolic Steroid and Stimulant Use in North American Sport between 1850 and 1980. *Sport in History*, 25 (3), 434-351.

Zakus, D. H. & Skinner, J. (2008). Modeling organizational change in the Olympic Committee. *European Sport Management Quarterly*, 8, 421-442.

Zoglauer, T. (2008). *Einführung in die formale Logik für Philosophen.* Göttingen: Vandenhoeck & Ruprecht.

Video

ARD (2014). *Geheimsache Doping – Wie Russland seine Sieger macht.* Reportage. Zugriff am 10.7.2015 unter http://www.daserste.de/sport/sportschau/videosextern/geheimsache-doping-wie-russland-seine-sieger-macht-102.html